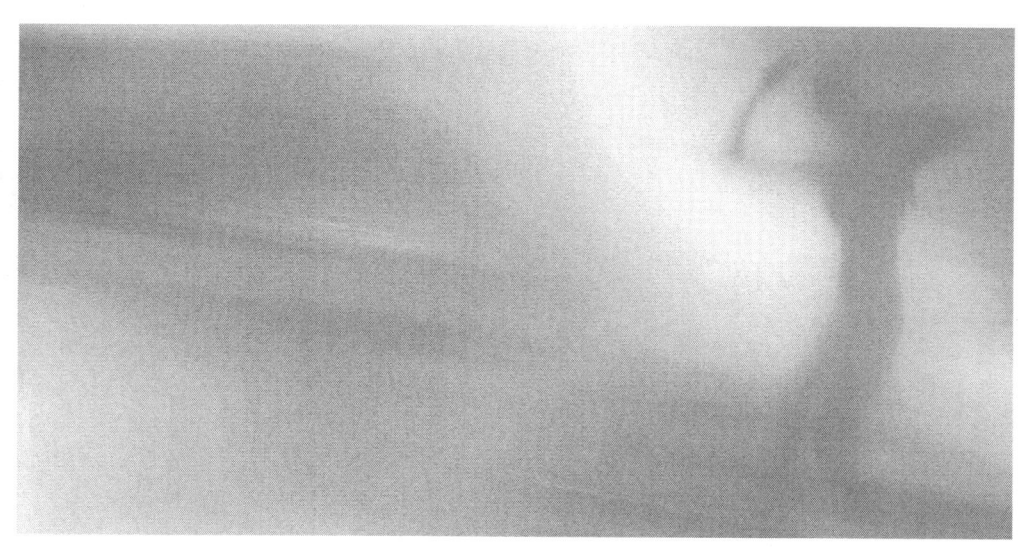

존재의 충만, 간극의 현존

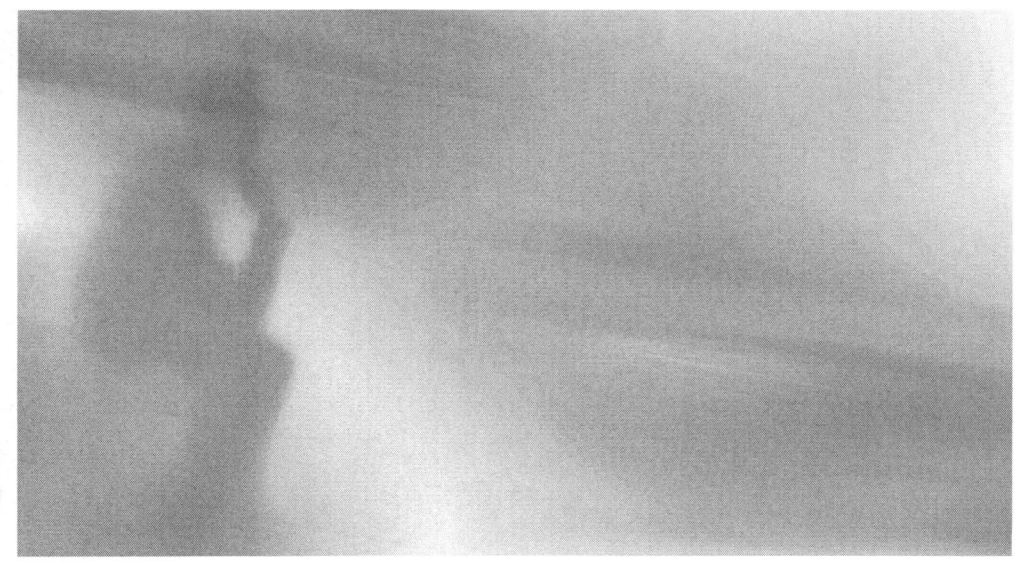

존재의 충만, 간극의 현존 1권 ─장 폴 사르트르의 『존재와 무』 강해

초판1쇄 펴냄 2013년 1월 10일
초판3쇄 펴냄 2018년 2월 20일

지은이 조광제
펴낸이 유재건
펴낸곳 (주)그린비출판사
주소 서울시 마포구 와우산로 180, 4층
대표전화 02-702-2717 | **팩스** 02-703-0272
홈페이지 www.greenbee.co.kr
원고투고 및 문의 editor@greenbee.co.kr

편집 이진희, 구세주, 송예진, 김아영 | **디자인** 이은솔
마케팅 육소연 | **물류유통** 유재영, 류경희 | **경영관리** 유수진

ISBN 978-89-7682-394-6 93160 | 978-89-7682-393-9(세트)

독자의 학문사변행學問思辨行을 돕는 든든한 가이드 _(주)그린비출판사

존재의 충만, 간극의 현존 1

장 폴 사르트르의 『존재와 무』 강해

조광제 지음

그린비

서문 | 표면의 현상학

1. 표면의 두께는 얼마인가?

존재가 과연 인식의 그늘을 벗어날 수 있을까? 철학적으로 제법 근본적이다 싶은 물음은 대체로 제 스스로를 문젯거리로 삼는 자기회귀적인 성격을 띤다. 그래서 물음은 즉각적으로 다음의 메타적인 물음, 즉 이 물음 자체는 과연 인식의 그늘을 벗어날 수 있는가 하는 물음을 낳는다. 새롭게 변형된 이 물음은 즉각적으로 다음의 물음으로, 즉 이 물음을 던지는 자가 과연 인식의 그늘을 벗어날 수 있는가 하는 물음으로 변환된다.

다시 생각해 본다. 존재가 과연 인식의 그늘을 벗어날 수 있을까? 이 물음을 던질 때, 물음을 던지는 자는 흔히 '존재'를 '인식'과 무관하게 성립하는 것으로 여긴다는 것을 염두에 두고 있다. 그러면서 '인식의 그늘'이라는 말을 쓴 것으로 보아 설사 존재가 인식과 무관하게 성립하지는 못한다고 할지라도 존재가 인식으로 환원될 수 없다는 것을 염두에 두고 있다. 인식이 존재를 싸는 덮개는 될 수 있을지언정 존재 자체일 수는 없다는 것이다.

아닌 게 아니라 존재한다고 말할 수 있는 일체의 사물들은 표면을 지니고 있다. 존재와 인식 또는 인식과 존재의 관계를 궁금해 할 때, 그 궁금증을 증폭시키면서 강력한 해결의 실마리를 암암리에 제공하고 있는 것으로 여겨지는 것이 바로 사물의 표면이다. 지금 이 글을 타이핑하는 데 내 앞에 하얀 표면의 커피잔이 놓여 있다. 이 커피잔의 표면은 커피잔의 내부적인 옹골참을 숨기고 있으면서 노출하고 있다. 커피잔의 이 표면은 이 커피잔이 그 주변의 다른 사물들과 유사한 성격을 띠고서 다른 것임을 여실히 드러내고 있을 뿐만 아니라, 이 커피잔을 인식하고 있는 나와 근본적으로 다른 것임을 여실히 드러내고 있다.

사물의 표면은 엄존한다. 각각의 사물들은 나름의 표면을 통해 그 나름의 개별성을 노출한다. 달리 말하면, 각각의 사물들은 나름의 표면을 통해 '함부로 나를 건드리지 마!' 하는 식으로 자신의 내부적인 옹골참을 과시한다. 그래서 각각의 사물들을 '이것'이라고 부를 수 있고, 또 그렇게 부를 수밖에 없다.

하지만, 각각의 사물이 표면을 통해 자신의 내부적인 옹골참을 과시할 수밖에 없는 어떤 기묘한 일종의 운명적인 성격을 띠고 있다면 어떻게 되는가? 그 자신으로서는 위험하지 않을 수 없다. 한 사물의 표면은 그 사물에 속하면서도 곧바로 다른 사물에 속하는 것이기도 하기 때문이다. 표면의 두께가 영(零=0)이라는 사실을 감안할 때, 그 위험성은 더욱 커진다. 각각의 사물은 나름의 표면을 통해 자신의 내부적인 옹골참을 과시하자마자 그 과시가 두께=0의 표면을 통해 이루어질 수밖에 없기 때문에 오히려 자신의 내부적인 옹골참이 파괴될 위험을 감내해야 하는 것이다.

그런데 만약 각각의 사물이 본래 자신의 내부적인 옹골참을 고집하는 것이 아니라면 어떻게 되는가? 표면을 통해 자신의 내부적인 옹골참을 과시하는 것이 아니라 그 반대로 자신의 내부적인 옹골참을 안타까워하는 것은 혹시 아닌가? 분명 두께=0에 불과한 자신의 표면을 확 뛰어넘지 못하고 묘하게도 그 속에 갇혀 있어 오히려 갑갑하기 이를 데 없는 지경에 놓여 있다고 여긴다면 어떻게 되는가? 각각의 사물이 그 나름의 표면을 지니게 된 것이 결코 사물 자체에서 유래하는 것이 아니게 된다.

그렇다면 도대체 사물의 표면은 근원적으로 어디에서 유래한 것인가? 어차피 두께=0에 불과하니까 각각의 사물이 지닌 표면들을 아예 없다고 생각해 보자. 우선 '각각'이라고 표현되는 개별성이 확 무너진다. 모든 분절이 눈앞에서 순식간에 사라진다. '서로'라고 말할 수도 없이 서로의 내부적인 옹골참이 아예 거대한 하나의 덩어리가 된다. 이를 염두에 두게 되면, 표면들이 없어지기 전에도 이미 표면을 벗어 버린 '덩어리'가 작동하고 있었음을 눈치채게 된다. 표면으로 둘러싸인 각각의 사물들의 내부에서는 이미 표면이 없는 '덩어리'가 작동하고 있었던 것이다. 말하자면, 사물의 내부적인 옹골참이라고 말할 수 있었던 까닭은 바로 이같이 '표면이 없는 덩어리'를 바탕으로 했던 것이다. 요컨대 적어도 사물 운운할 수 있기 위해서는 근본적으로 표면을 제거해야 한다. 사물은 처음부터 표면을 허용치 않는 데서 성립하는 것이다.

표면이 없는 사물과 표면을 지닌 사물은 어떻게 다른가? 둘 중 어느 것이 더 근본적인가? 둘 중 어느 것에서 다른 것이 파생되어 나왔는가? 파생되어 나올 때 그 파생의 원리는 도대체 무엇인가? 파생되어 나옴으로써 그 결과는 혹시 얼마나 치명적인가? 만약 이 일이 대단히 특이하긴 하지만 역시 하나의 사물인 우리 인간에게 적용되면 어떻게 되는가?

표면은 겨우 시각적이기만 한 것이 아니다. 촉각적이기도 하다. 시각에서 촉각으로 사유를 이동하게 되면, 표면은 그야말로 그 특이성을 한껏 드러낸다. 나의 손으로 이 컵을 만질 때, 이 컵의 표면과 내 손의 표면은, 둘 다 두께=0인 탓에 동일한 하나의 표면으로 된다. 그런 까닭에 이 컵의 내부적인 옹골참이 표면의 경계를 넘어 내 손으로 이전되어 들어오고, 내 손의 내부적인 옹골참이 표면의 경계를 넘어 이 컵으로 이전되어 들어간다. 어느덧 나는 이 컵과 내 손을 구분할 수 없는 지경이 만짐의 상황에 스며든다. 하지만 이 컵이 내 손이 아니라 이 컵이고, 내 손은 이 컵이 아니고 내 손이라는 것을 느낀다. 양쪽을 구분할 수 없는 지경과 양쪽을 구분하는 지경이 한데 어울려 만짐의 상황을 구성한다. 만짐의 상황을 형성하는 이 두 지경을 염두에 두면, 내 손이 이 컵이 아니라는 것을 느낄 수 있는 것은 내 손의 옹골참이 이 컵으로 이전되고 이 컵의 옹골참이 내 손으로 이전되기 때문이라고 말하게 된다. 또 내 손은 내 손이고 이 컵은 이 컵이라는 구분이 이루어지기 때문에 양쪽이 구분되지 않는 지경을 말할 수 있게 된다.

그런데 이 컵을 들고서 커피를 마시면서 지금 쓰고 있는 이 글의 내용을 골똘히 생각하고 있다면, 그때 내 손과 이 컵은 최대한 서로의 표면을 허용치 않는 방향으로 치닫게 된다. 그러면서 아예 내 손과 이 컵이 마치 하나의 덩어리로 돌변해 버리는 태세를 취하게 된다. 촉각적인 상황에서 벌어지는 이 장면을 특별히 염두에 두게 되면, 표면이 없는 사물에서 표면이 있는 사물이 파생되어 나온다고 말하게 된다. 한데 덩어리져 있다가 내가 거기에 특별히 관심을 기울이면, 즉 내가 이 컵을 들고 있다는 사실에 특별히 관심을 기울이면 그제야 표면이 등장하는 것이다. 이렇게 촉각을 중심으로 생각해 보면, 분명히 표면이 없는 사물에서 표면을 지닌 사물이 파생되어 나옴에 틀림없다.

그렇다면 시각은 어떻게 되는가? 시각에서도 표면이 없는 사물에서 표면을 지닌 사물이 파생되어 나온다고 확신할 수 있는가? 내 두 눈은 주변의 사물들을 훑어보면서 재빨리 초점을 옮긴다. 초점을 옮길 때마다 그 초점에 걸려든 사물들의 표면이 뚜렷해진다. 지금 나는 컵을 책상 위에 놓고서 쳐다본다. 이 컵은 사물로서의 내부적인 옹골참을 노출한다. 내가 이 컵을 쳐다보고 있는 동안, 그 주변의 다른 사물들의 표면은 희미하다. 표면이 희미한 만큼 그 다른 사물들의 옹골참은 약화되고 서로에게로 이전되어 마치 애매한 하나의 덩어리로 돌아가고자 하는 태세를 취한다. 이 컵을 쳐다보는 일을 중지하고 그 애매한 덩어리 중 어느 것을 쳐다본다. 내 두 눈의 초점을 받자마자 그것, 예컨대 이 재떨이는 그 나름의 표면을 지니면서 그 나름의 내부적인 옹골참을 노출한다. 시각적인 상황을 이렇게 분석하게 되면, 분명히 표면이 없는 사물에서 표면을 지닌 사물이 파생되어 나옴에 틀림없다.

촉각과 시각을 이렇게 분석하면, 사물의 모든 표면은 인식에 의거한 것이라는 결론을 내게 된다. 정말이지 표면이 없어지면 일체의 사물들이 거대한 하나의 덩어리가 되고 만다. 그렇다면, 사물의 모든 표면이 인식에 의거해서 생겨난다고 결론을 낼 경우, 내 눈앞에서 벌어지는 이 모든 사물들의 개별성과 그와 연결되어 있는 일체의 분절적인 배치들이 결국 인식에 의거한 것으로 되고 만다. 인식이라는 말을 아주 특이하게 해석하지 않는 한, 그러니까 인식 활동을 그 거대한 하나의 덩어리가 수행하는 것이라고 말하지 않는 한, 이러한 결론을 받아들이는 것은 불가능하다. 흔히 생각하는 인식 개념을 염두에 둘 때, 표면이 없는 사물에서 표면을 지닌 사물이 파생되어 나오는 것이 인식에 의거한 것이라고 말한다는 것은 그야말로 관념론적인 형이상학의 유희에 빠져들었다는 증거다.

이렇게 표면의 발생을 관념론적인 형이상학으로 풀게 되면, 설사 인식이 사물의 표면이 파생되어 나오는 데에 관계한다 할지라도, 그런 인식으로써는 사물이 지닌 내부의 옹골참에 관해서는 한 발짝도 들여놓을 수 없다는 것이다. 달리 말하면, 그런 인식에 의거한 일체의 결과물들은 사물의 내부적인 옹골참에 관한 것이 아니라, 사물의 표면과 그 개념적인 변형에 관한 것에 불과하다는 것이다.

2. 대자와 즉자, 그리고 탈자

그래서 이제 표면의 원천이 근본 문제로 등장하게 된다. 표면의 원천은 인식인가, 아니면 존재인가? 또는 존재와 인식을 넘어선 제3의 어떤 기묘한 곳인가? 표면 문제는 그야말로 지독한 사유의 현기증을 일으키는 병인(病因)이 아닐 수 없다. 사르트르의 『존재와 무』는 이 표면 문제를 전격적으로 그리고 기발하게 제기해서 해결하고자 한 책이라 할 수 있다.

　물론 사르트르가 이 책 어느 곳에서도 표면 문제를 제기하지 않았고, 그 해결책을 제시하지도 않았다. 하지만, 그 어느 누구보다도 표면 문제를 전격적으로 치고 들어갔다고 할 수 있다. 다만, 사르트르가 집중한 문제는 인간이라는 특이하기 이를 데 없는 사물의 표면이다. 이를 바탕으로 뭇 사물의 표면 문제를 아울러 치고 들어가 해결하고자 했다.

　두께=0인 까닭에 흔히 말하는 어법으로 치자면 표면은 '존재하지' 않는다. 만약 존재한다면, 그 존재 방식은 내부의 옹골참으로 본 사물과는 전혀 다른 방식으로 존재할 것이다. 표면이 자기동일성을 갖추기에는 너무나 허약하다. 표면이란 우선 사물의 내부적인 옹골참에 철저하게 의존해서 성립할 수밖에 없고, 더욱이 주변의 다른 사물들과의 관계에 의존해서 성립할 수밖에 없기 때문이다. 그뿐만이 아니다. 표면 자체로 보자면, 뭇 사물이 변전해 감에 따라 기존의 표면들이 사라지고 새로운 표면들이 계속 이어져 나타날 수밖에 없다. 표면이 사라지면 그에 따라 서로 다른 사물들이 지닌 개별의 옹골참은 하나로 뭉쳐서 덩이를 이루게 되고, 새롭게 이것저것의 사물들의 옹골참이 이루어지면서 다시 새로운 표면이 나타난다. 이를 전반적으로 보면, 심층에서는 표면이 전혀 없는 그야말로 거대한 옹골참의 덩어리가 존재하면서 그 나름의 위력을 발휘하고 있고, 그 위력의 노출로 인해 표층에서는 온갖 표면들을 동반한 각각의 사물들이 역동적으로 표면을 넘나들면서 소통을 하고 있다.

이를 인간이라는 특이한 사물에 적용해 보자. 그러면 인간에게서 표면은 과연 무엇인가? 기이하게 분류하자면, 인간은 크게 두 종류다. 하나는 나고, 다른 하나는 타인이다. 타인에게 나는 그의 타인이다. 나와 타인은 각각의 표면을 경계로 나와 타인으로 구분된다. 나는 표면을 앞세워 타인을 향해 있다. 아울러 나는 나의 표면을 타인으로부터 나를 보존하는 일종의 보호막으로 삼고 있다.

그런데 나에게서 작동하는 나의 표면은 이같이 그저 바깥으로만 향하지 않고 안을 향해서도 표면의 역할을 한다. 기이하기 이를 데 없는 표면이 아닐 수 없다. 마치 표면이 내부의 옹골참으로부터 떨어져 나온 듯이 그 내부의 옹골참을 향한 방향으로 표면의 역할을 하는 것이 나의 표면이다. 이럴 때, 나의 표면은 차라리 타인의 표면인 것 같은 태세를 취한다. 그렇다고 해서 나의 표면이 나로부터 분리될 수는 없다. 나로부터 충분히 구분되지만 나에게서 결코 분리될 수 없는 나의 표면, 이러한 기묘한 표면의 이중성을 잘 드러내는 것이 바로 나의 의식이다. 나의 의식이 바로 나라는 사물의 표면인 것이다. 나의 의식은 나를 향해 표면의 역할을 한다. 이를 사르트르는 '자기에의 현전'(présence à soi)이라고 한다. 여기에서 그가 말하는 대자(對自, le pour-soi) 내지는 대자존재(être-pour-soi)가 성립한다. 나의 표면인 나의 의식이야말로 이렇게 대자 내지는 대자존재인 것이다.

엄격하게 말해 표면은 존재하지(être) 않는다고 했다. 그래서 사르트르는 "대자는 존재하지 않는다"라고 힘주어 말한다. 존재하지 않으면 어떻다고 말해야 하는가? 사르트르는 대자는 현존한다(exister)고 말한다. 사르트르의 철학을 이해하는 데 있어서, 존재한다는 것과 현존한다는 것이 어떻게 다른가를 분명하게 깨닫는 것이 그 첫걸음이다.

표면은 스스로의 자기동일성을 지닐 수 없다. 표면은 내부의 옹골참의 마지막 경계이다. 그런 점에서 표면은 어찌 보면 내부의 옹골참에 속한다고 할 수도 있다. 하지만 속한다고 하는 순간 그 내부의 옹골참으로부터 벗어난다. 나의 표면인 나의 의식은 나의 내부의 옹골참에 대해 현전하면서 그 나의 내부의 옹골참을 자기라고 여긴다. 그렇기에 나의 의식은 '자기에의 현전'이었던 것이다. 그러니까 나의 표면인 나의 의식은 자기임으로써 자기가 아니고, 자기가 아님으로써 자기이다. 달리 말하면, 나의 표면인 나의 의식은 자기이고자 함으로써 자기가 아니고자 하고, 자기가 아니고자 함으로써 자기이고자 한다. 이것이 바로 현존의 존재론적인 특성이다. 대자가 존재하지 않고 현존하는 데도 '대자존재'라고 해서 '존재'라고 붙일 수 있는 것은 "자기가 아님으로써 자기이다"라고 할 때 뒤의 자기에 역점을 둠으로써 가능한 일이다.

사물로서의 나의 내부의 옹골참은 나의 표면인 나의 의식에 대해 도대체 한없이 불투명하다. 그래서 "나는 나를 모른다"라는 말이 성립한다. 사물로서의 나의 내부의 옹골참은 사르트르에게서 보면 즉자(卽自, le en-soi)로서의 나다. 각각의 사물이 지닌 그 나름의 내부의 옹골참이 그 나름의 즉자임은 물론이다. 문제는 각각의 사물이 지닌 표면이다. 인간으로서의 사물인 나만이 표면을 갖는 것이 아니라, 각각의 사물 모두가 그 나름의 표면을 갖는다. 사물의 표면은 그저 즉자라는 용어만으로는 담아낼 수 없다. 그것은 나의 의식인 나의 표면이 갖는 특이성을 감안해 보면 즉각 알 수 있다.

사르트르는 각각의 사물이 지닌 표면에 대해 즉자 혹은 대자와 같은 특별한 이름을 붙이지 않는다. 그 대신, '현상의 존재'라는 어려운 말을 붙인다. 일체의 사물들이 표면을 통해 제 스스로의 내부의 옹골참을 노출하고 있다. 여기에서 노출 자체를 염두에 둘 때 성립하는 것이 현상이다. 따라서 '현상의 존재'는 사물이 지닌 표면 자체의 존재를 일컫는다. 그런데 사물의 표면은 그 내부의 옹골참이 존재한다는 것을 노출한다. 그러니까 노출로서의 현상은 곧 그 내부의 옹골참의 현상이다. 이에 사르트르는 '존재의 현상'이라는 말을 한다.

나 외의 다른 각각의 사물들이 지닌 표면이 대자적인지는 나로서는 도무지 알 길이 없다. 그래서 함부로 각각의 사물이 지닌 표면을 대자라고 부를 수는 없다. 하지만, 그 표면이 사물의 내부적인 옹골참의 마지막 경계로서 그 바깥의 것을 향해 자신으로부터 떨어져 나오고자 하는 것만은 확인할 수 있다. 이에 우리로서는 각각의 사물의 표면에 대해 '탈자'(脫自)라는 이름을 붙일 수 있다고 여긴다. 프랑스 말로 하자면, 'le dehors-soi'라 할 수 있을 것이다. 탈자 중에서 특이한 탈자가 바로 사물로서의 나의 표면인 나의 의식일 것이다. 그러니까 대자는 특이한 경우의 탈자인 셈이다.

탈자는 스스로를 노출하고자 함으로써 스스로를 막 벗어나고자 하는 지점에서 성립한다. 자신을 벗어나지 않은 것도 아니고, 자신을 벗어난 것도 아니다. 중요한 것은 각 사물들이 즉자적인 성격만을 갖는 것이 아니라, 탈자적인 성격을 아울러 지닌다는 사실이다. 만약 각 사물들이 오로지 즉자적이기만 하다면 일체의 관계들이 사라질 것이고, 아울러 그 사물들이 나에 대해 갖는 인식적인 관계 역시 사라질 것이다. 그뿐만 아니라, 일체의 구조니 체계니 하는 것들도 사라질 것이다. 일반적으로 말하면, 코스모스가 성립하는 것은 각 사물들이 지닌 탈자적인 계기를 통해서인 것이다. 만약 플라톤의 말대로 태초에 무정형적인 게네시스가 있고 이 게네시스가 이데아들의 형상을 받아들임으로써 우주가 생겨났다고 한다면, 그때 플라톤이 말하는 이데아들의 형상은 바로 각 사물이 지닌 탈자를 지칭하는 것이고, 이데아들은 각 사물의 탈자적인 계기를 실체화시킨 사유의 결과물에 다름 아닐 것이다.

탈자는 존재하지 않고, 현존할 뿐이다. 다만, 현존을 이렇게 일반적으로 거론할 경우, 현존은 나의 의식이 자기인 나를 향해 현전하는 것처럼 대자적으로 현존한다고 말할 수는 없다. 따라서 탈자적이기만 한 현존이 있고, 대자적이기까지 한 현존이 있다고 구분해서 말해야 한다. 볼썽사납지만 도식화하면, '탈자+자기에의 현전=대자' 또는 '탈자적 현존+자기에의 현전=대자적 현존'이라는 공식으로 정돈할 수 있다.

문제는 탈자와 즉자, 그리고 대자 간의 관계이다. 즉자에 대자가 관계함으로써 비로소 탈자가 성립하는가, 아니면 대자가 즉자에 관계하기도 전에 이미 즉자 자체의 모종의 위력에 의해 탈자가 성립하는가, 또는 아니면 즉자가 대자를 일으켜 그 대자가 즉자 자신에게 관계하도록 함으로써 즉자에게서 탈자가 성립하는가? 탈자를 특별히 염두에 두지 않는 사르트르는 맨 마지막의 입장을 취한다고 할 수 있다. 비록 형이상학적인 분위기를 풍기기는 하지만, 사르트르는 즉자를 무한한 밀도를 지닌 존재의 충만으로 보고, 그 존재의 감압에 의해 의식 즉 대자가 생겨난다고 보기 때문이다. 그래서 그는 "무는 기생충처럼 존재의 심장에 붙어 있다"라고 말한다. 여기에서 무는 '두께=0인 표면'이라는 우리의 표현에 의해 눈치챌 수 있는바 대자인 의식을 지칭하고, 존재는 즉자를 지칭한다.

만약 그렇다면, 대자가 탈자의 특이한 일종임을 감안할 때, 탈자 일반이 존재의 감압에 의해 생겨난다고 말할 수 있지 않은가. 다시 그렇다면, 왜 즉자는 존재 감압을 일으켜 이렇게 탈자를 자아내는 것일까? 이에 답하기 위해서는 그야말로 형이상학적 구도 속으로 깊이 잠입해 들어갈 수밖에 없다. 그만큼 위험하기 때문에 사유의 걸음을 멈출 수밖에 없다. 다만, 이 물음은 존재에서 왜 인식이 발현하는가 하는 물음에 값한다.

그렇다면, 최고도의 밀도를 지닌 존재의 충만에서부터 감압이 일어나 탈자가 발생되어 나온다면, 탈자에서 열리는 현존은 존재의 간극일 수밖에 없다. '존재의 충만, 간극의 현존'이라는 책 제목이 그래서 생겨난다. 대자 역시 존재의 간극이고, 따라서 인식 역시 존재의 간극인 것이다.

3. 인식, 탈자적 영역에서의 사건

인식 영역이 제아무리 그 발생적 혹은 초월론적 위계가 복잡하고 그 대상과 방식 및 결과의 종류가 다종다양하다 할지라도, 환원해 보면 결국 그 모든 일들은 탈자적 영역에서 일어난다. 탈자적 영역에 대자적인 영역이 포함됨은 물론이다. 굳이 분류하자면, 인식의 대상은 탈자적인 영역에 속하고, 인식의 작용은 대자적인 영역에 속한다고 할 수 있다. 그러나 그 자체로 보면 둘 다 현존할 뿐 결코 존재하는 것이 아니다. 이 대목에서 조심해야 할 것은 흔히 본질적이라고 말하는 것들은 인식의 결과물들로서 결코 그 자체로 존재하는 것이 아니라는 것이다. 환원해서 보자면, 본질적인 것들은 기실 현존적인 것들이다. 본질은 현존하되, 본래의 현존의 성질을 거의 상실해 버린 것이다. 하지만 모태인 현존의 성격을 완전히 상실할 수는 없다. 비트겐슈타인을 원용해 말하면, 본질은 가족유사적일 뿐 그 자체로 완전한 자기동일성을 지닐 수 없는 까닭이 여기에 있다.

대자적인 현존을 포함해서 일체의 탈자적인 현존의 충돌관입(衝突貫入)에서 펼쳐지는 것이 바로 현상이다. 그러고 보면, 현상은 존재하는 것이 아니라 현존하는 것이다. 현존의 대대적인 장이 바로 현상인 것이다. 따라서 현상은 그 자체로 홀로 존재할 수 없다. 그러나 조심해야 할 것은 다시 말하거니와 현상을 그 자체로 홀로 존재할 수 없도록 하면서 배후에서 작동하는 것은 본질이 결코 아니다. 본질은 현상의 독특한 경우일 뿐이다. 현상을 그 자체로 홀로 존재할 수 없도록 하면서 끝내 현존하기만 하도록 하는 것은 오히려 사물의 내부적인 옹골참을 일반적으로 보아 지칭할 수 있는 즉자 일반이다. 그러나 이를 이분법이라 함부로 말해서는 안 된다. 즉자 일반의 표면이 현상이고, 표면은 내부의 옹골참의 마지막 경계에 불과하기 때문이다. 표면과 내부를 구분하는 것을 이분법이라고 한다면, 그렇게 불러도 무방하다. 그러나 내부의 옹골참이 노출되는 것이 표면임을 감안한다면, 그리고 표면이 바깥을 향한 출구이기도 하지만 다른 한편으로는 내부의 옹골참을 향한 입구임을 감안한다면, 말하자면 표면이 내부의 옹골참으로 아예 스며들고자 하는 본질적인 경향을 지닌 것임을 감안한다면, '이분법'이라는 용어에 관습적으로 들러붙는 비난의 염을 더하여 함부로 이를 이분법이라 말할 수는 없을 것이다.

탈자적인 영역인 인식에서부터 기본적으로 전개되는 것이 바로 동일성과 차이다. 탈자를 운위할 때 반드시 염두에 두지 않으면 안 되는 것이 바로 타자(他者, l'autre)다. 탈자는 양방향으로 현존의 위력을 발휘한다. 즉자를 향한 계기와 타자를 향한 계기가 그것이다. 탈자가 즉자를 향한 계기를 통해 현존의 위력을 발휘하면 동일성이 성립하고, 탈자가 타자를 향한 계기를 통해 현존의 위력을 발휘하면 차이가 성립한다. 탈자적인 모든 현존은 동일성과 차이라는 두 계기를 결여할 수 없다. 모든 의미와 가치는 탈자적인 현존에 입각해서 성립한다. 따라서 모든 의미와 가치는 동일성과 차이라는 두 계기를 결여할 수 없다. 다만, 이 두 계기가 탈자적인 현존에서 통일적으로 결합해 있다는 사실을 잊어서는 안 된다. 이 두 계기가 통일적으로 결합할 때 묘하게도 동일성보다 차이가 더 큰 위력을 발휘하는 것처럼 된다. 그것은 물과 잉크가 뒤섞여 잉크 물을 형성하는 것과 같다. 예컨대 소쉬르에게서 기표는 차이의 원천인 것 같고 기의는 동일성을 띤 결과물인 것 같아서, 결국 기표의 차이에서부터 기의의 동일성이 성립한다고 말함으로써 기의조차 그 동일성이 차이에 의해 한없이 유동적이게 됨을 말하게 되는 것은 그 때문이다. 그뿐이 아니다. 항간에 차이뿐 아니라 사이라든가 관계를 인식 차원과 존재 차원에서조차 근원적인 위력을 발휘하는 것으로 여기는 것 역시 이 때문이다.

4. 탈자적 현존의 근원, 지금 여기

나의 의식에서 전개되는 대자적 현존에서부터 여느 다른 사물의 표면에서 전개되는 탈자적 현존에 이르기까지의 다양한 스펙트럼, 그 스펙트럼이 성립하는 장면을 보면 정말이지 화려하다 못해 장려하기까지 하다. 문제는 이 스펙트럼에서 과연 대자와 탈자 일반의 관계가 어떤가 하는 것이다. 대자적 현존 없이도 탈자적 현존 일반이 성립할 수 있는가? 결코 그럴 수 없다고 여기는 것이 바로 현상학이다. 나 아닌 타인들이 지닌 대자적 현존의 문제는 다시 분석해야 하기에 차치하고라도, 도대체 인간의 대자적 현존 없이 이 장려하기 이를 데 없는 막대한 탈자적 현존 일반이 성립할 수 있는가? 제아무리 직관적 상상력을 동원하더라도 이를 긍정할 길이 나서지 않는다. 이를 긍정할 수 있다고 여기는 것은 탈자적 현존 일반이 즉자 일반의 표면에 불과하다는 점을 염두에 두기 때문이며, 적어도 탈자적 현존 일반의 판면에 머물러 있는 한, 이를 긍정할 길이 없다.

그런데 탈자적 현존 일반의 중심이자 탈자적 현존 일반을 가능케 하는 근거인 대자적 현존은 언제 어디에서 있는가? 지금 여기가 아닐 수 없다. 대자적 현존은 지금 여기를 벗어날 길이 없다. 그래서 우리는 "삶은 지금 여기의 연속이다"라는 말을 할 수 있다. 이 대목에서 우리는 '현존'을 뜻하는 'existence'를 자해(字解)할 필요가 있다. 이 낱말은 'ek-sistence' 즉 '바깥에 놓여 있다'라는 뜻을 지니고 있다. 어디의 바깥일까? 자신의 바깥이다. 현존은 자신의 바깥에 놓여 있음으로써 자신을 유지한다는 뜻을 갖는다. '지금'을 생각해 보자. 지금은 '지금!' 하고서 그 시점(時點)을 지정하려는 순간을 허용치 않는다. 지금은 자신을 벗어남으로써 지금으로 존립한다. 이야말로 현존의 근원적인 모습이 아닐 수 없다. 마치 표면이 두께=0임으로써 표면으로서 존립하는 것과 같다. 이를 우리로서는 '말도 안 되는 방식으로' 지금은 적어도 두 시점(時點)에 동시에 걸쳐 있다고 말할 수 있다. 따라서 지금은 그 자체로 운동적인 흐름이지 결코 이념적으로라도 고정시킬 수 있는 순간이 아니다. 정지(停止)와 달리, 운동은 그 자체로 두 시점에 동시에 걸쳐 있는 것이다. 베르그송은 이를 지속(durée)이라는 말로 표현했다. 한편 여기는 지금과 구분될 수는 있어도 분리될 수는 없다. 지금과 혼연히 결합된 여기는 그 자체로 어느 공간적인 정확한 위치를 지닐 수 없다. 여기는 상하·좌우·전후로 끝없이 떨림으로써 존립한다.

현상은 지금 여기의 탈자적인 현존의 상황이다. 그 중심에서 대자적 현존이 위력을 발휘하고 있다고 할 때, 지금 여기의 탈자적인 이 현존의 상황은 기실 대자적 현존이 처한 상황이다. 일체의 탈자적인 현존은 지금 여기의 상황을 벗어날 수 없다. 지금 여기의 상황에서 긴장감이 넘치는 것은 탈자가 즉자를 향한 동일성의 계기와 타자를 향한 차이의 계기를 동시에 거머쥐고 있기 때문이다. 이에 우리는 탈자적 현존이 동일성의 계기를 따라 성립하는 것을 자성(自性, ipséité)이라 일컫고, 탈자적 현존이 차이의 계기를 따라 성립하는 것을 대타성(être-pour-autre)이라 일컫고자 한다. 자성과 대타성은 대립적이면서 상호 의존하는 이른바 변증법적인 모순 관계에 있다. 자성이 없이는 대타성이 성립할 수 없고, 대타성이 없이는 자성이 성립할 수 없다. 그와 동시에 너무 자성에만 몰두하면 대타성을 잃게 되고, 너무 대타성에 몰두하면 자성을 잃게 된다. 그래서 자성에 몰두하게 되면 자성을 잃게 되고, 대타성에 몰두하면 대타성을 잃게 된다. 대자적으로 현존하는 인간은 물론이고 탈자적으로 현존하는 사물들 역시 모두 그러하다. 적어도 현존의 판면에서는 그러하다.

5. 문제는 즉자다

즉자가 없이는 대자를 포함한 일체의 탈자는 현존할 수조차 없다. 탈자는 즉자의 탈자이고, 대자는 즉자의 대자이기 때문이다. 즉자만이 제대로 존재한다고 할 수 있다. 비록 사르트르가 탈자를 특별히 논의하지는 않았지만, 사르트르가 『존재와 무』를 통해 면면이 역설하는 내용이 바로 이것이다. 사물의 판면에서 말하자면, 사물 내부의 옹골참이 없이는 사물의 표면이 현존할 수조차 없는 것은 불을 보듯 뻔하다.

사물 내부의 옹골참에 대해서조차 그것 역시 현상이 아닌가, 그것 역시 존재론적인 인식에 의해 파악된 결과물이 아닌가 하고서 반문을 던질 수 있을 것이다. 하지만, 사물 내부의 옹골참은 도대체 대자적인 의식의 인식 활동 자체를 근본에서부터 초월해서 제 자신을 향해 뒤로 한없이 물러난다. 사르트르는 대자적 활동을 부정, 초월, 무화(無化, néantisation) 등으로 표현했지만, 이 활동들은 기실 사물 내부의 옹골참 즉 즉자 자체에 귀속되어야 마땅하다. 일체의 인식적 규정들을 부정, 초월, 무화하는 것이 바로 즉자가 아닌가. 그래서 사르트르가 말하는 순수 즉자(le pur en-soi)에는 지금도 없고 여기도 없고, 지금 여기에 의거한 일체의 시공간적인 규정뿐만 아니라 흔히 알고 있는 인간적인 삶에 관련된 일체의 의미와 가치에 관한 규정들도 적용될 수 없다고 해야 한다. 동일성과 차이와 같은 인식 판면의 개념들이 적용될 수 없음은 물론이다.

그런데도 우리는 이 즉자의 존재 영역이 현상한다고 말하지 않을 수 없다. 그래서 사르트르는 '존재의 현상'이라는 표현을 했던 것이다. 그러나 기실 존재의 현상은 존재가 현상하지 않으려고 한다는, 말하자면 존재가 현상을 부정, 초월, 무화하고자 한다는 것을 노출한다는 점에서만 현상이지 그 이상의 어떤 적극적인 의미의 현상이 아니다. 말하자면, 즉자의 존재 영역이 현상됨과 동시에 그 현상의 불가능성이 시작되는 현상의 최종적인 한계만을 노출할 뿐이다. 존재의 판면에서 보면 즉자의 존재 영역이 열리지만, 현상의 판면에서 보면 오히려 즉자의 존재 영역이 닫히고 마는 기묘한 경계의 현상인 것이다.

여기에서부터 일종의 존재론적인 형이상학이 길을 열 수밖에 없다. 그러니까 사르트르가 "존재는 충만한 긍정성(pleine positivité)이다. 그러므로 존재는 타이성(他異性, l'altérité)을 모른다"라든가 "즉자라는 존재 속에는 최소한의 공백(le moindre vide)도 없다. 즉 무가 끼어들 수 있는 최소한의 틈도 없다"라는 말을 한 것은 비록 존재론적이긴 하지만 이미 형이상학적인 발언이라 하지 않을 수 없다. 그러나 형이상학적이라고 해서 함부로 부정할 수는 없다. 사물의 내부적인 옹골참이 지닌 인식 판면에서의 불투명성이 그 바탕으로 작용하고 있기 때문이다. 그리고 우리가 사물의 표면을 염두에 두는 한 사물의 내부적인 옹골참을 결코 부정할 수 없기 때문이다.

압축해서 보면, 사르트르의 『존재와 무』에서 존재는 그 어떤 인식적 규정이나 현상적 사실을 넘어서 있는 그 자체로 충만한 즉자의 존재를 지칭하는 것이고, 무는 이러한 즉자의 존재를 존재적인 근거로 해서 생겨나는 인간 의식의 대자적인 현존을 지칭하는 것이다. 사물의 내부적인 옹골참과 그 표면 사이에 수도 없이 많은 중간적이면서도 복합적인 사태들이 성립할 수 있듯이, 존재와 무 사이에 수도 없이 많은 중간적이면서도 복합적인 사태들이 성립할 것이다. 하지만 뭉뚱그려 보면, 모든 의미와 가치는 대자적인 현존을 중심으로 한 탈자적인 현존의 영역에서 성립하고, 모든 의미와 가치의 궁극적인 기반은 바로 충만한 즉자의 존재 영역인 것이다. 여기에서 진정한 의미의 유물론이 성립한다. 사르트르의 존재론은 근본적으로 유물론적인 것이다.

문제는 현존 자체로만 보면 여전히 그 존재 기반이 결여되어 있다는 것이고, 그런 까닭에 현존의 삶을 이끄는 우리로서는 끝없이 존재와의 완연한 일치를 알게 모르게 추구한다는 것이다. 현존의 삶에 이른바 존재론적인 충동, 즉 현존과 존재의 합일을 이루고자 하는 충동이 바탕에서부터 작동하는 것이다. 말하자면, 표면이 스스로를 버리고 내부의 옹골참으로 아예 스며듦으로써 두께=0의 상태에서 두께=∞의 상태로 나아가고자 하는 것이다. 니체가 말하는 '디오니소스적 도취', 바타유가 말하는 '연속성에의 향수', 라캉이 말하는 '실재의 귀환', 사르트르가 말하는 '즉자대자적인 신적인 경지에의 욕망', 메를로-퐁티가 말하는 '살의 나르시시즘', 들뢰즈가 말하는 '기관들 없는 몸 되기' 등은 모두 다 이러한 존재론적인 충동에 대한 다른 이름들일 뿐이다. 이 존재론적인 충동을 어찌할 것인가?

6. 고마울 따름이다

사르트르의 『존재와 무』에 관한 강해를 담은 이 책의 집필은 2000년 3월에 설립된 대안시민학교인 '철학아카데미'에서 2009년 1월 8일부터 2010년 12월 30일까지 정확하게 2년 동안 68회에 걸쳐서 이루어진 강좌, '사르트르, 『존재와 무』 강해' 때문에 가능했다. 강의 때마다 강의록을 만들어 제공한 것을 모아 출간하는 것이다. 고백하자면, 강사인 내가 사르트르의 『존재와 무』를 미리 철저히 탐구하고서 강의한 것이 아니라, 강의해 가면서 읽고 읽어 가면서 강의했다. 독해에 있어서 시행착오가 없을 수 없을 것이다. 그런데도 이렇게 다소 무작스럽게 감행을 한 것은 그 이전 후설, 하이데거, 메를로-퐁티의 주저들을 연구하고 강의했기에 어느 정도 자신감이 있었기 때문이었다. 하지만 더러 오독된 부분이 없지 않을 터, 발견되면 독자 여러분의 여지없는 질정을 바란다.

　그동안 국내에서 사르트르 철학에 관한 연구가 미진했다. 사르트르의 철학적인 위업에 비해서도 그렇고, 현상학계에서 차지하는 그의 국제적인 위상에 비해서도 그렇고, 1970년대 알게 모르게 일반 대중에게 널리 알려져 예사로 운위되던 그의 '실존주의'의 유행에 비해서도 그렇고, 그 이후 국내의 사르트르 문학의 활성화에 비해서도 그렇고, 그 외의 이유를 보더라도 국내 철학계의 사르트르의 철학에 관한 연구가 일천하다고 할 정도로 미진하다는 것은 다소 기이한 현상이다. 국내의 철학계에서 나온 연구서로는 신오현 교수가 써서 1979년에 출간된『자유와 비극: 사르트르의 인간존재론』(문학과지성사)이 유일하다시피 하다. 국내의 문학계에서는 변광배 선생이 쓴『장 폴 사르트르: 시선과 타자』(살림출판사, 2004)와『존재와 무: 자유를 향한 실존적 탐색』(살림출판사, 2005)이 비록 소책자의 형태이긴 하나 일정하게 철학적인 영역을 탐색한 것으로 나와 있다. 열심히 사르트르 사상을 연구하는 국내의 '사르트르학회'는 곧 사르트르 문학을 중심으로 한 학자들의 모임으로서 철학자들은 거의 참여하지 않는 것으로 알고 있다.

이런 상황에서 사르트르 철학뿐만 아니라 사르트르 문학에서 가장 중요한 저서인『존재와 무』에 관한 강해를 모아 어쨌든 두툼하니 두 권으로 편집해 출간하지 않으면 안 될 정도로 나름대로 천착한 결과물을 내게 되니 감회가 예사롭지 않다. 한편으로는 현상학 전공자로서 오랜 동안 국내 현상학계는 물론이고 철학계에서조차 빈 공간으로 남아 있는 사르트르 철학의 핵심 저서의 내용을 국내에 소상하게 소개하게 되었으니 나름의 소임을 다한 것 같은 보람이 있고, 다른 한편으로는 사르트르의『존재와 무』를 통해 위에서 일별한 것처럼 내 나름의 현존철학을 구축하는 기초적인 원리를 확보하는 계기가 되었다는 보람이 있다. 전자보다 후자의 보람이 더 크다는 것은 두말할 필요가 없다. 이 후자의 보람은 이제 겨우 그야말로 대략의 기초를 잡았을 뿐이다.

2010년이 끝나면서 사르트르의『존재와 무』에 관한 강의가 함께 끝났다. 그 이듬해인 2011년 9월 30일부터 같은 해 12월 1일까지 철학아카데미에서 '함수적 존재론'이라는 제목의 강의를 했다. 이 강의를 할 수 있었던 것은 그야말로 사르트르 철학 덕분이다. 이 강의는 대략 다음과 같은 내용을 담고 있다. 우리의 삶에서 의미 있게 주어지는 일체의 것들은 지금 여기의 상황에서 현존한다, 개개의 현존자는 수렴·응축의 방향으로 자성의 위력을 발휘함과 동시에 확산·분절의 방향으로 대타성의 위력을 발휘하는 일종의 양방향 벡터이다, 따라서 현존자는 현존 벡터라 부른다, 현존 벡터는 그 자체 하나의 상황이다, 각각의 현존 벡터는 현상의 축/언어의 축/주체의 축 등 세 축으로 된 입체적 좌표계에서 현존한다, 말하자면 각각의 현존 벡터는 현상소와 언어소와 주체소를 변수로 해서 성립하는 하나의 함수이다, 세계는 이러한 벡터 함수값들이 크고 작은 상황들 간의 포섭과 겹침을 통해 네트워크를 형성하면서 이미 늘 역동적으로 소통함으로써 성립하는 출렁거리는 전체이다, 기타 등등. 아직까지는 그 일관된 전모를 확립하지 못하고 있기에 공개적으로 발표하기에는 워낙 미흡하다. 그러나 상당히 중요한 내 나름의 존재론의 구도를 잡았다는 확신을 지니고 있다. 그럴 수 있었던 것이 바로 사르트르의 『존재와 무』와 본격적으로 씨름했기 때문이다.

이런저런 이유로 그 누구보다도 철학아카데미에서 2년 동안 68회에 걸쳐 진행된 강좌, '사르트르, 『존재와 무』 강해'에 거의 한 번도 빠짐없이 참석해 주신 여러분들이 너무나 고맙다. 비교적 연로하신 데도 늘 참여해 성원해 주신 서원광 선생님, 그 이전에 있었던 하이데거의 『존재와 시간』 강좌에 이어 계속 참여하면서 문학적인 조언을 아끼지 않은 박선주 선생님, 철학 공부를 위해 직장까지 관두고 철학아카데미에 드나들면서 10년 넘게 필자의 강좌를 거의 빠짐없이 참여해 경청해 주시고 그 자신 들뢰즈 철학에 관한 저서 집필에 몰두하고 계신 오호근 선생님, 탁월한 사진작가인데 내가 쓴 메를로-퐁티의 『지각의 현상학』에 관한 강해서 『몸의 세계, 세계의 몸』을 읽고서 철학아카데미에 나를 찾아와 인연을 맺은 뒤 현재 미국에 가서까지 나의 강의 녹음을 이메일로 받아 열심히 철학공부를 하고 있는 윤춘길 선생, 그리고 지금은 남편의 직장을 따라 태국에 가 있지만 역시 『몸의 세계, 세계의 몸』을 읽고서 철학아카데미에 나를 찾아와 열심히 사르트르 강좌에 임해 준 이춘미 선생에게 특별히 고맙다는 말을 전한다. 그 외 강의 주제에 따라서는 30명에 가까이 많이 참여해 주신 수많은 강의 참여자들 한 사람 한 사람에게 이 자리를 빌려 고맙다는 인사를 전한다.

끝으로 난해함으로도 그렇고 분량으로도 그렇고 도무지 팔리지 않을 것 같은 이 책의 출판을 흔쾌히 맡아 주신 그린비출판사의 유재건 사장님, 지금은 그린비출판사를 떠났지만 늘 반가운 웃음으로 격려를 아끼지 않은 김현경 주간님, 그리고 무엇보다 교열과 편집을 도맡아 고생하면서 성심성의껏 여러 조언과 지적을 아끼지 않은 고태경 님을 비롯해, 애초 '불투명성으로 본 현상학'이라는 제목의 책을 내자고 한 것이 기화가 되어 아홉 번에 걸쳐 출판사 내에서 강의를 하면서 만났던 그린비출판사의 모든 식구들에게 진심으로 고맙다는 인사를 전한다.

생각건대, 모두가 고마울 따름이다. 하물며 집안에서 늘 내 학문적인 삶의 뒤치다꺼리를 하면서 위로와 사랑을 아끼지 않는 아내 이미숙 화백에게는 오죽하랴.

2012년 12월, 18대 대선을 며칠 앞두고서

조광제

차 례

2권

서설 | 존재에 관한 탐구에 부쳐

1. 인사말

반갑습니다. 한때 전후 프랑스 지성계를 장악하다시피 하면서 '실존주의'('현존주의'라 불러야 마땅합니다[1])라는 이름하에 존재론은 물론이고 문학예술계 및 정치사상계를 이끌었던 사르트르(Jean-Paul Sartre, 1905~1980)의 핵심 주저 『존재와 무』[2]를 이렇듯 뒤늦게나마 읽고 강해하게 되는 것을 다행으로 여깁니다. 30여 년 전 젊은 신학도 시절 이 책을 제대로 한번 읽어보려고 청계천 헌책방에서 불어문법책과 불어사전을 샀던 기억이 납니다. 한글본을 1977년에 구입했더구먼요. 하지만 하이데거 쪽이 급한 나머지 독일어 공부에 치중하는 통에 늦어 버린 것이 이렇게 30

---

1) 이에 관련해서는 이 책의 마지막에 부록으로 첨부한 논문을 참조하기 바랍니다. 핵심은 사르트르의 'philosophie existentielle'는 하이데거의 'existentiale Philosophy'를 '실존철학'이라 새겨 온 것과는 달리 '현존철학'이라 새겨 마땅하다는 것입니다. 그래서 이제 적어도 사르트르 철학에 관련해서는 '실존' 대신에 '현존', '실존주의' 대신에 '현존주의', '실존철학' 대신에 '현존철학'이라 부르게 될 것입니다.

2) *L'être et le néant*, Paris: Gallimard, 1943. 한글본은 『존재와 무』 1~2권, 손우성 옮김, 삼성출판사, 초판 1976년, 5판 1977년.

여 년이라는 세월이 흐르고 말았습니다. 아마 1979년이었지 싶습니다. 신오현 교수가 미국에서 아마도 박사논문이었던 것 같은데, 문학과지성 사에서 『자유와 비극』이란 책을 출판했을 때 탐독했던 기억이 새롭습니다. 그게 꼭 30년 전이군요.

하이데거 공부를 제대로 하기 위해, 철학과 대학원에 들어가서 그 기초가 된다는 후설(Edmund Husserl, 1859~1938) 공부를 했었고요. 상당한 세월이 흐른 뒤 짐짓 하이데거로 돌아가지 않고 아예 메를로-퐁티의 철학을 공부하기 위해 본격적으로 불어 공부를 한 것이 1988년 1월이었으니까, 그 역시 20년이라는 만만찮은 세월이 흘렀습니다. 그동안 나에게서 사르트르는 항상 메를로-퐁티와의 관련 속에서 '곁다리'처럼 취급된 건 사실입니다. 그런데 메를로-퐁티(Maurice Merleau-Ponty, 1908~1961)가 쓴 『보이는 것과 보이지 않는 것』[3]에 들어 있는 「탐문과 변증법」(Interrogation et dialectique)을 읽으면서 사르트르의 위력을 실감하고 언젠가 기회가 되면 『존재와 무』에 천착하리라 마음먹었습니다.

메를로-퐁티의 이 글을 읽으면서, 메를로-퐁티가 사르트르의 존재론과 힘겹게 대결하고 있는 모습이 처절하다고 느끼기도 했지만, 그 내용을 선명하게 파악하는 것이 결코 용이하지 않다는 것을 실감하면서 사르트르가 오히려 흔히 말하듯 의식과 물질이라는 이분법을 극단적으로 이끌고 갔다는 평가와는 사뭇 다르게 특이한 방식으로 '존재와 무의 변증법'을 활용하여 오히려 어쩌면 더 철저하게 유물론을 제시한 것이 아닐까 하는 생각이 들었습니다. 오늘부터 행해지는 본 강의는 그 생각을

---

3) Maurice Merleau-Ponty, *Le visible et l'invisible*, Paris: Gallimard, 1964. 한글본은 『보이는 것과 보이지 않는 것』, 남수인 옮김, 동문선, 2004.

실천에 옮기는 셈입니다. 상당한 흥분이 되는 것은 사실입니다. 이미 사르트르와의 대결을 다 끝마치고 강의를 하는 것이 아니라, 강의를 하면서 대결을 해나가야 하기 때문이기도 합니다.

지난 3학기 동안 하이데거의 주저 『존재와 시간』에 대한 강해를 마친 바 있어 어느 정도 자신감을 가지고 있긴 합니다만, 마음 한편에서는 강렬한 기대감과 아울러 상당 정도의 두려움이 없는 것도 아닙니다. 이번 학기 저희 철학아카데미에서 사르트르 문학의 전문가이신 변광배 선생님께서 '사르트르의 철학과 문학'이라는 제목으로 사르트르 철학의 핵심을 개괄하고 사르트르의 문학에 관한 탁월한 강의를 시작한 걸로 알고 있습니다. 갑자기 철학아카데미에서 사르트르 '붐'이 이는 것 아닌가 하는 느낌을 가질 수도 있으리라 생각합니다.

20세기 후반 프랑스 철학들이 여전히 많은 좋은 내용으로 우리의 사유와 상상력을 풍부하게 합니다. 이들의 철학이 주로 구조주의 내지는 포스트구조주의에 입각한 것이고, 구조주의는 바로 사르트르의 '현존 철학적 현상학'을 정면으로 공격하면서 탄생한 것이라는 일반적인 해석을 중시한 나머지 사르트르의 철학을 아예 백안시하는 경향이 있어 온 것은 사실입니다. 하지만 이들의 철학과 이들의 철학을 이해하는 과정에서 이들의 뿌리가 된다고 하여 근년에 들어 많이 연구되고 있는 베르그송 철학 사이에는 바로 사르트르의 철학과 메를로-퐁티의 철학이 있습니다. 메를로-퐁티의 철학은 물론이고 사르트르의 철학을 연구한다는 것은 20세기 후반 프랑스 철학의 새로운 철학적 발상의 기초를 때로는 적극적으로 때로는 부정적으로 파악하는 유력한 길이 됩니다. 특히 사르트르의 철학은 그의 '현존론적 정신분석'을 이해하는 데, 즉 인간의 심리적 삶을 존재론적으로 파악해 내는 데 더없는 근본적인 원리를 보여 주기 때문에 최근 라캉의 정신분석학을 중심으로 관심을 많이 끌고 있는 인간 내면의 복잡하기 이를 데 없는 미로를 존재론적으로 분석해 내는 데 큰 도움이 될 것입니다.

　아무쪼록 본인의 사정을 비롯한 주변 여건에서 큰 탈이 없이 본 강해가 끝마쳐지기를 바랍니다. 두 학기가 될지 세 학기가 될지 혹은 그보다 훨씬 많은 학기를 요구하게 될지 정확하게 예측할 수 없습니다만, "현대 사상은 현존자(l'existant)[4]를 그것을 나타내는 일련의 현출들(apparitions)로 환원함으로써 괄목할 만한 진전을 이루었다"라는 불어본 11쪽의 첫 문장에서부터 "우리를 순수하고 공모하지 않는 반성으로 이끄는 이 모든 물음들은 도덕적인 영토에서만 그 해답을 발견할 수 있다. 이를 위해 우리는 [이 책에 이은] 다음 저작을 바칠 것이다"라는 722쪽의 마지막 문장에 이르기까지 사르트르의 『존재와 무』를 무사히 나름대로 섭렵할 수 있기를 바랍니다. 여러분들의 열의가 저의 성실함을 한껏 부추길 것을 기대합니다.

2. 서설에 관한 간략한 안내

서설은 원문으로 24쪽의 제법 긴 분량입니다. 대체로 그렇듯이, 이 서설은 형식상 책 전체를 이끄는 사유의 실마리를 제공하는 기능을 합니다

---

4) 사르트르가 말하는 '현존자'는 하이데거가 말하는 '존재자'(Seiendes)에 해당한다고 여기기 쉽습니다. 하지만, 하이데거가 말하는 '존재자'는 그 시간성에 있어서 정확한 위상을 잡을 수 없습니다. 사르트르에게 있어서 '현존자'는 어디까지나 '현재'를 중심으로 해서 존재하는 것이지요. 따라서 사르트르가 말하는 l'existant'을 하이데거가 말하는 '존재자'와 혼동하게끔 하는 '존재자'로 새겨서는 안 될 것입니다. '현존자'로 새겨야 하는 것이지요.

만, 다들 아시다시피 이 정도의 긴 글이라면 한편으로 책 전체의 내용을 압축해 놓은 것으로 볼 수 있습니다. 압축해 놓았다는 것은 요약이 아니라, 이 책의 내용을 파고들어 가는 데 필요한 사유의 근본을 제시하는 것이지요. 그런 까닭에 대개의 경우 책 전체를 쓴 뒤 마지막으로 가장 심혈을 기울여 쓰는 것이지요. 사르트르의 이 서설도 그러리라 짐작합니다.

　서설은 '현상의 관념', '존재의 현상과 현상의 존재', '선반성적 코기토와 지각함의 존재', '지각된 것의 존재', '존재론적인 증거', '즉자존재' 등 여섯 개 절로 구성되어 있습니다. 각 절의 제목들을 보면 '현상'과 '존재' 그리고 '지각'이 주제의 핵심을 구성하고 있음을 알 수 있습니다. 이는 후설의 현상학을 크게 염두에 두고 있음을 알려 줍니다. 일정하게 후설 현상학의 기초를 알아야만 접근할 수 있다는 이야기가 됩니다. 강의를 통해 후설의 이야기를 곁들이지 않을 수 없겠습니다.

1) 현상의 관념

사르트르는 현대의 사유가 현존자를 현출들의 계열로 환원함으로써 각종 이원론을 현상 일원론(le monisme du phénomène)으로 대체하게 되었다는 이야기를 하면서 '이것이 과연 성공적인가?'라는 물음을 던지는 데서 이야기를 시작합니다. 그러면서 이런 이야기를 합니다.

　　현존자를 증시하는 외현들은 내부적인 것도 아니고 외부적인 것도 아니다. …… 분명하게 말할 수 있는 것은 존재(l'être)와 출현(le paraître)의 이분법은 철학에서 더 이상 시민권을 찾을 수 없는 것으로 귀결되었다는 사실이다.(11/57)[5]

여기에서 말하는 '현존자'는 주변에 지천으로 널려 있는 사물들뿐만 아니라 타인들 및 나 자신을 포괄하는 것으로 보아야 할 것입니다. 중요한 것은 '현존자'라고 할 때, 그것은 항상 '지금·여기'를 차지하고 있는 것이어야 한다는 점입니다. 흔히 전통 철학에서는 본질과 현상을 구분했었지요. 그러면서 본질은 현존자의 알짜로서 내부에 있는 것이고, 현상은 껍질로서 외부에 드러나는 것이라고 보았지요. 말하자면 현존자에서 있음과 드러남, 즉 존재와 출현을 구분했던 것인데요. 드러나는 내용들을 실마리로 삼되 그것들을 넘어서서 그 속에 '도사리고 있는' 본질을 찾아 파악하는 것을 진정한 인식으로 여겼습니다. 겉으로 드러나는 현출들은 시간의 흐름에 따라 계속 새로운 현출들로 바뀌면서 오히려 우리를 현혹하여 오류에 빠지게 만드는 것일 뿐이라고 여겨왔습니다. 그래서 사르트르의 말에 따르면, 현출들은 '존재가 아닌 것'(ce qui n'est pas l'être)으로서 '순수하게 부정적인 것'(un négatif pur)으로 취급되어 왔습니다.

그런데 사르트르의 이야기는, 주로 후설의 현상학을 지칭하는 것으로 보이는 현대의 사유를 통해 이러한 이분법이 더 이상 유효하지 않다는 것을 확인하고 있습니다. 그 근거가 되는 사유의 출발점으로 그는 이런 이야기를 합니다.

그러나 만약 우리가 니체가 '배후 세계의 착각'이라 부른 것으로부터 일단 자유로워진다면, 그리고 만약 우리가 외현-배후의-존재를 더 이

---

5) 앞의 숫자는 불어본의 쪽수, 뒤의 숫자는 한글번역본의 쪽수인데, 앞으로는 이것들을 숫자로만 나타냅니다. 다만, 한글본은 1권과 2권으로 나뉘어 출판되었는데, 앞의 쪽수가 뒤의 쪽수보다 작을 때에 뒤 쪽수는 한글본 1권의 쪽수이고, 그 반대로 앞의 쪽수가 뒤의 쪽수보다 클 때 뒤의 쪽수는 한글본 2권의 쪽수로 보면 되겠습니다.

상 믿지 않는다면, 그 반대로 현출은 충만한 긍정성이 되고 현출의 본질은 더 이상 존재와 대립하지 않으며 오히려 존재의 척도인 하나의 '출현'(un ⟨paraître⟩)이 될 것이다. 왜냐하면 한 현존자의 존재, 그것은 그 현존자가 출현하는 바로 그것이기 때문이다.(12/58)

논리적으로 그다지 어려운 이야기는 아닙니다만, 그렇다고 해서 우리가 늘 수행하고 있는 사물의 파악을 놓고 보면 결코 쉬운 이야기도 아닙니다. '현존자'라는 것은 지금·여기에 있는 것을 지칭합니다. 지금 여기 하나의 현존자로서 칠판지우개가 **있습니다**. 여기 칠판지우개가 **드러나 있습니다**. 무엇이 드러나 있는가요? 우선 이것이 **칠판지우개임**이 드러나 있습니다. '칠판지우개임'은 이것의 본질입니다. 그러고 보면 이것의 **본질**이 드러나 있습니다. 그런데 어떻습니까? 이것의 본질이 드러나 있다고 할 때, '이것'은 이것의 본질 자체는 아닐 것입니다. 그렇다면 '이것' 자체는 무엇을 나타내고 있는가요? '이것' 자체는 이것의 **존재**를 나타내고 있습니다. 이것의 본질도 드러나 있고, 이것의 존재도 드러나 있는 셈입니다. 그래서 사르트르는 하나의 현존자인 이 칠판지우개의 존재, 그것을 바로 이 현존자가 출현하는 바로 그것이라고 말하고 있습니다. 그렇다면 이 '드러남', 즉 '출현'은 무엇인가요?

이것이 칠판지우개라는 본질을 드러내고 또 이것이 존재한다는 사실을 드러낸다고 할 때, 이렇게 드러나는 본질과 존재 말고 그 뒤에 숨어 있는 또 다른 무엇인가가, 즉 또 다른 이것의 본질이나 존재가 따로 있는가요? 전통적으로는 이것의 본질인 '칠판지우개임'은 지각을 통해 드러날 수 없고, 심지어 이것이 존재한다는 사실조차도 지각을 통해 드러날 수 없다고 하면서, 그것들은 오로지 지성적인 일종의 직관적인 추론에 의해 알 수 있다고 말해져 왔습니다. 후설의 현상학에 입각해서 사르트르는 이것의 본질과 존재 모두가 지각된다고 말하고 있습니다. 그래서 사르트르는 예컨대 본질에 관해서 이렇게 말합니다.

> 이 때문에 우리는 외현(apparance)과 본질(essence)의 이분법을 마찬가지로 거부할 수 있다. 외현은 본질을 감추지 않는다. 외현은 본질을 드러낸다. 외현은 **본질**이다. …… 결국 [현출들의] 계열의 근거인 본질은 바로 현출들의 끈(lien), 즉 그 자체 하나의 현출일 뿐이다.(12/58)

이렇게 돌려본 이 칠판지우개도 **칠판지우개**이고, 또다시 다르게 돌려 본 이 칠판지우개도 **칠판지우개**입니다. 이것이 드러나는 모습을 그 자체로 보면 돌릴 때마다 달라집니다. 그렇다고 칠판지우개임이 달라지지는 않습니다. 매 순간 **칠판지우개임**이 계속 나타납니다. '칠판지우개임'은 그러면서 이것을 이렇게 저렇게 돌림에 따라 이것의 매 순간의 모습들, 즉 현출들이 계열화되어 나타날 때, 그 현출들의 계열에 속한 각각의 현출들을 칠판지우개의 현출이게끔 묶어 주는 끈의 역할을 합니다. 끈의 역할을 하면서 **칠판지우개임**이 계속 나타납니다. 이에 대해 사르트르는 본질도 하나의 현출이라고 말하고 있는 것입니다.

본질의 현출에 대해 이런 생각을 정식화해 낸 것이 후설의 '본질직관'(Wesenschau)임을 지적하면서, 사르트르는 그렇다고 모든 이분법이 사라진 것은 아니고 그 대신 새로운 이분법이 등장했다고 말합니다.

> 만약 대상(objet)의 초월성이 현출이 항상 스스로를 초월하도록 하는 필연성에 근거한다면, 원리상 하나의 대상은 자신의 무한한 현출들의

계열을 정립한다는 사실이 귀결된다. 그래서 **유한한 현출**은 그 자체 자신의 유한함 속에서 스스로를 지적하지만 그와 동시에 '나타나는-것의-현출'(apparition-de-ce-qui-apparaît)로서 파악되기 위해서는 무한을 향해 극복될 것을 요구한다. 우리는 그 이분법들을 모두 다 뒤집어 새로운 하나의 이분법, 즉 유한과 무한의 이분법으로 바꾼 것 같다.(13/59~60)

사르트르의 이 이야기는 비교적 간단합니다. 여기 이 칠판지우개는 계속 이렇게 저렇게 돌릴 수 있습니다. 원리상 무한히 계속 다양하게 돌릴 수 있습니다. 그렇다면 이 칠판지우개가 나타내는 현출들은 원리상 무한히 다양한 셈입니다. 그런데 우리는 실제로 현출들의 무한함을 보고 있는 것도 아니고 그럴 수도 없습니다. 그러니까 원리상으로는 현출들의 무한함을 전제로 해서 그렇게 **현출들을 통해 나타나는 것**을 보고 있습니다만, 실제로는 일정하게 한정된 현출들 즉 현출들의 유한함을 통해 **그 현출들을 통해 나타나는 것**을 보고 있는 셈입니다. 그래서 사르트르가 유한과 무한의 이분법이 새롭게 생겨난다고 말하고 있는데요. 그 핵심적인 의미가 궁금해집니다.

그것은 이렇습니다. 유한한 현출들을 통해 나타나는 것과 무한한 현출들을 통해 나타나는 것을 구분해 보겠습니다. 둘 중에 어느 것이, **현출들을 통해 나타나는 것**을 보고 있는 주체인 나와 상관없이 **객관적인 실재성을 띠고서 저쪽에서 나타나는 것**이라 하겠습니까? 당연히 후자가 그러리라 여겨집니다. 지각의 원리상 본래 유한하게 현출되고 만다는 것은 불가능한 일이지요. 언제든지 새롭게, 말 그대로 무한하게 현출될 수 있는 것이 예컨대 바로 여기에 있는 이 칠판지우개인 것이니까요. 사르트르의 이 착안은 상당한 것 같습니다. 실제의 지각 과정에서 **객관적인 실재성을 띠고서 저쪽에서 나타나는 것**, 즉 존재가 현출들의 무한성과 연결되어 있다는 것을 포착한 것이니까요. 물론 이전에도 후설이 이를 지각 과정의 목적론적인 과정이라 하여 암암리에 문제 삼았던 것은 사실이지만, 사르트르처럼 유한과 무한의 이분법으로 정식화한 것은 아니었습니다. 아무튼 사르트르는 유한과 무한의 새로운 이분법적 대립에 대해 이렇게 말합니다.

> 새로운 방식으로 바깥은 안과 대립하고, 나타나지-않은-존재(l'être-qui-ne-paraît-pas)는 현출과 대립한다.(13/60)

하지만 다들 눈치를 챘으리라 여겨집니다만, 이 이분법적 대립은 이전의 이분법적 대립과는 전혀 성격을 달리합니다. 그것은 마치 실수(實數)의 수직선에서 부분 역시 무한한 상태로 무한인 전체와 연결되어 있는데도 실수의 수직선의 부분과 전체가 대립된다고 하는 것과 유사하기 때문입니다. 말하자면, 안을 생각하게 만드는 유한함도 원리상 현출됨에 근거해 있고, 바깥을 생각하게 만드는 무한함도 원리상 현출됨에 근거해 있음으로써, 둘 모두 나타남(출현)에서 하나의 연속을 이루고 있다는 것입니다. 그래서 사르트르는 이렇게 말합니다.

> 만약 현출의 본질이 그 어떤 **존재**와도 대립하지 않는 '출현'이라면, 이 **출현의 존재**라는 문제가 당연하게 성립한다. 이 문제는 이 책에서 우리를 장악하는 것이고, 존재와 무에 대한 우리의 탐구들에 있어 출발점이 될 것이다.(14/61)

존재가 드러난다고 할 때, 도대체 우리는 존재가 드러나는 곳을 염두에 두지 않을 수 없습니다. 더욱이 존재가 한껏 남김없이 드러난다고 한다면, 일체의 대상의 존재뿐만 아니라 일체의 주체의 존재마저도 그것들이 현존자인 이상 그 존재가 남김없이 한껏 드러난다고 한다면, 만약 그렇다면, 그같이 일체의 **존재가 드러나는** 곳은 어디이며, 그 '어디의 존재 자체'는 어떻게 되는 것인가요?

이 '어디'는 분명 의식일 것입니다. 그런데 의식의 존재 자체를 따지게 되면 상당히 복잡해집니다. 그러면서 앞서 사르트르가 말한 유한성과 무한성의 대립을 염두에 두게 되면, 새로운 물음이 등장합니다. 즉 존재가 드러난다고 할 때, 과연 남김없이 드러난다는 것이 원리상 가능한가요? 만약 남김없이 드러난다는 것이 원리상 불가능하다면, 그때 지금·여기라고 하는 현존 상태에서 대상으로서 드러나는 현존자와 주체로서 드러나는 현존하는 의식 둘 모두 그 존재에 있어서 그들이 감당할 수 없는 다른 어떤 근본적인 존재의 계기를 지니고서 현존한다고 해야 하지 않나요? 그렇다면 그 '근본적인 존재'는 과연 무엇인가요?

2) 존재의 현상과 현상의 존재

이를 다루기 위해 사르트르가 내세운 것이 '존재의 현상'(phénomène d'être)과 '현상의 존재'(l'être du phénomène)입니다. 우선 제목부터 헷갈립니다. 이거 뭔가 사르트르 강의를 듣고자 한 것이 잘못된 선택이 아닌가 할 정도로 어쩌면 삶에 직접 관계도 없는 내용들을 붙들고서 씨름하는 것 아닌가 하는 느낌이 들 정도입니다. 하지만 그렇지 않습니다. 존재 자체가 근본적으로 우연이라고 하는 사르트르의 유명한 철학적인 언명에서 전개되어 나올 삶에 관한 이야기는 대단히 구체적이고 실감나는 방식이기 때문에 충분히 기대하셔도 좋습니다. 다만, 그런 삶에 관한 이야기를 제대로 할 수 있으려면 이렇게 삶의 근본 지평이 되는 존재론적인 환경의 구도를 알아야 합니다.

'존재의 현상'은 말 그대로 존재가 현상한다는 것입니다. 그런데 이때 존재는 바로 현상의 존재를 지칭한다고 할 수 있습니다. 온갖 현상들이 있다고 할 때, 그 현상들 전체를 한꺼번에 묶어서 그 현상들 자체가 도대체 근본적으로 뭐냐 하고서 묻게 되면, 그 물음은 곧 '현상의 존재'를 묻는 것입니다. '현상의 존재'가 현상되지 않는다고 하면, 전통적인 방식으로 현상과 존재를 구분하는 것이 됩니다. 그런데 사르트르는 '현상의 존재'가 현상한다는 것을 강조합니다. 그리고 그것을 '존재의 현상'이라고 말합니다. 그러고 보면, 이 '존재의 현상'은 흔히 "이 책상이 현상으로서 주어진다"라거나 "내 질투심이 현상으로서 주어진다"라는 등의 현상과는 차원이 다릅니다. 요컨대 지금 여기에 존재한다고 할 수 있는 '현존자들'이 현상하는 것과는 차원이 다릅니다. 사르트르는 존재가 현상하는 것에 대해 이렇게 말합니다.

그러한 것으로 기술될 수 있는 '**존재의 현상**', 존재의 현출이 있어야 한다. 존재는 권태, 구토 등의 직접적인 모종의 접근 수단에 의해 우리에게 노출될 것이다.(14/61)

존재가 현상하는 길목은 특별하게 문학적인 냄새를 물씬 풍기는 '권태' 혹은 '구토' 등이라고 말하고 있습니다. 그러고 보면, 사르트르가 쓴 유명한 소설 『구토』는 '존재의 현상'에 대한 책이라 할 것입니다.

사르트르의 철학적 사유는 존재에 집중되어 있습니다. 여기에서 말하는 존재는 토마스 아퀴나스가 현존(existentia)과 본질(essen-tia)을 구분할 때 현존에 해당하는 것이 아닙니다. 오히려 현존과 본질 모두를 넘어서서 드러나는 것이라 해야 합니다. 그래서 '존재의 현상'이라 할 때, 그 현상하는 방식은 현존과도 다르고 본질과도 다를 수밖에 없습니다.

본질은 대상 '안에' 있지 않다. 본질은 대상의 의미이고, 대상을 노출시키는 현출들의 계열의 근거다. 그러나 존재는 다른 대상들 가운데서 파악될 수 있는 대상의 성질도 아니고 대상의 의미(sens)도 아니다. 대상은 기호적 의미(signification)를 지시하듯이 존재를 지시하지 않는다. 예컨대 존재를 하나의 **현전**(une *présence*)으로 정의하는 것은 불가능할 것이다. 왜냐하면 **부재**(*l'absence*)도 존재를 노출하고, 거기에 있지 않음도 여전히 존재이기 때문이다. 대상은 존재를 소유하지 않는다. 그리고 대상의 현존은 존재에 참여함이 아니며, 모든 다른 종류의 관계함도 아니다. 그것은 있다라고 하는 것이 대상의 존재방식을 정의하는 유일한 방편이다.(15/62)

서서히 어려워집니다. 존재란 본질도 현존도 아니고, 현전도 부재도 아니라고 말하고 있습니다. "그것은 있다"라는 것도 '대상의 존재방식'에 대한 것이지 '**존재의 존재방식**'에 대한 이야기가 아니기에 이 이야기도 존재를 규정하는 데 그저 간접적으로만 도움을 줄 뿐입니다. 사르트르가 좀더 적극적으로 존재에 대해 언급하는 것을 봅시다.

현존자는 현상이다. 즉 현존자는 그 스스로를 성질들의 유기적인 전체로서 지시한다. 그 스스로를 지시할 뿐 그 존재를 지시하지는 않는다. 존재는 그저 모든 노출(dévoilement)의 조건이다. 존재는 노출을-위한-것(être-pour-dévoiler)이지 노출된 것이 아니다.(15/62)

존재가 노출되는 것이 아니고 모든 노출의 조건이라면, 존재는 현상되는 것이 아니고 모든 현상의 조건인 셈입니다. 그러니까 '존재의 현상'이란 '모든 현상의 조건으로서의 존재가 현상한다'라는 것을 압축한 표현이라 할 수 있습니다. 여기에서 현상하는 존재는 바로 '현상의 존재'가 됩니다.

비록 시간적인 추이와 관련하여 한계가 있긴 하지만, 이렇듯 우리 주변에는 수많은 대상들이 노출되어 있습니다. 그렇게 노출된 것들이 바로 현존자들입니다. 이 대상들이 존재한다는 사실도 노출되어 있습니다. 하지만 노출된 바 이 대상들이 존재한다는 사실 자체의 현상, 즉 사르트르의 표현을 빌리면 '존재의 현상'은 비록 대단히 특이하긴 하지만 어쨌든 노출된 것이지, 모든 노출의 조건은 분명 아닙니다. 아닌 게 아니라 이 모든 것들이 이렇게 '적나라하게' 노출되어 있다는 사실 자체는 우리로 하여금 '아니, 도대체 이 모든 것을 이렇게 노출될 수 있도록 하는 근본 조건 내지는 힘'이 과연 무엇인가에 대해 충분히 의문을 갖도록 합니다. 그것을 일컬어 사르트르는 '현상의 존재'라고 말하면서 그것을 '존재'로 연결합니다.

그러고 보면 현상인 현존자들이 있다는 사실 자체, 즉 현상의 존재를 파악하는 것은 대단히 힘듭니다. 현상의 존재를 파악하기 위해서는 우선 '존재의 현상'을 파악해야 합니다. 그리고 이를 바탕으로 해서 '현상의 존재', 즉 존재를 규정해야 합니다.

앞에서 사르트르는 존재가 현상하는 수단으로 권태와 구토를 지목하고 있었습니다. 예사로운 지각으로는 존재가 현상하는 장면을 목격할 수 없다는 이야기가 담겨 있었습니다. 그래서 이렇게 이야기합니다.

> 현상의 존재는 존재의 현상으로 환원될 수 없다. 한마디로 말해, 존재의 현상은 '존재론적'이다. …… 존재의 현상은 존재에 대한 일종의 부름이다. 현상인 한, 존재의 현상은 초현상적(transphénoménal)이라 할 토대를 요구한다. 존재의 현상은 존재의 초현상성을 요구한다.(16/63)

'존재의 현상'에 대해 '존재론적'이라 말하는 것은 '존재의 현상'이 '현상의 존재', 즉 '존재'로 육박해 들어갈 수 있는 존재론을 가능케 하는 실마리가 된다는 것을 뜻합니다. 말하자면, '존재의 현상'이야말로 '현상의 존재', 즉 '존재'로 치고 들어갈 수 있는 근원적인 현상임을 말합니다. 현존자 하나하나의 현상, 일컬어 '현존자의 현상'이라 부를 수 있는 현상은 '존재적'인 현상인 데 반해, '존재의 현상'은 존재론적이라는 것이지요. 존재적인 현상, 즉 일상적인 지각을 통해 현존자들이 현상하는 것을 통해서는 '현상의 존재'를 향해 치고 들어갈 수 없는 데 반해, 존재론적인 현상인 '존재의 현상'을 바탕으로 하게 되면 존재 자체를 향해 치고 들어갈 수 있다는 것이지요. 이러한 우리의 설명은 암암리에 하이데거가 잘 구분한 '존재적'(ontische)과 '존재론적'(ontologische) 간의 구분을 원용한 것입니다. 잘 알려진 것처럼, 하이데거는 존재(Sein)와 존재자(Seiendes)를 구분했지요. 그리고 존재에 관한 논구는 존재론적이라고 하고, 존재자에 관한 논구는 존재적이라고 했지요.

지금 사르트르는 개별 현존자들의 현상은 존재적이라고 하고, 개별 현존자들이 현상하는 '현상 자체의 존재'가 현상하는 그 '존재의 현상'에 대해서는 존재론적이라고 하는 것입니다. 그렇기 때문에 이 '존재의 현상'은 그 자체 나름의 근거(토대)가 있어야 하는데, 그 근거(토대)만큼은 '초현상적'이라는 것이고, 그것이 바로 초현상적인 '현상의 존재', 즉 '존재'라는 것입니다.

이렇게 되면, 사르트르가 현상과 초현상이라고 하는 이분법을 견지하는 것 아닌가, 드러나는 현존자들에 대해 그 배후의 세계를 인정하는 것 아닌가, 그렇다면 결국 이전의 이분법적인 구도로 되돌아가는 것 아닌가 하는 의구심을 가질 법합니다. 이를 염두에 둔 듯, 사르트르는 이렇게 못을 박습니다.

> 존재의 현상은 존재의 초현상성을 요구한다. [그렇다고 해서] 존재가 현상들의 **배후**에 숨겨진 것으로 발견된다는 것을 의미하는 것은 아니다 (우리는 현상이 존재를 숨기지 못한다는 것을 보았다). ——또 현상이 별도의(distinct) 존재로 넘겨지는 외현이라는 것을 의미하는 것도 아니다 (현상이 존재한다는 것, 즉 현상이 존재의 기반에 근거하고 있다는 것은 현상이 **외현**인 한에서이다).(16/63)

사르트르가 근본 입장에 있어서 얼마나 현상학적인 구도를 철저하게 유지하고자 하는가가 훤히 드러납니다. 모든 현존자들이 현상할 때, 그 현상들의 근거가 되는 근본적인 존재 역시 비록 초현상적이긴 하지만 어디까지나 현상한다는 것입니다. 그렇게 현상하는 통로로서 '구토'와 '권태'를 지목한 것이고요.

3) 선반성적 코기토와 지각함의 존재

이제 '현상의 존재'로 치고 들어가기 위한 '존재의 현상'에 관한 이야기를 잠시 멈추고 현상과 떼려야 뗄 수 없는 의식 이야기로 들어갑니다. 사르트르가 제시하는 의식 개념에서 핵심은 의식은 근본적으로 '선반성적'이라는 것입니다.

'선반성적'을 뜻하는 'préréflexif'를 '전(前)반성적'이라 새기지 않고 '선(先)반성적'이라 새기는 것은 이 문제가 논리상 공간적인 것이 아니라 시간적이기 때문입니다. 사르트르는 이 절에 자그마치 7쪽 이상을 할애하고 있습니다. 이 절에서 사르트르는 후설과의 대결을 벌입니다. 이를 위해 그가 맨 먼저 끌고 들어오는 것이 근대 경험론자인 버클리(George Berkerly, 1685~1753)의 "esse est percipi"라는 유명한 명제입니다.

이 명제는 "존재는 지각된 것이다"라는 뜻을 지니지요. 그 실상은 정신에 지각된 관념적인 내용 자체가 바로 사물의 존재라는 것을 나타냅니다. 말하자면 이 방안에 있는 모든 사람들, 즉 지각하는 정신들이 밖으로 나가 이 방안에 있는 사물들이 지각되지 않을 경우에는 그 사물들은 존재하지 않는다는 것이지요. 이를 들어 버클리의 주장을 반박하자, 버클리는 신이 지각하기 때문에 그래도 이 사물들은 있다고 할 수 있다고 답했다고 합니다. 사물의 존재 자체를 정신 내부에 귀속시킨 전형적인 관념론이지요. 그런데 사르트르는 후설이 바로 이러한 우를 범했다고 할 수 있다고 말하면서, 그 근거로 후설이 의식에 의해 구성되는 노에마(Noema)를 비실재적인(irréel) 것으로 취급할 것이기 때문이라고 했습니다.[6] 후설이 사물의 존재 자체를 곧바로 노에마적인 것이라 한 것 같지는 않습니다만, 어쨌든 후설이 이른바 '초월론적인 환원'을 거친 뒤 존재하는 세계 전체를 초월론적인 의식의 흐름 속에 포함되는 것으로 여긴 것으로 보아 사르트르가 말한 취지가 크게 어긋나는 것 같지는 않습니다. 관련된 사르트르의 이야기를 들어 봅시다.

> 만약 인식에 존재라는 기초를 제공하는 데 전념하지 않고 인식의 존재를 주어진 것(소여, un donné)으로 정립하는 데서 시작하여, 이어서 '존재는 지각된 것이다'라는 명제를 확정한다면, '지각함-지각됨' (perception-perçu)의 총체성은 견고한 존재에 의해 지지되지 않기 때문에 무(無) 속으로 붕괴된다. 따라서 인식의 존재는 인식에 의해 측정될 수 없다. 인식의 존재는 '지각된 것'으로부터 빠져나온다. 또한 지각함과 지각된 것의 존재-토대는 그 스스로 지각된 것으로부터 빠져나와야 한다. 그 존재-토대는 초현상적이어야 한다.(17/64)

간단히 말하면, 우리가 지각을 하고 인식을 한다고 할 때, 지각함도 있고 인식함도 있습니다. 말하자면 지각 내용이나 인식 내용과는 별개로 지각[함]의 존재를 생각할 수 있고, 마찬가지로 인식[함]의 존재를 생각할 수 있습니다. 그런데 지각의 존재 자체나 인식의 존재 자체를 '지각함-지각됨(지각된 내용)'의 짝 자체 내에서 혹은 '인식함-인식됨(인식된 내용)'의 짝 자체 내에서 찾으려 해서는 안 된다는 이야깁니다.

말하고 보니 간단하지 않은 것 같군요. 지금 우리는 여기 방 안의 사물들을 지각하고 있습니다. 사물들도 있지만, 사물들을 지각함도 있지요.

---

6) 후설은 현출되는 감각적 질료(Hyle)의 흐름을 의식(노에시스, Noesis)이 붙들어 통일된 의미를 지닌 노에마로 구성한다고 말합니다. 그리고 이때 노에마는 완전히 의식 외부에 있는 것이 아니라고 합니다.

우리가 **사물들**을 지각하니까 그 지각 내용에 의거해서 사물들의 존재가 성립한다고 하면 안 되듯이, 우리가 사물들을 **지각**하니까 그 지각 내용에 의거해서 '지각함의 존재'가 성립한다고 하면 안 된다는 이야깁니다. 지각함과 지각된 것을 아우르는 존재-토대를 찾되 지각된 내용, 즉 지각 현상에서 찾으려 해서는 안 된다는 것이고요. 그래서 그 존재-토대를 초현상적이라 하는 것이지요. '현상의 존재'가 초현상적이라는 것과 동일한 방식의 논증입니다. 이제 그다음이 문제입니다. 지각에 관련된 이 존재-토대가 과연 무엇인가 하는 것입니다. 이에 관련하여 사르트르는 후설의 지향성을 활용합니다.

> 후설이 드러낸 바로는, 모든 의식은 어떤 것에 **대한**(de) 의식이다. 이는 초월적인 대상에 대한 **정립**이 아닌 것은 의식이 아니라는 것을 의미한다. 혹은 사람들이 선호하는 식으로 말하면, 의식은 '내용'을 갖지 않는다는 것을 의미한다.(17/65)

사르트르가 후설이 말한, "의식은 항상 어떤 것에 **대한** 의식이다"라는 말을 굳이 "의식은 내용을 갖지 않는다"라는 것으로 강조해서 해석하는 것은 '어떤 것'인 대상의 존재가 의식 속에 있는 것이 아니라는 상식적인 이야기를 강조함으로써 버클리식 관념론을 깨고자 하는 것입니다.

> 사실 탁자의 현존은 의식에게 있어서 불투명성의 중심이다. …… 철학의 첫번째 행보는 의식이란 세계에 **대한** 정립적인 의식이라는 사실을 깨달아 사물들을 의식으로부터 구출해 내고 의식과 세계의 참된 관계를 재확립하기 위한 것이어야 한다.(17~18/65)

만약 예를 들고 있는 탁자가 버클리식으로 의식 속에 의식된 내용으로만 있다고 한다면, 그 탁자를 인식하는 행위는 인식하는 의식이 자신 속을 뒤집고 헤아리는 꼴이 될 것입니다. 사르트르는 인식이란 어디까지나 의식에 대해 불투명하게 자리 잡고 있는 저쪽 사물의 현존을 전제로 해서 성립하는 것임을 애써 강조합니다. 어떻게 보면 당연한 것인데도 왜 이렇게 강조를 할까요?

저쪽 사물의 현존의 존재론적인 근거가 인식이나 인식하는 의식에서 비롯되는 것이 결코 아니라는 것을 강조하기 위해서입니다. 달리 말하면, 지각되는 사물의 현존의 근거는 초현상적인 '현상의 존재', 즉 '존재'라는 것을 강조하기 위해서입니다. 이런 점에서 바로 사르트르의 유물론적인 측면이 한껏 드러납니다. 그런데 버클리도 그러하고 후설도 상당히 그러한데, 저쪽 사물의 현존을 의식 연관 내에서 찾으려 합니다. 그렇게 되면, 당연히 관념론으로 흐르게 되지요. 사르트르가 주장하는 핵심은 의식의 존재와 대상인 사물의 존재를 확연하게 구분해야 한다는 것이고요. 의식의 존재가 결국에는 사물의 존재라고 할 수 있는 즉자에 근거해 있다는 것입니다.

이를 제대로 검토하기 위해 사르트르는 후설이 말한 의식의 지향성을 나름대로 한껏 활용하면서 그 나름으로 지향성 개념을 새롭게 해석합니다. 사르트르는 다음과 같이 후설을 뛰어넘는 언명을 합니다.

모든 대상 정립적인 의식은 동시에 자기 자신에 대해 비정립적인 의식이다. …… 반성을 가능케 하는 것은 비반성적 의식이다. 데카르트적인 코기토의 조건인 선반성적인 코기토가 있다.(19/67)

사실 후설은 의식 작용과 의식 대상 간의 관계에 대해서는 철저하게 사유했지만, 의식의 존재 자체에 대해서는 거의 논구를 하지 않았습니다. 후설이 놓쳐 버린 아주 중요한 대목, 의식의 존재 자체를 사르트르는 인식 이전에 혹은 인식의 배후에 혹은 반성의 배후에 놓여 있는 것에서 찾으려 하고, 이를 위해 '비정립적인' 혹은 '비반성적인' 혹은 '선반성적인' 등의 관형어들이 적용될 수밖에 없는 영역을 찾고 있는 것입니다.

그렇다면 사르트르는 의식 자체, 즉 의식의 존재를 어떻게 풀어나가는 것일까요? 사르트르는 이제 사물을 향한 의식이 아니라 자기 자신을 향한 의식으로 치고 들어가고자 합니다. 이에 관련하여 사르트르는 자기 의식을 끌어들이면서 쾌락 혹은 쾌락을 느끼는 의식을 분석합니다.

이 자기(에 대한) 의식, 우리는 이것을 새로운 의식으로 고찰해서는 안 되고 [의식이] '어떤 것에 대한 의식'이기 위해 가능한 유일한 현존 양식으로 고찰해야 한다. 연장된 대상이 3차원에 따라 존재하지 않을 수 없는 것과 꼭 마찬가지로 하나의 의도(지향, intention), 하나의 쾌락, 하나의 고통은 그것들 자체(에 대한) 직접적인 의식으로서만 현존할 수 있다. 의도[함]의 존재는 의식으로서만 있을 수 있다. 그렇지 않으면 의도[함]는 의식 속에 있는 사물이 되고 말 것이다. …… 심지어 논리적으로도, 쾌락은 쾌락에 대한 의식과 구분될 수 없다. 쾌락(에 대한) 의식은 쾌락을 구성한다. …… 쾌락은 쾌락에 대한 의식이 '있기 전에' 현존할 수 없다. 잠재적이거나 가능적인 형식하에서도 그러하다. 가능적인 쾌락은 가능적으로 있는 의식으로서만 존립할 수 있을 것이고, 의식의 잠재성들(virtualités)은 잠재성들의 의식으로서만 있다.(20~21/68~69)

핵심은 어떤 것에 대해서건, 예컨대 물리적인 사물에 대해서건 심리적인 상태에 대해서건 반성적으로 인식하는 의식을 의식의 근본 존재로 보아서는 안 된다는 이야기입니다. 이를 논증하기 위해 사르트르는 자기(에 대한) 의식을 거론하고 그 예로다 쾌락을 중점적으로 들먹입니다. '자기(에 대한) 의식'이라 하여 이상한 표기법을 하는 것은 문법상 오해를 피하기 위한 것이라고 합니다. 괄호를 쓰지 않고 그냥 '에 대한'(de)을 쓰면 문법상 목적어에 해당하는 대상 따로, 그 대상을 향한 주체로서의 의식 따로 하는 식으로 오해를 하기 때문이라고 합니다. 그러니까 이 '자기(에 대한) 의식'은 분열되어 있지 않은 자기의식, 즉 자기를 대상으로 삼지 않는 자기의식입니다. 달리 말하면, 자신 속에서 균열이 일어나 자기 이외의 것을 끌어들여야 할 것 같은 강박에 시달릴 필요가 없는, 자기 자신만으로 충만한 의식인 셈입니다.

사르트르는 이 예로 쾌락을 들먹입니다. 엉뚱하게 생각해 봅시다. 쾌락을 느끼는 내가 있다고 해봅시다. 그러면 즐거운 자는 나입니다. 그런데 "아, 나는 쾌락을 느끼고 있구나"라고 생각을 했다고 칩시다. 이런 생각을 하는 나는 과연 쾌락을 느끼는 자일까요? 진정 쾌락을 느끼는 나는 그렇게 쾌락을 느끼는 나를 반성을 통해 대상으로 삼는 내가 아니라, 그러한 반성을 하기 이전의 나임에 틀림없습니다. 여기에서 '나'를 '의식'으로 대체시켜 봅니다. 그러면 쾌락을 느끼는 의식이 성립됩니다. 이때 쾌락을 느끼는 의식이 자신이 느끼는 쾌락과의 관계에서 약간의 틈새라도 있을까요? 만약 그렇다면 그 틈새를 통해 쾌락이 아닌 어떤 무엇인가가 개입해 들어와 있다고 해야 할 것입니다. 그렇게 되면 그 의식은 쾌락을 느끼는 의식이 아니라 쾌락을 대상으로 삼아 반성하고 있는 의식이 될 것입니다. 사르트르는 진정 쾌락을 느끼는 의식은 쾌락과 한 치 빈틈도 없이 일치된다고 하는 점을 특별히 포착하여 의식의 존재를 규정하고자 합니다. 따라서 이렇게 됩니다.

> 쾌락을 파악하는 의식에 의해 쾌락을 정의하는 것을 피해야만 한다. 그럴 경우, 에둘러서 우리를 인식의 일차성으로 데려가는바, 우리는 의식에 대한 관념론 속으로 추락하게 될 것이다. 쾌락은 그것이 그 자신(에 대해) 지니고 있는 의식 배후로 사라져서는 안 된다. 쾌락은 표상이 아니다. 쾌락은 구체적이고, 충만하고 절대적인 하나의 사건이다. 자기(에 대한) 의식이 쾌락의 성질이 아닌 것 못지않게 쾌락은 자기(에 대한) 의식의 성질이 더 이상 아니다. 먼저 의식이 있고 나중에 '쾌락'이라는 감정을 받아들이는 그런 의식은 더 이상 없다. …… 쾌락은 자기(에 대한) 의식의 존재이고, 자기(에 대한) 의식은 쾌락의 존재 법칙이다. (21/68~69)

쾌락은 그 자체 의식이지 의식의 대상이 아니라는 것, 쾌락의 배후에 의식을 두거나 의식의 배후에 쾌락을 두거나 해서는 안 된다는 것, 쾌락을 받아들이는 의식이 먼저 있는 것이 아니라는 것 등에 관한 사르트르의 이야기는 한편으로 보면 대단히 무서운 이야깁니다. 의식을 나로 환치하게 되면, '나'라는 것이 의식 활동이나 상태와는 별개로 따로 있는 것이 아니라는 이야기를 담고 있기 때문입니다. 당연히 '자기동일성을 띤 나'라는 존재가 단박 문제로 떠오를 수밖에 없습니다. 이에 관해서는 다음에 사르트르가 논의할 것으로 예상되기 때문에 일단 넘어갑니다.

이 대목에서 중요한 것은 쾌락을 일컬어 그 자체로 구체적이고 충만하고 절대적인 하나의 사건으로 본다는 것입니다. 의식이라는 것 자체가 하나의 사건이라는 것인데요. 이는 의식의 존재 자체만큼은 근본적으로 의식 자체에 근거한 것이 아니라는 것을 의미합니다. 말하자면 의식이 갑자기 아무런 존재 근거도 없이 무로부터 생겨나는 것이 아니라는 것입니다. 다시 말하자면, 그 존재 자체에서 볼 때 의식은 자기 아닌 뭔가에 의존해 있다는 것입니다. 다음의 사르트르 이야기를 보기로 합시다.

> 의식은 현존의 충만이며, 이러한 자기에 의한 자기의 규정은 본질적인 특징이다. …… 의식은 자기에 의해 현존한다. 그리고 그럼으로써 의식이 '무로부터' 스스로를 '취한다'고 이해해서는 안 된다. 의식이 있기 전에 '의식의 무'(néant de conscience)가 있을 수 없을 것이다. 의식이 '있기 전에' 어떤 존재의 충만을 생각할 수 있을 뿐인데, 이 존재의 충만이 지닌 그 어떤 요소도 부재하는 의식에 주어질 수 없다. …… 의식은 무에 앞서 있고 존재로부터 '스스로를 취한다'.(22/70)

이 인용문만큼 사르트르를 정확한 유물론자로 보게 만드는 대목도 없을 것 같습니다. 의식이 '현존의 충만'이라는 이야기는 의식의 존재방식 자체가 현존이기 때문입니다. 의식이 '자기에 의해' 현존한다고 하는 것이 바로 이 '현존의 충만'을 달리 표현한 것입니다. 그러니까 '현존의 충만'이라는 것은 '오로지 현존일 뿐'이라고 읽어도 무방합니다. 그러나 현존적으로 충만하다고 해서 존재에 있어서 충만한 것은 결코 아닙니다.

　의식이 있기 전에 '존재의 충만'이 있다고 할 때, '존재의 충만'은 곧 즉자의 충만을 지칭합니다. 이는 의식이 '현존의 충만'인 것과 사뭇 대비되는 것입니다. '존재'(l'être)와 '현존'(l'existence)을 구분하지 않으면 안 되는 이유가 여기에서도 확인됩니다. 의식이 갖는 '현존의 충만'은 결국 즉자가 갖는 '존재의 충만'에 의거해서 성립합니다. 이를 말하는 것이 "의식은 무에 앞서 있고 존재로부터 '스스로를 취한다'"라는 언명입니다. 그렇다면 무는 어떻게 되는가요? 왜 의식이 무에 앞서 있다고 하는가요? 의식은 곧 무가 아닌가요? 즉자의 충만한 존재가 가장 먼저 있고, 여기에서 의식이 '발융하게 되면' 그제야 비로소 의식이 존재와 관계하면서 무가 성립하는 것입니다. 어쨌든 핵심은 인식 이전에 선반성적인 의식이 있고, 이 선반성적인 의식 이전에 즉자적인 존재가 있다는 것입니다.

> 인식의 일차성을 거부함으로써 우리는 인식하는 자의 존재를 발견했고 절대자를 만났다. …… 사실, 여기에서 절대자는 인식의 지대 위에서 논리적으로 구성된 결과가 아니라, 경험들의 가장 구체적인 주체다. 그리고 절대자는 이런 경험에 상대적인 것이 결코 아니다. 절대자는 그 경험이기 때문이다. 또한 그것은 비실체적인(non-substantiel) 절대자다. …… 의식은 실체적인 것이라고는 아무것도 갖지 않는다. 의식은 자기가 스스로를 드러내는 한에서만 현존한다는 의미에서 순수한 '외현'이다. 그러나 의식이 절대자로서 간주될 수 있는 것은 의식이 순수한 외현이기 때문이고, (세계 전체가 의식 밖에 있기 때문에) 의식이 전적인 공(空, le vide)이기 때문이며, 의식에서 외현과 현존이 동일하기 때문이다.(22~23/71)

쾌락이 쾌락(에 대한) 의식이듯이, 경험은 경험(에 대한) 의식이라 여깁니다. 그래서 쾌락(에 대한) 의식이 바로 쾌락이듯이 경험(에 대한) 절대자로서의 의식이 바로 경험이라고 말하고 있습니다. 설명의 편의상 세계 전체에 대한 경험을 끌어들여 봅니다. 이 경험은 세계 전체를 대상으로 삼아 인식을 수행할 것입니다. 이 경험의 주체를 의식이라고 하면서, 자기가 스스로를 드러낸다는 의미에서 의식을 순수한 외현이라고 말하고 있습니다.

말하자면 의식은 경험되고 있는 세계 전체에서 비롯된 것도 아닐뿐더러 오히려 세계 전체에 대한 경험 자체로서 마치 세계와 더불어 저절로 이미 늘 현존하는 것처럼 설명되고 있습니다. 내용이라는 내용은 세계 전체에 모두 빨려 나가고 남은 것이 없기 때문에 세계 전체의 '밖에 현존하는' 의식은 공인 것이고요. 하지만 세계 전체와 떨어져 있는 것은 결코 아니라는 것입니다. 의식은 마치 두께가 제로인 투명한 비닐막처럼 세계 전체를 에워싸고 있는 것이라 할 수 있습니다. 사르트르의 기기묘묘한 의식론입니다.

이 정도 되면, 사르트르가 말하는 의식은 후설이 말하는 절대적 의식류와 거의 유사하다 할 것입니다. 후설이 말하는 절대적 의식류에는 세계 전체가 그 속에 들어 있어 함께 흘러갑니다. 그런데 사르트르는 후설과는 확연히 다릅니다. 후설의 현상학에서 절대적 의식류는 바로 존재 전체이며, 절대적 의식류가 아닌 것은 아무것도 없습니다. 그러나 사르트르는 세계 전체가 의식 밖에 있기 때문에 의식을 공(空)이라고 지칭합니다. 그뿐만 아니라, 이 공으로서의 의식은 그 자체로 현존할 수는 있을언정 그 자체로 존재할 수 있는 것은 아닙니다. 의식의 존재 자체만큼은 즉자적인 존재 충만에 근거할 수밖에 없기 때문입니다. 사르트르는 이렇게 존재 자체, 즉 순수 즉자를 가장 근원적인 존재로 본다는 점에서 후설과 완전히 다른 것이지요. 후설이 관념론자라면 사르트르는 유물론자인 것입니다.

4) 지각된 것의 존재

사르트르의 관심은 일체의 현상에서 존재를 찾아 내어 확립하고, 그 존재의 구조와 성격을 존재론적으로 밝히는 데 있는 것 같습니다. 왜 이런 관심을 가질까요?

데카르트 이후 칸트를 거쳐 후설에 이르기까지 전개된 근대철학은 인식 위주의 철학이었지요. 푸코는 이 시기를 17~18세기의 표상(재현) 중심의 고전주의 시대(âge classique)와 18세기 말부터 20세기 초까지의 인간 중심의 모더니즘 시대(âge de la modernité)로 나누지요. 하지만 우리로서는 일단 전체를 뭉뚱그려 근대철학이라 부르고, 인식을 중심으로 한 '표상과 표상 주체인 인간의 결합'을 그 시기 전체의 특징으로 볼 수 있습니다. 요컨대 근대철학은 현상으로서 주어지는 일체의 존재를 현상 자체로 만들어 버렸다고 할 수 있는데, 사르트르가 그러한 현상 일변도의 철학을 잘못된 것으로 보아 제자리에 자리 잡도록 하려는 것이지요.

'현상의 존재'는 여기 이 방 안의 모든 사물들이 이렇게 우리에게 지각을 통해 현상하고 있다는 단적인 사실에 대해 그 바탕에서 작동하는 존재 근거를 지칭합니다. 이 단적인 사실을 최후의 궁극적인 것으로 취급하게 되면, 현상이 인식에 근거한 것이라는 생각으로 이어지게 되고, 일체의 존재에 대한 근거를 인식으로 보게 됩니다. 일체의 근거를 인식으로 보게 되면, 인식되는 것이건 인식하는 자이건 모두 다 인식의 대상, 즉 현상으로 환원되고 맙니다. 칸트가 궁극적인 인식 주체인 초월론적인 통각(transzendentale Apperzeption)을 자신의 인식논리에 의해 요청해서 설립하는 것이 그러하고, 후설이 초월론적인 환원(transzendentale Reduktion)을 통해 발견한 이른바 순수의식을 중심으로 해서 초월론적인 영역을 찾아 내어 거기에서부터 존재하는 모든 것들의 존재를 정초하려는 것도 그러합니다.

사르트르가 '존재의 현상'을 들먹인 것은 후설의 현상학적인 직관을 받아들인 것이라 할 수 있습니다. 그러나 '현상의 존재'를 들먹인 것은 후설보다 한 단계 더 밀고 나아가 존재 자체에로 육박해 들어가고자 한 것이라 할 수 있습니다. 그 근본 이유는, 인식 대상(지각된 것)도 그러하고 인식하는 자(지각하는 자)도 그러하고 인식 자체도 그러한데, 도대체 그것들이 이루어질 수 있는 근본적인 토대, 즉 자칫 인식으로 빨려들고 마는 현상의 영역을 넘어선 **존재 자체의 영역**이 있어야 할 것 아니냐 하는 데 있습니다.

그렇다고 이 존재 영역은 '어쨌든 그런 게 있어야 인식이든 뭐든 일어날 수 있을 것 아니냐' 하는 이른바 논리적인 요청에 의거해서 그저 단적으로 정립해 버리면, 현상학의 구호인 '사태 자체에로'(Zu den Sachen selbst)를 위반하는 셈이 됩니다. 그래서 적어도 존재가 현상되는 지점을 찾아내야 한다는 것이었고, 그래서 '존재의 현상'을 특별히 강조했던 것이었으며, '존재의 현상'에 대해 그 '초현상적인' 근거를 찾으려 했던 것이었고, 그 초현상적인 근거가 결국은 존재, 즉 즉자라는 것이지요.

그러고 보면 '초현상적인 근거'를 요구하는 '존재의 현상'이야말로 인식 중심의 모든 사유의 틀에 일종의 '구멍'을 내면서 그 구멍을 통해 '현상의 존재', 즉 '존재'로 육박해 들어갈 수 있음을 지칭하는 개념이라 하겠습니다.

사르트르가 '존재의 현상'을 그저 권태나 구토만으로 드러내는 것 같진 않습니다. 또 다른 길이 있는데 그것은 인식대상, 즉 사물의 현상에서 무한성을 찾아내는 조치입니다. 이는 물론 시간의 흐름이 절대적으로 작동하기 때문입니다만, 한 사물에 대해 제아무리 새로운 현출들을 망라하려 해도 망라할 수 없으며, 현출들은 계속 새롭게 주어질 수밖에 없다는 것이고요. 바로 거기에 무한성이 깔려 있다는 것이지요. 그리고 그 무한한 현출 가능성이야말로 인식대상, 즉 사물의 현상이 '인식의 빨아 당기는 역량'을 벗어나 있으면서 인식대상, 즉 사물이 지닌 존재를 드러내 주는 이른바 '존재의 현상'이라는 것이지요. 말하자면, 현출들이 무한히 계속 새롭게 주어질 수 있다는 것 자체가 바로 사물 자체의 존재를 드러내 주는바, 초현상적 존재와 맞닿아 있는 '존재의 현상'이라는 것입니다.

한편 사르트르는 인식하는 자에 관해서는 인식하는 자가 의식임을 인정하고, 의식의 근본 성격을 밝혔습니다. 그러기 위해 쾌락을 소재로 삼았고, 쾌락이 쾌락을 느끼는 의식과 전혀 구분이 되지 않는다는 현상을 제시함으로써, 의식이 현존의 충만을 갖는다는 것을 보였지요. 말하자면 의식이란 것이 인식 관련을 넘어서서 그 자체로 현존할 수 있는 절대자임을 명시한 것이지요. 그러나 이 '의식의 절대성'은 현존 차원에서의 절대성이지 존재 차원에서의 절대성은 결코 아닙니다. 그 절대성은 오히려 즉자존재의 근원적인 우연성으로부터 나온 것이라 봐야 합니다. 이런 대목들이 이 서설을 이해하는 데 어려움을 자아내는 핵심입니다.

요컨대 인식하는 자 역시 사물 자체와 마찬가지로 그 나름으로 존재에 뿌리를 내리고 있다는 것을 밝혀낸 것입니다. 그래서 사물이건 인식자건 이 모두를 떠받치고 있는 존재의 구조를 밝혀내고자 한 셈입니다. 사르트르는 이렇게 말합니다.

그 반대로, 우리는 인식을 벗어나 인식에 기초가 되는 존재를 파악했다. 그것은 표상[재현]으로 주어진 것도 아니고 표현된 사유 내용의 기호

의미(signification)로 주어진 것도 아니다. 그것은 있는 그대로 직접 파악된 것이다. 그런데 이러한 파악 양식은 인식의 현상이 아니라, 존재의 구조다.(23/72)

인식과 존재를 분명하게 구분하고 있습니다. 그것은 다른 이유에서가 아니라, 존재에 근거해서 인식이 이루어지는 것이지 인식에 근거해서 존재가 설립되는 것이 아님을 역설하기 위해서입니다. 그런데 사르트르는 다음과 같은 아주 묘하고 어려운 이야기를 합니다.

우리는 현상의 존재를 의식에게 주기 위해 현상에서 그 존재를 떼어 냈다. 그런데 우리는 나중에 의식이 현상에서 떼어 낸 존재를 현상에게 되돌려 줄 것을 고려했다. 의식이 과연 그렇게 할 수 있을까? 이는 우리가 '지각된 것'의 존재론적인 요청들을 검토함으로써 배우게 될 내용이다.(24/72)

나중에 배우게 될 것이라고 하니까 기다려 봐야 하겠습니다. 아무튼 '지각된 것'이라는 제목을 단 서설의 네번째 절에서 논의할 내용이 무엇인가를 적절하게 제시하고 있습니다. 현상에서 존재를 떼 내었다는 것은 '존재의 현상'을 거쳐 '현상의 존재'에로 육박해 들어가 거기에서 '존재'를 파악해 냈다는 것입니다. 그리고 이 존재를 의식에게 주었다는 것은 의식이 존재로부터 존재 근거를 갖는다는 것을 밝혔다는 것입니다. 그런데 이제 의식이 이 '존재'를 현상에게 되돌려 주어야 할 것 같다고 말하면서, 의식이 과연 그런 대단한 짓을 할 수 있을까 하고서 묻고 있습니다. 이는 의식이 자신에게 현상하는 것, 즉 대상에 대해 현상이 근본적으로 의식 자신에 근거해서 설립되는 것이 아니라, 현상이 근본적으로는 존재에 근거해서 설립된다는 것을 의식이 과연 허용하겠는가 하는 것입니다. 이를 밝히기 위해 사르트르는 일종의 변증법적인 사유 능력을 한껏 발휘합니다.

> 그러므로 인식된 것이 인식에 흡수될 수 없는 한, 인식된 것에서 하나의 **존재**를 인정해야 한다. 이 존재가 바로 **지각된 것**이라고들 한다. 우선 **지각된 것**의 존재가 **지각하는** 자의 존재 즉 의식으로 환원될 수 없다는 것, 이 환원불가능성이 책상이 표상들의 결합으로 환원되지 않는다는 환원불가능성보다 더욱 강하다는 것을 인정하자. 기껏해야 말할 수 있는 것은 지각되는 것의 존재가 지각하는 자의 존재에 **상대적**이라는 사실뿐이다. 그러나 이 **상대성**은 지각된 것의 존재에 대한 검토가 필요 없다는 것을 뜻하지 않는다.
> 그런데 양식으로 볼 때 지각되는 것은 **수동적인 것**이다. 그러므로 만약 현상의 존재가 그 지각됨에 있다면, 현상의 존재는 수동성이다. 상대성과 수동성은 **존재**(*l'esse*)가 **지각된 것**으로 환원되는 한, **존재**의 특징적인 구조들일 것이다.(24/73)

인용문에서 앞부분의 이야기는 어쩌면 너무나 당연한 이야기지요. 여기 있는 이 교탁은 이 교탁을 인식하는 내가 이 교탁에 대해 나의 의식에 새겨질 법한 내재적인 표상들을 한데 결합한 것이라는 생각은 상식적으로 잘못된 것입니다. 이를 일반화해서 보면 지각된 것이 지각하는 자, 즉 의식에서 발원한다는 것은 있을 수 없다는 것이지요. 이를 지금 사르트르는 "환원되지 않는다"라는 말로 표현하고 있습니다. 일단 이를 인정하지 않을 수 없다는 것은 앞에서 현출들의 무한성을 통해서 입증했다고 할 수 있습니다.

그런데도 어떻습니까? 지각을 통해 인식되는 이 교탁이 지각하는 우리들, 즉 우리의 의식과 완전히 무관하게 주어져 있는 것은 결코 아니지요. 어디까지나 이 **교탁**은 지각을 통해 이것을 인식하는 우리의 의식에 상대적인 측면을 지닌 것만은 틀림없고, 또 이 **교탁**은 자신이 우리에게 '짐짓' 인식되고 싶어 하지 않는데도 우리의 인식하는 의식이 지닌 바 (한편으로는) '자발적인' 힘에 의해 억지로 인식되고 있는 것이지요. 그런 점에서 이렇게 지각되고 있는 교탁, 즉 지각되는 것은 의식에 대해 수동적임에 틀림없습니다.

사르트르는 '지각된 것'이 지각하는 자인 의식에 대해 지니는 이 상대성과 수동성을 '지각된 것'의 존재양식으로 볼 수 있다는 입장을 일단 인정합니다. 그런데 만약 이 상대성과 수동성을 전격적으로 받아들이면서 동시에 (영국 경험론자들 혹은 사르트르가 본 후설처럼 혹은 넓게 보아 일체의 관념론자들처럼) 존재가 지각된 것으로 환원된다고 여긴다면, 어떤 일이 벌어질까요? 당연히 존재(esse, être) 자체가 의식에 상대적이고 수동적인 성격을 지님으로써 의식이 없이는 아예 존재 자체가 성립할 수 없는 것처럼 될 것입니다. 이는 앞에서 죽 밝혀 온 '존재'에 대한 사르트르의 생각과는 정면으로 배치되는 것이지요.

지금 사르트르는 존재 자체가 본래 의식으로부터 독립되어 있다는 것을, 어쨌든 현상이라는 개념을 아주 넓게 보아서라도 바로 그러한 현상으로부터 길어내어 확립하고자 합니다. 그런데 지각된 것의 (의식에 대한) 상대성과 수동성을 강조할 경우, 의식으로부터 독립된 존재 자체를 확립하는 일이 당연히 어려워집니다. 왜냐하면 그렇게 되면 존재 자체가 본래 의식으로부터 독립되어 있다고 단정 짓는 것은 그저 심정적인 판단에 불과할 수도 있고, 혹은 그저 논리적인 요청에 불과할 수도 있기 때문입니다. 이러한 심정적인 판단이나 논리적인 요청만으로는 '존재'의 의식에 대한 독자성이나 선차성을 제대로 입증했다고 할 수 없게 되고, 결국에는 다시 관념론적인 입장을 취할 수밖에 없는 퇴행의 길로 빠져들게 될 것입니다. 말하자면, 현상의 내용인 지각된 것이 마치 그 존재 자체에서부터 의식에 대해 상대성과 수동성을 갖는 것처럼 여기게 되는 것이지요. 그렇게 되면, 버클리가 말한 "존재는 지각된 것이다"라는 언명이 정당성을 획득하게 되는 것이지요.

그래서 사르트르는 아예 상대성과 수동성이라는 개념 자체를 물고 늘어지면서 과연 상대성과 수동성이 그 자체로 흔히 알고 있는 선입견에 따른 고정된 의미를 지닐 수 있는가 하는 것을 따지기 시작합니다. 이에 그의 변증법적 사유가 힘을 발휘합니다. 논리적인 전개가 발군인데, 그 핵심 구절들만을 뽑아 봅니다.

> 그래서 수동성은 이중으로 상대적인 현상이다. 작용을 가하는 자의 능동성에 대해 상대적이고, 작용을 받는 자의 현존에 대해 상대적이다. 이는 수동성이 수동적이라 여겨지는 존재자의 존재 자체에 관계할 수 없음을 함축한다. 수동성은 한 존재와 다른 존재 간의 관계이지 한 존재와 하나의 무(un néant)의 관계가 아니다. 존재에 있어서, **지각하는 것**(지각함, *le percipere*)이 **지각된 것**(지각됨, *le perceptum*)에 **영향을 미치는** 것은 불가능하다. 왜냐하면 영향을 받는 것으로서 지각된 것은 어떤 방식으로건 이미 주어져 있어야 할 것이고, 따라서 [지각하는 자에 의해] 존재를 받기 전에 이미 존립해 있어야 하기 때문이다.(25/74)

어쩌면 대단히 간단한 논리입니다. 영향을 주고받는 관계에 있어서 영향을 받는 것이 영향을 받으려면 적어도 영향을 받기 전에 이미 나름의 존재를 구비하고 있어야 한다는 것이지요. 그러니까 "존재는 지각된 것이다"라는 데에 포함되어 있는바, 지각된 것이 지각하는 자로부터 존재를 부여받는 사태는 성립할 수 없다는 것입니다. 설사 그렇게 존재를 부여받는다 할지라도, 그렇게 존재를 부여받으려면 그런 존재를 부여받기 전에 이미 존재를 부여받을 자가 있어야 한다는 것이지요. 그래서 수동성은 수동적으로 당하는 자의 현존에 대해 상대적이라고 말하는 것입니다.

이를 통해 사르트르는 지각된 것이 설사 지각하는 의식에 대해 수동적이라 할지라도, 지각된 것의 **존재** 자체가 지각하는 의식으로부터 발원해서 나중에 지각된 것에 부여된 것이 아님을 주장하고, 따라서 오히려 거꾸로 지각된 것의 수동성이야말로 지각된 것의 (의식으로부터 독립된) 존재를 오히려 강하게 부각시켜 드러낸다고 하는 주장을 하는 것이지요. 이를 강조하면서, "그 밖에 수동자(le patient)의 수동성은 능동자(l'agent)에게서도 똑같이 수동성을 요구한다. 이것은 작용과 반작용의 원칙이 표현하는 바다"라는 말을 덧붙이기도 합니다.

이 대목에서 사르트르는 후설의 근본 문제를 건드리면서 후설을 공격합니다. 그 핵심은 후설이 휠레(감각자료, Hyle)[7]가 의식에 내속되어 있음을 말하면서 그 휠레에 대한 의식의 수동성을 도입함으로써[8] 수동성과 능동성의 상호 교차를 반영하고자 했지만, 휠레가 의식에 내실적(內實的)으로 속하는 한 휠레로부터 그 무한성과 수동성을 받아들이

7) 이는 사르트르가 앞에서 말한 무한성을 띤 현출들(apprances, apparitions)입니다.

는 의식의 현존에서부터 지각된 것의 존재 자체가 확보된다는 것은 도대체 성립할 수 없다는 것입니다. 그리고 후설은 결국 휠레에다 사물적인 성격과 의식적인 성격 둘 다를 부여함으로써, 의식이 자신에 속한 것이라고 말할 수도 없고 그렇다고 세계의 부분이라고도 할 수 없는, 이른바 잡종적인 존재(un être hybride)를 창조했을 뿐이라고 비판합니다(26/74~75 참조).

사르트르는 현상에서부터 존재론적인 증거, 즉 존재가 의식이나 의식함이라든지 의식되는 것이나 의식됨보다 앞선다는 것을 확립하고자 합니다. 이를 위해 후설에 대해 가하는 사르트르의 비판은 너무나 정당하다고 하지 않을 수 없습니다. 존재하는 일체의 것들이 지닌 그 존재와 현존을 그것들을 의식하는 의식에서 확보해 낸다는 것은 그 자체 대단히 '황당한' 것입니다. 의식을 전 우주적인 존재를 포괄하고 있는 것으로 보지 않는 한 불가능한 일이기 때문입니다. 이러한 사르트르의 비판은 하이데거가 후설에 대해 취하는 비판 태도나 메를로-퐁티가 후설에 대해 취하는 비판 태도와는 사뭇 다릅니다.

하이데거는 불안처럼 지향적이지 않은 대상이 있다는 것을 내세움으로써 후설이 말하는 의식의 지향성의 보편성을 공격한 것이기에 다소 외재적인 비판이라 할 수 있는 데 반해, 사르트르의 비판은 지각된 것의 존재에 대한 의식의 지향성을 인정하면서 그 지향성이 결국은 지향 대상인 지각된 것의 존재마저 구성하는 것이 아니라 지각된 것의 존재가 없

---

8) 후설에 있어서 휠레는 의식이 만든 것이 아니고 본래 의식에 가장 내밀하게 의식의 내용으로서 주어져 있는 것입니다. 후설이 말하는 수동적 종합은 의식이 능동적으로 어찌할 수 없는 상태에서 이러한 휠레 자체의 차원에서 이루어집니다. 사르트르는 이를 중시하여 휠레에 대한 의식의 수동성이라 말하는 것으로 보입니다.

이는 성립할 수 없는 것이라고 말하기 때문입니다. 말하자면 사르트르는 후설을 인정하면서 그 속으로 들어가 후설을 뒤집는, 일종의 데리다식의 해체 논법 내지는 되치기 논법을 구사하고 있습니다.

한편 메를로-퐁티는 의식 대신에 몸을 도입함으로써 처음부터 존재 론적인 입장을 견지해 버립니다. 그리고 그 몸이 지닌 물질성이 기실 지 각된 것의 물질성(몸)과 존재론적으로 동일한 성격을 지닌다는 것을 강 조함으로써 주체(의식)의 몸과 대상(사물)의 몸이 지닌 존재 자체를 처음 부터 전제해 들어갑니다. 그렇기 때문에 메를로-퐁티에서는 사르트르처 럼 지각된 것의 존재를 확보하고자 하는 노력을 굳이 기울일 필요가 없 었습니다. 메를로-퐁티는 후설 현상학에 대해 아예 그 바깥에 거점을 둔 셈이지요. 이에 반해 사르트르는 후설 현상학 내부에 거점을 두면서도 지각된 것인 대상(사물)의 존재 자체를 확보해 내고자 하기 때문에 서로 다릅니다.

그런 뒤 이제 사르트르는 지각된 것이 갖는 상대성 문제를 검토해 들 어갑니다. 이에 관련해서는 비교적 간단하게 처리합니다. 사실 한 존재자 가 다른 존재자에 대해 그 존재에 있어서 상대적(의존적)이라는 것은 전 자의 존재자의 존재를 근본적으로 인정하지 않고 후자의 존재자의 존재 만을 근본적으로 인정하는 것입니다. 예컨대 실물이 없으면 그림자는 없 어집니다. 이럴 때 그림자는 실물에 대해 그 존재에 있어서 상대적이라 고 할 수 있습니다. 꽃이 없으면 그 꽃의 빨간색은 성립할 수 없습니다. 이 또한 마찬가지입니다. 창조주인 신이 없다면, 피조물인 이 세계가 아예 없어져 버릴까요? 만약 그렇다면 창조주인 신은 제대로 된 존재를 창조 한 것이 아닌 것이 됩니다. 만약 창조주인 신이 없어진다 할지라도 피조 물인 세계가 번연히 남아 있다고 하면 어떻게 될까요? 피조물인 세계의 존재는 창조주인 신에 대해 그 존재에 있어서 상대적인 것이 아닌 것이 됩니다.

이를 감안해서 보면 어떤가요? 지각하는 것은 지각하는 자가 없어지면 함께 없어지나요? 어렵지요? 예컨대 빨간 셀로판지를 쓰고 이 교탁을 보면 이 교탁은 빨갛게 보일 것입니다. 따라서 그럴 경우, 이 교탁의 빨간 모습은 빨간 셀로판지를 벗어 버리면 없어지기 때문에 지각하는 자에 상대적이라 할 수 있습니다. 지각되는 이 교탁의 존재 자체도 그런가요? 우리가 지각하면 있고, 우리가 지각하지 않으면 없는 건가요? 그렇지 않다는 것이지요. 그래서 사르트르는 이렇게까지 말합니다.

지각된 존재는 의식 앞에 있다. 의식은 지각된 존재에 도달할 수 없고, 지각된 존재는 의식 속으로 파고들어 갈 수 없다. 그리고 지각된 것의 존재는 의식으로부터 잘려져[차단되어] 있기(coupé de……) 때문에, 지각된 것의 존재는 의식 자신의 현존으로부터 차단되어 있다.(26/75~76)

지각된 것, 즉 사물에 대해서는 '존재'라는 용어를 쓰고 있고, 의식에 대해서는 '현존'이라는 용어를 쓰고 있다는 것을 크게 중시해야 합니다. 사르트르는 의식인 대자에 대해 "대자는 존재하지 않는다"(596/362)라고 말합니다. 그렇기 때문에 지각된 것과 지각하는 의식이 **그 존재에 있어서** 서로에게서 완전히 차단되어 있다는 것은 지각된 것, 즉 사물의 존재와 지각하는 주체, 즉 의식의 현존이 서로 혼동될 수 없다는 것을 말합니다. 그러나 그 바탕에서 보자면, 대자인 의식의 존재 근거는 즉자인 사물에 있습니다. 말하자면 즉자의 존재가 없이는 대자인 의식의 현존이 성립할 수 없다는 것이지요. 이는 사르트르의 존재론을 이해하는 데 결코 놓쳐서는 안 되는 중요 사안입니다.

이렇게 해서 사르트르는 지각된 것이 지니고 있는 상대성과 수동성은 존재방식(manière d'être)에 해당되는 것으로서 그 자체 지각된 것의 존재에 대해서는 적용될 수 없는 것임을 확인합니다. 그리고 결론으로 이렇게 말합니다.

의식의 초현상적인 존재는 현상의 초현상적인 존재에 대해 기초를 제공할 수 없을 것이다. 여기에서 현상론자들(phénoménistes)의 오류를 확인하게 된다. 그들은 대상을 그 현출들의 계열들로 환원함으로써 대상의 존재마저 대상의 존재방식들의 연속으로 환원했다고 [잘못] 믿었다.(27/76)

여기에서 말하는 현상론자들에 후설이 포함될 수 있을 것이라 할 것입니다. 물론 대다수의 현상학자들은 후설이 버클리나 흄과 같은 현상론자들과는 다른 입장을 취한다고 말합니다. 이에 관해서는 또 다른 힘겨운 분석이 필요하기 때문에 일단 넘어갑니다. 아무튼 현상되는 대상의 내용이나 의미는 현출들의 계열들로 환원할 수 있을지 몰라도, 대상의 존재만큼은 결코 그럴 수 없다는 것이지요. 그렇기 때문에, 현상되는 대상의 존재, 즉 '현상의 존재'는 초현상적인 것이고요. 의식의 존재 자체 역시 초현상적이라 할 수 있지만, 이 의식의 초현상적인 존재로부터 현상의 초현상적인 존재에 대한 근거를 찾을 수 없다는 이야기를 하고 있습니다. 사르트르는 끝끝내 '존재'로서의 즉자, 정확하게 말하면 순수 즉자를 모든 존재의 궁극적인 기반으로 삼고 있는 것입니다.

5) 존재론적 증거

사르트르는 후설의 현상학을 최대한 활용하면서 후설이 놓치고 있는 것으로 보이는 것을 포착하여 후설을 비판합니다. 이에 가장 중요한 개념이 후설이 제시한 의식의 지향성입니다. "의식은 항상 무엇인가에 대한 의식이다"라는 것이 후설이 제시한 의식의 지향성 원리입니다. 사르트르는 이 지향성을 후설처럼 해석해서는 안 되고 새롭게 해석해야 한다고 주장합니다.

> 의식은 무엇인가에 대한(de) 의식이다. 이것은 초월(transcendance)이 의식의 구성적 구조라는 것, 즉 의식은 자기가 아닌 존재를 **목표로 해서** 태어난다는 것을 의미한다. 이것이 우리가 존재론적인 증거라 부르는 것이다.(28/74)

의식의 지향성에 대해 대단히 '건전한' 해석입니다. 건전하다는 것은 우리가 살고 있는 이 세계를 의식의 손아귀로부터 구출해 내는 데 한껏 힘을 발휘함으로써 우리의 상식이 지닌 존재론적인 역량을 확보해 준다는 것을 의미합니다. 사르트르의 이러한 지향성 해석은 의식의 주체성을 중심으로 해서 지향성을 보지 않고 대상 존재가 주체로부터 벗어나는 독자성을 중심으로 해서 지향성을 본 것입니다. 의식은 존재에 있어서 자신에게 걸려드는 것만을 진정 존재한다고 여기는 것이 아니라, 오히려 존재에 있어서 자신에게 걸려들지 않는 것을 목표로 삼는다는 것이 바로 의식의 지향성 개념이라는 이야기지요. 이런 해석을 하기 직전에 사르트르는 이런 이야기를 합니다.

사물들이 음영들(profils)에 의해 주어진다는 것, 말하자면 단순하게 현출들에 의해 주어진다는 것은 사실이다. 그리고 각각의 현출이 다른 현출들을 지시한다는 것도 사실이다. 그러나 현출들 각각은 이미 그 하나만으로도 하나의 **초월적인 존재**이지, 주관적인 인상의 자료가 아니고, 하나의 **존재의 충만**이지 결핍이 아니며, **현전**이지 부재가 아니다.(27/77)

지금 우리가 직접 보고 있는 것은 다 현출들이지요. 이 현출들은 내 (의식)게 **어찌할 수 없이** 주어져 있습니다. 말하자면, 저쪽 바깥에서 현전하고 있습니다. 그렇기 때문에, 그저 주관적인 이미지에 불과하다고 말하기가 결코 쉽지 않습니다. '그 속에서' 충분히 초월적인 존재, 존재의 충만, 그리고 현전이 주어지고 있습니다. 사르트르는 현출들, 즉 질료들을 바탕으로 노에마를 구성하고 이 노에마를 현출들보다 그 존재론적인 무게가 큰 것으로 본 후설의 관점을 뒤집습니다. 노에마에서부터 사물의 존재가 나올 수 없다는 것이고, 사물의 존재를 노에마로 환원해서도 안 된다는 것이지요. 그리고 그는 오히려 후설이 존재론적인 무게를 덜 부여하고 있는 현출들 자체에서 사물의 존재 자체를 찾고 있습니다. 이는 후설을 뒤엎는 사르트르의 대단한 위업이라 할 수 있겠습니다. 아무튼 그는 의식의 지향성에 대해 전혀 새로운 방식으로 이렇게 말합니다.

의식이 무엇인가에 대한 의식이라고 말하는 것은, [의식이] 어떤 것 즉 초월적인 존재를 드러내는 직관이어야 한다는 명백한 의무 외에, 의식을 위한 존재(être pour conscience)는 없다는 것을 의미한다.(28~29/78)

'의식을 위한 존재'라는 말은 의식이 없으면 존재할 이유도 근거도 없는 존재, 즉 의식이 없으면 존재하지 않는 존재를 가리키겠지요. 의식의 지향성은 의식이 초월적인 존재를 드러내야 할 의무가 있음을 말하면서, 그 초월적인 존재가 결코 의식을 위한 것이 아님을 말해 준다는 것인데요. "의식은 항상 어떤 것에 대한 의식이다"라는 말을 "어떤 것은 항상 의식을 위한 것이다"라는 식으로 바꾸어 말하면 안 된다는 것이지요. 그런데 후설을 비롯한 많은 사람들은 그렇게 뒤바꾸어 해석함으로써 일체의 존재를 의식의 손아귀에 집어넣는 관념론적인 오류를 범한 셈입니다. 사르트르는 의식의 지향성을 대단히 실재론적으로 해석함으로써 한편으로 후설을 살려내고 있습니다.

문제는 이럴 때 의식이란 것이 자신이 의식하고 있는 그 어떤 것이 없이는 존재할 수 없는 것인가 하는 것입니다. 예컨대 메를로-퐁티의 경우, 의식은 의식되는 것이 없이는 그 자체로 존립할 수 없다는 입장을 가졌다고 할 수 있습니다. 굳이 의식할 필요가 없을 때에 의식은 체화된 의식(conscience incarnée)으로 되돌아감으로써 몸과 아예 하나가 된다고 보기 때문입니다. 그런데 사르트르는 그렇게 보지 않습니다. 이미 쾌락의 문제를 거론하면서 언급된 것이지만 사르트르는 선반성적인 의식을 논의의 장으로 끌어내어 스스로를 의식하지 않는 의식 자체가 심지어 절대적인 방식으로 존재한다고 말하고 있습니다. 메를로-퐁티와 사르트르가 갈리는 핵심적인 지점이 아닐 수 없습니다. 사르트르는 이렇게 말합니다.

내적인 감각으로 된 현상들이 객관적이고 공간적인 현상들의 현존을 함축한다는 것을 드러내 보이는 것이 문제가 아니다. 문제가 되는 것은 의식이 그 존재에 있어서, 의식적이지 않으면서 초현상적인 어떤 존재

를 함축한다는 것을 드러내 보이는 것이다.(28/78)

 "의식이 그 존재에 있어서"라고 할 때, "그 존재에 있어서"라는 말이 어렵습니다. 이는 '의식이 존재한다는 사실 자체가 벌써'라는 것으로 달리 새길 수 있을 것 같습니다. 엄격하게 말하면, '의식의 존재'는 '의식'을 넘어서 있는 것이라 해야 합니다. 그렇기 때문에 의식이 존재한다는 사실 자체에 있어서 벌써 의식적이지 않은 초현상적인 존재를 함축한다고 생각할 수 있고, 그리고 그런 사실을 드러내는 것이 진정한 문제가 된다고 말하는 것입니다. 이에 더 잘 접근하기 위해 사르트르는 후설이 말한 의식의 지향성에 대해 나름대로 새롭게 해석해서 이렇게 제시합니다.

 의식이 무엇인가에 대한 의식이라고 말하는 것은, 의식이 자기가 아닌 것을 드러낼 때, 의식이 아니면서 자신을 이미 현존하는 것으로 제시하는 존재에 대해, 의식이 스스로를 드러난 개현(révélation révélée)으로서 산출해야만 한다는 것이다.(29/79)

 의식이 자기 아닌 것의 존재를 드러내는 장(場)이 된다는 것을 대단히 중요하게 여기고 있습니다. 그런데 사르트르는 그 장이 산출되어 열리는 것은 의식 바깥의 초월적인 존재가 의식의 장에서 열림과 때를 같이해서 이루어지는 것처럼 말하고 있습니다. 말하자면, 사물의 초월적인 존재를 드러내는 의식은 그러한 사물의 초월적인 존재가 의식에 드러나는 바로 그때 산출된다고 말하는 셈입니다. 그럼으로써 의식의 지향성은 '의식이 자신이 아닌 존재를 드러냄'과 '의식이 아닌 존재가 의식에 의해 드러남'이 함께 결합된 것임을 지칭한다는 것이지요.

여기에서 우리는 사르트르가 의식 자체의 존재와 의식된 것의 초월적인 존재를 드러내는 의식을 구분하고 있는 것인지 묻게 됩니다. 마치 전자의 의식이 '혼자서 놀고 있는데' 저쪽에서 사물의 초월적인 존재가 주어지니까 '저놈을 한번 드러내 볼까' 해서 저쪽 사물의 초월적인 존재와 짝을 이루는 지향성을 발휘하는 것으로 보고 있는가 하는 것입니다. 그런데 사르트르는 의식이란 텅 빔(le vide)이지 실체가 아니라고 했습니다. 이는 의식이란 본래 의식이 아닌 것에 의존해서만 성립한다는 것을 말하는 것이기 때문에, 후자의 의식이 없는 전자의 의식, 말하자면 의식 자체는 존재하지 않는다는 것을 말합니다. 이래저래 어렵습니다.

다만 우리가 놓쳐서는 안 될 것은 의식이 '드러난 개현'으로 스스로를 산출한다고 할 때, 여기에는 의식이 자기에게 드러난다는 것이 함축되어 있다는 사실입니다. 이럴 때에는 자기가 자신을 드러내면서 자기에게 자신이 드러나는 것이 될 것입니다. 이런 의식의 근본적인 존재방식을 가리켜 사르트르는 대자존재(l'être-pour-soi)라고 합니다. 이를 원용해서 앞 단락에서 고민한 내용을 재정리하면 이렇게 됩니다. '사르트르는 과연 대자존재로서의 의식이 그 자체로 존재하는 즉자존재(l'être-en-soi)이기도 한 것으로 보는가?' 이 물음에 대한 대답은 일단 부정적일 수밖에 없습니다. 그러나 사르트르는 궁극적으로는 우리 인간이 대자와 즉자가 통일되어 즉자대자의 경지에 이르는 것을 욕망한다고 말합니다. 이러한 욕망을 일컬어 사르트르는 '존재 욕망'이라 부릅니다. 물론 이 존재 욕망은 결코 성취될 수 없다고 하지요(610~611/386 참조). 말하자면, 의식은 제 스스로의 존재를 항상 문제 삼는다는 것이지요. 이에 관해 사르트르는 하이데거의 존재론적인 논법을 전용하는 척하면서 이렇게 말합니다.

의식은, 자신의 존재가 자기와는 다른 존재를 함축하는 한에서, 자신의 존재 속에서 자신의 존재가 자신에 대해 문제가 되는 존재다.(29/79)

하이데거는 인간을 현존재(Dasein)로 보고, 이를 규정하면서 '자신의 존재를 문제 삼는 존재자'라고 했었지요. 그런데 여기에서 사르트르는 의식이 자신의 존재를 문제 삼을 수 있는 근본 조건으로서 '자신의 존재와 다른 존재를 함축하는 한에서'라는 것을 덧붙이고 있습니다. 이는 하이데거가 현존재에 대해 규정한 '자신의 존재를 문제 삼음'이 성립하기 위해서는 현존재 자신만으로는 안 되고, 적어도 현존재의 존재 자체가 자기가 아닌 다른 존재를 함축해야 한다는 것을 뜻합니다. 하이데거식으로 말하면, 현존재가 자기가 아닌 다른 존재자들과의 공존(Mitsein)을 통해서만 자기 존재를 문제 삼을 수 있다는 것입니다. 달리 말하면, 지향적 관계 속에서만 현존재가 자신의 존재에 대해 근본적으로 물음을 던질 수 있다는 것이지요.

이는 사르트르가 제시하는 인간의 존재 물음이 하이데거가 제시하는 것과는 처음부터 사뭇 다르다는 것을 말합니다. 왜냐하면, 하이데거는 현존재의 존재를 실존(Existenz)으로 보고, 그 실존이 비지향적인 의식 상태인 불안을 통해 드러나는 것으로 보기 때문입니다. 사르트르는 위 인용문에 바로 이어 이렇게 말합니다.

이 존재는 다름 아니라 현상들의 초현상적인 존재다. 이것은 이 책상의 존재다. …… 더 일반적으로 말하면, 이것은 의식에 의해 함축된 세계의 존재다. …… **의식에 대해 존재하는 것의 초현상적인 존재는 바로 즉자**다.(29/79)

인용문의 첫 낱말인 '이 존재'는 의식의 존재가 함축한다고 한 다른 존재임에 틀림없습니다. 그리고 이를 결국 '즉자'라고 말하고 있습니다. '의식에 대해'라는 말을 특별히 강조하는 까닭을 알아야 하겠습니다. 만약 정말 의식에 대해 존재한다면, 흔한 논리로 말하면 그것은 즉자가 아니라 '대타'(對他, pour autre)입니다. "의식에 대해 존재하는 것"이라고 할 때, '의식'은 이 '의식에 대해 존재하는 것'에 대해 타자가 될 것이기 때문입니다. 그런데 어떻게 함부로 즉자라고 말할 수 있을까요? 즉자라고 하면 다른 것과 아예 아무런 관계를 맺지 않는 것인데요. '의식에 대해 아무런 관계도 맺지 않는 존재'가 '의식에 대해' 드러난다고 말하는 셈입니다. 이런 일이 과연 가능할까요? 우리로서는 의문을 갖지 않을 수 없습니다. 그런데 사르트르는 이렇게 말합니다.

> 한 현존자의 존재가 갖는 특징은 **그 스스로를** 몸소(en personne) 의식에 노출하지 않는다는 것이다.(29/79)

현존자의 존재는 몸소 의식에 노출되지 않지만, 그 의식에 현상되는 것만큼은 확실하지요. 사르트르가 예를 들고 있듯이, '이 책상'은 이렇게 우리 눈앞에서 확연히 현상되고 있으니까요. 그렇다면 현상되는 것은 현존자의 무엇일까요? 사르트르는 그것을 존재의 현상이라고 합니다. 존재와 존재의 현상은 '다르다'는 것이지요. 그리고 '존재의 현상'과 다른 이 '존재'를 오히려 '현상의 존재'라고 불렀던 것이지요. 그리고 이 '현상의 존재'를 '초현상적 존재'라 했던 것입니다. 그런데 이제 여기에서는 '현상의 존재=초현상적 존재=존재'를 아예 '즉자'라 부른 것이지요. 결국은 바로 이 '즉자'가 초현상적으로 현상한다는 것이 사르트르의 생각입니다.

6) 즉자존재

그래서 사르트르는 서설의 마지막 절인 '즉자존재'를 다룹니다. 마지막인 만큼 그 심도는 만만찮을 것입니다. 제목은 방금까지의 논의에서 다다르게 된 '즉자'를 존재론적으로 부르는 이름인 '즉자존재'입니다. 이에 관한 사르트르의 논의는 서설이라는 말에 걸맞게 대체로 엄밀한 논증보다는 그냥 제시하는 식입니다. 우선 그가 말하는 즉자존재에 관한 기초적인 이야기를 들어 봅시다.

> 존재의 현상에 대한 명료한 비전은 우리가 창조설이라 부르는 아주 일반화된 편견에 의해 흐려져 왔다. 신이 세계에 존재를 주었다고 가정했기 때문에, 존재는 항상 어떤 수동성으로 더럽혀져 있는 것으로 보였다. 그러나 무로부터의 창조는 존재의 발융(surgissement)을 설명할 수 없다. 왜냐하면 만약 존재가 주관성 속에서 파악되면, 그 주관성이 신적인 것이라 할지라도, 존재는 주관내적인(intrasubjectif) 존재양식에 머물 것이기 때문이다.(31/81)

존재가 주관내적인 존재양식에 머문다는 것은 주체가 없이는 그 존재 자체가 사라진다는 이야기이겠지요. 신에 의해 세계에 존재가 주어졌다고 가정하는 창조설은 이를 벗어날 수 없다는 이야기입니다. 우리는 저 앞에서 지각된 것의 상대성을 논의하면서 잠시 이 문제를 거론했었지요. 이에 관련된 몇 가지 보충 이야기를 들어 봅시다.

존재가 신의 면전에 현존한다면, 그것은 존재[존재 자체]가 [바로 존재]

자신의 고유한 지지기반임을 말하고, 또 그것은 존재가 신적인 창조의 조그마한 흔적도 간직하고 있지 않다는 것을 말한다. 한마디로 말해 그 것은, 설사 존재가 [신에 의해] 창조되었다 할지라도, 즉자존재는 창조에 의해 **설명될 수 없다**는 것을 뜻한다. 왜냐하면 즉자는 창조 너머에서 자신의 존재를 되찾기 때문이다.(31/82)

신의 존재 자체를 문제 삼으면 이 인용문의 취지는 쉽게 이해될 것입니다. 즉자는 일체의 존재자들이 존재하는 것으로 드러나기 이전에 그 존재자들의 존재를 무한소급해서 가리키는 것이기 때문입니다. 그래서 사르트르는 단적으로 이렇게 말합니다.

존재는 **자기**다(L'être est *soi*).(31/82)

이 문장을 이루는 두 낱말, '존재'와 '자기'를 결합하면 '자기임' 혹은 '자기존재'(être-soi)가 되지요. 말하자면, 존재는 궁극적으로 자기 아닌 것과의 관계를 통해 성립하는 것이 결코 아니라는 이야깁니다. 그래서 즉자라고 하는 것이지요. 사르트르는 곧 이어서 다시 이렇게 말합니다.

이는 존재가 수동성도 능동성도 아님을 의미한다. 능동성과 수동성이 라는 두 개념은 인간적인 것들로서 인간적인 행위들과 인간적인 행위의 도구들을 지목한다.(31/82)

존재는 도대체 인간 존재 이전에 성립하는 것임을 명확히 하고 있습니다. 수동성과 능동성이라는 개념은 인간이 도구를 갖고서 행위를 할 때 사용되는 것으로서, 우리는 그 대상의 상태에 대해서는 수동성이라는 이름을 붙이고, 의식에 의거한 인간의 자발적인 행위에 대해서는 능동성이라는 이름을 붙입니다. 예컨대 "신이 존재를 창조했기 때문에 존재는 신에 대해 수동적이고, 신은 존재에 대해 능동적이다"라고 생각하고 말하는 것은 순전히 인간 존재에 의거해서 성립할 뿐이라는 것입니다. 그러니까 당연히 존재는 수동성도 능동성도 아니라는 이야깁니다. 그다지 어려운 이야기는 아닙니다. 그런 다음 또 이렇게 말합니다.

> 존재의 즉자적인 견고함은 능동적인 것과 수동적인 것 너머에 있다. 마찬가지로 그것은 부정과 긍정 너머에 있다. 긍정은 항상 어떤 것에 대한 긍정이다. 즉 긍정하는 작용은 긍정되는 것과 구분된다. ……그러나 만약 우리가 긍정을 그 속에서 긍정되는 것이 긍정하는 자를 가득 채워 긍정되는 것과 긍정하는 것이 혼융된다고 가정하면, 이러한 긍정은 스스로를 긍정할 수 없게 된다.(31/82)

대체로 판단에 있어서 긍정하고 부정하고 하는 일이 벌어집니다. 긍정하는 작용의 경우, 긍정되는 것이 긍정함이라는 의식 작용을 가득 채웁니다. 하지만 그렇다고 해서 긍정하는 작용이 스스로를 긍정되는 것으로부터 구분해 내지 못하면 긍정은 스스로가 존립한다는 사실 자체를 긍정할 수 없게 된다는 논법인데요. 그럴듯합니다. 그렇다고 해서 존재가 스스로를 긍정할 수 있는 긍정, 즉 자기 긍정이어야 한다는 것은 결코 아닙니다. 자기 긍정에는 최소한일지라도 자기와의 거리가 있을 수밖에 없는데, 존재는 그런 자기와의 거리를 조금도 허용하지 않기 때문입니다. 그래서 사르트르는 이렇게 말합니다.

그러나 존재는 자기와의 관계가 아니다. 존재는 **자기**이다. 존재는 자기를 현실화할 수 없는 내재성이요, 자기를 긍정할 수 없는 긍정이며, 작용을 가할 수 없는 능동성이다. 왜냐하면, 존재는 자기 자체로 반죽되어 있기 때문이다.(32/82~83)

"반죽되어 있다"라는 말이 재미있군요. 그 자체로 반죽이 되어 스스로에게 아예 찰싹 들러붙어 있다는 이야깁니다. 그러니 자기와의 관계도 없고, 자기를 바깥으로 실현할 수도 없고, 자기를 긍정할 수도 없고, 다른 것들에 대해 작용을 가할 수도 없다는 것이지요. 사르트르가 말하는 존재가 즉자존재임이 드러나고 있습니다. 계속 이야기를 들어 봅시다. 따라 갈 수밖에 없군요.

사실상, 존재는 그 자신으로 꽉 차 있고, 바로 그러하기 때문에 존재는 그 자신에게 불투명하다. 바로 이것이 우리가 **존재는 있는 그대로의 그것**이라고 말함으로써 최대한 표현하고자 하는 것이다.(32/83)

"존재는 있는 그대로의 그것이다"라는 이야기가 대단히 중요한 것 같습니다. 이 언명을 통해, '존재는 그 자신에게조차 아예 불투명하다. 그 까닭은 존재가 그 자신으로 [반죽되어] 꽉 차 있기 때문이다'라는 것을 표현하고자 했다고 말하고 있습니다. 어쩌면 파르메니데스의 일자(一者)를 떠올리게 할 정도로 사르트르가 말하는 존재는 그 자체로 완전히 꽉 차서 완전히 닫혀 있는, 말 그대로 빈틈이라고는 전혀 없는 것으로 이야기되고 있습니다. 여기에서 존재가 꽉 차 있다는 이야기는 "즉자는 비밀을 가지고 있지 않다. 존재는 **덩어리져 있다**"(L'en-soi n'a pas de secret : il est *massif*)라고 달리 이야기되기도 합니다(32/84).

이러한 존재에 관한 사르트르의 규정은 요즘 인기를 끌고 있는, 헤라 클레이토스 전통인 생성과 흐름 및 그것들을 가능케 하는 근원적인 차이와 틈 등을 아예 용납하지 않고 있습니다. 아니나 다를까 사르트르는 이렇게 말합니다.

이행(移行)들, 생성들 그리고 존재가 될 그것으로 아직 있지 않다거나 그렇지 않은 것으로 이미 그렇게 있다고 말하는 것을 허용하는 일체의 것들은 존재에게서 원칙상 거부된다. 왜냐하면, 존재는 생성의 존재이며, 바로 그렇기 때문에 존재는 생성 너머에 있기 때문이다. 존재를 일컬어 있는 그대로의 그것이라고 말하는 것은 존재가 도대체 그것이 아닌 것으로 될 줄 모른다는 것을 의미한다. 우리는 사실, 존재가 그 어떤 부정도 포함하고 있지 않다는 것을 보았다. 존재는 충만한 긍정성(pleine positivité)이다. 그러므로 존재는 **타이성**(他異性, *l'altérité*)을 모른다.(32~33/84)

분명 존재가 생성 너머에 있다고 말하기 때문에, 일체의 시간적인 형식을 근본에서부터 거부하는 것으로 이야기되는 셈입니다. 즉자 영역에서는 시간이 존립할 수 없습니다. 그런데 존재가 생성의 존재라고 하는 대목이 대단히 묘합니다. 생성 자체에 대해서도 마치 '현상의 존재'라고 하듯이 '생성의 존재'라고 해서, 그리고 '존재의 현상'이라고 하듯이 '존재의 생성'이라고 해서 그 존재 토대를 문제 삼아야 한다는 식입니다. 말하자면, 생성보다 존재가 앞선다는 것이지요.

중요한 것은 존재를 충만한 긍정성으로 보는 것입니다. 그럴 경우,

자기 아닌 것을 굳이 끌어들일 필요도 없고 알 필요는 더더욱 없는 것이지요. 존재가 충만한 긍정성이라는 것과 존재가 생성 너머에 있다는 것은 같은 차원의 것이지요. 그 자체로 충만한데 왜 다른 것으로 넘어가는 생성의 계기를 타겠습니까. 아마도 노파심에서 그러는 것 같은데, 사르트르는 이런 말도 덧붙입니다.

> 마지막으로 ──이것이 세번째 특징이 될 것인데── 즉자존재는 **있다**. 이는 존재가 가능적인 것에서 도출될 수 있는 것도 아니고 필연적인 것으로 넘어갈 수 있는 것도 아닌 것임을 의미한다. 필연성은 관념적인 명제들의 연결에 관계하지, 현존자들의 연결에 관계하지 않는다. 현상적인 하나의 현존자는, 그것이 현존자인 한에서, 다른 하나의 현존자로부터 결코 도출될 수 없다. 이는 사람들이 즉자존재의 **우연성**이라 부르는 것이다.(33/84)

사르트르의 존재에 대한 핵심 명제인 우연성에 관한 이야기가 나옵니다. 존재 자체는 그 어떤 다른 것들로부터 도출되거나 귀결되는 것이 아니고, 그 자체 그냥 있다는 것입니다. 그것이 존재의 본질적인 우연성입니다.

이제 사르트르는 존재에 대해 자신이 논의한 내용들을 세 가지로 압축합니다.

> 존재는 있다. 존재는 즉자적으로 있다. 존재는 있는 그대로의 것이다. 이 세 가지 특징은 존재의 현상에 대해 잠정적으로 검토한 결과 우리로 하여금 현상들의 존재에 할당하도록 허용하는 특징들이다.(34/85)

이제 서설이 끝나려고 합니다. 그런데 마지막에 가서 사르트르는 자신이『존재와 무』전체를 통해 밝히고자 하는 것이 무엇인가를 밝힙니다.

즉자와 대자, 이것들에 관해 우리는 아직 피상적이고 불완전한 정보만을 가지고 있을 뿐이다. 수많은 문제들이 아직 대답되지 않은 채 있다. 이 두 유형의 존재의 심오한 **의미**는 무엇인가? 어떤 이유들로 즉자와 대자는 일반적으로 **존재**에 속하는가? 존재가 극단적으로 갈라지는 두 존재 영역을 자신 속에 포괄하는 한, 존재의 의미는 무엇인가? 만약 관념론과 실재론 모두 다 권리상 소통 불가능한 이 영역들을 사실상 통합하는 관계들을 설명하는 데 실패한다면, 이 문제에 대해 어떤 다른 해결책을 제시할 수 있는가? 그리고 현상의 존재는 어떻게 초현상적일 수 있는가?
우리가 이 책을 쓴 것은 이러한 문제들에 대해 대답하고자 함이다.(34/85)

이 물음들 중에서 가장 중요한 것은 즉자존재와 대자존재가 전혀 성격을 달리하고 서로 소통될 수 없는데도 왜 어떻게 해서 이른바 '존재'라는 일반적인 존재론적 범주에 같이 포함될 수 있는가 하는 것이지 싶습니다. 그리고 이는 예컨대 인간의 경우, 충분히 대자로서의 현존을 지니면서 즉자로서의 존재를 지닌다는 사실로 구체적으로 드러난다 할 수 있을 것입니다.
진정 초현상적인 것은 '현상의 존재', 즉 '즉자인 존재'입니다. 그러나 초현상적이라고 해서 현상되지 않는 것은 아니라고 했습니다. 이를 지칭하는 것이 '존재의 현상'입니다. '존재의 현상'을 통해 '현상의 존재'로 치고 들어가게 되고, '현상의 존재'에서 즉자존재로 나아가는 것이지요. 중요한 것은 대자로서의 의식은 넓게 보아 현상에 속한다는 것입니다. 이는 의식의 존재론적인 기초와 근거가 바로 즉자존재에 있다는 것을 함축합니다. 그뿐만 아니라, 대자적인 현존의 존재론적인 기초와 근거가 존재에 있다는 것을 함축합니다. 어쨌든 현존과 존재를 정확하게 구분하지 않고서는 사르트르의 존재론에 제대로 들어갈 수 있는 길은 없습니다. 앞으로 계속 이를 유념합시다.

1부

무의 문제

1부의 강해를 시작하며

이제 본격적으로 본문의 강해가 시작됩니다. 책의 제목 '존재와 무'에서 '존재'(l'être)는 어렵긴 하지만 우리에게 어느 정도 익숙한 개념인 데 반해, '무'(le néant)는 아무래도 다소 부담이 되면서 '이 뭐꼬?' 하는 생각이 듭니다. 먼저 '무는 있는 것인가, 없는 것인가? 무가 있다는 것과 없다는 것이 어떻게 다른 것인가?'라는 문제가 떠오르기도 하고, '태초에 신이 세계를 창조했다고 할 때 흔히 무에서 유를 창조했다고 하는데, 그렇다면 신조차 있기 전, 그러니까 존재한다고 말할 수 있는 일체의 것들이 있기 전에 도대체 어떤 상태였을까, 그게 바로 무가 아닐까?' 하는 문제가 떠오르기도 합니다.

이런 형이상학적인 문제들 말고 일상적인 삶에서도 쉽게 무에 관련된 듯한 질문들을 하게 됩니다. 이 강의를 준비하는 동안 비보가 들려옵니다. 용산 철거민들의 시위에 대해 경찰이 무리하게 과잉 진압을 하다가 다섯 명의 사람이 불에 타 죽었다는 어처구니없는 소식이 텔레비전에서 오바마 미 대통령 취임 소식보다 더 비중 있게 다루어지는 것 같습니다. 이제 그들은 죽고 **없습니다**. 불에 타들어 가면서 얼마나 고통스러웠을까 하는 생각이 먼저 앞섭니다만, 오늘의 강의 주제에 맞춘다면, '그들은 어떻게 되었을까? 무가 되고 말았는가?' 하는 생각이 들기도 합니다. 그런가 하면, '방금 전만 하더라도 이 철학아카데미의 현관문을 열고 들어왔었는데, 바로 그 상황은 지금 **없습니다**. 어디로 갔지? 무가 되어 버렸나?' 하는 생각을 할 수도 있습니다. 또 "혹시 볼펜 하나 여분이 있어요?"—"미안하네요. **없는데요**"라고 할 수도 있고, "이 아이디 코드가 바로 그 미네르바의 것입니까?"—"**아닙니다**. 이 아이디 코드는 미네르바가 사용한 것이 **아닙니다**"라는 말을 할 수도 있습니다. 그런가 하면, "낯빛을 보니까 건강이 많이 좋아지신 것 같은데 어떻습니까?"—"전혀 좋아진 것이 **아닙니다**. 그렇게 보인다니 기분이 좋긴 합니다만"이라든가, "김석기 신임 경찰청장 받아들일 수 있습니까?"—"절대 그럴 수 **없습니다**. 임명되자마자 그런 과잉 진압을 하다니"라고 말을 할 수도 있습니다.

'없다'라는 것도 여러 다른 방식으로 언명되고, '아니다'라는 것도 여러 다른 방식으로 언명되고 있습니다. 거절, 부인, 부정 등이 여러모로 개입되어 있는 것이지요. 아리스토텔레스가 존재의 유비를 들먹이면서 여러 다른 방식의 '있음'을 이야기한 것도 유사합니다. 뭉뚱그려 말해 무에 관련됨 직한 '없음' 혹은 '아님'이 여러모로 성립하는 것이지요. 이 정도만 해도 왜 무를 철학적으로 논구하지 않을 수 없는가를 상당 정도 예감하게 됩니다. 특히 우리의 삶이 처음부터 죽음으로의 운명을 타고난 것임을 염두에 두면 더욱 그러합니다.

하지만 형이상학이라는 이름 아래 존재론 내지는 논리학을 펼쳐나간다고 할 때, 아무래도 문제가 되는 것은 무 자체일 것 같습니다. 파르메니데스가 처음부터 아예 허용하지 않았던 것이 무 자체지요. 그런가 하면, 헤겔은 그의 『논리학』이 '존재'와 '본질'을 다루는 것임을 명확히 합니다. 그러면서 무에 관해서는 전혀 적극적으로 논의하지 않습니다. 겨우

반 쪽 정도를 허용하고 있을 정도입니다. 그 대목을 일별함으로써 간단하게 철학자들이 무에 관해 어떤 방식의 이야기를 하는지 먼저 '구경'이라도 해 보는 것이 좋을 것 같습니다.

> **무, 순수 무.** 그것은 자기 자신과의 단적인 동일성(Gleicheit)이고, 완전한 공(空)이며, 무규정성이고 무내용성이다. 그 자신과의 무차별성이다. …… 그래서 무는 바로 이러한 규정성 혹은 오히려 무규정성이고 따라서 일반적으로 순수 **존재**인 바로 그것과 동일하다.[1]

마지막 순수 무가 순수 존재와 동일하다고 하는 대목에서 헤겔의 변증법적인 논리의 시발점을 보는 것으로 만족해야 할 것 같습니다. 그 핵심 매개는 이 인용문에 등장하고 있는 무규정성입니다. 순수 존재도 무규정성이고, 순수 무도 무규정성이니만큼 둘은 동일하다고 하는 것이지요. 그리고 이 존재와 무의 동일성을 바탕으로 생성(Werden)으로 변증법적인 상승을 하는 것입니다만, 이 정도로 해두고요. 사르트르가 왜, 어떻게 무에 접근하여 그 근본적인 의미와 존립 방식을 분석해 나가는가를 살펴 나가고자 합니다.

---

1) G. W. F. Hegel, *Wissenschaft der Logik* I, Frankfurt am Mein: Suhrkamp, 1986, p. 83.

제1장 | 부정의 기원

1. 탐문

그런데 사르트르는 무로 바로 치고 들어가지 않고 '부정'(négation)을 제1장의 제목으로 삼고서 다소 우회의 길을 걷습니다. 그런 다음 제2장에서 '자기기만'(mauvaise foi)을 다룬 뒤, 제1부 '무의 문제'에 이어 제2부 '대자존재'로 넘어갑니다. 이 과정에서 우리는 사르트르가 무와 대자존재를 어느 정도 엇비슷한 차원에 있는 것으로 보고 있음을 예감하면서 그렇게 넘어가는 데에는 일상적인 삶을 지배하는 자기기만의 문제를 짚고 넘어가지 않을 수 없다고 생각한다는 것을 알 수 있습니다. 마치 후설이 '자연적 태도'를 문제 삼아 '에포케', 즉 판단중지를 함으로써 '현상학적인 태도'로 전환해서 자기 나름의 철학을 전개하듯이 말이죠.

　　한편 흥미로운 것은 사르트르가 무의 문제를 다루기 위한 선결 조치로서 부정을 내세우면서 맨 먼저 '탐문'(interrogation)의 구조를 분석한다는 것입니다. 왠지 이는 하이데거가 그의 『존재와 시간』을 시작하면서 서설에서부터 '존재 물음'(Seinsfrage)의 구조를 분석한 것과 흡사합니다. 그러고 보면, 사르트르는 역시 그의 선배 현상학자들인 후설과 하이데거에게 크게 영향을 받고 있는 것이라 할 수 있을 것입니다. 그러나 사르트르 존재론의 위력은 이들 선배들을, 특히 하이데거를 강력하게 공격하는 데서 잘 드러난다는 점을 염두에 두시기 바랍니다. 그렇다 치고, 이제 본격적으로 사르트르의 이야기를 들어 보도록 합시다.

앞서 제시한 서설을 염두에 두면서 사르트르는 자신의 연구가 '존재'의 중심으로 이끌리고 있지만, 즉자존재와 대자존재라고 하는 두 존재 영역의 결합을 제대로 확립하지 못했기 때문에 막다른 골목에 처해 있음을 고백하는 척합니다. 그런 뒤, 과연 어디에서부터 이 문제를 해결해 나가야 하는가를 넌지시 고민하면서 추상적인 것(le abstrait)과 구체적인 것(le concret)에 관한 이야기를 끄집어냅니다.

이런 관점에서 볼 때, 의식은 하나의 추상적인 것이다. 왜냐하면 의식은 자기 자신에서 즉자를 향한 존재론적인 기원을 숨기고 있기 때문이다. 그리고 이와 교환적으로 현상 역시 하나의 추상적인 것이다. 왜냐하면 현상은 의식에 '출현'(paraître)해야 하기 때문이다. 구체적인 것은 오로지 종합적인 총체로서만 존재할 수 있다. 의식과 현상은 이 종합적인 총체의 두 계기를 이룰 뿐이다.(37/88)

서설에서 중점적으로 이야기한 의식과 현상 둘 다 추상적인 것에 불과하고 이 둘이 계기가 되어 이루는 '종합적인 총체'야말로 구체적인 것이라고 말하고 있습니다. 이렇게 구체적인 것을 굳이 찾는 까닭은 존재론적인 탐문을 구체적인 것에서 출발하지 않으면 안 된다고 생각하기 때문입니다. 사르트르는, 스피노자의 철학체계에서와 마찬가지로, 구체적인 것은 사람들이 그것에서 추상해 낸 요소들(계기들, éléments)의 총합이나 조직화에 의해 복구되는 것이 아님을 지적합니다. '종합적인 총체'를 구체적인 것이라고 말하고 의식과 현상을 추상적인 것이라 말하는 것은 진정으로 존재하는 것은 '종합적인 총체'이지 의식과 현상이 아니라는 것을 의미합니다. 그런데 사르트르는 구체적인 것이 바로 하이데거가 말한 세계 내의 인간임을 적시한 뒤, 이렇게 말합니다.

1) 우리가 세계-내-존재라 지칭하는 종합적인 관계는 무엇인가? 2) 인간과 세계 사이의 관계가 가능하기 위해서는 인간과 세계 이 둘은 무엇이어야 하는가? 이 총체성을 기술함으로써 우리는 이 두 물음에 대답할 수 있을 것이다.(38/88)

인간과 세계의 관계에서 어느 한쪽을 따로 떼 내어 생각하면 그것은 추상적인 것에 대한 논구에 불과할 것임을 분명하게 밝히고 있습니다. 그리고 그런 상태에서, 인간과 세계 간의 종합적인 관계를 논구의 중심에 두고 있습니다. 그러면서 그 종합적인 관계가 성립하려면 과연 인간과 세계가 각각 어떠해야 하는가를 문제 삼고 있습니다.

그러면서 이러한 내용을 문제 삼는 탐문의 구조를 분석합니다. 이러한 접근 방식은 한편으로 메타적인 것이라 할 수 있지요. '메타적'이라는 것은 논의의 차원을 확 바꾸어 논의의 대상 영역에서 한 걸음 물러서서 그 논의 자체를 새로운 논의의 대상으로 삼는 것을 지칭하지요. 그냥 인간이 무엇이고, 세계가 무엇이고, 그 관계가 무엇인가를 기술해 들어가면 될 터인데, 이를 문제 삼는 인간의 탐문 자체를 문제 삼기 때문에 메타적인 것이지요. 하지만 돌이켜 생각하면 이렇게 메타적으로 인간의 탐문 자체를 문제 삼는다는 것은 곧 인간을 기술하는 것이기도 합니다. 왜냐하면 한 인간이 이렇게 자신의 존재를 둘러싼 문제를 탐문할 수 있다는 것 자체가 바로 인간의 고유한 특수성을 직접 문제 삼는 것에 해당되기 때문입니다. 그러고 보면 메타적인 작업이 다시 대상적인 작업으로 회귀하는 셈이군요. 아닌 게 아니라, 철학적 사유는 이래저래 복잡합니다. 복잡하다고 해서 포기해서는 안 되지요. 자, 아무튼 사르트르는 이렇게 이야기합니다.

> 모든 물음에서 우리는 우리를 우리가 탐문하는 존재와 맞닥뜨리도록 한다. 그러므로 모든 물음은 묻는 존재와 물어지는 존재를 전제로 해서 이루어진다. 모든 물음은 인간이 즉자존재와 맺는 시원적인 관계가 아니다. 그 반대로 모든 물음은 물음 그것이 전제하는 이 관계의 한계들 안에서 열린다. 다른 한편, 우리는 탐문되는 존재를 탐문하되 어떤 것 위에서 탐문한다. 내가 존재를 탐문할 때 내가 그 위에 있는 **그것**은 존재의 초월성에 가담한다. 나는 존재의 존재방식들 혹은 존재의 존재에 입각해 존재를 탐문한다.(38~39/90)

그다지 어려운 이야기는 아닌 것 같습니다. 우선 물음을 던진다는 것은 어디까지나 메타적인 성격을 띠기 때문에 즉자존재와 시원적으로 관계를 맺는다고 할 수는 없는 것이고요. 인간과 즉자존재가 맺고 있는 시원적인 관계가 무엇이냐고 묻는 바로 그 물음 자체가 그런 시원적인 관계 내에서의 일이라는 것은 조금만 생각해 보면 알 수 있는 것이지요. 그다음, 뭔가를 탐문한다고 할 때 무조건 물을 수는 없습니다. 그 뭔가를 바탕으로 해서, 즉 전제로 해서 어떤 측면에 대해 묻게 되지요. 그래서 사르트르는 '존재의 초월성에 가담하는 어떤 것 위에서' 우리가 존재를 탐문한다고 말하면서, '존재의 존재방식들에 대해' 혹은 '존재의 존재'에 대해 탐문한다고 말하는 것입니다. 예컨대 인간의 존재방식이 세계의 존재방식과 어떻게 다른지를 묻게 되면 훨씬 더 구체적이지요. 여기에서 정말 중요한 것은 '존재의 초월성'입니다. 이 존재의 초월성은 서설에서 말한 '현상의 존재가 갖는 초현상성'과 깊이 연결되어 있습니다. 앞으로 더 살펴보아야 하겠지만, 이는 즉자존재로 향한 길을 미리 암시해 준다고 하겠습니다.

이런 정도로 해놓고서 사르트르가 탐문의 구조에 대해 어떻게 더 구체적으로 물고 늘어지는지를 보도록 합시다. 위 인용문에 바로 이어서 이렇게 말합니다.

이러한 관점에서 물음은 기다림의 변양이다. 나는 탐문된 존재로부터 대답을 기다린다. 존재와의 선탐문적인(préinterrogative) 친숙성을 바탕으로, 나는 이 존재에 대해 그 존재 혹은 그 존재방식이 드러나리라 기대한다. 대답은 '그렇다' 혹은 '아니다'일 것이다. 원리상 물음을 긍정 혹은 부정으로부터 구분하는 것은 똑같이 객관적이면서 모순적인 이 두 가능성의 현존이다.(39/90)

"물음은 기다림의 변양이다"라는 말이 참 이채롭습니다. 존재에 대해 물음을 던졌을 때, 아마도 존재는 물음을 던지는 자에게 '대답을 해올'[1] 것 같은데 그 대답이 긍정적일 수도 있고 부정적일 수도 있습니다. 그 대답을 기다린다는 것인데요. 여기에서 '기다림'은 사르트르가 존재

---

1) 여기서 '대답을 해온다'는 건 의인화된 표현으로 읽어야 합니다.

론을 펼치는 데 있어서 최대한 수동적인 자세를 취하려고 한다는 것을 나타낸다고 할 수 있고요. 그것은 한편으로 '사태 자체에로'라는 유명한 현상학적인 구호를 따르겠다는 것을 나타낸다고 할 수 있습니다.

'존재와의 선탐문적인 친숙성'이라는 말도 중요하지요. 물음을 묻기 전에 이미 우리는 존재와 늘 친숙하게 관계를 맺고 있고, 그 관계를 실제 삶을 통해 구현하고 있다는 것입니다. 그러니까 이제 존재에 대한 탐문, 즉 존재 물음은 결코 황당한 것이 아니고 대답 역시 불가능한 것도 아니라는 것이지요.

그런데 일단 사르트르는 부정적인 대답의 객관적인 가능성에 대해 암암리에 중점을 두고 있습니다. 그래야 무를 향한 길을 열 수 있을 것이기 때문입니다. 다 같이 존재 물음에 대해 분석을 하는데도 하이데거와 이렇게 다를 수 있는가 싶습니다. 하이데거는 존재 물음을 던지는 존재자인 인간 현존재에 관심을 집중하는 데 비해, 사르트르는 보다시피 무를 향한 실마리를 찾는 데 집중해서 존재 물음을 분석하고 있는 것이지요. 역시 주어진 것은 광대무변하여 어떤 의도를 갖고서 접근해 가는가에 따라 드러나는 것이 다른 법인 모양입니다. 아무튼 무를 향한 실마리를 찾으면서 사르트르는 이렇게 비존재를 정돈해서 말합니다.

물음을 던지는 자는 대답이 긍정적일지 혹은 부정적일지 **알지 못한다**. 그래서 물음은 두 가지 비존재 사이에 걸쳐 있는 다리다. [물음을 던지는] 인간에게는 앎의 비존재가 있고, 초월적인 존재 속에 비존재의 가능성이 있다. …… 마지막으로 물음은 진리의 현존을 함축한다. …… "이것은 그렇게 있고 다르게 있지 않다"라고 말할 수 있는 것처럼. 한마디로 진리는 존재의 분화(différenciation)라는 자격을 띠고서, 물음을 결정하는 자인 세번째 비존재를 끌어들인다. 그것은 한정의 비존재다. 이 세 가지 비존재는 모든 탐문을 조건 짓는다. 특히 **우리의** 탐문인 형이상학적인 탐문을 조건 짓는다.(39/91)

부정에서 비존재로 나아가고 있습니다. 이윽고 비존재에서 무로 나아가게 될 것입니다. 묻는 자에게서 대답이 어떨지를 모른다는 데서 성립하는 '앎의 비존재'는 존재론적으로 보아 그다지 적극적인 비존재는 아닌 것 같습니다. 가부간에 대답이 주어지면 그 비존재는 사라질 것이기 때문입니다. 나머지 두 가지 비존재가 중요하고 어렵습니다. '초월적 존재 속의 비존재', 이것은 초월적 존재가 존재하지 않을 수도 있다는 말은 아닐 것입니다. 그렇게 되면, 존재를 탐문하는 자가 허깨비를 붙들고 있는 셈이기 때문이니까요. 더욱이 '초월적 존재 속의'라는 말에 역점을 두면 존재 속에 비존재가 들어앉아 있는 셈인데, 그 정황을 상상하기가 쉽지 않습니다. 워낙 모순적인 느낌이 들기 때문입니다. 분명한 것은 사르트르가 탐문되고 있는 초월적 존재 속에 만약 비존재가 없다고 한다면 초월적 존재로부터 '아니다'라고 하는 부정의 대답이 성립될 수 없다고 생각하는 것입니다. 말하자면, 부정적인 대답이 가능한 것으로 보아 그 존재론적인 '비존재의 가능성'이 있어야 할 것이고, 따라서 우리가 '초월적 존재 속의 비존재'의 가능성을 염두에 두지 않을 수 없다는 것이지요. 말이 되는가요? 만약 '초월적인 존재로부터 드러나는 부정적인 대답'이란 게 말만 그렇지 실상은 오로지 물음을 던지는 인간 편에서 자신의 부정성을 투사함으로써 성립될 수밖에 없는 것이라고 한다면, 이 두번째 비존재 역시 첫번째 비존재로 함입될 가능성이 있는 것 아닙니까?

다만, 이 'non-être'를 '아님'으로 새기게 되면 이야기가 사뭇 달라집니다. 서양의 알파벳 언어에서 'être'는 '있음'도 되고 '임'도 되지요. 마찬가지로 'non-être'도 '없음'도 되고 '아님'도 되는 것이니까요. 하지만 이렇게 슬쩍 물러선다고 해서 문제가 해결되는 것은 아닙니다. 그렇게 되면 갑자기 존재 중심의 존재론적인 차원에서 명제 중심의 인식론적인 차원으로 굴러 떨어지는 셈이 되기 때문입니다. 이에 관해서는 다음에 본격적으로 논의할 기회가 있을지 모르겠습니다.

그리고 세번째 비존재는 '다른 것이 아니고 그것'이라는 형식, 즉 칸트가 범주론[2]에서 질의 세 가지 범주 중 실재성(Realität), 부정(Negation)과 더불어 세번째로 제시한 범주인 한정(Limitation)에서 추출하는 비존재입니다. 이는 예컨대 "그는 비인간적이다"라는 명제에서처럼 부정적으로 긍정하는 형태로서 앞의 두 범주를 변증법적으로 지양한 상태라 할 수 있습니다. 사르트르가 이를 진리 차원에서의 비존재로 명명하면서, 진리를 존재의 분화라고 한 것이 이채롭습니다. 묻는 자는 진상(眞相)을 얻기 위해 묻겠지요. 그런데 진상 중에서 '……가 아님'은 '……임'보다 더 중요할 수가 있습니다. 단적으로 '칠판임'이라고 하는 것은 원칙상 무한히 많은 '칠판이 아님'을 전제로 하지 않고서는 그 자체로 아무런 의미도 없기 때문입니다. 그러고 보면 '……임'은 '……가 아님'을 전제로 해서 성립한다고 할 수 있는 것이지요. 이에 이러한 '……가 아닌 것임'이라는 한정성에서의 비존재를 염두에 두는 것입니다.

우리 입장에서 정돈하자면, 첫번째 앎의 비존재는 **인간적인 비존재**라 일컬을 수 있을 것이고, 두번째 존재의 비존재는 **초월적인 비존재**라 일컬

---

2) Immanuel Kant, *Kritik der reinen Vernunft*, Hamburg: Felix Meiner Verlag, 1956, p.118 참조.

을 수 있을 것이고, 세번째 한정의 비존재는 **진리적인 비존재**라 할 수 있을 것입니다. 인간적인 비존재가 없다면, 아예 철학을 할 필요도 없을 것이고 일체의 인간 존재가 갑자기 우뚝 서 버릴 것입니다. 두번째 초월적인 비존재가 없다면, 인간적인 비존재가 성립할 수 있는 존재론적인 바탕을 상실하는 게 될 것입니다. 세번째 진리적인 비존재가 없다면, 존재하는 것들이 본질을 드러냄에 있어서 각각 뿔뿔이 흩어져 아무런 관계도 맺지 못할 것이고 그렇게 되면 일체의 종합이 불가능해질 것이며 명제가 아예 성립될 수 없을 것입니다. 그래서 그런지, 사르트르는 '의기양양하게' 이렇게 말합니다.

> 그래서 실재(du réel)의 새로운 성분이 우리에게 나타났다. 그것은 비존재다. 그만큼 우리의 문제는 복잡해진다. 왜냐하면 인간존재와 즉자존재의 관계들을 다루어야 할 뿐만 아니라 또한 존재와 비존재의 관계들, 인간적인 비존재와 초월적인 비존재의 관계들을 다루어야 하기 때문이다. 그러나 심혈을 기울여 이를 살펴보기로 하자.(40/91)

여기에서 우선 돋보이는 것은 "실재"라는 개념입니다. 사르트르가 실재라는 개념을 대단히 넓게 확장해서 쓰고 있다는 것을 알게 됩니다. 존재와 비존재를 망라하는, 그러니까 지금으로서는 확정적으로 말할 수 없지만 암암리에 즉자존재와 대자존재를 망라하는 개념으로서 앞에서 말한 종합적인 총체성을 띤 가장 구체적인 것으로 보고 있는 것이지요. 아무튼 그의 말대로 그러한 실재의 성분으로서 비존재가 등장함으로써 이래저래 논구가 복잡해진 것만은 틀림없습니다.

부연하자면, 라캉이 상상계를 넘어서 상징계, 그리고 그 상징계를 넘어선 실재계를 제시할 때, 실재계는 본래 '실재'라 새겨야 하는 것이지요. 맥락이 워낙 다르긴 합니다만, 여기에서 사르트르가 말하는 존재와 비존재를 망라하는 실재 개념은 라캉이 말하는 실재와 그 위상에 있어서 대단히 닮아 있다는 것입니다.

2. 부정들

자, 아무튼 탐문의 성격과 구조를 분석함으로써 비존재를 찾아낸 사르트르는 이제 부정의 문제로 돌입합니다.

우선 사르트르는 부정이란 것이 초월적 존재, 즉 즉자존재에서 연원하는 것이 아니라 판별 작용에 의거해 투사된 것 아닌가 하고서 사람들이 반문을 가할 가능성을 염두에 둡니다. 특히 주로 후설을 염두에 둔 것 같은데, 그는 이렇게 말합니다.

> 부정은 구체적인 심리적 조작들(opérations)의 결과이고, 그 현존에 있어서 이러한 작용들 자체에 의해 지탱되지, 그 자체로 존립할 수 없다. 부정은 노에마적인 상관자로서의 현존을 가진다. 부정의 **존재**(esse)는 완전히 그 **지각됨**에 머문다. 그리고 부정적인 판단들의 개념적인 통일태인 무는 최소한의 실재성마저 가지지 못할 것이다. 무가 갖는 실재성은 스토아주의자들이 조성한 개념인 '렉톤'(말뿐인 것, lecton)에 해당될 뿐이다. [그런데] 우리는 이러한 생각을 과연 받아들일 수 있는가?(41/92~93)

후설은 부정이 지향(Intention)과 충족(Erfüllung)의 관계에서 성립한다고 말합니다. 저기 오는 사람이 '조광제'인 것 같은데 맞나 하고서 궁금해 할 때에는 아직 지향의 단계입니다. 그런데 막상 가까이 가서 보니까 '조광제'가 아니라 '민승기'였을 때, 갑자기 충족되는 내용은 '민승기'이고, 이 충족을 통해 애초의 지향은 실패하는데, 거기에서 부정이 생겨난다고 말합니다. 말하자면, 지각의 과정에서 부정이 성립한다고 말한 것이고, 그 지각의 과정을 바탕으로 해서 이루어지는 판단 작용의 과정에서 부정이 성립한다고 말한 것이지요. 일체의 논리적인 범주들을 지각에서부터 길어내고자 하는 정통 현상학의 비조(鼻祖)로서의 후설의 각오가 잘 드러나고 있습니다.

그런데 사르트르는 이러한 후설의 생각을 받아들일 수 있느냐고 묻습니다. 그리고 그렇게 되면 '판단들의 개념적인 통일태라고 할 수 있는 무'가 그 자체 아무런 실재성도 갖지 않는 것이 되고 말 것인데, 이를 과연 받아들일 수 있느냐고 묻습니다. 우리는 후설에 대해 존재론적으로 한 단계 더 들어가 물음을 던지는 사르트르의 모습을 보고 있습니다. 물론 받아들일 수 없다는 것이지요. 그러면서 이 문제가 이렇게 압축된다고 말합니다.

> 문제는 다음의 언명으로 정립될 수 있다. 판별하는 명제의 구조인 부정이 무의 기원에 있는가, 아니면 그 반대로 부정의 기원이자 바탕은 실재의 구조인 무인가?(41/93)

정확한 정돈입니다. 그대로 직역을 하다 보니 약간 어색합니다만, 요컨대 부정이 무의 기원인가, 아니면 무가 부정의 기원인가 하는 것이지요. 여러분들의 생각은 어떠합니까? 칸트는 부정 판단에서의 부정은 지성이 미리 지니고 있는 범주인 '부정'(Negation)에 입각한 것이라고 말합니다. 부정이라는 지성적인 범주가 원리상 지각에서 생겨난다는 후설과는 전적으로 대립적입니다만, 만약 사르트르가 부정이 무에 기원을 두고 있고 무에 근거해서 성립한다고 주장한다면, 칸트와 후설은 사르트르와는 완전히 대립적인 인물이 됩니다. 사르트르는 부정이 무에 바탕을 둔 것이지, 그 반대는 아니라고 봅니다. 그런데 과연 사르트르는 부정이 무에 근거해서 성립한다는 것을 어떻게 정당화할까요?

이를 위해 사르트르는 다시 물음의 문제를 끌어들이면서, 물음이란 본래 선판별적인 행위(conduite préjudicative)임을 강조하고, 이를 통해 비존재가 인간의 판단에 의거한 것이 아님을 역설합니다.

> 물음은 탐문적인 판단에 의해 공식화된다. 그러나 물음은 판단이 아니다. 물음은 선판별적인 행위다. 나는 시선이나 몸짓으로 탐문할 수 있다. 탐문에 의해 나는 모종의 방식으로 존재와 맞닥뜨린다. 존재와의 이 관계는 하나의 존재적인 관계(un rapport d'être)이다. 판단이란 이에 대한 임의의 표현일 뿐이다.(41/93)

앞서 말한 '존재와의 선탐문적인 친숙성'이 활용되고 있습니다. "나는 시선이나 몸짓으로 탐문할 수 있다"라는 말이 이를 잘 드러냅니다. 그렇게 해서 사르트르는 칸트나 후설과는 전혀 다른 새로운 탐구 영역을 찾아냅니다. 물음의 '선판별적인' 차원을 찾아낸 것이지요. 물론 이는 후설이 일찍이 고찰한 '선술어적인'(vorprädikative) 차원과 그 용어에 있어서만큼은 다를 바 없는 것입니다. 하지만, 후설은 선술어적인 차원을 일체의 인간 구속적인 차원을 벗어난 존재와 연결 짓지 않고 의식의 수동성과 연결 짓습니다. 그런데 사르트르는 이 선판별적인 차원을 '존재적인 관계'라고 과감하게 못박아 버립니다. 일체의 인간 행위들이 세계 내에서 세계와 관계를 맺은 상태에서 일어난다고 하는, 하이데거에서 연원하는 '세계-내-존재'로서의 인간 개념을 확실하게 받아들이고 적극적으로 활용하고 있습니다. 결국은 이렇게 말합니다.

> 만약 내가 존재의 노출을 **기다린**다면, 그것은 동시에 내가 비존재의 우발(éventualité)에 대해 준비 자세를 취한 것이다. …… 나의 물음은 본성상 비존재에 대한 선판별적인 어떤 이해(compréhension)를 품고 있다. 나의 물음은 그 자체 있어서 근원적인 초월성, 즉 존재와 존재의 관련에 근거하는 존재와 비존재의 관련이다.(42/94)

아직 우리는 존재도 잘 모르고 있거니와 비존재에 대해서는 더욱 잘 모르고 있습니다. 그런데 존재의 노출과 결합되어 있는 비존재의 우발이라고 말하는 대목에서 어쨌건 우리는 사르트르의 존재론적인 표현이 참 멋있다는 생각을 하지 않을 수 없습니다. 정면에서 존재가 노출되기를 기다리고 있는데, 엉뚱하게 측면에서 비존재가 비집고 튀어 오르면서 우발한다는 것을 말하고 있습니다. 그리고 이 비존재의 우발을 준비하고 있다는 것인데, 이는 예기치 않은 것에 대해 암암리에 준비하고 있다는 절묘한 상황을 잡아낸 것이라 하겠습니다.

다시 '비존재에 대한 선판별적인 이해'가 등장하는데요. 이는 하이데거가 이해(Versten, Verständnis)를 말하면서 "우리는 이미 늘 존재에 대한 이해를 하고 있다"라고 말한 것에 대한 정확한 응답인 것으로 여겨집니다. 다만, 사르트르는 하이데거가 적어도 『존재와 시간』에서는 전혀 지적하지 않은 '비존재에 대한 이해'로 바뀝니다. 그러면서 그것을 물음이라는 인간의 선판별적인 행위에다 적용하고 있는 것이지요.

여기에서 결국 문제는 비존재의 우발이 아닐 수 없습니다. 이를 구체화하기 위해 사르트르는 '파괴'(déstruction)라는 문제를 끌어들여 분석합니다. 우리가 어떤 물건들을 파괴할 수도 있지만, 자연 자체에서 파괴가 일어나기도 합니다. 그런데 어떻습니까? 인간이 완전히 빠져 버린 상태에서도 '파괴'라는 것이 성립합니까? 예컨대 환경이 파괴된다고 할 때, 환경은 인간 내지는 생물에 대한 환경일 것이겠지요. 이들을 빼고 나면, 자연이 파괴된다는 것은 그냥 조립의 방식이나 배치의 방식이 바뀐 것에 불과한 것이지요. 문제는 과연 자연 자체에 대해 근본적으로 '파괴'라는 말을 적용할 수 있는가 하는 점입니다. 그래서 사르트르는 이렇게 말합니다.

파괴가 있기 위해서는 먼저 존재, 즉 초월성에 대한 인간의 관계가 있어야 한다. 이 관계의 한계들 내에서, 인간은 한 존재를 파괴될 수 있는 것으로서 파악한다. 이는 한 존재가 존재 속에서 한정적으로 절단됨(découpage limitatif), 즉 우리가 진리에 관련하여 파악한 것처럼 이미 [그 자체] 무화작용인 것을 전제로 한다. …… 그러므로 다음을 잘 알아야 한다. 파괴는 본질적으로 인간적인 일이고, 지진을 매개로 하건 직접적으로 하건 마을들을 파괴하는 것은 **바로 인간**이며, 태풍을 매개로 하건 직접적으로 하건 배들을 파괴하는 것은 **바로 인간**이다. 그러나 동시에 파괴가 무와 직면한 그런 한 행위인, 무에 대한 선판별적인 이해를 전제로 한다는 것을 인정해야 한다. 그 밖에, 파괴가 아무리 인간에 의해 존재하게 된다고 해도 파괴가 **객관적인 사실**이지 사유는

아니다. …… 거기에는 존재의 초현상성처럼 비존재의 초현상성이 있다.(42~43/94~95)

비존재의 실재성을 확립해 낸다는 것은 결코 쉬운 일이 아닌 것 같습니다. 상식적인 직관에 의거해서 보더라도 도대체 존재하는 것만 실재할 뿐이지 어떻게 존재하지 않는 것, 즉 비존재가 실재할 수 있겠는가 하는 생각이 먼저 듭니다. 하지만 저 앞에서 사르트르가 '존재와 비존재를 망라한 실재'를 염두에 두고 있다는 것을 되새겨야 하겠습니다.

그런데 태초의 전능한 창조주가 있어 세계를 창조했다고 상상하는 것처럼, 이제 꼭 반대로 그 전능한 창조주가 전능한 파괴주가 되어 세계 전체를 파괴해 버린다고 상상해 봅시다. 이때 파괴는 말이 파괴지 무화가 아닐 수 없습니다. 아예 없던 것으로 확 바꾸어 버리는 것이지요. 만약 전지전능한 신이 있다면 원리상 얼마든지 가능한 이야깁니다. 워낙 전지전능하기 때문에 자기 스스로마저 아예 파괴해 버릴 수 있다고 한다면, 즉 자기 스스로를 완전히 무화시킬 수 있다고 한다면, 어떻게 됩니까? 그야말로 이 전지전능한 신은 절대적인 존재(성)와 더불어 절대적인 비존재(성) 모두를 본질적인 속성으로 지니고 있다고 해야 할 것입니다.

이러한 우리의 상상을 스피노자적인 '실체로서의 신'에 적용하게 되면 세계 자체가 바로 신인 만큼 세계 자체의 존재는 필연적으로 자신의 비존재를 본질상 함축하고 있다고 말할 수밖에 없게 됩니다. 사르트르가 나아가고자 하는 결론적인 방향이 과연 이렇듯 전 우주적인 차원에서의 것인지는 두고 봐야 할 것 같습니다만, 이런 쪽을 향해 노력을 하고 있는 것은 분명한 것 같습니다. 다만, 이런 일들이 현상을 통해 그대로 노출되는 것은 아니니 초현상적인 것임에는 틀림없습니다. 사르트르는 초현상적이라고 해서 아예 현상과 무관하다고 생각해서는 안 된다는 것이고, 오히려 초현상적으로 현상한다고 생각하는 것이 온당한 것임을 다시 한 번 강조합니다.

이제 이야기가 사뭇 달라지는데요. 그것은 후설이 철학적으로 개발한 대상과 지평의 관계 내지는 게슈탈트 학파에서 제시한 모양과 바탕의 관계를 원용한 것입니다. 이 이야기는 카페에 피에르를 만나기로 했는데 정시보다 늦게 도착한 바람에 피에르가 보이지 않아 찾고 있는 장면을 소재로 한 이야기입니다.

> 그저 카페는 규정된 형태에 대해 바탕을 이룬다. 카페는 자신의 무화작용을 자신 앞 도처에 운반한다. 카페는 나에게 도처에서 그 무화작용을 제시한다. 그리고 나의 시선과 카페 내의 고정된 실재의 사물들 사이에서 줄곧 미끄러지는 그 형태는 바로 하나의 부단한 소실(évanouissement)이고, 카페의 무화작용을 바탕으로 하여 무로서 제거되는 피에르다. 그래서 직관에 제공되는 것은 무의 반짝거림이고, 바탕의 무다. 이때 그 무화작용은 형태의 현출을 부르고 요구한다. 그리고 직관에 제공되는 것은 형태인데, 그것은 바탕의 표면에 하나의 **아무것도 아닌 것**(un *rien*)으로서 미끄러지는 무다. 따라서 "피에르는 거기에 없다"라는 판단에 대해 근거로서 기여하는 것은 바로 이중적인 무화작용에 대한 직관적인 파악이다.(44/97)

카페에서 만나기로 한 피에르가 카페에 보이지 않아 피에르를 찾고 있는데 피에르가 줄곧 보이지 않는 상황입니다. 카페에서 피에르를 찾으려면 카페에서 보이는 모든 사람들과 물건들을 배경으로 해서 피에르가 나름의 형태로 딱 드러나야 할 것입니다. 그런데 찾고 있는 피에르의 형태는 보이지 않고 그래서 카페 안의 모든 사람들과 물건들이 갖는 형태들은 줄곧 배경 속으로 미끄러져 들어가 그 자체로는 소실되고 맙니다. 그래서 배경인 카페의 전체적인 풍경은 무화작용을 하는 셈입니다. 그와 더불어 피에르 역시 무로서 제거되고 있습니다. 직관에 제공되는 것은 그저 '없네' 하는 식이 되어 전반적으로 무만이 넘쳐납니다. 무화작용을 하는 카페 전체에서 보면 피에르는 아무것도 아닌 것으로서 카페라는 바탕(배경)의 표면에서 미끄러질 뿐입니다. 그래서 "피에르는 거기에 없다"라는 부정 판단은 바로 이와 같은 이중적인 무화작용, 즉 카페라는 배경(바탕)의 무화작용과 피에르의 무화작용에 근거해서 이루어진다는 것입니다. 그래서 그 결론으로 사르트르는 이렇게 이야기합니다.

> 비존재가 부정 판단에 의해 사물들에게로 오는 것이 아니다. 그 반대로 부정 판단이 비존재에 의해 조건 지어지고 지탱되는 것이다. [일단] 이를 아는 것만으로 충분하다.(45/98)

제법 그럴듯한 이야깁니다. 문제는 '피에르 찾기' 이야기는 철저히 지각 관계에 의거해서 '무', '무화작용', '비존재', '아무것도 아닌 것' 등을 추출해 낸다는 것입니다. 이럴 경우, 자칫 사르트르 자신이 비판해 마지않은 후설의 입장으로 되돌아가게 됩니다. 이제 다시 이 장면에서 연출되고 있는 지각 관계가 근본적으로 '무', '무화작용', '비존재', '아무것도 아닌 것' 등의 실재성에 의거해서 성립한다는 것을 보여 줘야 합니다.

하지만 사르트르는 다른 이야기, 즉 칸트의 범주 이야기로 넘어가 칸트를 비판함으로써 자기 입장을 세우고자 합니다.

부정에 의해, 존재(혹은 존재방식)가 정립되고 이어서 무로 되던져진다. 만약 부정이 범주라면, 만약 부정이 어떤 판단들에 대해 무차별하게 정립되는 하나의 뚜껑에 불과하다면, 부정이 존재를 무화하게 할 수 있고, 존재를 갑자기 솟아나게 할 수 있고, 또 존재를 지명하여 존재를 비존재에로 다시 던져넣을 수 있다는 사실을 어디에서 [어떻게] 파악할 것인가? …… 부정은 우리를 둘러싸고 있는 긍정성의 이 벽으로부터 우리를 떼어놓아야 한다. 이것은 연속성의 급격한 풀림(중단, solution)이다. 이 연속성의 풀림은 어떤 경우에도 앞서 있었던 긍정들로부터 귀결될 수 없다. 그것은 근원적이고 환원 불가능한 하나의 사건이다. …… 어떠한 범주도 하나의 사물과 같은 방식으로 의식에 '거주할'(habiter) 수 없고 거기에 체류할 수 없다. …… '아니요'라고 말할 수 있는 그 필요조건은 비존재가 우리 속에서 그리고 우리 바깥에서 하나의 끊임없는 현전이어야 한다는 것, 즉 무가 존재에 [귀신처럼] 들러붙어(*hante*) 있어야 한다는 것이다.(45~46/98~99)

앞서 잠시 이야기한 것처럼 후설을 원용할 뿐 후설에 대한 공격을 제대로 하지 않은 채, 이제 칸트를 공격합니다. 그 핵심은 부정이 존재를 정립하면서도 이어서 존재를 무 속으로 되던지는 역량을 갖추고 있다는 것입니다. 그래서 그저 의식(지성)에 거주하고 머물고 있는 범주로서의 부정으로서는 도대체 그러한 역량을 발휘할 수 없다는 것이지요. 긍정성의 연속을 한순간에 끊어 낼 수 있는 부정의 힘을 의식과 독립해서 그 자체로 존재하는 것으로 보아야 한다는 것이고요. 부정에 의한 연속성의 풀림이 근원적이고 환원 불가능한 하나의 사건이라고 말하는 것이 그 뜻을 담고 있습니다.

결국에는 "무는 존재에 들러붙어 있다"라는 존재론적인 정향을 담은 명제로 귀결되고 있는데요. 이 말은 앞서 '피에르 찾기'에서 "부재하는 피에르는 그 카페에 들러붙어 있다. 부재하는 피에르는 바탕에서 그가 무화하는 조직화를 하는 조건이다"(45/98)라고 한 것과 연결됩니다. 카페는 긍정적인 것들의 연속입니다. 그런데 카페에는 피에르가 없습니다. 피에르의 없음이 긍정적인 것들(이때 긍정적인 것들은 지평임)의 연속인 카페에 "들러붙어 있"는 셈입니다. 이때 '들러붙어 있다'라는 뜻을 지닌 'hanter'는 본래 '귀신이 들러붙다'라는 뜻을 가집니다. 말하자면 '없는 것이 들러붙어 있다'는 것이고, 없음이 들러붙어 있다는 것이고, 나아가 무가 들러붙어 있다는 것입니다. 요컨대 무가 존재에 들러붙어 있다는 것은 마치 누군가가 귀신에 쓰인 것처럼 존재가 무에 쓰였다는 것입니다. 아무튼 "무는 존재에 들러붙어 있다"라는 명제는 사르트르의 존재론을 규정하는 중요한 명제입니다.

3. 무에 대한 변증법적인 사고

이 절은 사르트르가 헤겔이 펼치는 존재와 무에 관한 논리학적인 사고를 비판하는 것입니다. 사르트르는 헤겔이 논리학에서 경험적인 사유와는 다른 순수한 사유, 즉 사유 자체에 대한 내용 외의 다른 어떤 내용도 가지고 있지 않고 사유 자체에 의해 생겨나는 내용만을 갖는 사유를 다룬다는 것을 소개한 뒤, 그래서 헤겔이 말하는 순수 존재나 순수 무는 가장 추상적이고 가장 궁핍한 것이어서 그 스스로를 극복함으로써 더욱 완전한 개념으로 상승해 가야 하는 것임을 말합니다. 사르트르는 헤겔이 말한 다음의 문장들을 소개합니다.

직접태가 매개태에 의존하듯이, 존재는 본질에 의존한다. 일반적으로 사물들은 '존재한다'. 그러나 사물들의 존재는 그 사물들의 본질을 제시하는 데서 성립한다. 존재는 자신을 넘어 본질로 간다. 이를 '존재는 본질을 전제한다'라는 말로 표현할 수 있을 것이다. 본질은 존재와의 관계에 의해 매개된 것으로 나타나지만, 그런데도 본질은 참다운 근원이다. 존재는 그 근거로 되돌아간다. 존재는 자신을 넘어 본질로 간다.(47/100)

헤겔은 본질이 존재에 앞선다는 것을 주장하고 있다는 것이지요. 그래서 헤겔이 본질로부터 단절된 존재를 그 자체 '공(空)한 단순한 직접태'로 본다는 것, 그리고 저 앞에서 우리가 소개한 헤겔의 논리학 이야기를 거론하면서, 헤겔이 순수 존재와 순수 무를 동일한 것으로 본다는 것을 아울러 이야기합니다. 그렇기 때문에 헤겔은 순수 존재와 마찬가지로 순수 무도 가장 추상적인 것으로서 본질로부터 단절된 이상 그 자체로는 실재성을 가질 수 없다고 말한다는 것입니다.

존재와 무의 실재성을 강력하게 주장하는 사르트르로서는 이러한 헤겔의 입장을 승인할 수 없겠지요. 그래서 이렇게 말합니다.

존재는 '다른 구조들 중의 한 구조'가 아니다. 존재는 사물의 한 계기(요소)가 아니다. 존재는 모든 구조들과 모든 계기들(요소들)의 조건이다. 존재는 현상의 모든 특징들이 그 위에서 제시되는 토대(근거)다. 그와 아울러, 사물들의 존재가 "사물들의 본질을 제시하는 데서 성립한다"라는 것은 허용될 수 없다. 왜냐하면 그럴 경우, 이 존재[즉 본질]의 존재가 있어야 할 것이기 때문이다.(48/101)

갑자기 "현존은 본질에 앞선다"[3]라는 유명한 사르트르의 말이 떠오르는군요. 여기에서 사르트르는 헤겔처럼 존재를 본질에 종속시켜서는 안 된다는 것을 분명하게 밝힙니다. 본질이란 것도 그 나름대로 존재를 갖추지 않으면 안 되는 것이기에 오히려 존재가 본질의 토대라는 것을 주장하는 것입니다. 우리는 저 앞 서설에서 사르트르가 존재는 현존도 본질도 아니라고 한 것을 기억합니다. 존재론사(存在論史)에 있어서 헤겔처럼 강력한 인물도 없는데, 사르트르는 본질 혹은 본질적인 개념 중심으로 존재론을 펼치는 헤겔을 정면으로 비판하고 있습니다.

여기에서 이른바 데카르트로부터 칸트와 헤겔을 거쳐 후설에 이르기까지의 근대철학적인 사유가 끝나고, 하이데거를 거쳐 사르트르를 통해 이른바 탈근대철학적인 사유가 시작된다고 할 수 있습니다. 그 핵심은 본질 대신에 현존, 현존과 본질의 대결을 넘어서 '불투명한 심연으로서의 존재'를 철학적 사유의 근본으로 제시했다는 것입니다. 지나가는 길에 덧붙여 보았습니다.

다시 이야기로 돌아갑시다. 사르트르는 헤겔이 제시하는 존재와 무의 동일성 논제에 대해 시비를 걸면서 이에 대한 분석을 합니다. 그 중요 이야기는 이렇습니다.

비존재는 존재의 반대가 아니다. 비존재는 존재의 모순이다. …… 헤겔

---

3) 흔히 "실존은 본질에 앞선다"라고 번역하지요. 그런데 사르트르가 말하는 'existence'는 하이데거적인 본래적인 인간 존재를 나타내는 'Existenz'와 상당히 다르다는 것은 대단히 중요합니다. 사르트르는 인간 존재뿐만 아니라, 현존하는 모든 존재자들, 즉 현존자들(existants) 각각에 대해 'existence'를 이야기합니다. 그래서 하이데거식으로 '실존'이라 번역해서는 안 되고, 반드시 '현존'이라고 번역해야 하는 것입니다. 이에 관해서는 2권에 부록으로 실은 논문을 참고하기 바랍니다.

에게서 존재가 무 속으로 '넘겨지도록 하는' 것이 허용되는 것은 헤겔이 존재를 정의하면서 그 정의 자체에 암암리에 부정을 도입했기 때문이다. 이는 자명하다. 왜냐하면 하나의 정의는 부정적이기 때문이다. 그리고 헤겔이 모든 규정은 부정이라는 스피노자의 공식을 우리에게 말했기 때문이다. …… 부정이, 절대적인 충만이자 전적인 긍정성인 존재에 대해 그 존재적인 핵에 타격을 줄 수는 없을 것이다. 그 반대로 비존재는 [존재의] 전적인 밀도의 그 핵을 노리는 부정이다. 존재의 심장부에서는 비존재가 자신을 부정한다. "(존재와 무는) 공한 추상들이고 그 각각은 다른 것만큼 공하다"라고 헤겔이 쓸 때, 그가 망각한 것은 공(le vide)이란 어떤 것의 공이라는 사실이다. 그런데 존재는 자기 자신과의 일치라는 것 외에 모든 [다른] 규정들은 공허하다(vide). 그러나 비존재는 존재적인 빔(vide d'être)이다. 한마디로 여기에서 헤겔에 반대하여 상기해야 할 것은 존재는 있고, 무는 없다는 것이다.(49~50/103)

사르트르는 그 자체 서로 모순인 존재와 무의 동일성은 있을 수 없고, 따라서 부정이 절대적으로 충만한 긍정성인 존재를 실제로 건드려 무로 바꾸어 버리는 일은 있을 수 없으며, 존재가 자기 일치 외의 모든 규정들을 공허한 것으로 만들어 버린다고, 그리고 비존재는 이 존재를 갖지 않는 공이기 때문에 근본적으로 존재는 있고 무는 없다고 말합니다.

이는 존재가 무보다 앞선다는 것을 말하는 것입니다. 무는 어디까지나 존재가 있어야, 달리 말하면 부정할 것이 있어야 논리적인 사후성에 의거해서 그 존재의 핵을 겨냥하여 부정을 수행함으로써 이윽고 성립한다는 것입니다. 이는 사르트르가 즉자존재와 대자존재의 관계를 규정해 나가는 데 있어서 핵심적인 사안입니다. 그런데 도대체 존재 자체에서 무가 나올 수는 없는 것이기 때문에 무의 기원적인 출처는 전혀 새롭게 논구해야 하는 것입니다. 이를 정돈하면서 사르트르는 이렇게 말합니다.

그래서 우리는 스피노자의 공식을 뒤집어 [모든 규정은 부정인 것이 아니라] 모든 부정은 규정이라고 말할 수 있을 것이다. 이는 존재가 무에 앞서고 무에 대해 기초가 된다는 것을 의미한다. 이에 의거해, 존재가 무에 대해 논리적인 우선권을 지닐 뿐만 아니라 무가 구체적으로 그 효력을 이끌어 내는 것은 존재로부터임을 이해해야 한다. 이것이 바로 우리가 무는 존재에 들러붙어 있다는 말로써 표현하고자 하는 것이다. …… 존재하지 않는 무는 차용된 현존만을 가질 수 있을 뿐이다. 무가 그 존재를 갖는 것은 존재로부터이다. 무의 존재적인 무는 존재의 한계들 안에서만 만나진다. 그리고 존재의 전적인 사라짐은 비존재의 지배가 도래한 것이 아니다. 그 반대로 존재의 전적인 소멸은 그에 상응하여 일어나는 무의 소멸일 것이다. **비존재는 존재의 표면에서만 있을 뿐이다.**(50~51/104~105)

철저히 존재 중심으로 존재론적인 사유를 펼치는 사르트르의 입장이 뚜렷하게 드러나 있습니다. 일체의 것들은 존재합니다. 그리고 당연한 이야기지만 존재하지 않는 것, 즉 비존재는 없습니다. 이때 있다거나 없다거나 하는 이야기는 오로지 존재에 근거해서만 할 수 있을 것입니다.

그런데 존재에 근거해서 할 수 있는 이 두 이야기 중에서 '없다'라는 이야기가 재미있습니다. 사르트르가 물고 늘어지는 대목이 바로 이것입니다. '없다'라는 데서 비존재가, 이와 관련된 '아니다'에서 부정이 나옵니다. 그리고 이를 뭉뚱그려 그 존재론적인 원리로 무라고 하는 것이 나옵니다. 이것들, 즉 부정·비존재·무 따위가 나름의 현존을 갖는 것은 순전히 존재 덕분이라는 것입니다. 여기에서 사르트르가 "모든 규정은 부정이다"라고 하는 스피노자의 언명을 뒤집어 "모든 부정은 규정이다"라고 굳이 말한 것은, 규정에 존재를 할당하고 부정에 무를 할당한다는 것을 전제로 해서, 무란 근본적으로 존재를 전제로 해서 성립한다는 것을 말하기 위해서입니다. 그래서 무가 갖는 현존은 존재에서 빌려온 것이라고 말합니다. 그러니 존재가 사라지면 무도 덩달아 소멸할 것이라고 말합니다. 그리고 이를, "무는 존재에 들러붙어 있다" 그리고 "비존재는 존재의 표면에서만 있을 뿐이다"라고 말하는 것입니다.

상당히 상식에 맞는 이야기인 것 같습니다. 그러나 이런 사르트르의 결론이 인간적인 지성이나 인식의 차원을 벗어나지 못한 것이 아니라 그것을 넘어서서 존재론적인 차원에서 제시되는 것임을 잊어서는 안 될 것입니다.

4. 무에 대한 현상학적인 사고

헤겔에 관한 비판은 이 정도로 하고, 사르트르는 이제 하이데거로 넘어갑니다.

무에 대한 이해를 함축하는 수많은 '인간실재'(réalité-humaine)의 태도들이 있다. 증오, 방어, 후회 등. [하이데거가 말하는] 현존재에게도 무에 직면한 자신을 발견하되 무를 현상으로서 발견할 수 있는 영구적인 가능성이 있다. 그것은 불안이다. …… 무는 존재하지 않는다. 무는 스스로를 **무화한다**. …… 세계의 우연성은, 인간실재가 자신을 파악하기 위해 무 속에 자신을 설립하는 한에서 인간실재에 나타난다.

그러므로 여기 [하이데거에서] 무는 사방에서 존재를 포위하면서 동시에 존재로부터 방출된다. 또 무는 세계가 자신의 세계적인 윤곽들을 받아들일 수 있도록 하는 것으로 주어진다. 과연 우리는 이러한 해결책에 만족할 수 있는가?(51~52/106~107)

사르트르가 특히 하이데거에 대해 전선(戰線)을 펼친다는 것을 항상 염두에 둡시다. 여기에서 '인간실재'는 하이데거의 '현존재'를 프랑스식으로 사르트르가 번역한 것입니다. 물론 이 번역을 사르트르가 맨 처음 한 것은 아닙니다. 현존재가 불안이라는 근본기분을 통해 스스로를 무 속에 설립하여 그 무에서부터 자신의 존재, 즉 실존을 확립해 낸다는 것이 하이데거의 실존철학의 핵심이지요. 하이데거는 불안에서 어떤 강력한 힘(das Übermachtige)이 우리를 엄습하면서 우리가 집착해 온 것들에서 의미를 박탈한다고 하면서, 이렇게 우리를 엄습하는 강력한 힘을 '무'라고 합니다. 그러니까 무를 통하지 않고서는 현존재가 자신의 존재, 즉 실존을 확보할 길이 없는 것이지요. 그런데 하이데거에서 세계는 현존재와의 유의미성(Bedeutsamkeit)의 관련에 의해서만 성립합니다. 그러니까 현존재가 자신의 실존을 확보했을 때 비로소 세계 자체도 본래적인 의미로 되살아날 것입니다.

사르트르가 보기에 하이데거는 결국 진정한 세계의 존재가 결국 무를 바탕으로 한 현존재와의 관련에서만 성립하기 때문에, 세계는 우연한 것이고 무를 통해서 윤곽지어진다고 말합니다. 이렇게 보면, 하이데거에서 무는 너무 강력한 셈입니다. 아니나 다를까, 하이데거는 결국 무는 존재 자체의 다른 이름이라고 말하면서, 무는 그 어떠한 파악 가능한 존재자가 아니라는 점에서 무이지만, 그것에 그치는 것이 아니라 모든 존재자를 그 자체로서 존재하게 하는 궁극적인 근원이라는 점에서 존재 자체라고 합니다. 존재와 무의 관계에 대한 이러한 하이데거의 이야기는 맥락은 다르지만 헤겔의 논리와 상당히 닮아 있군요.

하이데거의 존재론에서는 세계의 존재가 현존재의 존재에 입각해 있고, 현존재의 존재는 무에 입각해 있는 꼴입니다. 그뿐만이 아니라, 무를 일컬어 일체의 존재자들을 그 자체로서 존재하게 하는 궁극적인 근원이라고 하고 있습니다.

과연 이를 받아들일 수 있느냐, 그럴 수 없지 않느냐고 사르트르는 힘주어 말합니다. "무는 존재에 들러붙어 있다"라고 주장하는 사르트르로서는 도무지 그럴 수 없는 것이지요. 그러고 보면, 하이데거보다 사르트르가 훨씬 더 존재 쪽에 비중을 두고 있음을 알 수 있습니다. 아무튼 사르트르는 그러면서 다음과 같은 질문들을 [하이데거에게] 합니다.

그러나 인간실재가 비존재에서 떠오르도록 하는 힘(pouvoir)은 어디에서 오는가? …… 무는 자신의 심부에 존재를 가져온다. 그러나 그 융기[즉 무에서의 존재의 융기]는 이 [무의] 무화하는 거부를 어떤 점에서 고려하는가? 저 너머로 자신을 기획투사하는 초월이 무에 기초를 제공하기는커녕 그 반대로 무가 초월의 핵심에 있어서 초월을 조건 짓는다. …… 하이데거에게 이렇게 요구할 수 있다. "만약 부정이 초월의 제1의 구조라면, 인간실재가 세계를 초월할 수 있어야 한다고 할 때, 그러한 초월을 위한 인간실재의 제1의 구조는 무엇이어야 하는가?" …… 하이데거는 무를 초월에 대한 일종의 지향적인 상관자로 만들면서 초월자체에 그 근원적인 구조로서 무를 이미 삽입해 놓고 있는데, 그는 그가 그렇게 하고 있다는 것을 모른다. …… 만약 내가 세계를 넘어서서 무 속에서 융기한다면, 이러한 세계외부적인(extra-mondain) 무가, 우리 가 매 순간 존재의 와중에서 만나는 비존재의 작은 끈들을 어떻게 기초 지을 수 있겠는가? 나는 "피에르가 거기에 없다", "나는 더 이상 돈이 없 다"라는 등의 말을 한다. 이러한 일상적인 판단들을 기초 짓기 위해 과 연 나는 무를 향해 세계를 넘어서야 하고 다시 존재에까지 되돌아와야 하는가?(53~54/107~108)

이야기 내용이 상당히 많습니다. 핵심은 인간 현존재 혹은 인간실재 가 세계를 넘어서서 초월해 간다고 할 때, 그렇게 초월해 갈 수 있는 인간 존재의 바탕은 결코 무에서 올 수 없다는 것입니다. 끝내 사르트르는 존 재, 즉 즉자존재의 존재론적인 근원성을 염두에 두고 있습니다. 모든 종 류의 부정들과 이를 뒷받침하고 있는 무는 결국 존재에 발생적 근거를 두지 않으면 안 된다는 것입니다. 그런데 하이데거가 이를 전적으로 모 르고 있다는 것입니다. 그 핵심은 무를 향한 인간의 초월적인 힘의 존재 론적인 원천에 대해 제대로 접근을 하지 못하고 있다는 것입니다. 결국 사르트르는 이렇게 자신의 입장을 밝힙니다.

그저 판단의 대상들이 아닌 실재들은 무한히 존립한다. 그것들은 인간 적 존재에 의해 시련을 겪는 방식으로, 싸우는 방식으로, 두려워하는 방 식으로 존재한다. 그리고 그러한 실재들은 마치 그것들의 현존에 필요 한 조건에 의한 것인 양 그것들의 내부구조에서 부정에 의해 존립한다. 우리는 그것들을 부정태들(négatités)이라 부르고자 한다. …… 부정의 기능은 고려되는 대상의 본성에 따라 다양하다. 완전히 긍정적인 실재들과 그 긍정성이 무의 구멍을 감추고 있는 외현에 불과한 실재들 사이에서, 모든 중간적인 것들이 가능하다. 어떤 경우에건, 이러한 부정들을 초세계적인 무에다 다시 던져 넣는 것은 불가능하게 된다. 왜냐하면 이러한 부정들은 존재 속에 흩어져 있으며 존재에 의해 지탱되고, 그러면서 실재의 조건들로 작동하기 때문이다. …… 무란, 그것이 존재에 의해 지탱되지 않는다면, 무인 한에서 소산되고 만다. 그리고 우리는 존재 위로 다시 떨어진다. 무는 존재라는 바탕 위에서만 스스로를 무화할 수 있다. 만약 무가 주어질 수 있다면, 그것은 존재 이전도 아니고 존재 이후도 아니고, 일반적으로 말해 그것은 존재 바깥에서도 아니다. 무가 주어질 수 있는 것은 존재의 중심 자체에서이다. 무는 기생충처럼 존재의 심장에 붙어 있다.(55~56/111)

'완전히 긍정적인 실재들'과 '무의 구멍을 감추고 있는 외현적인 실재들' 사이에 엄청나게 많은 중간의 것들이 가능하다고 말하고 있습니다. 간단히 말하면, 이는 도대체 세계 속에 현존하는 일체의 실재들은 존재에서부터 무에 이르는 스펙트럼을 형성한다는 것입니다. 그렇기 때문에 그 속에서 이루어지는 부정적인 사태들을 간단하게 무에 속한 것으로 편입한다는 것은 있을 수 없다는 것이지요. 오히려 그 바탕에는 항상 존재가 일체의 실재들에 대한 조건으로서 작동하고 있다고 보아야 한다는 것입니다.

"무는 기생충처럼 존재의 심장에 붙어 있다"라는 명제를 기억합시다. 존재보다 무가 근원적이라고 하면, 온갖 니힐리즘적인 망상들이 들러붙습니다. 아울러 온갖 회의론들이 들러붙습니다. 이 사르트르의 명제는 그의 유물론적인 시각을 여지없이 압축해 놓은 것입니다. 미리 말하자면,

사르트르에게서 무는 대자적인 의식의 현존을 떠받치는 것입니다. 그러니까 사르트르는 이 명제를 통해 "정신은 물질에서 나온 것이다"라는 말을 전혀 새로운 방식으로 제시하는 것입니다.

그러나 함께 염두에 두어야 할 것은 인간 삶을 영위하면서 맞닥뜨리게 되는 일체의 실재들이 갖는 의미들이 형성되는 데 있어서는 무의 주어진 것들을 무화하면서 동시에 무가 무화되는 작용이 바탕에 깔려 있다는 것입니다. 무가 주어진 것들을 무화한다는 것은 대자인 의식이 미래를 향해 주어진 즉자적인 자신을 넘어선다는 것을 의미합니다. 그리고 무가 무화된다는 것은 대자인 의식이 즉자적인 자신을 넘어서면서 그 즉자적인 자신만이 실제로 존재하는 것으로 정립한다는 것을 의미합니다. 그래서 "무는 존재하지 않는다"라든가 "대자는 존재하지 않는다"라는 말을 하게 되는 것입니다. 이에 관해서는 앞으로 계속 살펴보게 될 것입니다.

5. 무의 기원

1) 시간으로부터의 무의 기원

'무의 기원', 말만 들어도 머리가 벅적지근하면서 만만찮은 내용에 맞닥뜨리게 될 것임을 예감하게 됩니다. 그런데 사르트르가 자신의 책 제목으로 내세운 '존재와 무'를 보아서도 알 수 있지만, 이 대목이 대단히 중요할 것입니다. 그래서 그런지 사르트르는 이 절에 대해 약 25쪽 가량(불어판)의 분량을 할애하고 있습니다. 오늘 강의는 이 내용을 설명하고 나름대로 갈무리해 내는 것이 될 것입니다.

전번 강의에서 우리는 사르트르가 "무는 존재에 들러붙어 있다"와 "비존재는 존재의 표면에서만 있을 뿐이다"라는 명제를 존재와 무에 관련된 핵심 주장으로 정돈해 낸다고 한 바가 있습니다. 우리로서는, '그렇다면 도대체 무가 어디에서 어떻게 생겨나 존재에 들러붙을 수 있단 말인가?' 하고서 물음을 던지지 않을 수 없습니다. 존재라는 것은 그 자체 충만한 긍정성으로서 그 구조들 중 하나로 무를 포함하지 않을 것이기 때문에 더욱 그러합니다. 이에 관련해서 사르트르는 이렇게 말합니다.

> 만약 무가 존재를 벗어난 데서도 인지될 수 없고 존재에서 출발하여서도 인지될 수 없다면, 그리고 다른 한편으로 무가 비존재임으로 해서 '스스로를 무화하는' 데 필요한 힘을 자신 속에서 끌어낼 수 없다면, **도대체 무는 어디에서 오는가?**(57/112)

정말이지 이런 물음을 던지지 않을 수 없을 것 같습니다. 앞 강의에서 우리는 무가 없다면 판단에 관련한 부정도 성립할 수 없고, 선판별적인 부정이 깔려 있는 여러 부정태들, 예컨대 부재, 변심, 타이성, 혐오, 후회, 방심 등의 성립을 설명할 수 없다는 것을 보았습니다. 이러한 일들이 주로 인간에게서 생겨납니다만, 인간이라고 해서 무슨 세계 초월적인 현존자가 아니라, 적어도 세계-내-존재인 한에서 인간에게서 일어나는 일들을 인간 스스로에게서 구성해 낸 것이라 할 수 있는 근거가 없음도 보았습니다. 그러니 이들의 근거가 되는 무를 생각하지 않을 수는 없습니다. 그런데 이같이 무의 기원은 일단 오리무중입니다. 사르트르는 이에 치고 들어가기 위한 방책을 마련하지 않을 수 없겠지요. 그래서 이렇게 말합니다.

만약 우리가 무에 대해 말할 수 있다면, 그것은 무가 그저 존재적인 외현, 즉 차용된 존재를 소유하기 때문이다. 우리는 이를 저 앞에서 지적했다. 무는 존재하지 않는다. 무는 '있어진다'(est été). 무는 스스로를 무화하지 않는다. 무는 '무화된다'. 그러므로 무를 무화하고 자신의 존재로부터 무를 유지하고, 자신의 현존 자체로써 영구적으로 무를 떠받치는 것을 자신의 속성으로 지닌 하나의 ── 즉자존재가 아닐 ── 존재가 있어야 한다. 즉 **무를 사물들에게로 오도록 하는 하나의 존재가 있어야한다.**(57/112~113)

무를 존재에 들러붙게 할 수 있는 하나의 존재가 있어야 한다는 말로 압축될 수 있을 것 같습니다. 사르트르는 무가 제 스스로 정립될 수 없다는 이야기를 누누이 했습니다. 존재로부터 차용해 온 현존 내지는 존재를 지닐 뿐이라는 이야기가 그런 이야기였지요. 그런데 과연 무로 하여금 자신의 현존을 차용해 올 수 있게 하는 그 기묘한 존재는 어떤 것일까 하는 물음이 없을 수 없고, 그 물음에 대해 이 대목에서 그 대답의 윤곽이 어느 정도 제시되고 있습니다. 그 기묘한 존재가 그 자체 완전하게 충만한 긍정성인 즉자존재일 수는 없다는 것, 그 속성상 무를 유지하면서 영구히 떠받치고 무를 사물들에게 가져다줄 수 있는 '특별한' 혹은 '묘한' 한 존재가 있어야 한다는 것입니다. 대략 우리는 그 존재를 인간으로 보지 않을 수 없을 것입니다. 인간의 무엇이냐 하는 문제는 재미삼아 남겨 놓고요. 사르트르는 한 단계 더 나아가 그 묘한 존재에 대해 이렇게 말합니다.

무를 세계 속에 도달하게 하는 그 존재는 자신의 존재에 있어서 자신의 존재의 무가 문제인 존재다. 무를 세계에 오도록 하는 그 존재는 그 존재 자신의 무라야만 한다. …… 남은 문제는, 어떤 미묘하고 섬세한 존재의 영역에서 우리가 그 자신의 무인 그 존재를 만날 수 있을 것인가를 알아보는 일이다.(57/113)

점입가경이 아니라 점입가난(漸入佳難), 갈수록 태산인 격입니다. '그 자신의 무인 존재'(l'être qui est son propre néan)라는 말 자체가 "무는 존재하지 않는다"라는 사르트르 자신의 말에 비추어 볼 때 이미 '말도 안 되는' 것이 아닌지요. 다만, 우리가 어느 정도 적절하게 양보할 수 있다고 여겨지는 것은 이 말에 대해, 분명히 같은 내용은 아닌데도 '자신의 존재에 있어서 자신의 존재의 무가 문제인 존재'라는 말로 풀어낼 수 있다고 사르트르가 넌지시 제시하고 있기 때문입니다. 하이데거가 단박에 생각납니다. 하이데거는 자신의 존재를 문제 삼는 존재자를 현존재라고 했습니다. 그런데 사르트르는 자신의 무를 문제 삼는 존재를 제시하고 있습니다(여기에서 사르트르가 하이데거가 말한 존재와 존재자의 존재론적인 차이를 결코 염두에 두지 않고 있다는 사실을 지적해 두어야 하겠습니다. 그래서 존재건 존재자건 상관없이 'l'être'라는 말로 일관하고 있지요. 그래서 우리도 그냥 모두 다 '존재'라고 새깁니다). 이는 분명히 인간이 아닐 수 없습니다. 자신의 무를 **문제 삼는** 존재는 어쨌건 탐문하는 존재입니다. 그래서 사르트르는 탐문을 문제 삼은 끝에 결국 이렇게 말합니다.

그래서 물음과 더불어 세계 속에 일정 양의 부정성이 도입된다. 우리는 무가 세계를 무지개로 빛나게 하면서 사물들 위에서 영롱하게 반짝이는 것을 본다. 그러나 그와 동시에, 물음은 묻는 자에게서 나오는 것이며, 이 묻는 자는 존재로부터 떨어져 나옴으로써 자기 자신을 자신의 존재 속에서 묻고 있는 자로서 동기 짓는다. 그러므로 적어도 이 경우, 인간은 세계 속에 무를 부화(孵化)하게 만들 목적으로 그 스스로 비존재로부터 상처를 받는(s'affect) 한에서, 그같이 세계 속에 무를 부화하게 만드는 한 존재로서 제시된다.(58/114)

물음을 통해 부정성이 도입된다는 이야기는 저 앞에서도 했던 이야기이고요. 부정성이 존재로부터 성립되어 나오는 것이 아니라 무로부터 성립되어 나온다는 것은 상당 정도 예감할 수 있는 것이지요. 그런데 사르트르는 이를, 묻는 자가 자신을 존재에 붙어 있다가 떨어져 나오는 것(décoller)으로 여기고, 이를 근거로 묻는 자인 인간이 세계 속에 무를 부화하게 만드는 존재임을 역설합니다.

여기에서 눈여겨 둘 필요가 있는 것은 무가 세계를 무지개로 빛나게 하고 사물들 위에서 영롱하게 빛난다는 표현입니다. 비존재는 존재의 표면에서만 있을 뿐이라고 했을 때에는 왠지 비존재 내지는 무가 다소 '애처로워' 보이는 것 같았는데, 여기에서는 오히려 존재를 지시하는 세계와 사물들을 빛나게 하는 것으로 표현되고 있기 때문입니다. 무가 있음으로써 존재가 오히려 빛난다는 이야기인 셈이니, 참으로 그럴듯한 발상이 아닐 수 없습니다. 말하자면, 전혀 무의미하던 존재가 무를 통해 의미를 갖게 된다는 사태를 은연중에 함축하고 있는 것이지요. 그런데 사르트르의 논의는 다음 단계를 밟습니다.

인간은 무를 세계에 오도록 하는 존재다. 그러나 이는 곧바로 다른 물음을 불러일으킨다. 인간에 의해 무가 존재에 오도록 하기 위해서 인간은

그 존재에 있어서 어떠해야 하는가?(59/115)

　　당연한 수순입니다. 그런데 사르트르에게서는 존재와 무가 모순이기 때문에, 존재에서 무가 나올 수는 없습니다. 존재는 존재를 낳을 뿐이지요. 그런데 만약 인간 역시 존재로서 이러한 존재의 발생 과정에 완전히 포섭되어 버린다면, 인간에게서 나올 수 있는 것은 존재밖에 없을 것입니다. 과연 어떤 길을 모색하는 것일까요?

　　사르트르는 인간실재가 자신을 포함한 일체의 존재를 총체적으로 대상화시키면서 자신을 고립시킬 수 있다는 것, 이를 통해 존재의 발생 과정을 벗어날 수 있다는 것, 그리고 무 너머로 물러설 수 있음을 일단 점검해 봅니다. 이는 사실 데카르트가 방법적 회의를 통해 수행했던 것이지요. 거기에서 뭔가 논의의 실마리를 잡아 보자는 것이겠습니다.

　　스토아주의자들 이후 데카르트는, 자신을 고립시키는 무를 분비할 수 있는 바 인간실재의 이러한 가능성에 대해 명칭을 부여했다. 그것은 자유다. 그러나 여기에서 자유는 하나의 낱말에 불과하다. …… 만약 인간의 자유에 의해 무가 세계로 와야 한다면, 그때 인간의 자유는 어떤 것이어야 하는가?(59/116)

　　사르트르의 인간론은 자유론이라고 해도 과언이 아닐 정도로 사르트르에게서 자유는 대단히 중요합니다. 비록 미완성에 그치고 말았지만, 그가 『자유에로의 길』이라는 대작의 소설을 썼던 것도 이와 직결된다 할 것입니다.

　　그래서 이제 자유 문제를 본격적으로 치고 들어갈 태세를 취하는 것 같지만, 사르트르는 아직 우리가 자유의 문제를 전면적으로 검토할 단계는 아니라고 하면서, 다만 자유를 무의 무화에서 요구되는 조건으로서만 잠시 살펴보자는 식의 이야기를 합니다. 그러면서 다음 몇 가지 이야기들을 합니다.

> 자유는 인간의 다른 속성들처럼 인간 존재의 본질에 속할 그런 하나의 속성이 아니다. …… 인간에게서 본질에 대한 현존의 관계는 세계의 사물들에 대한 것과 유사하지 않다. 인간의 자유는 인간의 본질에 앞서고 인간의 본질을 가능케 한다. 인간 존재의 본질은 그의 자유 속에서 유예된다. 그러므로 우리가 자유라고 부르는 것은 인간실재의 존재로부터 구분해 낼 수 없다. 인간은 나중에 자유롭게 되기 위해 먼저 존재하는 것이 아니다. 인간 존재와 그의 '자유로움'(être-libre)에는 차이가 없다.(59~60/116)

사르트르의 철학이 궁극적으로 자유를 향해 있다는 것은 잘 알려져 있습니다. 자유 자체를 본격적으로 논하는 대목은 아닙니다만, 여기에서 드러내 보이는 자유에 관한 사르트르의 이야기는 인간 존재 자체를 바로 자유로움으로 본다는 것이고, 그것은 일체의 본질에 앞선다는 데에서 다소 구체적인 함의를 갖는다는 것이 중요한 것 같습니다. 사르트르의 그 유명한 현존철학적인 구호, "우리는 자유를 선고받았다"라는 핵심명제가 여기에서 그 일단을 드러내고 있다 하겠습니다. "인간 존재와 그의 자유로움에는 차이가 없다"라는 것이 그것이지요. 인간으로서 존재하는 한, 그 인간은 근본적으로 자유롭다는 것이니까요. 인간은 처음부터 자유로운 존재라는 것이지요.

인간실재가 세계로부터 이탈하기 위해서는 인간이 먼저 자기로부터 이탈해야 한다는 것을 이야기하면서, 이에 데카르트의 방법적 회의, 헤겔의 정신의 자유, 하이데거적인 초월, 그리고 후설의 지향성 등이 성립한다는 것을 간략하게 보인 후, 일단 맨 먼저 공격해야 할 대상을 심리학적 결정론에서 찾습니다.

그러나 우리가 자유를 검토하려고 할 때 아직은 그 자유를 의식의 내부구조로서 보고 하는 것은 아니다. …… 지금 우리가 관심을 갖는 것은 시간적인 작동이다. …… 여기에서 우리가 무화의 조건으로서 검토하는 것은 시간적인 경과가 진행되는 가운데 이루어지는 자기와의 관계다. 우리는 그저, 의식을 무한정 계속되는 인과적인 연속 계열과 비슷한 것으로 여김으로써, 의식을 존재의 충만으로 전환하고 또 그럼으로써 의식을 존재의 무한정한 총체성으로 함입시키게 한다는 것 ──심리학적 결정론에 의거해서 오만하게 자행되는 작업들이 여실히 드러내는──을 보여 주고자 한다.(60/117)

이러한 심리학적 결정론이 어떻게 해서 잘못된 것인가를 보이기 위해 사르트르는 '방 안에서의 피에르의 부재'를 예로 들어 인과적인 결정을 불가능하게 만드는 부정을 다시 잡아냅니다. 중요한 이야기 몇 가지만 들어 봅니다.

부재한 자의 방에 있는 것들의 존재적인 충만성에 대한 이미지를 일구어 내기 위해서는 두 가지 측면에서 부정 판단이 있어야 한다. 주관적으로는 이미지가 지각이 아니라는 사실을 의미하기 위한 부정 판단이고, 객관적으로는 내가 그 이미지를 형성하고 있는 피에르에 대해 그가 지금 거기에 있다는 것을 부정하기 위한 부정 판단이다. …… 우리가 보는 바와 같이, 연상이 이 문제를 제거하지는 않는다. 연상은 이 문제를 반성적인 수준으로 밀어 넣을 뿐이다. 그러나 어느 모로 보든 간에 연상은 하나의 부정을 요구한다. 즉 적어도 이미지를 주관적인 현상으로만 존재하는 것으로 정확하게 정립하기 위해서는 주관적인 현상으로 파악된 이미지와 마주하고 있는 의식의 무화하는 물러남이 요구된다.(61/117~118)

연상을 인과적인 것으로 해석하는 것이 심리학적인 결정론입니다. 이는 일찍이 영국의 경험론자들, 예컨대 감각적인 관념들 간에 마치 물리적인 중력에서처럼 인력이 작동한다고 본 흄에서부터 내려오는 전통입니다. 후설은 연상이 인과적인 것이 아님을 이야기하기 위해 동기부여 작용을 이야기했습니다만, 사르트르는 아예 인과성으로는 설명할 수 없는 부정과 부정에 함축된 무화의 필연성을 끌어들여 이를 격파하고자 합니다. 이에 연상의 핵심 요소가 되는 이미지의 존재론적인 성격을 문제 삼으려는 것이지요.

이미지에 관해서는 사르트르가 이미 『상상력』(*L'imagination*)[4]이나 『상상계』(*L'imaginaire*)[5]에서 깊이 있게 다룬 것으로 알려져 있습니다. 그 핵심은 이미지는 이미지에 (대한) 의식이라는 것입니다. 이는 서설에서 보았던 쾌락은 쾌락(에 대한) 의식이라고 하는 것과 동일한 차원에 의거

---

4) 장 폴 사르트르, 『사르트르의 상상력』, 지영래 옮김, 기파랑에크리, 2008.
5) 장 폴 사르트르, 『사르트르의 상상계』, 윤정임 옮김, 기파랑에크리, 2010.

한 것이라 하겠습니다. 말하자면, 이미지는 그 존재에 있어서 아예 지각되는 사물과는 근본적으로 분리되어 있다는 것이지요. 이미지에 대한 관심이 많을 것 같으니까 그의 이야기를 더 들어 보도록 하겠습니다.

> 이미지는 자신의 구조 자체에 무화하는 정립태(thèse néantisante)를 포함해야만 한다. 이미지는 자신의 대상을 다른 곳에 현존하는 것으로 혹은 현존하지 않는 것으로 정립함으로써 이미지로 구성된다. 이미지는 자신 속에 이중적인 부정을 지닌다. (이 세계가 이미지로 겨냥된 대상을 지각의 현행적인 대상이라는 자격으로 지금 제공하지 않는 한) 먼저 이미지는 세계에 대한 무화다. 그리고 (이미지의 대상이 비현행적인 것으로서 정립되는 한) 이미지는 이미지의 대상에 대한 무화이고, 그와 동시에 (이미지가 구체적이고 충만한 심적인 과정이 아닌 한) 이미지는 그 자신에 대한 무화이다.(61/118)

이미지에 대해 너무 많은 무화작용을 요구하는 것 아닌가 싶을 정도로 이미지와 무화를 전격적으로 결합시키고 있습니다. 이미지에 대해 세계에 대한 무화, 대상에 대한 무화, 자기 자신에 대한 무화를 할당하고 있으니 말이죠. 우리가 상식적으로 알고 있는 이미지 개념과는 워낙 다릅니다. 우리는 예사로 이미지가 내가 보는 앞에서 마치 사물처럼 현존하는 것으로 여기기 때문입니다. 사르트르는 이러한 개념을 '이미지-사물 (image-chose) 가설'이라 부르면서 거기에서 많은 오류들이 나온다는 것을 밝히고자 하는 것이 『상상력』의 과제라고 말합니다.[6]

---

6) 사르트르, 『사르트르의 상상력』, 29쪽.

사르트르가 생각하고 있는 이미지는 눈에 보이는 것도 아니고 떠오르는 것도 아닌 것 같습니다. 이미지를 아예 선반성적이고 선판별적인 의식의 상태 자체에 있는 것으로 보는 것 같습니다. 그렇기 때문에 스스로를 무화한다고까지 말할 수 있는 것이지요. 만약 연상이 이미지들의 연속 배열이고, 이미지가 이렇게 스스로를 무화하기까지 하는 것이라면 연상이라고 하는 의식의 과정에 대한 인과적 결정론은 원리상 무너지는 것이겠습니다.

아울러 인과적인 결정론을 벗어나 '피에르의 부재'를 설명하기 위해 후설처럼 공지향(intention vide)을 끌어들이는 것도 소용이 없다고 말합니다. 사르트르는 첫째, 지향들이란 심리적인 자연들인데, 이것들을 사물적인 방식으로 즉 비어 있기도 하고 차기도 하는 용기들(그릇들, récipients)로 볼 수 없다는 것, 둘째, 공지향이란 알고 보면 부정의 의식이고, 이 부정의 의식은 자신이 부재하는 혹은 현존하지 않는 것으로서 정립하는 대상을 향해 스스로를 초월하는 것이라는 것, 셋째, 그래서 피에르의 부재는 부정적인 계기를 요청하고 이를 통해 의식이 스스로를 부정으로 구성하도록 하는 것이라는 것, 넷째 결국 나는 내 자신 속에서 존재와의 결렬을 수행하는 쪽으로 이끌어진다는 것 등을 근거 및 결론으로 제시합니다(62~63/118~119 참조). 그러면서 이렇게 결론을 맺습니다.

그러므로 무화의 모든 심리적인 과정은 직전에 있었던 심리적인 과거와 현재 사이의 결렬(rupture)을 함축한다. 이러한 결렬이 바로 무다.(62/119)

참으로 묘한 지점을 파고들어 무를 발견합니다. 피에르를 찾아갔는

데 피에르가 방에 없을 때 그 '피에르의 부재'라고 하는 이미지를 문제 삼아, 이미지의 무화작용들을 끄집어내고, 그 무화작용을 통해 심리적인 과정(예컨대 방 안의 물건들의 현존에 대한 생각에서 피에르의 부재를 생각하는 쪽으로 옮겨지는 과정) 사이에 결렬, 즉 시간적인 결렬이 있다는 것을 찾아내어 이를 아예 무로 정립해 버립니다. 그럴듯합니다. 왜 그럴듯한가 하면, 결국 '시간적인 작동'을 문제 삼아 어쩌면 시간 자체에서 무를 찾아내는 것으로 여겨지기 때문입니다. 어쩌면 이렇게 하이데거와 닮아 있으면서도 철저히 대립되는지요. 하이데거는 시간문제를 시간성으로 놓고서 이 시간성에서 존재를 찾아갔지요. 그런데 사르트르는 시간성에서 무를 찾고 있으니 말이죠, 대립된다는 것입니다. 아무튼 그래서 이렇게 말합니다.

> 그래서 인간실재가 세계의 전체 혹은 부분을 부정할 수 있기 위한 조건은 인간실재가 자신의 현재를 자신의 모든 과거와 분리하는 **아무것도 아닌 것**(*le rien*)인 무를 자신 속에 지녀야 한다는 것이다.(63/120)

"자신의 현재를 **모든** 자신의 과거와 분리하는 무를 지녀야 한다"라는 것에서 사르트르가 시간적인 연관에서 무를 찾아내는 것이 어떤 의미를 지니는지를 좀더 구체적으로 보게 됩니다. 지나온 과거를 아무리 다 합쳐도 내 자신이라고 할 수 없고, 그러한 과거의 집적인 나를 부정하고 초월하는 데서 진정으로 내가 성립한다는 이야기가 나올 법한 대목입니다. 결국은 과거와의 싸움인 셈입니다.

그러므로 의식적인 존재(l'être conscient)는 자신의 과거와의 관계를 통해, 무로 인해 이러한 과거와 분리된 것으로서 자기 자신을 구성해야 한다. 의식적인 존재는 존재와의 이러한 단절에 대한 의식이어야 한다. 그러나 자기가 견뎌내는 현상으로서가 아니라 바로 그 자신인 의식론적인 구조(structure conscientielle)로서 그러한 의식이어야 한다. 자유는 자신의 고유한 무를 분비함으로써 자신의 과거를 작동하지 못하도록 하는 인간 존재이다. …… 의식은 계속해서 자신이 과거로 된 것에 대한 무화로서 자기 자신을 산다.(63/121)

핵심적인 대목이 다 나오는 것 같습니다. 자신의 과거와의 분리를 통한 존재와의 단절이자 이를 의식하는 의식, 이를 가능케 하는 무, 그리고 여기에서 이미 늘 성립하는 자유로서의 인간 존재. 글쎄 아직은 정확하게 뭐가 뭔지 모를 수도 있습니다. 핵심은 인간이란 자신의 과거를 넘어서고 벗어나는 바로 그 지점에서부터 성립한다는 것이고, 그런 지점을 마련하게 하는 힘이 바로 무이며, 그런 무에 의거해서 성립하는 것이 바로 자유라는 것입니다. 그런데 과연 이러한 의식이 가능한가요? 이러한 의식이 불가능하다고, 가능하다 할지라도 그것은 하나의 철학적 반성에 의거한 것에 불과하다고 말하는 철학자가 바로 사르트르의 후배이자 친구였던 메를로-퐁티입니다. "만약 내가 나의 자연적이고 사회적인 상황을 통해 자연적이고 인간적인 세계에 이르는 대신, 그러한 나의 자연적이고 사회적인 상황을 인수하기를 거부하면서 그것을 넘어서고자 한다면, 바로 그때 나는 자유를 잃을 수 있다"[7]라는 말이 이를 잘 표현해 주고

---

7) Maurice Merleau-Ponty, *Phénoménolgie de la perception*, Paris: Gallimard, 1945, p. 520.

있습니다. 사르트르는 세계 내지는 존재를 벗어나는 데서 자유를 획득한다고 말하고, 메를로-퐁티는 그 반대로 그 속으로 들어감으로써 자유를 획득한다고 말합니다.

2) 불안으로부터의 무의 기원

하지만 바보가 아닌 이상 사르트르가 무조건 인간이 자신의 과거를 버리는 데서 인간 존재가 성립한다고 하지는 않을 것입니다. 그래서 사르트르는 이러한 자신의 이야기에 대해 여러 반론이 가능하다는 것을 예상하면서 이제 본격적으로 논의의 방향을 틀기 위해 이렇게 말합니다.

> 자유 속에서 인간 존재는 무화의 형식을 띤 그 자신의 과거(또한 그 자신의 미래로서)이다. 만약 우리의 분석이 우리를 혼란케 하지 않았다면, 존재를 의식하고 있는 한의 인간 존재에 대해, 자신의 과거와 자신의 미래와 대면하여 이 과거와 이 미래로 있는 자로 자신을 파악하면서 동시에 이 과거와 이 미래로 있지 않은 자로 자신을 파악하는 어떤 방식이 존립해야 한다. 우리는 이 문제에 대해 즉각적인 대답을 제공할 수 있을 것이다. 그 대답이란, 인간이 자신의 자유에 대해 의식을 가지는 것은 불안 속에서라는 것이다. 혹은 흔히들 선호하는 방식으로 말하면, 불안은 존재적인 의식으로서 자유가 갖는 존재방식이라는 것, 자유가 그 존재에 있어서 스스로를 문제 삼는 것은 불안 속에서라는 것이다.(64/121)

불안은 본래 하이데거가 철학적인 지위를 한껏 부여했던 유명한 개념이지요. 하이데거의 불안은 결국 죽음이라고 하는 종말에서부터 발원하는 것이었습니다. 하지만 그는 나를 죽이려고 위협하는 구체적인 대상이 있을 때, 그 대상에 대해 느끼는 것은 불안(Angst)이 아니라 공포(Furcht)라고 했습니다. 불안은 비지향적인 데 반해, 공포는 지향적이라고 해서 이 둘을 구분한 것도 그런 의미에서였지요.

그런데 여기에서 사르트르는 전혀 새로운 방식으로, 그러니까 죽음을 전혀 들먹이지 않는 방식으로 불안 문제를 제기합니다. 우리는 지난 시간에, 대충 넘어가긴 했습니다만, 사르트르가 앞의 4절 '무에 대한 현상학적인 사고'에서 무의 기원으로 불안을 제시한 것을 보았습니다. 이제 이를 본격적으로 다루려고 하는 셈입니다. 아무튼 지금 사르트르는 자신이 '시간으로부터 발견한 무의 기원'을 바탕으로 '불안으로부터의 무의 기원'을 모색하고자 합니다.

사르트르는 인간 존재가 자신의 과거와 미래로 존재하면서 동시에 자신의 과거와 미래로 존재하지 않는다는 것을 불안으로 보고 있습니다. 대단히 독창적인 사유가 아닐 수 없습니다. 어쩌면 인간의 본성에 속한 그야말로 본래적인 이중성을 여지없이 치고 들어가기 때문입니다. 정말이지 우리가 불안해 하는 것은 죽음 때문이 아니라, 과거에 있었던 나와 미래에 있을 나가 지금의 나를 압박해 들어와 지금의 나 자신을 옥죄어 심지어 무화시키고자 한다고 느끼기 때문이라는 생각을 쉽게 할 수 있기 때문입니다. 그러고 보면, 일체의 과거의 나와 미래의 나로부터 자유롭고자 하는 한 불안하지 않을 수 없을 것 같습니다.

하이데거가 불안을 공포와 구분한 것을 염두에 둔 듯, 사르트르도 공포와 불안의 관계를 애써 다룹니다. 이를 위해 키르케고르를 원용하기도 하면서 '절벽 지나가기'와 '도박꾼의 심리'를 다룹니다.

공포(peur)는 세계의 존재들에 대한 공포이고 불안(angoisse)은 내 자신 앞에서의 불안이다. 현기증은 내가 절벽으로 떨어지는 것을 두려워해서가 아니라 내가 나를 절벽으로 던지는 것을 두려워하는 한에서 불안이 된다. …… 공포와 불안은 상호 배타적이다. 왜냐하면, 공포는 초월적인 것에 대한 비반성적인 파악이고, 불안은 자신에 대한 반성적인 파악이기 때문이다. 각각은 서로의 파괴에서부터 태어나고, 정상적인 과정은 한쪽에서 다른 쪽으로의 영속적인 이행이기 때문이다.(64/122)

일단 나 아닌 다른 것을 두려워하는 것은 공포고 나 자신에 대해 두려워하는 것은 불안으로 정의되고 있군요. 그리고 공포에 처한 이상 불안할 수 없고, 불안에 처한 이상 공포를 느낄 수는 없는 상호 배타적인 관계를 가지면서, 공포와 불안이 서로에게로 변용될 수 있다는 것도 지적하고 있습니다.

아무래도 공포와 불안은 너무 다른 것 같습니다. 공포는 외부에서부터 나에게로 나타나는 것이고, 불안은 나에게서 나에게로 나타나는 것이기 때문입니다. 공포는 나를 중력을 피할 수 없는 일종의 물체로 나타나게 하는 반면, 불안은 나로 하여금 이러한 공포를 피하여 중력에 구속된 물체상태로부터 벗어나게 하는 것입니다. 가파른 절벽 위 좁게 나 있는 오솔길을 걸어갈 때, 공포가 엄습할 수 있을 것입니다. 그럴 때 나는 돌 하나 밟는 것도 조심하면서 전력을 다하여 위협적인 상황에서 되도록 최대한 멀리 벗어나려고 노력할 것입니다. 이렇게 노력할 수 있는 것은 나 자신에게서 나오는 나의 가능성입니다. 사르트르는 이 가능성을 두고서 역시 무화를 찾아냅니다.

내가 나의 구체적인 가능성으로 만드는 가능이 [바로] 나의 가능으로 나타날 수 있기 위해서는 상황이 포함하고 있는 논리적인 가능들 전체를 바탕으로 하여 그 가능이 떠올라야 한다. 그러나 여기에서 [이 나의 가능으로부터 제외됨으로써] 거부된 가능들은 그 나름으로는 '견지되고 있음'(être-tenu)이라는 존재만을 갖는다. 그 거부된 가능들을 존재 속에 지탱하고 있는 것은 바로 나다. 그 반대로 그 거부된 가능들이 갖는 바 현전하는 비존재는 일종의 '견지되어서는 안 됨'이다. 그 어떤 외부의 원인도 그 가능들을 제거하지 않는다. 그 거부된 가능들의 비존재에 대해, 오로지 나 자신만이 영속적인 원천이다. 나는 그 가능들에 가담해 있다. 나는, 나의 가능이 출현되도록 하기 위해, 이 다른 가능들을 무화하는 것을 목적으로 해서 그 다른 가능들을 정립한다.(65~66/124)

행동에 있어서 가능성의 문제로 이행하는 셈인데요. 벼랑길을 갈 때, 나 자신은 긴장을 하면서 최대한으로 가장 효율적인 행동을 선택할 것입니다. 그런데 이때, 마치 카페에서 피에르를 찾기 위해 카페의 다른 풍경들을 무화시키듯이, 다른 가능적인 행동들을 무화시킨다는 것이지요. 이때 그 다른 가능적인 행동들은 잠정적으로는 견지되고 있지만, 동시에 현실적으로는 견지되어서는 안 되는 것이지요. 말하자면, 이는 행동의 지평성입니다. 거부된 가능들을 지평으로 해서 선택된 가능이 실현되는 것이지요.

그런데 이 행동의 가능성에 관련해서 벌어지는 묘한 일은 만약 그렇게 특정한 행동을 선택한 것이 완전히 나의 미래를 결정한다면 군이 '가능'이라는 말로 표현하지 않을 것이라는 사실입니다. 지금 그 행동을 나의 가능으로 선택한 나, 예컨대 엄청 신경을 쓰면서 벼랑길을 걷고 있는 나와 그 행동을 통해 장차 이루어질 나, 예컨대 벼랑길을 무사히 완전히 벗어난 나가 결코 인과적으로 결정된 관계를 맺고 있는 것은 아니라는 사실입니다. 그래서 사르트르는 이렇게 말합니다.

그러나 이러한 관계 속에는 하나의 무가 미끄러져 들어간다. 나는 될 나가 아니다. 첫째 이유는 시간이 나를 될 나로부터 분리해 놓기 때문이다. 둘째 이유는 지금의 내가 될 나의 바탕(근거)이 아니기 때문이다. 그리고 세번째 마지막 이유는 그 어떤 현행적인 현존자도 앞으로의 나를 엄밀하게 결정할 수 없기 때문이다. 그러나 나는 될 나로 이미 있기 때문에(그렇지 않다면 나는 그러한 존재에 관심을 갖지도 않을 것이다), **나는 될 나이긴 하나 그 될 나가 아닌 양태하에서 될 나다.** 나의 두려움을 통해서 나는 미래로 운반된다. 그리고 나의 두려움은, 그것이 미래를 가능적인 것으로 구성한다는 점에서 스스로를 무화한다. 우리가 불안이라고 부르고자 하는 것은 바로, 의식이 '그렇지 않음'이라는 양태로 그 자신의 미래가 됨을 의식하는 바로 그런 의식이다.(66~67/125)

논리가 대단히 꼬여 들어가는 방식으로 전개되고 있습니다. 일단 "그러나 나는 될 나로 이미 있기 때문에"라는 말이 만만찮습니다. 이때 '있음'은 분명 완전히 현행적인(actuel) 것은 아닐 것입니다. 차라리 잠정적인(virtuel) 있음이라 해야 할 것입니다. 그렇지 않고서야 그사이에 무가 끼어들 리가 없기 때문이지요.

여기에서 사르트르는 하이데거와는 달리 그 나름대로 불안을 규정합니다. 그것은 "의식이 '그렇지 않음'이라는 양태로 그 자신의 미래가 됨을 의식하는 바로 그런 의식이다"라는 것이지요. 아직은 미래의 나가 아니기 때문에 '그렇지 않음'이라는 양태를 띠고 있고, 그러면서 미래의 나인 것처럼 여겨지는 것에 대한 의식이 바로 불안이라는 것입니다. 이를 죽음에 적용하면, 아직은 죽은 내가 아닌데, 그래서 '죽은 내가 아님'이라는 양태를 띠면서 죽은 내가 된 것처럼 여겨지는 의식이 바로 불안이라는 것이지요. 죽음뿐만 아니라 일상적으로 얼마든지 느낄 수 있는 여러 상황을 염두에 두면서, 불안을 일반적으로 잘 정의한 것 같습니다.

이를 설명하기 위해 사르트르는 도박꾼의 예를 듭니다. 도박 중독으로 인해 이제 가정이 거의 파괴될 정도여서 결코 도박장에 가서 도박을 하지 않겠다고 결심을 했는데, 막상 도박장에 가니까 그 결심이 녹아 무너질 때 도박꾼이 느끼는 불안에 관한 이야깁니다. 절벽 지나가기가 '미래 앞에서의 불안'에 관한 이야기라면, 이 도박꾼 이야기는 '과거 앞에서의 불안'을 이야기하기 위한 것입니다. 그 결론을 보면 이렇습니다.

과거의 결심은 정녕 거기에 있다. 그러나 내가 그 결심에 대해 의식하고 있다는 바로 그 사실에 의해 그 결심은 응고되고 무력해지고 초월된다. 내가 시간적인 흐름을 관통하여 나 자신과 나의 동일성을 부단히 실현하고 있는 한, 이 결심은 아직도 나다. 그러나 그 결심이 나의 의식에 대해(pour) 있다는 사실 때문에 그 결심은 더 이상 나가 아니다. 그 순간 도박꾼이 파악한 것은 여전히 결정성(déterminisme)으로부터의 영속적인 결렬이다. 결정성과 그 자신을 분리시키는 것은 바로 무다. …… 끈질기게 방어 울타리를 세우고 벽들을 세웠건만, 결심이라는 마법적인 원환 속에 나를 가두었건만, 나는 유혹 앞에서 전날처럼 홀로 발가벗겨진 채 있다. 그 어떤 것도 내가 도박을 하는 것을 막지 못한다는 것을 나는 불안과 함께 깨닫는다.(68/126~127)

노름꾼의 비극적인 불안을 잘도 묘사하고 있습니다. 결심이 '나이면서 더 이상 나이지 않은' 상황은 바로 불안을 새롭게 정의하게 합니다. 바로 앞의 정의를 원용해서 정돈하면, '불안은 그렇다는 양태로 그 자신의 과거가 아님에 대한 의식이다'가 될 것입니다.

이렇게 해서 심리학적 결정론은 완파가 되다시피 하면서 나가떨어집니다. 이제 남은 것은 동기부여(motivation)입니다. 동기부여 이론은 나 아닌 외부에서부터 오는 외적인 원인들에 의해 나의 행동이나 감정이 결정되는 것이 아니라 일종의 루크레티우스가 말하는 클리나멘(clinamen)처럼 내 스스로의 자율적인 힘에 의해 특이하게 방향을 틀게 됨으로써 비결정성을 자아내게 된다는 것입니다. 이에 대해 사르트르는 이렇게 말합니다.

> 분명 동기(motif)는 시공간적인 사물이 갖는 외면성을 갖지 않는다. 동기는 항상 주관성에 속한다. 그리고 동기는 나의 것으로 파악된다. 그러나 동기는 본성상 내재성 속에서의 초월성이다. 의식은, 의식이 동기를 정립한다는 사실에 의해 동기로부터 빠져나온다. 왜냐하면 지금 당장 동기에게 그 의미를 부여하고 그 중요성을 부여하는 일은 의식의 몫이기 때문이다. 그래서 동기를 의식으로부터 분리시키는 **아무것도** 아닌 것은 내재성 속에서의 초월성이라는 특성을 갖게 된다. 의식이, 의식을 초월성으로서 의식 자신에 대해 현존하도록 하는 아무것도 아닌 것을 무화하는 것은 의식이 의식 자신을 내재성으로서 생산함으로써이다.(69/128~129)

동기는 분명 주관적인 것이고 의식이 동기를 정립하기 때문에 동기가 의식 자체일 수는 없다는 이야기를 해놓고서는, 그렇다면 의식을 동기와 분리시키는 이 틈이 도대체 무엇이냐 하면 '아무것도 아닌 것'이라는 이야기를 하고 있습니다. 제아무리 살인을 할 수밖에 없는 억울하기 짝이 없는 상황(이런 상황을 설정하는 것 자체가 결정론에 의거한 것이지만)이라 할지라도 살인을 반드시 하는 것은 아닙니다. 살인을 하게 되는 동기는 살인자의 의식 속에서 따로 준비된다는 것입니다. 그리고 그 동기가 곧바로 살인자의 의식인 것은 아니라는 것입니다. 오히려 살인자는 살인하고자 하는 자신의 동기를 거부하고 부정하려 할 것이기에 이를 잘 알 수 있습니다. 자신의 의식 속에서 동기를 일으켰는데도 그 동기를 부정할 수 있게 하는 것은 '아무것도 아닌 것'이라는 것인데요. 이 '아무것도 아닌 것'을 통해 동기 지어진 의식은 초월적인 것으로서 의식 앞에 있을 터이지요. 이때 그 동기 지어진 의식이 초월적인 것이라면, 그 앞에 서 있는 의식은 내재성으로서의 의식이 아닐 수 없을 것입니다. 초월적인 의식과 내재적인 의식 사이에는 뭐가 끼어들어 있기에 서로 분리되는가 하는 물음이 또 나섭니다. 거기에는 초월적인 의식을 현존하도록 하는 '아무것도 아닌 것', 즉 무가 끼어 있는 것이지요.

3) 불안과 자유, 불안의 조건들

이제 사르트르는 불안과 자유의 관계를 논의해 들어갑니다. 그러면서 불안에 대해 적극적으로 분석해 들어가고자 합니다. 이는 하이데거가 논의한 불안에 대해 자기 나름대로 적절치 않거나 부족한 점이 많다는 것을 염두에 둔 것이라 할 것입니다.

자기가 도박을 하는 것을 방해할 하나의 상황에 대해 종합적인 통각을 새롭게 실현해야 하는 도박꾼은 '상황 속에 놓여 있으면서' 이러한 상황을 평가할 수 있는 자아를 다시 만들어야 한다. 이 자아는 선험적이고 역사적인 자신의 내용을 지니고 있는데, 이것이 바로 인간의 본질이다. 그리고 불안이 자기를 마주하고 있으면서 자유를 증시한다는 것은 인간이 항상 무에 의해 자신의 본질과 분리되어 있다는 것을 의미한다. …… 인간은 자신의 본질에 대해 선판별적인 이해를 항상 자신과 더불어 간직한다. 그러나 바로 이 사실로 인해, 인간은 무에 의해 이러한 이해로부터 분리된다. 본질은 인간실재가 자기 자신에 대해 **이제까지 있었던 것**으로서(comme *ayant été*) 파악하는 모든 것이다. 여기에서 불안은, 불안이 있는 것으로부터 부단히 이탈하는 양태로서 존립하는 한에서, 그보다는 차라리 불안이 그러한 양태로서 자기를 존립토록 하는 한에서, 자기에 대한 파악으로서 나타난다. …… 자유가 **아무것도 아닌 것**에 의해 결코 요청되는 것도 아니고 족쇄가 채워지는 것도 아닌 한, 불안 속에서 자유는 스스로 앞에서 불안해진다.(70/130)

도박꾼을 불안하게 만드는 것은 도박판을 대하면서 도박을 하지 않을 수 있는 자아를 만들어야 하는데 이를 만들지 못한다는 데 있습니다. 그런 자아를 만들지 못한다고 해서 불안해 하는 것은 그런 자아를 만들지 못하게 하는 자아에 대해 나름대로 의식을 하고 있다는 것일 테지요. 사르트르는 이 자아를 본질로서의 자아라고 말합니다. 그러고는 본질을 '이제까지 있었던 모든 것'이라고 정돈해 냅니다. 말하자면, 이러한 자신의 본질을 파악하는 한에서 그러면서 동시에 이러한 본질로부터 이탈하고자 하는 한에서 불안이 성립된다는 이야기입니다. 그런데 사르트르는 이러한 불안을 떨치지 못하는 가운데 자유마저 불안해진다고 말합니다. 그 뜻을 좀더 살펴보기로 합시다.

> 사실 불안은 하나의 가능성을 나의 가능성으로 재인하는 것이다. 즉 불안은 의식이 무에 의해 그 본질로부터 잘라진 자신을 볼 때, 혹은 자신의 자유 자체에 의해 미래로부터 분리된 자신을 볼 때 구성된다. 이는 무화하는바 아무것도 아닌 것이 나에게서 변명의 길을 막아 버린다는 것, 동시에 나인 미래가 나의 기대 바깥에 놓여 있기 때문에 내가 나의 미래 존재로서 기획하는 것이 항상 무화되고 단순한 가능성으로 환원된다는 것을 의미한다.(71/130)

이 대목은 사르트르가 불안이 일상적인 삶에서 흔히 나타날 수 있는 것이 아님을 지적하면서 왜 그런가를 설명하는 대목입니다. 무에 의해서 의식이 본질적인 과거의 자아로부터 잘려 나오는 것은 말할 것도 없고, 또한 자유 자체가 의식을 미래로부터 분리시킴으로써 불안이 구성된다는 이야긴데요. 이는 불안을 통해서 자유가 작동한다는 것을 알 수 있다는 이야기를 함축합니다. 그럴 때, 자유는 미래뿐만 아니라 과거의 본질로부터도 분리되어 나타나는 것이라 할 수 있습니다. 그러니 이 자유 자체도 불안한 것일 수밖에 없는 것이겠습니다.

그런 뒤, 이제 자신이 이 책 『존재와 무』를 써 나가는 데 있어서의 불안을 예로 들면서 그 조건들을 이렇게 제시합니다.

> 내가 쓰고 있는 책에 관련하여 나의 자유가 불안해지기 위해서는, 이 책이 나와의 관계 속에서 나타나야 한다. 즉 나는 한편으로 이제까지 나

였던 한에 있어서의 나의 본질을 발견해야 한다. …… 다른 한편으로 나의 자유를 이 [나의] 본질로부터 분리하는 무를 발견해야 한다. …… 마지막으로 나를 [미래에 있어] 나일 것으로부터 분리시키는 무를 발견해야 한다. 나는, 나의 가능인 이 책의 구성 자체 속에서, 지금의 나로 인해 나의 자유가 현재와 미래 속에서 파괴적인 가능인 한에서만, 나의 자유를 파악해야 한다.(72/132)

어느 누군들 거창한 책을 쓰고 있는데 과연 이 책을 끝까지 무사히 다 쓸 수 있을까 하는 불안이 없을 수 있겠습니까. 지금 내가 이 강의록을 작성하기 시작하면서 과연 '무의 기원' 전체를 다 해명하여 진도를 나갈 수 있을까 하는 불안이 엄습했던 것도 사실입니다. 아니나 다를까 지금 강의 준비 시간이 다 끝나 가는데도 겨우 삼분의 이 정도밖에 못한 것 같습니다. 불안하지요. 그런데 책을 쓰는 것은 당연히 집필자의 자유입니다. 그런데 그 자유가 불안해진다는 것입니다. 책을 마음대로 다 쓸 수 없는 것은 아닐까 하는 불안이 쓰고 있는 책에 관련된 필자의 자유를 불안하게 만드는 것이지요.

그런데 그렇게 자유가 불안해지기 위해서는 먼저 본질로서의 나를 발견하고, 이 본질로서의 나를 나로부터 분리해 내는 무를 발견하고, 앞으로 도래할 수 있는 바 책을 다 쓰고 난 나로부터 현재의 나를 분리시키는 무를 발견해야 한다는 것입니다. 필자로서의 나의 자유라는 것은 어디까지나 지금의 내가 파악하는 자유이고, 그럴 때 나의 자유는 나의 과거는 물론 미래로부터도 단절될 수 있는 가능성이 있을 때에만 성립한다는 것입니다.

『존재와 무』라는 책을 쓰는 일은 분명 가치 있는 일일 것입니다. 그럴 때에 나의 자유와 기존 가치 간의 관계 역시 복잡할 것 같습니다. 이제까지 형성해 온 나의 본질이란 것도 이 기존의 가치와 무관하지 않을 뿐만 아니라, 암암리에 그 기초 위에서 형성되어 왔을 것이기 때문입니다. 그뿐만 아니라 미래를 향한 나의 행동도 그와 같은 가치를 향해 있을 것이기 때문입니다. 그런데 사르트르는 이렇게 이야기합니다.

> 가치는, 가치를 가치로서 인정한다는 단적인 사실을 통해 가치를 가치로서 존립케 하는 능동적인 자유에게만 노출될 수 있다. 이에 나의 자유는 가치들의 유일무이한 근거라는 사실이 도출된다. 그리고 그 어떤 것도, 절대적으로 그 어떤 것도 내가 그러저러한 가치 기준을 채택하는 것을 정당화하지 않는다는 사실이 도출된다. 내가 가치들을 존립케 하는 존재인 한에 있어서, 나는 정당화되지 않는다. 그리고 나의 자유는 가치들의 근거 없는 근거로 있기 때문에, 나의 자유는 불안해진다. (73/134)

가치가 기존의 본질적인 연관에 의거해서 성립하는 것이 아니라 가치를 가치로서 존립케 하는 능동적인 자유에게만 노출될 수 있다는 사실은 대단히 중요한 것 같습니다. 내가 능동적이지도 않고 자유롭지도 않은 상태에서 가치로서 파악하는 것은 언제든지 가치가 없는 것으로 몰락해 버릴 수도 있기 때문입니다.

그런데 여기에서 또 딜레마가 나타납니다. 나의 자유가 가치의 유일무이한 근거라면, 도대체 그 가치 기준을 정당화해 줄 것이라곤 나의 능동적인 자유밖에 없을 것인데, 그걸 과연 제대로 된 정당화라 할 수 있느냐 하는 것이지요. 그래서 능동적인 자유를 통해 내가 채택하는 가치의 기준이란 근거 없는 근거에 불과하고, 따라서 가치와 관련해서도 나의 자유가 불안해진다는 것입니다.

그런데 어떻습니까? 사실 우리는 이미 늘 가치들의 세계 속에 살고 있지 않습니까. 이는 어쩌면 우리가 이미 늘 (굳이 말하자면 불안에 대한) 각종 안전판들을 구비하고 있다는 걸 말하는 셈입니다. 일상적으로 하는 범속하고 사소한 약속들이 마치 결코 함부로 무시할 수 없는 가치들을 수반한 것인 양 우리에게 주어지고, 알게 모르게 사회 전체가 약속의 체계처럼 주어져 있는 것도 사실입니다. 그러고 보면, 우리는 그 약속들을 지킴으로써 혹은 지키고자 노력함으로써 삶을 이어가는 셈입니다. 이에 관해 사르트르는 이렇게 말합니다.

> 가치들은 수도 없이 많은 실재의 작은 요구들로서 마치 잔디밭 출입을 금지하는 팻말들처럼 나의 앞길에 뿌려져 있다.
> 우리는 먼저 내던져진 존재(être jetés)로서 나타나고 나중에 기획들 (entreprises) 속에 나타나는 것이 아니다. 우리의 존재는 바로 '상황 속에' 있다. 즉 우리의 존재는 기획들 속에서 떠오르고 먼저 기획들에 자신을 비추는 한에서 자신을 인식한다.(73~74/134)

하이데거의 '내던져져 있음'(Geworfenheit)이라는 개념이 그대로 활용되고 있습니다. 하이데거의 '내던져져 있음'은 인간이 '세계-내-존재'(In-der-Welt-sein)로서 이 세계에 아무 근거도 없이 우발적인 존재로서 이미 그렇게 존재하고 있음을 의미합니다. 그래서 하이데거에서는 '내던져져 있음'이 우선적인 조건이고, 이를 바탕으로 그다음에 자신의 존재를 향해 자신을 기획해 나가는 것으로 여겨질 수 있습니다.

그런데 사르트르는 여기서 그러한 순서를 인정치 않습니다. 각종 자잘한 기획들이 선재해 있는 상황 속에 내던져진다는 것, 그러니까 내던 져진 자신의 존재를 인식한다 할지라도 그것은 주어진 기획들에 자신을 비추어 봄을 조건으로 해서 그러한 인식이 이루어진다고 말하고 있습니다. 마치 '발가벗고 태어나는' 인간은 아무도 없다는 식입니다. '상황 속의 자기 존재'가 근본적인 삶의 여건이라는 이야긴데, 물론 이는 일상적인 상황에서의 이야기이긴 합니다만, 거기에는 근대철학에서 말하는 바 '반성적인 궁극적 영점으로서의 인간'은 현실적으로 애당초 불가능하다는 이야기가 아닐 수 없습니다.

하지만 나의 일상적인 삶을 둘러싼 여러 약속들이나 가치들이란 게 한편으로 참 허약하기도 합니다. 어떤 때에는 지키고 추구하지 않으면 큰일이라도 날 것처럼 여겨지던 것들도 상황이 바뀌면 어느새 마치 별 것 아닌 것처럼 우선순위에서 완전히 밀려나기도 하는 게 인생입니다. 이는 암암리에 가치라고 하는 것이 적어도 나 자신의 선택과 관련되어 있다는 점을 말해 줍니다. 그래서 사르트르는 이렇게 말합니다.

진실을 말하자면, 실재의 이 자잘한 모든 기대들, 범속하고 일상적인 모든 가치들은 나 자신이 수행하는 최초의 한 기획투사(un premier projet)에서부터 그 의미를 끌어낸다. 이때 나는 내가 세계 속에서 나 자신을 선택하는 자이다.(74/135)

개념 문제를 하나 짚고 나가야 할 것 같습니다. 이보다 앞 인용문에서 '기획'이라고 번역한 'entreprise'가 있고, 여기 '기획투사'라 번역한 'projet'가 있습니다. 하이데거가 말한 기획투사 즉 'Entwurf'는 여기의 'projet'에 해당되는 것으로 보입니다. 앞의 기획은 타인들과의 일상적인 관계들을 먼저 염두에 둔 것들을 지칭하는 것이고, 이 기획투사는 나 자신에 대한 나 자신의 관계를 먼저 염두에 둔 것이라 여기면 될 것입니다.

"나 자신이 수행하는 최초의 한 기획투사"라는 말과 "내가 세계 속에서 나 자신을 선택"한다는 말이 다소 심중하게 다가옵니다. 여기에서 세계는 타인들과의 일상적인 관계들로 된 일종의 네트워크겠지요. 그 관계들 중에서 경중을 따져 우선순위를 매길 것이고, 그렇게 우선순위를 매길 때 가장 중요한 지침은 아마도 나 자신일 것입니다. 말하자면, 일상적으로 끊임없이 나에게 주어지는 가치 관계들은 묘한 위상학적인 변형을 거칠 것인데, 그 중심은 항상 나 자신이라는 것입니다. 그렇다고 주어진 여건을 전혀 고려하지 않은 채 순수하게 나 자신을 먼저 선택한다는 것은 있을 수 없는 일일 테고요. 가치 관계들이 위상학적으로 그 형태를 변화해 가는 가운데 나 자신을 선택하는 일이 절로 이루어진다고 하는 것이 옳을 것입니다.

하지만 어떻습니까? 나 자신을 절로 선택하기만 하는 것은 전혀 아닙니다. 오히려 진정으로 고민스러운 일이 벌어지면 심지어 일체의 가치 체계들이 아무런 도움도 안 되는 상황이 전개되면서 나 자신에게서 멀어지는 것을 경험하지 않습니까. 그런 경우, 알고 보면 내가 나 자신의 존재를 선택하되 오로지 나 혼자만의 결단에 의거할 수밖에 없는 상황일 것입니다. 그때 불안이 닥치는 것은 물론이고요. 이러한 긴급한 상황에서 사르트르는 다음과 같은 근본적인 사태를 읽어 냅니다.

내 존재를 구성하는 유일무이한 최초의 기획투사를 맞닥뜨린 상태에서 나는 홀로 불안 속에서 떠오른다. 나의 자유에 대한 [나의] 의식에 의해 모든 방책(防柵)들과 울타리들이 무너지고 무화된다. 존재로 보아

가치들을 유지하는 것은 나 자신이라는 [엄연한] 사실에 대해 그 어떤 가치를 통해서도 대책을 구비해 있지도 않고 구비할 수도 없다. 내 자신은 나인 이 무(ce néant que je *suis*)에 의해 세계로부터 그리고 나의 본질로부터 단절되어 있다. 어떤 것도 이렇게 단절된 내 자신을 감당할 대비책이 될 수 없다. 나는 세계와 나의 본질이 가질 의미를 [스스로] 실현해야 한다. 실현해야 할 그 의미에 대해 나는 홀로 결단한다, 타당한 아무런 근거도 없고 변명의 여지도 없이.

그러므로 불안은 자유에 대한 자유 자체의 자기반영적인 파악이다. 이런 의미에서 불안은 매개다. 왜냐하면 불안이 자기 자신에 대한 직접적인 의식이긴 하지만, 불안은 세계의 요청들을 부정하는 데서 생겨나기 때문에, 즉 내가 가담되어 있던 세계로부터 나를 해방시킴으로써 나 자신을, 자신의 본질을 선존재론적(préontologique)으로 이해하고 자신의 가능들에 대해 선판별적인 의미를 가지고 있는 의식으로서 파악할 때 생겨나기 때문이다.(74/135)

아닌 게 아니라, 우리는 일체의 사물들과 일들을 대하면서도 그 모든 것들에 존재의(혹은 삶의) 근거를 둘 수 없다는 절절한 순간을 통해 이렇게 사르트르가 묘사하고 있는 근본 상황을 느끼기도 합니다. 여기에서 사르트르가 묘사하고 있는 상황은 마치 하이데거가 '본래적'(eigentliche)이라고 해서 불안에 처한 상태에서 도피하지 않고 실존으로 향한 현존재의 결단을 요구하는 장면과 유사합니다. 하이데거의 결단은 일체의 존재자로부터 자신을 빼 내와 오로지 자기 자신만의 가능한 존재 상태를 확보하고자 하는 것이지요. 그런데 사르트르는 불안을 곧바로 자유와 연결시키고 우리 자신의 과거 전체인 '자신의 본질에 대한 선존재론적인 이해'와 우리 자신의 미래인 '자신의 가능들에 대해 선판별적인 의미'를 갖추고 있는 의식과 연결하고 있습니다.

우선 '세계로부터 단절된 나 자신'이란 것이 문제군요. '고독'은 좀 유치한 것 같고, '고립'이란 말이 먼저 떠오르는데요. 그렇게 된 논리적인 근거 제시의 과정이 있었지요. 그것은 일체의 가치들이 결국에는 내가 나를 선택하는 데서부터 성립된다는 것이었지요. 그 자체만으로도 불안할 수밖에 없는데, 일체의 행위에 있어서 원리상 내 스스로 결정하지 않으면 안 되는 입장에 처하게 되니 더욱 불안한 것입니다. 그런데 그 불안은 기실 나의 자유에 대한 나의 의식과 구분이 잘 되지 않는, 우리 나름대로 말하자면 **'자유로운 불안 그 자체인 의식'**인 것이지요.

그런데 그러한 의식이 '자신의 본질에 대한 선존재론적인 이해'와 '자신의 가능들에 대한 선판별적인 의미(혹은 방향)'를 갖추고 있는 것으로 이야기되는 게 좀 묘합니다. 이때 본질이나 가능이란 것이 선험적으로 주어지는 것은 아닐 테고 말이죠. 굳이 하이데거처럼 죽음을 염두에 두지 않더라도 그렇게 세계로부터 해방된 상태로 존재한다는 사실 자체에서 오는 것으로 여기는 것 아닌가 싶습니다. 그러니까 그 구체적인 내용을 미리 지목해 낼 수는 없는 것이지요. 아무튼 사르트르는 불안에서 성립되는 이러한 근원적인 사태를 세계에 근거해서 성립하는 '심각함의 정신'(esprit de sérieux)과는 완전히 대립된다고 하면서 이렇게 정돈합니다.

불안에서, 나는 나를 전적으로 자유로운 자로 파악함과 동시에 세계의 의미가 나에 의해 세계에 도래하도록 하지 않을 수 없는 자로 파악한다.(75/136)

그런데 이런 불안을 쉽게 견딜 수 있을까요? 에리히 프롬이 "자유로부터의 도피"를 말한 것처럼, 불안하기 때문에 자유롭다면 자유롭기 때문에 오히려 불안한 것이기도 하기에, 어딘가 도피하지 않을 수 없는 것이 인간 아닌가 하는 생각이 듭니다. 하이데거는 불안으로부터의 도피를 '섬뜩함'(das Unheimliche)으로부터의 도피로 규정하면서 '그들'(das Man)이라는 일상적이고 평균적이고 공공적 삶으로의 도피라고 하지요.

이제 사르트르는 이러한 도피를 구체적으로 논구합니다. 이러한 사르트르의 논구에는 흔히 우리가 빠져들 수 있는 오해와 착각을 폭로해 내는 힘이 있기에 눈여겨 잘 살펴보지 않을 수 없습니다. 이는 대략 세 가지로 이야기됩니다.

첫번째 도피는 심리학적 결정론에 의거한 것으로서 불안에 대한 반성적인 태도에 의거한 것입니다. 여기에서 핵심은 불안에 대해 적대적인 다른 힘들이 있다고 주장하는 것입니다. 세계로부터 절단된다 싶으면 세계로부터 오는 힘들을 감안하지 않을 수 없다고 스스로에게 속삭이는 것이지요. 예컨대 이제까지 있었던 일들 그리고 앞으로 해야 할 일들의 고리 속에 내 자신을 집어넣는 것이지요. 또 그렇게 해서 자신의 존재에 대해 변명할 수 있는 충분한 여지를 만들어 내는 것이지요. 이에 대해 사르트르는 이렇게 규정합니다.

심리학적 결정론은, 불안 속에서 인간실재를 그 고유한 본질 너머로 솟구치게끔 하는바 인간실재의 초월성을 부정한다. 동시에 우리를 지금의 우리 외에 **그 어떤 것도** 아닌 **존재**로 환원함으로써 우리 속에 즉자존재의 절대적인 긍정성을 재도입하고 그럼으로써 존재의 와중에 우리를 재통합한다.(75/136)

빈틈없는 존재가 끌어당기는 '중력' 같은 것에 의해 즉자존재 속으로 함입되어 버리게 한다는 것이 요지인 것 같습니다. 흔히 우리들이 하는 운명론이니 숙명론이니 하는 것들이야말로 바로 이러한 심리학적 결정론의 속된 형태라 할 수 있을 것입니다. 이렇게 규정하고서는 곧이어 이렇게 비판합니다.

심리학적 결정론은 자유의 **명증성**에 전혀 대항하지 못한다. 그런 만큼 심리학적 결정론은 피난처의 신념으로서, 우리가 불안으로부터 도피해서 돌아갈 이상적인 종착지로서 주어진다.(75/136~137)

그러나 이러한 심리학적 결정론을 따르고자 할 때 가장 힘든 것은 이렇게 되면 내 자신이 아예 없어지는 것 아닌가 하는 우려에 있을 것입니다. 문제는 근본적으로 따지고 보니 내 자신이 세계로부터 단절되어 있다는 불안이니까, 내 자신을 유지하면서 불안을 극복할 수 있는 길은 없는가 하는 생각을 할 수 있을 것입니다. 가장 손쉽게는 세계를 벗어난 상태에서 절대적인 초월적 존재인 신과 같은 존재에게 자기 자신을 맡기는 것이겠지요. 하지만 그것 역시 따지고 보면 심리학적 결정론이 제시하는 존재 자체의 중력과 큰 차이가 없는 셈입니다. 신의 섭리나 즉자존재의 강력한 힘이나 그다지 차이가 없기 때문입니다.

그래서 **두번째 도피**의 방식이 나타나게 되는데요. 그것은 어떻게든 불안에 집중된 의식을 다른 곳으로 흐트러뜨리는, 이른바 '주의전환' (distraction)입니다. 이는 앞으로 자기 자신을 방해할 수 있는 적대적인 가능들을 배제하고 자기 자신의 가능만을 집중적으로 끌어들이는 데서 이루어집니다. 이에 관해 사르트르는 자기가 쓰고 있는 『존재와 무』를 예로 들어 설명하고 있습니다.

> 만약 반성의 차원에서 이 책을 쓸 수 있는 가능성을 나의 가능성으로 간주한다면, 나는 이 가능성과 나의 의식 사이에서 하나의 이 가능성을 가능성으로 구성하는 존재적인 무(un néant d'être)를 불쑥 나타나게 하는 것이다. 그리고 이때 나는 영구적인 가능성 속에서 이 책을 쓰지 않을 가능성이 [역시] 나의 가능성이라는 사실을 파악한다. …… 그러나 이 책을 쓰지 않을 이 가능성은 나와의 관계에 있어서 외적인 가능성이어야 한다, 마치 당구공에 대해 당구공의 운동이 외적인 것처럼. [그래서 이 책을 쓰지 않을 가능성처럼] 나의 가능에 대해 적대적인 가능들은 초월적인 구조처럼 객관적인 상황에 속하게 될 것이다. 그렇게 해서 나는 그 적대적인 가능들이 내 자신이자 나의 가능이 가능성으로서 성립하는 데 필요한 내재적인 조건들이라는 사실을 숨기게 될 것이다. …… 그것들은 위협적인 성격들을 벗어 버리게 될 것이고 나의 관심 대상이 되지 못할 것이다. 선택된 가능은 선택되었다는 사실로 인해 나의 유일한 구체적인 가능으로 나타나게 될 것이고, 그 결과 그 선택된 가능과 나를 분리하여 선택된 가능을 그저 가능성이게끔 하는 무는 채워지고 말 것이다.(76~77/138)

이야기는 상당히 복잡한 것 같습니다만, 간단히 말하면 낙관적인 태도를 유지함으로써 그러한 낙관적인 태도를 근본에서부터 위협하고 있는 근원적인 무를 없애 버리고 그럼으로써 무를 끼고서 성립하는 불안으로부터 도피 행각을 벌이게 된다는 것입니다. 지금 이 강의를 준비하고 있는데, 이를 방해하는 일들은 얼마든지 있을 수 있습니다. 사르트르의 이 책을 이해하는 데 내가 근본적인 한계를 느낄 수도 있고, 갑자기 지금 당장 도저히 거절할 수 없는 일이 생길 수도 있는 것이지요. 하지만 나는 지금 그러한 일체의 '적대적인' 나의 가능들을 제외해 버림으로써 순탄하게 강의록을 준비할 수 있을 것으로 생각하고 심지어 순탄하게 강의 준비를 할 수 있다는 것이 아직은 적어도 가능성에 불과한 것인데도 마치 현실로 구현되기라도 한 것처럼 낙관하는 것이지요(실상은 좀 불안합니다).

이런 예는 아주 구체적인 것이지만, 이를 인간실재의 존재 자체에 적용하게 되면, 근원적인 불안으로부터 도피하면서도 자신의 자유를 상실하지 않는 길을 스스로에게 마련해 주는 것이 될 것입니다. 그러나 암암리에 여기에 일종의 자기기만이 들어 있다는 것을 알 수 있지요.

그런데 어떤가요? 내가 이렇게 다른 적대적인 가능들을 마치 나의 가능들이 아닌 것처럼 짐짓 배제할 수 있는 이유가 전혀 없는 것인가요? 그렇지 않지요. 그 나름대로 근거가 있으니까 그럴 겁니다. 예컨대 내가 강의록을 순탄하게 마련할 수 있다고 생각하는 데에는 그동안의 경험이 바탕이 되어 있기 때문일 것입니다.

그렇다면 그동안의 경험이란 것이 과연 그렇게 탄탄한 것인가를 따져 보지 않을 수 없습니다. 이를 사르트르는 미래에 관련한 도피와는 달리 과거의 위협을 무장해제하는 경향으로 나타나는 도피라고 말하면서, 그것은 나의 초월성 자체로부터 도피하려는 것이라고 합니다. 그러면서 본질과 대자아(Moi)의 문제를 들고 나옵니다. 여기에서 **세번째 도피** 방식이 나오는데, 사르트르의 사상을 이해하는 데 대단히 중요한 대목입니다. 그 요지는 불안을 벗어나는(즉 도피하는) 길 중의 하나는 자유를 나의 본질로 여기는 태도라는 것입니다. 사르트르의 말을 들어 봅시다.

만약 이 자유가 대자아의 **면전에 있는** 자유라면 나를 불안하게 하겠지만, 나는 이 자유를 나의 본질, 즉 나의 대자아의 중심으로 옮긴다. [이때] 이 대자아를, 내 속에 거주하면서 나의 자유를 일종의 형이상학적인 덕목으로 소유하고 있는 하나의 작은 신(神)으로 간주하는 것이 문제다. 존재로서 자유로운 것은 더 이상 나의 존재가 아니고, 나의 의식의 중심에서 자유로울 나의 대자아가 되고 마는 것이다. …… 요컨대 나의 대자아 속에서 갖는 나의 자유를 **타자적인** 자유(liberté *d'autrui*)로 파악하는 것이 문제가 된다. 사람들은 이러한 허구의 원리적인 논제들을 안다.(77/139)

자유를 나의 본질로 보아서는 안 된다는 것이 요지입니다. 그럴 때 자유는 나에게 던져진 자유가 아니라 본래부터 내가 타고나는 자유가 될 것이고, 던져진 자유로 인해 불안해 하는 나는 오히려 진정한 내가 아닌 것으로 될 것이고, 따라서 내 속에서 자유를 본질로 하는 이른바 대자아를 설정하지 않을 수 없으며, 그렇게 되면 진정 자유로운 것은 내가 아니라 나의 대자아가 될 것이고, 그럴 때 나의 자유는 기실 타자적인 자유가 되고 말아 허구로 귀착되고 만다는 것이지요.

이러한 대자아 이론은 언뜻 보기에는 우리의 삶을 심오한 근본적인 본질을 갖춘 것으로 치켜세워 배타적인 우월성을 갖도록 하는 것처럼 보입니다. 그러나 그럴 경우, 우리는 구체적인 우리의 현존적인 삶을 항상 그 본질로부터 이탈해 있는 것으로 여기게 될 것입니다. 또 그럼으로써 끊임없이 그런 심오한 나의 본질로서의 나의 대자아를 찾아 그것과 일치되도록 해야 한다는 강박에 시달리게 될 것입니다. 이는 정신분석학에서 말하는 대타자 문제와 일치하는 측면이 있는 것으로 여겨집니다. 사르트르가 대자아를 타자(혹은 타인autrui)라고 말하는 것으로 보아서도 알 수 있지만, 나의 대자아는 곧 대타자이기 때문입니다.

그런데 사르트르는, 의식이 도저히 뛰어넘을 수 없는 심오한 자아를 발견함으로써 이를 근거로 자유 개념을 세우는 베르그송이 이러한 허구에 근거해 있다고 하면서 이렇게 정돈해서 비판합니다.

베르그송은 우리의 불안을 덮어 버리는 데 공헌했다. 그러나 그것은 의식 자체를 대가로 지불했다. 그런 식으로 그가 구성하고 기술한 것은 우리의 자유가 그 자체에게 나타나는 그대로의 우리의 자유가 아니라는 것이다. 그것은 **타자적인 자유다**.(78/140)

글쎄, 베르그송의 철학을 제대로 공부한 적이 없어 이러한 사르트르의 비판이 과연 얼마만큼 정당한가에 대해서는 정확하게 알 수 없지만, 우주적인 생명을 제시하는 베르그송이 우리의 존재 속에 심오한 자아를 설정하는 것은 충분히 가능한 것으로 여겨집니다. 여기에서 우리는 형이상적인 가설 내지는 허구를 철저히 배격하고자 하는 사르트르의 현상학적인 정신을 보게 됩니다.

사르트르는 이렇게 약 세 가지 정도의 도피 방법을 설명한 뒤, 그것들을 이렇게 한꺼번에 요약합니다.

그러므로 우리가 불안을 덮어 버리고자 시도하는 과정들 전체는 이렇게 전개된다. 다른 모든 가능들을 고려하지 않으려 함으로써 그 가능들을 무차별한 타인의 가능들로 만드는 방식으로 우리의 가능을 파악한다. 이 가능을 무화하는 순수한 자유에 의해 존재에서 지탱되는 것으로 보려고 하지 않는다. 이 가능을 이미 구성된 대상에 의해 생겨나는 것으로서 파악하고자 하는 것이다. 이미 구성된 대상은 바로 우리의 대자아로서 타자적인 인격으로서 고찰되고 기술된다.(78/140)

불안하게 만드는 적대적인 가능들을 나의 가능에서 제외함으로써 나에게 유리한 가능만을 받아들여 낙관적인 상태에 이르는데, 그 낙관적인 상태를 만드는 나의 가능이란 것이 사실은 타자적인 대자아라고 하는 이미 본질적으로 구성되어 있는 것으로부터 생겨나는 것이라는 이야깁니다. 이는 당연히 불안을 통해 그 자체로 나에게 뒤덮여 있는 본래적인 나의 자유와는 전혀 다른 것이고, 그런 길들을 모색하게 되는 것은 바로 불안으로부터 도피하고자 했기 때문이라는 것입니다.

이렇게 해놓고서 사르트르는 다시 불안과 불안으로부터의 도피에 개입되어 있는 의식의 구조들을 직접 치고 들어가 파악해 내고자 합니다. 우선 우리는 과연 불안을 덮어 버릴 수 있는가 하는 문제를 이렇게 이야기합니다.

만약 내 자신이 내가 덮어 버리고자 하는 바로 그것이라면, 물음은 [사물을 덮고자 하는 것과는] 전연 다른 양상을 띤다. 사실상 내가 내 존재의 어떤 양상을 '보지 않으려는' 바람을 가질 수 있는 것은 그런 나의 바람이 지닌 양상의 사정을 내가 여실히 알고 있을 때뿐이다. 이는 내가 그 양상으로부터 등을 돌릴 수 있기 위해 내 존재 속에서 그 양상을 내가 지적해야 한다는 것을 의미한다. 더 적절하게 말하면, 내가 그것을 생각하지 않으려고 조심하기 위해 그것을 끊임없이 생각해야 한다는 것을 의미한다. …… 말하자면, 이는 불안의 지향적인 겨냥물인 불안,

그리고 안정된 신화들을 향해 이루어지는 바 불안으로부터의 도피가 동일한 한 의식의 통일성 속에서 주어져야만 한다는 것을 의미한다. 요컨대 나는 모르기 위해 도피하지만, 내가 도피한다는 사실을 모를 수 없는 것이다. 불안으로부터의 도피는 바로 불안을 의식하는 양식 중의 하나다.(78~79/141)

그다지 어려운 논리는 아닙니다만, 평소 우리가 놓칠 수 있을 뿐만 아니라, 짐짓 놓쳐버리고자 하는 것을 정확하게 짚어 내고 있습니다. 골치 아픈 일을 생각하지 않으려고 하는 만큼 그 골치 아픈 일은 기실 어떻게든 나를 사로잡고 있지요. 그래서 우리는 흔히 '어차피 맞을 매는 빨리 맞는 것이 더 낫다'라고도 하지요. 불안으로부터 도피하는 것 자체가 불안을 의식하고 있는 것이고, 그러니까 도피할수록 더욱 불안해지는 것이라는 이야깁니다.

이에 관련해서 사르트르는 다음 장에서 본격적으로 깊이 있게 논구하게 될 '자기기만'을 간략하게 정의합니다. 워낙 중요한 대목이 아닐 수 없습니다.

만약 불안으로부터 도피하기 위해 내가 나의 불안으로 있다면, 그것은 내가 내 자신인 것에 관련하여 나를 탈중심화할 수 있다는 것, 내가 '불안이 아님'이라는 형식하에서 내가 불안일 수 있다는 것, 내가 불안의 와중에서 무화하는 능력을 내 마음대로 처분할 수 있다는 것 등을 전제한다. 이 무화하는 능력은 내가 불안으로부터 도피하는 한 불안을 무화하면서, [동시에] 내가 **불안으로부터 도피하기 위해 불안**인 한에 있어서 그 능력 스스로를 무화한다. 이는 흔히 **자기기만**(*la mauvais foi*)이라 부르는 것이다. 그러므로 의식으로부터 불안을 내쫓는 것도, 불안을 무의식적인 정신현상으로 구성하는 것도 중요한 것이 아니다. 아주 간단히 말해, 중요한 것은 나인 불안을 포착함에 있어서 내가 자기기만에 굴복할 수 있다는 것이다. 그리고 내가 내 자신과 갖는 관계에서 나인 무를 메워 버리는 숙명을 띤 이 자기기만이 바로 그 자기기만이 제거하고자 하는 무를 함축한다는 것이다.(79/141~142)

정말이지 우리 인간들이 자신의 존재를 유지하고자 하는 내면적인 전략 전술이 얼마나 기묘한가를 생각하게 만듭니다.

"이 무화하는 능력은 내가 불안으로부터 도피하는 한 불안을 무화하면서, [동시에] 내가 불안으로부터 도피하기 위해 불안인 한에 있어서 그 능력 스스로를 무화한다. 이는 흔히 자기기만이라 부르는 것이다"라는 문장이 핵심이지요. 무화하는 능력이 이중으로 작동합니다. 불안으로부터 도피한다는 단적인 사태에서는 불안을 무화하는 작용을 합니다. 그런데 우리는 불안으로부터 도피한다는 것 자체가 이미 불안을 제거하지 못하고 붙들고 있는 것이라고 했습니다. 그러니까 이때 불안을 무화하는 능력은 제 스스로를 무화하고 있는 셈입니다. 요컨대 자기 아닌 것(불안)을 무화하면서 자기 스스로(무화하는 능력)를 무화하는 능력이 바로 자기기만이라는 것인데요. 논리적으로도 그렇고 심리적으로도 대단히 흥미롭습니다. 하지만 자칫 놓쳐 버릴 수 있는 미세한 부분을 건드리고 있어 까다로운 것은 사실입니다.

무화작용 자체가 자기를 무화해 버리면 무화할 수 있는 능력이 없으니 무화작용을 할 수가 없지요. 그런가 하면, 무화작용을 하지 않으면 자기 스스로를 무화하는 꼴이니 무화작용을 하지 않을 수가 없지요. 그런데 무화작용은 자기 스스로를 무화하지 않을 수 없으니 무화작용을 함으로써 무화작용을 하는 스스로를 무화하지 않을 수 없습니다. 따라서 무화작용을 함으로써 무화작용을 할 수 없게 되고, 무화작용을 하지 않음으로써 무화작용을 할 수 있게 되는 기묘한 역설이 들어 있습니다. 이러한 역설이야말로 바로 자기기만의 논리적인 구조라는 것이지요.

따라서 자기기만은 본래 무를 메워 버리는 것이 그 운명인데, 무를 메워 버리기 위해서는 그 스스로 무를 간직하지 않으면 안 된다는 것입니다. 논리를 더 밀고 나가면, 자기기만은 자신 속에 무를 간직함으로써 자신 속의 무를 메워 버리고자 하고, 자기 속의 무를 메워 버림으로써 자기 속에 무를 간직하게 되는 역설의 구조를 지닌 것입니다.

이것이 불안을 둘러싼 인간실재의 근본적인 구조라는 것이 사르트르의 이야기인 것 같습니다. 그래서 이제 사르트르는 이런 이야기를 하면서, 제1장 '부정의 기원'을 마치고, 제2장 '자기기만'으로 넘어가고자 합니다.

모든 부정의 기초를 **내재성의 중심** 자체에서 작동하는 무화에서 찾아야 하는 것은 분명하다. 우리의 입장에서 인간이 그 자신에 있어서 자신의 고유한 무이게끔 하는 근원적인 작용을 발견해야 한다면, 그것은 절대적인 내재성 안에서이고, 순간적인 **코기토**의 순수한 주체성 안에서이다. 인간이 의식 안에서 그리고 의식에 입각해서 그 자신의 고유한 무인 존재로서 그리고 무를 세계에로 도래케 하는 존재로서 세계 속에 불쑥 등장하기 위해서 과연 이 의식은 그 존재에 있어서 어떠해야만 하는가? …… 우리는 방금 전에 자기기만 속에서 우리가 동일한 하나의 의식의 통일성 속에서, **불안으로부터-도피하기-위해-불안으로-있다**(*étions-*

l'angoisse-pour-la-fuir)는 것을 지적하지 않았는가? 그러므로 만약 자기기만이 가능해야 한다면, 우리는 동일한 하나의 의식에서 존재와 비존재의 통일성, 즉 비존재에-대한-존재(l'être-pour-n'être-pas)를 만날 수 있어야만 할 것이다.(80/143)

부정의 기원을 찾아 헤매듯이 하면서 결국 부정의 기원은 무이고 무에서 발원하는 무화임을 밝혀냈습니다. 그런데 이 무는 따로 존재하는 것이 아니라 존재에 들러붙어 기생하는 것이었습니다. 어떠한 존재에 들러붙어 있는가가 중요했었고, 이제 그 존재가 인간실재임을 밝히게 되었습니다. 다만, 이때 인간실재는 그저 경험적인, 그러니까 즉자존재적인 측면을 함께 갖고 있는 인간이 아니라, 자기 자신의 고유한 무를 바로 자신의 존재방식으로 취하는 이른바 의식에 근거한 인간입니다. 그리고 이 의식을 찾은 것은 바로 무화하는 작용이 이루어지는 절대적인 내재성과 순간적인 코기토의 순수한 주체성에서입니다. 그렇다면 이 의식은 과연 어떤 존재여야 하는가를 사르트르는 묻습니다.

그리고 일정하게 이에 대답을 할 수 있는 실마리가 바로 자기기만이라는 것이고, 거기에서 '비존재에-대한-존재'로서의 의식을 찾을 수 있음을 한껏 기대하는 것으로 이 장을 마감합니다. 참으로 기묘한 도달점입니다. 이를 '존재하지 않기 위해 존재한다'라는 것으로 읽을 수도 있는데요. 물론 그럴 때조차 지금은 있는데 앞으로 존재하지 않게 된다는 것이 아니지요. 그렇게 되면 발생적인 연관 속에 들어가 버리게 되고 시시해집니다. 그런 것들은 한두 가지가 아니니까요. 예컨대 정자와 난자는 수정란이 되기 위해 존재하기 때문에 나중에 존재하지 않기 위해 존재하는 것으로 충분히 파악할 수 있지요.

그런 것이 아니고, 지금 존재하는 것 자체가 존재하지 않음을 마주하고 있음을 이야기하는 것이지요. 존재하지 않는다고 말할 수는 없는데, 존재하지 않는 것으로 존재한다고 해야 할 정도로 '비존재와 맞붙어 있는 존재'라고 해야 할 것입니다. '두께 제로인 비닐'과 같은 묘한 존재가 바로 의식이라는 것이지요.

제2장 | 자기기만

이제 자기기만의 장으로 들어섭니다. 이거 아무리 생각해도 진도가 너무 안 나가는 것 같아 걱정이 됩니다. 저는 괜찮습니다만, 수강생 여러분들이 혹시 '도피해' 버리려 하지 않을까 싶기 때문입니다. 일단 제1장 '부정의 기원'을 마쳤다는 데 위로를 얻었으면 합니다. 이제 앞에서 대략 보았습니다만, 우리의 존재 자체가 지니고 있는 역설적이기 이를 데 없는 존재론적인 구조를 치고 들어갈 차례입니다.

1. 자기기만과 거짓말

이 대목을 시작하면서 사르트르가 제시하는 중요한 명제가 있습니다.

> 의식은, 자신을 대하면서 자기 존재의 무를 의식하는 데에서 성립하는 그런 존재이다(La conscience est un être pour lequel il est dans son être conscience du néant de son être).(81/147)

정말 번역하기 까다롭기 이를 데 없군요. 그래서 여러분들이 직접 생각해 보시라고 원문을 붙였습니다. 대략 보기에, 바로 앞에서 말한 '비존재에-대한-존재'로서의 통일된 의식을 풀어서 써 놓은 것 같긴 합니다만, 그 구체적인 내용은 좀더 살펴봐야 할 것 같습니다. 그것은 자기기만이라고 하는 현상을 분석함으로써 이루어집니다.

> 아이러니 속에서 인간은 동일한 한 작용의 통일성 속에서 그 작용이 정립한 것을 [도리어] 무화한다. 아이러니 속에서 인간은 믿어지지 않는 것을 위해 믿을 것을 제공하고, 부정하기 위해 긍정하고, 긍정하기 위해 부정하고, 그 자체의 무 외에 다른 것이 아닌 긍정적인 대상을 창조한다. …… 인간실재에 본질적이면서 동시에 의식이 자신의 부정을 바깥으로 향하지 않고 자기 자신에로 향하게 하는 그런 결정적인 태도를 선택해서 검토하는 것이 적절하다. 이러한 태도는 우리에게 **자기기만**일 수밖에 없는 것으로 나타났다.(81~82/148)

우리는 저 앞에서 역설이라고 했습니다만, 사르트르는 아이러니라고 말하면서 그 아이러니가 어떻게 해서 아이러니인가를 설명한 뒤 그 대표적인 실례로서 자기기만을 들고 있습니다. 수사법 중에서 아이러니적인 논법이 가장 수준이 높고 어려운 것인 만큼 자기기만에 대한 사르트르의 분석이 자못 기대됩니다. 일단 사르트르는 자기기만과 거짓말(mensonge)을 구분합니다.

> 거짓말의 본질은 거짓말을 하는 자(menteur)가 자기가 위장하는 진실(vérité)을 완전히 잘 알고 있음을 함축한다. …… 따라서 거짓말을 하는 자가 바라는 이상은 시니컬한 의식일 것이다. 즉 자기로서는 진실을 긍

정하면서도 자신의 말을 통해 그 진실을 부인하고 그럼으로써 자기 자신을 위해 이러한 부인함(négation)을 부인하는 것이다.(82/149)

사실을 잘 몰라서 틀리게 말한 경우, 우리는 거짓말을 한다고 하지 않습니다. 그러니까 자기가 모르는 것에 대해서는 거짓말을 할 수 없는 것이지요. 자신이 부인하고자 하는 일을 속속들이 완벽하게 알고 있으면 있을수록 더욱더 기가 막히게 거짓말을 할 수 있는 것이지요. 그래서 사르트르는 거짓말은 현재의 의식 내부구조를 작동하게 하지 않는다고 말하면서, 이 사실로 인해 거짓말을 구성하는 모든 부정들은 의식에 속하지 않는 바깥 대상들로 향해 있기 때문에 앞에서 지적한 것처럼 의식이 의식 자신으로 향하는 결정적인 태도가 담겨 있지 않음을 드러냅니다.

그런데 이 거짓말을 남들에게 하는 것이 아니라 자기 자신에게 하게 되면 재미있는 상황이 벌어질 것입니다. 그때에 말 그대로 자기기만이 성립될 텐데요. 그 핵심의 일단을 사르트르는 이렇게 말합니다.

여기에서는 속이는 자와 속는 자의 이원성이 존립하지 않는다. 그 반대로 자기기만은 본질상 한 의식의 통일성을 함축한다.(83/150)

이때 의식의 통일성이란 것이 양쪽이 뒤범벅되어 있어 통일되어 있다고 한다면 자기기만 자체가 성립할 수 없겠지요. 속이는 자가 속는 자고, 속는 자가 속이는 자여서 양쪽이 하나로 통일된 것만은 틀림없겠지만, 속이는 계기와 속는 계기가 그 구조상 상호교차의 관계를 맺고 있다 할지라도 어떻게든 일단은 구분되어야 할 것입니다. 그래서 이렇게 말합니다.

나는 속이는 자인 한에서 진실을 알고 있어야 한다. 그런데 이 진실은 내가 속는 자인 한에서 나에게 덮인 채 있다. 더 적절히 말하면, 나는 신경을 써서 진실이 나로부터 더 잘 숨어 있도록 하기 위해서 내가 그 진실을 아주 정확하게 알아야 한다. …… 거짓말을 조건 짓는 이중성이 제거된다면, 과연 어떻게 거짓말이 존립할 수 있겠는가?(83~84/150~151)

마치 이중인격의 현상을 보는 것 같습니다. 그러나 이중인격은 두 개의 다른 인격이 시간차를 두고 확실하게 교환되는 것입니다. 그런데 여기 자기기만에서 말하는 것은 그런 시간차적인 교환이 결코 아닙니다. 그래서 속이는 의식과 속는 의식이 아예 하나라고 해버리면 속 시원할 것 같은데 그렇게 되면 아예 거짓말, 즉 기만이 존립할 수 없게 되니 머리가 아프다는 것이지요. 그 난점에 대해 사르트르는 이렇게 말합니다.

자기기만에 사로잡힌 자는 자신의 자기기만에 대한 의식을 가지고 있어야 한다. 왜냐하면 의식의 존재는 존재적인 의식(conscience d'être)이기 때문이다. 따라서 적어도 내가 나의 자기기만을 의식하고 있다는 점에서 나는 신실함(bonne foi)의 상태여야 한다. 그러나 그럴 때 [자기기만을 둘러싼] 모든 심리적인 체계가 없어진다.(84/151)

이래저래 좀처럼 해결될 것 같지 않은 난점들이 돌출합니다. 의식의 존재가 존재적인 의식이라는 것은 의식되는 것으로 채워져 있지 않은 의식은 없다는 이야기로 받아들이면 되겠습니다. 자기기만에 대한 의식이 자기기만으로 채워져 있다면 자기기만을 모를 리 없다는 것이겠는데요.

이에 관해서는 나중에 더욱 자세하게 논구가 될 것입니다. 아무튼 자기가 자기를 속이고 있다는 것을 알고 있다면 그것은 속이는 것이 될 수 없고 따라서 자기기만은 무너져 버리는 것이지요. 이럴 때 대략 어떻습니까? 무의식을 동원하지 않겠습니까? 예컨대 정신분석학에서 애호하는, 예컨대 초자아로부터 발휘되는 무의식적인 검열을 끌어들이고 싶어집니다. 알고 있음을 검열을 통해 억압해 버림으로써 알고 있는데도 모르게 된다는 논법이지요. 이에 관해서 사르트르는 이렇게 말합니다.

> 이러한 난점들에서 벗어나기 위해, 사람들은 흔쾌히 무의식에 의존한다. 예를 들면, 정신분석학적인 해석에서는 속이는 자와 속는 자의 이원성을 재확립하기 위해 검열의 가설을 활용하려 할 것이다. 여기에서 본능은 **실재**(la *réalité*)를 형성한다. 본능은 **대자적으로** 존립하는 것이 아니기 때문에 참도 거짓도 아니다. …… 다만 주체는 이러한 현상들 [즉 공포·실수·꿈] 앞에 있다, 마치 속는 자로서 속이는 자의 행위들 앞에 있는 것처럼. …… 프로이트는 '이드'(ça)와 '자아'(moi)의 구분에 의해 정신이라는 덩어리를 둘로 나누었다. 나는 자아**이지**, 나는 **이드**가 아니다.(84~85/151~152)

일견 프로이트는 속이는 자(이드)와 속는 자(자아)를 나눔으로써 기만이 성립할 수 있는 기본 조건은 마련한 것 같습니다. 문제는 내가 속이는 자가 아닌 한, 속이는 이드가 내 정신덩어리의 일부이긴 하지만 진정으로 그것이 나일 수 있는가 하는 것입니다. 만약 그것이 진정한 내가 아니라면 자기기만이 성립한다고 말할 수 없는 지경에 도달할 것입니다. 이에 대한 사르트르의 검토가 흥미진진합니다.

정신분석의는 나의 무의식적인 경향들과 나의 의식적인 삶 사이에서 매개자(*médiateur*)로 등장한다. **타인**(*autrui*)이 무의식적인 정립과 의식적인 반정립 사이에 종합을 일구어 내는 유일한 자로 등장하는 것이다. 타인의 중개에 의해서는 내가 나를 인식할 수 있다. 이는 내가 나의 '이드'와 관련하여 **타자적인** 위치에 있음을 의미한다. …… 그래서 정신분석은 자기기만이라는 개념을 속이는 자 없는 거짓말의 관념으로 대체한다. 정신분석은 어떻게 해서 내가 속이지 않고 **속는**가를 이해하게 해준다. 왜냐하면, 정신분석은 나 자신과의 관계에 있어서 나를, 나와 대면하고 있는 타인의 상황 속에 놓기 때문이다. 정신분석은 거짓말의 본질적인 조건인 속이는 자와 속는 자의 이원성을 '이드'와 '자아'의 이원성으로 대체한다. 정신분석은 나의 주체성 속에 가장 심오한, **공존재**(*Mitsein*)의 상호주관인인 구조를 끌어들인다. 이러한 설명에 만족할 수 있는가?(85~86/153)

프로이트적인 정신분석으로서는 자기기만을 제대로 밝힐 수 없다는 것인데요. 그 핵심 이유는 정신분석의라고 하는 타인이 끼어들지 않고서는 나의 이드가 밝혀질 수 없다는 것은 나의 이드라고는 하지만 실상 그것은 타인이나 다름 없음을 말해 주는 것이고, 그렇게 해서는 거짓을 구성하는 이원성, 즉 속이는 자와 속는 자의 이원성을 확보할 수 있을지 모르지만, 내가 속이는 자의 입장에서 탈락되기 때문에 자기기만을 거짓말로 해소하는 꼴이 되고 만다는 것입니다. 다만, 여기에서 공존재의 상호주관적 구조를 끌어들이는 것은, 설명을 하지 않았습니다만, "거짓말은 하이데거가 '공존재'라고 부른 것의 정상적인 현상이다"(83/150)라는 것을 해명한 것을 바탕으로 한 것입니다.

이러한 자신의 입론을 강화하기 위해 사르트르는 오히려 정신분석에서 드러나는 새로운 현상, 즉 피분석자의 저항을 거론합니다.

환자는 불신을 표명하며, 말하기를 거부하고, 자신의 꿈들에 관해 환상적으로 처리된 설명을 제시하고, 때때로 심지어 정신분석적인 치료를 전적으로 회피하기까지 한다. 하지만 환자 자신의 어떤 부분이 이렇게 저항할 수 있는가를 물어볼 수 있다.(86/154)

그럴듯한 대목을 잡은 것 같습니다. 이 대목에서 우리는 사르트르가 환자 자신에게서 속는 자와 속이는 자 모두를 찾아낼 수 있을 것 아닌가 하는 기대를 걸게 됩니다. 환자가 정신분석적 치료를 거부한다고 할 때 그 저항의 거점이 속임을 당하는 자아일 수는 없을 것입니다. 자아는 정신분석의가 치고 들어오는 지점이 어디인가를 모를 것이기 때문입니다. 환자에게서 이를 아는 부분은 과연 무엇일까요? 이에 관련해서 사르트르는 정신분석에서 말하는 검열을 끌어들여 그 구조를 검토합니다.

정신분석에서 [환자의] 저항들은 중대하고 심오하다. 그 저항들은 멀리서 온다. 그것들은 사람들이 밝혀내고자 하는 사물 자체에 뿌리를 두고 있다. …… 우리가 주체[즉 환자]의 거부를 위치시킬 수 있는 유일한 판면(plan)은 검열의 판면이다. 검열은 유일하게 정신분석의의 질문들과 계시들을, 이 검열이 억압하고자 애쓰는 실재적 충동들에 많건 적건 접근하고 있는 것으로서 파악할 수 있다. 검열만이 그러한데 그 까닭은 검열이 억압하고자 하는 것을 유일하게 **알고 있는** 것은 바로 검열 자신뿐이기 때문이다.(87/155)

환자에게서 저항이 일어나는 것은 환자에게서 이루어지는 검열 때문이라는 것, 그러한 검열은 자신이 억압하고자 하는 것이 무엇인가를 잘 알고 있는데, 그렇게 억압하고자 하는 것을 정신분석의가 자꾸 치고 들어와 드러내고자 하기 때문에 환자가 저항을 한다는 것 등을 제시하고 있습니다. 문제는 이러한 저항과 검열의 현상을 어떻게 해석해야 하는가 하는 것이겠습니다. 이에 관해 사르트르는 나름의 해석을 제시하고, 이를 바탕으로 프로이트의 정신분석학을 강렬하게 비판합니다.

검열의 수준에서 보면, 환자의 저항들은 다음의 것들을 함축한다. 즉 억압되는 것을 억압되는 것으로 표상한다는 것, 정신분석의의 질문들이 겨냥하고 있는 목표를 이해한다는 것, 그리고 억압된 콤플렉스의 진실과 이 진실을 노리는 정신분석학적인 가설을 비교하는 종합적인 결합의 작용이 있다는 것 등을 함축한다. 그리고 이 갖가지 작동들이 수행된다는 것이 의미하는 바는 검열은 자기(에 대해) 의식하고 있다(est conscient (de) soi)는 것이다. 그런데 이러한 검열의 자기(에 대한) 의식은 어떤 유형의 의식이어야 할 것인가? 그 의식은 억압하고자 하는 경향을 지닌 의식이라는 것(에 대한) 의식이어야 하면서도 **그렇게 억압하고자 하는 경향을 지닌 의식이라는 것에 대한 의식이 아니고자 하는** (*pour n'en être pas conscience*) 의식이어야 한다. 이는 검열이란 자기기만적임에 틀림없다는 것이 아니고 무엇이겠는가?(87/155~156)

어떤 의식이 있어 자신이 억압하고자 하는 경향을 가진 의식임을 분명히 알고 있다면 억압되는 것이 무엇이고 왜 그것을 억압하고자 하는가를 잘 알 것이기 때문에 굳이 정신병 상태에 있을 수가 없다는 것이고, 따라서 정신병 상태려면 자신이 억압하고자 하는 경향을 가진 의식임을 알고 있음에도 그것을 알고 있는 의식이 아니고자 하는 의식이라야 한다는 것입니다. 또한 따라서 이는 불안으로부터 도피하기 위해 불안을 잘 알고 있으면서 불안을 덮는 의식, 즉 자기기만의 의식과 똑같은 유형의 의식이라는 것이지요. 속이는 자가 속는 자이고 속는 자가 속이는 자인, 통일된 하나의 동일한 의식 상태를 바로 검열과 저항에서 찾을 수 있다는 것이지요. 그래서 사르트르는 이렇게 정돈합니다.

> 어떤 것을 '자기에게 감추고자' 하는 반성적인 관념의 본질 자체는 동일한 하나의 정신(psychime)의 통일성과 통일성의 중심에서의 이중적인 활동성(activité)을 함축한다. 한편에서는 감추고자 하는 것을 유지하면서 지시하고, 다른 한편에서는 그것을 물리치고 덮어 버리고자 한다. 이 활동의 두 측면 각각은 서로를 보완한다. 즉 각각은 자신의 존재에서 다른 쪽을 함축한다.(87/156)

사르트르는 프로이트가 이드·자아라고 하는 이원성을 내세우고 그렇게 함으로써 기만을 가능한 것으로 했지만, 결국 타인을 끌어들임으로써 자기기만은 제거했다고 말합니다. 그리고 이제 자기기만을 인정하지 않을 수 없는 저항과 검열의 문제가 나타나자 의식(자아)과 무의식(이드) 사이에 초자아라고 하는 제3의 자율적인 의식을 끌어들여 다시 자기기만을 없애고자 한 것은 근본적으로 잘못된 것으로서 결국은 언어적인 유희에 불과한 것이 되고 말았다고 비판합니다. 정신분석에 대한 이러한 사르트르의 비판은 기계적인 설명으로는 결코 의식의 정체를 제대로 파악할 수 없다는 데 있습니다.

압축과 전이와 같은 그 어떤 기계적인 이론도 자기 스스로 자기 자신에게 영향을 미치는 경향을 띤 이러한 변형들을 설명할 수 없다. 왜냐하면 위장(僞裝)의 과정에 대한 기술(記述)이 궁극성(finalité)에 은근히 기대고 있음을 함축하고 있기 때문이다. …… 정신적인 것의 의식적인 통일성을 배척했기 때문에, 프로이트는 현상들을 결합시키는 마술적인 통일성을 도처에서 [다른 방식으로] 암시할 수밖에 없다. …… 마술에 의한 설명은 그 원리상의 저급함 외에도,──무의식의 단계, 검열의 단계 그리고 의식의 단계에서──서로 함축하면서 서로를 파괴하는 모순적이면서 보완적인 두 구조들의 공존을 제거할 수 없다.(88/156~157)

정신적인 것은 의식에 있어서 하나로 통일되어 있다는 것을 계속 강조합니다. 그리고 의식이란 근본적으로 그 속에 자기기만적인 상호모순적인 이중적 측면을 구비하고 있다는 것을 강조합니다. 왜 이렇게 굳이 의식의 통일성을 강조하는 것일까 하는 의문이 듭니다만, 그 이유는 차차 밝혀지게 될 것입니다.

아무튼 사르트르는 프로이트류의 무의식 이론을 이렇게 비판하면서 이 작은 절 '자기기만과 거짓말'을 마무리합니다.

한편으로 무의식에 의한 설명은, 그것이 정신적인 통일성을 파괴한다는 사실 때문에, 일단 이 설명으로써 추적되어야 할 것 같은 사실들을 설명할 수가 없을 것이다. 다른 한편으로 이러한 유형의 설명을 명백하게 물리치는 자기기만적인 행위들이 무수히 많다는 것이다. 왜냐하면, 그 행위들의 본질이 그것들이 의식의 반(半)투명성 속에서만 나타날 수 있음을 함축하기 때문이다. [여기에서] 우리가 해명하고자 시도

했던 문제가 여전히 미해결인 채로 남아 있음을 우리는 다시 발견한다.(89/158)

'의식의 반투명성'이라는 개념이 눈에 확 들어옵니다. 이는 자기기만적인 행위들을 압축해서 제시한 개념이지요. 자기기만에 대한 정신분석적인 무의식 이론에 의한 설명은 이러한 '의식의 반투명성'을 '의식의 투명성'(자아)과 '의식의 불투명성'(이드)으로 쪼개어 그 통일성을 파괴해버리기 때문에 처음부터 자기기만의 구조를 제대로 드러낼 수 없다는 것이겠습니다.

* * *

전번 시간에는 상당히 힘들었던 것 같습니다. 몇 가지만 간추려 다시 보는 것이 오늘 강의를 이어가는 데 도움이 될 것 같습니다.

이 무화하는 능력은 내가 불안으로부터 도피하는 한 불안을 무화하면서, [동시에] **내가 불안으로부터 도피하기 위해 불안인** 한에 있어서 그 능력 스스로를 무화한다. 이는 흔히 **자기기만**이라 부르는 것이다.(79/141~142)

만약 자기기만이 가능해야 한다면, 우리는 동일한 하나의 의식에서 존재와 비존재의 통일성, 즉 비존재에-대한-존재(l'être-pour-n'être-pas)를 만날 수 있어야만 할 것이다.(80/143)

의식은, 자신을 대하면서 자기 존재의 무를 의식하는 데에서 성립하는 그런 존재이다.(81/147)

검열의 자기(에 대한) 의식은 억압하고자 하는 경향을 지닌 의식이라는 것(에 대한) 의식이어야 하면서도 **그렇게 억압하고자 하는 경향을 지닌 의식이라는 것에 대한 의식이 아니고자 하는**(*pour n'en être pas conscience*) 의식이어야 한다. 이는 검열이란 자기기만적임에 틀림없다는 것이 아니고 무엇이겠는가?(87/156)

이렇게 네 가지 정도의 주요 대목들을 열거해 놓고 보니, 그 논리적인 핵심 얼개를 알 것 같습니다. 자기기만이란 의식은, 일종의 자기모순적인 존재방식을 갖는다는 것이지요. 분명히 그러그러한 자기 자신인데도, 그러한 자기 자신임을 어떤 방식으로건 무화하여 의식하지 않으려는 의식으로서 존재하는 것이 자기기만이라는 이야깁니다.

자신의 상태를 의식하지 않으려 함으로써 그렇게 의식하지 않게 된 의식으로 존립하는 데 성공한 의식은 이중성을 띠겠지요. 그런데 적어도 의식이 본래 '……(에 대한) 의식'인 한에서, 이중적이라고는 하지만 의식은 분명 하나로 통일되어 있을 것입니다. 여기에는,

① 자신의 직접적인 상태(에 대한) 의식
② 자신이 그러한 직접적인 상태로 있다는 것을 의식하지 않으려는 의식(에 대한) 의식

이 있습니다. 이를 만약 저 앞에서 말한 "쾌락은 쾌락(에 대한) 의식이다"라는 것에 관련시켜 말하면 복잡한 구조가 더 선명하게 드러나지 않을까

싶습니다. 우선 ①의 의식을 생각해 봅시다. 여기에서 우리는,

①-1 자신의 직접적인 상태인 의식
①-2 자신의 직접적인 상태(에 대한) 의식

을 구분할 수 있습니다. 예컨대 ①-1의 의식은 쾌락에 해당될 것이고, ①-2의 의식은 쾌락(에 대한) 의식에 해당될 것입니다. 그렇게 되면 '①-1=①-2'가 성립하지요. 그리고 ②의 의식에는,

②-1 자신의 직접적인 상태를 의식하지 '않으려는' 의식
②-2 자신의 직접적인 상태를 의식하지 '않으려는' 의식(에 대한) 의식

이 있습니다. 쾌락 의식의 논리를 적용하면 마찬가지로, '②-1=②-2'가 성립할 것입니다. 그런데 ②-1의 의식은 ①-1의 의식을 무화하여 부정하는 의식입니다. 그런 점에서 ②-1의 의식은 ①-2의 의식과 모순을 일으키고 있습니다. ①-2의 의식은 어쨌든 자신의 직접적인 상태를 의식하는 의식인 데 비해, ②-1의 의식은 그러한 의식을 갖지 않으려고, 즉 무화하여 부정하는 의식이기 때문입니다.

그런데 이 ②-1의 의식은 ①-1의 의식을 부정하고 무화함으로써 성립되긴 하지만 그 사실을 의식하지 않는 의식입니다. 말하자면 ②-1의 의식은 '①-1(에 대해 무화하는) 의식'입니다. 이는 ①-2의 의식이 '①-1(에 대한) 의식'인 것과 대립됩니다. 그러니까 ②-1의 의식과 ①-2의 의식은 서로 모순·대립하는 관계입니다. ②-2의 의식이 ②-1의 의식과 동일하다는 것은 방금 앞에서 말했습니다. 그런데도 어떻게 해서 이 네

가지 의식이 전체적으로 하나의 통일된 의식일 수 있느냐 하는 문제가 핵심이지 않습니까?

이를 구축해 내기 위한 실마리는 '①-2의 의식'의 구조에 있습니다. 이를 찾아내기 위해서는 '①-1(에 대한) 의식'과 '①-1에 대한 의식'의 차이를 생각해 보아야 합니다. '①-1에 대한 의식'이 자신을 부정하고 무화함으로서 '①-1(에 대한) 의식', 즉 '①-2의 의식'이 된다는 것이지요. 그렇지 않으면 계속 '①-1의 의식'을 자신의 대상으로 삼아 자신 앞에 세워놓고 있을 것이고, 엄격하게 말해 그사이에 인식적인 간격이 있을 것이기 때문입니다. ①-2의 의식인 '……(에 대한) 의식'이란 쾌락 의식의 구조에서 나타나듯이 대상과 하나로 통일된 의식이기에 대상과 인식적인 간격이 전혀 없는 것입니다. 그러고 보면, '①-1(에 대한) 의식' 자체에 이미 자신을 부정하고 무화한 의식, 즉 '①-1에 대한 의식(에 대해 무화하고 부정하는) 의식'이 스며들어 있는 것이지요. 이 스며들어 있는 의식은 바로 ②-1의 의식입니다.

말하자면, '①-1에 대한 의식'이 '①-1(에 대한) 의식'으로 전화할 때, 거기에는 이미 '②-1의 의식', 즉 '자기를 의식하지 않으려고 하는 의식'이 작동하고 있었던 것입니다. 도식화해서 보면, '①-1에 대한 의식'은 본성상 '②-1의 의식'이기 때문에 ①-2의 의식인 '①-1(에 대한) 의식'으로 전화할 수 있었던 것입니다. 요컨대, '②-1의 의식'이 '①-1(에 대한) 의식'으로 전화한 셈이 됩니다. 그래서 '②-1 = ①-2'가 성립하지요. 이렇게 되면, 이미 '②-1 = ②-2'니까, '②-2 = ②-1 = ①-2 = ①-1'이 성립하면서 전체가 하나가 되는 것이지요.

우리가 제시하는 이러한 설명 방식에 대해, 사르트르가 동의할지 안할지에 대해서는 현재로서는 전혀 자신이 없습니다. 일단 이렇게 우리 나름대로 논리를 전개한 것으로 만족하고 넘어가자는 것이지요. 이 정도로 정돈해 놓고, 사르트르가 자기기만의 구체적인 행위들을 예로 들어가면서 논리적으로 분석해 내는 작업들을 보기로 합시다.

2. 자기기만의 행위들

사르트르는 이 절의 서두에서부터 대단히 흥미로운 이야기를 내세워 논의를 풀어가려 합니다. 그 이야기는 '첫 선을 보는 여자' 이야기입니다. 길지만 직접 들어 봅시다.

> 남자와 첫 선을 보고 있는 여자가 있다. 이 여자는 그녀에게 말하고 있는 남자가 자신에 대해 품고 있는 의도를 너무나 잘 알고 있다. 그런가 하면, 그녀는 그 남자가 그녀에 대해 조만간에 어떤 결정을 해야 할 것임을 알고 있다. 그러나 그녀는 그의 결정이 급하게 이루어질 것이라 느끼지 않는다. 그녀는 그녀의 파트너가 존경의 염을 담아 조심스럽게 자기를 대하는 태도를 통해 제공되는 내용에만 집착하고 있을 뿐이다. 그녀는, 그의 그러한 태도를 흔히 사람들이 '첫번째 작업걸기'(primières approches)라 부르는 것을 실현하기 위한 시도로 파악하지 않는다. 즉 그녀는 그의 그러한 태도를, 시간이 흐르면서 발전될 수 있는 가능성들을 실현하기 위한, 말하자면 그녀로서는 알기를 원하지 않는 것을 실현하기 위한 시도로 여기지 않는다. 그녀는 그의 행동을 현재 상태에 한정된 것으로 여긴다. 그녀는 사람들이 그녀에게 일러 주는 문장들에서 그 문장들의 명백한 의미 외에 다른 것을 읽으려 하지 않는다. [예컨대] 만약 사람들이 그녀에게 "나는 당신에게 너무나 감탄합니다"라고 말

하면, 그녀는 이 문장 배후에 스며 있는 성적인 저의를 삭제한다. 그녀는 그녀와 대화하는 사람과 나누는 담화와 행위에 대해 그녀가 객관적인 성질이라 생각하는 직접적인 의미들을 부가한다. 그녀가 보기에 그녀에게 말하는 남자는, 책상이 둥글거나 네모진 것만큼이나 혹은 벽지가 푸르거나 회색빛인 것만큼이나 신실하고 정중하다. 그리고 그렇게 해서 그녀가 귀를 기울여 말을 듣고 있는 그 사람에게 부가되는 성질들은 선택된 영구적인 상황 속에 고정된다. 선택된 영구적인 상황은 그 성질들이 드러나고 있는 엄격한 현재가 시간적으로 전개되는 가운데 이루어지는 투사에 불과하다. 그렇기 때문에 그녀는 그녀가 바라는 것을 알지 못한다. 그녀는 그녀가 일으키고 있는 욕망을 밑바탕에서부터 (profondément) 느끼고 있다. 그러나 자신의 욕망이 노골적으로 적나라하게 드러나면 그 욕망은 그녀를 모욕하게 될 것이고 그녀에게 공포가 될 것이다. 그러나 그녀는 그가 오로지 존경일 뿐인 존경을 그녀에게 보내면 그 존경에 대해 그 어떤 매력도 발견하지 않으려 할 것이다. 그녀를 만족시키기 위해서는 전적으로 그녀의 인격에 전달되는, 즉 그녀의 완전한 자유가 유지된 가운데 전달되는, 말하자면 그녀의 자유를 인정하는 그런 감정이 있어야 한다. 그러나 이 감정은 동시에 전적으로 욕망이어야 한다. 즉 이 감정은 대상인 한에서의 그녀의 몸에 전달되는 것이어야 한다. 그러므로 일단 그녀는 욕망을 있는 그대로의 것으로 파악하는 것을 거절하고 그 욕망에 대해 욕망이라는 이름조차 부여하지 않는다. 그녀는 욕망이 찬탄과 존중과 존경으로 초월해 가는 한에서, 그리고 욕망이 산출하는 더욱 고양된 형태들로 욕망이 완전히 흡입됨으로써 일종의 열성과 농도만을 형성하는 지점에 이른 한에서만 욕망을 인정한다. 그런데 이제 그가 슬그머니 그녀의 손을 잡는다. 그녀의 대화

상대자가 하는 이 행동은 위험을 안고 있다. 직접적인 결정을 환기시킴으로써 상황을 일변시킬 수도 있기 때문이다. 손을 맡긴 채 내버려 둔다면 그것은 그녀 스스로 가벼운 연정에 동의하는 것이 될 것이다. 말하자면 그것은 가담하는 것이 된다. [그리고] 만약 손을 뺀다면, 그것은 그 시간을 매력적이게끔 하는 애매하고 불안정한 조화를 깨는 것이 될 것이다. 어떻게 하면 이 결정의 순간을 가능한 한 가장 멀리 미루도록 할 것인가가 문제다. [이때] 우리는 어떤 일이 벌어지는가를 안다. 그 젊은 여자는 손을 빼지 않고 내버려 둔다. 하지만 그녀는 자신이 손을 내버려 둔다는 것을 **알아채지 못한다.** 그녀가 그 사실을 알아채지 못한 것은 그 순간 우연히도 그녀는 온통 정신적인 상태에 있기 때문이다. 그녀는 그녀의 대화자를 감정적인 명상의 가장 높은 지경에까지 끌어올린다. 그녀는 삶에 대해, 그녀 자신의 삶에 대해 말하고, 그 본질적인 측면에 입각해서 자신을 하나의 인격으로서, 하나의 의식으로서 보여 준다. 그러는 동안, 몸과 혼의 별리가 완성된다. 그녀의 파트너의 뜨거운 두 손 안에 그녀의 손은 타성적인 것으로 안식한다. 동의하는 것도 아니고 저항하는 것도 아닌 하나의 사물로서.(89~90/158~159)

  너무 길게 인용했지요. 하도 중요한 예라 그랬습니다. 무슨 상황인지는 저보다 여러분들이 더 잘 알 것입니다. 특히 여성 수강자분들은 사르트르가 지목하지 않은 미세한 대목까지 잘 느끼실 것입니다. '그건 성희롱이야!' 하는 분은 설마 안 계시겠지요.

  사르트르는 여기에서 이 여자가 자기기만의 상태에 있음을 보이고자 한다고 하면서 구체적으로 분석해 들어갑니다. 우선 크게 두 가지를 지적합니다.

첫째, 이 여자는 자신의 파트너의 행위를 **지금 그러한 것**(*ce même qui il est*) 자체로 환원함으로써, 즉 즉자적인 양식으로 존립하는 것으로 환원함으로써 무장해제를 시킨다는 것입니다.

둘째, 그러면서 동시에 이 여자는 자신이 욕망을 즐기는 것을 허용하는데, 그것은 자신의 욕망을 **지금 그러한 것이 아닌 것**(*ce qui il n'est pas*)으로 파악하게 되는 한에서, 즉 자신의 욕망에 대해 초월(transcendance)을 인정하게 되는 한에서 그러하다는 것입니다.

우선 이 두 가지를 종합해서 보면, 자기에 대한 타인의 행위는 현재적인 것으로 즉자화하고, 동시에 자신의 욕망에 대해서는 현재적인 것이 아닌 것으로 초월시키고 있습니다. 사르트르는 여기에다 한 가지를 덧붙입니다.

셋째, 자신의 몸의 현전을 밑바탕에서 느끼는데도, 자기 자신을 자기 자신의 몸이 **아닌 것**으로 실현하는데, 이때 이 여자는 그녀 자신의 몸을 수동적인 대상인 양 높은 곳에서 주시하고 있다는 것입니다(여기서 수동적인 대상이란 거기에서 사건들이 일어날 수 있지만, 그 사건이 일어날 모든 가능성들이 자기 바깥에 있기 때문에 사건들을 야기할 수도 없고 회피할 수도 없는 상태에 있는 것을 말합니다). '몸과 혼의 별리'를 이야기했던 까닭이 여기에 있지요.

다시 이 셋을 종합해서 보면, 이 여자의 목적은 남자의 행위에 관련된 자신의 욕망이 자신에게 노출되는 것을 모욕적이라 생각하면서도 그러한 자신의 욕망을 즐기는 데 있습니다. 그러기 위해 이 여자는 자신을 이중화합니다. 자신의 정신은 고고한 쪽으로 초월상태로 가져가면서 자신의 몸을 수동적인 대상으로 만들어 내는 것이지요. 그럼으로써 자신의 욕망을 즐기는 것을 허용하려 합니다. 하지만 남자의 행위가 자신의 욕망을 노골적으로 드러내는 한에서 자신은 모욕을 느낄 것이기 때문에 남자의 행위에 대해서도 모종의 조처를 취하지 않을 수 없습니다. 그것은 남자의 행위를 즉자화하여 초월적인 자신의 인격과 정신에 대해 아무런 영향을 미칠 수 없다는 생각을 굳히려는 것입니다.[1]

여기에서 정말 재미있는 사실은 이 여자가 이렇게 복잡한 자기기만의 장치들을 가동시키는 궁극 목적이 욕망을 즐기는 것을 자신에게 허용하는 것인데도, 자기 스스로 자신이 욕망을 즐기려고 하는 것이 아니라고 흔히 하는 말로 '자기 합리화'를 꾀한다는 사실입니다.[2]

이런 전반적으로 모순에 가득 찬 사태를 묘사해 내면서 사르트르는 아주 중요한 개념을 지적해 냅니다.

이렇게 해서 생겨나는 개념은 인간 존재의 존재적인 이중적 속성, 즉 **현실성**과 **초월**을 바탕에서부터 활용한다. 인간실재의 이 두 측면은 유효한 조정(coordination)을 이룰 수 있으며, 사실로 말하자면, 그럴 수 있어야 한다. 그러나 자기기만은 이 두 측면을 조정하려고 하지도 않으며, 하나의 종합 속에서 이 두 측면을 극복하려고 하지도 않는다. 자기기만에서 긴요한 것은 도대체 양자의 차이를 보존하면서 양자의 동일성을 긍정하는 일이다. 한쪽을 파악하는 순간에 갑자기 다른 쪽과 대면

---

1) 이 대목에서 수십 년 전 신학교 시절 친구가 했던 말이 기억납니다. 남자 안마사들이 부유한 여자들을 상대로 안마를 하는데, 그 남자 앞에서 그 여자들이 거의 발가벗다시피 할 수 있는 까닭은 그 남자 안마사를 인격 내지 정신으로 취급하지 않기 때문이라는 이야기였습니다.
2) 이 대목에서는 복잡한 전철에서 남자와 여자의 몸이 닿을 때 노력하면 비킬 수 있는데도 굳이 비키지 않고 전철이 워낙 비좁아 그렇다고 짐짓 스스로에게 변명을 하는 경우를 생각할 수 있겠네요. 한참 그러고 있는데, 뒤돌아보니 전철이 그러고 있을 만큼 비좁은 상태가 전혀 아닐 때 확인하게 되는 자신의 이중성도 재미있지요.

하고 있는 자신을 발견할 수 있는 방식으로, 현사실성이 초월임을 긍정해야 하고, 초월이 현사실성임을 긍정해야 한다.(91/160)

'첫 선을 보는 여자' 이야기를 예시로 삼아 철학적인 중요한 언명을 하고 있지요. 갑작스러운 것 같은 느낌이 없는 것은 아니지만, 이미 했던 '초월' 개념과 대조적인 것으로서 '현사실성'이라는 개념이 등장합니다. 'facticité'는 통상 쓰는 'fait'(사실, 일)와 달리 특별히 인간실재의 한 측면을 철학적으로 표현한 것으로 보입니다. 이미 하이데거의 『존재와 시간』에서 흔히 '현사실성'이라 번역하는 'Faktizität'라는 개념이 있었지요. 인간 현존재에 관련된 사실만을 특정해서 쓰는 개념이지요. 거의 그대로 가져온 것으로 보입니다. 그래서 '현사실성'이라고 번역한 것입니다. 우선은 대자인 의식과 관련해서 성립하는 모든 사실들에 대해 '현사실성'이라는 개념을 적용한다고 생각하면 되겠습니다.

사르트르는 초월과 현사실성 혹은 현사실성과 초월이라고 하는 인간실재의 두 측면을 적어도 인간실재에 있어서 적절히 조정되어 하나로 종합되어야 하는 것으로 보고 있지요. 여기에서 현사실성은 이야기의 여자 주인공이 남자의 행위들을 즉자적인 양식을 띤 것으로 환원하는 것 혹은 자신의 몸을 자신이 아닌 것으로 여기는 것과 직결된다 할 것입니다. 그렇다면 현사실성은 사물화된 상태 혹은 사물적인 방식으로 대상화된 상태라 할 수 있을 것입니다.

그런데 초월이 없이도 현사실성이 성립할 수 있을까요? 인간실재에서 초월이 없다고 한다면, 군이 현사실성이라 할 필요 없이 그냥 '사실'(fait)이나 '실재'(realité)라고 하면 될 것입니다. 초월 가능성을 전제로 하고 있기 때문에 특별히 '현사실성'으로 되는 것입니다. 마찬가지로 현사실성이 없이는 초월도 성립하지 않겠지요. 초월한다는 것은 곧 현사실성을 초월하는 것이니까요.

문제는 인간실재의 이 두 측면이 하나로 종합된 상태를 머릿속에서 떠올리기가 쉽지 않다는 것입니다. 일단 실험을 해봅시다. 여러분들이 강의를 하고 있는 나를 보면서, 나의 현사실성과 초월을 딱히 구분합니까? 말하자면 내가 이러저러하게 지각을 통해 확인할 수 있는 모습으로 있긴 합니다만 이러한 모습에 얽매어 있지 않은 측면이 동시에 주어지는 것 아닙니까? 그런 것 같습니다. 그런가 하면 강의를 듣는 여러분들에 대해서는 어떻습니까? 당장 '지금·여기'의 모습에 붙박여 있는 존재방식만으로 이 강의를 듣습니까, 혹은 '지금·여기'에 붙박여 있는 존재방식을 완전히 벗어난 순수한 초월의 존재방식만으로 이 강의를 듣습니까? 둘 다 아니지요. 왠지 둘이 하나로 종합된 상태에서 강의를 듣고 있는 것이지요. 이처럼 인간실재에 있어서 현사실성과 초월은 알기 쉽게 확연하게 구분되는 것이 아니라, 이미 늘 함께 조정되어 종합을 이루고 있는 것 같습니다.

그런데 자기기만은 이 두 측면이 벌어짐으로써 차이를 드러내고 그러면서도 서로에게로 이관되는 묘한 방식으로 의식이 발동되는 것이라고 사르트르는 말하고 있습니다. 이에 관한 그의 설명을 들어 보기로 합시다. 사르트르는 자크 사르돈느(Jacques Chardonne, 1884~1968, 소설가)의 책 제목 '사랑, 그것은 사랑보다 훨씬 그 이상의 것이다'(*L'amour c'est beaucoup plus que l'amour*)[3]를 소재로 삼아, 그리고 거기에서 성

---

3) 인터넷을 찾아보니 이 책은 1937년에 출판되었고, 1941, 1957, 1992년에 계속 재출간된 소설입니다. 그리고 자크 샤르돈느는 엄청 많은 작품을 쓴 프랑스 소설가더군요.

립되는 '나는 나에 대해 너무나 크다'라는 언명을 소재로 삼아 이렇게 말합니다.

여기에서 현사실성 속에서의 현재의 사랑과 초월로서의 사랑 간에 통일성이 어떻게 형성되는가를 본다. 현사실성에서 출발하면, 현재를 넘어서서, 인간의 사실적인 조건을 넘어서서, 심리학적인 것을 넘어서서, 갑자기 자신이 형이상학적인 충만 속에 있음을 발견하게 된다. 그 반대로, …… '나는 나에 대해 너무 크다'라는 제목은 처음에는 우리를 충만한 초월 속으로 던져 넣고서는 이어서 우리를 갑자기 우리의 사실적인 본질이 지니는 좁은 한계 속에 가두어 놓는다. …… 여기에서 소중한 것은 이 두 가지 다른 공식이 끊임없는 분열 상태에 머물 수 있도록 구축되어 있음으로써 자연구속적인 현재(le présent naturaliste)에서 초월(la transcendance)로 계속해서 미끄러져 들어갈 수 있고, 그 반대 방향으로도 미끄러져 들어갈 수 있도록 한다는 것이다.(91/161)

현사실성과 초월의 통일성은 위에서 말한, 양쪽을 조정하여 종합적으로 극복하는 것과 다른 것입니다. 이 인용문을 보면 잘 알 수 있듯이, 사르트르가 말하는 통일성은 양쪽이 떼려야 뗄 수 없이 서로 자신 속에 붙어 있으면서 교환될 수 있는 상태를 말합니다. 그리고 이는 오늘 강의 맨 앞에서 애써 도식화해 보았던 의식의 통일성 구조와 연결되는 것이지요. 이는 어느 한 곳에 머물 수 없이 양방향으로 끊임없이 미끄러져 들어가는 통일성입니다. 아무튼 '현사실성과 초월 간의 끊임없는 미끄러져 들어감'은 바로 자기기만의 핵심 구조입니다. 자기기만에는 당연히 애매함이 성립할 수밖에 없습니다. 사르트르는 이를 이렇게 요약합니다.

자기기만에서 필연적인 애매함은 내가 사물의 존재양식을 띠고서 내가 나의 초월이라는(je *suis* ma transcendance) 것을 긍정하는 데서 온다. (92/161)

제법 복잡합니다. 인간이란 존재가 본래 기기묘묘할 정도로 복잡하다 보니까 그런 것입니다만, 막상 치고 들어가 분석하려니 만만찮은 것이지요. 이제 그녀는 그녀의 욕망 속에서 오로지 초월만을 보고자 함으로써 욕망을 정화하는 셈이지만, 욕망이 자신을 붙들고 있기 때문에 그러한 정화된 욕망을 '마음 놓고 동시에(혹은) 불안하게' 즐기는 것이지요. 그리고 '나는 나에 대해 너무나 크다'라는 생각은 '나는……하다'라는 현사실성 속에 '너무나 크다'라는 초월을 간직함으로써 '현사실성으로 바뀐 초월'을 보여 줍니다. 그럼으로써 나의 실패나 허약성에 대해 변명할 수 있는 무한정한 여지가 생긴다고 사르트르는 말합니다.

그런데 초월이 현사실성으로 바뀌었다고 해서 곧이곧대로 현사실성으로 되어 버린 것이 아니라 여전히 초월 상태이긴 한 것이지요. 말 그대로 애매한 상태입니다. 이를 사르트르는 '준안정 상태의 '초월-현사실성'' (*métastable《transcendance-facticité》*)이라고 부릅니다.

그러면서 이것만이 자기기만이 활용하는 도구는 아니라고, 다음에 상세하게 논구할 기회가 있다고 말하면서 '대자존재'와 '대타존재' 간에 서로에게로 끊임없이 분해해 들어가는 종합과 서로에게로 끊임없이 탈주하는 놀이가 활용되고 있다고 말합니다. 내가 보는 나의 모습과 타인이 보는 나의 모습이 다르다는 이야기가 아니라, 이 양자가 마치 현사실성과 초월처럼 서로에게로 미끄러져 들어간다는 것이지요.

그뿐만 아니라, 그녀가 '세계-한복판의-존재'(*être-au-milieu-du-*

monde)를 활용함으로써 '세계-내-존재'(*être-dans-le-monde*)를 방기하고 있음을 말하기도 합니다. 전자는 하이데거가 말하는 'Innerhalb-der-Welt-sein'을 번역한 것이라 할 수 있겠는데, 이는 그야말로 세계 속에 즉자적으로 붙박혀 있는 것이라 할 수 있습니다. 그리고 후자는 물론 하이데거가 인간 현존재의 기본적인 존재방식을 지칭하는 'In-der-Welt-sein'으로서 자신의 고유한 가능성들을 향해 세계 너머로 자신을 기획투사함으로써 세계를 있게끔 할 수 있는 존재를 이야기합니다.

또 현재·미래·과거라고 하는 시간적인 세 가지 탈자태의 무화하는 애매성에 근거한 혼란된 종합을 운위하면서, 이 종합 속에서 "이제껏 그래 왔던 나인 것"(*que je suis ce que j'ai été*)과 "이제껏 그래 왔던 내가 아닌 것"(*que je ne suis pas ce que j'ai été*)이 동시에 긍정된다는 사실을 지적하기도 합니다. 이제까지 그러했던 나는 현사실성에 해당할 것이고, 이제까지 그러했던 내가 아닌 나는 초월에 해당될 것입니다. 이 부분도 나중에 구체적으로 논구될 것입니다.

자, 아무튼 이런저런 중요 개념들을 더불어 제시한 뒤, 사르트르는 어쨌든 중요한 사실은 다음의 것이라고 압축해서 말합니다.

> 문제는 인간실재를, 그러하지 않은 그것이면서 그러한 것이 아닌 것인 존재로 구성하는 것이다(il s'agit de constituer la réalité-humanine comme un être qui est ce qu'il n'est pas et qui n'est pas ce qu'il est). (93/163)

여기에서는 인간실재에 대한 이야기인 것으로 되어 있습니다만, 이것은 바로 자기기만의 기본적인 구조이고, 또한 의식의 기본적인 구조이지요. 그러니까 사르트르는 자기기만·의식·인간실재가 그 구조적인 성격에 있어서는 동일한 것임을 염두에 두고 있다 하겠습니다. 지금 여기에서 추출해 낼 수 있는 사르트르의 명제, 즉 '인간은 **그러하지 않은 것이면서 그러한 것이 아닌 존재다**'라는 명제는 어쩌면 그의 철학 전체를 관통하는 핵심 명제입니다. 이를 정확하게 이해할 뿐만 아니라 우리 자신에게서 여실히 직관해서 느낀다면, 사르트르의 철학에 이미 깊숙이 발을 들여놓은 것이라 할 수 있습니다.

그런데 사르트르는 '자기기만'을 더욱 섬세하게 분석하기 위해 이와 대립되는 것으로 여겨지는 '진솔함'(sincérité)을 분석하고자 합니다. 진솔함의 규준은 무엇입니까? 있는 모습 그대로를 생각하고, 있는 것 그대로를 남에게 보여 주는 것이겠지요. 이 대목에서 사르트르가 문제 삼는 것은 이렇게 표현됩니다.

진솔함의 규준은 그저 인식함의 이상을 정립하는 것이 아니라 **존재적인 이상**(idéal *d'être*)을 정립하는 것이다. 그것은 우리에게 존재와 존재의 원형으로서의 존재 자체 간의 절대적인 일치를 제시한다. 이런 의미에서, 우리는 바로 우리인 우리**이도록** 해야 한다. 그러나 만약 우리가 바로 우리인 우리가 되어야 할 항상적인 의무를 가지고 있다면, 만약 우리가 바로 우리인 우리가 되어야 한다는 존재양식을 통해 존재한다면, 그때 도대체 **우리는** 무엇인가?(93~94/163~164)

내가 바로 나인 내 자신이어야 한다고 할 때, 정말이지 바로 나인 내 자신이 무엇인지를 어떻게든 의식해야 그것과 일치되도록 노력이라도 할 수 있을 것 아닌가 하는 이야깁니다. 거기에 진솔함의 규준이 성립하고 있다는 것이지요. 사르트르는 이에 관련된 몇 가지 예들을 들추어냅니다. '카페 보이 이야기'를 중심으로 해서 '식료품상 이야기'라든지 '사병 이야기'라든지 하는 것을 제시합니다. 핵심 대목만을 보기로 합니다.

카페 보이는 자신의 움직임들(mouvements)을 마치 서로 명령을 내려 작동하는 기계 장치처럼 연결하는 데 열중한다. 그의 몸짓과 목소리조차 기계 장치들 같아 보인다. 그는 자신에게 신속성과 사물들의 냉혹한 민첩성을 준다. 그는 연기하고, 그는 즐긴다. 그런데 도대체 그는 무엇을 연기하는가? …… 그는 카페 보이임을 연기하고 있다.

…… 식료품상이 멍하게 꿈을 꾸고 있다면, 그는 손님에게 공격적인 셈이다. 그런 그는 더 이상 전연 식료품상이 아니기 때문이다. 예의상 그는 식료품상으로서의 기능을 계속해야 한다. 그때 그는 차렷 자세를 취하고 있는 병사가 자신을, 똑바르게 정면을 쳐다보고 있으나 아무것도 보지 않는 사물-병사로 만드는 것과 같다. 그의 시선은 보기 위해서 만들어진 것이 아니다. 그의 시선을 고정해야 하는 지점을 결정하는 것은 규칙("시선은 10보 앞으로 고정할 것!")이지 그 순간의 관심이 아니기 때문이다.

…… [카페 보이로서] 내가 실현하고자 하는 것은 카페 보이의 즉자존재다. 마치 [카페 보이라는] 신분상의 의무들에 대해 그 가치와 중요성을 부여하는 것이 나의 능력에 있지 않은 것처럼, 마치 매일 아침 다섯 시에 깰 것인가 아니면 해고될 것을 무릅쓰고 침대에 누워 마음껏 잠을 잘 것인가 하는 것을 결정하는 것이 나의 자유로운 선택이 아닌 것처럼. …… 그러나 내가 카페 보이라 할지라도, 그것이 즉자적인 존재양식으로 그럴 수는 없다. [그때] 나는 [지금의] 내가 아닌 **그것임**(*d'être ce que* *je ne suis pas*)이라는 양식을 띤다.(94~95/164~166)

 SBS에서 하는 「생활의 달인」이 갑자기 떠오르는군요. 무슨 말인지 그다지 어렵지는 않습니다. 다만, 마지막 두 줄의 문장을 어떻게 해석할 것인가가 핵심입니다.

 직업적인 신분상 주어진 조건들에 딱 맞게 자신을 빈틈없이 돌아가는 기계처럼 행동하는 상황입니다. 카페 보이의 즉자존재는 있어도 카페 보이의 대자존재는 없습니다. 조금 심하게 말하면, 카페 보이인 '나'의 대자존재는 있을 수 있지만, '카페 보이'인 나의 대자존재는 없다는 이야깁니다. 하지만 카페 보이는 카페 보이이기만 한 것은 아닙니다. 카페 보이도 얼마든지 그 직업 신분에 따른 의무들과 함께 각종 권리들을 갖고 있지요. 그 권리들 중의 하나는 카페 보이 일을 관두는 것입니다. 중요한 사실은 카페 보이인 '나'는 '카페 보이'가 아닌 자로 존재한다는 사실입니다. 카페 보이는 지금의 나입니다(ce que je suis). 그러니까 나는 '[지금의] 내가 아닌 그것임'이라는 존재양식을 띤다는 것입니다.

 이런 사르트르의 지적을 요약을 하면, '나는 **지금의 내가 아니다**'라는 명제로 압축됩니다. 그런데 어떻습니까? 항상 언제든지 실제로 나는 지금의 나로서 존재합니다. 지금 우리는 강의를 듣고 강의를 하는 '나'로서 존재합니다. 강의가 끝나고 나면 우리는 집으로 돌아가고 있는 '나'로서 존재할 것입니다. 우리는 이제까지 언제 어디서든 그때로서는 '지금의 나'로서 살아왔지요. 그러니까 '지금의 나'를 탄생하면서부터 지금까지 살아온 인생의 시간을 조건으로 적분을 하면 어떻게 됩니까? '지금의 나'를 현사실성이라 할 때, 나의 현사실성의 총체가 성립되는 것이지요. 이를 감안하면, '이제까지 살아온 나의 전체를 합쳐도 그것은 내가 아니다'

라는 새로운 명제가 나오는 것이지요. 그런가 하면, 미래의 '지금의 나'들을 다 합쳐도 마찬가지일 것입니다. 그래서 '이제까지 살아온 나의 전체와 앞으로 살아갈 나의 전체를 다 합쳐도 그것은 내가 아니다'라는 새로운 명제가 나옵니다.

그렇다면 실제의 나를 다 합쳐도 내가 아니라 할 때, 그 나는 도대체 어떤 나이며, 어떤 존재방식을 띠는 것일까요? 이 물음은 일단 물음으로만 남겨 두고 사르트르의 이야기를 더 들어 봅시다. 이번에는 '슬퍼하는 자의 이야기'입니다. 이는 사회적인 관계 속에 처해 있다 보니까 그런 문제가 생기는 것 아닌가 하는 의구심에 응답하기 위한 것입니다. 사회적인 관계를 벗어나 내가 나 자신과만 관계를 맺는 경우에도 그런 문제가 있다는 것을 보이기 위한 것입니다.

오로지 나에게만 관련되는 존재양식이 있다. '나는 슬프다'라는 것이 그것이다. 나인 이 슬픔은 나인 그것임이라는 양식을 띠지 않는가? 그것은 나의 행위들 전체를 끌어모으고 혼을 불어넣게 하는 지향적인 통일태가 아니고 무엇인가? 그것은 내가 세계에 던지는 흐릿한 시선, 굽은 두 어깨, 숙인 머리, 내 몸 전체의 무기력함 등의 의미이다. 그러나 내가 [슬픔에 의거한] 이러한 행위들 하나하나를 취하는 바로 그 순간에, 나는 내가 그러한 행위를 취하지 않을 수도 있다는 것을 전혀 모르는가? ······ 사실, 슬픔으로 감응되는 의식은 바로 그렇게 슬픔으로 감응된다는 사실 때문에 슬픈 것이다. 그러나 이는 의식의 본성에 대해 잘못 이해하는 것이다. 슬픈–상태임은, 내가 나의 친구에게 이 책을 줄 수 있듯이 내가 나에게 주는 하나의 기성(旣成)의 존재가 아니다. 나는 **존재적으로 나를 감응시키기 위한 성질을 지니고 있지 않다. ······ 슬픔의 즉자존재는 끊임없이 슬퍼함(에 대한) 나의 의식에 붙어 다닌다. 그러나 그것은 내가 실현할 수 없는 가치로서 그리고 내 슬픔을 조종하는 의미로서 붙어 다니는 것이지, 내 슬픔의 구성적 양상으로서 붙어 다니는 것이 아니다.(95~96/166~167)

슬퍼하고 있는 나는 바로 나 자신이 아니겠는가 하는 물음을 던집니다. 그러니까 그렇게 되면 '지금의 내가 아닌 나'가 붕괴되고 '지금의 나인 나'가 성립하는 것 아니겠는가 하는 물음인 거지요. 그런데 슬퍼하는 나는 내 몸 전체를 통해 내 슬픔을 표현하고 있지만, 언제든지 예컨대 슬픔을 보여서는 안 되는 어떤 사람이 내 앞에 나타나면 나는 슬퍼하는 모습을 얼마든지 중지할 수 있습니다. 저 앞 서설에서 사르트르는 쾌락은 곧 쾌락(에 대한) 의식이라고 했습니다. 그런데 여기에서는 갑자기 '슬픔의 즉자존재'가 '슬픔(에 대한) 의식'에 붙어 다닌다고 말하고 있습니다. 그러니까 '슬픔(에 대한) 의식', 즉 슬픔과 슬픔의 즉자존재는 다르다고 보아야 할 것 같습니다. 슬픔은 그럴 수 없지만, 슬픔의 즉자존재는 슬픔(에 대한) 의식으로부터 떨어져 나갈 수 있는 것인 양 말하기 때문입니다.

그런데 슬픔의 즉자존재가 내가 실현할 수 없는 것이고 오히려 내 슬픔을 조정하는 의미(방향)라고 말하는 대목이 어렵습니다. 아무리 봐도 슬픔의 즉자존재는 슬퍼하는 내가 남들이 볼 때 객관적으로 드러나는 내 모습인 것 같은데요. 그렇게 되면 슬픔의 즉자존재가 슬픔(에 대한) 의식으로부터 떨어져 나간다 해도 슬픔(에 대한) 의식, 즉 슬픔이 사라지는 것은 아닌 것 같습니다. 그래서 이제 사르트르는 나와 타인 간의 관계에서 의식의 존재양식이 어떻게 되는가를 보여 줍니다. 이 대목은 상당히 중요하기 때문에 다소 길게 인용하도록 하겠습니다.

어떤 방식으로 보면, 나의 의식이 **존재한다**는 것은 사실이다. 즉, 만약 의식이 있다는 것을 의식이 다른 사람에 대해 판단을 내릴 수 있는 그런 존재적인 총체의 부분을 형성한다는 것으로 이해한다면, 나의 의식이 **존재한다**는 것은 사실이다. 그러나 후설이 잘 밝힌 것처럼, 나의 의식은 본래 다른 사람에게 부재로서 나타난다는 것을 알아두어야 한다. 나의 의식은 항상 나의 모든 태도들과 나의 모든 행위들의 의미로서 현전하는 대상이다. 그리고 나의 의식은 항상 하나의 부재하는 대상이다. 왜냐하면 나의 의식은 다른 사람의 직관에 영구적인 물음으로서, 더 정확하게 말하자면, 영구적인 자유로서 주어지기 때문이다.

피에르가 나를 쳐다볼 때, 나는 그가 나를 쳐다본다는 것을 틀림없이 안다. 그의 두 눈――세계의 사물들임――은 내 몸――세계의 사물임――여기에서 내 몸은 "그것은 **존재한다**"라고 내가 말할 수 있는 객관적인 사실이다. 그러나 이 사실은 또한 **세계에 속한** 하나의 사실이다. [피에르의] 시선의 의미는 존재하지 않는다. 그 시선은 나를 거북하게 할 뿐이다. 내가 무엇을 하건 간에, 미소를 짓거나 약속을 하거나 위협을 하거나 간에, 그 시선은 나를 거북하게 할 뿐이다―― 에 고정되어 있다. 내가 [피에르에게] 요청하는 [그의] 승인, 즉 [그의] 자유로운 판단을 따로 **분리해** 낼 수는 없다. 나는 그 자유로운 판단이 항상 저 너머에 있다는 것을 안다. 나는 나의 행위들 자체에서 그 자유로운 판단을 느낀다. [이때] 이 나의 행위들 자체는 사물들에 관련하여 그것들이 유지하는 **제작자**의 성격을 더 이상 갖지 않으며, 내가 나의 행위들 자체를 타인에 결부시키는 한에 있어서 내 자신에 대해서는 이미 단순한 **제시들**에 불과하다. 그리고 이 나의 행위들 자체는, 유발하고자 하는 나의 모든 노력 너머에 늘 있는 하나의 파악[즉 피에르의 파악]에 의해 우아하다거나 무뚝뚝하고 성실하다거나 불성실하다거나 한 것으로 구성되기를 대기하고 있을 뿐이다. [피에르의] 이 파악은, 파악 그것이 자신의 힘을 파악 그것-자체에서부터 나의 노력들에게 빌려 주지 않는 한, 나의 노력들에 의해 결코 유발될 수 없을 것이다. 그리고 이 파악은 그것이 바깥에서부터 유발되는 한에서만 존재하고, **초월적인 것과 자기 자신을 매개하는 자로서 존재한다.** 그래서 타인의 의식이 지닌 즉자존재의 객관적인 사실은 정립되자마자 부정성과 자유 속으로 소실된다. 타인의 의식은 그렇지 않은 것으로서(존재하지 않는 것으로서, comme n'étant pas) 있다. 타인의 의식이 갖는 '지금'과 '여기'의 즉자존재는 존재하지 않음에 해당한다.

타인의 의식은 타인의 의식 그것이 아닌 것이다.

그뿐만 아니라 나 자신의 의식은 그 존재에 있어서 타인의 의식과 마찬가지로 나에게 나타나지 않는다. 나 자신의 의식은 그것이 자신을 만들기 때문에 존재한다. 그것은 나 자신의 의식의 존재가 존재 의식이기 때문이다. 그런데 이는 [내 의식에 있어서] 만듦(faire)이 존재함을 지탱한다는 것을 의미한다. 의식은 자기 자신의 존재여야 한다. 의식은 결코 존재에 의해 지탱되지 않는다. [오히려] 의식은 주체성의 와중에서 존재를 지탱한다. 이는 또 의식에 존재가 거주하고 있지만 의식이 결코 존재가 아니라는 것을 의미한다. **[나의] 의식은 [나의] 의식 그것인 것으로 있지 않다.**(96~97/167~169)

정말 길게 인용했습니다. 내용이 상당히 까다롭습니다. 하지만 결국 "**[나의] 의식은 [나의] 의식 그것인 것으로 있지 않다**"라는 명제와 "**타인의 의식은 타인의 의식 그것이 아닌 것이다**"라는 명제를 추출해 내기 위한 것이라는 것은 확 눈에 띄는군요. 그런데 이러한 결론은 어떤 과정을 거쳐 나온 것인가요? 인용문을 잘 살펴봐야 하겠습니다.

　나의 의식이 타인에게 부재로서 나타난다는 것, 나의 의식이 타인에게 나의 태도들과 행위들의 의미로 나타난다는 것, 그리고 나의 의식이 타인에게 [그 타인이 어찌할 수 없는] 영구적인 자유로서 나타난다는 것을 말하고 있습니다. 이는 타인의 의식 역시 나에 대해 그러하다는 것을 말해 줍니다. 타인에 대해 나는 타인이기 때문입니다. 나에게서 타인의 의식이 어떻게 나타나는가를 보이기 위한 것이 피에르 이야깁니다.

　피에르와 나의 만남을 이야기합니다. 나는 피에르에게 무언가 승인을 받아야 하는 처지에 놓여 있습니다. 피에르가 그의 두 눈으로 나[의 몸]를 쳐다봅니다. 이를 통해 나는 피에르가 지금 거기에 있다는 것을 압니다. 하지만 그의 두 눈과 그가 보고 있는 나의 몸은 세계에 속한 사물들입니다. 그리고 나의 몸이 여기에 있고, 그의 몸이 지금 거기에 있다는 것 또한 세계에 속한 사실입니다. 문제는 피에르의 시선이 나를 거북하게 한다는 것입니다. 나를 거북하게 하는 피에르의 시선은 나의 행위들을 바라보고 있습니다. 그리고 나의 행위들은 나를 거북하게 만드는 피에르의 시선에 걸려 있습니다. 그래서 나의 행위들은 그의 시선 너머에 있는 피에르의 자유로운 판단과 관련해서 성립합니다. 피에르는 그의 자유로운 판단에 의해 나를 파악합니다. 그러나 그의 자유로운 판단과 파악 자체는 나에게 나타나지 않습니다. 다만, 나의 행위들을 통해 간접적으로 나에게 전달될 뿐이지요. 그러면서 나의 행위들과 노력들에 대한 피에르의 파악은 나의 행위들과 노력들을 규정합니다. 이를 사르트르는 나에 대한 피에르의 파악이 그 자신의 힘을 나의 노력들에 빌려 준다고 말하고 있습니다. 그래서 내가 나의 행위들과 노력들을 바탕으로 해서 나에 대한 그의 파악을 간접적으로나마 피에르가 내보이는 객관적인 사실 저 너머에 있는 것으로 의식하게 된다는 것이지요.

그런데 피에르에게서 발원하는 바 나의 행위들에 대한 이 파악은 피에르가 나에 대해 지니는 의식을 즉자적으로 나타내 주는 객관적인 사실인 양 지칭되고 있습니다. 우리가 슬퍼하는 사람의 행위를 볼 때, 그 자신의 슬픔(에 대한) 그 사람의 의식은 나타나지 않지만, 그 사람이 슬퍼한다는 것을 우리는 알 수 있습니다. 그것은 그 사람의 슬픔의 즉자존재, 말하자면 그 사람의 의식의 즉자존재가 우리에게 나타나기 때문이지요. 그렇듯이 피에르의 시선은, 그의 의식이 나의 행위들을 파악하는 **의식임**은 우리가 알 수 없지만, 그의 의식이 나의 행위들을 파악한다는 것은 알 수 있도록 합니다. 그것은 나의 행위들을 파악하는 피에르의 의식의 즉자존재가 나타나기 때문입니다.

그런데, 나의 행위들에 대한 피에르의 파악은 나의 행위라고 하는, 피에르의 의식에서 볼 때 바깥에서 유발되는 것인 한에서만 성립하고 존재합니다. 그런 점에서 나의 행위들에 대한 피에르의 파악은 나의 행위라고 하는 초월적인 것을 피에르의 의식에게 매개해 주는 것이라 할 수 있습니다. 자, 여기서 나의 행위를 파악하는 피에르의 의식 자체는 나에게 나타나지 않고 나의 행위에 대한 피에르의 파악만이 나타나는데, 이때 나에게 나타난 피에르의 파악은 피에르의 의식의 즉자존재라 했습니다. 그런데 이 피에르의 파악은 초월적인 것인 나의 행위들과 나의 행위들에 대한 피에르의 의식을 매개해 줌과 동시에 사라지는 것입니다. 피에르의 의식은 나에게 전혀 나타나지 않을뿐더러 세계에 속한 피에르의 두 눈과 시선을 넘어서는 것이기 때문에 부정과 자유라고 할 수 있는 것이고요. 그래서 피에르의 의식의 즉자존재, 즉 나에 대한 피에르의 파악은 부정과 자유 속으로 소실되는 것입니다. 그 결과 나는 피에르의 의식이 나의 행위들을 파악하는 의식이라고 생각하게 되는 것이지요. 이에 피에르 즉 타인의 의식은 자신의 '지금·여기'라는 존재조건을 지닌 즉자존재가 아닌 것으로 있는 것이지요(하지만 유의해야 할 것은 타인의 의식이란 어디까지나 내가 그를 대하는 한에 있어서의 의식이라는 사실입니다).

그래서 "타인의 의식은 타인의 의식 그것이 아닌 것이다"라는 명제가 도출되는 것입니다. 타인의 의식에 대한 이런 정의는 인간실재에 대한 사르트르의 일반적 명제 즉, "나는 나인 것이 아님이라는 양식을 띰과 동시에 나는 나가 아닌 것임이라는 양식을 띤다"라는 것과 직결됩니다.

이를 바탕으로 해서 나의 의식에 관한 이야기로 넘어갑니다. 나의 의식에 관한 이야기는 묘한 방식으로 타인의 의식에 반대되는 것 같기도 하고 일치되는 것 같기도 한 것으로 되어 있습니다. "**[나의] 의식은 [나의] 의식 그것인 것으로 있지 않다**"로 되어 있지요. 나의 의식은 내가 의식할 수 있는 것인가요? 나의 의식은 내 몸이나 나의 태도 및 행위를 통하지 않고서도 나에게 나타날 수 있는 것인가요? 아무튼 나의 의식이 타인의 의식이 나타나는 것과는 다르게 나타난다는 것만은 분명하지요. 말하자면 나의 의식은 나에게 매개를 필요로 하지 않는다는 이야깁니다. 이러한 사르트르의 주장에 물론 무조건 동의할 수 있는 것은 결코 아닙니다. 의식은 스스로를 만든다고 하는데, 의식이 괜히 그야말로 우연히 스스로를 만든다고 볼 수만은 없기 때문입니다. 인용문에서 우리는 '의식은 존재가 아니다'라는 명제를 추출해 낼 수 있지요. 이때 존재를 즉자존재로 보면, '의식은 즉자존재가 아니다'라는 명제로 바뀌겠지요.

그건 그렇게 일단 놓아두고 그 앞에 있는, "나 자신의 의식의 존재는 존재 의식이다"라고 하는 명제를 따져 보아야 합니다. '존재 의식'으로 번역한 'conscience d'être'는 '존재적인 의식'이라고 달리 번역할 수도 있습니다. 다만, 이를 '존재의 의식'이라고 번역해 놓고서 여기에서 '……의'라고 하는 우리말 조사를 '……에 대한'이라고 해석하면 안 됩니다. 그렇게 되면 의식의 존재가 의식과 분리되어 따로 존재하는 것이 되고, 그 의식의 존재가 어디에서 왔는가를 의식 바깥에서 찾아야 하기 때문입니다. 이런 입장을 사르트르는 용납하지 않는데요, 거기에 사르트르 의식론의 특징이 있습니다. 요컨대 의식은 자신의 존재와 분리되지 않지만, 자신의 존재를 오히려 만들어 낸다는 것이 사르트르 의식론의 핵심입니다.

뭔가가 먼저 있어야 그것이 만들어지든지 말든지 할 것 아닌가 하는 것이 흔히 생각할 수 있는 상식입니다. 그렇게 되면, 아무 짓도 안 하고 있는 의식이 있을 수도 있다는 이른바 실체론적인 의식 개념에 빠지게 되는데, 이를 거부하는 것이 후설에서부터 사르트르로 내려오는 현상학적인 의식론의 기본 입장입니다. 그렇다면 무슨 작용이든 작용하고 있는 의식만 존재한다고 할 수 있을 터인데, 이때 작용 즉 만듦이 먼저냐 아니면 있음 즉 존재가 먼저냐 하는 문제가 대두됩니다. 사르트르는 적어도 나의 의식에 있어서 작용(만듦)이 있음(존재)보다 먼저라고 봅니다. 그렇다면 다시, 존재보다 먼저인 [나의] 의식에 대해 뭐라고 정의를 할 수 있느냐 하는 문제가 나올 것인데, 이에 대해 사르트르는 "의식은 의식 그것인 것으로 있지 않다"라고 답변을 하고 있습니다.

어디에선가부터 지금까지 우리는 복잡한 타인의 의식과 나의 의식에 관한 이야기를 했습니다. 자, 그런데 사르트르가 왜 이 이야기를 시작했지요? 진솔함에 관한 이야기를 풀어 보려고 했기 때문이었습니다. 요컨대, 자기기만과 대립되는 진솔함은 불가능하고 진솔함 역시 자기기만의 한 방식이라는 것입니다.

'사람이 사람 그것인 것으로 있지 않음'(n'être pas ce qu'on est)이라는 근원적인 구조는 미리부터 즉자존재로 된다거나 '사람이 사람 그것인 것으로 있음'(être ce qu'on est)으로 되는 모든 일을 불가능하게 한다.(97/169)

진솔함에 대해 '사람이 사람 그것인 것으로 있음'이라고 정의했습니다. 그런데 의식의 근원적인 구조상 이는 불가능하다는 것이지요. 이를 이야기하기 위해 앞에서 그 복잡한 이야기를 했다는 것이 확연히 드러납니다. 원리상 불가능한 진솔함을 내가 추구한다고 할 때, 그것은 '카페 보이'의 경우에서처럼 나를 즉자존재인 사물로 만드는 것에 불과할 것이고, 남의 자기기만을 비난하고 나의 진솔함을 상찬하는 순간, 나는 그것이 근본적으로 실패로 돌아간다는 것을 이미 이해하고 있다는 것이 사르트르의 이야깁니다. 그러면서 중간 결론 비슷하게 이런 이야기를 합니다.

그래서 진솔함이란 정확하게 자기기만의 현상이 아니고 무엇이겠는가? 우리는 자기기만에서 인간실재에 대해, 그가 그 자신이 아닌 것으로 있으면서 그가 그 자신인 것으로 있지 않는 존재로서 구성하는 것이 중요하다는 것을 실제로 드러내지 않았는가?(98/170)

방금 위에서 살핀 의식의 근원적인 구조와 관련해서 보면, 이렇게 인간실재가 '자신이 아닌 것'으로 있으면서 '그 자신인 것'으로 있지 않다는 것은 곧바로 자기기만의 구조와 그대로 일치합니다.

그런데 이러한 진솔함에 대해 좀더 구체적인 이야기가 있을 법한데, 사르트르는 '게이 이야기'를 예로 듭니다. '게이 이야기'에는 게이가 있고 그를 게이라고 비난하면서 게이임을 고백하라고 강요하는 일종의 비판자가 있습니다. 요즘에는 동성애 문제가 상당히 부드러워졌습니다만, 사르트르가 이 책을 쓸 당시에는 제법 큰 문제였던 게 분명합니다. 게이였던 미셸 푸코가 내내 콤플렉스에 시달려야 했으니까요. 아무튼 이를 염두에 두면서 이야기를 들어 봅시다.

그에게 전가된 모든 사실들을 인정하면서도 그는 그러한 사실들로부터 자신에게 부과되는 귀결을 끌어내는 것을 거부한다. 그래서 그는 분명 우스울 정도로 자기기만의 인간이다. 그에게 아주 가혹한 비판자인 그의 친구는 그의 이중성에 대해 역정을 낸다. 이 비판자는 한 가지 일만을 요구한다. 그 요구가 충족되면 관용을 베풀 수 있다는 태도를 드러내 보인다. 그 요구란 이 죄스러운 인간이 자신이 죄스러운 자임을 인정해야 한다는 것이고, "나는 남색가다"라고 하면서 터놓고 고백해야 한다는 것이다. 여기에서 우리는 묻는다. 과연 누가 자기기만에 속하는가? 동성애자인가, 아니면 진술함의 대가(大家)인가?(98/170~171)

친구가 동성애자임을 인지한 자가 있는데, 하필이면 그는 스스로를 대단히 도덕적이라고 생각하고, 그뿐만 아니라 '죄악'에 대해 이중적인 태도를 취하면서 자기를 변명하는 것을 견딜 수 없어 하는 자로 설정되어 있습니다. 그런데 이 장면은 왠지 가톨릭에서 행하는 고해성사와 비슷한 것 같습니다. 솔직하게 고백하고 회개하면 관용을 베풀어 용서해 줄 수 있다는 식인 거죠. 그런데 이에 대해 사르트르는 과연 이 둘 중 누가 진정 자기기만자인가를 묻습니다. 그 대답이 궁금하지 않을 수 없습니다. 그런데 이 대답을 하기까지 사르트르가 전개하는 논리가 빠뜨릴 수 없이 촘촘하게 되어 있습니다. 길지만 어쩔 수 없이 인용해야 하겠습니다.

동성애자는 그의 모든 과오들을 인정한다. 그러나 그는 자신의 오류들이 그에게서 일종의 운명을 구성한다고 하는 강압적인 관점을 물리치기 위해 온 힘을 다해 투쟁한다. 그는 자신이 하나의 사물로서 취급당하는 것을 원치 않는다. 그는, 이 탁자가 탁자라거나 이 붉은 머리의 남자가 붉은 머리인 것과 같은 방식으로 동성애자가 동성애적인 것은 아니라고 하는 모호하지만 강력한 생각을 하고 있다. 그는 모든 과오를 정립하고 인정하자마자 그 모든 과오에서 벗어난다고 여긴다. 말하자면 그는 자신의 심리적인 [과정의] 지속 자체에 의해 자신이 모든 잘못으로부터 깨끗하게 세척되면서 자신에게서 비결정적인 미래가 구성되고 그럼으로써 새롭게 태어난다고 여긴다. 그의 이런 생각은 잘못된 것인가? 그는 그 스스로 인간실재의 특유하고 환원 불가능한 성격을 인정하지 않는가? 따라서 그의 태도는 진리에 대해 부정할 수 없는 이해를 내포하고 있다. 그러나 동시에 그는 살아나가기 위해 끊임없는 재생과 영속적인 탈출을 필요로 한다. 집단의 그 무서운 심판을 피하기 위해 그는 계속해서 안전지대에 있어야 한다. 그리고 보면, 그는 '⋯⋯이다'(être)라는 낱말을 희롱하고 있다. 만약 그가 "나는 남색가다"라는 말을 "나는 [현재] 나인 그러한 내가 아니다"라는 의미로 이해한다면, 사실 그는 정당할 것이다. 즉, 만약 그가 "일련의 행위들이 남색의 행위들로 정의(définition)되는 한에서, 그리고 내가 이러한 행위들을 해온 한에서, 나는 남색가다. [그러나] 인간실재가 행위들에 의거한 모든 정의로부터 벗어나는 한에서, 나는 남색가가 아니다"라는 선언을 한다면, 사실 그는 정당할 것이다. 그러나 그는 '……이다'라는 낱말을 또 다르게 받아들이는 쪽으로 교활하게 미끄러져 들어간다. 그는 '즉자로 ……가 아니다'라는 의미로 '……가 아니다'를 이해한다. 그는 이 탁자는 잉크병이 아니라고 하는 의미로 '남색가가 아니다'라고 선언한다. 그는 자기기만의 상태에 있다.(99/171)

사르트르는 자신이 주장하는 인간실재의 본질적인 진리를 활용하면서도 그러한 진리를 곧이곧대로 현실에 적용하기에는 결코 쉽지 않다는 것을 이 동성애자의 심리 상태를 원용해 간접적으로 말하고 있습니다. 그것은 동성애자가 인간실재로서의 자신은 본질적인 진리에 있어서 결코 그와 같은 즉자적인 사물이 될 수가 없다는 것을 알고서, 오히려 자신의 과거 행적을 "탁자는 탁자다"라는 식의 즉자적인 사물의 방식으로 정립하고 인정해 버림으로써, 자신이 흔히 정의되는 동성애자가 아니라고 강변할 수 있다는 것입니다.

중간에 "심리적인 [과정의] 지속" 운운하는 대목이 나오는데, 이는 저 앞에서 보았던 심리학적 결정론과 연결시켜 이해하면 좋겠습니다. 심리학적 결정론은 인간의 모든 행위들을 즉자적인 상태로 전락시키는 것이었으니까요. 여기에서 "심리적인 [과정의] 지속 자체에 의해"라는 대목은 '자신의 행위들을 즉자적인 것으로 처리함으로써'라는 것으로 바꿀 수 있을 것입니다. 그러니까 자신을 즉자적인 방식으로 동성애자로 정립하고 인정할 수 있다는 것이며, 그러자마자 결코 즉자적일 수 없는 자신의 의식으로서 이를 초월해서 비결정적인 미래, 즉 동성애자가 아닌 자신으로 재탄생한다는 것이지요.

저 앞에서 사르트르가 "자기기만에서 필연적인 애매함은 내가 사물의 존재양식을 띠고서 나의 초월이라는 것을 긍정하는 데서 온다"(92/161)라는 말을 한 것을 기억했으면 합니다. 아울러 "문제는 인간실재를, 그러하지 않은 그것이면서 그러한 것이 아닌 것인 존재로 구성하는 것이다"(93/163)라고 말한 것을 기억했으면 합니다.

이를 원용해서 보면 여기에서 동성애자는, 마치 카페보이가 자신이 즉자적으로 카페보이이면서 대자적으로는 자신의 카페보이임은 넘어선다고 여기는 것처럼, 자신이 동성애자임을 사물의 존재양식에다 밀어붙이면서 자신이 그러한 즉자적인 존재양식을 초월해 있는 존재이기 때문에 자신이 동성애자가 아님을 강변하는 셈입니다. 그런데 사르트르의 이야기는 동성애자가 이러한 생각을 바탕으로 "나는 남색가가 아니다"라는 말을 했다면 정당한데, 그는 마치 자기가 동성애자가 아니라는 사실을 "이 책상은 잉크병이 아니다"라는 방식으로, 즉 즉자적인 관계에 머물러 있으면서도 자신이 남색가가 아니라고 하기 때문에 정당하지 못하다는 것입니다. 그런데, 사실 그가 "나는 남색가가 아니다"라고 말할 수 있는 근거는 그러한 초월에 있다는 것입니다. 그러니까 그는 결국 즉자적인 존재방식으로 자신이 남색가가 아님을 말하고 있지만, 실상은 초월의 방식으로 그런 말을 한다는 것이지요. 그러니까 결론적으로 자기기만의 상태에 있다는 것입니다.

자, 이렇게 해놓고서 사르트르는 분석 목표의 방향을 비판자인 친구에게로 돌립니다. 그러고는 비판자는 인간이 초월을 통해 스스로의 자유를 확보할 수 있다는 것을 잘 알고 있고 이를 위해 동성애자인 친구에게 동성애자임을 고백하라고 다그친다는 것입니다. 그 심보를 이렇게 파고 듭니다.

그 남자가 자기가 동성애자임을 인정한다는 것은 그가 그렇다고 인정하는 동성애자와 더 이상 **동일한 자**(*le même*)가 아님을, 그리고 그가 자유와 선의의 영역으로 탈출하게 되리라는 것을 의미하지 않겠는가? 그러므로 비판자는 동성애자에게 더 이상 그인 그것이지 않도록 하기 위해 그인 그것이기를 요구한다. …… 비판자는 죄인을 정확하게 더 이상 사물로 취급하지 않기 위해 죄인에게 그 스스로를 하나의 사물로 구성할 것을 요구하는 것이다. 그런데 이 모순이 바로 진솔함 요구의 구성 요소다.(99/172)

이 부분은 그다지 어려운 것은 아닙니다. 일단 중요한 것은 비판자가 동성애자에게 동성애자 스스로 자신을 하나의 사물로 구성할 것을 요구한다는 사실입니다. 그러한 요구의 근거는 "그렇게 해야만 네가 사물 상태에서 벗어날 수 있다"라는 것이지요. 분명 모순이지요. 그런데 이 모순이야말로 바로 진솔함의 요구를 형성한다는 것인데, 여기에서 어떤 새로운 이야기가 나올지 기대해 봅니다. 사르트르는 이 이야기가 헤겔의 주인과 노예의 변증법에 해당하는 문제임을 지적하는데요. 일단 이야기를 들어 봅시다.

비판자가 그의 희생자[즉 희생물을 바치는 자]에게 요구하는 것은 스스로를 사물로서 구성하라는 것이고, 희생자가 그의 자유를 마치 봉지(封地)를 양도하듯 비판자 자신에게 양도하라는 것이고, 그러고 나면 비판자 자기가, 마치 봉건군주가 그를 신봉하는 신하에게 그러듯이, 그 희생자에게 자유를 되돌려 주겠다는 것이다. 진솔함의 대가가 [희생자를] 판단한다고 주장하면서 [사실은] 자기 자신을 안심시키고자 하는 한에서, 그가 [희생자의] 자유에 대해 그것이 자유인 채 사물로서 구성되기를 요구하는 한에서, 그는 자기기만의 상태에 있다.(99~100/172)

비판자는 왜 동성애자임을 고백하라고 하나요? 비판자는 왜 동성애자가 사물로 되기를 요구하나요? 그럼으로써 비판자는 일단은 동성애자에게서 자유를 양도받고자 합니다. 왜? 동성애자가 자유를 지니고 있는한, 자신의 자유가 위태롭기 때문입니다. 그래서 자유를 양도받은 뒤 그자유를 마치 특별한 대가인 양 되돌려 주는 형태를 취합니다. 하지만 동성애자가 되돌려 받은 그 자유는 이미 왜곡된 것이 아닐 수 없습니다. 이상황을 진술함의 대가인 비판자를 중심으로 해서 보면, 타인 즉 자신의희생자인 동성애자에 대해 자기기만, 즉 자유를 그대로 유지하면서 그자유를 사물로서 구성할 것을 요구하는 모순을 수행하는 것이지요.

그런데 동성애자와 비판자에 관한 이야기는 타인과의 관계 속에서나타나는 진술함에 관한 이야기입니다. 이제 사르트르는 진술함을 내세우는 비판자의 경우, 비판자 그 자신에게 있어서 과연 진술함이 어떤 구조로 성립하는가를 보여 주고자 합니다.

자기가 악인이라고 고백하는 인간은 자신의 불안정한 '악을-위한-자유'(liberté-pour-le-mal)를 악인으로서의 무기적인(inanimé) 성격과바꾼다. 그는 악하다. 그는 자기에게 점착되어 있다. 그는 그인 그것이다. 그러나 동시에 그는 이러한 사물로부터 벗어난다. 그는 그 사물을관조하는 자이기 때문에, [그럼으로써] 그 사물을 자신의 시선 아래 둘수도 있고 그 사물을 무너뜨려 특정한 무한한 작용들로 해체시킬 수도있기 때문이다. 그는 자신의 진술함으로부터 미덕을 끄집어낸다. 그리고 미덕을 지닌 인간은 악인이 아니다. 그가 악인인 한에서 악인이 아니고, 그런가 하면 그가 자신의 악함을 넘어서 있는 한에서 그는 악인이 아니다.

동시에 악함은 무기력해진다. 만약 그것이 결정론의 판면 위에 있지 않다면 즉 내가 악함을 고백함으로써 내가 악함과 대면하고 있는 나의 자유를 정립한다면, 악함은 아무것도 아니기 때문이다. [그 결과] 나의 미래는 처녀지(處女地)가 되고, 모든 일이 나에게 허용된다. 그래서 진솔함의 본질적인 구조는 자기기만의 본질적인 구조와 다르지 않다. 진솔한 인간은 **그렇게 되지 않기** 위해 있는 자로 자신을 구성하기 때문이다.(100/173)

여기에서 전개되는 진솔함의 이야기는 마치 동성애자가 자신을 동성애자로 인정함으로써 동성애자임으로부터 벗어난다는 이야기와 동일한 것 같습니다. 다만, 비판자의 요구가 빠진 것이지요. 선악을 둘러싼 인간 삶의 문제는 사회적인 관계를 형성하는 데 핵심인 것 같습니다. 예수가 "죄 없는 자는 나서서 돌로 치라"라고 한 것을 죄 없는 자는 아무도 없다는 이른바 '원죄' 이론으로 활용하기도 하지요. '자수하여 광명 찾자!'라는 구호가 한때 대한민국을 휩쓴 적이 있습니다. 그런데 기독교에서는 '회개'가 구원을 위한 필수 과정입니다. 진술하고 신실하고 성실한 자의 존재방식이란 처음부터 죄가 없다는 것이 아니라, 죄가 있는데 그 죄를 있는 그대로 고백함으로써 성립한다는 것이 여기 사르트르가 보고 있는 진솔함의 개념입니다.

그때 과연 진솔함이 성립하는 본질적인 구조가 뭐냐 하는 것이지요. 그 결론은 '자기가 그렇게 되지 않기 위해 있는 자로 자신을 구성함'입니다. 악인이지 않기 위해 악인으로 있다는 것이지요. 조금 묘하게 말하면, 처음부터 전혀 악인이 아니면 진솔할 수도 없고, 자유로울 수도 없다는 것입니다.

마치 성서의 창세기에서 '신이 선악과를 만든 것은 인간으로 하여금 그것을 따 먹게 함으로써 인간에게 악을 심어 넣고 그럼으로써 비로소 인간을 자유롭게 하려는 것이다' 하는 논변 방식인 것 같습니다. 이 이야기는 대단히 흥미로운데요. 선악과를 따 먹었기 때문에 악한가, 아니면 악하기 때문에 선악과를 따 먹었는가 하는 문제가 있지요. 후자의 경우에는 신이 인간을 처음부터 잠정적으로(virtuellement) 악하게 만들었다는 것이 되지요. 그리고 선악과를 따 먹은 것은 잠정적인 악을 현행적인 것으로(actuellement) 만든 것이고요.

사르트르의 이 논법에 따르면, 신이 인간을 처음부터 자유로운 존재로 만들었다는 것은 인간이 본래 악한 존재라는 것을 의미합니다. 자유롭기 위해 악한 자로 있기 때문이지요. 달리 말하면, 악으로부터 자유롭기 위해 악한 자로 있는 것이지요. 그러니 자기기만의 구조와 본질적으로 똑같다는 것입니다.

자기기만과 진솔함이 본질적인 구조에 있어서 동일한 만큼 이제 양쪽이 어떻게 교환되는가를 봐야 하지 않을까 하는 생각이 듭니다. 이에 관한 사르트르의 이야기를 들어 봅니다.

진솔함의 목표는 내가 나를 나인 그것임을 고백함으로써 결국 내가 내 존재와 일치되도록 하려는 것이다. 요컨대, 내가 즉자의 양식으로, '나인 그것이 아닌' 양식으로 존재하는 나인 [바로] 그것이도록 하는 것이다.(101/174)

비비꼬이는 것 같은 게 참 말이 어렵습니다. 풀어 보도록 하겠습니다. ① 즉자적으로 나인 그것이 있습니다. ② 나는 고백을 통해 내가 ①의 즉자적인 나임을 드러냅니다. ③ 이렇게 ②의 과정을 수행하는 것은 ①의 즉자적인 나에 머물기 위해서가 아니라 그것에서 벗어나기 위해서입니다. 즉 내가 '나인 그것이 아닌 것'이기 위한 조치입니다. ④ 그 결과 ③의 '나인 그것이 아닌 것'으로서 즉자적으로(자신과 일치해서) 존재하려 합니다.

그러니까 ①의 '즉자적인 나'와 ④의 '즉자적인 나'는 전혀 다르지요. ④의 '즉자적인 나'는 '나인 그것이 아닌 것'이고자 하는 나이기 때문입니다. 말하자면, ①의 '즉자적인 나'가 아닌 것이고자 하는 '즉자적인 나'이기 때문입니다. 중요한 것은 진솔함에는 이러한 즉자적인 일치가 목표라는 것입니다. 자기기만의 목표는 어떨까요?

자기기만의 목표는, '그것인 것이 아닌' 방식으로 내가 나인 그것이도록 하는 것이다. 혹은 '그것인 것인' 방식으로 내가 나인 그것이 아니도록 하는 것이다.(101/174)

갑자기 비인칭 'on'이 등장해서 어려워집니다. 흔히 그렇다고 여기는 것이 아닌 방식으로 내가 나이고자 하는 것(예컨대 저 앞에서 예로 든 맞선 보는 남녀에서 여자가 남자에게 손을 은근히 자기도 모르게 그렇게 된 것인 양 맡기고 있을 때 여자가 손을 맡겨 욕망을 즐기면서도 그렇지 않다고 할 것인데, 바로 그러한 방식으로 내가 나인 나이고자 하는 것)으로, 혹은 흔히 그렇다고 여기는 그런 방식으로 내가 나 아니고자 하는 것(예컨대 여자가 남자에게 손을 맡기고 있을 때 여자가 손을 맡겨 욕망을 즐기고 있다고 할 것인데, 내가 바로 그런 방식의 내가 아니고자 하는 것)으로 일단 생각할 수 있겠습니다.

그러고 보면 진솔함과 자기기만의 목표에는 '임'과 '아님' 간의 (왼쪽이 오른쪽으로 바뀌는 식의) 거울 교환 관계가 있습니다. 진솔함은 '……이기' 위해 '…… 아니고자' 하고, 자기기만은 '…… 아니기' 위해 '……이고자' 하는 식입니다. 그런데 이는 사실 거의 같은 것입니다. 이 둘이 어떻게 종합되는가에 대해 살펴봅시다.

자기기만은 진솔함이 본성상 자신의 목표에 도달할 수 없다고 하는 바로 그런 이유에서만 가능하다. …… 어떤 의미에서 보면, 내가 자기기만의 노력을 시도할 수 있기 위한 조건은 나 자신이 내가 그러기를 원하지 않는바 그 비굴함이 아니어야 한다는 것이다. 그러나 만약 내가, '그렇지-않은-그것이-아닌'이라는 단순한 양식에 의거해서 비굴하지 않다고 한다면, 내가 비굴하지 않다고 주장할 때 나는 진솔한 상태일 것이다. 그래서 [자기기만을 시도하려면] 나는 어떤 방식으로건, 내가 그러하지도 않거니와 파악할 수도 없고 휙 사라져 버리는 바로 그 비굴함이라야만 한다.(101/175)

진솔함은 그 본질적인 구조에 있어서는 자기기만과 동일하지만, 실제에 있어서는 정반대라 할 수 있습니다. 진솔함은 근본적으로 성취될 수 없는 것이고, 그렇기 때문에 인간들이 자기기만을 할 수밖에 없기 때문입니다. 위에서 우리는 진솔함이 내가 아닌 것으로 즉자적으로 있는 것이라 했습니다. 이는 진솔함이 궁극적으로 나 아니기만 한 상태를 그 자체로 유지한다는 이야깁니다. 이는 사실 불가능한 것이지요. 어쨌건 내가 아니고서는 내가 아닌 것이 아닐 수 없기 때문입니다. 이렇게 불가능하기 때문에 진솔함이 자기기만이기도 합니다. 간단히 말해, "나는 비굴하지 않다"라고 말하는 것은 그가 비굴하기 때문이고, 따라서 그 말은 자기기만이라는 것이지요. 결국은 이렇게 됩니다.

> 자기기만이 가능한 조건은, 인간실재가 가장 직접적인 그의 존재에서, 선반성적인 코기토의 내부구조 속에서, 자신이 아닌 바로 그것이면서 동시에 자신인 바로 그것이 아니라는 것이다.(102/176)

3. 자기기만의 '믿음'

이 절은 '자기기만' 장의 마지막 절인데 자기기만에 대한 논의를 정돈한 것이라 할 수 있습니다. 이 절의 시발은 이렇습니다.

> 분명히 자기기만의 진짜 문제는 자기기만(la mauvais foi)이 **믿음**(*foi*)이라는 사실로부터 성립한다. 자기기만은 냉소적인 거짓말일 수도 없고, (만약 명증성이 대상을 직관적으로 소유하는 것이라면) 명증성일 수도 없다. 그러나 만약 대상이 주어지지 않을 때 혹은 대상이 불분명하게 주어질 때, (사람들이 신앙croyance을 존재가 그 대상에 점착되는 것이라고 한다면) 자기기만은 신앙이다. 그리고 자기기만의 본질적인 문제는 신앙의 문제다.(103/176)

철저히 자기기만의 상태에 놓여 있는데도 자기기만이라고 생각하지 않고 그 자기기만, 즉 나쁜 믿음에 의한 믿음을 철석같이 믿고 있다면 그 거야말로 어려운 문제가 아닐 수 없습니다. 그런데, 사르트르는 자기기만의 진짜 문제는 바로 이러한 사태, 즉 자기기만을 바탕으로 한 신앙의 문제라고 봅니다. 이때 신앙을 신념이라 달리 번역해도 될 것 같습니다. 참고하시기 바랍니다.

자기기만을 수행하고 있다 칩시다. 자기기만을 알고서도 자신의 그러한 자기기만의 기분을 자기기만으로서 느낀다면, 그것은 냉소적인 태도가 될 것입니다. 그리고 자기기만의 기분을 신실하게 순진무구한 것으로 믿는다면 그것은 진솔함이 될 것입니다. 이도저도 아닌 상태는 없을까요? 사르트르는 '자기기만의 존재적인 결단'을 제시합니다. 그런데 그 묘사가 묘합니다.

자기기만의 존재적인 결단, 이것에 감히 이름을 붙일 수 없다. 그것은 자기기만을 믿으면서 믿지 않는다.(103/177)

어떤 상태인가를 파악하기가 매우 어렵고 궁금합니다. 다만, 자기기만에 대해 한걸음 물러서서 보는 일종의 메타적인 태도인 것만은 분명한 것 같습니다. 자기기만을 수행하고 있는 자기 자신에 대한 태도를 문제 삼는 것이니까 말이죠. 그런데 이에 대해 사르트르는 이렇게 말합니다.

여기에서 문제되는 것은 반성적이고 자의적인(volontaire) 결단(décision)이 아니라, 우리의 존재에 있어서 자생적인(자발적인, spontanée) 결정(détermination)임을 이해하자. 사람들은 마치 잠들 듯이 자신을 자기기만의 상태로 **놓고**, 마치 꿈을 꾸듯이 자기기만 상태에 있다. 일단 이러한 존재방식이 실현되면, 잠에서 깨어나는 것만큼이

나 그것에서 벗어나기가 어렵다. 그것은 자기기만이 그 구조상 중간 상태의 유형이긴 하지만, 마치 그 자체 영속되는 경향을 띤 깨어 있음과 꿈처럼, 세계-내-존재의 한 유형이기 때문이다.(103~104/177)

우선 보기에 자기기만의 상태란 도대체 벗어나기 힘든, 이른바 세계-내-존재로서의 인간실재에 있어서 불가피한 하나의 유형이라는 것입니다. 잠을 자지 않을 수 없고 또 깨어나 활동하지 않을 수 없는 것과 같다는 것입니다. 그래서 우리 인간의 존재에 있어서 자생적으로, 즉 제 스스로 결정되는 것이 바로 자기기만에의 존재적인(ontische) 결단이라는 것이지요. 하이데거처럼 존재론적인(ontologische) 결단이 아닙니다. 나도 모르게 저 밑에서부터 저절로 결단이 이루어지는, 그래서 차라리 결정이라고 하는 것이 더 나은 것이 바로 자기기만에의 존재적 결단이라고 말하고 있습니다. 이쯤 되면, 자기기만의 문제가 바로 인간 존재의 근본 문제이고, 인간 존재의 근본 문제와 분리될 수 없는 진리의 문제가 되는 것이지요. 그래서 자기기만의 문제는 그 자체로 존재론적인 문제로 연결됩니다. 예컨대 사르트르는 이렇게 말합니다.

주체가 갑자기 자기기만의 세계에 의해 둘러싸이는데, 이때 자기기만의 세계는 존재가 그러하지 않은 것으로 거기에 있고 그런 것으로 거기에 있지 않다는 것을 그 존재론적인 특성으로 갖는다. 그 결과 특이한 유형의 명증성이 나타나는데, 그것은 **설득적이지 않은** 명증성이다. 자기기만은 명증성들을 파악한다. 그러나 자기기만은 그러한 명증성들에 의해 채워지지 않으려는 쪽으로, 설득당하지 않고 건전한 믿음으로 변형되지 않으려는 쪽으로 미리 자신을 맡겨 버린다.(103/177)

자기기만의 세계는 어쩌면 온갖 역설들이 성립할 수 있는 세계일 것입니다. 자기기만의 본성, 즉 자기인 것이 아니고자 하고 자기 아닌 것이고자 하는 본성이 지배하는 곳이기 때문입니다.

데카르트에서 연원해서 후설의 진리론에 이르기까지 크게 힘을 발휘하는 것이 명증론입니다. 그런데 사르트르는 현존론적인 입장을 취하면서, 즉 진리의 성립에 있어서 인간적인 개입이 불가피하다는 입장을 취하면서, 자기기만에 의거한 이상한 명증성, 즉 '설득적이지 않은 명증성'을 제시합니다. 이 자기기만의 명증성은 그 명증한 것들에게 결코 자신을 양도할 수 없다는 명증성입니다.

예컨대 후설의 명증성은 '자기소여성'(Selbstgegebenheit)이라고 달리 불립니다. 의식이 자기 자신에게 주어지는 것 자체는 여타의 기준이 없기 때문에 그 자체로 명증하다고 보는 것입니다. 그런데 이를 자기기만에서 보면 어떨까요? 자기에게 주어진 자기가 아니고자 하고, 자기에게 주어지지 않은 자기이고자 하는 것이지요. 그러니 사르트르의 진리론은 도대체 진리에 관한 현상학 본래의 흐름과는 전혀 궤를 달리한다고할 수 있습니다. 그뿐만 아니라, 흔히 운위되는 전통적인 진리론과 적극적으로 대비될 수밖에 없습니다.

다만, 하이데거가 말하는 비은폐성(Unverborgenheit)이라는 진리개념과는 일정하게 친연성을 가질 수 있는 것으로 보입니다. 하이데거가 말하는 비은폐성이란 근본적으로 존재자의 비은폐성이 아니라 존재의 비은폐성이고, 그러는 한 비은폐적이라고 해서 백일하에 드러나는 것이 아니라, 은폐됨으로써 드러나고 드러남으로써 은폐되는 것으로 이야기되기 때문입니다. 이에 관해서는 글쎄, 더욱 세밀하게 논구할 기회를 가져야 할 것으로 생각됩니다.

이야기가 다소 엉뚱하게 흐른 것 같습니다. 방향을 바로잡아서 자기기만의 이중적인 태도를 생각해야 할 것 같습니다.

만약 자기기만이 믿음이라면 그리고 자기기만이 자신의 최초의 기획 속에 그 고유한 부정을 내포하고 있다면(자기기만은 내가 나 아닌 그것임을 스스로에게 설득시키기 위하여, 스스로가 잘 설득되지 않는 것이기를 결정한다), 근본적으로 자기가 잘 설득되지 않기를 원하는 믿음이 가능해야만 한다.(104/178)

내가 나 아닌 그것임을 내가 내 자신에게 설득한다는 것과 내가 나 스스로 잘 설득되지 않는 것이기를 결정한다는 것은 차원이 다른 문제이지요. 반대로 만약 자기기만이 잘 설득되는 것이라고 한다면, 그것은 무슨 뜻일까요? 자기기만임을 쉽게 인정한다는 것이겠지요. 자기기만임을 인정해 버리면 자기기만의 기획은 수포로 돌아갈 것입니다. 자기기만이 자기기만이려면 자기기만이 아니라고 끝내 버티는 자기기만이어야 할 것입니다. 말하자면 자기기만이 부면으로 떠올라 드러나지 않고 저 심층에 내려가 은폐되어 있어야 하는 것입니다.

이렇게 되면 어떠한 사실을 믿는다는 것과 믿지 않는다는 것의 차이가 애매해지면서 엄청 복잡하게 됩니다. 그 핵심 대목을 길게 인용해 봅니다.

믿는다는 것은 자기가 믿는다는 것을 아는 것이다. 그리고 자기가 믿는다는 것을 아는 것은 더 이상 믿는 것이 아니다. 그래서 믿는다는 것은 믿지 않는 것이다. 왜냐하면 믿는다는 것은 믿는 것일 뿐이며, 이는 자기(에 대한) 비정립적인 동일한 한 의식의 통일성 속에 있을 뿐이기 때문이다. …… 비정립적인 의식은 **앎**이 아니다. 그러나 비정립적인 의식은 자신의 반투명성 자체에 의해 모든 앎의 근원에 있다. 그래서 믿는다는 것(에 대한) 비정립적인 의식은 믿음(croyance)에 대해 파괴적이다. 그러나 그와 동시에 선반성적인 **코기토**의 법칙 자체는 믿는다는 것의 존재가 믿는다는 것에 대한 의식이어야 함을 함축한다. 그래서 믿음은 자기 자신의 존재에서 스스로를 문제 삼는 존재이고, 자신의 파괴 속에서만 자신을 실현할 수 있는 존재이며, 스스로를 부정함으로써만 자기를 자기에게 증시할 수 있는 존재이다. 믿음은 하나의 존재인데, 이 존재에 있어서는 존재하는 것은 나타나는 것이고, 나타나는 것은 스스로를 부정하는 것이 된다.(104/178~179)

갈수록 태산입니다. 풀어 내야 할 대목이 너무 많습니다. 우선 풀어야 할 것은 내가 어떤 것을 믿는다는 사실을 내가 안다고 해서 과연 더 이상 믿는 것이 아니게 되는 근거가 뭔가 하는 것입니다. 저 앞에서 우리는 사르트르가 사람들이 흔히 "신앙(croyance)은 존재가 그 대상에 점착되는 것(adhésion)"이라고 말하는 것을 받아들이는 것을 보았습니다. 이를 그대로 해서 풀면, 내가 믿는다는 것을 내가 안다는 것은 내가 어떤 대상에 점착되어 있다는 것을 안다는 것이 됩니다. 내가 대상에 점착되어 있다는 사실 자체에 내가 [또다시] 점착되어 있다는 것은 내가 믿는다는 것을 믿는다는 이야기가 됩니다만, 내가 대상에 점착되어 있다는 사실을 안다는 것은 그것에 대해 일정하게 거리를 둔다는 것이고, 거리를 둔다는 것은 점착되어 있지 않다는 것이기에 믿지 않는 것이 됩니다. 즉 내가 믿는다는 것을 내가 믿지 않는다는 것으로 됩니다. 내가 믿는다는 것을 내가 믿지 않으면 그것은 내가 믿지 않는 것이 되지요.

그다음 비정립적인 의식과 그 반투명성이 문제입니다. 비정립적인 의식은 정립을 통해 성립되는바 거리를 둔 것이 아니기 때문에 앎이 아니라 할 수 있습니다. 그런데 비정립적 의식의 반투명성이라는 것은 '……(에 대한)'이라는 괴이한 표현법을 쓸 수밖에 없도록 하는 것인데, 이는 괄호 속에 들어 있긴 하나 암암리에 '……에 대한'이라는 사태, 즉 대상과 거리를 두는 앎의 방식을 그 속에 내포하고 있다는 것입니다. 그래서 '……(에 대한)'에는 '……에 대한'이 들어 있다는 것이고, 이는 비정립적 의식 속에 앎이 들어 있다는 것이며, 비정립적 의식이 앎의 근원이 된다고 말하는 것입니다.

이를 믿는다는 것에 대해 적용해 봅시다. 믿음은 비정립적 의식이라야 합니다. 점착되어 거리가 없기 때문이지요. 믿음에 대한 비정립적인 의식은 '믿음(에 대한) 의식'으로 표기될 것입니다. 그런데 '믿음(에 대한) 의식'에는 '믿음에 대한 의식', 즉 '믿음에 대한 앎', 즉 '더 이상 믿음이 아닌 것'이 이미 암암리에 내포되어 있습니다. 그러니까 쾌락을 쾌락(에 대한) 의식이라고 했듯이, 믿음을 믿음(에 대한) 의식이라고 할 때, 그 속에는 믿음이 아닌 것, 즉 믿음에 대한 파괴가 이미 들어 있는 셈입니다.

그래서 결국 믿음, 즉 믿음(에 대한) 의식은 자기 스스로를 문제 삼을 수밖에 없는 것이고, 자기의 파괴를 통해서만 자기를 실현할 수 있는 것이며, 자기를 부정함으로써만 자기를 자기에게 증시할 수 있는 것이다 등의 이야기가 성립하는 것입니다. 사르트르는 이러한 기본 논의를 바탕으로 몇몇 결론을 내면서 '자기기만'의 장을 마칩니다.

의식의 존재는 자기에 의해 현존하는 것이고, 따라서 자기를 존재하게끔 하는 것이며, 그럼으로써 자기를 넘어서는 것이다. 이런 의미에서 의식은 영구적으로 자기로부터 벗어남이고, 믿음은 비-믿음이 되고, 직접적인 것은 매개적인 것이 되고, 절대적인 것은 상대적인 것이 되며, 상대적인 것은 절대적인 것이 된다.(105/179)

선한 믿음은 존재 속에서 '사람들이-믿는-것을-믿지-않음'을 피하고 싶어 한다. 그리고 자기기만[나쁜 믿음]은 '사람들이 믿는 것을 믿지 않음' 속에서 존재를 피하고 싶어 한다.(105/180)

선한 믿음은 내 존재의 내밀한 분해 작용(désagrégation)을 피하여, 그래야 하지만 전혀 그렇지 않은 즉자를 향해 나아가고자 한다. 자기기만은 내 존재의 내밀한 분해 작용 속에서 즉자를 피하고자 한다. 그러나 자기기만은 이러한 분해 작용 자체를 부인한다. 그것은 마치 자기기만이 그 자체에 대해서, 말하자면 자기기만이 자기기만인 것을 부인하는 식이다.(105~106/180)

2부

대자존재

제1장 | 대자의 직접적인 구조들

1. 자기에의 현전

부정은 우리를 자유로 넘기고, 자유는 우리를 자기기만으로 넘기며, 자기기만은 우리를 그 가능성의 조건인 의식의 존재로 넘긴다. 그러므로 …… 선반성적인 **코기토**의 지대(terrain)로 되돌아가야 한다.(109/184)

제1부 '무의 문제'가 끝나고, 제2부 '대자존재'가 시작되는데, 그 첫 장인 '대자의 직접적 구조들'의 첫 절 '자기에의 현전'을 여는 사르트르의 첫 언명입니다. 부정, 자유, 자기기만을 거쳐 이제 의식의 존재를 논구해 보겠다는 이야깁니다. 자기기만이란 것이 묘한 이중배리적인 논리적 구조를 지니고 있는데, 그것이 의식의 활동에서 비롯된다고 생각하지 않을 수는 없지요. 그래서 자기기만의 가능성 조건으로서 의식의 존재를 근본적으로 분석해 보지 않을 수 없다는 것인데, 이렇게 '대자존재'라는 큰 주제를 내걸고서는 맨 처음 의식의 존재를 논구하고자 하는 것은 대자존재의 문제가 곧 의식의 문제임을 명시한 것입니다.

그런데 의식의 존재를 논구하자고 하면서 '선반성적인 코기토의 지대'로 되돌아가야 한다고 말하고 있습니다. 이는 의식이 의식 대상과 좀처럼 구분되지 않는바, '……(에 대한) 의식'으로 되돌아가야 한다는 것을 말하는 것입니다.

그러면서 사르트르는 앞선 철학자들이 의식에 대해 논구한 것을 검토하기 시작합니다. 그 대강은 이렇습니다. 데카르트는 "나는 **의심한다, 나는 생각한다**"라는 의식의 기능적인 측면을 탐구해 놓고서는 이를 제대로 검토할 수 있는 연결 끈을 전혀 생각하지 않음으로써 실체론적인 오류에 빠져 버렸다, 후설은 이를 알고서 의식의 기능적인 측면을 기술하는 판면에만 철저히 머묾으로써 비록 그가 거부하긴 하지만 현상학자가 아니라 현상론자로 불리어 마땅할 정도로 외현의 순수 기술을 조금도 넘어서지 못했다, 하이데거는 기술(description)의 현상주의(phénoménisme)를 벗어나기 위해 코기토를 경유하지 않고 직접 실존적인 분석을 시도했으나, '현존재'가 근본적으로 의식의 차원을 지니지 못했기 때문에 이 의식의 차원을 회복해 낼 수 없었다 등(109/184 참조), 사르트르가 선배 철학자들에 대해 일침을 놓는 장면입니다. 이에 관한 설명을 우리 나름대로 해보자면 이렇습니다.

의식의 기능적인 측면은 무엇이고 의식의 실체적인 측면은 무엇인가요? 기능(fonction)을 생각할 때 우리는 자연스럽게 그 기능을 발휘하는 어떤 것이 먼저 있어야 한다고 생각합니다. 이때 어떤 것이 다른 것들에 의존함이 없이 그 자체로 존립할 때 실체(substance)라고 하지요. 그런데 이런 생각을 일관되게 견지할 수 없도록 하는 것이 바로 의식입니다. '의식이다'라고 하니까, 마치 의식이 실체로서 존재하는 양 여겨질 수도 있지만, 결코 그렇지 않습니다. 예컨대 반성적이든 선반성적이든 의식 활동이 이루어지지 않고 있을 때에도 의식이 '그 자체로 조용하게 그 자신에게 안식하면서', 즉 즉자적으로 존립할 수 있는가 하고서 물음을 던지게 되면 사유가 약간 혼란을 일으키면서 이상해집니다. 우선 그때 아무 활동도 하지 않는 의식의 존재방식조차 좀처럼 가늠할 수 없습니다. 그래서 데카르트가 의식(혼, âme)을 '길이가 없이 사유하는 실체'로 정의했을 때, 지금 당장 일체의 사유 활동을 하고 있지 않은 의식이란 것이 과연 가능한가 하고서 데카르트에게 되묻게 되는 것이지요. 그때에는 자기를 사유하고 있는 것이라는 대답이 가능할 수도 있는데, 이때에도 사유되는 의식보다는 사유하는 의식이 더 근본적인 존재이니 그 자체 아무런 사유를 하지 않는 의식이 아니기 때문에, 설사 자기를 생각한다 할지라도 어차피 사유 활동이라고 하는 기능을 빼버리고서 실체로서의 의식 자체를 생각한다는 것은 불가능한 것이 됩니다. 그런데도 데카르트가 의식을 실체로 본 것은 이른바 '실체론적인 오류'를 범한 것입니다.

이를 깨닫고 나면, 후설처럼 지향성을 바탕으로 해서 대상과의 관련을 결코 벗어날 수 없는 의식을 내세우게 됩니다. 말하자면 의식이란 항상 기능적인 방식으로만 존재하는 것으로 여겨질 수밖에 없고, 그 기능은 어떻게든 대상적인 외현을 통해서만 드러나는 것이기에 순수하게 외현을 기술하는 것만이 의식의 존재를 드러내는 유일한 길이라고 생각하게 됩니다. 이는 결국 의식의 존재 자체에 대한 논구를 포기한 것이지요. 후설이 초월적인 절대적 의식을 제시했지만, 그리고 이를 통해 몸을 포함한 일체의 존재자들의 존재 의미가 어떻게 구성 가능한가를 보이긴 했지만, 그 기반으로서의 의식은 기실 근본적으로는 자신과 분리할 수 없는 '원인상'(Urimpression)이라고 하는 외현을 벗어난 것이 아닙니다. 말하자면, 후설에서 의식은 처음부터 기능적인 활동을 결코 멈추지 않는, 그 기능적인 활동이 없이 그 자체로 결코 존립할 수 없는 것이었고, 나를 포함한 세계 전체는 바로 그러한 기능적인 의식이 없이는 존립할 수 없는 것이었습니다.

하지만 아무리 생각해도 적어도 내 자신이 이렇게 엄존하는 한, 내 자신과 내 자신을 둘러싼 세계를 기능적인 의식에 의거한 외현의 구성물로 여긴다는 것은 불가능한 일이지요. 그래서 하이데거처럼 아예 '현존재'라고 하는 인간실재를 철학의 출발점으로 내세워 기능적인 의식이니 실체적인 의식이니 하면서 굳이 의식을 문제 삼을 필요가 없다는 쪽으로 사유를 전개할 수 있습니다. 하이데거가 철학사적으로 크게 힘을 발휘한 것은 바로 이러한 의식의 존재를 둘러싼 논의 자체를 무위로 만들고서도 기존의 철학적 문제들을 충분히 해명해 낼 수 있는 길을 보였기 때문입니다. 그 대신 하이데거는 '존재'(Sein)라고 하는 전대미문의 개념을 끌어들일 수밖에 없었고, 그 자체 어쩌면 철학적 사유로서는 근본적으로 접근할 수 없는 한계를 제시한 것이고, 그런 점에서 한편으로 철학적 사유란 근본적으로 좌초할 수밖에 없는 것임을 선언한 셈입니다.

이런 정도의 나름의 생각을 갖고서, 우리는 사르트르가 부정에서 자유, 자유에서 자기기만, 자기기만에서 의식의 존재로 나아갈 수밖에 없었고, 거꾸로 보아 만약 의식의 존재를 제대로 밝혀내지 못하면 자유를 근본적으로 확보해 낼 수 있는 길이 막혀 버린다고 생각할 수밖에 없다고 여기는바, 그의 사유의 과정을 계속 따라가 보고자 합니다. 일단 사르트르는 하이데거가 말한 인간실재, 즉 현존재에 대해 그 존재방식으로 제시한 '탈존적인 성격'(caractère ek-statique)을 일정하게 의식의 존재를 드러내 줄 수 있는 후보로 여기면서 이렇게 말합니다.

만약 인간실재의 탈존적인 성격이 탈존적인 의식(conscience d'ek-stase)으로부터 생겨나지 않는다면, 그 성격은 물상적(物象的, chosiste)이고 맹목적인 즉자 속으로 다시 추락할 것이다.(110/184)

　'탈존'이란 그 자신이 존재하는 곳을 벗어나서 존재함을 지칭합니다. 그리고 이러한 탈존적인 성격을 지닌 것은 인간밖에 없다는 것이 하이데 거의 주장입니다. 그런데 사르트르는 이렇게 인간이 자신의 존재를 벗어 날 수 있는 존재자로서 존립할 수 있는 근거가 무엇인가를 묻고 있습니 다. 그냥 인간의 존재방식을 보고서 '탈존'의 현상을 기술하기만 한다고 해서 해결될 문제가 아니라는 이야기지요.[1] 탈존의 성격이란 것이 근본 적으로는 탈존적인 의식에서 비롯된다는 것이고, 그렇지 않는 한 그 성 격은 즉자적인 것으로 추락하게 될 것이며, 즉자적인 한 결코 탈존적일 수 없다는 것이 사르트르의 입론입니다. 그런데도 하이데거는 의식의 존 재를 논구하지 않음으로써 우를 범하고 있다는 것이지요.

　이러한 사르트르의 입장은 한편으로 후설의 내적 시간의식에 관한 이야기를 끌어들이는 것으로 볼 수 있습니다. 하이데거의 탈존 개념이 근본적으로 시간성에서부터 성립하는 것이라 할 때, 후설에서 보면 시간 성이란 의식을 벗어나서는 성립할 수 없기 때문입니다. 그래서 사르트르 는, 데카르트로부터 생겨나 근대철학의 문제점들을 낳는 진원지였던 '코 기토'를 끝내 놓치지 않고 다시 끌어들입니다. 다만, 그 끌어들이는 방식 을 일변시킵니다. 요컨대 자기기만의 문제를 논구하는 데서 잘 보았듯이

---

1) 하이데거는 시간성에서부터 인간의 존재가 성립되어 나온다고 보는데, 그는 시간성이란 것 이 근본적으로 탈자태들로, 즉 그 자체가 아닌 미래, 현재, 과거로 존립한다는 것을 말합니다. 그래서 인간 존재 자체도 근본적으로는 그렇게 탈자태, 즉 탈존의 방식으로 존재한다는 것입 니다. 그래서 실존(Existenz)이 탈존(Ek-sistenz)으로 재정위되는 것이지요.

지성주의적인 판면을 벗어나서 그 바닥을 훑는 방식을 취하는 것이지요.

> 그러므로 자기(에 대한) 비정립적인 의식에 대한 기술로 되돌아가서 그 귀결들을 검토하자. 그리고 의식에 있어서, 그것이 아닌 바로 그것이고자 하면서 그것인 바로 그것이 아니고자 하는 것이 의미하는 바가 무엇인지 자문해 보자.(110/185)

이는 다 알다시피 사르트르가 누차 강조해 온 것입니다. 그러고 보면, 이 언명이야말로 사르트르의 철학을 파악하는 데 핵심적인 출발점이 아닐 수 없습니다. 이에 관련해서 사르트르는 우선 즉자의 존재방식을 분석하기 시작합니다. 즉자는 이와 완전히 대립되기 때문에 일종의 반면교사로 삼자는 것이지요.

> 즉자에는 자기 자신에 대해 거리가 없이는 존재할 수 없는 한 조각의 존재도 없다. 이렇게 이해된 존재 속에는 최소한의 이원성(dualité)의 기미도 없다. 이는 우리가 즉자의 존재적인 밀도는 무한하다고 말함으로써 표현하고자 하는 것이다.(110/185)

여기에서 말하는 즉자 개념은 사르트르의 존재론을 이해하는 데 대단히 중요합니다. 즉자는 그 어떤 다른 것들과의 관련도 없이, 따라서 그 어떤 다른 것들과의 종합이나 결합도 없이, 말 그대로 그냥 그 자체로 자기동일성(identité)을 지닌 것입니다. 이를 '무한한 존재적인 밀도'라는 말로 표현하고 있습니다. 존재적인 밀도가 무한한 정도로 강하다면 도대체 거기에는 당연히 그 어떤 빈틈도 존립할 수 없을 것입니다. 그래서 결국 이렇게 되면서 즉자는 의식과 전격적으로 대립된 것으로 조명됩니다.

> 즉자라는 존재 속에는 최소한의 공백도 없다. 즉 무가 끼어들 수 있는 최소한의 틈도 없다.
> 이와 반대로, 의식의 특징은 그것이 존재적인 감압(減壓, décompression)이라는 데 있다. 의식을 자기와의 일치로 정의하는 것은 실제로 불가능하다.(110/185)

역시 엄청나게 중요한 대목입니다. 의식이라는 대자가 어떻게 즉자로부터 발생하는가를 말하고 있기 때문입니다. 책상은 그냥 책상 그것일 수 있지만 의식에 속하는 것들, 예컨대 신념(croyance)은 나의 의식을 떠나서 신념 그 자체일 수는 없습니다. 결국 "나의 신념은 신념(에 대한) 의식이다"라는 것으로 됩니다.

'존재적인 감압'이라고 하는 상당히 은유적인 개념이 나옵니다. 대단히 재미있는 개념입니다. 즉자를 이야기하면서 '무한한 존재적인 밀도'를 이야기한 것과 대비시켜야 할 것입니다. '존재적인 밀도'가 낮아진다는 것은 거기에 빈틈이 생기기 시작한다는 것이 아닐 수 없습니다. 그렇기 때문에 의식이 '존재적인 감압'을 그 특징으로 삼는다고 할 때, 의식은 본래부터 자기와의 완전한 일치를 결코 이룰 수 없는 것이 될 겁니다.

이는 신념(에 대한) 의식이 제아무리 선반성적이라 할지라도 그것이 신념 바로 그것과 ——즉자가 자기동일적이라는 것과 같은 식으로—— 같은 것일 수가 없다는 것을 말합니다. 말하자면 선반성적이긴 하나 그 자체 일정하게 주객의 구분관계를 지니고 있음을 말합니다. 그러니까 선반성적인 의식이 반성적인 의식의 첫째 조건일 수 있는 것은 어쩌면 바로 이렇게 선반성적인 의식이 나름대로 자기분열적인 성격을 띠기 때문일 것입니다.

> 그래서 "신념은 신념(에 대한) 의식이다"라는 존재론적인 판단은 그 어떤 경우에도 자기동일성에 입각한 하나의 판단으로 파악될 수 없을 것이다. 주어와 술어는 근본적으로 다르다. 하지만 한 동일한 존재의 분해할 수 없는 통일성(unité) 속에서 둘은 그렇게 근본적으로 다른 것이다.(111/186)

'S는 P이다'라는 것은 판단의 기본 형식이지요. '이 책상은 이 책상이다'와 '신념은 신념(에 대한) 의식이다'는 그 동일성의 방식에 있어서 다르다는 이야깁니다. 전자에는 주어와 술어 사이에 빈틈이 조금도 없고, 후자에는 주어와 술어가 다르다고 할 수 있는 빈틈이 있기 때문입니다. 그러나 후자의 경우에, 양자를 분해할 수 없다는 점을 덧붙이고 있습니다. 그런 점에서 "신념은 신념(에 대한) 의식이다"라고 할 때의 '의식'과 "신념에 대한 의식"이라고 할 때의 '의식'은 다르다는 것입니다. 둘 다 나의 의식 상태에 대한 의식이지만, 전자의 의식은 선반성적인 의식으로서 신념과 분해할 수 없지만, 후자의 의식은 반성적인 의식으로서 신념과 분해할 수 있다는 것입니다. 그래서 나의 의식 상태(에 대한) 선반성적인 의식은 의식 상태, 즉 신념과 통일성을 이루고 있는 반면, 나의 의식 상태에 대한 반성적인 의식은 의식 상태, 즉 신념과 통일성을 이루고 있다고 말하기가 쉽지 않은 것이지요.

하지만 분해할 수 없는 통일성을 이루고 있다고 해서 그것을 즉자적인 자기동일성과 같은 것으로 여기는 것은 처음부터 불가능하다는 것이 요점입니다. 여기에서 사르트르는 '자기동일성'과 '통일성'이라고 하는 다소 헷갈리는 두 개념을 정확하게 구분하고 있습니다. 중요한 것은 의식내재적인 상태의 경우, 예컨대 신념의 경우, 신념과 신념(에 대한) 의식이 분해할 수 없는 통일성을 지니지만, 그렇다고 해서 단적인 자기동일성을 갖는 것은 아니라는 것입니다. 이를 사르트르는 이렇게 강조해서 말합니다.

> 어떤 경우에도 우리는 의식은 의식이라고 말할 수 없으며, 신념은 신념이라고 말할 수 없다. 두 항의 각각은 다른 항을 지시하고 다른 항으로 넘겨진다. 그러나 각 항은 서로 다르다.(111/187)

여기에서 우리는 묘한 질문을 할 수 있습니다. '신념(에 대한) 의식(에 대한) 의식'은 어떻게 되는가 하는 것입니다. '신념(에 대한) 의식(에 대한) 의식'은 신념(에 대한) 의식에 비해 분명 메타적인 것이라 할 것인데, 그 메타성이 선반성적인 차원에서 이루어지는 것입니다. 만약 '신념에 대한 의식에 대한 의식'을 생각한다면, 그것은 반성적인 차원에서 이루어지는 메타성이라 해야 할 것입니다. 그런데 이러한 메타성은 무한 퇴행하는 형식을 취합니다. '의식에 대한 의식에 대한 의식에 대한 ……' 하는 식으로. 그런데 이를 선반성적인 구도 속으로 집어넣으면 '의식(에 대한) 의식(에 대한) 의식(에 대한) ……' 하는 식으로 무한 퇴행 과정을 가능케 하는 구조를 지닌 것으로 드러납니다.

이는 "의식은 반영이다"(112/187)라는 사태를 나타내 주는 것으로서, 우리가 보건대, 선반성적이든 반성적이든 의식이란 존재는 결코 자기 자신과 즉자적인 동일성, 즉 자기동일성을 이룰 수 없다는 것을 말할 뿐입니다. '반영'이란 말을 하면서 사르트르는 반영하는 자(le réfletan)라는 용어를 씁니다. 그러면서 의식의 통일성을 바탕으로 의식은 반영하는 자이자 동시에 반영되는 것이라고 말합니다. 그러면서 이렇게 말합니다.

> 반영되는 것–반영하는 자(le reflet-reflétant)의 객관적인 현존은, 우리가 그것을 그것이 주어지는 그대로 받아들인다면, 즉자와는 다른 존재방식을 인지하도록 한다. 그것은 이원성을 포함한 통일성도 아니고 정립과 반정립의 추상적인 계기들을 지양한 종합도 아니다. 그것은 통일성인 이원성이고 자기 자신의 반사작용(réflexion)인 반영이다.(112/187~188)

사르트르는 예컨대 신념(에 대한) 의식을 송두리째 파악한다는 것은 불가능하다고 말합니다. 신념은 반영되는 것이고, 신념(에 대한) 의식은 반영하는 자일 것입니다. 그런데 이 신념(에 대한) 의식을 파악한다고 할 때, 그 파악은 실제로는 **신념에 대한** 파악이거나 신념(에 대한) **의식에 대한** 파악일 것이기 때문입니다. 하지만 **신념**이건 신념(에 대한) **의식**이건, 그것은 반드시 **신념(에 대한) 의식**을 가리키는 것이 되고 맙니다. 그때 반영되는 것을 파악해도 반영하는 것을 동시에 수반해서 파악하는 것이고, 반영하는 것을 파악해도 반영되는 것을 동시에 수반해서 파악하는 것입니다. 하지만, 반영되는 것–반영하는 것을 수반의 계기 없이 한꺼번에 파악한다는 것은 불가능합니다. 파악하는 즉시 반영하는 자인 신념(에 대한) **의식** 자체가 **신념에 대한 의식**으로 변환되기 때문입니다.

이같이 선반성적인 의식을 그 자체로 반성적으로 떠올릴 수 없다는 사실에 대해 그 근거로서 사르트르는 선반성적인 의식이 자기(에 대한)

의식이기 때문이라고 말합니다. 그러면서 선반성적 의식의 자기에 대해 논구해야 한다고 말합니다.

그것은 선반성적인 의식이 자기(에 대한) 의식이기 때문이다. 탐구되어야 하는 것은 **자기**라는 개념 자체다. 왜냐하면 이 개념은 의식의 존재 자체를 정의하기 때문이다.(112/188)

이로써 사르트르는 '자기'(soi) 개념을 검토합니다. 우선 그는 자신과의 극단적인 일치에서는 자기가 사라져 버려 자기동일적인 존재에 자리를 내주고 만다는 사실을 지적한 후, 따라서 자기는 즉자존재에 의거한 속성일 수가 없고, 본성상 하나의 반성된 것(un réfléchi)임을 분명히 합니다. 그런 뒤 이렇게 말합니다.

사실, **자기**는 실재적인 현존자(existant réel)로 파악될 수 없다. 주체는 자기일 수 없다. 왜냐하면 우리가 살펴본 것처럼, 자기와의 일치는 자기를 사라지게 하기 때문이다. 그러나 주체는 더 이상 **자기가 아닌 것**일 수도 없다. 왜냐하면, 자기는 주체 자체를 지적하기 때문이다. 그러므로 자기는 주체가 자기 자신과 갖는 관계에 의해 성립되는 주체의 내재성 속에서의 이념적인 거리를 나타낸다. 그리고 **자기는 자기 자신의 일치가 아님**(ne pas être sa propre coïncidence)의 한 방식을, 도대체 자기동일성을 통일성으로 정립함으로써 자기동일성을 피하는 한 방식을, 그리고 다변성의 그 어떤 흔적도 없는 절대적인 응집인 자기동일성과 다양성(multiplicité)의 종합인 통일성 사이에서 성립하는 영구적으로 불안정한 균형 속에서 존재하는 한 방식을 나타낸다. 바로 이것이 우리가

자기에의 현전(*présence à soi*)이라 부르고자 하는 것이다. 대자의 존재 법칙은 의식의 존재론적인 토대인바, 그것은 자기에의 현전이라는 형식하에 자기 자신이라는 사실이다.(112~113/188~189)

'자기' 개념에 대해 이만큼 분명하면서 새로운 방식으로 정의하는 것이 과연 가능할까 할 정도로 대단합니다. 활동하지 않는 주체는 생각할 수 없습니다. 활동한다는 것은 다른 것들과 영향을 주고받고 있다는 것을 말합니다. 그와 달리 자기는 언뜻 생각해 보면 아무런 활동을 하지 않더라도 그 자체로 존립할 수 있을 것 같은 느낌을 줍니다. 그런데 아무런 활동도 하지 않는데 자기가 성립할 수 있을까요? 만약 아무런 활동도 하지 않고, 그저 그 자신에 틀어박혀 자신과 완전한 일치를 이룬다면, 그것은 즉자존재가 되고 말 것이고, 그런 점에서 자기가 성립할 수 없을 것입니다. 자기라고 하는 것은 주체적인 활동이 이루어지는 가운데 그 주체가 스스로 시간적인 추이에 따른 변신을 할 때 그 변신의 토대가 되는 것이 아니고서는 존립할 수 없기 때문입니다. 그러니까 의식의 활동에 있어서 주체는 자기의 시간적인 계기를 타고서 성립하는 것이고, 자기는 주체의 시간적인 계기를 넘어서서 성립하는 것이라 할 수 있습니다. 말하자면 주체 자체를 자기라고 할 수 있는 것이지요. 그래서 주체는 자기가 아니면서도 자기가 아닐 수 없는 것입니다.

주체와 자기와의 관계는 대단히 중요한데, 이는 마치 **신념**과 신념(에 대한) **의식**이 둘이면서 하나의 통일성을 이루는 것과 유사하다 할 것입니다. 자기의 계기를 따라가면, 마치 어떤 흔적도 없는 절대적인 응집의 자기동일성이 성립되어야 할 것 같지만, 주체의 계기를 완전히 버리고 자기의 계기만을 따라가면 숫제 자기가 없어져 버립니다. 그 반면 주체의 계기를 따라가면 그 주체가 주체로서 하나로 통일되어 종합될 수 있는 근거를 가질 수가 없습니다. 주체는 활동의 매 순간 성립하는 것일 뿐이기 때문입니다. 그래서 주체의 계기만을 따라가면 역시 주체는 파편적인 것으로 분쇄되고 맙니다. 나는 공부를 하다가 맛있게 커피를 마실 수도 있고, 커피를 마시면서 담배를 피울 수도 있습니다. 이때 나는 공부하는 주체이자 커피를 마시는 주체이자 담배를 피우는 주체입니다. 그런데 이러한 각각의 주체를 하나로 통일시킬 수 있는 토대가 있어야 할 것이니 그것이 바로 자기입니다. 주체가 주체일 수 있는 것은 이렇게 그 내면의 바탕에서 자기와 관계를 맺기 때문이지요.

주체의 계기는 자기의 계기에서 성립됨 직한 자기동일성을 통일성으로 정립하도록 하는 역할을 합니다. 그런가 하면 자기의 계기는 주체의 계기에서 다양성을 종합해 내는 통일성을 가능케 합니다. 이를 사르트르의 말처럼 '자기에의 현전'이라 한다면, 이는 자기가 자기에게 현전하는 것이라기보다 주체가 자기에게 현전하는 것이라 해야 옳을 것입니다. 달리 말하면, 주체로서의 의식이 자기로서의 의식에 현전하는 것이 바로 '자기에의 현전'입니다. '자기에의'(à soi)는 '자기에 대해'(pour soi)라고 달리 풀 수가 있으니, 이 '자기에의 현전'은 바로 '대자의 존재법칙'이라 달리 부를 수 있고, 아울러 이 '자기에의 현전'을 의식의 존재론적인 토대로 삼을 수 있습니다. 요컨대, 의식은 자기 자신으로 있되, 반드시 자기에의 현전이라는 형식을 띠는 가운데 그렇게 자기 자신으로 있을 수밖에 없는 이른바 대자존재인 것입니다.

그런데 '자기에의 현전'에는 반드시 거리가 있게 마련이고, 틈이 있게 마련이지요. 그래서 사르트르는 이렇게 말합니다.

모든 '……에의 현전'은 이원성을 함축한다. 그러므로 적어도 잠재적인 분리를 함축한다. 존재의 자기에의 현전은 자기와의 관계에 있어서 존재를 벗겨냄(décollement)을 함축한다.(113/189)

'존재를 벗겨냄'이라는 용어가 괴이합니다. 이는 존재를 자기로부터 벗겨냄을 의미하는 것으로 보아야 합니다. 이에 관련해서 우리는 동일률이라든지 모순율이라든지 하는 논리법칙들을 생각하게 됩니다. 여기에 동일률은 적용될 수 없습니다. 'A=A'라고 하는 동일률은 즉자를 가리킬 뿐 이 같은 통일성으로서의 이원성이나 분리와 벗겨냄을 함축하는 것과 통할 수 없기 때문입니다. 헤겔은 이 동일률을 뒤집어 비모순율, 즉 'A=-(-A)'이라고 하기도 하는데, 이 부정에 대해 사르트르는 인간실재에 의해 존재의 표면에 덧붙여진 것이고 따라서 외부와의 관계에 의거한 것이라고 해서 일축해 버립니다. 그러면서 자기에의 현전은 존재 내적인 관계임을 이렇게 강조합니다.

자기에의 현전은 만져서 느낄 수 없는 미세한 균열이 존재 속에 스며들어 있다는 것을 전제한다. 만약 자기가 자기에게 현전한다면, 그것은 전적으로 자기가 아니기 때문이다. 현전은 일치의 직접적인 파괴다. 왜냐하면 현전은 분리를 전제하기 때문이다.(113/189)

그다지 어려운 이야기는 아니지요. 중요한 것은 현전의 문제가 인간 사유에 의한 논리적인 요청에 의한 것이어서 의식이라는 존재를 넘어선 어떤 외부와의 관계에 의거한 것이라는 게 아니라, 의식이라는 존재 자체의 구조적인 성격에 의거한 것이라는 점입니다. 그렇다면 현전에 함축된 분리는 도대체 무엇일까요?

> 만약 주체를 그 자신으로부터 분리하는 것은 **무엇인가** 하고서 묻는다면, 그것은 **아무것도** 아니다 하고 고백할 수밖에 없다.(113/189~190)

아무것도 아닌 것이 어떻게 분리를 자아낼 수 있다는 말일까요? 아닌 게 아니라 아무것도 아닌 이것은 자기에의 현전에서 성립하는 통일성을 파괴하지 못합니다. 예컨대 신념을 신념(에 대한) 의식으로부터 분리해 내지 못하는 것입니다. 신념 자체로 분리된 것도 없거니와 그렇게 되면 신념은 일종의 즉자존재로 되고 말기 때문입니다. 그러고 보면, 아무것도 아닌 것에 의한 이 분리는 그저 선반성적인 코기토라고 하는 의식 내재적인 구조에서만 성립할 뿐, 정확하게 인식 대상으로서 파악될 수 있는 성질의 것이 아닙니다. 파악하고자 반성적인 의식을 들이대는 순간 이 분리는 예컨대 '신념에 대한 의식'으로서 외적인 것이 되면서 통일성을 상실한 이원성으로 되고 말기 때문입니다. 그래서 사르트르는 이렇게 말합니다.

> 의식 내부적인 균열은 그것이 부정하는 것의 바깥에서는 아무것도 아니며, 그 스스로를 보지 않는 한에서만 존재할 수 있는 것이다. 존재적인 무(néant d'être)이자 모든 것을 함께 무화시키는 힘인 이 부정적인 것, 그것은 바로 무다.(114/190)

의식은 자기에의 현전을 근본 성격으로 가짐으로써 대자존재로서 존립하는데, 그 핵심은 균열이라는 것이고, 그 균열이 다름 아닌 무라는 것입니다. 이를 압축해서 말하게 되면, '의식은 무다'라는 명제가 성립될 것 같습니다. 그렇다면 과연 이 무의 정체는 무엇일까요? 사르트르는 조금 더 구체적으로 설명합니다.

> 대자는 그 자신의 무여야 한다. 의식인 한에서 의식의 존재는 자기에의 현전으로서 **자기와의 거리를 두고서** 존립한다. 그리고 이러한 존재가 자신의 존재 속에 지니고 있는 아무것도 아닌 이 거리, 그것은 무다. 그래서 하나의 **자기**가 존립하기 위해서는 이 존재의 통일성에, 자기동일적인 것에 대한 무화로서 자기 나름의 무가 포함되어 있어야 한다. 왜냐하면, 신념 속에 스며든 무는 **신념**의 무이며, 즉자적인 신념으로서의 신념에 대한, 맹목적이고 충만한 신념으로서의 신념에 대한, '숯쟁이의 믿음'으로서의 신념에 대한 무이기 때문이다.(114/190~191)

간단하게 말하면, 즉자로서의 신념, 즉 즉자로서의 의식 상태는 존립할 수 없다는 것입니다. 의식의 존재가 자기에의 현전으로서 자기와의 거리를 통해서 존립할 수밖에 없고, 또한 의식의 존재가 바로 즉자적인 자기동일성 혹은 자기동일적인 즉자성을 무화시키는 힘인 무를 통해 존립할 수밖에 없기 때문입니다. 그러기에 의식은 항상 불안정함에 시달릴 수밖에 없고, 그런 불안정함의 근원은 바로 무인 셈입니다. 무에 관해 좀 더 적극적으로 규정하는 사르트르의 언급을 살펴봅시다.

> 우리는 존재를 발견하고 노출할 수 있는 그런 방식으로 무를 **발견하지도 않고 노출하지도** 않는다. 무는 항상 하나의 **딴 것**이다. 자기 자신과의 관계에 의해 하나의 딴 것이라는 형식하에서만 존립하는 것, 끊임없이

존재적인 불안정(inconsistance)에 의해 영향을 받는 존재로서 존립하는 것, 이는 대자의 책무이다.(114/191)

"무는 항상 하나의 딴 것이다"라는 언명이 돋보입니다. 갑자기 메를로-퐁티가 말한, "몸은 항상 자기가 아닌 것이다"라는 언명이 떠오릅니다. 사르트르가 말하고 있는 의식 존재에 관한 이야기를 몸에 그대로 이관하면 메를로-퐁티의 몸 현상학이 나오지 않나 할 정도로, 사르트르가 말하는 의식과 메를로-퐁티가 말하는 몸이 대단히 유사합니다. 메를로-퐁티는 몸 주체를 말하면서 주체는 항상 탈존적이라고 말하기도 합니다. 이를 염두에 두면서, 메를로-퐁티의 입장에 서게 되면, 사르트르가 말하는 의식의 대자적인 존재방식은 몸의 대자적인 존재방식에 근거한 것으로 될 것입니다. 사르트르가 말하는 선반성적인 코기토는 메를로-퐁티가 말하는 침묵의 코기토 혹은 체화된 의식과 그 성격이 거의 같기 때문입니다. 하지만 사르트르의 접근 방식은 메를로-퐁티와 반대입니다. 메를로-퐁티는 의식을 몸에 속한 것으로 보는데, 사르트르는 몸을 의식에 속한 것으로 보기 때문입니다.[2]

이에 관해서는 이 정도로 그치고 다시 본 논의로 넘어갑니다. 아무튼

---

2) 사르트르는 '대자존재인 몸'의 대목에서 이렇게 말합니다. "무엇보다 의식이 그의 몸을 의식으로서만 존립시킬 수 있다는 것은 명백하다. 그러므로 내 몸은 내 의식의 의식적인 구조다. 그러나 내 몸은 시각점(le point de vue)인데, 그 시각점에 대해 [또 하나의] 시각점이 있을 수 없다. 바로 그러하기 때문에, 비반성적인 의식의 판면에서는 몸의 의식은 없다. 따라서 몸은 자기(에 대한) 비정립적인 의식의 구조들에 속한다. 그러나 몸을 이러한 비정립적인 의식과 순전히 그리고 간단하게 동일시할 수 있는가? 더 이상 그럴 수 없다. 왜냐하면, 비정립적인 의식은 자신의 것인 가능성을 향해 자유로운 기획투사인 한에서, 즉 비정립적인 의식은 자기 자신의 무의 토대인 한에서, 자기(에 대한) 의식이기 때문이다."(369/49~50)

무는 불안정한 존재로서의 대자존재에 대해 그 근거로서 작동합니다. 그래서 이제 사르트르는 '자기에의 현전' 절의 결론으로 다음과 같이 말합니다.

무는 존재적인 구멍이다. 무는 대자가 구성되기 위해 필요한 즉자의 자기를 향한 추락이다. 그러나 이 무는 그 차용된 현존이 존재의 무화하는 작용과 상관적인 한에서만 '존재하게 될'(être été) 수 있다. 즉자가 자기에의 현전으로 전락하는 이 끊임없는 작용, 그것을 우리는 존재론적인 작용(acte ontologique)이라 부르고자 한다. 무는 존재에 의해 존재를 문젯거리로 만드는 것이다. 즉 무는 바로 의식 혹은 대자다. 그것은 존재에 의해 존재에게로 닥치는 절대적인 사건이며, 존재를 가지지 않고 존재에 의해 영구히 뒷받침되는 절대적인 사건이다. …… 무는 존재의 고유한 가능성이며 존재의 유일무이한 가능성이다. 더욱이 이 근원적인 가능성은 그 가능성을 실현하는 절대적인 작용에서만 나타난다. 무는 존재적인 무이기에 존재 자체에 의해서만 존재에게 닥칠 수 있다. 그리고 분명한 것은 특이한 한 존재, 즉 인간실재에 의해서만 무가 존재에게 닥친다는 사실이다. 그러나 [인간실재라는] 이 존재는 그 자신의 무의 근원적인 기획투사 이외에는 아무것도 아닌 한에서 인간실재로서 구성된다. 인간실재, 그것은 자신의 존재 안에 그리고 자신의 존재에 대해, 존재의 와중에서의 무의 유일무이한 근거인 한에 있어서의 존재다.(115/191~192)

사르트르는 서설에서 인간실재가 무를 분비함으로써 자유를 획득한다고 했습니다. 그리고 무는 존재로부터 자신의 현존을 차용해 온다고 했고, 심지어 무는 자유의 기생충이라고 말하기도 했습니다. 여기에서 그러한 생각이 또 다른 이름으로 구체화되고 있습니다.

여기에서 특별히 신경 써야 할 용어는 '존재론적인 작용'입니다. 존재론적인 작용은 무에서 일어나는 것이 아니라, 즉자가 자기에의 현전으로 전락함으로써, 즉 즉자가 대자로 전락함으로써 무를 분비해 내는 작용을 일컫습니다. 그러니까 존재론적인 작용에 의해 무가 성립하는 셈입니다.

하이데거가 인간을 현존재라고 특별히 지칭하고 이를 자기의 존재를 문제 삼는 존재자라고 정의했을 때, 그러한 정의를 할 수 있었던 것은 지금 여기서 사르트르가 말하는 존재론적인 작용이 있었기 때문입니다. 무가 없이는 존재를 문제 삼을 수 없고, 존재론적인 작용이 없이는 무가 성립할 수 없기 때문입니다. 존재가 이렇게 존재론적인 작용을 할 수밖에 없도록 되어 있는 것이기에, 존재는 처음부터 무라고 하는 구멍을 배태하고 있었던 셈입니다. 즉자는 본래 '구멍이 뚫린 존재'였던 셈이고, 그 구멍으로부터 대자가 생겨난 것입니다. '구멍이 뚫린 존재로서의 즉자', 이는 결코 파르메니데스적인 일자로서의 존재가 아니지요. 그러니까 사르트르가 즉자와 대자의 이분법을 내세움으로써 데카르트의 정신-물질 이분법을 더욱 극화했다는 식의 진단은 전혀 맞지 않은 것입니다.

존재가 존재론적인 작용을 통해 무를 분비할 수 있는 '특이하게 약한 지반'은 바로 인간실재가 아닐 수 없습니다. 화산 폭발이 약한 지반을 골라서 뚫고 솟구치듯이, 존재는 인간실재라는 약한 지반을 통해 무를 폭발적으로 분비해 내는 셈입니다. 따라서 인간실재를 적극적으로 규정하려고 할 경우, 도대체 무를 분비하는 유일무이한 존재라고 하는 의미를 벗어나서는 아예 규정이 불가능합니다. 그런 점에서 인간실재는 무의 유일무이한 근거이자, 동시에 무는 인간실재의 유일무이한 근거라 할 수 있습니다. 사르트르의 인간론이 나름대로 윤곽을 드러내는 대목이기에 유심히 생각해 볼 필요가 있습니다.

2. 대자의 현사실성

일종의 대장정이랄까. 굽이굽이 볼 만한 풍경도 많고, 걸음을 멈추고 세세하게 관찰해야 할 것도 많고, 때로는 우리 자신의 삶에 견주어 비판해야 할 것도 많고, 때로는 심지어 사유를 거절하는 대목을 만나 난처하기 이를 데 없는 상황에 부닥치기도 합니다. 겨우 한 학기를 하고, 이제 두번째 학기를 시작하는데도 이렇게 엄살부터 늘어놓게 되는 것은 이 사르트르의 『존재와 무』에 대한 강해가 적어도 두세 학기를 더 해야 할 것이기 때문입니다. 그보다 더 많이 해야 할지도 모릅니다.

몇몇 이유로 인해 이번 2009년 봄 학기에는 수강자가 얼마 되지 않을 것으로 예상했습니다. 지난 겨울학기 강의를 듣지 못한 사람들은 중간에 들어도 되는 것일까 하는 우려를 해서 수강을 포기할 수도 있을 것이고, 봄 학기에 다른 할 일들이 워낙 많아 본 강좌의 수강이 우선순위에서 밀릴 수도 있을 것이고, 한편으로 방금 말한 것처럼 '대장정'이 다소 부담스러울 수도 있기 때문입니다.

하지만, 사르트르의 『존재와 무』는 읽어 갈수록 이른바 '점입가경', 점점 더 인간 존재의 복합적인 정체를 실감나게 드러내면서 통념에 의해 대강 미리 주어져 있는 것이라고 여겼던 것들이 어떻게 해서 성립할 수 있는가에 대해 그 근원들을 파헤쳐 들어가기 때문에 결코 포기할 수 없습니다. 이번 강의는 '대자의 현사실성'에서부터 시작합니다. 이 절은 '제

1부 무의 문제'에 이어 '제2부 대자존재' 중 '제1장 대자의 직접적 구조들'에 속한 '제1절 자기에의 현전'에 이어 '제2절 대자의 현사실성', '제3절 대자와 가치의 존재', '제4절 대자와 가능들의 존재', '제5절 자아와 자성의 회로' 등 다섯 개의 절 중 두번째 절입니다.

오늘 강의는 '제2절 대자의 현사실성'과 '제3절 대자와 가치의 존재'를 다루게 될 것이고, 시간이 허락한다면 4절과 5절도 적절히 다룰 것입니다. 하지만, 현재로선 시간이 그렇게 '마음씨 좋은' 것은 아닌 듯싶군요.

전번 겨울학기 마지막 시간에 우리는 "무는 존재에 의해 존재를 문젯거리로 만드는 것이다. 즉 무는 바로 의식 혹은 대자다. 그것은 존재에 의해 존재에게로 닥치는 절대적인 사건이며, 존재를 가지지 않고 존재에 의해 영구히 뒷받침되는 절대적인 사건이다"(115/191~192)라는 기묘한 사르트르의 말을 생각했습니다.

적어도 근대 이후 여느 철학자들이 다 마찬가지겠지만, 특히 사르트르는 우리 인간이 일체의 존재에 대한 근거를 문제 삼는 존재라는 점을 염두에 둡니다. 그러면서 우리 인간이 그렇게 존재의 근거를 문제 삼을 수 있는 가능성 자체를 존재론적으로 분석하고 그 분석의 결과에 대해 나름의 존재론적인 명명을 수행하고자 합니다. 그 존재론적인 명명 작업에 의해 등장한 것이 '무'입니다. 그리고 그 무를 의식 및 대자와 동일시한 것이지요.

그런데 무, 의식, 대자 등으로 지칭되는 바 존재의 근거를 문제 삼을 수 있는 가능성 자체는 존재의 권역을 벗어나지 못합니다. 무, 즉 의식 내지는 대자가 존재에 의해 영구히 지탱된다거나 존재에 의해 존재에게로 닥치는 절대적인 사건이라고 말하는 것은 바로 이를 의미합니다. 존재가 존재 자체에 기습해 들어와 존재 자체에 이미 균열을 일으킬 때, 그 균열이 바로 무, 즉 의식 내지는 대자입니다. 이를 사르트르는 '존재론적인 작용'이라 불렀지요.

인간실재는 바로 이러한 존재론적인 작용이 일어나는 유일한 지점입니다. 그래서 "인간실재, 그것은 자신의 존재 안에서 그리고 자신의 존재에 대해, 존재의 와중에서의 무의 유일무이한 근거인 한에 있어서의 존재다"(115/191~192)라고 말한 것이지요.

이런 점을 염두에 두게 되면, 인간실재의 근본적인 존재방식인 대자가 전개되는 사태와 여기 교탁이나 분필이 전개되는 사태는 사뭇 다를 것임에 틀림없다는 점을 알게 될 것입니다. 여기 교탁이나 분필이 시간의 추이에 따라 전개되는 사태는 흔히 '사실'(fait)이라 지칭됩니다. 사실을 그 자체로 볼 때, 사실은 그 자체로 '있습니다'. 하지만 대자는 그 자체로 '있지' 않습니다. 하지만 대자가 현존하지 않는 것은 결코 아닙니다. 대자는 있긴 하되 그 자체로 있지 않은 것이고, 이를 일컬어 현존한다고 하는 것이지요. 이에 대자와 관련되는 경우, '사실'이란 말 대신에 '현사실성'이란 용어를 씁니다.

'현사실성'으로 번역한 불어 원어는 'facticité'입니다. 다소 성급한 것 같지만, 사유를 효율적으로 진척시키기 위해 이와 관련해서 나중에 나타나는 사르트르의 글귀를 미리 인용하고자 합니다.

> 대자는 즉자를 부족해 하지만(manque), 즉자는 대자를 부족해 하지 않는다. 따라서 양자의 대립에는 상호성이 없다. 요컨대, 대자는 즉자와의 관계에 있어서 비본질적이고 우연한 것으로 머문다. 우리가 저 앞에서 대자의 현사실성이라 불렀던 것은 바로 이 비본질성(inessentialité)이다.(131의 각주 1번/226의 원주 5번)

대자는 즉자를 갖고 싶어 '아쉬워하면서 애달파하지만', 즉자로서는 전혀 그럴 이유가 없고, 그런 점에서 즉자의 입장에서 볼 때 대자란 비본질적인데, 이같이 즉자에 대해 대자가 갖는 비본질성이 바로 대자의 현사실성이라고 말하고 있습니다. 여기에서 "부족해 하다"(manquer)라는 동사는 '결핍 상태에 있다'는 것이지요. 무언가에 대해 결핍 상태에 있는 것은 그 무언가를 획득하여 자신의 결핍 상태를 극복하고자 한다는 것을 의미합니다. 또한 결핍 상태를 극복했다고 할 때, 그렇게 해서 성립하는 새로운 상태는 결코 결핍 상태에 있던 자기도 아니고, 결핍을 채운 그 무언가도 아니겠지요. 그것은 제3의 새로운 상태일 수밖에 없습니다. 이 제3의 상태가 도대체 무엇인가를 염두에 두면, 본 절의 논의 전개를 더 잘 따라갈 수가 있을 것입니다.

사르트르는 대자의 현사실성을 논의하면서 맨 먼저 '코기토' 문제를 거론합니다.

존재가 자기 자신을 파악하되, 자기가 자기 자신의 근거가 아닌 것으로 파악하는 것은 모든 **코기토**의 바탕에 놓여 있다.(115/192)

'코기토'라고 하면, 우리는 데카르트의 "나는 생각한다. 그러므로 나는 존재한다"라는 유명한 언명을 생각하지 않을 수 없습니다. 데카르트의 이 말은 코기토, 즉 '나는 생각한다'라는 것이 그 자체로 존재의 근거를 갖는 것임을 천명한 것이라 할 수 있습니다. 그래서 데카르트는 정신을 '사유하는 실체'로 정위했던 것이고요.

그런데 사르트르의 이 인용문은 정반대입니다. 자기가 자기 존재의 근거가 될 수 없다는 데서 모든 코기토가 존립한다고 말하기 때문입니다. 이를 위해 사르트르는 데카르트가 신 존재 증명을 위해 '완전성' 개념을 끌어들이면서 사유하는 자가 이 완전성을 지니고 있지 못하다고 한 것을 지적하면서, 그것은 사유하는 자가 '신'이라는 존재를 대면하면서 자기를 존재의 '결여'로서 파악한 것이고, 또한 그러한 파악은 코기토가 자기 자신의 우연성을 파악한 것이며, 따라서 '생각하는 나'는 본래 자기 자신의 근거가 아닌 존재임을 말해 준다고 역설합니다.

이런 점을 하이데거가 간파하여 비본래적인 상태에서 본래적인 상태로 나아가기 위한 실마리로 삼긴 했지만, 자신의 휴머니즘을 초월적인 것이 지닌 종교적인 의미와 화해시키고자 하는 의도를 너무 노골적으로 드러냄으로써 일을 그르쳤다는 지적을 잠시 한 뒤, 사르트르는 '신적인 존재'에서 가능할 것 같은 바, 자기 존재에 대해 스스로 근거가 된다는 것이 어떤 것인가에 대해 다음과 같이 말합니다.

자기 자신의 존재에 대해 [스스로가] 근거가 되기 위해서는, 자기와의 거리를 갖고서 존립해야 한다. 그런데 이는 근거를 주는 존재(l'être fondant)와 마찬가지로 근거를 받는 존재((l'être fondé)에 대한 모종의 무화를 함축할 것이다. 즉 통일성일 이원성을 함축할 것이다. [그러면] 우리는 다시 대자의 경우로 떨어질 것이다. 요컨대 자신의 존재에 대해 근거가 될 존재라는 관념을 간파하고자 하는 모든 노력은 자신의 의도와는 달리 즉자존재로서는 우연적이면서 자기 자신의 무의 근거가 될 그런 존재의 관념을 형성하는 데 그친다.(116~117/193~194)

결국 문제는 '근거'(fondament)라는 개념 자체입니다. '자기 근거'라 할지라도 근거라는 개념 자체가 그 속에 필연적으로 대자적인 구조를 함축할 수밖에 없다는 것이지요. 이는 "근거 일반은 대자에 의해 세계로 온다"(118/195)라는 말로 달리 압축됩니다. 말하자면, 신이라 할지라도 '자기 근거', 즉 스스로가 스스로의 존재 근거가 된다고 한다면, 거기에는 오히려 자기 자신에 대한 무의 근거를 지닌다는 것입니다. 이는 곧 그 어떤 것도 자신에게서 자신의 존재 근거를 갖지 못한다는 이야깁니다. 그래서 사르트르는 전통 기독교에서는 결코 용납할 수 없는 다음과 같은 명제를 발설합니다.

만약 신이 현존한다면, 신은 우연적이다.(117/195)

신이 우연적이라는 것은 그 자신 굳이 신이어야 할 필연성이 없다는 이야깁니다. 이 정도로 되면, 존재의 전체 영역을 살살이 뒤진다 할지라도 도대체 필연적인 존재 영역은 전혀 없음을 천명하는 것일 뿐만 아니라, 존재 자체가 필연적이라는 것이 무슨 뜻인지조차 알 수 없다는 이야기가 됩니다. 결국에는 자기 속에 자기 근거를 갖지 않는 존재가 바탕에서부터 출현하지 않을 수 없습니다. 그리고 그런 존재가 출현하는 바탕을 즉자존재라고 할 수밖에 없는데, 이 즉자존재 자체 역시 우연적인 것입니다. 그래서 이런 이야기가 나오게 됩니다.

만약 즉자존재가 우연적이라면, 즉자존재는 대자로 전락됨으로써 스스로를 회복한다. 즉자존재는 대자 속으로 스스로를 잃어버리기 위해 존재한다. …… 대자는 스스로를 의식으로서 근거 짓기 위해 즉자로서의 자기를 상실한 즉자다. …… 의식의 근거라고 말할 수는 없지만 의식 속으로 소멸하는 것, 그것은 우연적인 즉자다.(118/195)

즉자와 대자의 이분법이 무너지는 장면입니다. 또한 즉자에서 대자가 어떻게 성립되어 나오는가를 기술하고 있습니다. 즉자존재는 말 그대로 자신 속에 처박혀 있는 존재입니다. 그런데 이 즉자존재는 그 자체로 보면 우연적입니다. 우연적이라는 것은 자기 속에 자기의 존립 근거를 가질 수 없다는 것을 말합니다. 자기 근거로부터의 이탈이란 자기 속에 균열을 지니고 있다는 것이고, 그 균열은 결국 대자로 나타납니다. 즉자는 대자를 통해 자신을 복구하지 않으면 안 되는 일종의 존재론적인 운명을 지닌 것이고, 따라서 일단 즉자는 자신을 대자, 즉 의식 속으로 자신을 소멸시킴으로써 자신을 복구하고자 합니다. 이에 "즉자는 이미 더 이상 즉자가 아닌 한에서 자기 자신에 대한 근거다"(118/195)라는 말이 성립합니다. 사르트르의 존재론을 철저히 유물론적이라고 하지 않을 수 없도록 합니다.

이를 사르트르는 '존재론적인 작용'에 의한 '절대적인 사건'이라고 말하지요. 그러면서 "절대적인 사건 혹은 대자는 그 존재 자체에 있어서 우연적이다"(118/195)라는 말에서 알 수 있듯이, 이 '절대적인 사건'을 대자와 맞바꾸어 쓰기도 합니다. 아무튼 즉자의 우연성이 대자를 출현케 한다고 할 때, 그렇게 출현한 대자 역시 우연적인 것이 아닐 수 없습니다. 대자의 우연성 역시 즉자존재의 우연성과 마찬가지로 그 자체 속에 자신의 존립 근거를 지닐 수 없다는 것을 함축합니다. 우리로서는 여기에서 우연성을 매개로 한 대자와 즉자 간의 끊임없는 동요를 목도합니다. 이 끊임없는 동요야말로 인간 존재의 존재론적인 정체를 드러내는 것이라 하지 않을 수 없겠지요. 이에 대자의 현사실성이 이렇게 정의됩니다.

대자는 영구적인 우연성에 의해 지탱된다. 대자는 이 영구적인 우연성을 자기 나름으로 되잡고, 이 영구적인 우연성에 자기를 동화시킨다. 하지만 대자는 이 영구적인 우연성을 결코 제거하지 못한다. 대자에 들러붙어 있어 대자를 즉자존재에 연결시키면서도 그 자체는 결코 파악되도록 하지 않는 이 우연성은 즉자존재의 영구적으로 덧없는 우연성이다. 바로 이것이 우리가 대자의 **현사실성**이라 부르고자 하는 것이다. 대자는 **존재한다** [혹은] 대자는 **현존한다**(*existe*)라고 말할 수 있도록 하는 것이 바로 이 대자의 현사실성이다. 하지만 우리는 대자의 현사실성을 결코 [따로] **현실화할** 수 없고 항상 대자를 통해서 파악할 수 있을 뿐이다.(119/196~197)

우리 자신으로 돌아와서 생각해 봅시다. 우리가 반성을 통해 자기의식을 지니고, 이 자기의식을 계속 심화시켜 나가면 내 자신에게서 어떤 절대적인 필연성을 찾을 수 있을 것 같기도 하지만, 우리는 끊임없이 그렇게 반성하는 나 자신의 존재가 그 자체로 결코 필연적인 것이 아니고 철저히 우연적인 것임을 실감하게 됩니다. 예컨대 메를로-퐁티가 "반성은 비반성적인 사건이다"라고 했을 때, 여기 사르트르적인 논법으로 보면, 그것은 대자가 즉자존재의 영구적인 우연성에 의해 지탱된다는 것을 달리 표현한 것이라 할 수 있습니다. 그래서 사르트르는 이렇게 달리 말합니다.

거기에 있음에 대한 의식으로서 자기 자신을 심화시키는 대자는 자기 속에서 동기부여들 외에 그 어떤 것도 발견하지 않을 것이다. 다시 말하면, 이러한 대자는 끊임없이 자기 자신에게로, 자기의 항구적인 자유에게로 넘겨질 것이다. 그러나 이러한 동기부여들이 전적으로 동기부여들 자체를 근거 짓는 한에 있어서, 이러한 동기부여들을 얼어붙게 하는 우연성은 대자의 현사실성이다.(119~120/198)

사르트르적인 시각에서 보면, 후설이 필증적 명증성을 내세웠을 때, 그 의미는 의식이 자신을 의식함에 있어서 의식 그 외에 다른 것일 수가 없다고 하는 일종의 대자적인 필연성을 제시한 것이라 할 수 있습니다. 대자의 자기에 대한 동기부여는 그 나름대로 필연적인 측면이 있습니다. 하지만, 대자로서의 의식이 그렇게 '뜬금없이' 존재한다고 하는 사실 자체는 결코 필연적인 것이 아니고, 바로 우연적인 것이지요.

불안의 근본적인 기원이 여기에 있습니다. 대자적인 인간 존재가 근본적으로 불안한 것은 바로 대자에게로 옮겨붙은 즉자존재의 우연성, 즉 대자의 현사실성 때문입니다. 이에, "대자는 **아무것도 아닌 것을 위해**(*pour rien*) 거기에 있는 것으로서, **과잉으로**(*de trop*) 존재하는 것으로서 자신을 파악한다"(120/198)라는 언명이 성립합니다.

문제는 데카르트처럼 대자적인 사유를 속성으로 갖는 실체가 과연 있는가, 없는가 하는 점입니다. 이러한 실체가 있다는 것은 대자적인 사유를 하고 있지 않은 상태에서도 존립할 수 있는 어떤 것이 있다는 것이지요. 과연 그러한 실체가 있을 수 있을까요?

그 반대로, 우리에게서 대자 혹은 절대적 사건의 출현은 즉자가 자기를 근거 짓기 위한 노력을 지시한다. 그러한 노력은 존재가 자신의 존재가 지닌 우연성을 제거하기 위한 시도에 해당된다. 그러나 이러한 시도는 즉자의 무화로 연결된다. 왜냐하면 즉자가 자신을 근거 짓기 위해서는 자기 혹은 반성적이고 무화하는 지시를 자기 존재와의 절대적인 자기동일성 속으로 도입하지 않으면 안 되기 때문이고, 그 결과 자기를 대자로 전락시키지 않으면 안 되기 때문이다. 그러므로 대자는 즉자의 감압적인 파괴에 해당되고, 즉자는 무화되어 자기를 근거 짓기 위한 자신의 시도 속으로 가라앉아 버린다. 그러므로 대자를 속성으로 삼는 실체, 사유를 산출하면서 그 산출 자체에서 자기를 소진하지 않는 실체는 없다.(120/198~199)

생각한다는 것은 그 자체 대자가 된다는 것이고, 따라서 즉자존재가 생각한다고 말할 수는 없는 노릇입니다. 즉 즉자존재를 대자를 속성으로 삼는 실체로 여길 수는 없는 노릇입니다. 데카르트식으로 말하면, 즉자존재가 대자를 속성으로 삼는다는 것은 물질이 생각한다는 것에 해당합니다. 그래서 데카르트는 '영혼' 혹은 '정신'으로 해석될 수 있는 'âme'를 실체로서 따로 설정했던 것이지요.

그런데 사르트르는 데카르트가 말하는 그런 실체는 있을 수 없다고 말합니다. 그는 즉자가 자기를 근거 짓기 위해 스스로를 무화시켜 이른바 '존재적인 감압'을 수행함으로써 파생적으로 드러나는 것이 바로 대자라고 연거푸 말하고 있습니다. '존재적인 감압'은 즉자의 존재적인 밀도가 무한하다는 것과 대비되는 것이지요. 압력이 줄어듦으로써 그사이에 틈이 생기고 그 틈에서 대자가 성립되어 나온다는 것이니, 대자가 즉자의 속성일 수가 없는 노릇입니다. 대자란 분명 존재한다고 말할 수는 있지만, 그 자체 실체도 아니고, 즉자와 별개인 또 다른 실체의 속성일 수도 없습니다. 대자는 즉자의 감압 작용, 즉 존재론적 작용 혹은 절대적 사건이 없으면 그 자체로 즉자 속으로 꼬리를 완전히 감추고 마는 것입니다. 미리 말하자면, 이런 대자의 존재방식을 현존이라고 하는 것입니다.

3. 대자와 가치의 존재

즉자와 대자 간의 관계가 정말 묘합니다. 실체와 속성의 관계도 아니고, 원인과 결과의 관계도 아닙니다. 그러나 존재론적인 근거 지음의 관계에서 비롯된 것만은 분명합니다. 이를 더욱 세밀하게 분석하고 그 성과를 얻어내기 위해 사르트르는 앞서 잠시 언급했던 '결핍' 문제를 본격적으로 도입합니다.

> 모든 내적인 부정들 중에서 가장 깊숙이 존재를 관통하는 부정, 자기가 부정하는 존재와 더불어 자기가 부정하는 존재를 **자신의 존재 속에** 구성하는 부정, 그것은 바로 **결핍**이다. 결핍은 전적으로 긍정성인 즉자의 본성에는 속하지 않는다. 결핍은 인간실재의 발용과 함께 해서만 세계 속에 나타난다.(122/201)

사르트르는 외적인 부정 관계와 내적인 부정 관계를 구분합니다. 예컨대 "잉크병은 새가 아니다"라는 것은 전자에 해당합니다. 극단적인 상태를 지목하자면, 비트겐슈타인이 말한 "장미는 이빨이 없다"라는 식의 문장에서 성립하는 것이 외적인 부정 관계입니다. 그런 반면, 내적인 부정 관계는 사람들이 뭔가를 부정한다고 할 때 무조건 어떤 것을 부정하는 것이 아니라 그것의 어떤 측면을 부정하는 경우에 성립합니다. 즉 부정되는 그것과 부정되는 그것의 부정되는 측면 간의 관계가 내적인 부정 관계라는 것입니다. 내적인 부정의 관계를 맺고 있는 두 항 사이에는 본질적인 관계가 있음에 틀림없습니다.

예컨대 내가 어떤 사람과의 만남을 거절한다고 할 때, 그 사람의 열림이 부족한 탓에 만남을 거절한다고 해봅시다. 그리고 이를 내가 그 사람을 부정하는 것으로 본다고 합시다. 내가 부정하는 그 사람과 내가 그 사람에 대해 부정하는 열림은 나의 부정에 있어서 본질적인 관련을 맺고 있는 것입니다.

사르트르가 이러한 의미의 내적인 부정 관계 중에서 결핍을 가장 심오한 것으로 꼽는 이유가 있을 것입니다. 사르트르가 말하는 결핍은 구체적인 어떤 것의 결핍이 아니라, 일종의 존재론적인 결핍입니다. 말하자면, 즉자와 대자 간의 관계에서의 결핍을 지목하고서, 이로부터 결핍을 넘어서고자 하는 노력을 제시하고, 가치라는 것이 근본적으로 그러한 노력에 관련하여 성립한다는 것을 보이기 위한 것입니다.

이러한 작업을 진행하기 위해 사르트르는 결핍의 삼원성(3항 구조, trinité)을 이렇게 제시합니다.

결핍은 삼원성을 전제한다. 결핍된 것 혹은 결핍항, 이 결핍된 것이 결핍되는 곳 혹은 현존항, 그리고 결핍에 의해 이전에 분해되었고 이제 결핍항과 현존항의 종합에 의해 복구될 총체성이 그것이다. 여기에서 마지막 총체성은 바로 **놓친 것**이다.(122/201)

이를 설명하기 위해 사르트르는 달의 이지러짐과 차오름을 들먹입니다. 예컨대 상현달은 완전한 보름달을 형성하는 데 있어서 반원이 결핍된 것이지요. 이렇게 상현달을 결핍된 것으로 직관하기 위해서는 완전한 보름달을 향한 직관의 시도가 있어야 하고, 다시 상현달로 되돌아와야 합니다. 이때 상현달은 현존항으로서 결핍항을 통해 뭔가를 결핍한 것으로 정립됩니다. 여기에는 주어진 현존항에 대한, 즉 상현달에 대한 일종의 초월이 들어 있습니다. 이 초월을 바탕으로 사르트르는 위 3항 구조를 이렇게 다시 말합니다.

바로 이러한 초월에서 **결핍항**은 현존항과의 종합적인 부가를 통해 놓친 것의 종합적인 총체성을 재구성할 수 있는 것으로서 정립될 것이다. 이런 의미에서 **결핍항**은 현존항과 동일한 본성을 갖는다. 결핍항이, 결핍된 것이 결핍되고 있는 현존항으로 되기 위해서는, 그리고 현존항이 결핍항이 되기 위해서는 상황을 뒤집기만 하면 충분할 것이다. 현존항의 보충물인 이 결핍항은 그 존재에 있어서 놓친 것의 종합적인 총체성에 의해 규정된다. 그래서 인간 세계에서, 직관적으로 자신을 결핍항으로 여기는 불완전한 존재는 놓친 것에 의해 —— 즉 자기가 아닌 것에 의해 —— 자신의 존재 속에서 구성된다.(123/202)

어쩌면 아주 당연한 이야깁니다. a와 -a가 합해서 새로운 A가 되어야 한다고 할 때, 우리는 a가 결핍 상태에 있다고 말할 수 있습니다. a는 -a와 종합되어 A가 되고자 할 것입니다. 이때 -a는 결핍항이고 a는 현존항이고, A는 놓친 것, 즉 a와 -a의 종합에 의해 복구될 총체성입니다. a를 결핍으로 보지 않을 수도 있는데, 그렇게 되면 모든 내적인 부정은 사라지고 말 그대로 즉자 상태로 접어들고 맙니다. 사르트르는 이러한 결핍 관계가 인간실재를 통해 나타난다고 하면서도 이를 인간실재에 그대로 적용합니다.

인간실재에 의해 결핍이 세계 속에 나타난다. 인간실재는 그 자체 하나의 결핍이어야 한다. 왜냐하면 결핍은 결핍에 의해서만 존재로부터 올 수 있고, 즉자는 즉자에 대해 결핍의 기회가 될 수 없기 때문이다. 달리 말하면, 존재가 결핍항 혹은 놓친 것이 되기 위해서는, 한 존재가 스스로를 자기 자신의 결핍으로 만들어야 한다. 결핍된 한 존재만이 존재를 놓친 것을 향해 초월시킬 수 있다.(123/202)

존재가 그 자체로 결핍일 수 있을까요? 그럴 수는 없을 것입니다. 즉자적으로 보면, 존재란 그 자체로 아무런 문제가 없는 것입니다. 그런데 대자를 바탕으로 한 인간실재가 즉자의 감압 내지는 절대적인 사건에 의해 출현했다고 하는 사실은 대자적인 연관에서 보면 존재란 것이 뭔가 결핍된 것이 아니겠는가 하는 생각을 하지 않을 수 없게 합니다.

이 문제는 존재론 역사의 전반에 걸친 문제라 할 수 있습니다. 기독교에서 신이 세상을 창조한다고 하는 것이라든가, 플로티누스가 일자로부터 존재자들이 유출되어 나온다고 하는 것이라든가, 혹은 스피노자가 신인 자연이 스스로를 생산해 낸다고 한 것 등이 모두 여기에 해당됩니다. 존재는 왜 그런 짓을 하는 것일까요? '심심해서' 그럴까요? 그렇지 않을 것입니다. 존재가 처음부터 뭔가 결핍되어 있기에, 그 결핍을 메워 극복하기 위해 그러는 것 아니겠는가 하는 생각을 충분히 할 수 있습니다.

그런데 사르트르는 결핍 자체가 인간실재에서부터 세계 속에 나타난다고 말합니다. 만약 인간실재가 없다고 한다면, 창조니 유출이니 자가생산이니 하는 등의 결핍을 예상케 하는 사태들은 처음부터 성립하지 않는다는 이야깁니다. 이 대목에서 사르트르가 얼마나 현상학적인 사유를 치밀하게 밀고 나가는가를 알 수 있습니다. 사르트르는 이러한 생각을 인간의 욕망(désir)에 대한 분석을 통해 더욱 실감나게 만듭니다.

사르트르는 욕망을 인간의 심리 상태로 보아서는 안 된다고 하면서,

심리 상태는 본성상 바로 그것으로 있는 것인 데 반해 욕망은 그러하지 않다는 사실을 그 이유로 듭니다. 그리고 욕망이란 스피노자가 말하는 식의 물리적인 힘의 이미지를 담은 코나투스(conatus)로 파악해서도 안 된다고 말합니다. 상태들을 생산해 내는 생산자로서의 코나투스를 상태적인 호소(呼訴, appel d'état)인 욕망과 동일시해서는 안 된다고 말합니다. 그러면서 다음과 같은 흥미로운 발언을 합니다.

> 유기체적인 현상으로서의 목마름, '생리적인' 물의 필요로서의 목마름은 존립하지 않는다. 물이 부족한 유기체는 어떤 긍정적인 현상들, 예컨대 혈액의 유착된 어떤 농밀함을 나타낸다. 이 혈액의 유착된 어떤 농밀함은 그 나름대로 어떤 다른 현상들을 야기한다. …… 물이 증발한 용액의 농밀함이 그 자체 용액의 물에 대한 욕망으로 간주될 수는 없다.(123~124/203)

여기에는 스피노자가 주장한 것으로 알려져 있는 물리-심리적인 평행론으로도 도대체 인간 욕망의 문제를 제대로 접근해 갈 수 없다는 이야기가 들어 있습니다. 몸에 물이 부족할 때, 목마름이라는 심리 상태가 동시에 평행해서 일어난다고 말할 수 없다는 것입니다. 오히려 목마름이란 생리적인 것도 아니고, 심리적인 것도 아니라고 하면서 이렇게 말합니다.

> 심리적인 목마름의 존재는 한 상태의 즉자적인 존재가 될 것이다. 그리고 우리는 다시 한번 증인으로서의 하나의 초월에 호소하게 된다. 그러나 그렇게 되면 목마름은 이 초월에 대한 욕망이 될 것이고 [목마름인]

자기 자신에 대한 욕망이 아니게 되고 말 것이다. 목마름은 타인의 눈들에 비친 욕망이 되고 말 것이다. 만약 욕망이 자기 자신에게 욕망이 될 수 있으려면, 욕망은 초월 그 자체가 되어야 한다. 즉 욕망은 본성상 욕망되는 대상을 향해 자기를 벗어나는 것이어야 한다. 달리 말하면, 욕망은 하나의 결핍이어야 한다.──그러나 욕망이 하나의 대상인 결핍(manque-objet), 즉 그것이 아님이라는 초월에 의해 만들어지고 당하게 되는 결핍이어서는 안 된다.──욕망은 그 자신의 ……에 대한 결핍이어야 한다. 욕망은 존재적인 결핍이다. 그 존재에 있어서 욕망은 자기가 욕망하고 있는 바로 그것에 의해 가장 내밀하게 들러붙어 있다. 그래서 욕망은 인간실재의 존재 속에서 결핍의 현존을 증언한다.(124/203)

여기서 사르트르의 욕망 개념이 전개되고 있습니다. 욕망은 본래 욕망 바깥의 어떤 것에 대한 게 아니라, 자기 자신에 대한 욕망이라는 것이 핵심입니다. 즉 욕망이 자기를 결핍된 것으로 여기고 결핍으로서의 자신을 넘어서서 자기가 아닌 충만한 자기에로 향한 것이라는 주장입니다.

욕망을 존재적인 것으로 보는 이러한 사르트르의 욕망 개념은 인간실재에서의 즉자와 대자 간의 결핍 관계에 대한 분석을 통해 더욱 심화됩니다.

인간실재가 대자인 자기로부터 부정 혹은 무화하는 그것은 **자기**일 수밖에 없다. 그리고 인간실재가 자신의 의미 속에서 구성되는 것은 이러한 무화에 의해서, 그리고 자신 속에서 자기가 무화하는 것이 무화된 것이라는 자격으로 이렇게 현전함에 의해서이다. 그렇기 때문에 인간실재의 의미를 만드는 것은 결핍된 **즉자존재로서의 자기**다. …… 대자가 결핍해 하는 것은 바로 자기, ── 혹은 즉자인 자기-자신이다. …… 결핍된 즉자는 순수한 부재다. …… 대자는 그 존재에 있어서 실패다. 왜냐하면 대자는 무인 한에서 오로지 자기 자신에 대한 근거이기 때문이다. …… 인간실재는 자기가 결핍해 하는 것을 향한 자기 자신의 초월이다. 인간실재는 자기를 초월하여 특수한 존재로 향한다. 이 특수한 존재는, 만약 그 자신이 이전에 지금과 같았으면 바로 그러했을 그러한 존재다. …… 인간실재는 우선 결핍으로서 존립하고 자신이 결핍해 하는 것과 직접적인 종합의 연결을 통해 존립한다. 그래서 인간실재가 세계에의 현전으로 발용하는 순수 사건은 [인간실재의] 자기에 의해 자기 자신으로부터 자기 자신의 결핍으로 파악된다. 인간실재는 자기가 현존으로 도래하면서 불완전한 존재로 파악된다.(125/205)

대자로서의 인간은 대자로서 자신의 즉자성을 무화함으로써 자신의 의미를 만들어 가는 존재라는 이야기를 깔고 있습니다. 자신의 의미가 즉자성을 벗어난 상태에서 초월적인 어딘가에 있다가 주어진다는 것이 아니라, 오히려 그 반대로 자기가 무화할 수밖에 없었던, 그렇기에 결핍된 것으로 되돌아와 주어져 있는 즉자존재로서의 자기를 통해 자신의 의미를 만들어 가는 것이 인간이라는 이야깁니다. 대자가 되고 싶어서 대자가 된 것도 아니고, 자신의 즉자성을 무화하고 싶어서 무화한 것도 아님을 전제로 하고 있습니다. 본래 존재 자체가 우연적이기에 존재 자체가 자신의 존재 근거를 확보하고자 하는 일종의 '몸부림'에서부터 대자, 즉 인간실재가 존립하게 되었다는 것이지요. 대자를 바탕으로 한 인간실재는 이제 결핍된 자신의 즉자존재로서의 자기와 종합을 이루어야 합니다. 그러기 위해 자신을 초월하고자 합니다. 그러나 과연 이 일은 가능할까요? 이 일이야말로 인간실재로서의 존재적인 운명을 거스르는 것이 아닐 수 없기 때문입니다.

사르트르는 결핍을 넘어선 종합적인 총체성의 차원으로부터 대자에게 손짓하는바, 영구적으로 부재하는 존재를 제시합니다. 이 존재는 대자가 자신의 즉자와 종합적인 통일을 이룬 상태입니다. 그런데 사르트르는 이렇게 말합니다.

> 대자에 들러붙어 떠나지 않는 이 영구적으로 부재하는 존재, 그것은 그 자체 즉자 속에 고착되어 있다. 그것은 대자와 즉자의 불가능한 종합이다. 이 존재는 무가 아니라 존재인 한에 있어서 자기 자신의 근거로 있을 것이다. 그리고 이 존재는, 자기 속에 즉자존재의 자기와의 일치를 보유함과 동시에, 의식이 갖는 필연적인 반투명성을 보유할 것이다. …… 간단히 말해, 이 존재는 우리가 밝힌 바, 영구적으로 사라지는 관계로서만 존립할 수 있는 **자기**일 것이다. 그러나 이 존재는 실체적인 존재인 한에 있어서 그러할 것이다. 그래서 인간실재는 자기 자신의 총체성이 현전하는 가운데 혹은 이 총체성의 결핍인 자기가 현전하는 가운데 바로 인간실재로서 발융한다.(126/206~207)

인간 존재의 존재론적인 불행이랄까, 혹은 운명이랄까 하는 대목이 여실히 드러나 있습니다. 불가능하다는 것을 알면서도 그 불가능성을 도저히 벗어날 수 없는 인간실재의 존재야말로, 인간적인 측면에서 보면 불행하다고 하지 않을 수 없기 때문이지요. 중요한 것은 여기에서 사르트르가 말하는 "영구적으로 부재하는 존재", 달리 말해 총체성으로서의 존재는 바로 인간실재가 처음부터 자신을 결핍으로 여기게 하는 근원이라는 것, 하지만 이는 자신의 결핍을 메울 수 있는 길, 즉 대자이면서 즉자일 수 있는 즉자대자로의 종합을 이루는 길은 봉쇄되어 있음을 말한다는 것입니다. 이에 관한 내용이 이렇게 달리 정돈됩니다.

> 이 존재는 의식과 동시에 의식의 중심에서 그리고 의식의 바깥에서 동시에 발용한다. 이 존재는 절대적 내재 속에서의 절대적인 초월이다. 이 존재의 의식에 대한 선차성(priorité)이 있는 것도 아니고, 이 존재에 대한 의식의 선차성이 있는 것도 아니다. 이 존재와 의식은 **쌍을 이룬다.** …… 의식은 이 존재인 방식으로 이 존재와 관계를 맺는다. 왜냐하면 이 존재는 의식 자체이기 때문이다. 그러나 이 존재는 의식이 그럴 수 없는 존재로서 그렇게 의식 자체이다. …… 이 존재의 본성은 자기 속에 자기 자신의 모순을 품고 있다는 것이다. 이 존재가 대자와 갖는 관계는 전적인 초월 속에서 완성되는 전적인 내재다.(127/208)

존재론적으로 보아 자신과의 근원적이고 필연적인 어긋남을 지닌 것이 인간실재라는 이야깁니다. 어긋난다고 해서 무조건 불행하다고 해야 하는가 하는 문제는 다른 문제이기도 합니다. 의식의 깊숙한 내면을 치고 들어가면 의식의 바깥으로 빠져나온다는 일종의 뫼비우스 띠와 같은 연결 방식으로 쌍을 이루는 즉자대자적인 이 존재와 대자적인 의식이 서로 연결되어 있습니다. 하지만, 의식이 대자적인 한에 있어서, 의식이 이 존재일 수는 없습니다. 하지만, 이 존재처럼 존재하지 않고서는 이 존재와 연결될 수 없습니다.[3]

그렇다고 한다면, 결핍으로서의 인간실재가 자신의 결핍을 메우고자 하는 일은 과연 무조건 도로에 그치고 마는 것인가요? 이 물음에 어느 정도 답을 줄 수 있는 개념으로 '가치'(valeur)를 들 수 있습니다. 윤리적인 측면에서도 그러하지만 경제적인 측면이나 여러 다른 차원에서 볼 때, 특히 인간 존재에 대해 '과연 살 가치가 있는가?' 하는 식의 물음을 던질 때, 가치 문제는 대단히 근원적인 것이 아닐 수 없습니다. 사르트르는 가치 문제를 끌어들이면서 일단 가치를 파악하고자 할 때 나타나는 이중적인 난관을 이렇게 말합니다.

> 가치가 가치인 한에서, 가치는 실제로 존재를 갖는다. 그러나 실재(réalité)에 견주어 보면, 이 규범적인 현존자가 바로 존재를 갖는 것은 아니다. 가치의 존재는 가치로서 있는 것이지, 말하자면 존재로서 있는 것이 아니다. 그래서 가치인 한에서의 가치의 존재는 존재를 갖지 않는 것의 존재다. 따라서 가치는 파악이 불가능해 보인다. 가치를 존재로서 파악하고자 할 경우, 가치의 비실재성을 전적으로 오인하여 사회학자들처럼 가치를 여러 다른 사실들 중에 하나의 사실적인 요구로 만들어 버릴 위험성이 있다. 이 경우에 존재의 우연성은 가치를 죽인다. 그러나 그 반대로 만약 가치들의 이념성(idealité)에 대해서만 눈을 돌린다면, 가치들로부터 존재를 박탈하게 되며, 가치는 존재를 상실함으로써 붕괴되고 만다.(129/210~211)

---

3) 사르트르의 이 즉자대자적인 존재에 관한 이야기는 어쩌면 뇌의 문제와 연결될 수 있을 것입니다. 뇌는 제 스스로 대자적인 의식을 산출합니다. 뇌는 그렇게 하지 않으면 안 되는 존재론적인 작용을 한다고 할 수 있습니다. 뇌의 주름은 어쩌면 즉자존재의 균열을 말하는 것으로 볼 수도 있을 것입니다. 뇌가 어떤 존재인지는 도대체 알 수 없습니다. 대자적인 의식에 의해 의식되는 뇌는 본래의 뇌가 아닙니다. 굳이 말하자면 본래의 뇌는 즉자대자적이라고 해야 할 것입니다. 대자가 현존항으로서 즉자인 자기를 결핍항으로 삼고 있다고 할 때, 대자와 즉자의 종합적인 총체성이 바로 본래의 뇌라고 해야 할 것이기 때문입니다.

혼히 가치와 사실, 혹은 사실과 가치를 이분법적으로 대립시킵니다. 가치는 항상 사실들 간의 관계, 예컨대 사실들을 비교함으로써 성립하는 관계를 바탕으로 해서 성립한다고 보고, 사실 자체에 그러한 관계는 없다고 보기 때문입니다. 그럴 경우, 가치라는 것은 순전히 이념적인 것에 불과한 것 아니냐 하여, 아예 본래의 존재 영역에서 가치를 제외하게 됩니다. 물론 플라톤처럼 이념적인 이데아야말로 참다운 존재라고 하면 이야기가 확 달라집니다. 그렇다고 해서, 가치를 사실들처럼 실재로서 다룰 수는 없는 노릇입니다. 그래서 사르트르는 이렇게 접근해 갑니다.

가치는 존재 너머에 있다. 그러나 만약 우리가 말만으로 만족해 하지 않는다면, 존재 너머에 있는 이 존재가 적어도 모종의 방식으로 존재를 소유한다는 사실을 인정해야 한다. 이러한 고찰을 통해서, 우리는 인간실재가 가치를 세계 속에 도래케 하는 것임을 인정하게 된다. 그러나 존재의 의미에 있어서, 가치는 한 존재가 자신의 존재를 넘어서서 나아가고자 하는 것을 지니고 있다. 가치화되는 모든 작용은 자신의 '……을 향한 존재'로부터의 이탈이다. 언제 어디서든 모든 초월의 저 너머(le par-delà)인 가치는 모든 존재적인 초월의 무조건적인 통일성으로서 간주될 수 있다. 그리고 그럼으로써 가치는 본래 자신의 존재를 넘어서는 실재, 그러한 초월을 존재에게 오도록 하는 실재, 즉 인간실재와 더불어 쌍을 이룬다.(129/211)

저 앞에서 말했던 즉자대자적인 그 존재와 대자인 의식이 쌍을 이룬다고 말한 것과 동일한 구조 속에서 가치와 인간실재의 쌍을 말하고 있습니다. 이는 사르트르가 가치를 대자로서의 인간이 도저히 종합을 이룰 수 없는 즉자대자적인 존재를 바탕으로 해서 규명하고자 한다는 것을 일러 줍니다. 말하자면, 가치는 인간실재가 자신을 초월하고자 하는 데서 성립한다는 것을 밝히고자 하는 것이지요. 다음과 같은 그의 말은 이를 잘 보여 줍니다.

> 만약 모든 초월이 초월될 수 있어야 한다면, 실제로 초월하는 존재는 선험적으로 그것이 초월들 자체의 원천인 한에서 초월되는 것이어야 한다. 그래서 그 근원에서 파악된 가치 혹은 최고의 가치는 초월에서의 그 너머이자 대향(對向, le *pour*)이다. …… 가치는 모든 결핍들에 대한 놓친 것(le *manqué*)이지, 결핍항(le manquant)이 아니다. 가치는 대자가 대하고 있는 것으로서 대자의 중심에 들러붙어 있는 한에서의 자기다. 의식이 매 순간 자신의 존재 자체에 의해 스스로를 넘어서서 나아가고자 하는 최고의 가치는 자기동일성과 순수성 그리고 영구성 등의 성격들을 지니고 있는, 그리고 자신이 자기의 근거인 한에서 자기의 절대적인 존재다. 바로 이 때문에 우리는 가치가 존재할 수 있으면서 동시에 존재할 수 없는 까닭을 간파하게 된다. 가치는 모든 초월의 의미이자 그 너머로서 있다. 가치는 대자존재에 들러붙어 있는 부재하는 즉자로서 있다.(130/211~212)

사르트르가 제시하는 가치는 한마디로 존재론적인 가치라 하지 않을 수 없습니다. 대자인 의식이 초월을 통해 나아가고자 하는 바로 그곳, 즉 그 너머가 바로 가치, 즉 가치의 근원이라는 것입니다. 앞서 살펴본, 즉자와 대자 간의 종합적인 총체성인 즉자대자적인 그 존재와 거의 성격이 같습니다. 이렇게 되면, 가치는 필연적인 것인가, 아니면 우연적인 것인가 하는 문제가 등장합니다. 이에 관해 사르트르의 말은 이렇게 압축됩니다.

> 그러므로 **가치에-대한-존재**(*l'être-pour-la-valeur*)의 전적인 우연성이 있다. 이 가치에-대한-존재는 그 후에 모든 도덕적인 것으로 되돌아와 그 도덕적인 것을 얼어붙게 할 것이고 상대화할 것이다. 그런데 이 가치에-대한-존재와 동시에 자유롭고 절대적인 필연성이 있다.(130/212)

여기 '가치에-대한-존재'에서 '대한'(pour)은 '향한' 혹은 '위한'으로 번역할 수도 있습니다. 대자를 중심으로 한 인간실재는 근본적으로 가치를 향한 존재라는 이야깁니다. 그런데 이 인간실재가 지닌 '가치에-대한-존재'는 일체의 도덕적인 것들을 얼어붙게 하고 상대화한다는 데 사르트르 가치관의 철저함이 도사리고 있습니다. 그것은 이와 더불어 자유롭고 절대적인 필연성이 존재한다고 하는 언명으로 재확인됩니다. 달리 말하면, 일체의 도덕에 앞서서 절대적이고 필연적인 자유가 현존한다는 것이지요.

가치가 궁극적인 본질로서 존재하는 것도 아니고, 아리스토텔레스가 말하는 부동의 원동자처럼 인간실재를 추동하는 것도 아니라는 것을 말하고 있는 셈입니다. 그러면서 가치란 가치에-대한-존재로서의 인간실재와 떼려야 뗄 수 없는 근원적인 쌍의 관계를 맺는 가운데 성립하는 것이고, 따라서 거기에는 결국 자유롭고 절대적인 필연성에 의거해 자신을 무화함으로써 즉 자신을 극복함으로써 자신의 존재를 확보하는 인간실재의 진리가 존립한다는 것입니다.

그렇기에 대자가 없이는 가치가 존립할 수 없고, 가치가 없이는 대자가 존립할 수 없는 존재론적인 상황이 성립합니다. 이에 사르트르는 이렇게 말합니다.

> 가치는 그 근원적인 발용에 있어서 대자에 의해 결코 정립되지 않는다. 가치와 대자는 공실체적이다(consubstantielle). —— 왜냐하면 **자신의 가치에 붙어 다니지 않는 의식이란 없기** 때문이며, 인간실재는 넓은 의미에서 대자와 가치를 품고 있기 때문이다.(131/212~213)

인간이 가치의 근원적인 처소이면서 그 가치를 향해 나아감으로써 바로 인간일 수 있다고 하는 점을 계속 강조하는 가운데, 가치를 대자에 의해 대상적인 것으로서 정립되는 것인 양 생각해서는 안 된다는 점을 강조합니다. 대자가 성립하는 데 있어서 이미 근원적으로 가치가 있어야 하기 때문입니다. 대자적인 의식과 가치를 한 통속으로 만들어 버린, 그리고 인간실재의 근원을 대자적인 의식으로 보고 있는 사르트르의 인간 존재에 대한 애정을 한껏 실감하게 됩니다.

4. 대자와 가능들의 존재

지금 우리는 사르트르가 파악하고 있는 인간실재의 복잡 미묘한 존재를 둘러보고 있습니다. 사르트르는 가히 현상학자로서 일체의 문제들에 대해 인간 존재의 존재론적인 근원성을 주장합니다. 그렇다고 해서 사르트르가 후설처럼 인식론적인 구도를 바탕으로 삼는 것이 아님을 유념하지 않으면 안 됩니다.

사르트르는 인간실재의 존재를 즉자존재와 대자존재 간의, 마치 연인인 두 사람이 헤어지지 않으면 안 되지만 결코 헤어질 수 없는 상태에서 안타까운 포옹을 하고 있는 것처럼, 혹은 그래서 포옹을 푼 상태에서 그 포옹의 감응을 안타깝지만 소중하게 몸소 느끼면서도 한편으로 그렇게 헤어졌기에 다행이라고 여기는 것처럼 도대체 그 밀착과 격리의 동시성을 견뎌내지 않으면 안 되는 것으로 봅니다. 글쎄 비유가 적절한지는 모르겠습니다.

나에게 있어서 즉자존재와 대자존재는 항상 나의 즉자존재이고 나의 대자존재입니다. 이때 '나'는 도대체 무엇 혹은 누구인가요? 이 '나'는 시간의 경과 속에서 항상 새로운 나를 향해 노력하면서 그 새로운 나를 기왕의 나로 만듭니다. 그렇다고 '새로운 나'를 대자존재로 보아서도 안 되고, '기왕의 나'를 즉자존재로 보아서도 안 됩니다. 대자존재는 지금 당장 '나'를 대하고 있는 데서 성립하고, 즉자존재는 지금 당장 '나'와 완전히 일치하는 데 있습니다. 지난 시간에 우리는 사르트르가 대자를 결핍의 구조 속에서 고찰하는 것을 보았습니다. 대자는 즉자를 부족해 한다는 데서 결핍으로서의 존재이고, 그런 점에서 대자의 현사실성이 성립한다고 했습니다. 그리고 대자란 스스로를 의식으로 근거 짓기 위해 즉자로서의 자기를 상실한 즉자라고 했습니다. 자기를 상실해 버린 즉자인 대자는 자기인 즉자를 결핍하는 셈입니다. 결핍의 구조를 제시하면서 사르트르는 대자는 결핍을 느끼는 현존항이고, 즉자는 결핍의 대상인 결핍항이며, 이 둘이 결합하여 이룰 즉자와 대자의 통일을 총체성이라 하면서 이 총체성을 놓친 것이라 했습니다. 그런 가운데, 즉자가 자기를 상실해 버려 대자로 등장하는 것을 즉자의 영원한 우연성이라 했습니다. 그리고 이 즉자의 영원한 우연성을 대자의 현사실성이라고 했습니다. 대자가 즉자를 결핍하는 한에서 대자는 스스로를 부정하는 셈입니다. 그러한 부정의 상태에서 대자는 자유로울 수 없습니다. 대자의 자유로움에 대해 발목을 잡고 있는 것은 즉자의 영원한 우연성, 즉 대자의 현사실성이라고 했습니다. 대자를 중심으로 해서 인간실재를 볼 때, 결핍은 인간 존재 자체에 속합니다. 즉, 인간 존재는 결핍입니다. 결핍을 메우기 위해 결핍된 것을 향해 초월하는 것이 인간 존재이고, 거기에서 욕망이 성립합니다. 그래서 근본적인 욕망은 대자와 즉자의 통일인 총체성에 대한 것이 됩니다. 이를 사르트르는 나중에 '존재 욕망'(désir d'être)이라 부릅니다. 그리고 이러한 존재 욕망을 충족하고자 하는 것이 가치가 성립하는 근본 토대로 제시됩니다. 그런 방식으로 가치는 사실로서의 존재가 아니라 너머 혹은 초월로서의 존재를 갖습니다. 따라서 가치와 인간실재는 한 쌍을 이룹니다. 이에 인간실재에서 의식은 항상 가치를 가질 수밖에 없습니다.

이러한 사르트르의 대자에 대한 논구는 '결핍으로서의 대자 → 즉자대자의 통일성 → 결핍으로서의 욕망 → 초월로서의 가치' 등으로 이어지면서 존재론적으로 화려한 무늬들의 윤곽을 찾아내어 구체화합니다. 그런 뒤, 이제 아리스토텔레스의 형이상학으로부터 등장하여 하이데거의 실존 철학에서 전격적으로 실존의 존재 근거로 등장한 '가능'(le possible)의 문제로 돌입합니다.

하나하나의 대자에게 본래의 결핍항으로서 제공되면서 다른 대자가 아니라 바로 이 대자의 결핍항으로서 엄밀하게 정의되는 것, 바로 그것이 대자의 가능이다. …… 즉자의 무화 및 존재 감압으로서 대자의 발용은 가능을 발용케 하는데, 이때 가능은 존재 감압의 양상들 중 하나로서, 즉 자기로부터 거리를 두고서 지금 그러한 것인 방식으로서 발융한다. 그래서 대자는 가치에 의해 들러붙지 않고서는, 그리고 자기 자신의 가능들을 향해 기획투사되지 않고서는 출현할 수 없다.(132~133/214~215)

이 말을 하기 직전에 사르트르는 결핍을 당하고 있는 현존항과 결핍되어 있는 결핍항이 그 본성상 동일하다는 것을 근거로 삼아 "대자가 자기에로 통합되는 데 있어서 대자에게 결핍된 것은 바로 대자이다"라고 말했습니다. 이는 대자가 즉자를 결핍한다고 할 때, 그 즉자는 기실 자기를 상실한 대자라고 하는 것과 연결됩니다. 말하자면, 대자는 계속 새로운 대자를 요구하면서 그것과 하나를 이루고자 함으로써 존립한다는 것입니다. 이 새로운 대자야말로 바로 대자의 가능이 아닐 수 없고, 대자의 가능이 없이는 대자가 성립할 수조차 없습니다. 그렇지 않으면 사실 대자는 그 자체로 응결되면서 즉자로 화하고 말 것이기 때문이지요. 말하자면, 대자는 대자의 가능 혹은 가능의 대자를 통해서 바로 대자로서 존립한다는 것이지요. 그래서 대자는 '본질상' 자기 자신의 가능들을 향해 기획투사되지 않으면 그 순간 소멸되고 맙니다. 가치란 근본적으로 현존항과 결핍항이 통일된 총체성, 즉 '놓친 것'에서 성립하기에, 그리고 이를 향하지 않는 한 대자는 대자일 수가 없기에, 대자에 가치가 들러붙어 있지 않으면 아예 대자가 될 수 없다는 것입니다.

가능에 대해 이렇게 정의한 뒤, 사르트르는 라이프니츠, 스피노자, 아리스토텔레스 등이 제시한 가능에 관련된 생각들을 비판합니다.

사르트르는, 라이프니츠 이후, 가능을 현존하는 인과 계열에 귀속되지 않는 것, 그 자신이나 관련 체계와 모순을 갖지 않는 것으로 여겨져 왔는데, 이는 결국 가능을 인식적으로 긍정할 수도 부정할 수도 없는 것으로 여기는바, 가능이 인식의 관점에서만 가능한 것으로 보는 것이라고 말합니다. 이는 스피노자식으로 가능을 우리의 무지에 입각한 것으로 봄으로써 가능을 심리적인 양태를 띤 실재만을 지닌 것으로 여기는 쪽으로 이어지게 된다고 말합니다. 이렇게 되면 가능은 세계의 속성이 아닌 것으로 된다는 것이 사르트르의 입론입니다. 라이프니츠는 가능을 신적인 무한한 지성을 바탕으로 해서 성립하는 것으로 봄으로써 가능의 존재론적 실재성을 확립하려 했지만, 그 역시 결국에는 가능을 주관적인 표상의 문제로 전락시켜 버렸다면서 가능이란 결코 주관적인 표상 문제가 아님을 사르트르는 역설합니다. 이러한 사르트르의 입장은 "가능은 우리에게 존재들의 한 속성으로 나타난다"(134/216)라는 말로 압축됩니다.

"비가 올 것 같다"라는 말은 "비가 오는 것이 가능하다"라는 말이지요. 사르트르는 이를 예로 들어 가능이 존재론적인 것임을 다음과 같이 역설합니다.

> 이때 가능성은 징조로서 하늘에 속한다. 이 가능성은 내가 지각하는 구름들로부터 비를 향한 뛰어넘기(dépassement)이다. 구름들은 이 뛰어넘기를 자기 자신들 속에 간직하고 있다. 이는 이 뛰어넘기가 [이윽고] 실현될 것이라는 것을 의미하지 않는다. 이는 구름의 존재 구조가 비를 향한 초월(transcendance)임을 의미할 뿐이다.(134/217)

사르트르는 이렇게 되면, 자신의 가능에 대한 주장이 결국 아리스토텔레스가 말한 잠세태(潛勢態, la puissance) 개념으로 넘어갈 위험이 있는 것 아닌가를 스스로에게 제기하면서 그렇지 않다는 것을 이렇게 말합니다.

구름은 '잠세태로서의 비'가 아니다. 그 자체에서(en-soi), 구름은 약간의 수증기이며 주어진 기온과 주어진 기압에 관련해 엄밀하게 현재의 그것으로 있다. 즉자는 현행적(現行的, en acte)이다. …… 결핍이 그 자신의 결핍인 한 존재에 의해 세계에 오지 않고서는 세계 속에 결핍이 있을 수 없다. 이와 꼭 마찬가지로 자기 자신에 있어서 그 자신의 가능성인 한 존재에 의하지 않고서는 세계 속에 가능성이 있을 수 없다. 그러나 정확하게 말해 본질상 가능성은 가능성들에 대한 순수 **사유**와 일치할 수 없다.(135/218)

아리스토텔레스의 잠세태 개념은 사르트르적인 개념 체계에서 보면 즉자존재가 지닌 것, 즉 세계 자체가 지닌 것으로 됩니다. 그런데 도대체 즉자는 현행적일 뿐이고, 가능성은 근본적으로 스스로가 그 자신의 가능성인 한 존재, 즉 인간실재에 의하지 않고서는 세계 속에 있을 수 없다는 것이 사르트르의 주장입니다. 다만, 그렇다고 해서 가능성을 가능성에 대한 순수 사유로 여겨서는 안 된다는 것입니다. 이는 앞서 말한바, 가능성을 인식 관련의 표상의 맥락에서 보아서는 안 된다는 것과 연결됩니다.

그렇다면 가능성을 이렇게 인간실재에 근거한 것으로 여기면서도 어떻게 주관적인 심리의 결과는 물론이고 순수 사유에 근거한 것으로 여기지 않을 수 있다는 것일까요? 이를 해결하기 위해 사르트르는 현실로서의 나와 권리로서의 나를 도입해 그 관계를 이렇게 말합니다.

순수하고 단순하게 지금의 내가 되지 않고 지금의 내가 될 권리로서 내가 존재할 때, 가능성이 있다. 그러나 이 권리 자체는 내가 그것이 될 권리를 가지고 있는 바로 그것으로부터 나를 분리시킨다. …… 그래서 가능이 있기 위해서는, 인간실재가 그 자신인 한에서 그 자신과는 다른 것이어야 한다. 가능은 대자가 대자인 한에서 본성상 자기 자신을 벗어나는 그러한 대자의 요소이다. 가능은 즉자가 대자로 무화됨의 새로운 한 양상이다.(136/219)

인간실재가 그 자신과 다른 것이어야 한다는 것은 대자존재로서의 인간 존재의 근본적인 조건이지요. 이 조건을 바탕으로 인간은 자기 자신일 권리를 갖는다는 것입니다. 이때 인간이 되고자 하는 자기 자신은 죽지 않는 이상 또 다른 대자일 수밖에 없을 것입니다. 이런 끝없는 나일 권리와 나 간의 분리를 바탕으로 하지 않고서는 가능성 혹은 가능이 성립할 수 없다는 것이 사르트르의 입론입니다. 그렇게 되면, 인간실재를 바탕으로 해서 가능성이 성립한다고 해서 가능성이 굳이 주관적인 표상의 문제로 환원될 필요는 사라집니다. 이로써 가능성이 객관적인 즉자적 세계에 속한다는 아리스토텔레스적인 생각이 무효화되는 것은 물론입니다.

이 마지막 언급의 부분, 즉 가능성과 즉자의 관계가 결코 본질 내적인 것일 수 없다는 것은 다음과 같은 이야기로 풀이됩니다.

융단의 주름에 의해 당구공이 멈출 가능성은 구르는 당구공에도 속하지 않고 주름에도 속하지 않는다. 그 가능성은 가능성들에 대해 이해를 하는 한 존재에 의해서만 당구공과 융단의 체계적인 조직 내에서 발음할 수 있다. 그러나 이러한 이해는 **외부로부터**, 즉 즉자로부터 오지 않으며, 의식의 주관적인 양태인 사유일 뿐인 존재에 한정되지도 않는다. 이 이해는 가능들을 포함하는 존재의 객관적인 구조와 일치해야만 한다.

가능성을 오로지 가능성으로 이해하는 것 혹은 그 자신의 가능성들이 되는 것은, 자신의 존재에 있어서 자신의 존재가 문제가 되는 존재에 대해 유일하고 동일한 필연성이다.(136/219~220)

사실이지, 가능 내지는 가능성이란 존재론적으로 볼 때 참으로 독특한 것입니다. 만약 가능성이라는 범주적 사태를 제거한다면 어떻게 될까요? 이 예에서 당구공이 구르는 것, 당구대 바닥의 융단이 주름지는 것, 그리고 당구공이 멈추는 것 등은 각기 그 자체 속에 한정되면서 매 순간 바로 사실로서의 그것들로서만 존립하게 될 것입니다. 말하자면, 즉자적으로만 존립하게 될 것입니다. 물론 그렇게 된다고 해서 즉자적인 세계에 무슨 큰 일이 일어나는 것은 아닙니다.

그런데 이 인용문에서 사르트르가 설명하고 있는 대목은 왠지 석연치 않아 보입니다. 가능성들에 대해 이해를 하는 한 존재는 인간실재, 즉 인간일 텐데, "당구공과 융단의 체계적인 조직" 및 "가능들을 포함하는 존재의 객관적인 구조"라는 표현들이 가능성의 성립에 있어서 그러한 인간실재의 이해의 선차성을 위협하는 것으로 보이기 때문입니다. 더욱이 자칫 이 이해를 인식적인 것으로 여기게 되면, 가능성이 다시 인식적인 표상의 수준으로 전락할 수도 있습니다.

이를 방어하기라도 하듯이, 사르트르는 인간이 가능성을 오로지 가능성으로 이해하는 것을 인간이 그 자신의 가능성들로 되는 것과 거의 동일시하고 있습니다. 여기에서 말하는 이해가 도대체 인간에게 있어서 인식적인 것이 아니라 인간 존재 자체에서 성립하는 것임을 애써 역설하고 있는 셈입니다. 가능의 가능성들이란 바로 인간 존재 자체의 문제이기 때문입니다. 이와 더불어 그러한 일이 인간이 인간으로서 존립하는

데 유일하고 동일한 필연성이라고 역설하고 있습니다.

요컨대 존재의 객관적인 구조와 이에 대한 인간의 이해가 결합함으로써만 가능성이 성립한다고 할 때, 그것은 기실 존재의 객관적인 구조와 인간 존재가 결합함으로써만 가능성이라는 존재 양태가 성립한다는 것을 뜻합니다.

그래서 이제 결국에는 인간실재의 필연성이라고 할 수 있는 바 "자신의 존재에 있어서 자신의 존재가 문제가 되는 한 존재"가 문제로 등장하게 됩니다. 이 문제는 대자의 결핍 문제로 치환되어 다시 이렇게 이야기됩니다.

> **자기**가 아닌 한에서의 대자는 자기에의 어떤 현전을 결핍하고 있는 자기에의 현전이다. 그리고 대자가 자기에의 현전인 것은 저 자기에의 어떤 현전을 결핍하고 있는 한에서이다. 모든 의식은 ……**이기에는** ……**을 결핍하고** 있다. 그러나 [이때] 결핍은, 초승달의 보름달에 대한 결핍과는 달라서, 외부로부터 의식에게로 오는 것이 아님을 잘 이해해야 한다. 대자의 결핍은 대자가 결핍 바로 **그것**인 결핍이다. 대자의 존재를 그 자신의 무의 근거로 구성하는 것은, 대자에 결핍되어 있는 것인 바 하나의 '자기에의 현전'을 소묘하는 것이다. 가능은 의식이 스스로를 만드는 한에서 의식의 구성적인 부재다. …… 결핍항인 그 대자가 바로 가능이다.(137~138/221)

대자가 자기, 즉 대자를 결핍하고 있다고 할 때, 결핍의 구조에서 보면 앞의 대자는 현존항이고 뒤의 대자는 결핍항입니다. 현존항으로서의 대자는 결핍항으로서의 대자를 결핍하고 있는 셈이지요. 그러고 보면 현존항으로서의 대자는 항상 자기 자신을 부정하는바, 그 자신의 무의 근거가 됩니다. 그런데 이렇게 자기 자신을 자신의 무의 근거로 구성한다는 것은 결핍항으로서의 대자, 즉 '또 하나의 어떤 자기에의 현전'을 향해 있는 그 자신에게 현전하고 있다는 것에 다름 아닙니다. 구조상 이중 삼중으로 꼬여 있기 때문에 천천히 되새기면서 읽어야 할 것 같습니다.

말하자면, 또 다른 자기에게 현전하고 싶은데, 그러한 현전을 수행하지 못하고 결핍하고 있는 자기 자신에게만 현전하고 있는 것이 현존항으로서의 대자입니다. 이 현존항으로서의 대자가 결핍하고 있는 결핍항으로서의 대자가 바로 가능이라는 주장을 하고 있지요. '가능'에 대해 대문자를 쓴 것은 일체의 가능에 대한 근본이 된다는 뜻으로 읽으면 될 것입니다. 가능에 대한 사르트르의 이러한 이른바 현존론적인 입장은 다음과 같이 재정돈되면서 '자성'(自性, ipséité)의 문제로 넘어갑니다.

지적되어야 할 것은 대자가 자기에게 결핍되어 있으면서 자신의 고유한 가능인 자기에의 현전과 분리되어 있는데, 한 방향에서는 아무것도 아닌 것(rien)에 의해 분리되어 있고, 그리고 다른 방향에서는 세계에 속한 현존자의 총체에 의해 분리되어 있다는 것이다. 이는 결핍항인 대자 혹은 가능이란 것이 세계의 어떤 상태에의 현전인 대자인 한에서 그러하다. 이런 의미에서, 대자가 자신과의 일치를 기획하면서 넘어서고자 하는 존재는 세계 혹은 무한한 존재적인 거리인데, 인간은 이 존재를 넘어서서 자신의 가능과 재결합되어야만 한다. 우리는 대자와 대자 바로 그것인 가능과의 관계를 '**자성의 회로**'(*circuit de l'ipséité*)라 부르고자 한다. 그리고 이 자성의 회로에 의해 횡단되는 한에서의 존재의 총체성을 '**세계**'(*monde*)라 부르고자 한다.(138~139/222)

인간이 자기 자신과의 일치를 이루고자 하는 것은 어쩌면 무망한 일이라고 할 수 있습니다. 계속해서 자신을 재형성할 것이기 때문입니다. 하지만 인간에게서 그러한 바람은 인간이 바로 인간으로서 현존하는 데 필연적이기에 결코 피할 수 없다는 것이 사르트르의 생각입니다. 이를 인간의 문제 대신에 대자의 문제로 여겨 살피고 있는 것이지요. 대자는 자기, 즉 새로운 대자와 일치를 이루고자 하는데, 이 새로운 대자 역시 대자일 따름이기에 또 새로운 대자와 일치를 이루고자 할 것이고, 그 결과 대자의 존재방식은 무한히 연속되는 결핍의 상황에 놓이게 됩니다. 이러한 결핍은 대자가 항상 자기 자신의 고유한 가능인 자기에의 현전을 결핍하고 있는 것이고, 그것은 자기를 자기로부터 분리시키는 것이 아닐 수 없습니다. 이때 분리가 한편에서는 자기 자신의 무에 의해 이루어지고, 다른 한편에서는 세계에 의해 이루어진다고 사르트르는 말하고 있습니다.

전자의 분리 방식을 넘어서고자 하는 데에서 성립하는 것이 '자성의 회로', 즉 대자와 대자의 가능인 대자와의 관계입니다. 그리고 후자의 분리 방식을 넘어서고자 하는 데에서 성립하는 것이 존재의 총체성인 세계입니다. 이렇게 해서, 자성의 회로와 세계는 일종의 대립적인 관계를 이룬다고 말할 수 있습니다. 자성의 회로를 통해 존립하는 것이 대자이기 때문에, 그리고 계속해서 뛰어넘어야 할 거리로 주어지는 것이 세계이기 때문에, 대자는 자성의 회로를 동원하여 세계를 횡단하고자 하고, 그러는 한에 있어서 대자일 수가 있다는 것이지요. 그러고 보면 세계는 대자의 자성의 회로에 의해 계속 새롭게 열리는 셈이고, 자성의 회로가 완성되지 못하는 것은 한편으로는 그렇게 계속해서 세계가 새롭게 열리기 때문입니다.

5. 자아와 자성의 회로

본 절의 제목에 '자아'(Ego)가 등장하는 것으로 보아 '자성'과 자아가 밀접하게 관련을 맺고 있다는 것을 알 수 있습니다. 그런데 우리는 이제까지 의식 내지는 대자에 연결해서 주로 '자기'(soi)를 거론했습니다. 자아에 관한 사르트르의 연구는 일찍이 1936~1937년에 그가 썼던 『철학적 탐구들』의 IV에 실린 「자아의 초월성: 현상학적 한 기술의 소묘」를 통해 알려졌습니다. 그 핵심은 "자아는 즉자이지, 대자가 아니다"라는 것입니다. 그런데 이제 여기 이 절에 와서 이렇게 말합니다.

> 자아는 초월적인 즉자로서, 의식에 **속한** 것이 아니라 인간 세계에 속한 한 현존자로서 의식에 나타난다. …… 자아는 그것이 없이는 의식이 비인격적인 단계에 머무르게 되는 바, 의식을 인격화하는 극이라 할 수 없다. 그러기는커녕, 자아가 어떤 조건들하에서 이 자성의 초월적인 현상으로서 현출하게 하는 것은 자신의 근본적인 자성 속의 의식이다.(140/224)

흔히 우리가 자아라고 말하는 것은 무엇인가요? 우리는 일체의 모든 사태에 대해, 특히 나 자신에 대해 '나'(Je)를 내세워 언명을 할 때, 바로 그 '나'가 자아라고 여깁니다. 예컨대 내가 사르트르의 『존재와 무』를 강해하기 위해 읽고 이해하려고 노력한다고 할 때, 나라는 자아가 그러한 노력을 하는 것으로 여깁니다. 그리고 그 '나인 자아'가 이러한 노력을 하는 '나의 의식'에 거주한다고 생각하는 경향이 있습니다. 그뿐만 아니라, 우리는 자아를 내가 발휘하는 인격성의 중심으로 여기기도 합니다.

심지어 '나인 자아'가 '나의 의식'을 발동시키는 것으로 여기기도 합니다. 이와 같은 통상적인 자아에 대한 이해는 데카르트적인 '실체로서의 생각하는 자아'를 내세우는 꼴이고, 결국에는 실체론적인 자아관으로 기우는 것입니다.

그런데 이 인용문에서 알 수 있듯이 사르트르는 자아를 오히려 의식에서 산출되는(현출되는) 것으로 여깁니다. 의식이 자성의 회로를 통해 자성을 일종의 초월적인(즉자적인) 현상으로 현출하게 될 때, 바로 그때 자아가 성립한다는 것입니다. 그렇다면, 자성에 있어서 자기가 어떻게 성립하는가를 먼저 생각하지 않을 수 없습니다. 이에 관해 사르트르는 이렇게 말합니다.

> 원칙상, 자기는 의식에 거주할 수 없다. 굳이 원한다면, 자기는 반성되는 것이 반성하는 자로 넘겨지고 반성하는 자가 반성되는 것으로 넘겨질 때 필요한 무한한 운동의 **근거**(*la raison*)다. 정의상, 자기는 하나의 이념태이고, 하나의 극한이다. 그리고 자기를 극한으로서 발융케 하는 것은 존재 유형인 존재의 통일성 속에서, 존재의 존재에 대한 현전을 무화시키는 실재다. 이렇게 해서, 의식이 반성의 무화하는 순수 운동에 의해 발융되자마자, 의식은 스스로를 **인격적인 것으로** 만든다. 왜냐하면, 한 존재에게 인격적인 현존을 부여하는 것은 인격성의 **기호**에 불과한 하나의 자아를 소유하는 데서 성립하는 것이 아니라, 자기에의 현전으로서 자기에 대해(대자적으로, *pour soi*) 현존한다는 사실로부터 성립하기 때문이다.(140/224)

반성의 구조 속에 들어가서 보면, 항상 반성되는 내가 있고 반성하는 내가 있습니다. 반성하는 나 역시 또 다른 반성하는 나에 의해 반성되는 내가 됩니다. 그래서 양자 간에는 항상 상호참조적인 무한한 운동 관계가 성립합니다. 이때 반성하는 자와 반성되는 것 간의 이러한 무한한 상호참조적인 운동을 지탱하는 극한적인 지점이 바로 자기라는 것입니다. 그리고 그러한 자기를 발웅케 하는 것이 바로 의식이라는 것입니다. 그런데 대자의 자기와의 관계를 통해 살펴보았듯이, 대자존재인 의식은 자기를 저버릴 수가 없습니다.

그럴 때, 의식은 이 자신의 자기를 인격적인 것으로 만든다는 것입니다. 왜 하필이면 인격적인 것으로 만드는가가 대단히 궁금하지만, 사르트르가 인격성 자체에 대해 규정을 하지 않고 있기 때문에 그 구체적인 이유는 알 수가 없습니다. 대략 추정컨대, 인격성이란 근본적으로 자기에 대해 책임을 지는 데서 성립하는 것일 테고, 그렇다면 자기가 자기 외부에서부터 온다면 자기에 대한 책임을 진다는 것은 원리상 불가능할 테지만, 의식이 자기를 자신에 의해 발웅케 하는 것이라 할 때, 의식이 자기에 대해 충분히 책임을 질 수 있기 때문에 스스로에게 인격성을 부여한다고 말할 수 있으리라는 것입니다. 중요한 것은 인격성이 자아를 소유하고 있기 때문에 생겨나는 것이 아니라, 의식이 자기에의 현전으로서 대자적으로 현존한다는 사실로부터 성립된다는 점입니다.

자아를 인격성의 한낱 기호로 여기는 것이 이채롭습니다. 인격성을 기호적으로 표현해 주는 것이 자아라는 것입니다. 그만큼 자아가 파생적이라는 이야긴데요. 그러니까 자아 자체에 관한 이야기는 인격성에 관한 이야기에 비해 표피적인 셈입니다. 중요한 것은 의식이 자기에의 현존으로서 대자적으로 현존한다는 사실로부터 인격성이 성립한다고 할 때, 그 구체적인 방식이 어떠한가 하는 것입니다. 이를 설명하기 위해 사르트르가 동원하는 것이 자성 혹은 자성의 회로입니다.

자성은 선반성적인 코기토가 수행하는 자기에의 순수한 현전보다 더 한층 심화된 무화의 정도를 나타낸다. 나인 가능은 반성되는 것이 반성하는 자에 현전하는 것처럼 대자에게 현전하지 않는다. 나인 가능은, 나인 가능인 것은 그것이 **부재하는-현전**이라는 의미에서 그러하다. 그러나 이 사실로부터, 대자의 존재적인 구조인 **넘겨짐**(참조, *renvoi*)의 현존이 한층 더 명료하게 지적된다. 대자는 손이 미칠 수 없는, 그 가능성들로부터 멀리 떨어져 있는 **저 아래의** 자기다. 자성, 혹은 인격의 본질적인 두번째 측면을 구성하는 것은 저 아래의 존재적인 자유로운 필연성이다.(140/224~225)

대자가 자기를 향해 끝없이 자신을 무화시키면서 나아간다고 할 때, 그 나아가는 목표 지점인 대자의 자기는 자신으로부터 가장 멀리 떨어져 있는, 이른바 '저 아래의' 자기라 할 수 있습니다. 의식은 선반성적이라 할지라도 그 자체 자기에의 현전이라는 구조를 벗어날 수 없다는 것이고, 다만, 그때 자기에의 현전은 반성 구도 속에서 이루어지는 자기에의 현전에 비해 순수한 것임을 암시하고 있습니다.

그런데 자기에의 현전에서 자기와 현전하고 있는 이쪽, 즉 대자는 자신을 무화시킵니다. 그 무화시키는 정도가 전적으로 심화된다는 것은 대자가 점점 더 깊숙이 자기를 향해 자신을 무화하는 작용을 수행해 나간다는 것을 의미합니다. 그 극점에서 도사리고 있을, 일체의 대자의 계열을 무화시키는 그 자기를 사르트르는 "저 아래의 자기"라고 명명하고 있습니다. 그리고 이를 "존재적인 자유로운 필연성"이라고 달리 일컬으면서 마치 즉자대자적인 경지에 도달한 것인 양 말하고 있습니다. 그러면서 여기에서 자성, 즉 인격의 심층적인 두번째 차원이 구성된다고 말하고 있습니다.

이렇게 해서, 자성에 입각한 인격성은 대자의 '저 아래의 자기'가 없이는 성립할 수 없는 것으로 밝혀집니다. 그런데 '저 아래의 자기'로 향해 가는 도정에서 대자는 일견 자기가 부족해 하는 즉자를 만난 것처럼 여겨지기도 하는데, 그 즉자는 세계 속에서 주어집니다. 근본적으로 볼 때, 대자는 항상 어떻게든 즉자에 얽매여 있는 셈입니다. 그러나 대자는 곧바로 그렇게 계속 주어지는 즉자를 '저 아래의 자기'가 아니기에 계속 넘어서지 않으면 안 됩니다.

목이 마르다고 할 때, 그 목마름은 바로 목마름(에 대한) 의식입니다. 그때 물을 충분히 마심으로써 물에 대한 결핍을 충족시키고자 할 것입니다. 목마름(에 대한) 의식은 목마름에의 현전이면서 동시에 충족된 목마름(에 대한) 의식입니다. 그런데 현재 목말라 할 경우, 이 충족된 목마름(에 대한) 대한 의식은 자기 자신을 대자적으로 아직 의식하지 못합니다. 그저 물이 가득 담긴 컵을 의식할 뿐입니다. 하지만, 물을 충분히 마셔 목마름이 가시고 난 경우에는 물을 가득 담은 컵을 의식하기보다, '아, 그렇게도 목말라 했던가!' 하면서 물이 가득 담긴 컵을 의식했던 자기를 의식하게 됩니다. 그렇게 해서 대자는 물이 가득 담긴 컵에 매여 있던 자기를 넘어서게 됩니다.

이렇게 볼 때, 세계(컵)는 지금의 대자, 즉 목마름(에 대한) 의식에서 새로운 대자로, 즉 물이 가득 담긴 컵을 의식했던 자기(에 대한) 의식으로 넘어가는 그사이에서 등장했다가 극복됩니다. 그러한 점에서 세계는 대자의 넘어서기를 통해서만 나에게 등장한다고 할 수 있습니다. 그런 의미에서 보면, 세계는 바로 '나의 세계'이고, 이 나의 세계를 넘어서는 데서 나의 자성 내지는 인격이 성립합니다. 그래서 사르트르는 이렇게 말합니다.

세계가 없이는 자성도 없고 인격도 없다. 또 자성이 없고 인격성이 없이는 세계가 없다.(141/225)

세계와 나라는 자성 내지는 인격 간의 존재론적인 상호예속성을 말하고 있습니다. 현사실성이 없이는 대자가 현존할 수 없고, 대자가 없이는 현사실성이 현존할 수 없다는 것과 일맥상통합니다. 이 상호예속성의 바탕에는 물론 대자의 '저 아래의 자기'가 놓여 있다고 해야 합니다. 문제는 이 과정에서 보자면, 도대체 다음과 같은 사르트르의 언급 내용을 피할 길이 없습니다.

만약 **코기토**가 순간성(instantanéité)을 거부한다면, 그리고 만약 코기토가 자신의 가능들을 향해 스스로를 초월한다면, 그것은 시간적인 넘어서기 내에서만 그러할 수 있다. 대자가 '아님'(n'être pas)의 양식에서 그 자신의 가능들인 것은 '시간 속에서'이다. 나의 가능들이 세계를 나의 세계로 만들면서 그 세계의 지평에서 나타나는 것은 시간 속에서이다.(141/226)

이렇게 해서 이제 사르트르는 제2부 '대자존재'의 제1장 '대자의 직접적인 구조들'을 마치고, 제2장 '시간성'으로 넘어갑니다.

제2장 | 시간성

1. 시간적인 세 차원에 대한 현상학

전체 맥락으로 볼 때, 사르트르가 시간성을 탐구하는 것은 분명 우선 인간실재를 탐구하기 위한 것입니다. 하지만, 사르트르에서 인간실재는 존재론적으로 보아 문제됨 직한 모든 문제들을 탐구하는 데 필수적인 통로이기 때문에 곧 존재를 탐구하기 위한 것이라 할 수 있습니다. 시간성에 대한 탐구는 하이데거가 『존재와 시간』의 후반부에서 전격적으로 논구했던바, 존재론에서 핵심 주제임은 잘 알려져 있지요.

사르트르는 일단 이런 말로 시간성에 대한 탐구를 열고자 합니다.

시간성을 연구하는 데 유일하게 가능한 방법은 시간성을, 그 이차적인 구조들을 지배하고 그 구조들에게 그것들 나름의 의의를 부여하는 하나의 총체로 여겨 접근하는 것이다.(142/230)

여기에서 '그 이차적인 구조들'이란 과거, 현재, 미래를 지칭합니다. 그러니까 시간성을 과거와 현재 그리고 미래라는 요소들이 먼저 있고,

그 요소들이 어떻게든 종합을 이루어서 형성되는 것으로 여겨서는 안 된다는 것을 출발점으로 삼고 있음을 알 수 있습니다.

　이전의 철학자들이 그런 방식으로 시간성을 연구함으로써 일을 그르쳤다는 암암리의 비난이 들어 있는 셈인데요. 나중에 전개되는 그 구체적인 논의 내용을 보자면, 데카르트, 베르그송, 후설, 심지어 프루스트 및 연합주의자들까지 들먹이면서 비판을 가하는 것이 보이는데, 하이데거에 대한 비판은 쉽사리 나오지 않습니다. 하이데거가 시간성을 인간 존재의 근본으로 보면서 과거, 현재, 미래를 시간성의 탈자태들(Ekstasen der Zeitlichkeit)로 본 것과 사르트르가 여기에서 시간성을 총체로 보고서 접근해야 한다고 한 것은 일맥상통한 것으로 여겨집니다. 하지만, 존재론 자체가 다르기 때문에 사르트르가 어떻게 하이데거와 달리 시간론을 펼치는가는 충분히 흥미진진한 대목이 아닐 수 없습니다.

1) 과거

사르트르는 '시간적인 세 차원의 현상학'이라는 제목을 걸어 대략 위와 같은 이야기를 한 뒤, 별다른 설명 없이 과거에 대한 분석부터 합니다. 이에 관련된 것들로 기억(mémoire)과 회상(souvenir)을 끌어들여 분석합니다. 그러면서 베르그송의 철학을 비판하고 후설의 철학을 비판합니다.

　한 사건에 있어, 과거가 된다는 것은 단순히 물러남의 상태가 되면서 존재는 상실하지 않고 효력을 상실하는 것이 될 것이다. 베르그송의 철학은 이러한 생각을 되잡는다. 과거로 되면서, 한 사건은 존재하기를 그치지 않는다. 다만, 그 한 사건은 작용하기를 그칠 뿐이다. 그러나 그 한 사건은 '자기 자리에', 자기 시점에 영원히 머문다. 그리하여 우리는 과거에 존재를 회복시켰다. 그것은 아주 잘 한 일이다. 심지어 우리는 지속 (durée)이 상호관통적 다양체고, 과거는 현재와 더불어 끊임없이 조직화된다는 것을 긍정하기까지 한다. 그러나 그것만으로 우리는 이런 조직화와 상호관통의 이유를 해명한 것이 아니다. 우리는 과거가 '재생' 가능하다는 것, 우리에게 들러붙어 다닐 수 있다는 것, 간단히 말해 **우리에 대해 존립할 수 있다는 것** 등을 설명하지 않았다.(144/232~233)

과거와 현재는 실재적으로 소통하지 않으면서도 사실적인 두 개의 소여라 할 수 있다. 이 둘 사이에는 건널 수 없는 심연이 있다고 하게 된다. 그런데 이 둘 사이의 외적인 관계들은 그 심연을 감추고 말 것이다. 베르그송이 생각한 바와 같은 과거에 의한 현재의 절대적인 상호관통조차 이러한 난점을 해결하지 못한다. 왜냐하면 현재와 과거의 조직화인 이 상호관통은 근본적으로 과거 자체로부터 오는 것이고, **거주** 관계(un rapport *d'habitation*)에 다름 아니기 때문이다. 그래서 과거가 현재 속에 있는 것으로 생각될 수 있을지 모르지만, 이러한 내재성이 시냇물 속에 돌이 있는 것과 같은 내재성과 전혀 별개의 것임을 제시할 수단들은 제거된다. 과거는 물론 현재에 들러붙어 있을 수 있다. 하지만 과거는 **현재로 있을 수는** 없다. 그러므로 만약 과거에서 출발하여 과거와 현재의 관계들을 탐구한다면, 양자 간에 **내적인** 관계들을 결코 확립할 수 없을 것이다. 결국, 그 현재가 지금 바로 그것인 하나의 즉자는 과거를 '가질' 수 없을 것이다.(148/238)

비교적 길게 인용한 위 두 인용문은 사르트르가 베르그송의 시간론을 비판하는 대목이지요. 다 잘 알다시피, 베르그송은 우주의 근본 존재를 '지속'으로 규정하고, 그런 지속이 어떻게 가능한가를 기억에 의거하여 설명합니다. 이에 관해 사르트르가 일정하게 긍정적으로 평가하면서 나름대로는 그 바탕에서부터 뒤집어엎는 작업을 하고 있습니다.

핵심은 베르그송의 시간론에 입각해서 볼 때, 과거에 함부로 일정한 존재적인 위치를 부여해서는 안 된다는 것, 과거와 현재가 각기 존재적인 위치를 갖게 되면 양자 모두 사실적인 것으로서 둘 사이에는 건널 수 없는 심연이 있는 것으로 된다는 것, 그럴 경우 사실적인 두 존재만으로는 이 심연을 메울 수 있는 길이 없다는 것, 또한 이런 방식은 과거가 현재 속에 마치 시냇물 속에 돌이 있는 것처럼 여기는 식이고 그렇게 되면 과거와 현재 간의 외적인 관계만을 건드리는 것이니 그렇게 해서는 결국 둘 사이의 심연을 해결하지 못한다는 것, 따라서 결국 과거로부터 출발해서는 시간성에 근본적으로 접근해 갈 수 없다는 것입니다.

그리고 베르그송이 이를 극복하기 위해 과거와 현재 간에 상호관통에 의한 조직화가 이루어진다고 하고 그럼으로써 지속이야말로 상호관통의 다양체임을 제시하지만, 그렇다고 해서 현재와 과거를 일종의 즉자적인 것으로 놓아 그 사이에 결코 건너지를 수 없는 심연을 설정하고 마는 우를 벗어날 수는 없다는 것입니다. 그뿐만 아니라, 설사 상호관통에 의거한 과거와 현재 사이의 조직화를 제시한다 할지라도, 어떻게 해서 그런 일이 가능한가를 해명하지 못하는데, 그 이유는 베르그송 철학 자체의 한계에서 비롯된다는 것입니다.

이러한 베르그송의 시간론에 대한 사르트르의 비판이 과연 정당한지를 정확하게 파악하기 위해서는 베르그송의 저작들을 면밀히 검토해야 할 것입니다. 하지만, 본인의 현재 능력과 여건으로는 그 일이 불가능하기에 불행히도 그저 사르트르의 일방적인 주장만을 되풀이할 뿐입니다. 다만, 사르트르의 입론이 무엇을 근거로 하고 있는가를 봄으로써 어느 정도 그의 입장을 긍정할 수 있을 것 같습니다.

'하나의 과거를 갖는다'라는 말은 …… '그 자신의 과거로 있다'(être son propre pass)라는 말로 대체되어야 함이 너무나 분명하다. 자기 뒤의 저 아래의 존재, 즉 과거가 없이는 현존할 수 없는 현재에 대해서만 과거가 있다. 즉, 그들의 지나간 존재가 그들의 존재에서 문제가 되는 그런 방식으로 존재하는 존재들, 즉 그들의 과거가 되어야만 하는 존재들만 과거를 갖는다. 이러한 지적은 즉자적인 과거를 선험적으로 거절하도록 한다. …… 오로지 인간실재에 대해서만, 과거의 현존이 명백하다. 왜냐하면 인간실재는 바로 그것인 것으로 존재해야 한다는 것(qu'elle a à être ce qu'elle est)이 확립되었기 때문이다. 과거가 세계 속에 당도하는 것은 대자에 의해서인데, 그것은 대자의 '나는 존재한다'가 '나는 나에게 있다'(Je me suis)라는 형식을 띠기 때문이다.
그렇다면, '이었다/있었다'(était)가 의미하는 바는 과연 무엇인가?(149/239~240)

과거가 존립할 수 있는 것은, 즉 과거의 현존이 명백한 것은 인간실재의 고유한 존재방식에 의거한 것이라는 이야깁니다. 인간실재는 근본적으로 자신의 과거가 되어야 하기 때문에, 즉 대자는 끊임없이 저 아래의 자기를 향해 자신을 무화해야 하기 때문에, 그러한 대자의 존재방식으로부터 과거가 세계 속에 등장할 수 있다는 것입니다.

이 대목에서 우리는 잠시 시간문제에 대해 나름의 고민을 하지 않을 수 없습니다. 우선 과거가 존립하는 방식은 참으로 괴이하다 못해 우리에게 현기증을 일으킬 정도입니다. 물론 과거뿐만이 아닙니다. 현재와 미래 역시 그 존재방식이 괴이하기 이를 데 없습니다. 우선 과거와 현재 및 미래라는 것이 과연 존재하기나 하는지 궁금합니다. 그것들이 존재한다면 그 존재조건은 어떠하며, 그 존재조건들과 그것들 간의 관계가 어떠한지 궁금합니다. 그런가 하면, 과거와 현재 그리고 미래를 우리 인간들이 어떻게든 인지하고 그에 따른 활동을 하는데, 과연 그것들이 우리 인간들에게 어떻게 나타나며 또 우리는 그것들을 어떻게 인지하는지가 궁금합니다.

시간이 있다고 할 때, 그것은 "여기 책상이 있다"라고 할 때의 책상의 존재방식과 다르고, "나에게 고민이 있다"라고 할 때 나의 고민의 존재방식과 다르고, "'사랑'이라는 낱말이 있다"라고 할 때와 같은 개개 낱말이 존재하는 방식과 다르고, "'사랑'이라는 낱말로 의미되는 개념이 있다"라고 할 때의 개개 개념이 존재하는 방식과 다릅니다. "이 장미꽃은 노랗다"라고 할 때의 그 '노람'이 존재하는 방식과는 더더욱 다릅니다. 그림자와의 존재방식은 아예 비교할 수조차 없지요. 요컨대 도대체 우리가 존재한다고 할 수 있는 일체의 것들이 지닌 각각의 존재방식과 시간의 존재방식은 아예 다른 것 같습니다.

그런데 도무지 부정할 수 없는 사실은 우리 인간이 이같이 그 존재방식이 괴이하기 이를 데 없는 시간을 의식한다는 사실입니다. 물론 의식하는 방식은 여러 가지가 있지요. 물리적으로 의식할 수도 있고, 심리적으로 의식할 수도 있고, 역사적으로 의식할 수도 있고, 또 인간 존재 자체에서부터 의식할 수도 있습니다. 물리적으로 의식할 경우, 시간은 시간에 대한 인간의 의식과 아예 독립해서 존재하는 것으로 의식됩니다. 심리적으로 의식할 경우, 시간은 개인의 심리에 따라 달리 분출과 침잠을 거듭하면서 존재하는 것으로 의식됩니다. 역사적으로 의식할 경우, 시간은 결정적인 사회적인 사건을 중심으로 요동을 치는 것으로 의식됩니다.

어떻게 의식하든 문제는, 시간이 근본적으로 인간에 의해 의식된다는 사실입니다. 인간에 의해 의식된다는 것은 무엇을 의미하나요? 의식의 존재와 구조를 파악하지 않고서는 이에 대한 답을 도무지 제시할 수가 없다는 것을 의미합니다. 이에 강력한 힘을 발휘한 인물이 옛날로 거슬러 올라가면 성 아우구스티누스이고, 지난 세기까지만 생각하면 후설입니다. 후설은 시간이 내적 시간의식에 의해 초월론적으로 구성된다고 하면서 동시에, 따라서 시간은 모든 의식의 근본 형식으로 작동한다고 했습니다.

후설이 시간에 대해 모든 의식의 근본 형식으로 작동한다고 했을 때, 그리고 모든 의미들이 그에 따른 각각의 의식에 의해 초월론적으로 구성된다고 했을 때, 모든 초월론적인 의미의 구성에 시간이 근본 형식으로 작동한다는 것을 말한 셈입니다. 이를 시간 자체에 적용하게 되면, 예컨대 과거의 의미 성립에 적용하면 어떻게 될까요? 우리는 과거에 대해 일정하게 의미를 부여하지 않는가요? 나와 너에게서 과거가 갖는 의미가 다를 수 있고, 나에게 있어서조차 특정한 일정 시점의 과거들이 갖는 의미가 다를 수 있습니다. 그럴 때, 그 과거(들)는 그것에 대한 의식에 의해서만 혹은 의식에 관련해서만 의미를 갖게 됩니다. 이는 과거(들)조차 시간이라는 의식의 근본 형식에 의해 의미가 구성된다는 것을 뜻합니다. 포괄적으로 말하면, 시간이 갖는 의미조차 시간이라는 근본 형식에 의거해서 성립한다는 것이 됩니다.

'제 꼬리를 물고 도는 뱀'처럼 순환적이군요. 순환적이라는 이야기는 이에 관한 사유가 논리적으로 잘못 길을 들어섰다는 것이 아니라, 그 사유가 막다른 골목, 즉 근본적인 한계에 부닥쳤다는 이야깁니다. 그 한계의 원천이 무엇인가를 생각하지 않을 수 없습니다. 시간을 벗어나서는 존립할 수 없는 사유하는 의식으로서의 시간을 사유하는 의식의 대상으로 현전시키고자 하는 불가능을 끌어안고서 그 불가능의 벽을 꿰뚫고 나가 보려는 데 한계의 원천이 있습니다. 자기 대가리 위에서부터 앞으로 고정되어 매달린, 그래서 도무지 당도할 수 없는 당근을 먹기 위해 힘껏 내닫는 당나귀처럼. 그래서 우리는 자칫 아예 시간에 대한 사유에 대해서만큼은 철저한 회의론자가 될 가능성이 높습니다.

그런데 칸트는 이성적 사유로써 이성적 사유의 시작과 끝을 탐구하고자 하지 않았던가요. 그런 점에서 칸트의 철학을 초월론적이라고 하지 않았던가요. 시간에 대한 근본적인 사유는 어차피 초월론적일 수밖에 없습니다. 다만, 그 초월론적인 사유의 실마리를 과연 어디에서부터 잡을 것인가가 문제일 따름입니다. 모든 초월론적인 사유는 형이상학적 사유와는 근본적으로 달라서, 경험에서부터 출발합니다. 그런 점에서 모든 초월론적인 사유는 근본적으로 현상학적입니다. '현상학적'이라는 것은 일체의 사유에서 사유하는 자의 근본적인 개입을 원리상 제거할 수 없다는 데서 성립합니다. 심지어 사유하는 자에 대해 사유할 때조차 사유하는 자의 근본적인 개입을 제거할 수 없다는 데서 성립합니다.

시간에 대한 사유에 대해서와 마찬가지로 사유하는 자에 대한 사유에서도 '제 꼬리를 물고 도는 순환'이 나타납니다. '사유에 대한 사유에 대한 사유에 대한 ……'이라는 구조가 그것이죠. 그 구조는 동일합니다. 물론 구조가 동일하다고 해서 한쪽을 사유하는 것이 곧바로 다른 쪽을 사유하는 것이 될 수는 없습니다. 하지만, 근본적으로 그 구조가 동일할 뿐만 아니라, 한쪽이 다른 쪽의 사유에 근본 조건이 된다고 하면 이야기는 달라집니다. 예컨대 시간에 대해 사유하지 않고서는 사유하는 자의 존재를 운위할 수 없고, 사유하는 자에 대해 사유하지 않고서는 시간의 존재를 운위할 수 없는데, 그 근본 구조가 동일하다고 하면, 양쪽은 뭔가 제3의 기반에서부터 분기되어 나온 것으로 생각할 근거가 충분하다고 할 수 있습니다. 결국은 시간과 인간, 혹은 인간과 시간이 분기되어 나오는 제3의 기반이 문제인 셈입니다.

이를 염두에 두면서, 다시 앞서 인용한 사르트르의 과거에 관한 이야기로 돌아가 보겠습니다. 우선 누군가가 자신의 '과거를 갖는다'는 말은 그가 그 자신의 '과거로 있다'라는 말임이 분명하다는 것부터 살펴봅시다. '갖는다'는 것은 소유자와 소유 대상이 근본적으로 분리되어 있음을 전제로 합니다. 과연 나는 나의 과거로부터 분리될 수 있나요? 그렇지 않지요. 그래서 오히려 '나는 나의 과거로 있다'라고 해야 한다는 것입니다.

하지만 나는 과연 나의 과거로만 존재하는가요? 그렇지 않습니다. 오히려 과거를 벗어나는, 어쩌면 무와 다름없는 바로 그 극적인 지점에서 내가 존재한다고 할 수 있습니다. 그리고 그것을 우리는 나의 현재라고 말할 수 있을 것입니다.

그런데 사르트르는 과거의 현존이 인간실재에 대해서만 명백하다고 하면서, 그 까닭을 인간실재의 존재방식에 관련시켜 말하고 있습니다. 인간실재는 자신이 존재하는 바로 그것으로 존재해야 한다는 것입니다. 아니, 이미 자신이 존재하고 있다면 그것으로 된 것이지 왜 그렇게 되어야 한다고 하는가요? 그렇게 되어야 한다는 것은 대체로 아직 그렇게 되지 않았다는 것을 전제로 하지 않습니까? 하지만 또 다른 전제가 있을 수 있습니다. 그렇게 되어야 한다는 것은 이미 그렇지 않다는 것을 전제로 하

고 있습니다. 이미 늘 **그렇지 않을 수밖에 없는데도 그렇게 되어야 한다**
면, 이때 **그렇다**는 것은 '그랬다'라는 것을 지칭한다고 해야 하지 않은가
요? 아니 거꾸로 말해, '그랬다'라는 것은 '늘 이미 그렇지 않을 수밖에 없
는데도 그렇게 되어야 한다'라는 것을 지칭하는 것이 아닌가요? 만약 그
렇다면, '이미 늘 그렇지 않다'는 것은 현재의 존재를 지칭하고, '그렇게'
되어야 한다고 할 때 '그렇다'는 것은 과거의 존재를 지칭한다고 보아야
합니다. 그렇게 해서, 현재의 존재는 과거의 존재가 되어야 한다는 사태
가 성립합니다.

　이를 바탕으로 사르트르는 '이었다/있었다'(était)가 의미하는 바가
무엇인가를 묻고, 그 대답을 이렇게 이야기합니다.

　　현재의 존재(être présent)는 그 자신의 과거의 기반이다. 그리고 '이
　　었다/있었다'가 명시하는 것은 바로 이 기반으로서의 성격이다. 그러
　　나 현재의 존재가 과거의 기반이 된다고 할 때, 무관심의 양식으로 그
　　리고 과거에 의해 근본적으로 변양됨이 없이 그러하다고 이해해서는
　　안 된다. '이었다/있었다'는 현재적인 존재가 자신의 존재에 있어서 그
　　스스로 자신의 과거임으로써 그 자신의 과거의 기반이어야 한다는 것
　　을 의미한다. 이는 무엇을 의미하는가? 현재가 어떻게 과거일 수 있는
　　가?(149/240)

　이 사르트르의 이야기를 들으면서 우리는 묘한 물음을 던지게 됩니
다. '……이었다' 혹은 '……했다'는 것은 현재인가요, 과거인가요, 아니
면 현재와 과거의 종합인가요? 우리 나름으로 풀어 보자면, '……이었다'
혹은 '……했다'는 것은 현재에 머물러 있으면서 과거를 향해 있음을 지

칭한다고 해야 할 것입니다. 이때 현재에 머물러 있는 것이 과거라고 해서는 안 될 것입니다. 오히려 과거는 현재를 극단으로 밀어붙여 깨뜨림으로써 현존한다고 해야 할 것입니다. 혜성(彗星)의 머리와 꼬리를 다 합쳐서 우리는 혜성이라고 합니다. 이때 혜성은 어쩌면 온통 꼬리로 되어 있다고 할 수 있을 것입니다. 왜냐하면, 혜성의 머리란 혜성이 나아가는 맨 앞의 두께=0인 표면이라 할 수 있기 때문입니다. 이렇게 보면, 혜성의 꼬리는 혜성의 머리를 극단으로 밀어붙여 깨뜨린 셈입니다. 거꾸로 말하면, 현재는 과거에게 모든 자신의 현존의 자리를 양도해 버린 셈입니다. 이렇게 양도하는 것이야말로 현재가 과거가 되는 것이고, 바로 그것을 일컬어 현재가 과거의 기반이 된다고 말하는 것입니다.

그렇다면, 과연 현재가 과거라는 것이 어떻게 가능한가요? 이에 관해 사르트르는, "'이었다/있었다'라는 용어는 현재가 과거로 존재론적으로 도약하는 것이고, 시간성의 이 두 양식의 근원적인 종합을 나타낸다. …… '이었다/있었다'라는 용어는 하나의 존재양식이다. 그런 의미에서 나는 나의 과거이다. 나는 과거를 갖지 않는다, 나는 과거이다"(150/240~241)라고 하면서, 죽음 문제를 끌어들여 이 근원적인 종합에 대한 설명하고자 합니다.

그러그러한 특정한 시점에 나의 과거와의 존재적인 연대를 부인하는 것은 내 삶의 전체에 대해 나의 과거를 긍정하는 것이다. 나의 죽음의 극단에, 즉 나의 죽음의 무한소의 순간에, 나는 오로지 나의 과거일 뿐이다. 과거만이 나를 정의할 것이다. …… 죽음에 의해, 대자가 통째로 과거로 미끄러져 들어가는 한에서, 대자는 영원히 즉자로 변해 버린다.(150/241~242)

현재의 과거에의 도약이 완결되는 순간이 바로 죽음의 순간이라는 이야기입니다. 나의 삶이 나의 과거와 완전히 일치되는 것을 부인하는 까닭은 내가 더 완전히 나의 과거임을 긍정하기 위한 것이라는 이야기를 하고 있는 셈입니다. 하지만 죽음에 이르면 더없이 완전한 그 나의 과거를 긍정할 나 자신조차 없습니다. 나 자신이란 이렇게 나의 과거이면서 동시에 그 나의 과거를 긍정하는 데 필요한 나의 과거가 아닌 자인 것입니다. 여기에는 후자의 이 나, 즉 대자로서의 내가 과거로서의 나, 즉 즉자로서의 내가 되어야 한다는 전제가 여전히 작동하고 있습니다. 그래서 사르트르는 "우리는 **즉자가 되어야 한다**"라고 말합니다. 이 말은 "나는 나의 과거여야 한다"라는 말과 등치됩니다. 내가 즉자로서의 내가 되어야 한다는 사르트르의 이야기는 흔히 우리가 사르트르에 대해 알고 있는 내용과 사뭇 대립됩니다. 우리는 흔히 사르트르의 철학을 자유의 철학이라고 하면서 이 자유를 위해서는 즉자로서의 나를 초월해서 순수한 대자로서의 내가 되어야 하는 것처럼 말하기도 하고, 그럼으로써 심지어 사르트르를 지독한 이원론자이자 관념론자인 것처럼 말하기도 합니다. 그러나 이 대목에서 우리는 사르트르 존재론에 대한 그러한 통념은 잘못된 것임을 알게 됩니다.

내가 나에 대해 혹은 타자에 대해 지는 모든 책임은 바로 여기에서, 즉 "우리는 즉자가 되어야 한다"라는 데서 성립합니다. 물론 만약 내가 오로지 나의 과거이기만 한다면, 내가 나의 과거적인 즉자와 완전히 동일하게 된다면, 나는 나에 대해 책임을 질 수 없을 것입니다. 내가 나에 대해 책임을 진다는 것은 우선은 나의 과거에 대해 책임을 지는 것이고, 그렇게 책임을 지기 위해서는 내가 나의 과거가 되어야 하되, 아예 내가 나의 과거이기만 해서는 안 되지요. 즉자로 완전히 동일화된 자기로서의 나만으로는 책임을 질 수 없기 때문이죠. 하지만, 그 반대로 만약 내가 과거의 즉자적인 내가 아니고 순전한 대자로서의 단적인 현재의 나이기만 하다면, 이 또한 책임을 질 길이 막혀 버리는 것이지요.

그러고 보면, 우리가 서로에게 책임지는 관계 속에서 살아간다는 것은 우리가 살고 있는 이 삶의 세계 속에 과거가 이미 늘 들어와 있다는 것을 의미한다는 것을 알 수 있습니다. 하지만 과거는 그 자체로 우리가 살고 있는 이 세계 속에 들어올 수는 없습니다. 그렇게 만드는 것은 바로 우리 자신, 즉 자신의 과거여야만 하는 대자로서의 우리에 의거해서입니다.

그런데 묘한 일은 내가 책임을 실제로 지는 것은 미래에서라는 점입니다. 우리의 과거에 대해 책임을 진다고 할 때, 우리는 미래를 향해 그 책임을 집니다. 그래서 실제에 있어서는, '책임진다'라는 표현보다는 '책임지겠다'라는 표현이 더 정확한 것이지요. 그런데 그 미래는 또 '어디에서' 성립하는가요? "나는 나의 과거여야 한다"라고 할 때, '……여야 한다'라는 문구는 나의 현재와 나의 과거 사이의 틈새를 떠올리게 합니다. 그러면서 그 틈새를 실제로 책임을 수행하는 미래를 통해 메우는 것을 떠올리게 합니다. 그럴 경우, 나의 가능성들은 어떻게 되는가요? 나의 가능성들, 즉 나 자신의 가능성에 의해 내가 정의된다는 것은 내가 즉자적인 자기를 벗어나 무엇인가에게로 향하는 것으로 정의된다고 했습니다 (137/220 참조). 그렇기 때문에, 내가 나의 과거가 되어야 한다거나 내가 나의 과거에 대해 책임을 진다는 것과 나의 가능성을 혼동해서는 안 됩니다.

나의 과거는 내가 그렇게 되어야 하는 것이다. 그러나 나의 과거는 본성상 나의 가능들과 다르다. 역시 내가 그렇게 되어야만 하는 가능은, 구

체적인 나의 가능으로서 그 반대도──아무리 그 정도가 적다 할지라
도──똑같이 가능적인 것으로 남아 있다. 그 반대로 과거는 다른 종류
의 그 어떤 가능성도 없는 것, 즉 자신의 가능성들을 소진해 버린 것이
다.(151/242)

말하자면, 나의 과거는 내가 그렇게 되어야 하되 다른 가능성이 전혀
없는 것이고, 나의 가능은 내가 그렇게 되어야 하되 얼마든지 다른 가능
성들을 함축하고 있는 것입니다. 그러고 보면, 만약 내가 나의 가능들을
지니고 있지 못하다면, 나는 나의 과거처럼 아예 나의 과거와 일치되고
말 것이기에 그 과거에 대해 책임을 질 수 없다는 것을 알 수 있습니다.
내가 나의 과거에 대해 책임을 질 수 있는 것은 나의 가능들을 통해 내가
정의되기 때문입니다.

내가 나의 가능들을 통해 정의된다는 것은 내가 나의 과거로만 있지
않다는 것을 의미합니다. 그래서 나는 나의 과거이면서 나의 과거가 아
닙니다. 그래서 이런 명제가 성립하게 됩니다.

그러나 다른 한편으로 보면, 나는 나의 과거가 아니다. 나는 나의 과거
였기 때문에, 나는 나의 과거가 아니다.(151/243)

나의 과거가 아닌 나에게 왜 나의 과거에 대해 책임을 지라고 하는
걸까요? 나는 나의 과거가 아닌 존재로 바뀌었는데도 왜 나의 과거에 대
해 나에게 책임을 지라고 하는 걸까요? 왜 예컨대 그/녀는 나를 '씨발놈!
개새끼!'라고 하면서 원한을 품는 걸까요? 나는 과거의 내가 아닌 자로
생성되는(생성하는devenir에서 생성되는devenu으로) 존재인데도 말이죠.

그런데 사르트르는 생성의 차원에서 책임의 문제가 성립되는 것이 아니라, 그 바탕에서부터 성립된다는 것을 암시합니다. 이에 관련하여 생성에 관한 사르트르의 이야기를 들어 보아야 할 것 같습니다.

요컨대 내가 그것으로 있었던 것으로 **있지** 않은 것은 변화가 있기 때문이 아니다. 말하자면, 존재의 동질성 속에 이질적인 것으로의 이행으로 생각되는 생성이 있기 때문이 아니다. 그 반대다. 만약 하나의 생성이 있을 수 있다면, 그것은 원리상 나의 존재가 나의 존재방식들에 대해 이질적이기 때문이다. 생성을 존재와 비존재의 종합으로 여기고, 이 생성으로 세계를 설명하는 것은 쉽다. 그러나 생성 중의 존재(l'être en devenir)가 그러한 종합일 수 있는 것은 그것이 그 자체로, 자기 자신의 무를 기초 짓는 작용 속에 있어야만 한다는 것을 반성해 본 적이 있는가? 내가 그것으로 있었던 것으로 있지 않다고 할지라도, 존재에 있어서 내 스스로 지탱하고 있는 무화하는 종합의 통일성 속에서 나는 그것으로 있었던 그것으로 있어야 하는 것이다.(152/244)

생성조차 인간실재의 존재방식에 의거해서 설명되지 않으면 안 된다고 주장하고 있습니다. 우리 나름으로 이 인용문에서 이러한 생각을 끄집어내는 것은 여기에서는 나의 생성을 주제로 삼고 있긴 하지만, 이 인용문의 내용이 생성 일반으로 확대될 수 있기 때문입니다.

대자적인 존재방식이건 즉자적인 존재방식이건, 그것들은 원리상 나의 존재에 대해 이질적입니다. 그러한 나의 존재의 이질성은 내 자신의 무를 기초 짓는 작용에서부터 비롯된다고 사르트르는 말하고 있지요. 그런데 내 자신의 무를 기초 짓는 작용은 나의 존재에서 비롯될 수밖에 없습니다. 내 존재의 이질성은 무화하는 종합의 통일성을 수반합니다. 이 통일성 속에는 무화해야 할 대상 영역, 즉 내가 그것으로 있었던 즉자적인 과거가 들어 있고, 그 나의 즉자적인 과거가 없이는 종합의 통일성이 아예 성립할 수 없습니다. 그래서 이렇게 결론을 맺게 됩니다.

> 만약 내가 그것으로 있었던 그것으로 있지 않다고 한다면, 그것은 내가 이미 변했기 때문이 아니라——그것은 이미 주어진 시간을 전제로 하는 것일 터이다——, 내가 그렇지 않음/있지 않음(n'être-pas)과의 내적인 연결(liason interne)이라는 양식으로 나의 존재와 관계 맺고 있기 때문이다.
> 이리하여, 내가 나의 과거로 있지 않을 수 있는 것은 내가 나의 과거로 '있는' 한에서이다. 내가 나의 과거로 있지 않다는 이 사실의 유일한 가능적 근거는, 바로 내가 나의 과거로 있어야 한다는 그 필연성이다.(152/245)

계속해서 반복되는 사르트르 존재론의 기본 원리가 여기에서도 나타납니다. 묘한 논리지요. 내가 나의 과거로 있는 한에서만 내가 나의 과거로 있지 않을 수 있고, 내가 나의 과거로 있어야만 내가 나의 과거로 있지 않을 수 있다는 논리 말이죠. 완전히 역설인데, 예사로 반복되고 있습니다. 그러나 이게 사르트르 존재론의 매력을 구성하는 핵심 대목 중의 하나임을 잊어서는 안 될 것입니다.

당장 일을 하고 있지 않고 밥을 먹고 있는 목수는 목수인가 아닌가 하는 문제에 대해 아리스토텔레스는 목수라고 했고, 그와 대립되는 메가라학파는 목수가 아니라고 했습니다. 아리스토텔레스는 목수가 목수 일을 하고 있지 않은 상태를 잠재적인 목수의 상태로 보고 있고, 메가라학파는 목수가 당장 목수 일을 하고 있을 때에만 목수일 수 있다고 해서 현행적인 상태에 기준을 두고 있습니다. 사르트르는 밥을 먹고 있는 목수가 목수가 아닐 수 있는 것은 그가 '목수였던 목수이기' 때문이라는 제3의 답을 내놓는 셈입니다.

이 정도 되면, 내가 '……이다'(je 'suis ……')라는 존재적인 사태는 그 중심축이 아예 과거로 쏠려 있다고 할 수밖에 없죠. 공간적인 표현으로 하자면, 그 중심축은 분명 '내 앞'에 있는 것이 아니라 '내 뒤'에 있습니다. 그래서 이런 이야기가 나옵니다.

내가 나인 그것인 것은 과거에서이다. 그러나 다른 한편으로 이 무거운 존재적인 충만은 내 뒤에 있다. 이 충만을 나로부터 끊어내어 나의 권역 밖으로 되던져 접촉이 없도록 하고 접착되지 않도록 하는 절대적인 거리가 있다. …… 과거는 바로 '배후로부터' 나를 나인 것이게끔 강요하는 존재론적인 구조다.(153/246)

과거는 어찌할 수 없는 무거운 존재적인 충만성을 띠고서 '내 등에서' 나를 밀어붙여 지금의 나이게끔 하는 존재론적인 구조로서, 일체의 인식론적인 표상 관계와는 별개의 것이라는 이야깁니다. 특히 과거에 의해 발목 잡혀 사는 사람의 경우, 존재적으로 충만한 그 무게는 엄청나지요. 그런데 그런 사람뿐만 아니라 모든 인간들이 바로 그렇게 살 수밖에 없는 측면이 있다는 것이 사르트르의 이야깁니다.

존재론적인 구조에서 보면, 이때 '지금의 나'는 바로 대자로서의 내가 아닐 수 없고, 무거운 존재적인 충만성을 띤 과거는 즉자로서의 내가 아닐 수 없습니다. 대자로서의 나는 대자의 자기인 즉자로서의 내가 되어야 하지만, 거기에 다다를 수는 없습니다. 그런 점에서 대자는 항상 실패합니다. 대자의 현사실성은 바로 이러한 자신의 과거를 붙들고자 하지만 자신의 과거를 넘어설 수밖에 없는 실패의 관계에서 성립합니다. 그래서 이렇게 됩니다.

> 현사실성과 과거는 동일한 하나의 것을 지적하는 두 가지 낱말이다. 사실, 과거는 현사실과 마찬가지로, 그렇지 않을 가능성이 전혀 없이 내가 그것이어야만 하는 즉자의 손댈 수 없는 우연성이다. 그것은 사실상의 필연성의 불가피함인데, 필연적으로 그런 것이 아니라 사실상 그런 것이다.(154/246)

이 대목에서 사르트르의 존재론에 의거한 과거에 대한 생각을 정돈하면 이렇게 될 것 같습니다. 무지막지하게 일체의 존재가 이미 늘 막아섭니다. 이미 늘 그래 왔고 계속 그럴 것입니다. 이것이 과거입니다. 일체의 존재가 지독하게 두텁고 무겁기 짝이 없는 우연성의 벽으로 막아섭니다. 그 자체로 보면, 다른 가능성은 아무것도 없습니다. 그렇기에 필연적입니다. 이것이 과거입니다. 이러한 과거가 나의 존재에 이미 늘 육박해 들어와 있습니다. 이것이 대자의 현사실성입니다. 그렇기에 적어도 대자에게 있어서 현사실성과 과거는 동일합니다. 그러니까 육중한 일체의 존재가 분출하는 우연성의 필연적인 벽은 바로 자기 자신이라 할 수 있습니다.

대자는 자기 자신인 이 육중한 일체의 존재가 분출하는 우연성의 필연적인 벽을 벗어나고자 그 앞에서 몸부림칩니다. 부정하고 넘어서고자 합니다. 그러나 부정하고 넘어서서 나아갈 곳은 일종의 낭떠러지, 심연입니다. 조금 달리 말하면, 대자는 이 심연에서부터 태어난다고 할 수 있습니다. 그 심연은 애당초 즉자가 스스로를 근거 짓기 위해 제 스스로 존재의 감압을 수행하여 형성된 것이었기 때문입니다. 대자는 즉자의 변형태이고, 따라서 대자가 즉자를 초월하는 것은 어쩌면 즉자의 명령, 즉 즉자로부터 발원하는 대자의 존재론적인 운명이라 할 것입니다. 대자는 즉자를 넘어서지 않으면 안 된다는 일종의 '자살적인' 즉자의 명령을 수행하지만, 그렇기 때문에 대자에게서 즉자의 계기가 없을 수 없습니다. 그것이 과거이고, 현사실성입니다. 그래서 결국 이렇게 됩니다.

> 과거는 즉자에 의해 되잡히고 익사한 대자이다. …… 우리가 살핀 바에 따르면 이렇다. 과거는 대자의 존재론적인 법칙이다. 즉 하나의 대자일 수 있는 모든 것은 자기 뒤에 있는, 권역 바깥에 있는 저 아래의 존재여야 한다. …… 나의 본질은 과거에 있다. 이는 나의 본질이 갖는 존재에 대한 법칙이다.(155/249)

즉자에 의해 되잡혀 끌려들어 간 만큼 대자는 과거가 됩니다. 과거는 어쨌든 대자의 존재를 형성하는 핵심 계기입니다. 이를 사르트르는 대자의 존재론적 법칙이라고까지 강력하게 표현합니다. 이는 과거가 대자가 도무지 벗어날 수 없는 일종의 운명으로서 있다는 이야깁니다. 그러면서 나의 본질을 과거에 근거한 것으로 봅니다. 나에게 본질이 있다면, 그 나의 본질은 도대체 나의 과거에서 성립할 수밖에 없다는 것입니다. 그러니까 대자 자체에서 나의 본질을 찾을 수는 없다는 것이지요. 이러한 사태를 일컬어, 나의 본질을 규정하는 바 내 본질의 존재적인 법칙이라고 말하고 있습니다. 달리 말해, 나의 본질은 나의 가능과 대립된다는 이야기입니다. 나의 과거는 다른 가능성이 전혀 없기 때문이지요. 자신의 가능성을 상실한 만큼 자신의 본질에 얽매어 있는 셈입니다. "현존은 본질에 앞선다"라는 사르트르의 유명한 명제의 힘이 울려퍼지는 것 같습니다.

'그때가 좋았지'라는 말은 지금의 자기 존재를 부정하기도 하지만, 역설적으로 들리겠지만, 이 말이 더욱 강하게 부정하는 것은 바로 과거의 자기 존재입니다. 좋았던 그때로 돌아가기를 거부하는 것은 근본적으로, 그때로 돌아갈 수 없어서가 아니라 그때로 돌아가는 것을 내가 거부할 수밖에 없기 때문입니다. 설사 그때로 돌아간다 할지라도, 그때로 돌아가는 것을 거부하지 않고서는 그때로 돌아갈 수 없습니다.

2) 현재

사르트르는 '……에의 현전' 및 현전 자체를 분석함으로써 현재(le présent)에 대한 윤곽을 밝힙니다. 하지만 '현전해 있다'고 하는 것은 그 종류도 많고 오해의 소지도 많습니다. 예컨대 다음의 경우, 현전해 있음은 가장 통속적인 것입니다.

> 나의 현재는 현전해 있음(d'être présent)이다. 무엇에게 현전해 있는가? 이 탁자에, 이 방에, 파리에, 세계에, 요컨대 즉자존재에 현전해 있다. 그러나 그 반대로 즉자존재는 나에 대해 현전해 있고, 그것이 아닌 다른 즉자존재에 현전해 있지 않은가?(156/250)

내가 즉자존재에 현전해 있고, 즉자존재가 나에게 혹은 다른 즉자존재에게 현전해 있다는 것은 외적인 인접과 거의 구분이 되지 않습니다. 이럴 때 현전은 즉자존재들 간의 현전인 것이고, 나 역시 즉자존재로서 취급되고 있습니다. 그런데 우리는 저 앞에서 사르트르가 대자존재를 소개하기 위해 먼저 '자기에의 현전'을 분석한 것을 보았습니다. 그 한 대목을 다시 인용해 봅니다.

> 자기에의 현전은 만져서 느낄 수 없는 미세한 균열이 존재 속에 스며들어 있다는 것을 전제한다. 만약 자기가 자기에게 현전한다면, 그것은 전적으로 자기가 아니기 때문이다. 현전은 일치의 직접적인 파괴다. 왜냐하면 현전은 분리를 전제하기 때문이다.(113/189)

존재 속에 미세한 균열이 스며들어 있다는 것을 전제한 것이 '자기에의 현전'입니다. 이를 참고하면서 우리는 사르트르가 다음과 같이 말하는 것을 유념하게 됩니다.

> ……에의 현전은 현전하고 있는 존재와 이 존재가 현전하고 있는 존재들과의 내적인 관계다. 어떤 경우에건, 인접성의 단순한 외적 관련이 문제일 수는 없다. ……에의 현전은 ……에 가까이 자기의 밖에 현존함을 의미한다. …… 따라서 ……에 현전하는 존재는 '즉자적인' 휴식 상태에 있을 수 없다. 즉자가 지나간 것일 수 없는 것 못지않게, 즉자는 현재적으로(présent)도 있을 수 없다. 즉자는 아주 간단하게 그냥 **존재한다**. …… 현재는 즉자존재에 대한 대자의 현전일 수밖에 없다.(156/250)

'……에의 현전'이 현전하고 있는 존재, 즉 나와 내가 현전하고 있는 존재들과의 내적인 관계라고 할 때, 그 내적인 관계는 도대체 어떤 관계일까요? 서로 즉자적으로 인접해 있어 외적으로 현전해 있는 것이 아니라고 한다면, 분명 내적인 현전 관계는 적어도 어느 한쪽이 다른 한쪽에 존재적으로 영향을 미치는 것임에 틀림없습니다. 예컨대 사르트르가 이렇게 말하는 것이 그러한 관계를 나타낸 것이라 할 수 있을 것입니다.

> 대자는 스스로를 대자적으로 만듦으로써 스스로를 존재에 대한 현전으로 만들고, 대자적이기를 그침으로써 현전이기를 그친다. 대자는 존재에의 현전으로 정의된다.
> 대자는 스스로를 무엇에 대한 현전으로 만드는가? …… 대자의 현전은 즉자존재의 총체가 거기에 있도록 하는 것(ce qui fait que il y a ……)이다. …… 그럼으로써 대자는 존재들이 하나의 동일한 현전을 위해 존재하도록 한다. 존재들은 하나의 세계 속에 공현전(copresent)하는 것으로 드러나고, 그 세계 속에서 대자는 자기 자신의 피로써, 현전으로 호칭되는 자기의 탈자적인 그 전반적인 희생에 의해, 그 존재들을 통일시킨다. …… 대자는 현재가 세계 속에 들어오도록 하는 존재이다.(157/251)

"즉자존재의 총체"라는 것, 즉자존재들이 "하나의 세계 속에 "공현전한다는" 것, "그 존재들을 통일시킨다" 등의 구절들이 돋보입니다. '현전한다'는 것은 대체로 이중적인 방향으로 적용됩니다. 내가 세계에 대해 현전한다고 할 때, 현전하는 나에 대해서도 적용되고, 내가 그것에 현전하고 있는 세계에 대해서도 적용됩니다. 말하자면 '현전한다'는 현전을 중심으로 서로 마주보고 있는 양쪽 모두에게 적용됩니다.

하나로 통일된 세계가 현전해 있고, 그 속에서 일체의 존재들이 함께 현전해 있다는 것을 '즉자존재의 총체'라 달리 부르고 있습니다. '즉자존재의 총체'란 즉자존재의 충만과 마찬가지로, 도대체 존재 자체에 존재적인 탈구(脫臼, dislocation)가 없다는 것을 의미합니다. 존재적인 탈구가 있다면, 그것은 대자일 수밖에 없습니다.

그런데 대자가 자신의 피로써 희생을 바쳐 이러한 즉자존재의 총체성을 엮어 내게 한다고 할 때, 대자의 피는 무엇이며, 그 희생은 무엇일까요? 대자가 존재, 즉 즉자존재의 질서에서 탈구되어 삐져나오는 것을 의미하지 않고 달리 의미할 수 있는 것은 없어 보입니다. 이는 대자가 자신의 존재를 포기하는 것을 의미합니다. 그 대신 현존만을 갖는 것이지요. 이를 일컬어 "탈자적 현전"이라 말하고 있습니다. 대자가 존재 전체를 마주하고 있는 현전은 바로 탈자적인 것이고, 이러한 대자의 희생적인 '탈자적인 현전'에 의해 현재가 이 세계에 들어온다는 것입니다. 참으로 기묘한 설명이 아닐 수 없습니다.

이런 의미로 보면, 현재는 일체의 것들이 탈구되지 않고서 어떻게든 한꺼번에 현전하는 것이라 할 수 있습니다. 하지만, 이에 관해 더 구체적으로 파고들어야 현전에서의 내적인 관계가 정체를 드러낼 것입니다. 여기에서 현전 자체의 구조를 파악할 필요가 있습니다.

예컨대 내가 여기 이 방에 대해 현전한다고 할 때, 이 방을 포함한 즉자존재의 총체성에 함입되지 않고 그렇게 따로 삐져나와 현전하고 있다는 것을 어떻게 입증할 수 있을까요? 그렇다는 사실을 입증해 줄 제3자인 증인은 원리상 전혀 없습니다. 다른 사람이, 심지어 신이라 할지라도 내가 이 방에 있는 것을 보고서 내가 이 방에 대해 현전해 있다고 확인할 수 있는 길은 전혀 없습니다. 그/녀가 나의 의식 속으로 들어와 내 의식을 대신할 수 없기 때문입니다. 그래서 결국에는 그/녀의 눈에는 내가 그저 즉자존재의 총체성에 함입된 것으로 여겨질 것이기 때문입니다.

그렇다면 현전한다는 사실을 어떻게 확보할 수 있을까요? 대자가 자신의 자기에 대해 현전한다는 사실은 대자가 자신의 자기에 대해 증인이 된다는 것을 의미할 것입니다. 대자는 스스로가 자신의 자기가 아니라는 사실에 대한 증인이면서, 동시에 자기가 아닌 자신이 자기에 현전해 있음을 알리는 증인입니다. 그러니까 현전에는 대자의 자기에 대한 부정이 들어 있습니다. 그런데 이 부정에 대해 사르트르는 이렇게 말합니다.

> 대자가 취하는 존재에의 현전은, 대자가 존재가 현전하는 가운데 존재가 아닌 바 자기에 대한 증인임을 함축한다. 말하자면, 존재에의 현전은 대자가 존재하지 않는 한에서 대자의 현전이다. 왜냐하면 부정은 대자를 존재로부터 구분하는 존재방식의 차이에 관한 것이 아니라, 존재적인 차이에 관한 것이기 때문이다. 사람들이 현재는 존재하지 않는다고 말함으로써 간단하게 표현하는 것이 바로 이것이다.(158/252~253)

사르트르에서 '존재'라는 말이 '현존'과 어떻게 다르고, '존재한다'는 것이 '현존한다'는 것과 어떻게 다른가를 염두에 두지 않으면 안 됩니다. 현재에 대해 존재한다고 말할 수는 없지만 현존한다고 말할 수는 있습니다. 현존은 존재를 부정하는 데서 성립합니다. '현존하다'인 'exister'는 'ek-sistere'에서 온 것인데, 이는 '바깥에 놓여 있다'는 것입니다. 정확하게 말하면 자기 바깥에 놓여 있다는 것입니다. '지금'이란 것을 정확하게 지목하려고 노력해 봅시다. 정확하게 지목이 되지 않습니다. '지금!'이라고 하는 순간에 지나가 버립니다. '지금'은 자기동일성을 가질 수가 없습니다. 그래서 '지금'은 현존할 수는 있어도 존재할 수는 없는 것입니다.

즉자존재의 총체는 곧 존재의 총체를 일컫습니다. 존재의 총체에 현전한다고 할 때, 그 현전은 방금 말한 '지금'을 바탕으로 해서 이루어집니다. 그렇기 때문에 '현전'은 그 자체로 자기동일성을 지닐 수 없고 그저 현존을 지닐 뿐입니다. 그렇기 때문에 이 현전에 대한 증인인 대자 역시 그 자체로 자기동일성을 지닐 수 없기에 존재하지 않고 현존할 뿐입니다. '현재는 존재하지 않는다'라는 일견 무시무시한 이 명제는 이런 엄연한 사태를 바탕으로 해서 성립합니다.

이렇게 되면, 결국 대자가 존재를 부정하는 데서 성립하는 것과 꼭 마찬가지로 현재는 존재를 부정하는 데서 성립하는 것이 됩니다. '현재는 존재를 부정한다'라는 것은 그 자체로 보면 현재가 '존재하지 않는다' (n'est pas)는 것을 의미합니다. 현재가 대자와 거의 같은 차원의 것으로 취급된다는 것을 알 수 있습니다. 그러나 대자에 의거해서 현재가 성립한다는 것을 잊어서는 안 될 것입니다. 아무튼 그래서 이렇게 이야기됩니다.

대자는 이중적으로 존재를 벗어난다. 내면적인 분열(désagrégation intime)에 의해 그리고 외면적인 부정(négation express)에 의해. 그리고 현재는 정확하게 바로 이 존재의 부정이고, 존재가 사람들이 그것을 피하고자 하는 것으로서 거기에 있는 한에서 그 존재로부터의 탈피(évation)다. 대자는 도피의 형식하에서 존재에 대해 현전한다. 현재는 존재에 직면한 영구적인 도피다. 이렇게 해서 우리는 현재의 제1의 의미를 알았다. 현재는 **존재하지 않는다**는 것이 그 의미이다. 현재의 순간은 대자를 실재화하고 사물화하는 생각으로부터 생겨난 것이다. ⋯⋯

이런 의미에서 보면, 대자에 대해 지금 시간이 아홉시다 하고서 말하는 것은 부조리할 것이다. 그러나 대자는 아홉시를 가리키는 시계 바늘에게 현전할 수는 있다. 사람들이 흔히 현재라고 잘못 지칭하는 것은 현재가 그것에 대한 현전인 바, 그 존재이다.(158/253)

사르트르에 따르면, 존재로부터 물러나 있으면서 존재에 현전하는 것, 바로 그것이 현재입니다. 그런 점에서 현재는 대자의 시간 자체인 셈입니다. 과거는 대자가 자신이었던 것으로 되어야 하는데 되지 못하고 있는 바로 그것이라고 했습니다. 그래서 즉자에게는 과거가 없다고 했습니다. 그러고 보면, 현재는 과거가 되지 못하는 데서 성립합니다. 저 앞에서 "나는 나의 과거이면서 나의 과거가 아니다"라고 했을 때, 나의 과거가 아닌 측면이 바로 현재인 것이지요. 즉자에 의해 되잡혀 익사된 대자가 과거인 데 반해, 즉자를 부정함으로써 존재를 갖지 않는 대자가 바로 현재입니다. 다소 논리적인 비약이 있을지 모르지만, 과거가 존재라면 현재는 무(無)라 할 수 있습니다.

그런데 현재의 순간 혹은 순간으로서의 현재, 말하자면 시각으로 표시되는 지금은 대자를 사물화하고 실재화했을 때 성립하는 것으로서 현재에 대해 잘못된 생각에서 생겨난 것이라 말하고 있습니다. 대자를 사물화하고 실재화한다는 것은 대자를 즉자화한다는 것이지요. 그러고 보면, 시각으로 표시되는 현재의 순간은 과거에 속한다 할 수 있습니다. 즉자에 의해 되잡혀 익사한 대자가 과거이니까요. 그렇기 때문에, 그 자체로 보면 결코 과거일 수 없는 대자에 대해 아홉시라고 하는 것은 부조리하다는 이야깁니다. 다만, 대자는 과거에 속한 아홉시에 현전해 있을 뿐이고, 그 현전 자체가 바로 현재인 것입니다.

3) 미래

지금 우리는 책 전체의 제2부 '대자존재'의 제2장 '시간성' 중에서 제1절인 '시간성의 세 차원에 대한 현상학' 중에서 'A) 과거'와 'B) 현재'를 살펴본 상태입니다. 오늘은 'C) 미래'를 살펴보고 절을 바꾸어 제2절 '시간성의 존재론'으로 넘어가 그 중의 'A) 정적 시간성'을 살펴보고자 합니다. 이를 위해 몇 가지 기억 내지는 생각해 둘 것이 있습니다.

먼저 과거는 대자의 과거로서 대자가 갖는 즉자적인 계기 혹은 현사실성의 계기로 작동한다는 사실을 기억해 둡시다. 그리고 현재는 대자 자체의 시간성임을 기억해 둡시다. 대자가 존재론적인 작용, 즉 무한밀도의 즉자가 감압을 일으켜 빈틈을 만들어 냄으로써 발생한다는 것도 아울러 생각해 둡시다. 그리고 이 말이 즉자라는 것이 그 자체로 존재하지만, 결국에는 대자를 통로로 하지 않고서는 드러나지 않는다는 사실을 함축하고 있다는 것을 생각해 둡시다. 그렇기 때문에 즉자는 원리상 과거를 가지지 않는다는 것임을 생각해 둡시다.

그리고 무엇보다 염두에 두어야 할 것은 사르트르 존재론에서 가장 기본이 되는 바, **자신인 것이 아니면서 자신이 아닌 것**이라고 하는 대자의 근본적인 존재방식입니다. 대자가 즉자적인 자기동일성을 가질 수 없다고 하는 이 공식(公式)은 대자에게 적용되기에 대자로서의 인간실재가 벗어날 수 없는 자기기만에도 적용되고, 대자와 거의 동일시되는 현재라는 시간성의 차원에도 그대로 적용됩니다. 현재는 자기인 것이 아니면서 자기가 아닌 것입니다. 이때 '자기인 것'은 과거에 바탕을 두고 있고, '자기가 아닌 것'은 미래로부터 도래합니다.

미래의 문제를 생각한다는 것은 다가옴(도래, l'avenir)을 생각한다는 것이지요. 그냥 쉽게 생각해 보면, 미래가 **다가와** 현재가 되고 현재가 **지나가** 과거가 되는 것 같기도 합니다. 그런데 논리적으로 생각해 보면 미래가, 다가오기 위해서는 어떻게든 다가오기 전에 어떤 상태로 **이미 있었어야** 할 것 같습니다. 예컨대 전지전능한 신의 섭리가 있다면 그것은 결코 변경될 수 없는 성질의 것일 텐데, 그럴 경우 다가올 미래는 어떤 방식으로건 이미 어떤 상태로 결정되어 있는 셈입니다. 이를 일정하게 반영하고 있는 것이 스피노자가 말한 신적인 필연성이고 라플라스(Pierre-Simon de Laplace, 1749~1827)가 말한 전반적인 결정론입니다.

미래가 결정되어 있다고 할 때, 그 결정되어 있음은 인간실재와 무관하게 그 자체로 결정되어 있지 않고서는 결정되어 있다고 하는 정확한 의미를 가질 수 없습니다. 그럴 경우, 우리는 미래를 인간실재와 무관하게 성립하는 것으로 취급하게 되고, 또한 그럴 경우 마치 미래가 우리 인간실재에게 공격적으로 다가오는 것으로 여기게 되고, 그래서 미래를 운명이니 숙명이니 하면서 우리가 어찌할 수 없는 강력한 힘을 지닌 것으로 여겨 심지어 두려워하기까지 하는 것이지요.

그런데 우리는 이제까지 결정되어 있다는 것을 대체로 즉자적인 것으로 여겼습니다. 그리고 나에게 있어 즉자적인 것은 과거에 해당되는 것으로 여겼지요. 이를 바탕으로 인간실재로서의 내가 도무지 뚫고 들어갈 수 없는 존재의 벽 자체를 과거라고 생각하기까지 했습니다. 말하자면 인간실재인 내가 근본적으로 어찌할 수 없는 것은 과거이지 미래가 아니라는 것이지요. 묘한 표현이긴 합니다만, 그렇다면 미래는 아직 다가오지 않은 과거이고, 과거는 이미 지나간 미래라고 해도 큰 문제가 없는 것이 되고 맙니다. 그리고 현재는 아직 다가오지 않은 과거인 미래가 이미 지나간 미래인 과거로 되는 '두께=0'인 순간적 막에 불과하게 됩니다.

이는 마치 시간성을 영화로 여기는 것과 같습니다. 상영되고 있는 한 편의 완성된 영화는 아직 한편으로 기다란 필름에 하나하나의 스틸 사진으로 고정되어 있다고 할 수 있습니다. 그런데 영화를 보는 관객(인간실재에 비유됨)이 지금 당장 보고 있는 영화 장면을 현재라고 할 때, 앞으로 보게 될 영화 장면은 이미 필름 속에 결정되어 있습니다. 영화는 영화를 보는 관객과는 무관하게 전개될 뿐입니다. 그런데 시간성이란 것이 과연 이런 것일까요?

오늘날 발달된 컴퓨터 게임처럼 게이머가 개입해 들어가는 방식에 따라 달리 사건이 전개되는 방식으로 시간성이 성립한다고 할 수는 없을까요? 이럴 때 도대체 다가올 미래의 사건은 결코 결정되어 있는 것이 아니지요. 물론 게이머의 개입 방식과 전개될 사건의 함수적인 관계는 결정되어 있다는 식으로 한 차원 높여서 결정론을 제시할 수도 있을 것입니다. 이런 종류의 결정론은 양자역학에서 소립자의 위치와 운동량의 불확정이 연동되어 있어 양쪽 모두를 결코 확정할 수 없지만, 양쪽의 불확정 정도를 곱한 값이 플랑크 상수를 4π로 나눈 값을 넘어설 수 없도록 결정되어 있다고 하는 것과 유사합니다. 하지만, 이러한 의미로 결정론을 이해하게 되면 이미 '결정론'이라는 말의 의미는 깨져 버린다 할 수 있습니다.

만약 시간을 기존의 영화처럼 여기지 않고 게이머 개입 컴퓨터 게임처럼 여긴다면, 게이머가 자기가 설정해 놓은 목표를 달성하기 위해 다가올 사건을 바꾸어 나가지 않으면 안 될 것입니다. 이때 게이머에게 있어서 미래는 자기가 이루고자 하는 것, 즉 자신이 그렇게 되고자 하는 것이어야 합니다. 하지만 그 미래는 결코 아직 자신이 된 것이어서는 안 됩니다. 하지만, 게이머는 이제까지 자신이 어떤 방식으로 게임에 임해 왔으며 어떤 사건이 자신의 것으로 전개되도록 했는가를 몰라서는 안 됩니다. 이를 참고로 삼으면서 사르트르의 다음과 같은 이야기를 들어 보기로 합시다.

> 미래는 내가 그것일 수 없는 한에서 내가 **그것이어야만 하는 것**이다. 대자는 존재 앞에서 그 존재가 아닌 것으로서 자신을 현재화하고, 과거에 자신의 존재였던 것으로서 자신을 현재화한다는 것을 상기하자. 이 현전은 도피다. 여기서 문제가 되는 것은 존재 옆에서 지체되고 휴식을 취하고 있는 현전이 아니라, ……를 향해 그 존재 바깥으로 탈출하는 것이다. …… 미래는 결핍인 한에서 대자를 현전의 즉자로부터 떼어놓는 결핍이다. …… 미래는 대자가 존재를 넘어서서 그래야만 하는바, 규정하는 존재다. 미래는 있다. 왜냐하면, 대자는 그저 간단하게 자신의 존재인 것이 아니라 자신의 존재여야만 한 것이기 때문이다.(161/257)

『존재와 무』의 제2부 제목이 '대자존재'이고, 지금 그 중 일부를 논구하고 있기 때문이기도 하지만, 사르트르의 현상학적 존재론에서 '대자'는 중심이 되는 개념임에 분명합니다. 대자를 손쉽게 떠올리는 방법은 내 몸을 포함해서 나에게 주어져 있는 것으로 여겨지는 일체의 것들을 자신에 포함되지 않는 것으로 내몰고 있는 '나'를 생각하는 것입니다. 좀더 강력하게 말하면, 이 '나'마저도 자신 바깥으로 내몰고 있는 심층의, 하지만 바로 자기 자신으로서 현존하고 있는, 그러니까 자꾸만 뒤로 도망가려 하면서 현존하는 것으로 현전하는 '나'를 생각하는 것입니다. 이 대자로서의 나는 제아무리 제거하려 해도 제거되지 않는 정도가 아니라, 제거하려 할수록 더욱 제거되지 않을 정도로 강고하게 현존합니다.

이 대자로서의 나는 한편으로 자기 자신이 아닌 것으로 내몰고 있는 것들을 다른 한편으로 현전의 방식으로이긴 하나 자기 자신의 존재 내용으로서 매달고 있습니다. 말하자면 존재가 대자 앞에서 엄존하고 있습니다. 그런데 대자는 이 존재로부터 탈출하고자 합니다. 그런데 탈출해서 어디로 갈까요? 대자는 미래를 향해 존재로부터 탈출합니다. 즉 대자는 도피행각을 합니다. 이때 미래는 대자가 존재로부터 탈출해서 도피행각을 벌일 때 생겨나는 존재로부터의 틈 내지는 사이로서 주어지는 것으로서 그 자체 결핍된 것입니다. 그렇기 때문에 대자는 그것을 향하는 것이고, 대자가 그것을 향하기 때문에 그것은 결핍인 것입니다. 결핍이란 결핍항을 통해 메워져야만 하는 것입니다. 여기에서 '그래야만 한다'(a à être)는 사태가 처음부터 대자에게 들러붙게 됩니다. 이는 대자가 끝없이 자기(soi), 즉 자신의 존재를 찾아 그것과 하나이고자 하는 욕망임을 의미합니다. 그 욕망은 결코 채워질 수 없는 것인데, 그 까닭은 자신의 존재를 찾아 그 존재와 하나를 이루자마자 그 자신의 존재는 과거적인 즉자로 돌변해 버리면서 대자가 다시 탈출하지 않으면 안 되는 것이 되기 때문입니다.[1]

이렇게 되면 미래의 시간성에 있어서 문제는 대자가 그것이어야만 하는 존재가 아닐 수 없습니다. 이 존재는 바로 결핍항이고, 미완성이며, 아직 아닌 것(Pas-encore)입니다. 이 모든 규정들을 지니면서 결국, 미래는 이렇게 압축적으로 표현됩니다.

---

1) 라캉에서 주체가 실재와 하나를 이루고자 끝없이 노력하지만 그저 '오브제 아'(objet a)라고 하는 실재의 부분 대상만을 만날 수밖에 없고, 그 부분 대상에 만족할 수 없어 끝없는 결핍에 시달리고 그럼으로써 결핍으로서의 욕망이 성립하는 것과 대단히 유사합니다.

그래서 대자가 존재 너머에서 그것으로 있는 모든 것은 미래이
다.(162/258)

이렇게 되면, 도대체 존재라고 일컬을 수 있는 일체의 것들을 넘어서
는 데서 미래가 성립하는 셈이고, 도대체 그 '너머'라는 것이 의미하는 바
가 무엇인가가 문제로 나서게 됩니다. 이는 대자와 미래의 관계를 세밀
하게 검토하는 것으로 연결됩니다.

우선 '존재 너머'는 '존재'와 분리되는가를 생각해 봅시다. 이를 생각
하기 위해서는 주어진 존재가 과연 그 자체에 처박혀 있는가를, 즉 그저
즉자존재로 있는가를 먼저 생각해 보아야 합니다. 예컨대 지금 내가 바
라보고 있는 이 컴퓨터는 그저 그 자체로 있나요, 아니면 어떤 상태를 향
해 자신을 넘어서고 있는 계기와 함께하나요? 요컨대 이 컴퓨터에 미래
적인 세계(le monde futur)란 것이 존재하나요? 존재하지 않지요. 그런
데 대자는 전혀 그렇지 않습니다. 만약 대자에게 미래적인 세계가 없다
면, 대자는 존재 너머에서 미래를 만나는 것이 아니라 아예 죽음을 만나
고 말 것입니다.

그런데 대자가 존재 너머에서 그것이고자 하는 미래가 없다면 미래
적인 세계가 있을까요? 동어반복에 가깝지만, 미래적인 세계는 미래를
통해 성립합니다. 그런데 미래적인 세계는 미래의 대자가 그 앞에 현전
해 있을 그런 세계이지요. 그때 대자는 그 미래적인 세계를 넘어서서 탈
출하고자 할 것이고, 이미 탈출하여 미래적인 세계를 이미 과거의 세계
로 만들어 놓고 있을 것입니다. 이러한 사태가 없이는 미래가 성립할 수
없습니다. 그러고 보면, 미래는 미래의 과거를 이미 포함하고 있지 않으
면 안 되고, 그러한 미래의 과거에 현전해 있으면서 그것을 따돌리는 대

자가 없이는 성립할 수 없습니다. 과연 이러한 생각들을 인정할 수 있을까요?

이렇게 보는 것은 현재의 구조를 그대로 미래의 구조로 옮겨놓은 것에 불과하고 맙니다. 그런데 우리가 빠뜨려서는 안 되는 것들이 있습니다. 그것은 미래가 궁극적으로 대자의 존재로부터의 탈출에서 성립한다는 것이고, 이렇게 탈출함으로써 대자가 자신의 가능을 열어젖힘으로써 미래가 성립한다는 것입니다. 지금 오후 세 시쯤인데, 내가 저녁 일곱 시에 철학아카데미 강의를 할 것이라는 나의 가능은 지금 이렇게 열심히 강의 준비를 하고 있는 나 자신으로부터 나를 탈출하게 합니다. 저녁 일곱 시에 철학아카데미 강의를 할 미래의 나 자신이 없이는 강의 준비를 하고 있는 나 자신은 아무런 의미가 없습니다. 그러고 보면, 내가 열심히 강의 준비를 하고 있는 것은 열심히 강의 준비를 하고 있는 내 자신으로부터 탈출하기 위해서라고 할 수 있습니다. 여기에는 현재의 자기인 것이 아니기 위한 노력과 더불어 현재 자기가 아닌 것이기 위한 노력이 들어 있습니다. 이러한 노력을 우리는 기획투사라고 할 수 있습니다. 내가 현재의 나 자신으로부터 탈출하려고 하는 것, 그럼으로써 현재 속에 매달려 있는 나의 과거로부터 탈출하려는 것은 미래의 나 자신이기 위해서입니다. 그 미래의 나 자신을 향해 현재의 나는 내 자신을 기획투사합니다. 이때 기획투사되는 나 자신은 나 자신의 의미가 아닐 수 없습니다.

내 자신의 존재 의미를 중심으로 한 이런 전반적인 상황을 염두에 두고 나면, 미래가 현재와 과거를 전반적으로 에워싸고 있다고 말하게 됩니다. 그래서 이렇게 이야기됩니다.

미래는 현사실성(과거)과 대자(현재)와 대자의 가능(장래)이 무한히 급작스럽게 압축되면서 급기야 대자의 자기 속에서의 현존으로서 자기(le Soi)를 발융케 하는 이념적인 지점이다. 그리고 그렇게 있는 미래를 향한 대자의 기획투사는 즉자를 향한 기획투사이다. 그런 의미에서, 대자는 자신의 미래여야 하는데, 대자가 있는 그대로의 자신의 토대가 될 수 있는 것은 오로지 자기 앞에서 그리고 존재를 넘어서서일 뿐이기 때문이다. '항상 미래적인 하나의 함몰'(un creux toujours futur)이 되어야 하는 것은 대자의 본성 자체다. 이 점에서, 현재에 있어서, 대자는 미래에 그것으로 되어 있을 바로 그것으로 되어 버리는 일은 결코 없을 것이다. 현재 대자의 완전한 미래 전체는 이 대자 자체와 함께하는 미래로서 과거에 둘러빠져 버릴 것이다. [그렇게 되면] 미래는 어떤 한 대자의 과거적인 미래 혹은 전미래(前未來)가 될 것이다. 이러한 미래는 실현되지 않는다. 실현되는 것은 미래에 의해 지정된 한 대자, 이 미래와 함께 연결되어 구성되는 한 대자이다.(163/260)

'항상 미래적인 하나의 구멍인 대자'는 영원히 존재를 앞질러 간다는 것을 말해 줍니다. 'creux'는 '움푹 팬 함몰'을 의미하지만, 여기 맥락에서는 그것은 일종의 '구멍'(trou)입니다. 대자가 영원히 앞질러 간다는 것 자체에서 미래가 근원적으로 성립한다는 것은 쉽게 알 수 있습니다. 그런데 만약 현재의 대자에 대해 그 미래가 완전히 망라되어 전체를 이룬다면 어떻게 되는가요? 그것은 영원히 존재를 앞질러 가는 구멍을 미래적인 방식이긴 하나 철저히 메운 셈이 되고, 그렇게 되면 미래가 과거로 둘러빠지고 맙니다. 그럴 때의 미래는 과거적인 미래 혹은 전미래가 되고 만다고 말하고 있습니다. 전미래는 예컨대 "네가 그곳에 당도할 즈음, 나는 집을 나섰을 것이다"라고 할 때, '네가 당도할 즈음'은 단순 미래를 나타내는 데 반해, '이미 집을 나서 있을 결정된 나의 미래'는 전미래 가 됩니다. 요컨대 전미래는 진정한 의미의 미래가 아니라는 이야깁니다.

그러한 과거적인 전체 미래 속에서 이른바 결정론이 성립한다고 할 수 있음을 알 수 있습니다. '그때가 되면 이미 그렇게 되어 있을 것이다' 라는 것이 결정론의 근본 형식이기 때문이지요. 그렇게 되면 나의 자유 는 없어집니다. 나의 자유는 대자가 '항상 미래적인 함몰'로서 내 자신의 완전한 전체로서의 미래를 거부하는 데서 성립하기 때문입니다. 그것은 나의 자유가 다음과 같은 방식으로 성립하기 때문입니다.

> 내가 그것이어야 하는 미래는, 그 존재에 있어서, 내가 그저 그것일 수 있는 바로 그러한 것이다. 왜냐하면 나의 자유는 미래를 그 존재에 있어 서 아래에서부터 갉아먹기 때문이다. 이는, 미래가 현재의 나의 대자의 의미를 그 가능성의 기획투사로서 구성한다는 것, 그러나 미래가 어떤 방식으로도 다가올 나의 대자를 미리 결정하지 않는다는 것, 그 이유는 대자란 자신의 무의 근거가 되어야 한다는 무화하는 의무 속에 항상 방 치되어 있기 때문이라는 것 등을 의미한다.(164/261)

"나의 자유는 미래를 그 존재에 있어서 아래에서부터 갉아먹"는다 라는 언명이 확 눈에 띕니다. 현실적으로 생각해 보면, 미래가 나의 자유 를 갉아먹는 것 같습니다. 그런데 나의 자유가 미래를 갉아먹는다고 말 하고 있습니다. 나의 자유를 갉아먹는 미래는 과거적인 미래이고, 미래를 갉아먹는 나의 자유는 끝없는 구멍에서 열리는 나의 자유입니다. 자유를 향한 사르트르의 철저한 존재론적인 입장, 즉 인간실재는 근본적으로 자 유라고 하는 입장이 여실히 드러납니다. 이제 그래서 그 유명한 사르트르의 '자유로서의 인간'에 관련된 언명이 나오면서 진정한 미래가 어떤 것인가가 밝혀집니다.

> 자유롭다는 것, 그것은 자유롭도록 저주받은/선고받은 것이다(Etre libre, c'est être condamné à être libre). 따라서 미래는 미래인 한에서 존재를 갖지 않는다. 미래는 **즉자적으로** 존재하지 않는다. 미래는 대자의 **의미**이기 때문에, 미래는 대자의 존재방식으로 존재하지도 않는다. 미래는 존재하지 않는다. 미래는 자신을 **가능화한다**(se possibilise). 현재 대자의 의미가 문제되는 한에서 그리고 이 의미가 그러한 것으로서 근본적으로 현재 대자를 빠져 달아나는 한에서, 미래는 현재 대자의 의미로서 가능들의 연속적인 가능화이다.(164/262)

사르트르가 드러내고 있는 미래는 일종의 끝없는 구멍입니다. 그리고 그 구멍이 메워지는 만큼 또다시 그 구멍을 계속 열어나가는, 이른바 스스로를 가능화하는 끝없는 가능화입니다. 그런데 기실 그 가능화는 현재의 대자에게 있어서 자신의 존재 의미가 자신으로부터 끊임없이 빠져 달아나기에 현재의 대자가 문제 삼을 수밖에 없고, 따라서 현재의 대자가 스스로를 불안해 할 수밖에 없는 그런 근본적인 여건 내에서의 가능화입니다. 그래서 결국 대자로서의 내 자신에 대해 이렇게 말합니다.

> 나는 무한한 가능성들이다. …… 나는 이 가능성들의 그 어떤 것도 아니다.(164~165/262~263)

가능성의 무한한 끝, 즉 가능성의 끝 없음이 바로 구멍으로서의 미래입니다. 따라서 특정한 가능성들 중 그 어떤 것도 미래적인 미래일 수는 있어도 과거적인 미래, 즉 결정론적인 미래일 수는 없습니다. 사르트르가 보는 인간 존재는 바로 이 지점에 있고, 그것이 자유로서의 인간입니다.

2. 시간성의 존재론

사르트르는 이렇게 해서 시간성의 세 탈자태인 과거, 현재, 미래에 대한 논구를 마쳤다고 말하고, 이제 이를 기반으로 해서 시간성을 하나의 전체적인 구조로서 탐구하겠다는 포부를 밝힙니다. 이는 시간성 자체를 존재론적으로 탐구하는 것이 아닐 수 없습니다. 시간성 자체를 존재론적으로 탐구한다 함은 그 탈자태인 과거, 현재, 미래와는 직접 상관없이 시간성 자체의 근본 성격, 크게 보아 계기(succession)와 흐름 그리고 연속성과 동시성 등의 근본 성격이 어떻게 성립하는가를 밝히겠다는 것입니다.

사르트르는 시간성의 계기를 특별히 문제 삼아 이루어지는 탐구를 시간적인 정학(靜學, statique temporelle)이라 하고, 시간성의 흐름의 계기를 특별히 문제 삼아 이루어지는 탐구를 시간적인 동학(動學, dynamique temporelle)이라 해서 구분합니다. 그리고 전자는 정적 시간성을 다루는 것이고, 후자는 동적 시간성을 다루는 것이라고 합니다(165/263 참조).

1) 정적 시간성

사르트르는 먼저 정적 시간성을 탐구하는데, 정적 시간성에 대한 탐구를 다음의 말로 시작합니다.

계기는 선후(先後)를 그 조직의 원칙으로 하는 순서로서 정의될 수 있다. 그러한 선후에 따라 정렬된 다양체는 시간적인 다양체다. 그러므로 먼저 '선'과 '후'라는 두 항의 구성과 요구조건들을 고찰하는 것이 적절하다.(165/263)

시간이야말로 어쩌면 철학적으로 접근하기에 가장 어려운 것이라 할 수 있습니다. 우선은 시간에서 가장 신비하고 무서운 것은 비가역성입니다. 지나간 시간으로 결코 되돌아올 수 없다는 시간의 비가역성은 가차 없는 선후의 순서를 말해 줍니다. 돌이킬 수 없다는 것은 그 속에서 진행되는 모든 일들을 예속시킵니다. 영화가 대대적인 혁명을 일으킨 것은 어쩌면 가상적으로나마 이러한 시간의 비가역성을 넘어설 수 있다는 데 있을 것입니다. 영화는 다시 돌리면 이전으로 돌아갈 수 있기 때문입니다. 사르트르는 시간의 비가역성을 구성하는 선과 후를 우선 서로가 서로를 배제하는 이른바 분리의 형식을 지닌 것으로 고찰해 보자고 제안합니다. 그러면서 이렇게 말합니다.

시간은 닳아먹고 움푹 패게 한다. 시간은 분리한다. 시간은 도망간다. 그리고 ― 인간을 그의 고통으로부터 혹은 그의 고통의 대상으로부터 분리함으로써 ― 시간이 치유를 하는 것은 여전히 분리자라는 자격에서다.(166/264)

시간의 비가역성이 무조건 나쁜 것만은 결코 아닙니다. 고통의 경우, 시간이 그 고통의 시간으로부터 새롭게 다가오는 치유의 시간으로 분리될 수 있도록 함으로써 고통이 치유될 수도 있기 때문입니다. 삶 자체를 고통으로 여기는 자에게는 죽음이 필연적으로 다가온다는 사실이 얼마나 다행으로 여겨지겠습니까. 중요한 것은 시간이 '분리자'라는 것입니다. 그리고 이러한 분리는 선후의 순서에 의거한 것이 아닐 수 없습니다.

그런데 이러한 시간에서의 선후의 순서, 즉 앞선 시간과 뒤따르는 시간을 최대한 짧게 가져갔을 때 그것을 일컬어 우리는 순간이라 할 수 있을 것이고, 이는 앞선 순간과 이어지는 순간을 마치 선분을 무한한 점의 집합으로 여겨 무한소의 한 점과 그다음의 점을 지적하는 것과 같은 것이 될 것입니다.

이렇게 했을 경우, 선의 한 순간과 후의 한 순간은 병립된 것으로 되고 말 것인데, 그렇게 되면서 시간에 관련한 핵심적인 문제들이 쏟아져 나옵니다. 사르트르에 따르면, 예컨대 데카르트의 경우 이런 문제를 고민했다고 합니다.

한 순간에서 다른 한 순간으로 넘어가는 것이 어떻게 있을 수 있는가를 아는 것이 데카르트에게서 문제다. 왜냐하면 순간들은 병립되어 있고, 즉 아무것도 아닌 것에 의해 분리되어 있고 또 [서로] 아무런 소통도 없기 때문이다.(166/265)

그런가 하면, 프루스트의 경우 자기 전에 나의 자아가 자고 일어난 뒤 전날의 나의 자아를 어떻게 발견해서 갖는가를 고민했다고 합니다. 『잃어버린 시간을 찾아서』라는 소설을 쓴 작가다운 고민이라 하겠습니다. 각각의 순간들이 병립, 분립, 비소통의 관계 속에 있다고 여긴다면 정말이지 그 어떤 자기동일적인 항상성도 세계 속에서 발견할 수 없어야 할 것이고, 심지어 아무것도 보이거나 들리는 것이 없어야 할 것입니다.[2]

그런데 현실은 그렇지 않으니, 시간의 선후에서 그저 분리만을 보아서는 안 될 것입니다. 이에 다음과 같은 사르트르의 이야기가 나옵니다.

> 그러나 시간성은 유독 심지어 우선적으로도 분리가 아니다. 이에 관해서는 선과 후라는 개념을 더 정확하게 고찰하는 것만으로도 충분하다. A가 B에 앞선다고 해보자. 우리는 A와 B 간의 **순서**라고 하는 명백한 관계를 확립한 셈이다. 따라서 이 순서 자체의 와중에 둘 간의 통일을 전제하는 것을 확립한 셈이다. …… 만약 시간이 분리라면, 적어도 시간은 특별한 유형의 분리, 즉 재통일하는 분할이다.(167/265)

그다지 어려운 이야기는 아닙니다. 선후라고 하는 순서 자체가 벌써 선후 간의 통일성을 이미 함축하고 있다는 이야깁니다. 그런데 많은 철학자들은 이러한 통일성이 어디에서 나오는가에 대해 고민을 하지 않을 수 없었지만, 그 통일성을 제대로 구축해 내는 데 다들 실패했다고 사르트르는 주장합니다.

> 흄(David Hume)은 그의 유명한 도전을 감행하면서 그가 경험으로부터 끌어냈다고 하는 다음과 같은 법칙을 확립하는 데 골몰한다. 그 법칙은 강한 인상을 조사하거나 약한 인상을 조사하거나 간에, 사람들은 인상 자체 속에서 인상 자체 외에 그 어떤 것도 발견할 수 없다는 것이다. 그래서 인상이 아무리 영속적이라 할지라도 앞선 인상과 뒤이은 인상

---

2) 매 순간이 완전히 분립되어 따로 논다는 것은 지각하는 내 자신 속에서조차 그러하다는 것이고 그렇게 되면 매 순간 새로운 것을 보고 듣는 것이 되니 결국에는 아무것도 보이지 않는 것이 되고 맙니다.

간의 연결은 이해할 수 없는 것으로 남는다는 것이다.(167/266)

잘 알다시피, 흄은 근대 영국 경험론의 완성자입니다. 그는 인상을 하나의 물리적인 입자처럼 그 자체 완전히 독립해서 분리되어 있는 일종의 심리적인 입자로 취급했습니다. 그러니 사르트르가 말하는 식으로 인상 간의 연결에 대해서는 회의론으로 남을 수밖에 없고, 따라서 인과율이라는 것을 근본적으로 회의할 수밖에 없었습니다.

이렇게 되면 앞선 인상과 뒤이은 인상 간의 연결을 위한 원리를 각 인상들 자체에서 구할 수 없으니 두 인상을 보고 있는 제3의 증인에게서 선후 순서의 연결 원리를 구하고자 할 수 있을 것입니다. 그러한 예로 사르트르는 데카르트와 칸트를 듭니다.

만약 선후의 관계를 확립하는 증인이 A와 B에 **동시**에 있을 수 있다면, 그것은 이 증인 자신이 시간적이기 때문이며 그렇게 되면 문제는 다시 이 증인에게로 돌아간다. 또는 그와는 반대로, 증인이 비시간성과 대등한 시간적인 편재성이라는 타고난 능력에 의해 시간을 초월할 수도 있다. 데카르트와 칸트가 모두 머물고 말았던 해결책이 바로 이것이다. 그들에게서는, 그 와중에서 선후의 종합적인 관계가 노출되는 시간적인 통일성은, 그 자체 시간성을 빠져 달아나는 한 존재에 의해, 순간들의 다양체에 부여된다. …… 그들은 시간의 통일성을 초시간적인 한 존재에게 책임을 지운다. 데카르트는 신과 그의 연속적인 창조에게 책임을 지우고, 칸트는 **나는 생각한다**와 그것이 지닌 종합적인 통일성의 형식들에게 책임을 지운다.(168/267)

사르트르가 소개하고 있는 데카르트와 칸트의 시간적 통일성에 대한 해결책에서 데카르트가 말한 신(혹은 전통적인 기독교적 신)이 칸트에게서 암암리에 초월론적 통각으로 전환되었다고 하는 점을 짐작할 수 있습니다. 이 두 철학자 모두 초시간적인 것에서 시간적인 것이 나올 수 있다고 여기는데요, 그렇다면 그에 대한 나름의 설명 근거가 있어야 할 것입니다. 그런데 두 철학자에게서 그것을 찾아볼 수 없다는 것이 사르트르의 주장입니다. 이어서 사르트르는 이렇게 말합니다.

어떻든 간에 비시간적인 것들(순간들)에게 그것들의 시간성을 부여하는 능력을 책임진 것은 하나의 비시간적인 것(신 혹은 **나는 생각한다**)이다. 시간성은 비시간적인 실체들 사이의 외적이며 추상적인 하나의 단순한 관계에 불과하게 된다. …… 처음에 시간에 반해 이루어지는 이러한 재구성이 나중에 시간적인 것으로 이어질 수 없다는 것은 명백하다. …… 사실이지 만약 시간이 실재적이라면, 신은 '설탕이 녹기를 기다려야' 한다. …… 만약 그 반대로 신의 전지함을 신의 초시간성에 근거한 것으로 본다면, 신은 설탕이 녹는 것을 **보기/알기**(*voir*) 위해 설탕이 녹는 것을 기다릴 필요가 전혀 없다. 그러나 그럴 때 기다릴 필요와 그에 따른 시간성은 인간의 유한성에 의한 착각으로만 표상될 수 있을 뿐이고, 연대기적인 순서는 논리적이고 영원한 질서의 혼란된 지각에 다름 아닌 것으로 된다. 이러한 논증은 칸트적인 '나는 생각한다'에 대해 아무런 수정도 없이 그대로 적용될 수 있다.(168~169/267~268)

'설탕이 녹기를 기다려야 한다'라는 것은 베르그송이 『창조적 진화』에서 우주적인 지속으로서의 시간을 나타내기 위해 제시한 유명한 문장입니다. 사르트르의 주장은, 초시간적인 것에서 시간적인 것이 나온다고 할지라도 그렇게 되면 시간성이 비시간적인 실체들의 외적이고 추상적인 관계에 불과한 것이 되어 전혀 실재성을 띨 수가 없는 것이 되거나, 아니면 인간의 유한성에 의한 착각으로 되는데 그래서는 안 된다는 것입니다. 신조차 설탕이 녹기를 기다려야 할 정도로 시간성은 신보다 앞서서 실재하는 것임을 역설하고 있습니다. 사르트르의 무신론을 목도하게 되는 장면이기도 합니다. 칸트 역시 이러한 비판을 피할 길이 없다는 것을 간단하게 덧붙이고 있습니다.

이제 그래서 사르트르는 전혀 반대 방향으로 시간성을 논구한 두 철학자, 라이프니츠와 베르그송을 검토합니다.

> 탈시간적인 구조를 지닌 하나의 존재가 어떻게 그들의 비시간성 속에서, 즉자적으로 고립된 것들을 시간적인 것들로 파악(혹은 지향)할 수 있겠는가? 그래서 시간성이 분리의 형식이자 동시에 종합의 형식인 한에서, 시간성은 비시간적인 것에서 도출될 수도 없고 비시간적인 것의 바깥에서 강요될 수도 없는 것이다.
> 라이프니츠는 데카르트에 반대해서, 베르그송은 칸트에 반대해서 시간성 속에서 오로지 내재성(immanence)과 점착성(cohésion)의 순수한 관계만을 보고자 했다.(169~170/269)

사르트르는 시간성의 통일성을 가능케 하는 종합에 대한 근거를 비시간적인 것에서 도출하면 안 된다는 것을 데카르트와 칸트의 비판을 통해 확정했습니다. 그러면서 그는 그렇다고 해서 시간성이 지닌 분리의 근거를 모조리 내버려서는 안 된다는 것을 강조합니다. 그럴 경우, 시간의 비가역성을 떠받치는 순간들의 선후가 완전히 없어지는 꼴이 되고 말기 때문입니다. 그런데 사르트르는 라이프니츠와 베르그송이 시간성에서의 분리의 근거를 모조리 내버리고 마는 우를 범하고 있음을 고발하고자 태세를 취합니다.

> 만약 순간들이 없다면, 순간들 간의 선후 관계가 더 이상 존재하지 않을 것이다. 시간은 하나의 광대한 흐름의 연속성이 되고 말아 거기에 즉자적으로 존재할 것인 제1의 요소들을 전혀 할당할 수 없을 것이다.
> 이는 선후가 또한 분리의 형식임을 망각한 처사다. …… 물론 하나의 연속체에는 제1의 병립된 요소들이 없다. 그러나 그것은 그 연속체가 **처음부터** 통일이기 때문이다. …… 요컨대 이 연속성은 설명되어야 할 하나의 **사실**이다. 연속성이 해결책일 수는 없을 것이다.(170/269~270)

시간성을 분리의 형식이 전혀 없이 오로지 처음부터 종합의 통일인 연속성만을 갖춘 것으로 보게 되면, 원리상 선후의 관계를 추출할 수 없다는 이야깁니다. 이에 관한 사르트르의 정확한 비판 논거가 자세하지는 않습니다. 하지만 우리로서는 이렇게 말할 수 있을 것 같습니다. 즉 선후의 관계를 추출하려면 선과 후에 해당하는 분리된 시간적인 단위를 설정해야 할 것인데, 만약 시간성을 오로지 연속성의 광대한 흐름으로만 파악하게 되면, 이러한 단위 설정이 불가능하게 될 것이고, 단위 설정은 시간을 살면서 인식하는 인간이 임의적으로 필요에 따라 끊어낸 것에 불과한 것이 될 것이고, 따라서 선후의 관계 역시 인간의 필요에 의거한 착각에 불과한 것이 되고 만다는 것이지요.

그런데 사르트르는 연속성 자체가 설명되어야 할 것이라고 말함으로써 역공을 가합니다. 이를 사르트르는 "도대체 누가 시간을 긋는가?"라고 압축해서 표현하고 있습니다. 이 말은 선을 점의 집합으로 보지 않고 한 점의 운동 궤적(선을 긋는 것이 이를 나타냄)으로 보는 것을 바탕으로 한 것입니다. 선을 오로지 점의 집합으로만 보면, 선에서 운동(즉 점에서 점으로 넘어가는 과정)을 찾을 수 없고, 선을 오로지 점의 운동 궤적으로만 보면, 선에서 점적인 좌표를 찾을 수 없습니다. 비유컨대 사르트르는 선을 이 두 가지 모두를 의미하는 것으로 보지 않으면 안 된다는 입장이라 할 수 있습니다. 사르트르는 '시간을 긋는' 문제를 설명하는 것으로 여겨지는 하나의 학설로 푸앵카레(Jules Henri Poincaré, 1854~1912)의 연속에 대한 정의를 듭니다.

그뿐더러 푸앵카레의 유명한 정의를 상기해 주기 바란다. 즉 일 계열 a, b, c는 a=b, b=c, a≠c[3]라고 표현할 수 있을 때에만 연속적이라는 것이다.(170/270)

푸앵카레의 연속에 대한 이 정의는 분명 형식논리학의 동일률을 위반하고 있습니다. 말하자면 연속성이란 그 속에 동일률의 위반을 포함할 수밖에 없다는 것입니다. a, b, c 간의 차이가 너무나 극미한 나머지 a와 b가 같고 b와 c가 같으나 a와 c는 다르다 할 수 있을 때 그 상태를 연속적이라고 정의하는 것이지요. 여기에서 중간항인 b가 기묘한 입장에 놓여 있음을 알 수 있습니다. 이 b가 선후 관계를 만들어 내놓을 수 있기 때문이지요. 즉 b가 a와 c를 분간되도록 함으로써 a와 c 간의 선후 관계를 가

---

3) 원문에는 'a≠c' 대신에 'a÷c'로 되어 있는데, 이는 잘못 표기된 것으로 보입니다.

능케 하는 것이지요. 그러면서도 이 b는 a·c와 동시에 동일함으로써 종합의 통일성을 만들어 낸다는 것이고요. 사르트르는 이 b에 대해 다음과 같이 말하면서 숨겨 놓았던 자신의 속내를 드러냅니다.

선후의 관계를 실현하게 될 것은 이 b다. 이 b는 a·c와 [동시에] 분간되지 않는 한에서 자기 자신에 앞서 있을 것이다. 이것은 잘 됐다. 그러나 이러한 존재가 어떻게 존재할 수 있을 것인가? 어디서 그의 탈자적인 본성이 오는 것일까? 그것에서 소묘되는 이러한 잘라냄(scission)은 어떻게 완수되지 않는가? 어떻게 해서 그것은 두 항으로 폭발하여 하나의 항은 a와 융합하고 다른 하나의 항은 c와 융합하는 그런 폭발을 하지 않는가? 그 통일성에 관련하여 문제가 있다는 사실을 어떻게 보지 않겠는가? 아마도 이러한 존재의 가능성의 조건을 더 깊이 검토해 보면 알게 되겠지만, 오로지 '대자'만이 자기의 탈자적인 통일성 속에서 존립할 수 있다. 그러나 바로 이 검토가 시도되지 않았던 것이다.(170~171/270~271)

사르트르는 연속성에 대한 푸앵카레의 정의가 분리를 함축하고 있기 때문에 대단히 그럴듯하고 할 수 있다고 평가합니다. 하지만, 그는 연속과 분리를 가능케 하는 푸앵카레의 정의에서 핵심 역할을 하고 있는 중간항 b의 존재에 대한 존재론적인 가능 근거를 오로지 대자의 존재방식에서만 찾을 수 있다는 사실을 제시하고 있습니다. 대자가 아니고서는 도대체 a와 c에 동시에 자신을 넘기면서 자기동일성을 벗어나는 그런 중간항의 자격을 가질 수 없다는 것이지요. 그런 뒤, 사르트르는 라이프니츠를 잠시 비판하고 나서 베르그송의 시간론을 강하게 비판합니다.

＊　　＊　　＊

전번 시간에 정적 시간성, 즉 시간의 비가역성이 상정하고 있는 순간들의 분리와 그 종합이라 할 수 있는 선후의 순서 관계에 관련해서 사르트르가 여러 주요 철학자들에 대해 어떤 비판적인 입장을 취하는가를 살펴보았습니다.

사르트르는 데카르트와 칸트가 비시간적인 두 순간들에 대해 제3의 증인인 초시간적인 존재, 신 혹은 초월론적 통각을 끌어들여 비시간적인 두 순간들을 시간적인 것으로 만들려고 하였으나 초시간성에서 시간성이 나올 수 없다는 것을 간과함으로써 일을 그르쳤다고 비판했습니다. 그리고 데카르트에 반대하는 라이프니츠와 칸트에 반대하는 베르그송은 아예 두 순간들의 분리를 인정하지 않고 오로지 연속성만을 처음부터 상정함으로써 두 순간의 분리에 입각한 선후의 문제를 해결할 수 없게 되었다고 비판했습니다. 그리고 사르트르는 이를 해결하기 위한 하나의 대안으로 푸앵카레의 'a=b, b=c, a≠c'라는 연속성에 대한 정의를 받아들이는 것이 좋은 방책이라고 말하면서도, 푸앵카레는 중간항인 b가 지닌 탈자적 성격이 어떻게 존립할 수 있는가 하는 그 근원의 문제를 놓치고 있다고 비판했습니다. 그리고 푸앵카레의 난점은 결국 대자존재가 지닌 '자기로부터의 탈자적인 통일성'을 끌어들이지 않고서는 해결되지 않는다는 것이 사르트르 자신의 입장임을 보였습니다.

오늘 강의는 이를 바탕으로 사르트르가 어떻게 베르그송의 지속 개념을 더 구체적으로 비판하는가를 살펴보는 것으로 시작합니다.

베르그송은 선율의 조직과 상호관통의 다양체인 지속을 제시한다. 그

러면서 그는 다양체적인 조직(organisation de multiplicité)이 하나의
조직 작용을 전제로 한다는 사실을 보지 못하는 것 같다.(171/271)

다양체적인 조직은 그 자체 연속체로서 그 속에 그 어떤 양적으로 분
리된 단위도 지니지 않고 있는 것으로 보아야 할 것입니다. 베르그송이
순수 질적인 지속을 양적인 것으로 만드는 것이 지성이라고 하면서 지성
을 강력하게 비판하고, 그 대신 순수 질적인 지속을 파악하는 직관을 제
시한 것은 바로 이 때문입니다.

그런데 사르트르는 다양체적인 조직은 조직 작용을 전제로 하지 않
고서는 성립되지 않는다는 것을 강력하게 제시합니다. 물론 사르트르가
말하는 이 조직 작용은 대자존재인 의식의 작용이 아닐 수 없습니다. 이
런 이야기를 본격적으로 하기 전에 사르트르는 우선 베르그송을 다음과
같이 심하게 비판합니다.

현재에 점착되어 있고 현재를 관통하기조차 하는 베르그송적인 과거
는 수사학적인 문양(文樣) 이외의 그 어떤 것도 아니다. 이는 베르그송
이 그의 기억(mémoire) 이론에서 봉착했던 난점들을 그대로 보여 주
는 것이다. 왜냐하면, 만약 과거가 그가 단정하는 것처럼 비작용자라면,
과거는 뒤에 남아 있을 수밖에 없다. 그리고 적어도 하나의 현재적 존재
가 탈자적으로 과거에 존립하는 것을 목표로 삼지 않는 한, 과거는 [현
재로] 되돌아와 상기(想起, souvenir)의 형식하에서 현재를 결코 관통
할 수 없을 것이다. 그리고 베르그송에서 지속하는 것은 바로 동일한 한
존재 자체이다. 그러나 이는 존재론적인 해명이 필요하다는 사실을 통
절하게 느끼게 할 뿐이다. 왜냐하면 우리는 결국 지속하는 것이 존재인

지, 아니면 존재하는 것이 지속인지를 알지 못하기 때문이다. 그리고 만약 지속이 존재라면, 그때에는 지속의 존재론적인 구조가 어떤가를 말해야 한다. 그리고 그 반대로 지속하는 것이 존재라면, 존재에게 지속을 허락하는 것이 그 존재에 있어서 무엇인가를 말해야 한다.(171/271)

프랑스 현대철학의 아버지로 불리는 베르그송에 대해 한때 프랑스 철학의 중심에 서 있었던 사르트르가 어떻게 비판을 가하는가를 한눈에 알 수 있는 대목입니다.

사르트르의 이 인용문에 따르면, 적어도 사르트르가 본 베르그송의 철학에서 지속과 존재가 뚜렷하게 구분되지 않은 채 개념적으로 애매하게 혼융되어 있음을 알 수 있습니다. 그런 가운데, 과거는 기억에 의해 그 자체로 비작용자로 닫힌 상태에서 상기에 의해 현재 속으로 침투해 들어오는 것으로 되어 있습니다. 그렇다면 기억과 상기의 관계가 가장 큰 문제로 등장할 것 같은데, 이에 관한 사르트르의 논변은 없습니다. '적어도 탈자적으로 과거에 현존하는 것을 목표로 삼는 하나의 현재적 존재'를 내세우는데, 이는 분명히 대자의 존재방식입니다. 그렇다면, 베르그송에서 상기의 주체가 대자존재로서 작동하지 않으면 안 되는데, 베르그송은 대자존재에 대한 논의를 하지 않고 있기 때문에, 그의 '선율적 조직'이나 '상호관통에 의한 다양체로서의 지속' 개념은 존재론적인 규명에 있어서 불구의 상태에 놓여 있다는 것이 사르트르의 입론입니다.

이렇게 베르그송의 시간론을 비판한 뒤, 사르트르는 다음과 같은 결론적인 이야기를 제시합니다.

따라서 만약 다양성(multiplicité)에 대한 통일성(unité)의 우선성도 없고, 통일성에 대한 다양성의 우선성도 없다면, 시간성은 **스스로를** 다양화하는 통일성으로서 파악되어야 한다. 즉 시간성은 동일한 존재의 와중에 있는 하나의 존재 관계일 뿐이다.(171/272)

다양성과 통일성은 고대 그리스에서부터 철학적으로 늘 문제가 되어 왔던 이른바 '일(一)과 다(多)' 문제의 연장선상에 있습니다. 이 인용문에서도 알 수 있지만, 통일성은 동일성에 해당됩니다. '동일성과 차이'라는 비교 범주하에 '동일성'을 축출하고 '차이'를 존재론적인 구성 원리로 다루는 것이 현대철학의 특징 중 하나지요. 특히 프랑스의 현대 구조주의 및 포스트구조주의 철학에서 그러합니다. 그런데 사르트르는 '스스로를 다양화하는 (즉 차이 나게 하는) 통일성'을 제시하면서, 이를 시간성에 적용하고 있습니다. '스스로를 차이 나게 하는 동일성'이라고 표현한다고 해서 동일성이 차이보다 존재론적으로 우선하는 것이 아니라, 바로 동일성과 차이 중 어느 것을 서로에 대해 우선한다고 보아서는 안 되는 사태를 지칭한다는 것이 사르트르의 생각입니다. 결국에는 대자의 존재 방식, 즉 자신을 벗어나서 자신이어야 하는 탈자적인 현존의 방식이 핵심적인 기반으로 작동하고 있습니다.

사르트르가 제시한다고 할 수 있는 바, 동일성과 차이 혹은 차이와 동일성에 대한 존재론적인 동시적 근원성에 대해서는 물론 그 근거를 자세히 검토해야 할 것입니다. 대자의 존재방식에 의거해서 그 근거를 밝힐 수 있다는 것이 사르트르의 생각인 것 같습니다. 대자야말로 동일성을 유지하면서 스스로를 탈자적으로 차이 나게 하는 데서 존립하고, 탈자적으로 차이 나게 함으로써 스스로의 동일성을 유지할 수 있는 것이기 때문입니다. 누차 말합니다만, 사르트르 철학에서 존재론적인 비의가 모두 다 대자존재의 존재론적인 비의에 바탕을 두고 있다는 것을 알게 되는 셈입니다. 이제 그래서 사르트르는 시간성에 대해 이렇게 말합니다.

> 자신의 존재여야만 하는 하나의 존재의 내부구조로서만, 즉 대자의 내부구조로서만 시간성이 있다. 대자가 시간성에 대해 존재론적인 우선성을 갖는 것이 아니다. 시간성은, 대자가 탈자적으로 [그렇게] 대자로 있어야 하는 한에서, 대자의 존재다. 시간성은 존재하지 않는다. 대자가 현존하면서 스스로를 시간화한다.(172/272)

앞에서도 말한 적이 있는데, 자신의 존재여야만 하는 존재는 아직 자신의 존재가 되지 못하고 있습니다. 자신의 존재와 완전히 일치하는 존재는 즉자존재지요. 그래서 대자는 항상 자신의 존재를 향해 탈자적인 자세를 취하지 않으면 안 되는 것이고, 거기에서 시간성이 갖는 탈자적인 성격이 드러난다는 것입니다.

그런데 사르트르는 대자와 시간성 간에 존재론적인 우선성을 논의해서는 안 된다고 말하고 있습니다. 대자로 현존한다는 것이 바로 스스로를 시간화하는 것이기 때문입니다. 시간성에 대해 존재하지 않는다고 말하는 것은 대자에 대해 존재한다고 말할 수 없다는 것과 바로 직결됩니다. 대자에 대해 존재한다고 말할 수 있는 것은 대자의 현사실성에 의거한 것일 뿐 대자 자체로는 존재한다기보다 현존한다고 해야 하는 것이지요.

중요한 것은 즉자에 대해서는 도대체 다양성 혹은 차이를 운위할 수 없다는 점입니다. 사르트르는 동일성의 근거는 이성에 있고, 다양성의 근거는 실재에 있다고 하는 메이에르송(Émile Meyerson, 1859~1933)의 주장이 잘못되었다고 하면서, "즉자는 다양하지(divers) 않다. 즉자는 다양체가 아니다"(172/273)라고 말합니다. 그러면서 세계에 다양성이 도입되는 것은 인간실재, 즉 대자존재에 의한 것임을 이렇게 말합니다.

> 다양성이 세계에 들어오는 것은 인간실재에 의해서다. 세계 속에 수(數)가 펼쳐지도록 하는 것은 대자존재의 와중에 있는 준다양성이다.(172/273)

여기에서 독특한 것은 '준다양성'이라는 개념입니다. "이 준다양성은 세계 내적인 모든 다양성들의 토대이다. 왜냐하면 하나의 다양성은 그 와중에서 다양성이 윤곽을 그리는 제1의 하나의 통일성을 전제로 하기 때문이다"(172/273)라는 문장에서 알 수 있듯이, '준다양성'은 다양성과 통일성 간의 우선성 없는 존재론적인 동시적 근원성을 지칭한다고 보면 될 것 같습니다. 결국 핵심은 대자의 존재방식입니다. 이에 대해 사르트르는 이렇게 정돈하듯이 말합니다.

> 우리가 대자의 최초의 탈자태들에 입각한다면, 대자는 동시에 다음 세 가지일 수 있고 또 그래야 한다. ① 대자는 자기인 것이 아닐 수 있고 자기인 것이 아니어야 한다. ② 대자는 자기가 아닌 것일 수 있고 자기가 아닌 것이어야 한다. ③ 끊임없는 참조의 통일성 속에서, 대자는 자기가 아닌 것일 수 있고 자기가 아닌 것이어야 하고, 자기인 것이 아닐 수 있고 자기인 것이 아니어야 한다. 탈자태의 의미는 자기와의 거리이기 때문에, 그야말로 문제는 탈자적인 [이] 세 차원들이다. …… 대자는 그의 모든 차원들에서 동시에 현존해야 하는 하나의 존재다. ……

각각의 차원은 자기를 향해 헛되이 스스로를 던지는 하나의 방식이다.(173/273~274)

대자의 탈자적인 존재방식을 세 가지 차원으로 나누고, 대자가 그 세 가지 차원에서 동시에 현존하는 것임을 확실하게 밝히고 있습니다. 그리고 대자의 탈자적인 세 차원 각각이 "헛되이" 자기를 향해 스스로를 던지는 방식이라고 말하고 있습니다. 끊임없는 자기와의 모순적인 관계 속에 놓여 있는 것이 대자인 셈입니다. 자기와 하나가 되고자 하지만, 하나가 되는 순간 자신의 현존을 상실하기 때문에, 하나가 되고자 하는 바로 그 순간에 물러서지 않으면 안 되고, 물러서는 순간에 또다시 하나가 되고자 나아가지 않으면 안 되는 순환을 반복하는 것이 대자의 존재방식입니다. 그리고 이 대자의 존재방식이 바로 인간실재의 근본적인 존재방식입니다. 자기가 없이는 대자가 성립할 수 없지만, 그렇다고 자기와 하나가 되어서도 대자가 성립할 수 없습니다. 이러한 탈자적인 대자의 성격은 시간성의 탈자태들인 과거, 현재, 미래에 고스란히 반영됩니다.

과거는 대자에게 필수적인 구조이다. 왜냐하면 대자는 하나의 무화하는 초월로서만 현존할 수 있고, 이 초월은 하나의 초월된 것을 함축하기 때문이다. 그러므로 우리가 대자를 생각하는 어떤 순간에도 대자를 아직 과거를 갖지 않은 것으로서 파악한다는 것은 불가능하다. 대자가 먼저 현존함으로써 과거 없는 한 존재의 절대적인 새로움 속에서 세계에 발융한 뒤, 그런 다음 점차로 어떤 과거를 스스로에게 구성한다고 믿어서는 알 될 것이다.(173~174/275)

일단 과거 없는 '순수하게 발가벗은' 대자가 없다는 사실을 받아들이지 않으면 안 된다는 것을 강조하고 있습니다. 이는 사르트르 철학을 대자-즉자의 철저한 이분법에 입각한 것으로 본다는 것이 얼마나 잘못된 것인가를 여실히 나타내 줍니다. 그런데 대자란 바로 의식이 아니던가요? 그래서 이제 이를 바탕으로 사르트르는 논구하기에 너무나 어려운 의식의 발생과 관련이 깊은 인간의 출생 문제를 다루기 시작합니다. 일단 이렇게 말합니다.

> 과거가 없는 의식은 있을 수 없다는 것이 드러난다면, [의식이 태아의 생체에 언제 들어와 감금되는가 하는 것에 관련된] 해괴한 설왕설래는 그칠 것이다.(174/275)

플라톤은 천상에 있던 혼(psyche)이 태아가 형성될 때인지 아니면 아이가 태어날 때인지 알 수 없는 순간에 망각의 강을 건너 들어와 아이의 몸에 감금된다고 말합니다. 이는 플라톤이 세계 내에서 성립하는 과거가 없는 의식을 전제한 셈입니다. 하지만 사르트르는 이러한 실재의 발생론적인 과정은 형이상학을 야기할 뿐, 거기에는 존재론적인 문제가 없다고 말하면서 대자의 발생 혹은 의식의 발생은 즉자의 감압에 의한 것이라는, 앞에서의 주장을 강하게 되풀이합니다. 그러면서 이를 출생에 관련시켜 다음과 같이 말합니다. 주요 언명들을 나열해 봅니다.

> 근원적으로 대자의 존재를 구성하는 것은 자기동일성의 전적인 야음(夜陰)에 존립하는바, 의식이 아닌 하나의 존재에 대한 관계다. 그러나 대자는 그 존재 밖에, 그 존재 배후에 존재해야만 한다.(174/275~276)

대자가 즉자와의 관계를 벗어나서는 도대체 존립할 수 없다는 것을 나타내고 있습니다.

대자는 스스로가 선(先, *avant*)이라는 말에 의해 표시되는 존재적인 깊은 연대를 느낀다. 즉자, 그것은 대자가 이전에 그러했던 것이기 때문이다. …… 흔히 부정할 수도 이해할 수 없기에 태아와의 그 불쾌한 연대가 지닌 존재론적인 의미를 생각한다.(174/276)

대자가 즉자와의 관계 때문에 '이전'이라는 과거적인 탈자태를 벗어날 수 없이 심오하게 연결되어 있음을 말하고 있습니다.

의식은 즉자의 무화로서만, 즉 **이미 출생한 것**으로서만 자기 자신에게 나타날 수 있다. 출생은 의식이 그것이지 않은 즉자와 맺는 탈자적인 관계이고, 과거성의 **선험적인** 구성이다. 그러한 출생은 대자의 존재 법칙이다. 대자로 존재한다는 것은 출생했다는 것이다.(174~175/276)

이제 대자의 존재 법칙으로 '출생'을 제시하고 있습니다. 그만큼 대자로 현존한다는 것에 도대체 즉자와의 관계가 필수적이라는 것입니다. 출생했다는 것은 즉자를 무화했다는 것이고, 그러면서 자기가 무화한 즉자와 탈자적인 관계를 맺고 있다는 것이며, 거기에서 과거 일반이 성립한다는 것입니다. 이렇게 되면, '출생'이라는 개념이 전혀 새롭게 정위되는 셈입니다.

즉자가 대자에 공현전하도록 되어 있는 한에서, 즉자적인 고립들 대신

에 하나의 세계가 나타난다.(175/276)

우리가 살고 있는 이 세계가 문제로 등장합니다. 즉자의 영역은 고립된 것들로 가득 차 있는 셈인데, '고립된 것들'이라 하여 복수로 쓰고 있는 것이 다소 괴이합니다. 순전히 즉자적인 영역에서는 도대체 셀 수 있다는 것이 아무런 의미도 없을 것이기 때문입니다. 그런데 어쨌든 사르트르가 이렇게 복수로 표기하고 있는 것은 하나하나의 사물마저 그 자체로 즉자적으로 볼 수 있다고 여기기 때문인 것 같습니다.

중요한 것은 즉자가 대자와 공현전되지 않고서는 도대체 우리가 살고 있는 이 세계가 성립할 수 없다는 사실입니다. 그러고 보면, 우리가 살고 있는 이 세계를 대자와 무관한 것으로 볼 수도 없을뿐더러, 굳이 억지로 대자와 무관한 것으로 여겨 현실적으로 따로 떼 내어 본다고 할지라도 그 속에는 대자적인 빈틈에 의거한 다양성이 두루 스며들어 있다고 해야 할 것입니다.

아직 과거를 지니지 않은 한 대자가 갑자기 나타날 그런 보편적인 시간이 먼저 있는 것이 아니다. 보편적인 시간과 더불어 하나의 세계가 노출되는 것은 대자의 근원적이고 선험적인 존재 법칙인 출생에서부터이다. 대자가 아직 있지 않은 순간이라거나 대자가 나타나는 순간을 지적할 수 있는 것은 보편적인 시간 속에서이다.(175/277)

이 인용문은 대단히 중요합니다. 흔히 말하는 객관적인 시간 내지는 보편적인 시간이 대자의 출생이 없이는 아예 성립될 수 없다는 것을 분명하게 밝히고 있기 때문입니다. 대자가 없었는데 생겨났다고 한다면, 그 시점을 지적할 수 있을 것인데, 그 시점은 이미 대자적인 출생에 입각해서 성립하는 보편적 시간 내에서이기 때문에, 그런 시점 지정은 부조리한 것으로 되고 맙니다. 생일의 출생 시각이 곧 대자의 발용 시점이라고 처음부터 말할 수 없다는 것이지요.

> 출생은 대자가 즉자 속에 탈자적으로 존재하는바, 과거성에 입각한 절대적인 관계의 발용이다. 출생에 의해 세계의 과거(un Passé du Monde)가 나타난다.(175/277)

'세계의 과거'를 특별히 대문자로 표기하고 있습니다. 왜 그럴까요? 이는 흔히들 보편적이고 객관적이라고 믿는 세계를 표기하기 위한 것이고, 그 세계가 이제까지 마치 그 자체로 있어 왔다고 해서 대자인 인간실재와 무관하게 축적되어 온 과거임을 특별히 표기하기 위한 것이 아닌가 싶습니다. 요컨대 우리가 흔히 객관적이고 보편적이라고 여기고 있는 세계란 대자의 출생이 없이는 근원적으로 성립할 수 없다는 것을 강조하고 있습니다.

하지만 이러한 사르트르의 입론은 좀더 세세하게 그 근거를 밝히지 않고 왠지 일방적으로 선언하는 것 같아 흔쾌하지는 않습니다. 특히 대자의 존재방식을 보자면, 이는 대자가 <u>스스로를 무화함으로써</u> 오히려 객관적이고 보편적인 세계가 대자에 비해 더욱 선차적이라는 사실을 드러낼 수 있다는 가능성에 대해 면밀히 검토하지 않고서는 완전한 정당성을 갖기 어렵습니다.

지금 이 논의의 과정은 대자의 탈자적인 차원들 중 첫번째 차원, 즉 "대자는 자기인 것이 아닐 수 있고 아니어야 한다"라는 차원에 대한 것입니다. 여기에서 '자기인 것'은 대자의 과거로 나타나고 있고, 그 관계는 즉자와의 공현전적인 관계로 표현되고 있습니다. 이를 염두에 두면서, 이에 관련된 몇 가지 언명을 더 보기로 합시다.

> 정립함이 없이 그것으로 있는 한에서의 과거, 지적되지 않으면서 들러붙어 있는 한에서의 과거는 대자의 뒤에, 대자의 주제적인 장(son champ thématique) 바깥에 있다. 과거는 대자에 '반(反)정립되어' 있다. 과거는 대자가 그렇게 있어야 할 것으로 [대자에게] 맡겨져 있지만 대자에 의해 긍정될 수도, 부정될 수도, 주제화될 수도, 흡수될 수도 없다.(176/278)

마치 메를로-퐁티가 강조하는 체화된 의식(conscience incarnée)에 관한 이야기를 하는 것 같습니다. 메를로-퐁티는 그의 몸 현상학에서 의식을 체화된 의식 상태에서 반성적인 과정을 통해 생겨나는 것으로 파악했다고 할 수 있습니다. 그런데 사르트르는 저 앞에서 '……에 대한 의식'이 아니라 '……(에 대한) 의식'을 제시함으로써 의식 대상과 의식이 동일한 사태임을 지적한 바 있습니다. 이때 '……(에 대한) 의식'은 체화된 의식이라 할 수 있습니다. 예컨대 쾌감은 쾌감(에 대한) 의식과 동일하다고 했습니다. 그런데 사르트르는 주로 심리적인 상태에 대해서만 그렇게 했지 지각되는 외부 사물에 대해서는 그렇게 말하지 않고 그냥 넘어가 버렸습니다. 메를로-퐁티에서는 지각되는 외부 사물에 대해서도 체화된 의식을 말합니다.

그런데 여기에서 사르트르가 과거를 아예 대자의 주제화하는 의식으로부터 벗어나 있는 것으로 본다는 것은 (바로 앞에서 말한 '세계의 과거'를 원용해서 보면) 대자적인 의식에 의해 지각되는 일체의 세계 내의 사물들에 대해서도 일종의 체화된 의식을 말하고 있는 것이 됩니다.

이렇게 되면, 사르트르에게서 체화된 의식은 대자적인 의식의 자기에 해당되는 셈입니다. 이를 염두에 두면서, "대자는 자기인 것이 아닐 수 있고 자기인 것이 아니어야 한다"라는 것은 대자적인 의식은 체화된 의식을 자기 자신으로 하되, 그 체화된 의식이 아닐 수 있고 또 아니어야 한다는 이야기가 됩니다.

아무튼 이렇게 대략 대자의 탈자적인 첫 차원에 관한 이야기가 어느 정도 마무리되고 두번째와 세번째 차원으로 넘어가게 됩니다. 사르트르는 이 두 가지 차원에 관해서는 비교적 짧게 논의합니다.

무화의 두번째 차원에서 대자는 어떤 결핍으로서 파악된다. 대자는 이 결핍이면서 또한 결핍항이다. 왜냐하면 대자는 자기인 바로 그것이어야 하기 때문이다. 내가 물을 마시는 것 혹은 물을 마시는 자로 있는 것은 내가 물을 마시는 행위를 결코 끝내지 않았다는 것, 나인 물을 마시는 자를 넘어서서 내가 아직 마시는 자로 있어야 한다는 것을 의미한다. 그리고 "내가 물을 마시는 것을 끝냈을" 때, 나는 물을 마셔 버린 것이다. 즉 전부가 과거로 미끄러져 들어간다. 그러므로 현행적으로 물을 마시고 있을 때, 나는 내가 그것이어야 하면서 그것이지 않은 그 마시는 자이다. 나 자신에 관한 모든 지시가 무겁고 충만한 것이어야 한다면, 즉 그 지시가 자기동일적인 밀도를 가져야 한다면, 그 지시는 나에게서부터 과거 속으로 빠져나간다. 만약 그 지시가 현재 속에서 나를 적중시킨다면, 그 지시 자체가 아직-아님(Pas-encore) 속에서 스스로를 찢어 버리기 때문이며, 그 지시가 미완성된 그리고 완성될 수 없는 전체로서 나를 지시하기 때문이다. 이 아직-아님은 대자의 무화하는 자유에 의해 침식된다. 이 아직-아님은 그저 거리를-둔-존재가 아니다. 이 아직-아님은 존재적인 감퇴(amenuisement d'être)다. 무화의 첫번째 차원에서는 자기 앞에 있었던 대자가 여기에서는 자기 뒤에 있다. 대자는 자기 앞에, 자기 뒤에 있으며 결코 **자기**가 아니다. 이것이 두 탈자태, 즉 과거와 미래의 의미 자체이다.(177/279~280)

대자의 탈자적인 차원은 곧 대자가 수행하는 무화에 의거해서 성립합니다. 그래서 무화의 두번째 차원이라고 말하는 것이지요. 물을 마시고 있는 나를 예로 들어 이를 설명하고 있습니다.

내가 지금 물을 마시고 있을 때, 나는 물을 마시고 있는 자이지요. 물을 그만 마시지 않고 왜 계속 물을 마시고 있을까요? 물을 마시고 있기에 물을 마시는 자이긴 하지만, 아직 물을 마시는 자여야 하기 때문이지요. 달리 말하면, 아직은 물을 다 마신 자가 아니기 때문입니다. 이에 '물을 마시고 있는 자'라고 하는 나에 대한 지시는 두 쪽으로 갈라집니다. 한 쪽으로는 물을 마신 자로, 다른 한쪽으로는 물을 마셔야 하는 자로 갈라집니다. 마치 물을 마셔야 하는 자가 물을 마신 자로 점차로 미끄러져 넘어가는 것 같습니다. 그러고 보면, '물을 마시는 자'라고 하는 나에 대한 지시는 결코 완성된 것이 아닙니다. 즉 그 자체로 무겁고 충만하고 자기동일적인 밀도를 지닌 나에 대한 지시가 아닌 것입니다. 현재의 나를 적중시키는 모든 지시는 이같이 양쪽으로 찢어집니다. 이러한 사르트르의 간단한 분석에서 현재 당장 살아가고 있는 나 자신의 모습에 대해 매우 중요한 일반적인 규정을 배우게 됩니다.

그리고 그 찢어짐에는 '아직-아님'이라는 존재방식이 개입해 있습니다. 이 예에서 보자면, '아직-아님'은 '아직 물을 다 마신 자가 아님'입니다. '아직-무엇인가를-하고 있음'에는 '아직-아님'이 들어 있는 셈이지요. 나에 대해 '물을 다 마신 자'로 규정하는 지시는 존재적으로 충만한 자기동일적인 지시에 해당됩니다. 하지만 '아직 물을 마시고 있는 자'라는 나에 대한 지시에는 '아직 물을 다 마신 자가 아님'이라는 나에 대한 지시, 즉 '아직 물을 더 마셔야 하는 자'라는 지시가 들어 있습니다. 그리고 이러한 지시는 '물을 다 마신 자'라고 하는 나에 대한 자기동일적인 존재적인 지시를 갉아먹습니다.

이때 '아직 물을 마시고 있는 자'인 나는 '물을 다 마신 자'인 나보다 뒤에 있지만, '아직 물을 더 마셔야 하는 자'인 나보다는 앞에 있습니다. 그런 까닭에 대자로서의 나는 '아직 물을 마시고 있는 자'인 현재의 나를 벗어나 '아직 물을 더 마셔야 하는 자'인 미래의 나로 나아가야 하고, '아직 물을 더 마셔야 하는 자'인 미래의 나를 벗어나 '물을 다 마신 자'인 과거의 나로 나아가야 합니다. 하지만 '물을 다 마신 자'인 나는 즉자로서의 나이지 대자로서의 나가 아닙니다. 말하자면, 대자는 결국 '물을 다 마신 자'인 나마저도 벗어나야 하는 것입니다. 사르트르는 이러한 대자의 벗어남에 의거해서 과거와 미래가 의미를 갖고서 작동한다고 말하고 있습니다.

이제 마지막 무화의 차원, 즉 마지막 대자의 탈자태인 현재로 넘어갑니다.

반영되는 것-반영하는 것의 끊임없는 놀이에 분산되는 대자는 자기 자신으로부터 달아나 하나의 동일한 도피의 통일성으로 빠져나간다. 여기에서 존재는 어디에나 있으면서 어디에도 없다. 존재를 잡으려고 하면, 존재는 면전에 있고, 존재는 빠져 달아난다. 존재에의 현전은 대자의 와중에서 일어나는 크로스-샤세(chassé-croisé)다.(177/280)

현재에 해당되는 이 무화의 차원에 관해서, 사르트르는 이 정도로 간략하게 논구하고 있습니다. '샤세'는 무용에서 미끄러지듯 발을 앞으로 내딛는 동작으로서, 여기에서는 어디에도 머묾이 없는 것을 비유하는 것 같습니다. 샤세를 더 복잡하게 한 것이 크로스-샤세인데, 이는 한 발이 미끄러져 나가고 있는데 그것 위로 교차해서 다른 한 발이 미끄러져 나가는 자세입니다. 존재에의 현전이야말로 대자의 현재를 지시하는 것인데, 그러한 존재에의 현전은 대자의 와중에서 계속 미끄러지는 것이기에 그러한 존재에의 현전마저 벗어나고자 하는 것이 대자라는 이야깁니다.

사르트르는 이렇게 해서 대자의 세 차원의 무화, 혹은 세 차원의 탈자태들에 관한 이야기를 끝맺고서 다음과 같은 이야기를 하면서 정적 시간성에 관한 논구를 마칩니다.

대자는 현재, 과거, 미래라는 세 차원에 동시에 자신의 존재를 분산시킴으로써 자신을 무화한다는 바로 그 사실에 의해 시간적이다.(177/280)

현재, 과거, 미래 그 어디에도 머무를 수 없는 것이 대자로서의 나, 즉 시간성으로서의 나라는 이야깁니다. 현재, 과거, 미래라고 하는 시간성의 탈자태들은 바로 대자의 탈자태들이지 대자의 탈자태들 그 어느 것도 대자는 아닌 것입니다. 사르트르는 이를 이렇게 정돈합니다.

이들 차원의 어떤 것도 다른 것들에 대해 존재론적인 우선성을 갖지 않는다. 다른 두 차원이 없이는 나머지 한 차원이 존립할 수 없다. 그렇지만──미래적인 탈자태에 역점을 두는 하이데거와는 달리──현재적인 탈자태에 역점을 두는 것이 적절하다. 왜냐하면 대자가 무화하는 초월 속에서 대자-존재-여야 하는 것으로서의 자신의 과거인 것은 그 자신에게 열어 보임인 한에서이기 때문이다. 그리고 대자가 결핍인 것은, [달리 말해] 대자에게 자신의 미래가 들러붙어 있다는 것, 즉 대자 자신이 저 아래에 있는 자기에 대해 거리를 두고서 대자에게 들러붙어 있다는 것은 [대자가] 자기에게 열어 보임이기 때문이다.(177/280)

하이데거는 시간성의 탈자태들 중에서 미래에 역점을 두고서 다른 탈자태들을 풀어 냅니다. 현존재가 '죽음으로 향한 존재'임을 역설하고, 거기에서부터 염려로서의 시간성이 열린다고 보기 때문입니다. 사르트르의 입장에서 보면, 하이데거의 이러한 입장은 '······이어야 하는 나', 즉 '성취해야만 하는 나인 실존'에 역점을 두고 있는 것입니다. 그런데 사르트르는 대자에게서 '그 자신에게 열어 보임' 혹은 '자기에게 열어 보임'이라는 현재적인 사태에서 과거와 미래가 성립한다는 점을 강조하면서, 현재에 역점을 두는 것이 적절하다고 말합니다. 여기에서 우리는 하이데거와 사르트르의 철학이 어떻게 근본적으로 다른가를 알게 됩니다. 사르트르에게서 'existence'는 하이데거의 'Existenz'처럼 당위의 '실존'이 아니라, 늘 그러한 '현존'인 것입니다. 그래서 사르트르의 철학을 흔히 '실존주의' 내지는 '실존철학' 등으로 새기면서 하이데거의 그늘 속에 있는 것처럼 말하는 그동안의 통상적인 생각을 바꾸지 않으면 안 됩니다. 비록 저네들의 낱말로는 동일하다 할지라도 우리는 그 낱말에 대해 다른 역어를 할당함으로써 하이데거 철학과 사르트르 철학을 최대한 구분하려고 노력해야 합니다. 이에 우리는 하이데거에게는 '실존'과 '실존철학'이라는 용어를, 그리고 사르트르에게는 '현존'과 '현존철학' 내지는 '현존주의'라는 용어를 따로 할당하는 것입니다.

아무튼 그런 다음, 사르트르는 시간성에 대해 결론을 제시하듯 이렇게 말합니다.

> 시간성은 모든 존재들, 특히 인간실재들을 담아내는 보편적 시간이 아니다. 시간성은 바깥에서부터 존재에게 강제될 법한 전개의 법칙이 더 이상 아니다. 시간성은 더 이상 존재가 아니다. 시간성은 그 자신의 고유한 무화인 존재의 내부 구조다. 즉 대자존재에게 고유한 **존재방식**이다. 대자는 시간성의 디아스포라적인 형식하에서 자신의 존재여야 하는 존재이다.(178/281)

아닌 게 아니라, 시간의 문제는 시간성의 문제로 전환될 수밖에 없습니다. '시간'이라 하면 존재와 별개로 존재의 바깥에 있는 것 같으나, '시간성'이라 하면 존재의 내부구조에서부터 존재와 동근원적으로 존립하는 것으로 됩니다. 현상학적인 시간론의 요체는 이같이 시간 자체를 탐구하는 것이 아니라 시간성을 시간의 존재론적인 근원으로 보고서 그 근원으로 치고 들어가는 것입니다. 여기 사르트르의 언명은 이를 적절히 잘 드러내고 있습니다.

그런데 한 가지 덧붙일 것은, 사르트르가 시간성을 대자가 그 자신을 무화해 나가는 대자의 존재적인 내부구조로 본다는 점이 후설의 내적 시간의 현상학과 대단히 유사하다는 것입니다. 후설의 시간론에서, 원인상은 자기동일성을 지닐 수 없습니다. 원인상은 그 자체로 머물지 못하고 파지(把持, Retention)의 상으로 금방 전환되면서도 그것과 분리될 수 없기 때문에 자기동일성을 지닐 수 없고, 다가올 예지(豫持, Protention)의 상을 끌어들이면서 금방 자기로 바꾸어 내기 때문에 자기동일성을 지닐 수 없습니다. 이는 파지나 예지에도 마찬가지로 적용됩니다.

말하자면, 후설이 말하는 원인상, 파지, 예지는 그 자체로 결코 지속이 아니기 때문에 오히려 그 자체가 차이라고 말해도 전혀 이상할 것이 없을 정도로 거의 두께=0에 가까운 이른바 사이들입니다. 그렇기 때문에 이들 세 가지 의식의 극미한 편린들은 자기동일성을 전혀 유지하지 못합니다. 자기동일성을 유지하지 못한다는 것은 사르트르가 말하는 대자의 존재방식과 똑같습니다. 후설이 시간성을 의식의 가장 근원적인 형식으로 본 것과 사르트르가 시간성을 대자의 자기를 무화하는 내부구조로 본 것은 거의 흡사합니다.

2) 시간성의 동학

사르트르는 시간성이 어떻게 총체적인 구조로서 과거, 현재, 미래라고 하는 2차적인 시간적 탈자태들을 구성하는가를 밝히는 시간성의 정학을 끝내고, 이제 시간성의 동학에 대한 탐구로 들어갑니다. 사르트르는 시간성의 동학을 이렇게 정의하면서 논의를 시작합니다.

대자의 발융은 필연적으로 시간성의 세 차원들에 따라 포착된다는 것, 이것은 시간의 동학에 속하는 **지속**의 문제에 대해 가르쳐 주는 것이 아무것도 없다. 맨 먼저, 이 문제는 이중적인 것처럼 보인다. 즉, 대자는 자신의 존재에 있어 자신을 과거로 **되게끔** 하는 그 변양을 왜 감수하는가

하는 문제와 하나의 새로운 대자가 왜 **무로부터** 발용함으로써 이 저기-과거의 현재가 되고자 하는가 하는 문제가 이중적으로 들어 있는 것처럼 보인다.(178/281)

시간성의 동학이 지속의 문제를 다루는 것임을 분명히 하고 있습니다. 일상적으로 지속은 왠지 시간이란 것이 끊임없는 흐름으로 느껴지는 데서 성립합니다.

잘 알다시피, 지속은 베르그송이 가장 근원적인 본래의 시간이자 그 자체 존재와 거의 동일한 것으로 여긴 것이지요. 그런데 사르트르는 이 지속의 문제를 대자의 동적인 존재방식에 관한 문제로 여겨 접근하고자 합니다. 이는 대자가 과거로 되면서 그 과거의 현재가 되기 위해 계속 새롭게 발용하는 데서 지속을 봐야 한다는 것입니다. 요컨대 지속은 근본적으로 대자의 지속이라는 이야깁니다.

대자가 지속된다는 것이 어떤 것인가를 생각하기 위해서는 먼저 변화의 문제를 생각하지 않을 수 없습니다. 흔히 무엇인가가 변화하는데도 지속된다고 말하는 데서 알 수 있듯이, 변화와 지속은 떼려야 뗄 수 없는 관계를 맺고 있기 때문입니다.

이 문제를 본격적으로 생각해 보기 전에 먼저 시간과 시간성에 관한 생각을 어느 정도 정돈해 보는 것이 필요할 것 같습니다. 시간을 철학적으로 탐구한다는 것은 시간을 가능케 하는 근원을 찾아 분석해 들어가는 것입니다. 시간을 가능케 하는 근원은 달리 말해 시간의 존재 자체를 지칭하는 것이기도 합니다. 이렇게 시간의 존재 자체를 다루게 될 때, 시간성이라는 문제 영역에 들어서게 되는 것이고요.

시간성은 시간이 무엇을 의미하는가를, 즉 시간의 의미를 지시하기도 합니다. 시간의 의미는 시간에 대한 의미화 작용을 배제하고서는 성립할 수 없습니다. 시간에 대한 의미화 작용에 대해서도 우리는 그 근원을 묻지 않을 수 없는데, 예컨대 칸트는 시간을 감성의 형식이라고 하기 때문에, 시간에 대한 의미화 작용의 근원을 묻는다는 것은 시간이 감성에서 형식으로 존립한다는 것이 어떤 뜻인가를 캐묻는 일이 될 것입니다. 하지만 칸트에게서는 이에 관한 분석을 찾을 수 없습니다. 감성의 형식으로서의 시간이 어떻게 그 기능을 발휘하는가를 분석하는 데 치중할 뿐 그 같은 캐물음을 문제로 설정하지 않기 때문입니다. 그런 반면, 후설은 시간에 대한 의미화 작용의 근원을 의식의 심층, 즉 내적 시간의식으로 봅니다. 그러고는 내적 시간의식이 어떻게 원인상, 파지, 예지를 가능케 하고, 그를 통해 시간이라고 지칭하게 되는 근원적인 현상이 일어나는지를 밝힙니다. 후설과 유사하게, 사르트르는 시간의 의미, 즉 시간성이 성립하는 바탕을 대자로 봅니다. 사르트르에게 있어 대자는 의식의 근본적 존재방식이기 때문에, 적어도 시간성 문제에 있어서는 후설이 말하는 의식과 사르트르가 말하는 대자가 거의 동일하다 할 수 있습니다.

우리는 흔히 시간이 성립할 수 있는 근거를 변화라고 여깁니다. 변화 자체는 시간이 아니지만, 변화의 현상을 보고서 시간이라는 의미를 부여할 수 있는 성격, 즉 시간성을 파악하게 된다는 것입니다. 말하자면, 파르메니데스처럼 존재에서 그 어떤 일체의 변화도 인정하지 않는다면, 시간도 없고 시간성도 성립할 수 없을 것이라고 생각하게 되는 것이지요. 그런데 사르트르는 이렇게 말합니다.

변화의 바탕은 대자의 시간성이다. 변화가 시간성의 바탕이 되는 것이 아니다.(179/283)

이제 우리는 변화의 문제에 들어서고 있습니다. 변화의 문제는 논리적으로 대단히 까다로운 구조를 지니고 있습니다. 내가 일정하게 시선을 고정하고 있는데, 내 눈에 보이는 상태가 '바꾸어졌다'고 해봅시다. 상태 a에서 상태 b로 바꾸어졌다고 해봅시다. 단순히 a가 없어지고 b가 나타났다고 한다면, 그것을 '바꾸어졌다'라고 말할 수 있을지는 몰라도 '달라졌다'고, 즉 '변화했다'고 말할 수는 없을 것입니다. '변화했다'고 말할 수 있으려면 a도 b도 아닌, 상태 a를 유지하다가 상태 b를 새롭게 유지하게 된 심층의 어떤 것 X가 있어야 할 것입니다. 말하자면, X가 상태 a에서 상태 b로 '바뀌어졌을' 때, 우리는 X가 '변화했다'고 말할 수 있는 것입니다. 여기에서 제법 까다로운 문제가 등장합니다. 과연 X 자체는 변화한 것인가요, 아니면 변화하지 않은 것인가요? 혹은 그 본성상 X 자체는 변화하는 것인가요, 변화하지 않는 것인가요?

만약 X 자체가 본성상 변화에 영향을 받지 않는 것이라면, 달리 말해 X 자체가 본성상 항상적인 것이라면, 그 상태의 변화는 X 자체에 대해 외적이고 부수적이고 심지어 우연적인 것들에 불과하게 될 것이며, 심지어 X와 무관한 일이 되고 말 것입니다. 아울러 변화에 관련되어 있는 시간성조차 X 자체에 대해 외적이고 부수적이고 심지어 우연적인 것에 불과하게 될 것입니다. 이는 X 자체는 자신의 상태가 제아무리 변한다 할지라도 존재하지 않게 된다거나 하는 일은 전혀 없다는 것을 의미합니다. 예컨대 파르메니데스의 존재론은 이러한 X 자체만을 진정한 존재로 인정하고, 그 외 일체의 변화의 차원에 놓여 있는 것들은 거짓이라고 말하는 것입니다.

이런 상황에 처해 가만히 생각해 보면, 논리적으로 상당히 곤혹스러운 문제에 봉착해 있음을 알게 됩니다. 우선 X의 상태가 변화했다는 것은 X가 변화한 것이 아니고 무엇이란 말인가 하는 문제를 생각하게 됩니다. 그런데 X가 변화했다고 말할 수 있으려면 X의 상태는 변화하더라도 X 자체는 '변화한 이것이 변화하기 전의 바로 그것이다'라고 말할 수 있는 이른바 정체적인 동일성(identité), 즉 항상성(permanence)을 유지하고 있어야 하는 것 아닌가 하는 문제를 생각하지 않을 수 없습니다. 여기에서 '변화하는 X'는 내용으로, '변화하지 않는 X'는 형식으로 여겨 구분한다고 해서 문제가 해결되는 것은 아닙니다. 그럴 경우, 내용과 형식 간의 문제로 전환될 뿐 그 자체 문제를 해결하는 것이 아니기 때문입니다.

결국 우리는 변화는 변화하지 않는 것과 결합되지 않고서는 그 자체 생겨날 수 없고, 변화하지 않는 것은 변화와 상호 내적으로 결합되지 않고서는 그 자체 성립할 수 없다고 말할 수밖에 없게 됩니다. 이른바 변화와 항상성이 동일한 존재적인 차원에서 상호 내적으로 이루는 통일을 생각하지 않을 수 없습니다. 만약 형식과 내용으로 구분한다면, 형식과 내용이 상호 내적으로 결합되어 통일되지 않으면 안 된다고 말할 수밖에 없게 되는 셈입니다. 그와 같이 통일된 동일한 존재적인 차원을 언급하지 않을 수 없는 것은, 그렇지 않다면 변화와 항상성은 언제든지 어떤 방식으로건 따로 떨어져 외적인 관계로 전락함으로써 양쪽 다 파기되고 말 것이기 때문입니다.

변화와 항상성(불변)이 상호 내적으로 통일을 이루고 있는 사태는 도대체 형식논리적인 사유로서는 도저히 인정할 수도 없고 다가갈 수도 없습니다. 원칙상 존재는 사유가 제 스스로 문을 닫게 만듦으로써 계속 새로운 사유의 문을 열게 만드는 힘으로 작동합니다. 존재는 항상 사유에 앞서가는 것입니다. 자, 아무튼 이 단계에서 우리는 정적인 상태를 넘어서서 동적인 상태를 거머쥐고자 하고 있습니다.

그렇다면 변화와 항상성이 상호 내적으로 통일을 이루는 동일한 존재적인 차원은 도대체 어디에서 구할 수 있을 것인가 하는 것이 문제입니다. 이 존재적인 차원에서 과연 항상성은 어떠한 의미를 띤 것으로 나타날 것이며, 과연 변화는 어떠한 의미를 띤 것으로 나타날 것인가 하는 것이 문제이지요. 이 문제들에 관련되는 사르트르의 이야기를 들어 보겠습니다.

> 변화와 항상성의 통일성은 **존재적인**(*d'être*) 통일성이어야 한다. 그러나 이 존재적인 통일성은 항상성이 변화하는 것이기를 요구하는 쪽으로 되돌아간다. 그리고 그렇기 때문에 이 통일성은 본질상 탈자적(ek-statique)이다. 그 외에 이 통일성은 항상성과 변화의 즉자적인 성격을 파괴한다.(178/282)

변화와 항상성이 상호 내적으로 통일을 이룰 수 있는 존재적인 차원이 정확하게 어디에서 열리는가는 지적하지 않고 있지만, 그 존재적인 차원의 존재방식이 어떠해야 하는가에 대한 실마리는 주고 있습니다. 그것은 항상적인 것이 바로 변화하는 것이기에 그 통일성 자체가 본질상 탈자적이고, 따라서 즉자적일 수 없다는 데서 주어지고 있습니다. 말하자면, 변화와 항상성이 통일을 이루는 존재적인 차원은 바로 대자와 동일한 존재방식을 띠고 있다는 것을 암시하고 있습니다. 이러한 암시는 다음과 같이 구체화됩니다.

> '텅 빈' 의식이라는 우리의 가설이 보여 주는 것처럼, 여기에서 문제가 되는 것은, 하나의 항상성에 있어서 실질적으로 어디까지나 그 하나의

항상성으로 머물면서 순간에서 순간으로 이탈해 나가는 필연성이 아니다. 여기에서 문제가 되는 것은 존재에 대한 필연성, 즉 그 존재가 어떤 존재이건 간에 형식과 내용이 전적으로 동시에 변이되어 과거 속으로 깊이 빠져들어 가면서 동시에 미래를 향해 **무에서부터 스스로**를 산출하는 필연성이다.(179/283)

이 인용문을 오늘 강의 초두에서 인용한 것들[4]과 비교해 보면, 여기에서 이제 변화와 항상성을 통일적으로 거머쥐고서 그 바탕으로 작동하는 것이 바로 대자임을 쉽게 알 수 있습니다. 달리 말하면, 대자에서의 변화와 항상성의 상호 내적인 통일이 결국 핵심입니다. 그래서 이제 본격적으로 대자가 어떻게 시간성에 있어서 변화를 일으키는가를 알아보는 순서로 들어갈 수밖에 없습니다.

만약 대자가 이전에 대한 이후로서 자신을 구성하는 것이 그 대자가 이전이 됨에 의한 것이 아니라면, 현재는 **지나갈** 수 없을 것이다. 그러므로 단 하나의 현상이 있을 뿐이다. 즉, 새로운 하나의 현재가 발흥하여 현재를 그랬던 것으로 과거화하고, 하나의 현재를 과거함으로써 하나의 대자가 현출하도록 이끌고 이 대자에 대해 [과거화된] 그 현재가 지나간 것으로 되도록 하는 현상이 있을 뿐이다.(180/283)

이는 바로 시간적으로 되기의 현상(phénomène du devenir temporel)에 대한 언명입니다. 선후의 문제인 이전과 이후의 종합적인

---

4) 본문 315쪽과 316쪽의 두 인용문입니다.

관계가 이제 '지나감'으로 자리매김되고 있습니다. 이는 시간에서 느껴지는 흐름을 지시하는 것입니다. 이를 가능케 하는 시간적인 구조를 정돈하고 있는 셈인데, 하나의 새로운 현재의 발융, 그 발융에 의한 [이미 지금의 것이 아닌] 현재의 과거화, 현재의 과거화에 의한 대자의 현출, 대자의 현출에 의한 현재의 지나감이라고 하는 발생적인 순서를 제시하고 있습니다.

여기에서 과연 새로운 하나의 현재가 어떻게 해서 발융하는가 하는 문제가 핵심일 것 같습니다. 이에 관한 사르트르의 해명은 없습니다. 후설은 이에 관해 내적 시간의식에서 원인상이 샘솟듯이 계속 생겨나고, 그 원인상을 중심으로 파지와 예지가 확장되면서 결합됨으로써 새로운 하나의 현재가 성립한다고 말합니다.

하나의 현재가 과거가 된다는 것은 언뜻 생각해 보면 단순한 것 같지만, 그 속을 깊이 있게 파고들어 가면 현기증이 일 정도로 복잡한 구조를 띠고 있습니다. 하나의 현재는 그저 하나의 현재 자체만으로 된 것이 아닙니다. 그 속에는 이 현재에 대한 과거와 미래가 함께 결합되어 있습니다. 따라서 하나의 현재가 하나의 과거로 된다는 것은 그 하나의 현재 속에 결합되어 있는 과거와 미래조차 함께 과거로 되는 셈입니다. 그렇게 되면, '과거로 된 현재 자체'뿐만 아니라 '과거로 된 과거'와 '과거로 된 미래'가 함께 '과거로 된 현재' 속에 결합되어 있다고 해야 합니다. 미래에 대해서도 마찬가집니다. 이렇게 되면, 지금 현재가 과거와 미래를 자신 속에 결합하고 있다는 것은, 과거에 관련해서는 지금 현재(④)가 '과거로 된 현재'(②)와 '과거로 된 과거'(①)와 '과거로 된 미래'(③)를 함께 결합하고 있는 것으로 됩니다. 그리고 미래에 관련해서는 지금 현재가 '미래인 현재'(⑥)와 '현재로 될 미래'(⑤)와 '미래로 남아 있을 미래'(⑦)를 자신 속에 함께 결합하고 있는 것이 됩니다. 그래서 과거와 미래에 한꺼번에 관련해서 보면, 지금의 현재(④) 속에는 ①~⑦에 이르는 모든 시제들의 계열(이때 계열은 결코 단독적인 항들의 계열일 수가 없습니다)이 한꺼번에 결합되어 있는 것으로 됩니다. 그뿐만 아니라 원문자 번호를 매긴 이 하나하나도 그 자체로 존재할 수 없고, 그 속에 이 전체 계열을 마치 러시아 인형처럼 혹은 프랙털 구조처럼 무한 분열의 구조적인 형태로 지니고 있다고 할 수밖에 없습니다.

말하자면, 각각의 순간은 지금의 것이든 지나간 것이든 다가올 것이든 상관없이, 즉자적인 순간 자체로 있을 수 없고 항상 자기가 아닌 것들을 통해 존립할 수밖에 없는 이른바 탈자적인 방식을 취하고 있는 것입니다. 이렇게 탈자적인 방식으로 자기가 아닌 것과 내적으로 그리고 필연적으로 연결되어 있기 때문에 연속적인 '지나감', 즉 '시간적으로 되기'가 성립하는 것입니다. 이것이 바로 시간성의 동적인 구조가 아니고 무엇이겠습니까. 그래서 예컨대 사르트르는 이렇게 말합니다.

> 과거와 대과거 사이의 연결은 즉자의 양식에 의거한 연결이 아니다. 그 연결은 현재의 대자의 바탕 위에서 나타난다. 단 하나의 덩어리로 용접된 과거와 대과거의 계열을 지탱하는 것은 현재의 대자다.(180/284)

예컨대 "어제 나는 영화를 한 편 보고 난 뒤 그녀와 카페에서 커피를 마시면서 영화 이야기를 했다. 하지만 나는 영화를 보고 난 뒤 사실 그녀와 카페에 앉아 있으려 했던 것은 아니었다. 그녀의 집에서 커피를 마시면서 그동안 살아온 이야기를 조용히 나누고자 했다. 그런데 그녀의 집에 한때 나를 완강하게 거부했던 그녀의 어머니가 예기치 않게 오셨다는 것이다. 나는 그녀와 1주일 뒤 다시 만나 그녀의 집으로 가기로 약속했다. 지금 나는 집으로 돌아와 1주일을 어떻게 기다릴 것인가 하는 마음으로 멀리 푸르게 물드는 산자락을 바라보고 있다"라고 말하게 되는 사태가 있다고 해봅시다. 여기에 기록된 모든 사실들은 어제 내가 영화를 보기 전에는 모두 다 '미래였'습니다. '미래였다'를 가장 잘 드러내는 것은 "그녀의 집에서 커피를 마시"려고 했다는 것입니다. 산자락을 바라보는 지금의 시점에서 보면, 이 사실은 과거의 미래입니다. 그리고 '1주일 뒤 그녀의 집에서 커피를 마시게 될 것이다'라는 사실은 현재의 미래입니다. 이 과거의 미래와 이 현재의 미래의 성격을 비교해서 생각해 봅시다. 이 과거의 미래는 이제 더 이상 다른 가능성이 전혀 없는 미래입니다. 그런 점에서 즉자화된 미래라 할 수 있습니다. 그리고 이 현재의 미래는, 이 과거의 미래가 깨진 것처럼 얼마든지 또 다른 가능성 때문에 깨질 수 있습니다. 하지만 깨지면 안 됩니다. 그런 점에서 이 현재의 미래는 현재의 대자인 내가 결여하고 있으면서 충족하지 않으면 안 됩니다. 그런 점에서 이 현재의 미래는 대자적입니다.

여기에서 과거의 미래는 지나간 현재인 과거와 마찬가지로 고착되어 버렸습니다. 그래서 사르트르는 이렇게 말합니다.

미래와 지나간 현재는 나의 현재를 바탕으로 즉자 속으로 고착되었다. 그래서 시간적인 경과의 과정에서 미래는 그 자신의 미래적인 성격을 전혀 상실하지 않으면서 즉자로 들어간다. …… 미래가 지나가 버렸을 때, 그 미래는 과거들의 계열의 여백에 전미래(前未來, futur antérieur)로서 영원히 머문다. 대과거가 된 그러한 과거의 전미래, 즉 관념적인 미래는 과거가 된 현재에 공현전하는 것으로서 주어진다.(181/285)

다만 이때 상실하지 않은 미래는 더 이상 다른 가능성이 없이 즉자적으로 고착되어 버린, 실제적인 미래가 아니라 관념상의 미래에 불과합니다. 그런데 이 관념상의 미래는 어디에 있기에 여전히 미래라는 말을 할 수밖에 없을까요? 산자락의 푸름을 바라보고 있는 지금의 관점에서 보면 과거의 미래이긴 하지만 분명 과거임에 틀림없습니다. 따라서 그것이 어떤 이름으로건 미래라는 자격을 갖추고 있는 것은 산자락의 푸름을 바라보고 있는 나의 현재에 비추어 보면, 이미 지나간 현재 중에서도 영화를 보고 난 뒤 그녀와 만나기 전의 과거, 즉 대과거에 대해 미래였던 것입니다. 그녀와 만나 그녀의 어머니 이야기를 듣고 난 뒤에는 이미 실제적인 미래가 아닌 것으로 되고 말았기 때문입니다.

한편, '나'는 카페에서 그녀와 1주일 뒤에 그녀의 집에서 만나기로 했습니다. '1주일 뒤에 그녀의 집에서 만날 것이다'라는 미래는 현재의 미래이기도 하지만, 과거의 미래이기도 합니다. 이 과거의 미래는 과연 지나간 것인가요? 과거의 미래이기도 하고 현재의 미래이기도 한 이 미래는 특별한 일이 없는 한 1주일이 지나기 전에 계속 새롭게 나타나게 될 미래의 현재들에 대한 미래이기도 합니다. 이 미래는 비록 과거의 미래라고 말할지라도 방금 말한 대과거의 관념적인 미래와는 그 성격이 전혀 다릅니다.

그러나 이 과거의 미래는, 이것을 현재의 미래 혹은 계속 새롭게 나타날 현재들, 즉 미래들의 미래라고 할 때와는 그 성격이 또한 다릅니다. 아직 과거화되지 않은 현재의 미래는 여전히 그 충족 불가능성이 남아 있습니다. 그런데 과거의 미래에서는 충족 불가능성이 삭제되었습니다. 적어도 현재까지 그런 불가능성이 현실화되지 않았기 때문입니다. 만약 충족 불가능성이 현실로 나타나 버리면 카페에서 커피를 마실 수밖에 없었던 것처럼 그래서 아예 관념적인 미래가 되고 만 것처럼, 과거의 미래는 충족 불가능한 미래로서 관념적인 미래로 변하고 말 것입니다. 시간 문제가 본래 워낙 난해한 것이라 이야기가 상당히 복잡해질 수밖에 없는데요. 아무튼 과거의 미래는 현재의 미래와 비교해 보면, 현재의 미래가 충족 불가능성을 함축하고 있는 데 반해, 과거의 미래는 충족 불가능성이 입증되지 않았기에 그 자체 충족 가능성만으로 고착되어 있다고 해야 하는 것입니다. 잘 생각해 보시기 바랍니다.

　과거로 된 미래도 이러할진대 과거로 된 현재와 과거로 된 과거는 더 말할 것도 없이 고착된다고 보아야 합니다. 그렇다면 미래는 어떻게 되는가요? 현재에 함께 결합되어 있는 미래 속의 과거, 미래 속의 현재, 미래 속의 미래는 어떻게 되는가요? 우리는 앞에서 미래에 관련해서 지금 현재가 '미래인 현재'(⑥)와 '현재로 될 미래'(⑤)와 '미래로 남아 있을 미래'(⑦)를 자신 속에 함께 결합하고 있다고 말했습니다. ⑤는 미래의 과거이고, ⑥은 미래의 현재이고, ⑦은 미래의 미래입니다. 그리고 이 셋은 오로지 지금의 현재를 벗어나서는 아무런 의미도 없고 성립할 수조차 없습니다. 그리고 지금의 현재의 관점에서 볼 때, 이 셋 모두는 본성상 불가능성의 가능성을 함축하고 있습니다. 예컨대 1주일이 되기 전에 나 혹은 그녀가 전혀 엉뚱한 소문을 듣게 되어 약속을 취소할 수도 있고, 하다못해 불의의 사고가 나 죽을 수도 있습니다.

　그러나 지금 현재의 나는 이러한 미래가 무사히 1주일이 지남으로써 고착된 과거가 되었으면 하고 바라고 있습니다. 또 그렇게 되어야 한다고 생각하고 있습니다. 말하자면 대자인 현재의 나는 미래의 내가 즉자적으로 고착된 과거의 나로 되기를 바라고 있고, 그렇게 되어야 한다고 생각합니다. 이런 맥락을 감안함으로써 우리는 사르트르의 다음 이야기를 이해하게 됩니다.

과거는 거꾸로 된 숙명이다. 대자는 자신이 원하는 것으로 될 수 있다. 대자는 새로운 하나의 대자에 대해 불가피하게 자신이 그렇게 되기를 원하지 않을 수 없었던 것이 되어야 할 필연성을 벗어날 수 없다. 이 사실로 볼 때, 과거는 즉자에 대한 초월적 현전이기를 그쳐 버린 하나의 대자이다.(181/286)

다들 알다시피, 숙명은 미래적인 것입니다. 그런데 그 미래가 고착된 과거로 되어야 하기에, 과거를 일러 거꾸로 된 숙명이라고 하는 것입니다. 즉, 숙명적으로 과거로 실현되어야 한다는 이야깁니다. 대자가 새로운 대자로 자리를 넘겨준다 할 때, 그 새로운 대자에 대해 현재의 대자는 과거의 대자가 될 것입니다. 이때 새로운 대자에 대해 과거의 대자가 되어 버릴 이 대자는 그렇게 되어야만 하는 필연성에 의거해 존립합니다. 대자 속에 이미 그 구조상 즉자적인 필연성이 들어와 있는 것입니다. 이에 대자가 과거로 되면, 즉자인 자기에 대해 초월적으로 현전해 있을 수 없는 대자가 되고 맙니다. 이러한 대자는 기실 대자가 아닙니다. 따라서 새로운 하나의 대자가 계속 현재의 대자를 과거 속으로 즉자화시켜 밀어 넣는다고 말할 수밖에 없습니다.

대자는 세계를 초월적으로 대하고 있으면서 자신은 그 세계가 아니라는 부정을 연거푸 수행합니다. 그런데 만약 대자가 즉자화됨으로써 그러한 초월적인 현전(마주 대함)의 능력을 상실하게 되면 그 세계 속으로 추락하게 됩니다. 그래서 이렇게 됩니다.

나는 내가 그렇게 되어야만 하는 것이라고 할 때, 나는 내가 아닌 세계에 현전하는 것으로 존재한다. 그러나 내가 그것이 되어 버렸을 때, 나는 세계내부적인 현존자라는 자격으로 사물들의 방식으로 세계의 와중에서 내가 되어 버린 그것으로 존재했다(ce que j'étais/je l'étais). 그렇지만, 대자가 자신이 되어 버린 그것으로 되어야만 한다고 할 때 자신이 놓여 있는 그 세계는 대자가 현행적으로 현전해 있는 바로 그 세계일 수는 없다. 그래서 대자의 과거는 세계의 지나가 버린 상태에 대해 지나가 버린 [방식으로] 현전하는 것으로서 구성된다.(182/286)

이 인용문에서 "내가 되어 버린 그것으로 존재했다"라는 표현은 도대체 제대로 된 문장으로 표현할 수 없는 사태를 억지로 그렇게 표현한 것입니다. 과거가 되어 버린 대자는 사실 지금 존재하고 있습니다. 다만, 존재했다는 식으로 존재하고 있을 뿐이지요. 그런 점에서 이 대자는 기실 지금 대자가 아닙니다. 존재, 즉 즉자속으로 함몰된 대자이기 때문에 엄격히 말해 대자가 아닌 것이지요. 간단히 이야기하면, 내가 다른 사물들과 마찬가지로 이 세계에 이른바 세계내부적인 것으로 있다고 할 때, 이 세계는 이미 '되어 버린 세계'이고, 나 역시 이미 '되어 버린 나'인 것입니다. 계속 새로운 대자의 발흥을 통해 존재하는 나는 그렇게 되어 버린 즉자적인 나들을 한없이 멀리까지 이끌고 있는 셈입니다. 심지어 미래의 대자마저도 비록 미래적인 방식으로이긴 하나 그와 같이 즉자로 '되어 버릴' 나들로 삼아 멀리까지 끌어당기고 있는 것입니다. 이렇게 현재의 대자에 의해 끌어당겨지고 있는 내용들이 바로 대자의 현사실성이지요. 그렇기에 이제 사르트르는 이렇게 말하게 됩니다.

즉자로 되어 버린 존재에 대한 선현전(先現前, ex-presence)으로서 과거로 떨어지는 대자는 '세계-한복판의'(au-milieu-du-monde) 한 존재가 된다. 그리고 지나간 대자가 자기 속에 있을 때, 세계는 바로 그 터전으로서 지나간 차원에서 **붙들려**(*retenu*) 있다. 마치 인어의 상반신인 인간 몸통이 하반신의 물고기의 꼬리로 마무리되는 것처럼, 세계외부적인 대자는 자기 뒤가 세계 내의 **사물**로 마무리된다.(182/286~287)

'대자는 사물을 자신의 꼬리로 달고 있다'라고 언명될 수 있을 것 같습니다. 다만, 꼬리를 달고 있는 몸통, 즉 대자 자체는 전혀 존재하지 않고 오로지 현존할 뿐이라는 전제를 달아야 합니다. 존재로 볼라치면, 대자는 없고 사물만 있을 뿐입니다. 인간실재의 기묘한 존재방식이 이같이 시간적인 경과에 관련해서도 여실히 드러납니다. 대자가 계속해서 즉자에 의해 잡아먹히고 있고, 또 그렇게 즉자에 의해 잡아먹힘으로써 계속 새로운 대자가 태어나고, 또 그렇게 계속 새로운 대자가 태어나는 것은 또다시 즉자에 의해 잡아먹히기 위한 것이라는 기묘한 관계를 통해 인간실재가 존재한다는 것입니다. 이러한 이야기는 사르트르에게서 이렇게 달리 표현됩니다.

이 모든 일은 마치 현재가 메워지자마자 영속적으로 다시 생겨나는 영속하는 존재적인 구멍인 양 진행된다. 이 모든 일은 마치 현재가 즉자 속으로 끌어당기는 빨판을 피하기 위한 끊임없는 도주인 것처럼 진행된다. 이 즉자의 빨판은 이미 어떠한 대자의 '과거'도 아닌 하나의 '과거' 속에 현재를 빨아들이는 최후의 승리를 획득할 때까지 현재를 위협한다. 이 승리는 바로 죽음이다. 왜냐하면 죽음은 체계 전체의 과거화에 의해 시간성을 극단적으로 정지시키는 것이거나, 혹은 더 그럴듯하게 말하면, 즉자에 의해 인간적 총체성이 다시 포획되는 것 (ressaisissement)이기 때문이다.(182/287)

즉자의 빨판과 대자의 무화 간의 끊임없는 숨바꼭질이 표현되고 있습니다. 변화가 시간성을 바탕으로 해서 이루어진다고 할 때, 그 시간성은 어떻게 작동하는가요? 대자가 끊임없이 즉자의 손아귀를 벗어나려 하면서 손아귀에 끌려들어 가고 손아귀에 끌려들어 가면서 손아귀를 벗어나는, 이른바 대자의 끝없는 '포획됨-거부'의 계열이 이어짐으로써 변화를 야기한다는 것이지요. 그래서 사르트르는 이렇게 말합니다.

'포획되면서-거부된' 것들(des《acquis-refusés》)의 단일한 계열은 변화에 대해 존재론적인 우선성을 갖는다. 왜냐하면 변화는 그저 이 계열의 실질적인 내용들의 [상호] 관계이기 때문이다. 그러나 우리는 시간화의 비가역성 자체가 자발성(spontanéité)의 전적으로 텅 빈 선험적 형식에 필연적인 것임을 보였다.(184/289~290)

여기에서 자발성은 대자의 자발성으로 보아야 합니다. 대자의 자발성은 시간성이 시간으로 시간화될 때 즉자가 대자를 끌어당기는 방향과 전적으로 반대 방향으로 도주해 가는 필연성을 말한다고 할 수 있습니다. 그래서 대자는 즉자에 의해 포획되면서 그렇게 포획된 자기 자신을 거부한다는 것입니다. 그리고 그런 대자의 시간화하는 활동이 변화보다 앞서서 변화의 근거가 된다고 말하고 있습니다.

결국 계속 사물로 된 꼬리를 두툼하게 만들면서 제 스스로는 무조건 앞을 향해 내닫는 대자의 자발적인 존재방식에서 근본적인 형식이 바로 시간화의 비가역성이라는 이야깁니다. 이 비가역성의 구조 속에서 변화는 대자가 즉자의 포획을 거부하면서 계속 포획되어 들어가는 것에 대해 부차적으로 생겨나는 현상이라는 것이지요. 요컨대 대자와 즉자 간의 관계를 무시하고 변화 자체만을 분석하는 것으로는 시간의 동학, 즉 흐름으로서의 시간을 제대로 설명할 수 없다는 것입니다. 사르트르는 결국 시간성의 동학에 대해 다음의 말로 마무리합니다.

> 그래서 의식의 시간은 바로 총체성으로서 시간화되는 인간실재다. [그런데] 이때 총체성은 총체성 자신에게 있어서는 그 자신의 미완성이다. 의식의 시간은 탈총체화하는 [일종의] 효모로서 총체성 속으로 미끄러져 들어가는 무이다. 자기 뒤를 따라 흐르면서 동시에 자신을 거부하는, 그 자체 자기 자신의 초월이면서도 자기 자신을 향해 자신을 초월하기 때문에 자신을 초월함에 있어서 자기 자신에서 그 어떤 종착점도 발견할 수 없는 이 총체성은 그 어떠한 경우에도 한 순간의 한계들 속에 존립할 수는 없을 것이다. 대자가 존재한다고 긍정할 수 있을 그 어떤 순간도 결코 없다. 그것은 바로 대자가 결코 존재하지 않기 때문이다. 그 반대로 시간성은 전적으로 순간의 거부로서 시간화된다.(185/290~291)

인간실재를 의식의 시간으로 여기고 의식의 시간을 무로 여김으로써 결국에는 인간실재를 무로 여기는 사르트르의 철학적 인간학의 입장을 보고 있습니다. 이 무를 통해 인간실재는 자기를 향해 종착점 없이 자기를 끝없이 초월하는 초월 그 자체가 됩니다.

그런데 인간실재가 그저 이런 초월 자체인 것은 결코 아닙니다. 아울러 인간실재는 시간화를 통해 결코 완성될 수 없는 총체성으로 나타납니다. 총체성을 말 그대로 이해하면서 이를 바탕으로 인간실재를 총체성으로 여기게 되면, 인간실재가 총체성으로 시간화되어 나타난다는 것은 그 존재에 있어서 여분이 없다는 것을 의미하게 됩니다. 그렇게 되면, 자기초월로서의 인간실재는 성립할 수 없게 됩니다. 그래서 오히려 거꾸로 자기초월로서의 인간실재를 바탕으로 해서 총체성을 이해하게 됩니다. 그래서 총체성은 그 자체에 있어서 완성된 것은 결코 아니라고 말하는 것이지요.

대자를 미완성의 총체라고 하는 것은 즉자화된 대자, 즉 대자의 현사실성을 포함한 대자를 지칭하는 것이지요. 이렇게 되면, 대자를 그저 한 순간의 차원에, 즉 어느 한 특정한 순간에 대자가 존재한다고 말할 수가 없게 됩니다. 그동안 살펴보았습니다만, 하나의 순간을 지정한다는 것은 보편적이고 객관적인 시간의 축을 전제로 한 것이고, 또 보편적인 객관적 시간의 축은 즉자의 영역인 존재와 직결되는 것이었습니다. 따라서 대자에게 순간을 할당할 수 없다는 것은 대자가 존재한다고 말할 수 없다는 것을 의미하게 됩니다. 이에 사르트르는 아예 "대자는 존재하지 않는다"라고 단언합니다. 계속 강조해 왔습니다만, 어떤 방식으로건, 자기초월로서의 대자이건 미완성의 총체로서의 대자인건 간에 항상 현존(exister)할 수 있을 뿐 존재(être)할 수는 없습니다. 미완성의 총체로서의 대자라 할지라도 그 근본에 있어서 대자는 존재에 대해 균열이고 구멍이고, 요컨대 무이기 때문입니다.

지금 우리는 『존재와 무』 전체를 구성하는 제1부 '무의 문제', 제2부 '대자존재', 제3부 '대타', 제4부 '소유, 행위 그리고 존재' 중에서 제2부를 공부하고 있습니다. 제2부는 세 장, 즉 제1장 '대자의 직접적인 구조들', 제2장 '시간성', 제3장 '초월' 등으로 구성되어 있는데, 지금 우리는 제2장 '시간성'을 공부하고 있습니다. 이 제2장 '시간성'은 또 세 절, 즉 제1절 '시간적 세 차원에 대한 현상학', 제2절 '시간성의 존재론', 제3절 '근원적 시간성과 심리적 시간성: 반성'으로 구성되어 있는데, 전번 시간에 제2절을 끝내고 오늘부터 제3절을 공부하게 됩니다.

사르트르가 시간에 대해 접근하는 방식은 후설이나 하이데거에 비해 대단히 구체적이고 치밀합니다. 오늘 살펴보고자 하는 것은 실제로 개인으로서의 내가 반성을 수행할 때 실제로 시간성이 어떻게 발휘되는가 하는 것인데, 이에 대한 사르트르의 분석을 보고 나면 그의 시간론이 얼마나 구체적이고 치밀한가를 실감하게 될 것입니다.

우리는 사르트르의 인도에 따라 계속 대자를 바탕으로 시간성을 분석해 왔습니다. 지난 시간에 우리는 대자의 지속에 관한, 이른바 시간성의 동학에 대해 살펴보았습니다. 다시 되새기면 그 내용은 대략 이러합니다.

대자의 시간성을 바탕으로 변화가 일어난다, 변화가 성립하기 위해서는 그 바탕에 항상적인 것이 있어야 한다, 그러나 변화와 항상성이 서로 다른 차원으로 분리되어서는 안 되고 상호 내적으로 존재적인 통일을 이루어야 한다, 이 통일에서 항상성은 그 자체 변화하는 것이어야 하기에 이 통일은 본질상 탈자적인 것으로서 즉자적인 성격을 파괴하고 대자적인 성격을 띤다. 이 변화와 항상성의 탈자적인 통일 속에서 계속 새로운 현재가 발융함으로써 방금 전의 현재를 과거로 만든다. 그럼으로써 새로운 하나의 대자가 발융하고, 그 새로운 대자에 대해 방금 전의 현재가 지나간 것이 된다. 말하자면 계속해서 발융하는 새로운 대자가 과거의 미래를 포함한 일체의 과거와 더불어 방금 있었던 대자를 즉자화시켜 과거 속으로 밀어 넣는 것이 바로 되기(생성)의 현상이다. 되기의 과정은 계속 새로운 대자가 발융되는 현재가 무지막지한 과거적인 즉자의 빨판을 피해 끊임없이 자발적으로 도주하는 것이다. 끊임없이 도주하면서 현재의 대자는 즉자적인 자신의 과거를 총체적으로 포획하면서 동시에 자신은 그것이 아니라고 거부한다. 그래서 이때 총체성은 탈총체화하는 대자의 힘 때문에 결코 완수되지 않는 미완성의 총체성이다. 이러한 대자의 선구적인 자발성에 의해 끊임없이 완결될 듯 계속 구멍이 나는 미완성의 총체성이 바로 의식의 시간이고, 이 의식의 시간은 바로 인간실재다. 이것이 전번 시간의 내용들입니다. 요컨대 지속은 대자가 자기초월적으로·자발적으로·연속적으로 발융함으로써 즉자적인 과거를 미완의 총체성으로 계속 새롭게 만들어 내는 '비가역적으로 되기'라는 것입니다. 이를 염두에 두면서 제3절로 들어가 봅니다.

3. 근원적 시간성과 심리적 시간성: 반성

사르트르 철학에서 대자와 의식은 떼려야 뗄 수 없지만, 그 자체로 동일하다고 말할 수는 없습니다. 의식은 근본적으로 대자적인 존재방식을 취하고, 대자는 의식이라는 형태로 드러나는(실현되는) 것이라고 봐야 할 것입니다.

시간적인 지속이 대자의 존재방식에 의해 성립된다고 하지만, 시간적인 지속에 의해 대자 역시 지속됩니다. 다만, 이때 대자의 지속은 지속함(에 대한) 비정립적인 의식의 형식하에서 이루어집니다. 그런데 나는 짐짓 시간이 지속한다는 것을 느낄 수 있고 내 자신을 그러한 지속의 통일(unité)로 파악할 수도 있습니다. 이럴 때 나는 지속에 대한 의식을 갖습니다. 이러한 의식은 하나의 반성입니다. 그런데 이 같은 지속에 대한 반성에서 일어나는 시간성을 사르트르는 심리적인 시간성(temporalité psychique)이라 일컫습니다. 그리고 반성 이전의 지속의 시간성을 근원적 시간성(temporalité originelle)이라 일컫습니다.

이는 기존의 반성철학의 기초를 뒤흔드는 강력한 구분입니다. 전통적인 반성철학에서는 반성 이전의 경험적인 영역을 심리적 영역이라 해서, 반성에 의거한 초월론적인 영역과 대립시킵니다. 그러니까 근원적인 시간성은 반성에 의거한 초월론적인 영역에서 발휘되는 것이고, 심리적인 시간성은 경험적인 심리적 영역에서 발휘되는 것인데, 사르트르가 이를 확 뒤집는 것입니다. 사르트르가 이런 전복적인 입장을 취할 수 있었던 것은 비정립적인 의식을 의식의 근원적인 형태로 보면서 아울러 이를 존재론적인 차원으로 이관해서 분석하기 때문입니다. 이에 관해서는 나중에 더 구체적으로 살필 기회가 있을 것이라 예상됩니다. 아무튼 사르트르는 이렇게 문제를 제기합니다.

내가 내 자신을 '지속하는 중'이라고 파악하자마자 맞닥뜨리게 되는 심리적 시간성과 근원적 시간성 사이에는 어떤 관계가 존립할 수 있는가?(185/291)

이 질문은 데카르트에서부터 정확하게 철학의 문제로 되기 시작한 반성 차원의 영역에 대해 존재적인 지위를 정확하게 부여하고자 하는 의도를 담고 있습니다. 칸트에서 절정을 이루어 후설에 이르기까지 계속 풍부하게 되는 것이 이른바 초월론적인 반성 철학이지요. 그것의 근본 토대는 이러합니다. 즉 근원적인 반성을 통해 철학적인 작업을 하는 의식을 온전히 반성하는 의식으로 구축한 뒤 그것을 분석해 보면, 반성하기 이전의 일체의 경험 대상들은 반성하기 이전의 의식과 어떻게든 짝을 이루고서 성립하는 것이고, 반성하기 이전의 의식은 궁극적으로 반성하는 근원적인 의식의 힘을 벗어나서는 결코 성립할 수 없는 것이니만큼 결국 일체의 경험 대상들 역시 반성하는 근원적인 의식에 의해 구성된다고 할 수밖에 없다는 것입니다.

여기에서 사르트르가 제시하는 이 질문에는, 그가 직접 밝히고 있지는 않지만, 이러한 반성철학의 가능성을 근본적으로 재검토해 보고자 하는 의도가 들어 있다고 할 수 있습니다. 왜냐하면 사르트르는 시간성의 문제는 본래 표상을 중심으로 한 인식 문제가 아니라 존재 문제임을 누누이 밝혀 왔고, 그것은 존재를 인식 차원의 틀 속에서 보아서는 안 된다는 것인데 반성이야말로 인식 차원의 근간을 이루는 것이기 때문입니다.

그런데 과연 사르트르가 방금 제시한 반성 철학의 구도를 어떻게 분석·평가할 것인가에 대해서는 흥미진진하게 바라볼 문제가 아닐 수 없습니다. 만약 그의 이른바 '현존 철학'이 근본적으로 반성 철학적인 것이라고 한다면, 그 철학사적인 의의가 한결 약화되고 말 것이기 때문입니다. 이를 염두에 두면서 그의 이야기를 따라가 보기로 합니다.

시간성이 심리적인 지속의 형식하에서 나타나는 것은 실제로 반성에서다. 그리고 심리적인 지속의 모든 과정들은 반성되는 의식에 속한다. 그러므로 심리적인 지속이 어떻게 반성의 내재적 대상으로 구성될 수 있는가를 묻기 전에, 과거에 속할 수밖에 없는 하나의 존재에 대해 반성이 어떻게 가능한가라고 하는 문제에 대답하고자 해야 한다.(185/291)

끊임없이 새로운 대자가 발융하여 과거적인 즉자의 총체성을 구성하면서도 동시에 그것으로부터 늘 도주한다는 것이 근원적 시간성에서의 지속 현상이었습니다. 그런 가운데 대자는 지속하는 것이었습니다.

그런데 이 인용문에서 사르트르는 반성에 의해 심리적인 지속이 내재적 대상으로 구성된다는 것을 전제로 하고 있습니다. 이는 이 심리적인 지속이 과거에 속할 수밖에 없다는 것을 말합니다. 근원적인 시간성에서 지속은 비가역적인 것이었고, 그 비가역성은 결코 그 자신 즉자적인 과거일 수 없는 대자의 존재방식 때문에 생겨난 것이었습니다. 그렇기 때문에 이제 반성을 통해 즉자적인 과거에 속한다고 여겨지는 반성되는 대상인 바 심리적인 지속을 반성한다는 것이 과연 어떻게 가능한가를 시간성의 차원에서 묻지 않을 수 없는 것입니다.

하지만 여기에서 사르트르가 정작 제기하고 있는 문제는 이보다 더 포괄적입니다. 그것은 그가 반성 자체에 관련된 확실성을 문제 삼고 있기 때문입니다. 달리 말하면, 그가 과연 반성이라는 것이 데카르트에서 칸트를 거쳐 후설에 이르기까지 주장된 바 확실성에 있어서 특권을 지닌 직관일 수 있는 것인가 하는 문제를 제기하고 있는 것입니다.

사실이지 따지고 보면, 반성만큼 기기묘묘한 인간 특유의 의식 활동도 없습니다. 메를로-퐁티는 반성 철학에서 반성이 우리의 삶을 코기토의 편린으로 만들어 버렸다고 개탄하면서 반성에 대한 반성을 해야 한다고 주장하고, 반성 자체가 하나의 비반성적인 사건이라고 함으로써 비반성적인 삶이 반성의 근원적인 바탕임을 분명히 밝히고 있습니다.[5] 이러한 메를로-퐁티의 생각은 비록 그 방식이 다르긴 하지만 사르트르에게서 이미 나타납니다. 그것은 반성되기 전의 것과 반성되고 난 뒤의 것이 다르다고 주장하면서 전자를 후자보다 더 근원적인 것으로 보는 데서 나타납니다.

> 후설은 반성되는 것이 '반성 이전에 존재했던 것으로' 주어진다고 말한다. 그러나 우리는 여기에서 잘못 생각해서는 안 된다. 모든 가능한 반성과의 관계에 있어서 비반성적인 한에서의 비반성적인 것은 반성의 현상 속에 넘어가지 않는다. 왜냐하면, 정확하게 말해 반성의 현상은 비반성적이라는 성격을 상실하기 때문이다. 하나의 의식에 있어서 반성적인 것이 된다는 것은 그 존재에 있어서 심대한 변양을 겪는다는 것이고, 정확하게 말해 그 의식이 '반영되고-반영하는' 준총체성으로서 갖는 '자립성'(Selbstständigkeit)을 상실하는 것이기 때문이다.(187~188/294)

비반성적인 것이 반성되는 것 속에 '고스란히' 들어 있다고 하지 않으면 반성을 통해 비반성적인 것에 대한 존재론적인 정초를 기한다는 것은 애당초 불가능합니다. 후설은 그 유명한 초월론적인 반성인 에포케(epoché)를 통해 오히려 선입견과 통념에 의해 오염된 상태의 비반성적인 것으로부터 그 오염을 씻어 내고 순전하고 순수한 비반성적인 것을

---

5) Merleau-Ponty, *Phénoménologie de la perception*, pp.75, 247 참조.

올곧게 드러낼 수 있다고 믿었습니다. 그런데 사르트르는 반성을 통해 비반성적인 것이 반성되는 것이 됨으로써 그 자립성을 상실한다는 점을 강조하고 있습니다. 이는 반성되는 것이 반성에 대해 자립성을 갖지 못한다는 것을 의미함과 동시에 그럼으로써 비반성적인 것이 오염된다는 것입니다.

이제 반성에 치중해서 생각해 보면, 문제는 반성되는 것이 반성과 구분되도록 하는 것은 무엇인가, 그리고 구분된다고 해서 양자가 서로에게 자립성을 갖는 것은 아닐진대 과연 반성 자체를 이렇게 구분되면서도 서로에게 자립성을 갖지 못하도록 존재적으로 통일시키는 존재는 과연 무엇인가 하는 것입니다. 결국 이렇게 됩니다.

> 반성은 전혀 비반성적인 대자로서 **하나의 존재**이지, 존재적인 하나의 첨가가 아니다. [말하자면] 반성은 **그 자신의 무여야만 하는 하나의 존재**다. 반성은 대자를 지배하는 새로운 한 의식의 출현이 아니다. 반성은 대자가 그 자신에 있어서(즉자적으로) 실현하는 내부구조적인 변양이다. 요컨대, 반성은 그저 반영되는 것-반영하는 것의 양식으로 존재하는 대신에 반성하는 것-반성되는 것의 양식으로 스스로를 존립하도록 하는 대자 자체다. 이때 이 새로운 존재양식은 [그 속에서] 반영-반영하는 것의 양식을 원초적인(primaire) 내적 구조라는 자격으로 존속하도록 한다.(188/294)

반영되는 것과 반영하는 것의 짝은 반성 이전의 비정립적인 의식의 양식이고, 반성되는 것과 반성하는 것의 짝은 반성에 의거한 정립적인 의식의 양식입니다. 반성을 하기 전에도 대자는 대자이고, 반성하고 난 뒤에도 대자는 대자입니다. 다만, 그 양식이 다를 뿐입니다. 어떻게 이렇게 양식이 달라질 수 있는가 하고서 묻는 것은 대자의 존재 구조상 어떻게 반성이 가능한가 하고서 묻는 것을 달리 일컫는 것입니다.

　"반성은 전혀 비반성적인 대자로서 하나의 존재이다"라는 사르트르의 말은 메를로-퐁티의 "반성은 비반성적인 사건이다"라는 말과 거의 그대로 일치합니다. 메를로-퐁티가 사르트르의 이 대목을 특별히 눈여겨보고서 영향을 받았다고 말할 수도 있을 것입니다. 하지만 메를로-퐁티는 몸 자체의 반성을 근원적으로 보고 있고, 그래서 그에게서 반성의 바탕은 대자가 아니라 몸이기 때문에 그 맥락은 상당히 다릅니다.

　더욱이 "반성은 그 자신의 무여야만 하는 하나의 존재다"라는 말에 사르트르는 특별히 강조 표시를 하고 있습니다(메를로-퐁티의 철학에서는 '무' 개념이 거의 작동하지 않습니다). 무여야 하는 존재는 바로 대자지요. 그래서 반성은 대자 자체라고 말하되, 그 스스로를 반성하는 것과 반성되는 것의 짝인 양식으로 존립토록 하는 대자 자체라고 말하고 있습니다. 하지만 반성으로서의 대자는 자신 속에 반영되는 것과 반영하는 것의 짝인 양식을 일차적인 내적 구조로서 바탕에 깔고 있지 않으면 안 되는 것이기에 마치 스스로 본래적인 것이 아닌 것처럼 스스로를 암암리에 격하시키고 있다는 것이 사르트르의 생각입니다. 반성 자체가 일차적인 것이 결코 아니라는 이야깁니다.

　그런 까닭에 반성은 그 자체 항상적인 것도 아니고 비시간적인 것일 수도 없고 대단히 구체적인 존재입니다. 그래서 사르트르는 위 인용문에 이어 이렇게 말합니다.

　나에 대해 반성하는 자는, 그것이 무엇인지 내가 알지 못하는 비시간적인 순수시선(pur regard)이 아니다. 그것은 나, 지속하면서 세계 속의 위험에 처해 있으면서 나의 역사성과 더불어 나의 자성(自性, ipséité)의 회로 속에 가담하고 있는 나다. 간단히 말해, 나인 대자는 반성적인 이중성의 양식으로 이 역사성과 이 세계-내-존재 및 이 자성의 회로 등을 산다.(188/294~295)

대자의 한 존재양식인 반성을 그저 순수한 시선, 예컨대 후설이 말하는 무관심한 관망자와 같은 존재로 볼 수 없음을 분명히 밝히고 있습니다. 역사성, 세계-내-존재 및 자성의 회로 등은 바로 대자 자신의 존재라 할 수 있는 대자의 즉자에 대한 여러 이름들입니다. 그런데 자신의 즉자를 산다는 것은 무슨 뜻일까요? 말하자면, 대자의 삶은 어떤 것일까요?

대자는 자신의 즉자인 존재여야 하지만 즉자일 수가 없는 운명을 지니고 있습니다. 이는 대자가 존재론적인 근거를 제대로 확보하지 못하고서 항상 자기 밖에서, 이른바 탈자적으로 존립할 수밖에 없다는 것을 말합니다. 원래 대자가 출현한 것은 즉자로부터였습니다. 대자의 출현은, 즉자가 자신 속에서 자신의 존재 근거를 확보할 수 없었기에 자신의 존재 근거를 확보하기 위해 스스로를 무화함으로써 가능한 것이었습니다. 그런데 사실은 대자마저도 자신의 존재 근거를 문제 삼습니다. 아니 오히려 대자야말로 자신의 존재 근거를 문제 삼는 것이지요. 하이데거가 현존재를 자신의 존재를 문제 삼는 존재자라고 정의했듯이, 사르트르는 대자란 근본적으로 자신의 존재 근거를 문제 삼는 존재라고 늘 정의해 왔습니다. 사르트르는 이를 정돈해서 이렇게 말합니다.

그렇지 않음(아니 있음, n'être pas)의 양식으로 바로 자신인 것임으로써(en étant ce qu'il est) 자신을 피하는 존재, 자기 자신의 흐름이면서 흘러나가는 존재, 자기 자신의 손가락 사이로 빠져나가는 존재를 극복하는 것이 문제다. 그러고서 그 존재로부터 하나의 소여, 즉 결국 자신인 바로 그것으로 존재하는 하나의 소여를 형성하는 것이 문제다.(188/295)

무가 끊임없이 끼어듦으로써 계속해서 모순적인 분열을 일으키지 않으면 안 되는 대자로서의 나는 바로 그러한 나를 극복하고자 노력하지 않을 수 없고, 그 노력은 결국 내 자신이 바로 내 자신으로 있을 수 있는 바탕이 되는 지점, 즉 안정된 소여를 확보하고자 하는 방향으로 이루어집니다. 과연 그러한 소여를 찾고자 하는 것이 대자가 스스로에게서 일구어 내는 반성 양식이라는 것입니다. 그렇다면, 반성 양식에서는 어떻게 해서 이런 소여가 주어지는 것인가요?

반성의 동기부여는 객관화와 내면화의 동시적이고 이중적인 시도에서 성립한다. 내면화의 절대적인 통일성 속에서 즉자-대상으로서 자기-자신에게 존재하는 것, 바로 이것이 반성-존재가 그래야 할 바의 것이다.(189/296)

간단하게 말하면 반성은 대자가 자신의 즉자와 하나가 되어 통일됨으로써 스스로의 존재를 확보하고자 하는 데서 비롯된 것이라는 이야깁니다. 그런데 이제까지의 논의에 의하면, 설사 반성에 의할지라도 이런 노력은 허사로 돌아갈 수밖에 없습니다. 대자 자체의 존재론적인 성격상 그러합니다. 그래서 이렇게 말합니다.

이 노력은 …… 실패로 끝날 수밖에 없다. 반성은 바로 이러한 실패다. …… 그래서 반성 혹은 자기로 되돌아감에 의해 대자를 다시 붙들고자 하는 시도는 대자가 대자에게 나타나는 것에 그친다. 존재 속에 근거를 세우고자 하는 존재는 그 자체 자기 자신의 무의 근거에 불과하다. 그러므로 전체는 무화된 즉자에 머문다.(189/296)

사실인즉 반성을 통한 이 노력은 실패하기 위해 노력한다고 해도 과언이 아닙니다. 자신으로부터 더 이상 도망가지 않아도 되는 대자는 대자가 아니고, 대자가 필사적으로 자신의 존재를 확보하고자 하는 노력은 바로 끝내 자신이 대자로서 존립하고자 하는 노력이어야 하기 때문입니다. 결국 반성은 대자가 대자에게 나타나는 것이 되고, 대자의 영속적인 가능성을 나타내는 것으로 됩니다. 그러므로 반성에서는 반성하는 대자와 반성되는 대자만이 마주하게 됩니다. 그렇다면, 이 둘의 정체는 과연 무엇일까요?

이를 살펴보기 위해 우선 사르트르는 반성이 분명 인식인데도 여느 통상적인 인식과는 다르다는 것을 적시합니다. 그것은 인식되는 것이 곧 인식하는 자인 경우가 바로 반성이기 때문입니다.

반성은 하나의 인식이다. 이는 의심할 수 없다. 반성은 하나의 정립적인 성격을 갖추고 있다. 반성은 반성되는 의식을 긍정한다. 그러나 모든 긍정은, 우리가 곧 보게 되겠지만, 부정에 의해 조건 지어진다. 이 대상을 긍정하는 것은 동시에 내가 이 대상임을 부정하는 것이다. 인식한다는 것은 **스스로를** 다른 자로 **만드는 것이다.** 그런데 정확히 말해, 반성하는 것은 스스로를 반성되는 것 외에 다른 것으로 만드는 것이 전연 아니다. 왜냐하면, 반성하는 것은 반성되는 것이 **되기 위해 존재하기 때문이**다. 반성하는 자의 부정이 전적으로 실현되지 않기 때문에 반성하는 자의 긍정은 중도에서 멈춘다. 그러므로 반성하는 자는 자신을 반성되는 것으로부터 완전히 떼어놓지 않으며, '하나의 관점으로' 반성되는 것을 포괄할 수도 없다.(190/298)

위낙 논리정연하고 현실적인 상황을 잘 반영하고 있기에 쉽게 이해될 수 있습니다. 그래서 그다지 크게 토를 달 일은 아닌 것 같습니다. 반성하는 내가 반성되는 나를 대상화해서 인식한다고 할 때, 그 인식은 기실 반성하는 나에 대한 인식이기도 한 것이지요. 그리고 이때 반성되는 내가 반성하는 나와 다르다고는 하나 기실 진정으로 다른 내가 아니라 존재방식만 약간 바뀐 다른 나일 뿐, 실은 반성하는 나나 다름 없지요. 그래서 이렇게 정돈됩니다.

반성은 인식이라기보다 재인(reconnaissance)이다. 반성은 회복의 근원적인 동기부여이다. 반성은 자신이 회복하고자 하는 것에 대한 선반성적인 이해를 함축한다.(191/298~299)

반성에서 반성하는 자와 반성되는 것 간에 교차 영역이 성립하그, 따라서 반성을 통해 반성되는 것을 회복하고자 할 때, 반성되는 것에 속하는 선반성적인 내용이 반성하는 자에게 없을 수 없고, 따라서 반성하는 자는 순수한 시선에 불과한 것이 아니라 그 속에 선반성적인 구체적인 이해를 함축하지 않을 수 없는 자로 자리매김되고 있습니다. 이는 과단히 중요한 사안입니다. 왜냐하면, 이럴 경우, 반성의 시간성이 적극적으로 검토되지 않으면 반성의 정체를 밝힐 수 없게 되기 때문입니다. 그래서 예컨대 데카르트가 "나는 생각한다. 그러므로 나는 존재한다"라고 말한 것에 대해 사르트르는 이렇게 말하게 됩니다.

나는 **의심한다.** 그러므로 나는 존재한다고 데카르트는 말한다. 그러나 만약 그 방법적인 의심을 순간에 한정시킬 수 있다면, 그것이 방법적 의심임을 유지할 수 있을 것인가? 아마도 판단 중지가 되고 말 것이다. 그러나 판단 중지는 의심이 아니다. 판단 중지는 의심의 한 필수적인 구조일 뿐이다. …… 의심은 인식함의 선존재론적인 이해와 참에 관련된 요구들을 바탕으로 해서 생겨난다. 이 이해와 요구들은 …… 보편적 시간 속에 초월적인 영속성을 지닌 하나의 대상의 현존을 전제한다. 따라서 이 대상을 의심하는 것은 [전제된 이 대상에] 속박된 행위이고, 인간실재의 세계-내-존재의 양식들 중 하나를 대표하는 행위이다. 자신을 의심하는 자로 발견한다는 것은 자기 자신에 앞서 이 의심의 목표와 중지와 의의를 감추고 있는 미래 속에 자신이 이미 존재한다는 것이며, 자기 뒤에서 의심과 그 단계들을 구성하는 동기부여들을 숨기고 있는 과거 속에 자신이 이미 존재한다는 것이고, 의심하고 있는 그 대상에의 현전으로서 자기를 벗어나 세계 속에 이미 존재한다는 것이다.(191/299)

결국은 다소 길게 인용하고 말았습니다. 그런데 이 대목은 대단히 중요합니다. 근대철학의 문제 틀을 벗어나고자 할 때 맨 먼저 비판하지 않으면 안 되는 데카르트의 그 유명한 '방법적 의심'(le doute méthodique)을 사르트르가 어떻게 비판하는가를 보여 주기 때문입니다. 한마디로 말하면, 의심하는 자는 도대체 본래부터 세계-내-존재로서 그렇게 의심하게 된 배경과 동기를 제공하는 이른바 선존재론적인 이해를 벗어날 수 없다는 것입니다. 괜한 철학적 반성을 이기는 상식의 논리가 이러한 사르트르의 분석에서 강렬하게 힘을 발휘하고 있다 할 것입니다.

아주 속되게 번안하면, 의심하려면 우선 '먹고 싸고' 해야 한다는 것입니다. 달리 말하면, 의심하기 위해서는 의심하고 있는 자신을 벗어나지 않고서는 불가능하다는 이야깁니다. 어쩌면 아주 상식적인 이야기인데, 하이데거가 근본적인 출발점으로 삼고 있는 '존재에 대한 선이해'(Vorverständnis)를 제시한 것을 활용하여 그럴듯하게 철학적으로 말하고 있다고도 할 수 있습니다.

메를로-퐁티는 데카르트의 방법적 회의에서 외부 세계의 존재를 의심하는 '꿈의 가설'이 근본적으로 자가당착임을 고발함으로써 비판합니다. 꿈일지도 모르기 때문에 존재하지 않을 수 있다고 할 때, 그 기준은 꿈은 지각이 아니라는 데 있는데, 지각 자체를 꿈일지도 모른다고 하는 것은 기준을 없애 버리는 짓이라는 취지입니다.

자, 아무튼 중요한 것은 반성 역시 그 바탕에 미래와 과거를 깔고 있고 그 위에서 이루어진다는 것입니다. 그러니 이제 당연히 반성에서의 시간성과 그 시간성의 탈자태들이 어떻게 존립하는가를 분석하지 않을 수 없게 됩니다. 이에 관한 사르트르의 이야기는 상당히 복잡합니다. 그 정돈되는 귀결들도 만만찮게 복잡하지만 소개하자면 이렇게 됩니다. 연결되어 있지만, 이해의 편의를 돕기 위해 하나씩 나누어 인용하고 설명하고자 합니다.

그래서 반성은 탈자적인 세 가지 차원들에 대한 의식이다. [①] 반성은 흐름(에 대한) 비정립적 의식이고, 지속(durée)에 대한 정립적 의식이다. 반성에 대해, 반성되는 것의 과거와 현재는 **준(準)외부들**(*quasi-dehors*)로서 존립하기 시작한다. 그것은 반성되는 것의 과거와 현재가, 그것들이 되어 버림으로써 그것들의 존재를 고갈시키는 하나의 대자의 통일성 속에서 보유될 뿐만 아니라, 무에 의해 그것들로부터 분리된 하나의 대자에 대해서도, 즉 하나의 존재 속에 그것들과 더불어 존립하긴 하지만 그것들의 존재여서는 안 되는 하나의 대자에 대해서도 존재한다는 의미에서 그러하다. 또한 반성에 의해, 흐름(*écoulement*)은 내재성 속에 소묘되는 하나의 외부로서 존재하려고 하는 경향을 띤다.(193/301)

흐름과 지속을 구분하고 있습니다. 이 둘이 어떻게 구분되는가에 대한 설명이 부족하군요. 추정하건대, 흐름은 반성의 바탕에서 반성을 떠받치고 있는 것으로 존재하려고 함으로써 반성의 손아귀를 이미 벗어나고 있는 것이고, 지속은 반성 자체가 지속되고 있다는 것이라 할 것입니다. 말하자면 선반성적인 흐름 속에서 반성적인 지속이 이루어진다는 것입니다.

반성의 구도에서 내용들이 주로 반성되는 것으로 이관된다는 점을 염두에 둘 때, 반성에서 작동하는 시간성의 탈자태들은 반성하는 것보다 반성되는 것에서 발현된다고 봐야 합니다. 말하자면, 반성하는 것의 현재와 과거는 반성되는 것의 현재와 과거로 이관되는 것으로 봐야 합니다. 반성한다는 것은 반성하는 것의 존재를 반성하는 것이고, 이때 반성하는 것은 이미 반성되는 것으로 되기 때문입니다. 그래서 반성하는 것이 자신의 존재를 반성되는 것의 과거와 현재와 일치시키지 않고서는 반성 자체가 성립할 수 없게 됩니다. 하지만 반성하는 것이 전적으로 반성되는 것이 되고 말면 역시 반성 자체가 성립할 수 없게 됩니다. 그래서 결국 반성하는 것과 반성되는 것은 어떻게든 구분되면서도 통일되어야 합니다. 이 통일성 속에서 변화와 항상성의 상호 내적인 결합에 의한 지속이 이루어질 것인데, 이 지속은 양쪽의 구분에 의해 반성하는 자가 정립하는 것으로 됩니다. 반성은 지속인 자기에 대한 정립적인 활동인 셈입니다.

[②] 그러나 순수 반성은 여전히 자신의 근원적인 비실체성 속에서만, 즉 즉자가 되기를 거부하는 자신의 거부 속에서만 시간성을 발견한다. 순수 반성은 대자의 자유에 의해 경감된 가능들인 한에서의 그런 가능들을 발견한다. 순수 반성은 현재를 초월적인 것으로서 드러낸다. 그리고 만약 과거가 즉자로서 자신에게 나타난다면, 그것 역시 바로 이 현전의 바탕 위에서 그러하다.(193/301)

우선 '순수 반성'이라는 용어를 알아야 하겠습니다. 사르트르는 반성을 크게 두 가지, 순수 반성과 불순한 반성으로 나눕니다. "순수 반성은 반성하는 대자가 반성되는 대자에게 그저 현전하는 것으로서, 반성의 근원적인 형식이자 동시에 반성의 이념적인 형식이다. 이 반성은 불순한 반성이 나타날 때 근거가 되는 반성이며, [그러나 불순한 반성보다] 결코 먼저 **주어지지 않는** 반성이고, 일종의 **카타르시스**에 의해 획득되어야 할 반성이다. 더 뒤에 가서 기술할 것이지만, 불순한 혹은 공모된 반성은 순수 반성을 포함하지만, 그러나 자기 요구들을 한층 멀리 펴트려 나가기 때문에 순수한 반성을 뛰어넘는다."(190/297) '불순한 반성'이라고 해서 잘못된 반성이라든가 이차적인 반성이라든가 해서는 안 됩니다. '불순한'이라는 관형어는 '순수 반성'이라는 것을 기준으로 보아 편의상 하는 것일 뿐입니다. 오히려 불순한 반성이 순수 반성보다 더 원초적이고 더 근원적인 것입니다. 사르트르가 말하는 이 불순한 반성은 메를로-퐁티가 말하는 '몸에서의 반성'과 비슷합니다. 복잡한 도심의 길을 걸어갈 때, 몸이 알아서 잘 걸어가는 것은 몸 자체에서 이미 늘 반성이 일어나고 있기 때문인데, 메를로-퐁티는 이를 '몸에서의 반성'이라고 합니다.

반성에서 반성하는 대자가 지속을 이루면서 반성되는 대자를 일종의 대상으로서 정립한다고 할 때, 그렇게 정립하는 활동을 하는 것은 분명 반성하는 활동임에 틀림없습니다. 순수 반성은 반성되는 대자에게 반성하는 대자가 끊임없이 현전하는 것이지요. 만약 반성하는 대자를 반성하게 되면, 반성하는 자는 앞의 반성하는 대자를 반성되는 대자로 삼아 그 앞에 현전할 것입니다. 이러한 끝없이 반성하는 자기에게 현전하는 반성이 바로 순수 반성입니다.

그런 반면 불순한 반성은 반성하는 자가 반성을 통해 반성되는 것이 되어야 한다고 여길 때에 성립합니다. "불순한 반성은 일차적이고 자발적인(그러나 **근원적이지 않은**) 반성적 운동인데, 이 불순한 반성은 즉자인 반성되는 것이 되기-위해-존재합니다. 불순한 반성을 이끄는 동기는 내면화이자 객관화인 이중적 운동, 즉 반성된 것을 즉자로서 파악하는 [객관화의] 운동과 스스로를 자신이 파악하는 그 즉자이게끔 하는 [내면화의] 운동 속에 있다."(195/305)

이렇게 구분해 볼 때, 순수한 반성에서의 현전은 반성하는 대자의 현재를 반성되는 대자의 현재와는 다르게 만들 것임에 틀림없습니다. 반성하는 대자의 현재를 그 과거 혹은 미래와 결코 뒤섞이게 해서는 안 된다고 여길 것이기 때문입니다. 말하자면, 반성하는 대자가 자신을 초월적인 것으로 만들려고 하는 것이 곧 순수 반성입니다.

[③] 결국 반성은 대자를 그 탈총체적인 총체성 속에서 비교할 수 없는 개별성으로서 발견한다. 이 개별성은 그 자체 그 개별성이 되어야만 하는 양식으로 존재하는바, 비교할 수 없는 개별성이다. 반성은 대자를, 더할 나위 없이 '반성된 것'으로서, 즉 오로지 **자기**로서 외에는 결코 존재할 수 없는 존재로서, 장래·과거·현재 속에서 자기 자신과 거리를 두고서 항상 이 '자기'인 존재로서 발견한다. 따라서 반성은 스스로를 한 자성(自性)의 비교할 수 없는 독자적인 존재양식으로 드러내는 한에서, 즉 스스로를 역사성으로 드러내는 한에서, 시간성을 발견한다.(193/302)

여기에서 말하는 반성이 과연 순수 반성인지 불순한 반성인지가 불분명합니다. 제대로 말하자면 두 종류의 반성이 하나로 통일된 것이라 해야 합니다. 여기에서 대자의 개별성은 대자존재가 끝없이 완전한 자기로서 총체로서 존재하고자 하면서도 결코 그것을 완성된 것으로 충족할 수 없는 기묘한 개별성, 즉 탈총체적인 총체성으로서의 개별성입니다. 인간실재를 제외한 그 어떤 개별성도 이러한 존재적 성격을 갖지 않기 때문에, 이 대자의 개별성은 그 어떤 다른 개별성들과 비교가 불가능한 것입니다.

사르트르는 "대자는 대자존재에로 선고되었다(le pour-soi est condamné à être-pour-soi). 사실, 순수 반성이 발견하는 것이 바로 이것이다"(195/305)라고 말합니다. 이때 사르트르는 대자가 '탈총체적인' 개별성을 지닐 수밖에 없다는 것을 알려 줍니다.

그 반면에 비록 탈총체적이긴 하나 나름의 총체성을 갖는 대자의 개별성은 바로 역사성을 띤 그 나름의 자성(自性)을 지닌 대자의 구체적인 개별성입니다. 이는 후설이 후기에 가서 말하는 '습관의 기체(基體)로서의 모나드'와 매우 흡사합니다. 후설이 말하는 모나드로서의 자아는 삶의 역사성을 잔뜩 지니고 있는 구체적인 자아이기 때문입니다. 사르트르가 말하는 역사성을 띤 대자의 개별성에 관해서는 다음 이야기를 들어보아야 할 것입니다.

> 사실, 만약 대자를 그 역사성 속에서 파악한다면, 심리적인 지속은 소멸될 것이다. 심리적인 지속은 대자존재인 한에서의 대자존재에게 자리를 내놓으면서 그 상태들과 성질들과 작용들도 소멸할 것이다. [이때] 이 대자존재인 한에서의 대자존재는 독자적인 개별성일 따름인데, 그 개별성과 역사화의 과정은 분리 불가능하다. 흐르는 것도 바로 이 대자이고, 장래의 심저(心底)에서부터 스스로를 호명하는 것도 이 대자이며, 자신이 그랬던 과거에 의해 무거워지는 것도 이 대자이고, 자신의 자성을 역사화하는 것도 바로 이 대자이다. 그리고 원초적인 혹은 비반성적인 양식으로 이 대자가 자기에 대한 의식이 아니라 세계에 대한 의식이라는 것도 우리는 알고 있다.(194/303)

여기에서 말하는 '심리적인 지속'은 반성을 통해 반성되는 것들로 끌려 들어와 반성적으로 왜곡된 상태들과 성질들 및 작용들의 지속으로 보아야 합니다. 이는 앞부분(337~338쪽)에서 소개한 인용문(185/291)에 잘 나타나 있습니다. 그러면서 사르트르는 "흐르는 것도 대자이고"라는 말을 통해 이른바 '흐르는 대자'(le pour-soi s'écoulant)를 말하고 있습니다. 그러면서 그 대자가 결국에는 원초적이고 비반성적인 양식을 띠고서 세계에 대한 의식으로 작동한다고 말하고 있습니다.

그런데 여기에서 사르트르가 말하는 '흐르는 대자'는 왠지 후설이 말하는 절대적 의식류(absoluter Bewußtseinsstrom)와 대단히 닮아 있습니다. 후설의 현상학에서 가장 매력적인 개념이 있다면 바로 이 절대적 의식류라 할 것입니다. 그것은 이 절대적 의식류가 지각·판단·상상·소원·가치평가·기호작용 등 일체의 심리적이거나 정신적으로 이루어지는 시간적 활동들이 일어나서 사라지고 축적되고 또 이어지는 근본 터이기 때문입니다. 비록 '의식류'라고 해서 '의식' 중심의 관념론을 함축하고 있긴 하나, 시간성을 염두에 두고 보면 어쩌면 후설의 이 절대적 의식류는 심지어 실재론과 관념론 혹은 유물론과 관념론의 이원적인 대립을 파기할 수 있는 존재론적인 가능성을 충분히 가지고 있는 것으로 해석될 수도 있습니다.

그러니까 후설의 '절대적 의식류'에서 파악할 수 있음 직한 바, 이원적인 대립의 해소가능성을 사르트르가 적극적으로 개진하고 있다고 할 수 있는 것이지요. 사르트르는 '심리적 지속으로서의 대자'를 넘어서서 '흐름으로서의 대자'를 말하고 있습니다. '흐름으로서의 대자'는 바로 역사성을 띤 대자이고, 그러면서도 단독적인 개별성을 띤 대자이며, 시간적이면서도 시간을 분비해 내는 대자입니다. 이 대자는 결코 그저 관념적인 혹은 의식내부적인 자아가 결코 아닙니다. 그렇다고 해서 그저 즉자화되고 객관화된 자아는 더더욱 아닙니다.

이렇게 되면, 결국 흔히 말하는 자아가 도대체 궁극적으로 어떤 존재인지, 그리고 그 존재는 어떻게 구성되는지 하는 등의 문제로 깊이 개입해 들어간 셈입니다.

1) 자아 구성과 자아의 선험에 대한 이해

오늘 강의는 우리가 일상적으로 내 자신에 대해 느끼고 파악하고 있는 '자아로서의 심리적인 나'를 사르트르가 어떻게 보는가를 살피게 될 것입니다. 이에 관한 고찰은 자아가 어떻게 구성되는가를 밝히는 대목과 그렇게 구성된 자아가 선험적으로(a priori) 어떤 성격을 지니는가에 대한 대목으로 나뉩니다.

(1) 자아의 구성

지금 우리는 사르트르가 제시하는 근원적 시간성과 심리적 시간성의 구분이 문제인 상황에 들어서 있습니다. 만약 내가 지금까지 한 작업이 왠지 미흡한 것 같고 그 결과를 내일 제출해야 하는데 이를 점검해서 평가할 다른 사람 때문에 대단히 불안한 상태에 있다면, 나는 심리적인 시간성에 얽매여 있는 셈입니다. 그와 달리 내가 나의 존재를 어제와 내일 등의 단편적인 상황에 한정해서 결부시키지 않고, 나의 존재를 나의 존재 전체 앞에 현전해 있으면서 그 나의 존재 전체를 미결인 것으로 열면서 앞서 나가는 탈자적인 대자로서 생각한다면, 나는 근원적인 시간성으로 나 자신을 열어 나가는 셈입니다. 근원적인 시간성 속에서 나는 역사성을 띠고 있으면서 그 어떤 다른 존재와도 바꿀 수 없고 그 어떤 다른 존재로서 대치할 수 없는, 이른바 자성(自性)을 띤 나 자신만의 고유한 개별성으로 존립합니다. 이는 전번 시간에 살펴본 내용입니다. 이와 관련해 사르트르는 이렇게 정돈해서 말합니다.

그러므로 여기에서 우리는 두 가지 시간성과 맞닥뜨린다. 하나는 우리가 그 시간화인 근원적 시간성이고, 다른 하나는 우리 존재의 존재양식과 양립할 수 없으면서 동시에 상호주관적 실재로서, 앎의 대상으로서, 인간 행동들의 목표로서 나타나는 심리적 시간성이다.(194/303~304)

우리는 항상 다른 사람들과의 관계 속에서 반성을 일삼습니다. 다른 사람이 나의 의도를, 나의 상태를, 나의 행동을, 심지어 나의 인격을 어떻게 평가할 것인가에 대해 늘 알게 모르게 노심초사하면서 살아갑니다. 이때 성립하는 시간성을 나와 무관한 물리적 시간성이라고 할 수는 없는 노릇이지요. 그렇다고 근원적인 시간성 혹은 시간성 자체라고 말할 수도 없는 노릇입니다. 인간으로서의 삶을 살아가는 내용이 스며들어 있기 때문에 물리적이지 않고, 동시에 구체적인 사실들이 계기(繼起, succession)하는 질서에 의해 규정되기 때문에 근원적이지 않습니다. 사르트르는 이런 시간성을 심리적 시간성이라 특별히 지칭하고 있습니다.

이 심리적 시간성에 대한 사르트르의 규정 중 가장 특이한 것은 심리적 시간성이 반성에서 구성될 수밖에 없고 반성을 통해 드러난다고 말하는 것입니다. 이와 견주어, 대자가 비반성적인 상태에서 세계를 향해 탈자적으로 순수하게 현전하고 있을 때에는 심리적 시간성이 나타나지 않는다고 사르트르는 말합니다. 세계 속으로 탈자적으로 몰입해 있을 경우에는 심리적인 시간성이 나타나지 않다가 문제가 발생할 때 반성을 하게되고 그에 따라 심리적 시간성이 구성된다는 이야깁니다. 우리네 삶의 과정을 돌이켜 보면, 이런 과정은 예사로 일어납니다.

그런데 사르트르는 "만약 반성이 바로 그 자신인 역사성을 순수하게 그리고 단순하게 발견하는 것이라면, 반성이 어떻게 심리적 시간성을 구성하고 드러나도록 할 수 있단 말인가?"(195/304)라는 심중한 질문을 던집니다. 그러면서 이를 해결하기 위해 반성에 대해 두 종류를 구분합니다. 이에 관해서는 저 앞에서 이미 살펴본 바가 있습니다만, 다시 끄집어 내 살필 필요가 있습니다.

여기에서 순수한 반성과 불순한 혹은 구성하는 반성을 구분해야 한다. 왜냐하면, 심리적인 사실들의 계기 혹은 **심리(영혼**, *psyché*)를 구성하는 것은 불순한 반성이기 때문이다. 그리고 일상적인 삶 속에서 일차적으로 주어지는 것은 불순한 혹은 구성하는 반성이다. 비록 이 불순한 혹은 구성하는 반성이 자신 속에 그 근원적인 구조로서 순수한 반성을 포섭하고 있다고 할지라도. 그러나 순수한 반성은 오로지 불순한 반성이 제 스스로에 대해 가하는, 그리고 **카타르시스**라는 형식으로 이루어지는 모종의 변양에 의한 결과에 의거해서만 도달될 수 있다.(195/304)

'심리'(psyché)라는 개념을 '심리적인 사실들의 계기'로 파악하고 있는 대목이 이채롭습니다. 심리는 '영혼'으로 달리 번역될 수도 있는데, 이를 '계기'(繼起)로 본다는 것은 심리의 실체성을 거부하는 것이기 때문입니다. 현상학자로서의 사르트르가 심리의 실체성을 거부한다는 것은 물론 당연한 일입니다. 간단하게 말하면, 이는 데카르트가 말한 '사유 실체로서의 영혼(âme)'을 거부하는 것입니다. 후설은 심리를 통일된 한 인간에게서 나타나는 특정한 층위(Schicht)로 봅니다. 이 심리 층위는 그 아래의 몸(Leib) 층위나 그 위의 정신(Geist) 층위와 구분되면서 양쪽을 연결해 주는 층위입니다. 후설에게서 층위 개념은 층위 자체가 실체성을 띠지 않는다는 것을 이미 함축합니다.

사르트르는 일상적으로 우리가 알게 모르게 수행하고 있는 일차적인 반성이 바로 불순한 혹은 구성하는 반성이라고 말하고 있습니다. 여기에서 '구성하는'(constituante)이라는 말이 다소 묘합니다. 불순한 반성이 심리적인 시간성과 그에 따른 심리를 구성한다는 말이라고 받아들이면 그만일 것 같지만, 그것으로 그치지 않기 때문입니다. 사실은 여기에서 '구성하는'은 실체로서의 자아 또는 심리, 즉 초월적 대상으로서의 자아 또는 심리를 구성하는 것으로 연결됩니다. 말하자면, 사르트르는 데카르트가 '실체로서의 자아'를 제시하면서 그것이 어떻게 성립하는가를 제대로 밝히지 못하고 있는데, 사실 그것은 불순한 반성에 의해 구성된다는 것, 그러니까 '실체로서의 자아'라는 개념은 파생적이고 심지어 왜곡된 것임을 보이고자 합니다.

아무튼 이 인용문에서 문제가 되는 것은 불순한 반성의 차원에서 이루어지는바, 불순한 반성 속에 매설되어 있는 순수한 반성에 대한 모종의 변양일 텐데, 이를 사르트르는 묘하게도 '카타르시스'라는 아리스토텔레스의 시학 개념을 끌어들여 규정하고 있습니다. 마치 후설이 제시한 '에포케'(판단중지)를 염두에 두면서도 그 나름대로 새롭게 접근하고 싶어 하는 것 같기도 합니다. 그런데 이에 관해서는 다음에 논의하겠다고 하면서 넘어갑니다. 그러면서 순수한 반성과 불순한 반성을 구분하는 일에 집중합니다. 맨 먼저 다음의 말을 출발점으로 내세웁니다.

반성의 의의는 그 대존(對存, être-pour)이다.(195/304)

'대존'이라고 번역해 보긴 하는데, 쉽게 풀면 '대해 있음'입니다. 반성의 근본 구도를 적절하게 제시하고 있는 개념입니다. 이를 바탕으로 이렇게 말합니다.

대자는 대자존재에로 선고되었다. 사실 순수한 반성이 발견하는 것은 바로 이것이다. 그러나 일차적이고 자발적인(그러나 **근원적이지는** 않은) 반성 운동인 불순한 반성은 즉자인 반성된 것이고자-하는-것이다(est-pour-être). 불순한 반성의 동기부여는 그 자체, (우리가 이미 지적한 이른바) 내면화와 대상화라는 이중적인 운동 속에 있다. 즉 반성된 것을 즉자로서 파악하면서 스스로를 바로 그 즉자이게끔 하기 위해 그렇게 반성된 것을 즉자로 파악하는 이중적인 운동 속에 있다.(195/305)

복잡한 이야기인 것 같지만, 실상 그다지 복잡한 것은 아닙니다. 오늘 왠지 강의 준비가 잘 되지 않아 어쩌다 이렇게 되었나 하고 생각합니다. 예기치 않게 노무현 대통령이 자살을 한 바람에 '존재의 늑골'에서부터 서늘한 바람이 스치기 때문인가, 그 바람 때문에 늘 그래왔긴 했지만 '존재의 닻'을 내리지 못하고 있다는 사실, 하이데거나 사르트르의 말에 의하면 늘 나의 존재 자체를 문제 삼을 수밖에 없다는 사실이 갑자기 나의 의식을 장악했기 때문인가, 혹은 아니면 삶의 사회정치적인 환경이 이토록 척박한가 하는 안타까움이 의식을 사로잡은 탓인가, 등등. 이렇게 강의 준비가 잘 되지 않는다고 생각하는 것은 일종의 심리적인 시간성을 구성하는 불순한 반성입니다. 이 반성을 통해 나는 강의 준비를 잘 한 상태로서의 나이고자 합니다. '강의 준비를 잘 한 상태로서의 나'는 설사 미래적이라 할지라도 그 성격상 즉자적인 나입니다. 그러한 즉자적인 내가 되기 위해 반성을 해서 그러한 즉자적인 상태를 파악하는 것이 불순한 반성이라는 이야깁니다.

즉자적인 상태를 파악한다는 것은 즉자적인 상태와 일정하게 거리를 두는 것입니다. 그리고 즉자적인 상태가 된다는 것은 즉자적인 상태와의 거리를 없애는 것입니다. 이 두 운동이 동시에 일어나기 때문에 이 중적인 운동이라고 말하고 있습니다. 이렇게 해놓고서 사르트르는 불순한 반성의 세 가지 형식을 분석해서 제시합니다.

> 불순한 반성에는 세 개의 형식이 존립한다. 반성하는 자, 반성되는 자 그리고 하나의 즉자다.(195/305)

언뜻 보면, 이 세 가지 형식의 관계가 그다지 복잡하지 않을 것 같은데, 역점을 어디에 두느냐에 따라 그 드러나는 강도나 정도에 있어 사뭇다른 양상을 보이기 때문에 사실은 복잡합니다. 예컨대 반성하는 자가 없으면 즉자가 성립할 수 없다고 할 수 있습니다. 그래서 이렇게 됩니다.

> 반성이 반성하는 자에 대해 관점을 취하자마자, …… 반성은 반성되는 자의 배후에서 질적으로 규정될 수 있는 하나의 즉자가 나타나도록 한다. 이 초월적인 즉자 혹은 존재 속으로 던져진 반성되는 자의 그림자, 이것은 반성하는 자가 반성되는 바로 그것인 한에서, 반성하는 자가 [그렇게] **되어야만 하는** 것이다. …… 이 초월적 즉자는 모든 반성의 필수적인 대상이다. 이 초월적 즉자가 발융하는 데에는 반성이 반성되는 자를 대상으로서 겨냥하는 것만으로 충분하다.(195~196/306~307)

일상적으로 우리는 나 자신을 떠올립니다. 이 나는 도대체 무엇인가요? 이 나는 시시때때로 행위를 일삼고 그러면서 어떤 상태에 있으면서 어떤 성질을 갖는 것으로 나에게 나타납니다. 그럴 때, 나는 그러한 나를 그와 같은 성질을 지니고서 일정한 상태 속에서 특정한 행위를 계속해 나가는 주체 내지는 자아라고 여깁니다. 문제는 그러한 주체로서의 자아가 어떻게 해서 나에게 포착될 수 있는가 하는 점입니다. 이를 설명하기 위해 지금 사르트르는 불순한 반성을 분석하고 있습니다. 그리고 그 구조를 헤집어 반성하는 자, 반성되는 자 그리고 하나의 즉자라고 세 가지 형식들을 지적해 내고, 반성이 반성되는 자의 배후에서 하나의 즉자가 나타나도록 한다는 점을 특별히 지적해 내고 있습니다. 그런데 어떻게 해서 하나의 즉자가 반성되는 것 배후에서 나타나는 걸까요?

반성되는 자가 반성되는 자이기를 그치지 않으면 안 됩니다. 이제 반성되는 자가 아니라 그 자체로 하나의 대상, 즉 반성하는 자가 그것을 자신이 아니라고 부정할 수밖에 없는 초월적인 대상으로 주어져야 합니다. 이것은 불순한 반성이 수행하는 객관화 작용이 추구하는 결과입니다. 하지만 이것만으로는 부족합니다. 왜냐하면, 반성되는 자가 반성되는 자이기를 그치고 하나의 초월적인 즉자로 나타난다고 할 때, 반성하는 자가 제 자신 그 초월적인 즉자임을 확인하지 않으면 안 되기 때문입니다. 이에 요구되는 것이 불순한 반성의 내면화 작용입니다. 이 내면화 작용이 일어나기 위해서는 반성하는 자가 자신을 무화하지 않으면 안 됩니다. 요컨대 불순한 반성은 객관화 작용과 내면화 작용을 함께 일삼음으로써 반성의 구도 전반을 무화시키는 쪽으로 작동하고 있는 것이고, 그러하기 때문에 불순한 것입니다.

반성이 '대자를 즉자 상태로 [파악하는] 직관'으로 주어질 때, 그 반성은 불순하다. 이 직관 속에서 드러나는 것은 반성되는 자의 시간적이고 비실체적인 역사성이 아니다. 이 직관 속에서 드러나는 것은 이러한 방식의 반성되는 자를 넘어서서 성립하는 바, 흐름의 조직화된 형식들로 된 실체성 자체다. 이 잠정적인 존재들로 된 통일태는 **심리 생활** 혹은 **심리**, 즉 대자의 시간화를 떠받치는 잠정적이고 초월적인 즉자로 불려진다.(196~197/307)

사르트르가 불순한 반성을 굳이 '근원적'이지 못하다고 거듭 밝히는 것은 지금 여기에서 말하는 실체성 자체로서의 초월적 즉자인 심리 생활이 존재론적으로 보아 근원적이지 못하다는 것을 밝히기 위한 것이기도 합니다. 여기에서 '실체성 자체' 운운하는 것은 설사 불순한 반성을 통해 구성되어 나타나는 심리(영혼)가 실체성을 띤다 할지라도, 사르트르 자신으로서는 이를 통해 성립할 법한 자아의 실체성을 궁극적인 것으로 받아들일 수 없다는 것을 뜻합니다. 오히려 그 반대로, 인간 존재에서 실체성을 찾는다는 것은 근원적이지 못한 것임을 사르트르가 강조하는 것으로 보아야 합니다.

하지만, 사르트르는 이렇게 초월적이고 실체적인 즉자로서의 심리가 어떻게 불순한 반성에 의해 구성되는가를 밝힌 뒤, 이 심리를 바로 자아(Ego)로 이해하면서 그 존재의 선험(a priori)을 크게 네 대목으로 나누어 설명해 나갑니다. 오늘은 이 중에서 세 대목만을 살피고 나머지와 그에 따른 결론은 다음 시간으로 미루어야 할 것 같습니다.

(2) 자아의 선험에 관하여

사르트르는 자아의 선험에 관한 고찰을 이렇게 시작합니다.

① **심리**[라는 말]로써 우리는 **자아**(*Ego*), 자아의 상태들, 자아의 성질들 및 자아의 행위들(작용들, actes)을 이해한다. 주어인 나(Je)와 목적

어인 나(Moi)라고 하는 문법적으로 이중적인 형식을 띤 **자**아는 초월적
인 심적 통일태(unité psychique transcendante)인 한에서 우리의 **인격**
(*personne*)을 나타낸다. …… 우리가 사실상의 주체들이면서 권리상의
주체들이고, 능동자들이면서 수동자들이고, 의지의 수행자들이고, 가
치 판단이나 책임 판단에 대한 가능적인 대상들인 것은 자아인 한에서
이다.(197/307)

사르트르가 말하는 자아는 흔히 우리가 일상적으로 너 혹은 나라고
해서 인격적으로 지칭할 때, 바로 그 우리의 존재를 일컫는 것임을 알 수
있습니다. 그리고 여기에서 '자아의 초월성[6]'이라고 할 때, 그 초월성이
일체의 세계를 넘어서는 대자의 근원적인 초월성이 아니라 오히려 자아
가 세계 속에 즉자적으로 나가 있다는 것을 의미하는 것임을 알 수 있습
니다. 자아에 대한 이러한 사르트르의 입장은 후설의 순수 자아 개념을
벗어나는 것이고, 하이데거가 내세우는 '세계-내-존재'로서의 인간 현존
재에 대한 입장을 받아들이는 것이라 할 수 있습니다.

더욱이 이제 자아는 그 상태들, 그 성질들, 그 행위들(작용들)로 구성
되는 것임을 말하고 있는 것으로 보아, 자아가 구체적인 심리적 통일태
로서 남들과 함께 존재하는 구체적인 사회로서의 세계 속에서 성립하는
존재임을 분명하게 말하는 셈입니다. 이런 까닭에 이제 사르트르는 자아
의 상태들, 자아의 성질들, 자아의 행위들(작용들)을 하나하나씩 밝히는
과정을 밟습니다.

---

6) 사르트르가 쓴 1937년에 쓴 논문의 제목이기도 합니다.

> **자아**의 성질들은 잠정적인 것들(virtualités), 잠재성들(latences), 우리
> 의 성격과 습관들을 구성하는 역능들(puissances) 등의 전체를 **나타낸**
> 다.(197/307)

대략 생각해 보면, 자아의 성질들은 기질적인 성질들과 습관적인 성
질들로 크게 나뉩니다. 음탕하다거나 질투심이 많다거나 야심이 많다거
나 화를 잘 내는 것은 기질적인 성질들이고, 성공했다거나 실패했다거나
하는 살아온 경력에 따라 습득된 기력이 약하다거나 조심성이 많다거나
치밀하다거나 하는 것은 습관적인 성질들입니다. 사르트르는 이러한 두
성질들을 합해서 자아의 성질이라 규정합니다. 자아의 상태들에 대해서
는 이렇게 말합니다.

> **상태들**은 '가능적으로'(en puissance) 존립하는 성질들과는 반대로, 현
> 행적으로 존립하는 것으로서 주어진다. 증오, 사랑, 질투 등은 상태들이
> 다. …… 성질은 나의 인격을 **질적으로 규정하는** 데 기여하는 타고난 혹
> 은 습득된 정신적인 기질이다. 그 반대로 상태는 훨씬 더 우발적이고 우
> 연적이다. 상태는 나에게 **닥친 어떤 것**이다.(197/308)

아마도 자아의 성질들은 자아의 상태에 대해 바탕이 된다고 할 수 있
을 것입니다. 사르트르는 자아의 상태를 현행적인 것, 즉 주어진 상황에
서 지금 당장 발휘되는 자아의 모습으로 보고 있습니다. 그래서 자아의
상태를 '나에게 닥친 어떤 것'이라고 말하는 것이지요. 만약 묘하게도 내
가 만나는 사람마다 결국에는 나와 일종의 원한 상태로 헤어지게 된다
면, 그것은 나의 성질과 결코 무관하지 않을 것입니다만, 그러한 나의 성

질에 따라 지금 만나는 사람과 관계가 왠지 원만하지 못하다고 한다면, 그것은 내 자아의 상태를 나타내는 것이라 할 것입니다. 그리고 자아의 행위들에 관해서는 이렇게 말합니다.

> 행위들에 의해서는 인격의 종합적인 모든 활동성, 즉 목적에 입각한 모든 수단으로서의 모든 배치로 이해해야 한다. 다만, 이때 대자가 그 행위들의 가능성들이라 여겨서는 안 될 것이고, 행위가 대자가 살아내야 할 초월적인 심리적 종합을 나타낸다고 여겨야 한다. 예를 들면, 권투 선수의 연습은 이 연습 속에 그리고 이 연습에 의해 자기를 실현하는 그 '대자'를 넘어서면서 또 그 대자를 지탱한다. 학자의 연구에서도, 예술가의 제작에서도, 정치가의 선거운동에서도 사정은 마찬가지다. 이런 모든 경우에 있어서, 심리적 존재로서의 행위는 하나의 초월적 현존을 나타내며, '대자'가 세계와 맺는 관계에서 객관적인 면을 나타낸다.(198/308)

조금 복잡하군요. 일정한 목적에 입각해서 이루어지는 모든 활동성을 행위라고 규정하고 있습니다. 이때 이 행위를 하는 자는 당연히 자아입니다. 그리고 자아는 규정상 초월적인 심적 통일성입니다. 여기에서 초월적이라 함은 대자에 대한 초월성으로서, 대자를 벗어나 즉자의 영역을 향해 있는 것으로서의 초월입니다. 그러고 보면, 대자와 행위의 관계가 제법 복잡할 것 같습니다. 그가 예를 들고 있는 것을 우리 나름으로 생각해 봅시다.

시합을 앞두고 열심히 훈련을 하는 권투 선수의 예가 이해하기가 쉬운 것은 아닙니다. '내가 이렇게 열심히 연습을 하는 이유는 무엇인가?'

를 골똘히 생각하면서 열심히 연습을 하기는 결코 쉽지 않을 것입니다. 자신의 행위를 반성하는 데서 생겨나는 대자의 '꼬드김'을 극복하지 않고서는 열심히 연습할 수 없습니다. 그냥 반드시 상대 선수를 이겨야 한다는 집념으로 똘똘 뭉쳐 있어야 합니다. 이 집념은 대자의 몫이 아니라 자아의 몫입니다. 이 집념은 이 집념에 대한 반성에서 성립하는 대자를 넘어서 있습니다. 그런 점에서 자아는 대자를 넘어서 있는 초월적이고 심리적인 통일태라 할 수 있습니다. 권투 선수의 피나는 연습에는 초월적이고 심리적인 전체적인 종합이 목적에 대한 수단으로서 총동원되고 있습니다.

하지만, 대자라고 하는 것이 초월적인 세계와 아무런 관계도 맺지 않은 상황에서는 성립할 수 없습니다. 그러한 상황에 처해 있는 자신을 벗어나고자 하면서 동시에 그러한 상황에 처해 있는 자신이고자 하는 것이 바로 대자이기 때문입니다. 무가 존재의 기생충인 것처럼, 대자는 즉자의 기생충입니다. 애당초 대자는 즉자의 존재 감압에 의해 발융한 것이었습니다. 이러한 대자가 세계와 맺는 관계에서 성립하는 것이 자아이며, 이 자아는 세계 속에서 목적을 달성하고자 하는 행위들을 통해 종합적으로 통일태를 이루는 것이고, 따라서 거꾸로 보면 자아의 행위들은 대자를 넘어서면서도 대자를 유지하는 것입니다.

이런 정도로 자아에 관해 그 성질, 그 상태, 그 행위들을 대략 점검해 놓고서 사르트르는 두번째 대목으로 넘어갑니다.

② '심리적인 것'(le《Psychique》)은 유독, 반성적인 대자의 작용들(행위들, actes)이라고 하는 인식적인 작용들(행위들)로 된 특수한 한 범주에게 주어진다.(198/308)

여기에서 대문자를 쓰면서까지 표기하고 있는 '심리적인 것'이 정확하게 무엇을 의미하는가를 전체 맥락을 보아도 쉽게 간취되지 않습니다. 이를 설명하는 대목에서 예컨대 '뺨을 갈기고 싶은 얼굴', '마셔야-할-술', '가져와야-할-구원', '제거되어야-할-해로운-짐승' 등을 설명하고자 애쓰는 것으로 보아, 이 '심리적인 것'은 세계로부터 주어지는 대상들에 부가되는 일종의 심리적·인식적인 성질들을 지칭하는 것으로 보입니다. 하지만, 이러한 의미로 본다고 할지라도 심리적인 것은 결국 심리 내지는 자아의 테두리를 벗어날 수는 없습니다.

보고 있는 것들이 그저 물질적이고 중립적인 인식 대상으로 여겨지지 않고 뭔가 심리적인 색채들이 덧씌워 있는 것으로 여겨진다는 것은 세계와 자아가 '뒤섞여 있는' 것이라 할 수 있습니다. 이렇게 양쪽이 '뒤섞일' 수 있는 것은 자아가 하나의 즉자인 양 초월적인 것으로 되고 그럼으로써 역시 초월적인 세계와 '일정하게 동류'를 이루기 때문이기도 하지만, 그 바탕에는 대자가 인식적으로 작동하기 때문이라는 이야깁니다. 예컨대 사르트르는 이렇게 말합니다.

피에르에 대한 의식과 피에르에 대한 나의 우정에 대한 의식을 동시에 동일한 판면 위에서 갖는다는 것은 불가능하다. 이 두 현존은 항상 대자의 두께에 의해 분리된다. 그리고 이 대자는 그 자체 숨겨진 하나의 실재다. 비반성적인 의식의 경우, 대자는 비정립적으로 존재한다. 그리고 대자는 세계의 대상과 그 잠재성들 앞에서 자신을 지운다. 반성적인 발음의 경우, 대자는 반성하는 자가 [그렇게] 되어야만 하는 잠정적인 대상을 향해 극복된다.(198/309)

피에르에 대한 의식은 대자가 비반성적으로 의식을 발휘하는 경우이고, 피에르를 향한 나의 우정에 대한 의식은 대자가 반성적으로 의식을 발휘하는 경우입니다. 전자는 피에르라고 하는 초월적인 대상을 향해 있는 의식이고, 후자는 그에 대한 나의 우정이라고 하는 내 자신의 심적 상태를 향해 있는 의식이지요. 전자의 경우에는, 세계의 대상과 그 잠재성들(피에르) 때문에 대자가 자신을 지우고, 후자의 경우에는 대자가 제 스스로 그렇게 되어야만 하는 잠정적인 대상(피에르에 대한 나의 우정) 때문에 자기 자신을 넘어섭니다. '심리적인 것'이 두드러지는 경우는 당연히 후자의 경우입니다.

말하자면 '심리적인 것'이 성립하는 데에는 대자의 이른바 '즉자적인 자기'를 향한 자기 부정이 있어야만 한다는 것입니다. 그러니까 대자의 '즉자적인 자기'가 '심리적인 것'과 동일하게 취급되고 있는 것이지요. 이는 '심리적인 것'들과 이를 거머쥐고 있을 법한 '심리적 자아'가 성립하는 밑바탕에 대자가 작동하고 있다는 것을 말합니다. 다음의 이야기는 이를 뒷받침합니다.

순수한 반성적인 의식만이 반성되는 대자를 그 실재성에 있어서 발견할 수 있다. 우리가 **심리**라 부르는 것은 불순한 반성에서 끊임없이 따라다니는, 그리고 **심리학적**인 탐구의 대상들인 그 현존하는 것들로 구성된 총체성이다.(198/309)

심리라는 것은 반성되는 대자의 실재성이라 할 것입니다. 불순한 반성은 대자를 즉자 상태로 파악하는 직관이라고 했습니다. 그럴 경우, 결국 **대자의 실재성**을 발견하기가 불가능합니다. 불순한 반성이란 항상 곧

바로 즉자적이고 실체적인 자아에 입각한 것으로 볼 수밖에 없기 때문입니다. 말하자면, 그럴 때 반성되는 대자의 실재성이 삭제됩니다. 세계에 부가되어 있는 일체의 '심리적인 것들'은 심리 혹은 자아라는 초월적이고 실체적인 나의 구성요소들로만 파악될 것이고, 그 존재론적인 근거는 생각하지 못할 것이기 때문입니다. 그래서 순수한 반성을 수행하는 의식만이 대자를 그 실재성에 있어서 발견할 수 있다고 말하는 것입니다.

이제 자아에 관한 세번째 대목을 살펴봅시다.

③ 대상들은, 잠정적인 것들이라 할지라도, 추상적인 것들은 아니다. 그것들은 반성하는 자에 의해 헛되이 겨냥되지 않는다. 그것들은 반성하는 자가 반성되는 것을 넘어서서 [그렇게] 되어야 할 구체적인 즉자로서 주어진다. 우리는 증오, 유배형, 방법적 회의가 반성적 대자에 대해 직접적이고 몸소(en personne) 현전하는 것을 명증(*évidence*)이라 부를 것이다.(198~199/309~310)

자아가 활동하는 데 있어서 자아가 상대하지 않으면 안 되는 대상들이 있을 것입니다. 그 대상들에 대해 말하고 있습니다. 자아가 상대해야 하는 대상들은 그저 반성적인 구도 내에서의 대상, 즉 추상적일 수도 있는 그런 대상이 아니라는 이야기를 하고 있습니다. 자아가 직접 상대해야 하는 대상들은 설사 반성의 구도 속에서 주어진다 할지라도 그 반성의 구도를 넘어서 있는 구체적인 즉자로서 주어진다는 것입니다. 대상이 그렇게 구체적인 즉자로서 주어질 때, 비로소 반성적인 대자에게 그 대상이 몸소 명증하게 주어질 것이라는 이야기를 하고 있습니다. 그 대상이 증오라고 하는 심리적인 것이든, 유배형이라고 하는 정치적인 것이든,

방법적 회의라고 하는 철학적인 것이든, 그럴 때라야 반성적으로 대상이 명증하게 주어질 것이라는 이야깁니다. 그러면서 사르트르는 사랑을 예로 들어 이렇게 말합니다.

> 하나의 사랑을 현재화할 수 있는 가능성은 그 어떤 종류의 논증보다 심리적인 것의 초월성을 더 잘 입증한다. 내가 갑자기 나의 사랑을 발견할 때, 내가 나의 사랑을 볼 때, 나는 동시에 나의 사랑이 의식 **앞에** 있다는 사실을 파악한다. 나는 나의 사랑에 대해 관점들을 취할 수 있고, 그 나의 사랑을 판정할 수 있다. [그런데] 반성하는 자가 반성되는 것에 연루되어 있는 것처럼, 내가 그 나의 사랑 속에 연루되어 있는 것은 아니다. 바로 이 같은 사실에서, 나는 나의 사랑이 대자의 **그것으로 있지 않음** (n'étant pas)으로 파악한다.(199/310)

심리적인 것이 즉자적인 초월성의 성격을 띠고 있음을 설명하고 있습니다. 불순한 반성이건 순수한 반성이건 간에 반성하는 나와 반성되는 나는 불가분의 관계로 깊이 연루되어 있습니다. 즉 근본적으로 반성은 반성의 구도 자체를 넘어설 수 없는 것이고, 만약 반성에서 명증한 대상이 주어진다면, 그것은 반성의 구도를 넘어서 있는 초월적인 즉자로부터 오는 것이라는 이야깁니다. 그 예로 나의 사랑을 들고 있습니다. 불순한 반성을 통해서이지만, 내가 나의 사랑을 떠올릴 때에는 나의 사랑이란 것이 반성되는 나와 일치되는 것은 아닙니다. 나의 사랑은 반성되는 나의 구도를 벗어나서, 따라서 반성되는 나마저도 벗어나서, 마치 그 자체로 초월적으로 존재하는 것처럼 즉자적인 판면을 통해 드러나는 것입니다.

이를 통해 사르트르는 '자아의 초월적인 심리적 즉자성'을 강조합니다. 불순한 반성을 통해 드러나는 바, 반성되는 나를 넘어서서 초월적인 즉자적 판면에서 존립하는 것으로 드러나는 일체의 요소들을 조직적으로 끌어당겨 하나로 통일된 것으로 여기는 것이 바로 심리적인 자아라는 이야깁니다.

그렇다면 사르트르는 왜 이렇게 자아의 초월적인 즉자성을 강조하는 것일까요? 그러한 자아의 초월적인 즉자성으로는 순수 반성에 의해 드러나는 대자의 실재성을 확보할 수 없고, 따라서 인간 존재의 근원적인 존재방식을 드러낼 수 없다는 것이 명백한데도 말입니다. 다음 이야기를 듣고서 우리 나름으로 판단해 보아야 할 것 같습니다.

항상 무화되는 대자의 미래는 대자를 사랑하거나 증오하는 대자로서 즉자적으로 파악하는 모든 규정들을 방해한다. 그리고 반성된 대자의 투사된 그림자는 당연히 즉자로 퇴락된 미래, [다시 말하면] 그 투사된 그림자의 의미를 규정함으로써 그 투사된 그림자와 하나가 되는 그 미래를 소유한다. 그러나 반성된 미래들에 대한 연속적인 무화와 관련해서 보면, 자신의 미래와 더불어 조직된 심리적인 전체는 그저 **개연적일** 뿐이다.(199/311)

반성하는 자인 대자의 미래는 항상 대자가 <u>스스로를 무화함</u>으로써 끝없이 열립니다. 그렇기 때문에 그 대자를 사랑한다거나 증오한다거나 해서 아예 그그러한 존재인 양 즉자적으로 규정할 수는 없습니다. 이와 달리, 반성되는 대자로부터 <u>즉자적인 판면</u>으로 빠져 달아남으로써 성립하는 심리적인 전체, 즉 자아는 그그러한 존재로서 즉자적으로 규정됩니다. 이러한 규정을 벗어날 수밖에 없는 것이 대자인 것이고요.

이렇게 되면 대자와 자아 간의 관계가 묘한 관계, 즉 대립적이면서도 서로가 없이는 서로를 현존토록 할 수 없는 관계를 맺고 있다고 할 것입니다. 다만, 스스로를 무화하는 대자의 입장에서 보면, 즉자적으로 규정되는 자아의 존재란 어설픈, 이른바 개연적인 존재일 뿐입니다. 그러니까 대자는 자아를 넘어서서 자신의 존재를 필연적으로 자유로운 존재로 만들고자 하고, 자아는 대자를 넘어서서 즉자로 나아가 안정을 획득하고자 한다고 말할 수 있습니다. 묘한 길항관계가 아닐 수 없습니다.

2) 심리적인 것들에 대한 이해

지금 우리는 어쩌면 우리 자신의 일상적인 존재를 아는 데 대단히 긴요한 내용들을 검토하고 있다 할 것입니다. 이른바 '심리적인 것들'이라 통칭할 수 있는 우리 삶의 내용들을 대상으로 하고 있기 때문입니다. '심리적 대상'(objet psychique), '심리적 형식'(forme psychique), '심리적 과정'(processus psychique), '심리적 인과성'(causalité psychique), '심리적 시간성'(temporalité psychique), '심리적 지속'(durée psychique), '심리적 시간'(temps psychique) 등이 그것들입니다.

특히 내가 하나의 특정한 심리 상태를 가질 때, 예컨대 한 인간을 특별히 증오하고 있을 때, 나의 이 증오심은 내가 나를 반성할 때 반성하는 내 의식의 대상으로 떠오를 것입니다. 이때 나의 증오심은 **심리적 대상**이 됩니다. 그런데 나의 증오심은 앞으로 생겨날 것이 아니라 이미 생겨나 계속되고 있습니다. 아까에도 그 인간이 증오스러웠고, 지금도 증오스럽고, 나중에도 증오스러울 것입니다. 나의 이 증오심'들'은 시간의 경과와 상관없이 하나로 응집된 통일성을 이룹니다. 그러면서 그때그때의 증오심들은 제각기 즉자적으로 존립하려는 경향을 띱니다. 심리적인 것이 이렇듯 모순적인 방식으로 존립하는 것은 **심리적 형식** 속에서입니다.

우리는 나의 이 증오심이 왜 생겼는가 하는 점을 생각해 볼 수 있습니다. 내가 증오하는 그가 나에게 너무나 중요하다고 여겨졌기 때문이라고 해봅시다. 중요하다고 여기는 존중심 역시 심리적인 것입니다. 존중심에서 증오심으로 변화해 가는 과정을 생각하지 않을 수 없는데, 이때 이 과정은 **심리적 과정**입니다.

심리적인 과정을 거치는 여러 심리적인 것들 간의 관계에서 원인과 결과를 추출할 수 있을 것 같다면, 거기에서 성립하는 것은 **심리적 인과성**이겠지요. 물론 그러한 심리적인 인과성을 합리적으로 딱 부러지게 파악한다는 것은 결코 쉽지 않을 것입니다. 심리적 형식에 있어서 응집과 분리가 동시에 작동하기 때문입니다.

심리적인 것은 분명 심리적 대상으로서 그것을 반성적으로 의식하고 있는 의식에 대해 초월적인 것으로 나타납니다. 그러나 다른 한편으로 반성하고 있는 의식은 제 자신인 것으로 여겨야만 하는 반성되는 의식의 성격을 띠고 나타납니다. 그렇기 때문에 심리적인 것은 그 자체 하나의 의식으로서 지속하는 것으로 여겨집니다. 이럴 때, 포착할 수 있는 것이 바로 **심리적 지속**입니다.

그리고 이러한 심리적인 지속이 과연 대자의 탈자성에 의거한 근원적 시간성과 어떻게 관련을 맺고 있는가를 염두에 두게 되면 **심리적 시간성**을 생각하게 됩니다. 사르트르에 따르면, 근원적 시간성이 즉자 속에 투영되어 나타나는 것이 바로 심리적 시간성입니다.

이 심리적 시간성은 근원적 시간성과 마찬가지로 미리 확립된 틀

(cadre)이나 규칙으로 나타나지 않고, 구체적인 대상들의 존재양식으로 나타납니다. 이때 구체적인 대상들은 곧 시간적인 대상들이 됩니다. 이 시간적인 대상들이 한데 연결되어 결집된다고 할 때, 그 결집이 바로 **심리적 시간입니다.**

실상 우리의 구체적인 삶의 여정을 볼 때, 지속적으로 나의 심사를 지배하고 있는 여러 감정들이나 정서, 그러한 감정들이나 정서에 연결되어 있으면서 제 스스로 초월적으로 분리되어 독자적으로 존재하는 것 같은 사물들이나 광경들, 이러한 감정들이나 정서 및 사물들이나 광경들에 대해 매 순간 알게 모르게 부여하게 되는 의미와 가치들, 이 의미와 가치들에 관련해서 새롭게 형성되는 감정들이나 정서 및 그렇게 새롭게 형성되는 감정이나 정서에 따라 새로운 방식으로 연결되어 주어지는 사물들이나 광경들, 그리고 또 새롭게 부여되는 그것들의 의미와 가치들 등, 어디에서부터 어디까지 정확하게 경계를 그어야 할지 도무지 알 수 없는 거대한 소용돌이 속에서 우리의 삶이 영위됩니다.

이 와중에 이 거대한 소용돌이의 안팎을 넘나들면서 때로는 그 속에서 진저리치도록 힘겨워하기도 하고, 때로는 삶의 소용돌이 전체를 문제 삼으면서 그 역사성의 한계 전체를 떠올리면서 그 바깥(바깥이라고는 하나 거기에 들러붙은 방식의 바깥)에서 '이 뭐꼬'를 되뇌이면서 '무한 낭떠러지'의 시작점을 파고들어 가는 선구적인 무모함을 일삼기도 합니다. 전자의 경우에 성립하는 것이 불순한 반성에 의해 드러나는 심리적인 생활이라면, 후자의 경우에 성립하는 것이 순수한 반성에 의해 드러나는 스스로를 무화하는 대자 자체의 삶이라 할 수 있습니다.

스스로를 무화하는 대자 자체의 삶과 대척점에 서 있는 것이 그 어떤 대자성도 확보할 수 없는 즉자적인 삶입니다. 이러한 즉자적 삶의 완성은 죽음에서 성립하기 때문에, 살아 있으면서 대자적인 삶을 유지하는 한, '즉자 자체의 삶'을 운위할 수는 없습니다. 일체의 의미와 가치 및 규정들을 다 삭제해 버린 절대적인 불투명성을 바탕으로 하는 것이 순수 즉자인 것은 이 때문입니다. 그래서 우리로서는 차라리 삶에 관련해서 볼 때 순수 즉자를 '죽음 자체로서의 즉자'라고 불러야 할 것입니다.

대자 자체의 삶에서 죽음 자체의 즉자에 이르기까지 그 중간에는 무한 복합의 뒤섞임의 영역들이 포진하고 있을 것입니다. 그 중에서도 지금 우리는 심리적인 것이라 일컬을 수 있는 영역을 뒤적이고 있습니다. 지난 2009년 1월 초에 첫 강좌를 열어 2009년 3월에 두번째 강좌를 시작했는데, 이 두번째 강좌를 벌써 마무리하지 않을 수 없는 시점이 됐습니다. 아홉 번에 걸친, 중간에 수시로 휴강을 하기도 했던, 왠지 만만찮은 삶의 무늬들에 의해 방해를 받았던 이번 학기 강의가 종료되는 셈입니다.

자, 아무튼 사르트르는 심리의 네번째 선험에 대해 다음과 같은 말로 시작합니다.

심리적 대상은 반성되는 대자로부터 운반된 그림자다. 그럼으로써 심리적 대상은 퇴락된 방식이긴 하나 의식의 성격들을 지닌다. 특히 심리적 대상은, 대자가 탈총체화되는 총체의 분산적인 하나의 통일성으로서 스스로를 현존하도록 할 때, 거기에서 개연적으로 완성된 하나의 총체로 나타난다. 이는 심리적인 것이 시간성의 탈자적인 세 차원들을 관통하여 파악되는 것으로서 하나의 과거와 하나의 현재와 하나의 장래를 종합해서 구성되는 것으로서 나타난다는 것을 의미한다.(200/311)

항상 대자가 사유의 출발지로 등장합니다. "대자는 대자존재에로 선고되었다"라는 말을 약간 변형하면 '인간은 대자에로 선고되었다'가 될 것입니다. '탈총체화되는 총체', 참으로 묘한 말입니다만, 이 말은 대자가 역사성을 통해 성립하는 자기를 남김없이 쓸어 담고자 하면서도 그러한 자기 자신을 무화하고자 하는 절대적인 구멍임을 의미합니다.

이러한 대자를 흉내 내는 것이 심리적인 것이라고 말하고 있습니다. 그래서 심리적인 것은 대자적인 의식의 성격들을 퇴락된 방식으로 띠게 됩니다. 그러면서 대자의 그림자, 그것도 반성되는 대자의 그림자에 불과 하여 결코 대자의 반열에 오를 수 없기 때문에, 심리적인 것은 스스로를 탈총체화하지 않고, 그저 개연적으로 완성된 총체로서 나타납니다. 그러 니까 대자는 바로 이러한 총체로서의 심리적인 것으로부터 벗어나고 넘 어선다고 해야 할 것입니다.

시간성의 구도에 의거해서 보면 총체성은 과거와 현재와 미래가 하 나로 종합된 것으로 나타난다는 것을 의미합니다. 이에 관련해서 사르트 르는 다음과 같은 이야기를 합니다. 예컨대 내가 누군가를 사랑한다고 할 때, 그 사랑은 과거에만 속한 것도 현재에만 속한 것도 미래에만 속한 것도 아니라고 합니다. 그런 식으로 일정한 시제에 할당된 그런 사랑이 어서는 도대체 사랑이 성립될 수 없다고 말합니다.

그렇다면, 사랑에는 시제는 없다고 해야 하는가요? 곰곰히 생각해 봅시다. 사랑에서 미래는 '이미 사랑하고 있는' 미래이지, 앞으로 '이윽고 사랑해야 하는' 미래가 아니지요. 내가 그/녀를 앞으로 사랑해야 한다고 할 때 그것은 사랑이 아니지요. 사랑에서 현재는 사랑으로 되어가는 것 이 아니라 '이미 사랑으로 되어 버린' 현재이지요. 사랑에서는, 과거에서 현재로, 현재에서 미래로 하나의 '지금'이 경과해 갈 때 그 어떤 변양도 겪지 않습니다. 이미 늘 사랑하고 있는 것이지요. 사랑에서, 이 모든 (과거와 현재와 미래의) '지금들'은 이미 일어난 것입니다. 굳이 따지자면, 사랑의 시제는 현재완료진행형입니다. 이와 관련하여 사르트르는 이렇게 말합니다.

[심리적인 것에서] 지나간 혹은 다가올 지금들은 정확하게 동일한 성격들을 갖는다. 그러나 그것들은 무의식적인 것의 주변에서 기다리고 있는데, 이 무차별한 수준에서 그것들을 파악하고자 할 때, 그것들에서 과거와 미래를 식별한다는 것은 불가능하다. 무의식 속에서 살아남은 추억(souvenir)은 지나간 '지금'이면서 동시에 환기되기를 기다리는 한에서 다가올 '지금'이다. 그래서 심리적 형식은 '그래야만 하는' 것이 아니라 이미 된 것이다. 심리적 형식은 '되었다'(a été)의 양식하에 전반적으로 과거이자 현재이자 장래다.(200/312)

'이미 된' 혹은 '되었다'라는 심리적 형식은 심리적인 것이 어떻게 즉자적인 방식으로 존재하는가를 드러내 주고, 또 어떻게 개연적이나마 완성된 총체를 이루는가를 드러내 줍니다. '이미 된' 혹은 '되었다'라는 형식을 유지하면서, 그런 가운데 심리적인 것의 과거와 현재와 미래가 성립한다는 것입니다. 그런데 심리적인 것은 반성되는 대자의 퇴락된 일종의 그림자라고 했습니다. 그래서 이렇게 됩니다.

심리적인 것의 내밀한 응집(cohésion)은 즉자 속에 실체화된(hypostasiée) 대자의 존재 통일에 불과하다.(201/313)

'히포스타시스'(hypostasis)는 '아래에 놓인다'라고 하는 뜻으로 '아래에 던져진다'라는 뜻의 '히포케이메논'(hypokeimenon)과 거의 같은 뜻을 가집니다. '히포케이메논'은 나중에 라틴어에서 '수브스탄치아' (substantia), 즉 실체로 변환되지요. 그래서 '히포스타지에'를 '실체화된' 으로 번역한 것입니다.

'대자가 즉자 속에 실체화된 존재 통일'이라는 말이 상당히 어렵습니다. 예컨대 레비나스가 『시간과 타자』에서 존재의 전 우주적인 근원을 '일리야'(il y a)로 보고, 이 일리야로부터 히포스타시스를 거쳐 자기동일 적인 존재자들이 생겨난다고 하면서, 레비나스 스스로 이를 명료하게 설명할 수 없다고 고백한 것이 떠오릅니다.

그런데 사르트르는 일단 의식의 영역에서 대자가 즉자 속에 실체화됨으로써 자기동일성을 띤 심리적인 것이 성립한다고 말하고 있습니다. 심리적인 것의 내밀한 응집은 심리적인 것이 과거와 현재와 미래를 관통하는 바 자기동일성을 띠도록 하는 것이라 할 수 있습니다. 하지만, 사르트르 역시 이 심리적인 것의 내밀한 응집을 '마법적'(magique)이라고 하면서 결코 지성적으로 분석할 수 없음을 고백합니다.

심리적인 것은 대자의 존재론적인 통일성의 객관화이다. 이로부터 증오의 계기적(繼起的)인 '지금들' 간에 일종의 **마법적인** 응집이 생긴다.……마법적인 그리고 전적으로 설명되지 않는 하나의 응집, 그리고 지금으로서는 분석을 무시하는 전반적인 이 혼용.(201/313~314)

사실이지 심리적인 것에서 부분을 식별해 낸다는 것은 처음부터 무리입니다. 하지만, 아예 그 부분들을 식별해 내는 것이 불가능하다는 것도 이상합니다. 그렇지 않으면 더욱더 사랑하게 된다거나 더욱더 증오하게 된다거나 하는 말을 할 수가 없을 것이기 때문입니다.

아무튼 심리적인 것이 마법적인 응집에 의해 실체화되어 자기동일성을 띤다는 것은 말 그대로 마법적인 것임에 틀림없습니다. 내가 내 속에 있으면서 내 바깥에 독자적으로 있는 것이나 다름없기 때문입니다. 내 속에서 내가 어찌할 수 없는 어떤 것으로 있다고 할 때, 심리적인 것은 일정하게 일종의 자기 나름의 타성(惰性, inertie)을 띱니다. 예컨대 "사랑은 의지로 다스려지지 않는다"라는 누군가의 말에서 암시되듯이, 심리적인 것은 내 속에서 내가 어찌할 수 없는 타성을 띠고서 나타납니다. 그래서 이렇게 됩니다.

> 심리적인 것은 '존재하게-되었다'(est-été). 이는 심리적인 것이 자신(se)을 자기(soi)에 의해 현존으로 규정할 역량이 없다는 것을 의미한다. 심리적인 것은 반성하는 자의 면전에서 일종의 타성에 의해 지탱된다.(201/313)

심리적인 것이 실체인데도 자기 스스로를 현존시킬 수 있는 역량이 없다는 것은 전통적인 시각으로 보면 모순입니다. 전통적인 개념에서 보면, 실체란 다른 것에 의존하지 않고 제 스스로 존립하는 것으로서 일종의 주체로 작동하기 때문입니다. "실체는 주체이다"라는 헤겔의 이야기가 대표적이지요. 그런데 사르트르에서 심리적인 것의 실체성은 대자의 탈자성에 비해 이차적이고 파생적이기 때문에 큰 문제없이 그렇게 언명되고 있습니다.

사르트르는 "사랑은 사랑받는 대상에 의해 '야기된' 것으로서 주어진다"(201/313)라는 언명을 통해 심리적인 것의 타성적인 측면을 적절히 지적합니다. 그러면서 심리적인 것이 갖는 이 타성을 바탕으로, 심리학자들이 '심리의 병리학적인 성격'을 말하고, 데카르트가 '영혼의 정념들'을 말하고, 베르그송이 '내면된 다양체'를 말했다고 풀이합니다. 말하자면, 이들은 모두 다 대자의 퇴락한 형태인 심리적인 것을 근원적인 것인 양 여긴다는 것이지요. 이는 사르트르가 특히 베르그송을 전격적으로 비판하는 데 적극 활용되는데, 그 비판의 핵심들을 열거하면 다음과 같습니다.

> 심리적인 것은 대자의 존재론적인 통일성이 객관화된 것이다. 이로부터 증오의 계기적(繼起的)인 '지금들' 간에 일종의 **마법적인 응집**이 생긴다. 여기에서 증오의 '지금들'은 부분들로 주어지지만 나중에 서로들 간의 외부성을 부정하기 위한 것으로만 주어질 뿐이다. 지속하면서 '상호관통하는 다양체'인 의식을 제시하는 베르그송의 이론이 드러낸 것은 바로 이러한 애매성이다. 여기에서 베르그송이 도달한 것은 심리적인 것인데, 이것은 대자로서 인지되지 않은 의식이다.(201/313)

> 마법적인 그리고 전적으로 설명되지 않는 응집, 그리고 지금으로서는 분석을 허용치 않는 전반적인 이 혼융. 베르그송은 심리적인 것의 이 속성을 대자의 절대적인 구조 위에 근거한 것으로 드러내고자 생각조차 하지 않는다. 그는 그 속성을 하나의 소여로 확정한다.(201/314)

> 베르그송에게서 심리적 지속의 성격들은 순전히 우연한 경험적인 사실이다. 심리적 지속의 성격들이 순전히 우연한 경험적인 사실인 것은 그 성격들을 [경험을 통해] 맞닥뜨리기 때문이다. …… 사실상, 심리적

인 것의 절대적 통일성은 대자의 존재론적이고 탈자적인 통일성이 투영된 것이다.(202/314)

베르그송이 말하는 상호관통의 다양체로서의 지속은 심리적인 것으로서의 의식에 불과한데, 베르그송은 그런 지속을 그저 본래 그렇게 주어지는 것으로만 여기고 그 존재론적인 토대를 검토하지 않고 있다는 이야깁니다. 그리고 그 존재론적인 토대는 대자의 탈자적인 통일성이라는 것이고, 이를 전혀 생각하지 못한 베르그송은 이차적인 파생적 차원에서 '놀고' 있다는 이야깁니다.

이렇게 되면, 베르그송은 심리적인 차원에서 이루어지는 사태를 전 우주적인 것으로 확대시켜 존재론적인 위장을 한 꼴이 됩니다. 그리고 그 인식론적인 근거를 제대로 검토하지 않은 채 함부로 존재론을 펼친 셈이 됩니다. 베르그송에 대한 사르트르의 비판은 이에 그치지 않고 이제 상호관통의 문제로 이어집니다.

예를 들면, 복합적인 심리적 형식의 와중에서 감정들의 연결을 지배하는 것은 바로 상호관통임을 염두에 두자. 누구나 알고 있다. 질투심의 '어조를 띤' 우정, 기어코 존경심이 '배어든' 증오, 연애 감정의 동지애 등은 소설가들이 자주 기술한다. 질투심의 어조를 띤 우정을 한 잔의 커피에 우유를 조금 띄워 놓은 것처럼 파악하는 것도 또한 확실하다.(202/315)

복합적인 감정들의 얽힘. 이를 상호관통의 문제로 취급하고 있습니다. 사르트르는 이를 감정들 간에 일어나는 심리적 과정에 관한 문제로 여겨 논의합니다. 사르트르는 이에 관련해서 두 가지, 즉 '침투'(pénétration)와 '동기화'(motivation)를 제시합니다.

[심리적 형식들 간에 일어나는] 이 영향은 침투에 의해, 혹은 동기화에 의해 드러날 것이다. 첫번째 침투의 경우, 반성하는 자는 처음에 분리되어 주어졌던 두 심리적인 대상들을 단 하나의 [새로운] 대상으로 파악한다. …… 그 반대로 동기화에서는, 두 대상이 각기 자기 자리에 머물러 있다. 그러나 한 심리적 대상은 조직화된 형식이고 상호관통의 다양체이기 때문에, 그 한 심리적 대상은 다른 하나의 심적 대상 전반에 대해 전반적으로 영향을 미칠 수 있을 뿐이다. 이에 한쪽이 다른 쪽에 대해 마법적으로 영향을 미쳐 거리를 두고 있으면서도 전반적으로 작용하는 일이 생긴다. 예를 들면, 오늘 아침 내 기분을 전적으로 동기화한 것은 내가 어제 당한 굴욕이라는 식이다.(203/316)

그다지 복잡한 이야기는 아닌 것 같습니다. 침투에 의한 심리적인 것들 간의 영향과 그에 따른 변화의 과정이 많은 경우 소설이나 드라마의 주요 이야깃거리가 된다는 것은 다들 잘 알고 있는 사실이지요. 사랑하면서 한편으로 증오하고, 섬뜩함을 한편으로 즐기고, 권태롭다고 느끼면서 연민을 느끼는 등의 일들은 다반사로 일어납니다. 이렇게 심리적인 것들 간의 침투는 그 자체 정체를 알 수 없는 애매한 이중성을 발휘하기 때문에 등장인물들의 태도와 행동을 다층적으로 만들면서 흥미를 자아냅니다.

그리고 동기화에 의거한 심리적인 것들 간의 영향과 그에 따른 변화 과정은 언뜻 보면 정확한 인과성에 의거한 것 같지만 결코 그렇지 않습니다. 전반적인 영향을 주고받음이라는 것은 상호외부성이 확실한 사물들 간의 물리적인 인과성에서는 일어나지 않기 때문입니다.

　이에 관련해서 사르트르는 프루스트의 『잃어버린 시간을 찾아서』의 한 대목을 거론합니다. 그의 말을 들어 봅시다.

　프루스트는 지성주의적인 해부에 의해 심리적인 상태들의 시간적 계기(繼起) 속에서 이 상태들 간의 이성적인 인과성의 고리들을 발견하고자 계속 노력한다. 그러나 그 분석들의 종착점에서는 다음과 같은 결과들만을 제공할 수 있을 뿐이다.
　"스완이 거리낌 없이 (오데트를) 떠올릴 수 있게 되자마자, 그가 오데트의 웃음에서 선의를 다시 보게 되자마자, 질투에 의해 다른 모든 사람들에게서 오데트를 떼 놓고자 하는 욕망이 그의 사랑에 더 이상 부가되지 않게 되자마자, 그 사랑은 오데트라는 인물이 그에게 주었던 감각들에 대한 취향으로 다시 되돌아갔다. …… 그래서 자신의 불행의 화학 작용에 의해 그의 사랑으로써 질투심을 만든 뒤, 그는 오데트에 대한 애정과 연민을 다시 만들기 시작했다."(203~204/316~317)

　프루스트가 기술하고 있는 감정의 변화들을 길게 인용한 뒤, 사르트르는 프루스트가 스완이 오데트에 대해 갖는 감정의 변화에 대해 최대한 합리적으로 설명하려고 하지만, 결국에는 '불행의 화학 작용'이라고 하는 상징을 말하지 않을 수 없었고, 사실은 왜 그렇게 되는가에 대해 알 수 없음을 고백하고 만 것이라고 말하고 있습니다.

　여기서 프루스트는 상징적인 '화학작용'을 구성하고자 한다. 그러나 그가 사용하고 있는 화학적인 이미지들은 그저 비합리적인 동기화와 행동들을 은폐할 수 있을 정도이다. 심리적인 것에 대한 기계적인 해석으로 우리를 밀어 넣으려 하지만, 그러한 해석은 더 이상 지성적이지 않고 심리적인 것의 본성을 완전히 왜곡하게 될 것이다. 그렇지만, [이를 통해 심리적인] 상태들 간에 거의 상호인간적인(interhumaines) 이상한 관계들(창조하다/만들다/덧붙이다)이 있다는 것을 드러내지 않을 수 없는 노릇이다. 이 이상한 관계들은 그 심리적 대상들이 살아 있는 작인들(作人, agents)임을 거의 인정하지 않으면 안 되도록 한다.(204/317~318)

프루스트가 노리는 바, 지성주의에 의거해서 심리적인 것을 기계적으로 해석하는 것이 어떻게 잘못된 것인가를 역설하고 있습니다. 그러면서, 사르트르는 이를 적절히 역이용해 자신의 입론을 위한 자료로 삼고 있습니다. 심리적인 상태들이란 것이 마치 살아 있어 저들 스스로 서로에게 영향을 미치기라도 하는 것 같은 묘사를 프루스트가 하고 있다는 것이고, 이는 심리적인 것이 어떻게 즉자적인 실체화를 이루는가를 말해 준다는 것입니다. 그러면서 결국에 사르트르는 그러한 사실을 대자와의 관련 속에서 해명하고자 합니다.

심리적인 인과성이 지닌 비합리성을 축소하려 해서는 안 된다. 이 인과성은 탈자적인 대자가 즉자로 마법적으로 퇴락했다는 것을 나타낸다. 대자는 자기와 거리를 두고서 자신의 존재를 성취하고자 한다. 그리고 즉자는 자기 자리에서 성립하는 바로 그것이다. 거리를 두고서 영향을 미치는 마법적인 작용은 [심리적인 것들의] 존재적인 연결고리들이 이

완됨으로써 생겨나는 필연적인 결과다. 심리학자는 이 비합리적인 연결고리들을 기술해야 하고, 그것들을 심리적 세계에서 맨 처음 주어진 것으로서 파악해야 한다.(204~205/318)

심리적인 것들 간의 인과성이란 심리적인 것들 자체에서 생겨나는 것이 아니라, 탈자적인 대자가 자신과 거리를 둠으로써 성립한다는 것입니다. 심리적인 것들 간의 존재적인 연결고리들은 말 그대로 즉자적으로 들러붙어 있다시피 하는데, 이 연결고리들이 느슨하게 이완되는 틈을 타서 대자가 작동함으로써 이른바 인과성이라고 하는 필연적인 관계를 구축하게 된다는 것입니다. 사르트르는 이런 과정을 일컬어 대자가 마법적으로 즉자로 퇴락되는 것이라는 식으로 어렵게 표현하고 있습니다. 따라서 심리학자는 인과성 자체를 먼저 파악할 것이 아니라, 그런 인과성의 바탕이 되는 바 심리적인 것들 간의 즉자존재적인 연결고리들을 먼저 파악해야 한다는 것입니다.

인과성을 지성적 사유의 범주로 본 인물은 칸트였습니다. 그것은 인과관계 자체가 본래부터 자연 속에 있다고 여기는 것이 아니라, 이른바 초월론적으로 인간의 선험적인 인식 능력에 의해 구성된다는 것이었습니다. 여기에서 사르트르가 심리적인 것들 간의 인과성에 대해 논의하는 방식은 그런 칸트의 구성론과 상당히 닮아 있습니다.

결국에는 자아의 심리적 시간성은 대자의 근원적 시간성에 의거한 것이고, 심리적 지속은 대자의 근원적 시간성에 의거한 탈자적인 통일성이 퇴락하여 생겨나는 것이며, 근원적인 반성이 퇴락하여 나타나는 불순한 반성에 의해 이러한 심리적 세계가 나타난다는 것입니다. 그 와중에 심리적인 인과성이 성립된다는 것이고요.

불순한 반성의 판면에 위치하자마자, 즉 나인 존재를 규정하고자 하는 반성의 판면에 위치하자마자, 이 [심리적] 시간성이 서식하는 하나의 전체 세계가 나타난다. 이 세계는 잠정적인 현전이고, 나의 반성적인 의도에 대한 개연적인 대상이다. 바로 이 세계가 심리적인 세계 혹은 **심리**다. 어떤 의미에서 보면, 이 세계의 현존은 순전히 관념적이지만, 다른 의미에서 보면, 이 세계는 존재한다. 왜냐하면 이 세계는 **존재해진 것**(*est-été*)이고, 의식에 스스로를 드러내 보이기 때문이다. 이 세계는 '나의 그림자'다. 이 세계는 내가 **나를 보고자** 원할 때 나에게 스스로를 드러내 보이는 것이다. 대자가 자신이 그래야 할 그것이 되고자 결심할 때, 이 세계는 그 출발점일 수 있기 때문에, 이 환상적인 세계는 대자에 있어 **실재적인 상황**(*situation réelle*)으로 존립한다.(205/319)

심리적인 세계, 이 세계가 현존한다고 말할 수 있을지는 모르지만, 과연 존재한다고 말할 수 있을까요? '다른 의미에서 보면' 그럴 수 있다고 말하고 있습니다. 그리고 그 다른 의미가 어떻게 성립하는가를 이어서 설명하고 있습니다. 이 심리적 세계가 '존재해진' 것이라는 이야기는 대자가 즉자화됨으로써 스스로로부터 외화되고, 그리하여 마치 반성적으로 인식하는 의식으로부터 독자적인 것처럼 되었다는 이야깁니다. '존재해진 것'(le étant été/l'être été)은 '존재하는 것'(le étant/l'être)에 비해 존재론적인 선차성이 뒤떨어짐은 물론입니다. 문제는 '존재하는 것이 아닌 것'(le non-étant/le non-être)인 대자와 '존재하는 것' 간의 존재론적인 선차성을 둘러싼 다툼이 어떠한가 하는 것일 텐데, "무는 존재의 기생충이다"라는 사르트르의 언명에 의하면 당연히 '존재하는 것'에 존재론적인 선차성이 있다고 봐야 합니다.

이렇게 해서 '제2부 대자존재'의 '제2장 시간성'이 대체로 끝납니다. 그 끝나는 대목에서 사르트르는 이렇게 말합니다.

'내적' 혹은 '질적'이라고 말하는 시간성은 근원적 시간성이 즉자로 객관화된 것이다. 거기에 '바깥'에 대한 최초의 소묘가 있다. 대자는 자기자신의 눈에 하나의 바깥이 가까스로 부여되는 것을 제 스스로 본다. 그러나 이 바깥은 순전히 잠정적이다. 우리는 대타존재가 이 '바깥'의 밑그림을 **현실화한다**는 것을 나중에 보게 될 것이다.(205~206/319)

아예 바깥에서부터 사유를 출발할 수도 있을 것인데, 그렇게 되면 의식 세계보다 사물 세계의 존재론적인 선차성을 인식론적인 반성 없이 그대로 수용하여 전제로 삼는 것이기에 거부하는 것일까요? 하다못해 타인들과의 관계에 의거한 이른바 대타존재의 상황에서부터 사유를 출발시킬 수도 있지 않겠는가 싶습니다. 그런데 사르트르는 대자존재로부터 사유를 전개해 오고 있습니다. 그러면서 심리적 시간성에 의거한 심리적 세계를 추출해 내어 '바깥에 대한 최초의 소묘' 운운하고 있습니다.

'바깥으로부터의 사유'와 '안으로부터의 사유'가 격돌하는 장면은 근대철학의 구도를 벗어나는가 아니면 유지하는가와 직결됩니다. 근대철학의 구도는 '안으로부터의 사유'를 하지 않으면 안 된다는 절박감에서 출발한 것입니다. 그 절박감은 신으로부터 인간을 해방시켜야 한다는 것이었습니다. 그러니까 신이야말로 '최대한의 바깥'이고, 사물 세계란 그 바깥에 의거해 '파생된 바깥'이라고 여겨졌고, 이러한 '바깥'을 근본적으로 검토하기 위해서는 인간 인식의 근원성을 치고 들어가는 방법 외에 다른 길이 없다고 여기는 데서 근대철학의 '안으로부터의 사유'라고 하는 구도가 생긴 것입니다.

그런데 이제 신은 애당초 문제가 되지 않은 사유의 지형이 형성되었습니다. 그리고 오히려 인간 존재야말로 이전에 신인 양 '위대한 풍선'처럼 하늘에 떠올라 있다는 각성에 이르렀습니다. 따라서 사물 세계를 토대로 받아들인다고 해서 그 자체 존재론적으로 문제될 것은 없고, 오히려 절대적이고 초월적인 가상으로 떠올라 있는 인간 존재의 내면을 먼저 공격해야 한다는 것이 탈근대적인 철학의 출발점입니다. 이에 처음부터 '바깥에서부터 사유'하고자 하는 경향이 나온 것이지요.

그런데 여기 시간성 논의에 있어서 특히 더 그러합니다만, 사르트르는 여전히 '안으로부터의 사유'를 하고 있는 것 같습니다. 그런데 그는 이제 대타존재를 통해 '바깥으로부터의 사유'를 전개할 것을 예고하고 있습니다. 얼마만큼 '바깥'을 실감나게 드러낼 것인가가 궁금해집니다. 하지만 그에 앞서 그는 이 대자존재를 마무리 짓는 마지막 장에서 '초월'을 논의의 주제로 삼습니다. 초월 문제는 대자존재와 즉자존재의 관계를 본격적으로 탐구하는 장입니다. 다음 학기를 기대해 봅니다.

제3장 | 초월

1. 들머리

사르트르의 역작 『존재와 무』를 두 학기를 강해하고 이제 세번째 학기를 통해 계속 강해하게 됩니다. 그동안 공식적으로 진행된 강해의 총 시간을 합하면, 42.5시간입니다. 그리고 이 시간 동안 제출된 강의록은 200자 원고지로 1,520장 정도의 분량입니다. 장정(長征)이라 할 정도는 못 되지만 나름으로는 제법 긴 강행군을 한 셈입니다. 하지만 이제까지 겨우 불어판 206쪽까지 강해했을 뿐이고, 책의 전체 쪽수가 676쪽이나 되니, 남은 강해의 행군이 만만찮은 셈입니다. 만약 특별한 사정이 없이 이 강해를 잘 마무리하게 되면, 예상컨대 전체 강의록만도 200자 원고지로 약 5,000장 분량에 육박할 터이니 그러합니다.[1] 이 모든 일들은 강사인 본인은 물론이고 수강생 여러분들이 얼마나 열성적으로 참여하는가에 따라 그 충실을 기할 수 있을 것입니다.

지금 우리는 어디쯤 와 있나요? 책 전체는 '서설, 제1부 무의 문제, 제

---

1) 실제로는 결국 강의록 총 분량이 200자 원고지로 6,000매가 넘었습니다.

2부 대자존재, 제3부 대타, 제4부 가짐·함·있음, 결론' 등으로 크게 나뉘어 있습니다. 우리는 지금 '제2부 대자존재'의 후반부에 다다라 있습니다. 제2부 대자존재는 '제1장 대자의 직접적인 구조들, 제2장 시간성, 제3장 초월' 등 세 장으로 구성되어 있습니다. 이 중에서 지금 우리는 '제3장 초월'에 들어서고자 합니다. 이 '제3장 초월'은 다시 '제1절 대자와 즉자간의 관계 유형인 인식, 제2절 부정으로서의 규정에 대하여, 제3절 질과양, 잠재성, 도구성, 제4절 세계의 시간, 제5절 인식' 다섯 절로 구성되어 있습니다. 오늘 강의를 통해 다루고자 하는 영역은 이 절들 중에서 제1절과 제2절 그리고 제3절의 질에 관련된 일부입니다.

2. 초월 장(章)의 문제의식

사르트르는 '초월' 장으로 들어서면서 일종의 안내문 같은 내용을 내세우고 있습니다. 그러면서 책의 맨 처음 서설에서 했던 이야기를 되새깁니다.

> 서설에서 우리는 하나의 문제와 맞닥뜨렸다. 그것은 우리가 해결하고
> 싶어 했던 문제다. 그것은 인간실재와 현상들의 존재 혹은 즉자존재와
> 의 근원적인 관계가 무엇인가 하는 것이었다.(207/324)

데카르트로부터 비롯된 근대철학이 그 이전의 존재론적인 관점을 벗어나 인식론적인 관점으로 전향한 것은 다 알려진 이야기지요. 인식론적인 관점을 취한다는 것은 우리가 '존재'라고 알고 있는 것들을 둘러싼 근본 사태들이 본래부터 그렇게 그 자체로 존립하는 것이 아니라, 그것

들을 인식하는 인식 주체인 인간의 인식 능력에 의거해서 구성된 것 혹은 재구성된 것일 수 있다는 것입니다. 아니나 다를까, 근대철학의 분수령을 형성했던 칸트의 구성주의는 이를 강력한 논리로 뒷받침했고, 그 영향력이 지금도 여러모로 작동하고 있습니다. 과연 우리가 살고 있고 알고 있는 이 세계는 그 근본 구조에 있어서 인간이 지닌 인식능력의 구성적인 힘이 투사되어 나타난 결과인가요?

사르트르는 그동안 대자존재에 대해 주로 반성의 구조를 중심으로 대자의 시간론적인 근원성과 이를 바탕으로 한 심리적인 측면들을 다루었습니다. 하지만, 사르트르의 존재론에서 근간을 이루는 핵심 주장은 즉자가 없이는 대자가 있을 수 없다는 것, 더 자세히 말하면 즉자의 존재론적인 감압에 의해 대자가 발응한다는 것이었습니다. 그리고 이는 "무는 존재의 기생충이다"라는 다른 언명으로 표현되기도 했습니다. 그리고 대자는 자신의 존재, 즉 자신의 즉자와 완성된 총체를 이루기 위해 계속 활동한다고도 했습니다. 하지만, 대자가 즉자를 만드는 것은 결코 아니지만, 대자가 없이는 즉자가 현상할 수 없는 것은 사실입니다.

그래서 이제 위 인용문의 문제를 다시 제기하는 것입니다. 사르트르의 존재론적인 인간론에서 대자는 인간실재와 맞바꿀 수 있는 개념이라 할 수 있습니다. 인간실재, 즉 대자와 현상들의 존재, 즉 즉자가 과연 어떤 근원적인 관계를 맺고 있는가를 분석·검토한다는 것은 일정하게 후설이 제기한 지향성 문제를 재검토하는 것이라고 할 수도 있습니다. 예컨대 후설이 "의식은 항상 무엇인가에 대한 의식이다"라고 하여 지향성 개념을 제시했을 때, 의식은 그 자체로 독자성을 띨 수가 없고 항상 '무엇'에 의존해서만 성립하는 것이기 때문입니다. 그리고 사르트르에게서 의식의 존재방식은 대자의 존재방식과 그대로 일치하기에 후설이 말하는 의식을 사르트르가 말하는 대자 즉 인간실재와 거의 맞바꿀 수 있는 방식으로 정의할 수 있기 때문입니다. 그래서 위에서 제기된 문제는 다시 이렇게 수정되어 제시됩니다.

자기(에 대한) 비정립적인 의식이기 위해, 의식은 어떤 것에 **대한** 정립적인 의식이어야 한다. 그런데 이제까지 우리가 탐구한 것은, 자기(에 대한) 비정립적 의식의 근원적인 존재양식인 대자이다. 바로 그 때문에 우리는 대자가 즉자와 맺는 관계들 속에서, 이 관계들이 대자의 존재를 구성하는 한에서, 대자를 기술하는 쪽으로 이끌려 왔지 않은가? 이제부터 다음과 같은 유형의 물음들에 대해 그 대답을 발견할 수 있지 않을까. 그 자체로 있는 즉자, 대자는 그 존재에 있어서 어떻게 그리고 왜 즉자에 대한 인식이어야 하는가? 인식 일반은 도대체 무엇인가? (208/326)

'왜 이렇게 비가 많이 오지?'라고 생각하고 있을 때, 우리는 '많이 오는 비'에 대해 정립적인 의식을 발휘하고 있습니다. 이때 우리의 의식은 의식 자신에 대해 과연 의식하고 있는 것일까? 의식한다면 어떻게? 이때 우리의 의식은 비정립적으로 '자기도 모르게' 자신을 의식한다 할 수 있습니다. 이를 표현하기 위해 사르트르는 '……에 대한'을 괄호로 묶어 표현했습니다.

아무튼 중요한 것은 사르트르가 대자를 즉자에 대한 인식으로 규정한다는 사실입니다. 그러면서 인식 일반이 무엇인가에 대해 분석·검토하겠다는 의도를 밝히고 있다는 사실입니다. '즉자에 대한 인식'이란 말은 쉽게 이해될 수 있는 문제가 아닙니다. 즉자는 그냥 그것으로 있다는 데서 성립하는데, 예컨대 대자가 즉자를 인식한다고 할 때 즉자는 대자에게 현전해야 하고, 이때 '그냥 그것으로 있는 즉자'와 '대자에게 현전하는 즉자'가 과연 동일할 수 있는가 하는 문제가 스며들어 있기 때문입니다.

그럴 수도 없고 그래서도 안 되지만, 만약 사르트르의 즉자를 칸트의 물 자체와 같은 차원의 것으로 여긴다면, 그리고 칸트적인 구성주의적인 관점을 취한다면, 도대체 방금 구분한 두 즉자는 결코 같을 수 없고, 특히 후자의 즉자는 아예 즉자의 자격을 상실하고 말 것입니다. 그러니까, 사르트르의 '즉자에 대한 인식으로서의 대자'라는 개념은 처음부터 칸트의 구성주의를 철저하게 거부하고 있다는 것을 알 수 있습니다.

3. 대자와 즉자 간의 관계 유형인 인식

1) 인식의 존재론적인 성격

사르트르는 "직관적인 인식 외에는 그 어떤 다른 인식도 없다"라고 말하면서, 연역·담론·추론 등은 직관을 향한 길을 나타내 주는 표지판에 불과하다고 말합니다(208/326). 그래 놓고서 '사물(사태)이 의식에 몸소 현전함'이라는 직관에 대한 후설의 정의를 소개한 뒤, '……에 현전함'이란 즉자에는 결코 적용할 수 없는 대자의 탈자적인 존재양식임을 강조합니다. 그렇게 되면 직관에 대한 후설의 정의를 바꿀 수밖에 없게 됩니다.

그러므로 우리는 우리의 정의를 구성하는 용어들을 뒤바꾸지 않으면 안 된다. 직관은 사물에 대한 의식의 현전이다. 그러므로 우리가 이제 되돌아가야 할 곳은 대자가 존재에 대해 현전한다는 것의 본성과 의미

가 무엇인가 하는 것이다.(209/326)

　대자가 존재(즉자)에 대해 현전하는 것은, 후설의 지향성 개념, 즉 '의식은 항상 무엇인가에 대한 의식이다'라는 것을 사르트르 나름대로 표현한 것입니다. 그런데 이 현전의 구조를 잘 살펴보면 그 속에는 '부정' (négation)이 근본적으로 작동하고 있습니다. 현전의 양쪽은 서로가 아니어야 합니다. 내가 칠판을 인식한다고 할 때, 나는 칠판에 대해 현전할 것인데, 그때 나는 칠판이 아니어야 합니다. 그리고 칠판은 내가 아니어야 합니다. 그래서 사르트르는 이렇게 말합니다.

　　아님(n'être-pas)은 현전의 본질적인 구조다. 현전은 사람들이 그것이 아닌 것에 대한 현전으로서 근본적인(radicale) 부정을 포함하고 있다. 내가 아닌 것이 나에게 현전하고 있다. 그 외, 이 '아님'은 모든 인식론에 선험적으로 함축되어 있다는 사실을 유의하게 될 것이다.(210/328)

　그다지 어려운 이야기는 아닙니다. 현전은 인식의 전제입니다. 현전 구조가 무너지면, 현전의 양쪽은 서로에게로 함몰되고 말 것이고, 그렇게 되면 그저 덩어리져 있을 뿐 인식이란 것이 성립할 수 없기 때문입니다.
　그런데 인식은 그 자체로 존재적인 사안인가, 아니면 존재의 차원에서 보면 충분히 그러지 않아도 되는데 이차적으로 혹은 파생적으로 혹은 인위적으로 생겨난 것인가 하는 문제가 있습니다. 만약 인식이 존재 차원에 근본적으로 자리를 잡고 있는 것이 아니라면, 인식은 원리상 존재와 동떨어진 사태가 될 수 있습니다. 그런데 인식을 존재 차원과 동떨어진 것으로 보게 되면, 인식에 대해 주관적이라거나 구성적이라거나 하게 됩니다. 그래서 사르트르는 애써 인식을 존재양식이라고 말합니다.

인식은 하나의 존재양식으로 나타난다. 인식함은 두 존재 사이에 나중에 확립된 관계도 아니고 두 존재 중 하나의 활동성도 아니고, 하나의 성질이나 속성이나 덕성도 아니다. 인식함은 '······에의 현전'인 한에서, 즉 자신을 자신이 현전하고 있는 어떤 한 존재가 아니도록 함으로써 자신의 존재여야 하는 한에서, 대자의 존재 자체다. 이는 대자가 스스로를 어떤 하나의 존재가 아님으로서 반영함으로써 하나의 반영의 양식에서만 존재할 수 있다는 것을 의미한다.(210/328~329)

사르트르는 이렇게 인식함을 존재론적인 차원의 문제임을 확인한 다음, 곧 이어서 후설이 내세웠던 지향성 개념을 재정의합니다.

'반영되는 것-반영하는 자'의 쌍이 무(無) 속으로 함몰되지 않도록 하기 위해 반영되는 것에 대해 그 성질을 규정해야 하는 그 '무엇'은 순수 부정이다. 반영되는 것은 어떤 하나의 존재의 옆 그 바깥에서 이 존재가 아닌 것으로서 스스로의 성질을 규정한다. 이것이 바로 사람들이 무엇에 대한 의식임이라 부르는 것이다.(210~211/329)

반영, 반영하는 자, 그리고 반영되는 것 등의 관계가 도대체 어떤 것인가가 단박 이해되지는 않습니다. 그런데 잘 읽어보면, 반영되는 것은 인식하는 자인 대자임에 틀림없습니다. 반영이 반영하는 자에 반영될 때, 반영하는 자가 반영되는 것으로 달리 불리는 것입니다. 부정을 본질적인 구조로 하는 현전의 구조에서 보면, '반영되는 것-반영하는 자'라고 하는 애초의 반영 구조에서 반영은 '무엇'이 되고, 반영하는 자는 '반영되는 것'이 됩니다. 반영하는 자인 대자가 오히려 수동적인 위치에 서게 되는 것이지요. 예컨대 내가 책상을 볼 때, 나는 '책상을 보는 나'가 됩니다. 내가 창밖으로 비가 그친 하늘을 볼 때, 나는 '비가 그친 하늘을 보는 나'가 됩니다. 내가 무엇에 현전해 있는가에 따라 그 '무엇'에 의거해서 나의 성질이 규정되는 것입니다. 물론 이때 나는 이 맥락에서 보면, 나의 의식입니다. 나의 의식이 그렇게 무엇에 의해 성질이 규정된다는 것입니다. 성질이 규정된다는 것일 뿐, 나의 의식이 내가 현전하고 있는 저쪽의 그 '무엇'이 된다는 것이 아님 또한 물론입니다.

2) 인식함에서의 근원적 부정

현전의 구조를 바탕으로 한 인식 연관에서 작동하는 '근본적인' (radicale) 혹은 '근원적인'(originelle) 부정은 인식과 마찬가지로 존재론적인 차원의 것이지 인식론적인 구성에 의거한 것이 아닙니다.

이를 밝히고자 하는 사르트르는 일단 부정에 대해 내적인 부정과 외적인 부정을 구분합니다. 외적인 부정은 "찻잔은 잉크병이 아니다"라고 할 때처럼, '아님'이라는 부정이 부정의 관계를 맺고 있는 두 항에 대해 더욱 풍부하게 한다거나 구성한다거나 하는 작용을 하지 않는 경우입니다. 내적인 부정은 "나는 부유하지 않다"라고 할 때처럼, 나를 내적으로 특징짓는바, 내 존재에 대해 부정적인 어떤 덕목을 지시하는 경우입니다. 이 내적인 부정에 대해 사르트르는 이렇게 말합니다.

내적인 부정에 의해, 우리는 두 존재들 사이에서, 다른 쪽에 의해 부정된 존재가 그 다른 쪽의 성질을 규정하되, 그 다른 쪽의 부재 자체에 의해 그 다른 쪽의 본질의 중심에서 그 다른 쪽의 성질을 규정하는 그런 관계로 이해한다. …… 이 유형의 부정은 즉자존재에게 적용될 수 없을 것이다. 그것은 본성상 대자에 속한다. 대자만이 자기가 아닌 존재에 의해 자신의 존재 속에서 규정될 수 있다.(211/330)

일단 외적인 부정은 논의거리가 아닙니다. 내적인 부정이 중요합니다. 이 인용문에서 '다른 쪽'은 대자입니다. 예컨대 '나는 부유하지 않다'라고 할 때, '부유함'이 대자인 나를 규정하고 있습니다. 대자인 나는 부유함을 가지고 있지 않습니다. 부유함의 부재 자체에 의해 대자인 나는 본질적으로 규정되고 있습니다. 이 문장을 억지로 약간 바꾸어 '나는 부유함이 아니다'라고 해봅시다. 여기에서 '아님'은 "찻잔은 잉크병이 아니다"와 같은 외적 부정의 관계와 전혀 다릅니다. 비록 부정과 부재에 의해서이긴 하지만, 부유함이 나를 본질적으로 규정하고 있기 때문입니다.

이러한 내적 규정이 작동하는 곳이 바로 인식함에서 작동하는 부정이라는 것, 따라서 인식함은 오로지 대자에게만 속한다는 것을 이야기하기 위해 외적 부정과 내적 부정을 구분한 것입니다. 예컨대 내가 컴퓨터 화면을 인식할 때, 그 나의 인식에는 '나는 컴퓨터 화면이 아니다'라는 부정이 작동하고 있는데, 그 부정은 나를 '컴퓨터 화면이 아닌 나'를 규정하기 때문에 대단히 중요하다는 것입니다.

3) 인식함에서의 주체와 대상의 관계

그렇다면, 흔히 인식론에서 가장 많이 운위되는 주체와 대상 간의 관계는 어떻게 되는가요? 사르트르는 주체가 대상을 구성함으로써 그제야 대상이 성립하는 것이 아니라는 것을 애써 강조함으로써 기존의 구성주의, 즉 주체에 의해 대상이 구성된다고 하는 것을 비판합니다.

모든 경험을 가능케 하는 것은 주체에 대한 대상의 **선험적인** 발융이다. 혹은 달리 말하면, 이 발융은 대자의 근원적인 사실이기 때문에, 모든 경험을 가능케 하는 것은 자신이 아닌 대상에의 현전으로서의 대자의 발융이다. 그러므로 앞서 공식을 구성하는 용어들을 뒤집는 것이 적절하다. 즉, 대자가 특정한 존재에 현전한다고 할 때, 대자가 그 특정한 존재 아님으로서 존재해야 하는데, 그럴 수 있도록 하는 근본적인 관계가 이 [특정한] 존재에 대한 모든 인식의 토대다.(212/331)

주체와 대상 간에 어느 것이 먼저 발융하는가를 따져 그 선후를 말한다는 것은 사실 불가능합니다. 주체인 대자와 대상의 발융이 동시에 성립하기 때문입니다. 다만, 인식만큼은 대자가 자기 존재를 확립하기 위해 대상이 되는 특정한 존재가 자기가 아니라는 식으로 부정하는 데서 출발한다는 것이 중요합니다. 대상이 없이는 도대체 대자가 성립할 수 있는 토대가 없습니다. 주체인 대자는 대상이 자기가 아니라는 것을 내적으로 부정함으로써 오로지 그 사실에서만 자기의 존재를 확보하기 때문입니다. 늘 그래왔듯이, 사르트르는 즉자에 중점을 둡니다.

내적 부정에서 대자는 자기가 부정하는 것 위에 압착된다. …… 내적 부정의 근원적인 항은 즉자, **저기에 있는** 사물이다. 그 사물 바깥에는 아무것도 없다. 있다면 하나의 텅 빔, 하나의 무인데 이것들은 한 순수한 부정에 의해서만 사물과 구분될 뿐이고, 이 순수한 부정의 내용 자체는 이 사물이 제공한다. 유물론이 대상으로부터 인식을 도출해 내려고 하다가 맞닥뜨린 난점은 한 실체에서 다른 한 실체를 산출하고 싶어 했기 때문이다.(212~213/331~332)

인식 관계에서 대상을 최대한으로 내세우고 주체를 최소한으로 여길 수밖에 없다는 사실을 계속 강조합니다. 내적 부정에서 부정하는 자는 대자인데, 그 대자가 자기가 부정하고 있는 것 위에 압착된다는 것은 대자가 실체성을 띨 수가 없다는 것을 말합니다. 늘 이야기해 온 것처럼 대자에게는 '두께=0'인 텅 빔 혹은 무가 있을 뿐입니다. 그리고 그 순수한 부정의 내용 자체를 사물이 제공한다는 것은, 예컨대 내가 컴퓨터 화면을 볼 때 성립하는 순수 부정의 내용은 '컴퓨터 화면이 아닌 나'일 뿐임을 말합니다.

이럴 경우, 사르트르의 인식론은, 흔히 초월론적인 구성주의 인식론에서 비판해 마지않는 소박한 실재론(naive realism), 즉 경험되는 것이 경험되는 그대로 처음부터 그렇게 있다고 하는 주장으로 연결될 공산이 큽니다. 그러나 소박한 실재론은 사르트르가 인식에 대해 말하는 현전과 내적인 부정 및 이것들이 주체인 대자에게만 속한다는 사실 등을 전혀 고려하지 않기 때문에 그 궤가 전혀 다릅니다.

그렇다면 인식에서 주체와 대상의 관계는 실로 어떠한가요? 이를 염두에 두면서, 사르트르는 그야말로 주체가 순수한 부정이기만 할 뿐 그 외에 아무것도 아닌 사태에 불과하다는 것을 잘 드러내 주는 매혹이라는 개념을, 그리고 루소가 말한 범신론적인 직관을 검토합니다. 그런 가운데 인식에서의 직접성을 언급합니다. 사르트르가 주장하는 내적 부정으로서의 인식이란 근본적으로 직접성을 바탕으로 한 것이라는 이야깁니다.

그런 뒤, 이 직접성의 상황에서 주체와 대상 양자가 서로 연속적인가, 아니면 불연속적인가를 검토합니다. 연속적일 경우, 대상의 구조가 사라질 것인데, 그 까닭은 대상이 대자에 의해 절대적으로 부정될 것을 요구함으로써 성립하는데 그럴 수 없기 때문입니다. 한편 불연속일 경우 직접성이 파괴될 것인데, 그 까닭은 양쪽을 분리하는 것이 아무것도 아닌데도 마치 실체성을 띤 것인 양 될 것이고, 실체화된 아무것도 아닌 것이 그 자체 어떤 무엇이 되어 중간 위치에 서 있음으로써 현전의 직접성을 파괴할 것이기 때문입니다. 이래저래 난관이 연출되는데, 사르트르는 이렇게 결론을 내립니다.

> 대자가 즉자에 현전한다는 것은 연속성의 관계항들에 의해서도 불연속성의 관계항들에 의해서도 표현될 수 없다. 그렇기 때문에, 대자가 즉자에 현전한다는 것은 순수한 **부정된 동일성**이다.(214/334)

주체와 대상을 구체적인 인식관계에서 보자면, 항상 대상이 주체를 꽉 채우고 있습니다. 일반적으로 인식관계에서 주체는 대상을 인식하기 위해 활동하는 것이지 자신을 인식하기 위해 활동하는 것이 아니지요. 따라서 주체는 인식을 제대로 하기 위해 가능하면 자신을 완전히 비우고자 하지요. 그리고 그 빈 곳을 대상이 꽉 채우도록 하지요.

하지만, 대상이 바로 주체인 것은 결코 아닙니다. 이는 인식 주체(인식자)가 순수한 부정, 즉 자신을 꽉 채우고 있는 대상(인식 내용)에 대해 자신이 아니라고 부정하는 것 자체로 존립한다는 것을 의미합니다 이를 달리 말해, '순수한 부정된 동일성'이라고 지칭하는 것입니다. 이 정도 되면, 구성주의 인식론은 일거에 무너집니다. 그러면서 마치 인식 내용만이 인식함을 가득 채우고서 고요하게 주어지는 것처럼 됩니다. '순수한 부정된 통일성'이라는 것이 의미하는 바가 바로 그것입니다. 인식 주체가 자신에 대해 일종의 무념무상을 수행하고 있는 것과 유사하다 할 수 있습니다.

> 우리는 인식을 내용의 순수한 적요(寂寥)라 부를 수 있다. 이는 인식의 근원적인 현상이 존재에 아무것도 덧붙이지지 않고 아무것도 창조하지 않는다는 것을 충분히 말해 준다. 인식에 의해 존재는 풍부해지지 않는다. 왜냐하면 인식은 순수 부정성이기 때문이다. 인식은 그저 존재가 **거기에 있도록**(*qu'il y ait*) 할 뿐이다. 그러나 존재의 '거기에 있음'이라는 사실은 존재의 내적인 규정 ── 있는 그대로의 그것임 ──이 아니고, 부정성의 내적인 규정이다.(215/335)

칸트는 인식을 감성의 형식들과 지성의 형식들을 덧붙임으로써 대상이 성립하는 것으로 보았고, 후설도 인식을 대상화하는 것이자 의미를 부여하는 것으로 보았습니다. 이들은 주체의 인식 작용이 인식 대상에 뭔가를 덧붙여 풍부하게 만든다고 생각합니다. 예컨대 후설은 인식을 더 많이 생각함(Mehrmeinen)이라고 말하기도 합니다. 참고로 말하면, 이와 반대로 들뢰즈는 인식을 빼기(abstraction)라고 생각합니다.

그런데 사르트르는 인식을 순전히 대자에 귀속되는 것으로 보면서도, 대자가 순수 부정성이듯이 인식도 순수 부정성에 불과하다는 것을 주장합니다. 순수 부정성이란 그 자체 존재로부터 주어지는 내용의 증감과는 전연 무관하다는 것입니다. 이로써 사르트르는 인식이 직관적인 인식임을 내세우는 셈입니다. 이러한 사르트르로서는 인식 대상인 내용에 대해 인식 자체가 아무것도 덧붙이지 않는다는 사실을 강조할 수밖에 없는 것이지요.

우리가 보기에 이러한 사르트르의 인식론은 대단히 매력적입니다. 주체의 죽음을 예고하는 것이기도 하지만, 항상 자신을 상실하고 대상에 매혹당하는 예술적인 주체의 가능성을 충분히 근거 짓고 있기 때문입니다. 다만, 뒷부분에서 토로서 달고 있는 대목을 주시하지 않을 수 없습니다. 이 인용문에서 괄호로 병기한 'il y ait'는 'il y a'의 접속법입니다. 그런데 'qu'il y ait'와 'qui est ce qu'il est'를 대비시키고 있습니다. 후자가 대자의 순수 부정에 의해 전자가 된다는 것입니다. 대자의 순수 부정에 의해 있는 그대로의 즉자에서 현전의 즉자가 된다는 것이고, 그것이 인식에서의 즉자라는 이야깁니다.

아무튼 사르트르의 인식론에서 대자는 전반적이긴 하나 대단히 소극적인 역할을 하는 것으로 정위되고 있습니다. 이는 연장(延長, étendu)에 관해서도 그대로 적용됩니다.

대자는 처음에 비연장적이었다가 나중에 연장된 존재와 관계를 맺는 것이 아니다. 왜냐하면, 우리가 고찰한 방식에 따르면, 비연장이라는 개념은 그 자체로 의미를 가질 수 없을 것이고, 연장적인 것의 부정일 뿐이기 때문이다. 불가능한 일이긴 하지만, 만약 우리가 즉자의 노출된 규정들의 연장을 억누를 수 있다고 한다면, 대자는 더 이상 비공간적인 것으로 머물 수 없을 것이다. 대자는 연장적인 것도 비연장적인 것도 아니라고 해야 할 것이고, 대자를 연장적인 것과 관련해서 어떤 방식으로건 특징짓는 것도 불가능하다고 해야 할 것이다. (215/336)

잘 알다시피, 데카르트는 두 가지 실체, 즉 비연장적이면서 사유하는 실체인 정신과 연장적이면서 사유하지 않는 실체인 물질을 구분했습니다. 이는 설사 정신이 인식작용을 하지 않는다 할지라도 그 자체로 비연장적인 것으로 존재할 수 있음을 말하는 것입니다. 사르트르식으로 말하면 데카르트가 말하는 정신은 그 자체로 일종의 즉자인 것이지요.

그런데 사르트르는 대자(주체)의 비연장성은 사물(대상)의 연장성이 없이 그 자체로 성립할 수 있는 것이 아님을 역설합니다. 사물의 연장성을 부정하는 데서, 오로지 그 조건하에서만 대자의 비연장성이 성립한다는 것입니다. 적어도 인식에서의 적극적인 존재 규정에 대해서만큼은 즉자의 선차성이 철저히 관철되고 있습니다. 그래서 결국 대자에 대해서는 연장적이니 비연장적이니 하는 바 즉자적인 존재 규정을 적용해서는 안 된다는 것입니다.

4) 부정인 초월, 초월인 부정

이는 대자가 존재, 즉 즉자와의 관계에서 어느 정도로 부정의 차원에 머물러 있는가를 여지없이 드러내는 것이라 할 수 있습니다. 이제 사르트르는 본 장의 제목인 초월에 대해 이렇게 정의하면서 제1절을 마칩니다.

우리는 대자를 그 존재에서 규정함으로써 즉자를 노출시키는바, 내적이면서 실현하는 이 부정을 초월이라 부를 것이다.(216/336)

이 말을 하기 직전에, 사르트르는 "인식함, 그것은 두 가지 의미에서 실현하는 것이다. 인식함은, [인식되는] 존재를 반영하는 부정을 [인식되는] 그 존재가 갖도록 함으로써, [인식되는] 존재가 거기에 있도록 하는 것이다. 말하자면, 실재는 실현이다"라고 말합니다. 대자는 존재에 대해 반영된 부정인데, 대자가 이 부정을 즉자에게 덧붙여 갖도록 함으로써 즉자가 거기에 있는 것으로, 즉 실재로서 노출된다는 것입니다. 말하자면, 비록 대자의 부정이 즉자에 대한 것이어서 즉자가 없이는 성립할 수 없는 것이지만, 즉자가 인식을 통해 이 세상에 드러나기 위해서는 반드시 대자의 부정을 통하지 않으면 안 된다는 것입니다.

그러고 보면, 대자의 이 부정은 대자를 바탕에서부터 규정하는 내적인 것이고, 즉자가 이 세상에 존재하게끔 해서 실재로서의 즉자를 실현케 하는 것입니다. 사르트르는 인식함에 있어 서로 대별되는 존재방식을 띤 대자와 즉자가 얼마나 강력하게 힘을 발휘하는가를 역설하고 있습니다. 그러면서 대자의 내적 부정, 즉 즉자가 자신이 아니라고 부정하면서 그 부정을 통해 즉자를 실재로서 실현하는 작용을 초월이라 부릅니다. 그러니까 초월은 단순히 부정이 아니라, 즉자를 거기에 노출되도록 해서 실재를 실현시키는 것을 아울러 말하는 것입니다. 결국 온 세상의 실재들이 이렇게 현상되는 것은 대자의 초월에 의거해서이되, 그렇다고 대자가 인식주체로서 무슨 내용을 거기에 덧붙이는 것은 아님을 강조하는 것이지요. 여기에서도 대자는 두께=0의 거대한 막임이 드러나는 셈입니다.

4. 부정으로서의 규정에 대하여

1) 총체성 문제

이 정도로 부정이 존재론적으로 전보편적인 바탕으로 작동한다고 할 때, 워낙 근원적이어서 그저 하나의 특정한 대상의 규정에만 작동할 리 만무

합니다. 그 보편적인 적용 범위에 대해 사르트르는 이렇게 말합니다.

> 근원적 초월로서의 부정성은 하나의 **이것**(*un ceci*)에서 출발하여 규정
> 되지 않는다. 그게 아니라, 이 부정성은 하나의 이것이 존립하도록 한
> 다. 대자의 근원적인 현전은 존재에의 **현전**이다.(216/337)

그래서 이제 전체 존재가 문제되고 총체성(혹은 총체, totalité)이 문
제가 됩니다. 사르트르는 지금 여기 어느 한 특정한 존재가 현전한다는
것은 전체 존재가 현전한다는 것을 토대로 성립한다고 말합니다. 그 이
유로 대자가 부정을 일삼을 때, 그 부정은 특정한 것에 대해서도 이루어
지지만, 본질적인 성격상 일체의 존재를 부정하는 데서 이루어지기 때문
이라고 말합니다. 이는 후설이 말하는 지평 원리를 회상케 합니다. 지평
원리에 의하면, 각각의 대상은 그 대상을 둘러싸고 있는 외적 지평이 없
이는, 그리고 그 외적 지평에 의해 암암리에 규정되지 않고서는 성립할
수 없습니다. 그리고 세계는 보편적인 외적 지평입니다. 이를 염두에 두
면서 지금 이야기되고 있는 사르트르의 '근원적인 초월로서의 부정성'과
'전체 존재'(혹은 총체성)를 생각하면 이해하는 데 도움이 될 것입니다.

> 대자가 총체로서의 존재에 현전함은 대자가 (자기가 아닌 것이면서 자
> 기인 것이 아닌 존재양식으로) 탈총체적인 총체로서 자기 자신의 총체가
> 되어야 한다는 사실에서 연유한다. …… 사실, 근원적인 부정은 철저한
> (근본적인, radicale) 부정이다. 대자는 그 자신 부정의 전체가 됨으로써
> 존재 앞에서 자기 자신의 총체로서 <u>스스로</u>를 지탱한다. 이러한 대자는
> 전체에 대한 부정이다.(217/338)

대자가 비록 탈총체적이긴 하나 자기 존재의 총체성을 확보해야 하고, 그러기 위해 존재에 대해 부정성을 발휘하기 때문에, 대자는 총체로서의 존재, 즉 전체 존재에 대해 현전할 수밖에 없는 것이라는 이야깁니다. 그리고 그렇게 현전한다는 것 자체가 이미 존재의 총체성을 벗어나서, 이른바 탈총체적 작동을 하는 것입니다. 그래서 '탈총체적 총체'라는 말이 성립하는 것이고요. 중요한 것은 그러한 전체 존재에 대한 현전에 의해 대자가 전체 존재를 거기에 있도록, 즉 현상토록 한다는 것입니다.

존재의 총체는 달리 말해 세계라고 할 수 있습니다. 그래서 사르트르는 세계를 완성된 총체(totalité achevée)라고 말합니다. 그런데 대자는 워낙 탈자적으로 존재하기 때문에 대자에 의해 거기에서 현상하는 세계가 자신의 총체를 완성할 수 없습니다. 그런 점에서 대자의 총체는 탈총체적인 총체라고 하는 것이고요. 그러니까 대자의 총체는 미완성된 총체(totalité inachevée)입니다. 완성된 총체인 세계와 미완성된 총체인 대자의 맞물림이야말로 사르트르가 주체와 대상의 관계를 전반적으로 나타내는 것이라 할 수 있을 것입니다. 이 맞물림은 기실 대자가 세계를 두께 =0의 막으로 둘러싸고 있는 형국임을 염두에 두시기 바랍니다. 이를 바탕으로 사르트르는 이렇게 말합니다.

완성된 총체 혹은 세계는 미완성된 총체성을 띤 존재의 구성 내용으로서 노출된다. 미완성된 총체성을 띤 존재에 의해 총체성을 띤 존재가 존재로서 발용한다. …… 대자의 의미 자체는 바깥, 즉 존재 속에 있지만, 그 존재의 의미가 나타나는 것은 대자에 의해서다.(217/338)

하나하나의 개별적인 존재에 대한 구성에 있어서는 완전히 소극적이기만 한 대자가 이제 총체라고 하는 맥락에서는 세계를 자신의 구성 내용으로 싸안는바, 강력한 존재론적인 포괄성을 발휘합니다. 하지만 세계 혹은 완성된 존재 전체를 싸안는 대자는 어디까지나 '두께=0'의 텅 빔이고 무라는 것을 잊어서는 안 됩니다. 대자의 의미 자체가 존재에 근거한 것인 데 반해, 그 존재의 의미가 '나타나는' 것은 대자에 의해서라고 할 때, '나타난다'(apparaître)는 것은 아예 없었던 것이 만들어지는 것이 아님을 또한 유념해야 할 것입니다. 그러면서 과연 존재의 의미가 나타난다는 것이 어떤 뜻을 갖는가를 생각해 보아야 할 것입니다.

2) 부분 부정과 총체적 부정

내가 이 책상을 바라볼 때, 거기에는 반드시 '나는 이 책상이 아니다'라고 하는 이른바 대자의 부정이 작동합니다. 그런데 만약 대자의 부정이 워낙 철저하고 근본적이어서 항상 전체 혹은 총체에 대한 부정이라면, 이때 '이 책상에 대한 부정'은 부분 부정일 수밖에 없고, 이 부분 부정은 총체적인 부정에 근거해서 작동한다고 할 수밖에 없습니다.

한편 총체적 부정은 존재 전체를 총체적으로 거기에 있도록 해서 대자가 그 존재 전체에 현전토록 합니다. 따라서 지금 여기에서 보고 있는 특정 존재인 '이것'(ceci)에 대자가 현전하는 것은 그 바탕에 대자가 존재 전체에 현전한다는 것을 깔고 있습니다. 그런데 이 존재 전체는 '이것'과의 관계를 무시하고서 그 자체로 보면 무차별적(indifférenciée)입니다.

대자가 수행하는 부분 부정과 전체 부정의 관계에 의거해서 특정한 부분 존재와 무차별한 전체 존재의 관계가 성립한다고 보는 것입니다. 이는 사르트르가 후설의 지향성과 지평성에 관한 이야기를 한꺼번에 재

해석해서 보여 주는 것이라 할 수 있습니다. 대자와 존재 간의 맞물림을 이야기하는 데서는 후설이 말하는 지향성의 원리가 작동하고 있고, 부분과 전체가 상관해서 성립한다고 말하는 데서는 후설이 말하는 지평성의 원리가 작동하고 있기 때문입니다.

그런데 사르트르는 후설의 지평에 관한 이야기는 전혀 거론하지 않고 후설의 지평 이론과 매우 흡사한 게슈탈트 이론을 거론하면서 자신의 이런 분석이 게슈탈트 이론의 원천에 놓여 있다고 말합니다. 그러면서 이어서 이렇게 말합니다.

> **이것** 혹은 바탕 위의 형태의 출현은, 근본적인 부정의 종합적인 바탕 위에서 구체적인 나 자신의 부정이 출현하는 것과 상관해서, 내가 이 총체적인 부정이면서 동시에 이 총체적인 부정이 아니라는 것을 함축한다. 또는 더 그럴듯하게 말하면, 나는 '아님'의 양식에서는 총체적인 부정이고, 존재의 양식에서는 총체적인 부정이 아니다.(218~219/340)

나를 '아님'의 양식에서 본다는 것은 대자를 초월로서의 부정 자체로 본다는 것이고, 그런 점에서 대자는 적극적으로 규정되는 바가 없기 때문에 존재의 양식을 띤다고 할 수 없습니다. 왜냐하면, 그때 대자가 현전하는 것은 무차별적인 전체 존재 자체이기 때문에 대자의 전체적인 부정 역시 규정되는 바가 없기 때문입니다.

그런 반면, 나를 '존재의 양식'에서 본다는 것은 대자를 특정한 존재인 '이것'에 대해 부분적으로 부정하는 것으로 본다는 것이지요. 예컨대 "나는 이 책상이 아니다"라고 할 때의 대자에 의해 수행되는 부정이 이에 해당됩니다. 이때 대자인 나는 '이 책상이 아닌 나'로 규정됩니다. 그렇게 되면서 대자인 나는 일정하게 존재양식을 취하는 것이 됩니다. 그럴 때에는 총체적인 부정일 수가 없다는 것이고요.

3) 부정으로서의 규정

지난 시간에 우리는 대자가 수행하는 부분 부정과 전체 부정에 관한 이야기를 하고서 강의를 마칠 수밖에 없었습니다. 그런데 여기에 중요한 대목이 있습니다. 지금 우리가 살피고 있는 절의 제목이 '부정으로서의 규정에 대하여'입니다. 이 제목에 해당되는 적극적인 내용을 제시하는 대목을 살펴보아야 합니다.

> 대자는 세계, 공간성, 영속성, 물질, 간단하게 말해 즉자 일반이 아니다. 그러나 '그것들이-아니다'라는 대자의 방식은 부정성을 띤 전반적인 토대를 바탕으로 해서 이 책상, 이 유리잔, 이 방이 아니어야 한다는 것이다. 그러므로 이것은 부정에 대한 하나의 부정을 전제한다. 그러나 이하나의 부정은 그것이 부정하는 근본적인 부정이 되어야 할 하나의 부정이고, 하나의 존재론적인 끈에 의해 그 근본적 부정에 들러붙기를 그치지 않는 하나의 부정이며, 또 다른 이것의 발용에 의해 그 근본적 부정에 혼융될 자세를 취하고 있는 하나의 부정이다. 이런 의미에서 이것은 모든 다른 이것들로 된 '세계라는 토대로 회귀함'에 의해 이것으로서 노출된다. 이것의 규정성 ──모든 규정들의 근원인── 은 하나의 부정이다. 이 부정 ──이것의 측면에서 본── 은 전적으로 관념적이라는 것을 잘 이해하자. 이 부정은 존재에 아무것도 덧붙이지 않으며, 존재에게서 아무것도 삭제하지 않는다.(219/340)

헤겔이 상찬해 마지않은 바 스피노자가 규정에 대해 제시한 공식이 있습니다. 그것은 "모든 규정은 부정이다"(Omnis determinatio est negatio)라는 공식입니다. 지금 사르트르는 이 스피노자적인 '규정=부정'이라는 공식이 어떻게 성립하는가를 말하고 있습니다.

'이것', 예컨대 이 책상을 규정하고자 할 때, 그 규정은 '책상이 아닌 모든 것에 대한 부정'을 바탕으로 깔고 있다는 것이 스피노자의 규정에 대한 이야깁니다. 이를 바탕으로 헤겔은 'a = -{∀(-a)}' 즉 'a는 a가 아닌 것 전체가 아닌 것이다'를 제시합니다. 여기에서 헤겔은 a가 a 자신이 아닌 것들에 대해 갖는 일체의 부정의 계기들을 다 거친 것, 즉 등호의 오른쪽에 있는 것을 즉자대자적인 a라고 합니다. 그리고 등호의 왼쪽을 '단적으로 a인 것'이라고 합니다. 이 둘을 정확하게 구분해야 한다는 것이 헤겔의 이야깁니다. 헤겔이 제시하고 있는 등호의 오른쪽, 즉 즉자대적인 a 에는 '부정에 대한 부정'이 들어 있습니다. 이 부정은 a를 제외한 다른 모든 이것들에 대한 부정입니다.

이는 사르트르식으로 말하면, "찻잔은 잉크병이 아니다"와 같은 차원의 외적인 부정 관계에서 성립하되 그 전체적인 맥락에서 성립하는 것입니다. 말하자면 헤겔의 등호 오른쪽에 들어 있는 부정은 사르트르가 말하는 대자에 의한 것이 아닙니다. 사르트르가 말하는 '이것'이 성립하는 데 수행되는 부정은 대자에 의한 이른바 내적 부정입니다. 따라서 사르트르의 입장에서 볼 때, 헤겔의 공식에서 등호의 오른쪽에서 성립하는 '부정에 대한 부정'이 성립하기 위해서는 이를 전혀 다른 차원에서 부정하는 또 하나의 새로운 부정, 즉 대자에 의한 부정이 바탕에 놓여 있어야 합니다. 말하자면, '부정의 부정에 대한 부정'이 바탕에 놓여 있어야만 하는 것이지요. 물론 이 새로운 차원의 부정은 대자에 의한 부정이지요.

4) 외적 부정의 기원

아무튼 이쯤 되면, 예컨대 "잉크병은 찻잔이 아니다"와 같은 외적 부정의
기원을 따지지 않을 수 없습니다. 만약 외적 부정의 기원이 대자의 부정
에 있다는 사실을 제대로 밝히면, 스피노자와 헤겔이 말하고 있는 '부정
으로서의 규정'은 존재의 차원에서 성립하는 존재적인 파악이 아니라 인
식의 차원에서 성립하는 관념적인 것에 불과하다는 것이 밝혀질 것입니
다. 그래서 사르트르는 이렇게 말합니다.

> 존재 전체와 이것에 동시에 현전해야만 하는 하나의 존재[즉 대자]에 의
> 해서만 부정이 이것에 다가설 수 있다. 즉 탈자적인 하나의 존재[즉 대
> 자]에 의해서만 부정이 이것에 다가설 수 있다. 그런데 이 부정은 즉자
> 적인 존재인 한에서의 이것을 손대지 않고 그대로 놓아두며, 모든 이것
> 들을 총체성으로서 종합하는 실재적인 작용을 하지도 않는다. 그렇기
> 때문에, 이것을 구성하는 부정은 하나의 **외적** 유형의 부정이다. 그리고
> 이것이 전체에 대해 갖는 관계는 외재성(éxtériorité)의 관계다. 이로써
> 우리는 외적인 부정이 어떻게 나인(que *je* suis) 내적이고 근본적이며
> 탈자적인 부정의 상관자로서 나타나는가를 보게 된다.(219/341)

이야기가 조금 어렵습니다. "나는 이 책상이 아니다"에 작동하는 부
정은 나에 대한 내적 부정입니다. 그리고 이 내적 부정은 나를 규정한다
고 했습니다. 그런데 이 부정은 나에게만 작동하는 것이 아니라 '이 책상'
(이것)에도 작동합니다. 그러나 이 부정이 내적으로 작동하여 내게 영향
을 미칠 때는 나를 내적으로 규정하지만, 이 부정이 외적으로 '이것'(이 책

상)에 대해 작동할 때는 '이것'(이 책상)에 대해 아무런 규정적 영향도 미치지 않는다는 것입니다. 그래서 책상에 대한 대자의 내적 부정은 그 책상에 대해서는 일종의 '외적 유형의 부정'이 된다고 말하는 것입니다.

그런데 사르트르는 이 '외적 유형인 부정'이 '이것들 간의 외적인 부정'으로 전환되어 나타나는 것을 은근히 말하고 있습니다. 그것은 대자에 의한 부정이 '이것'에로 작동한다고 할 때, 그 부정은 '이것들'을 무차별한 총체로서 종합하는 작용이 아니라는 말에서도 나타납니다. 헤겔이 제시한 바, '이것=모든 다른 **이것들의 부정**'이라는 그 외적인 부정은 알고 보면 대자의 내적인 부정에 근거해서 그 상관자로 나타난 것이라는 결론을 내리는 것이지요. 이로써 외적 부정의 기원이 어디에 있는가를 알게 되었다고 사르트르는 말하고 있는 것입니다.

5) 세계에 대한 이중적인 규정

그러면서 사르트르는 외적 부정이 내적 부정의 상관자로 나타난다고 하는 것이 세계의 애매한 이중적 성격이 드러나는 근거를 설명해 준다고 말합니다. 대자가 철저하게 자기 자신의 무로 현존해야 하는데, 그러기 위해서는 그 바탕으로서 세계가 주어져야 합니다. 왜냐하면, 전반적으로 볼 때 세계는 대자를 구성하는 것이고, 대자로서는 자기 자신을 구성하는 이 세계를 부정함으로써 결국에는 스스로에 대한 무가 될 수 있기 때문입니다. 이럴 때 주어지는 세계는 무차별적인 통합입니다.

하지만, 세계는 **이것** 혹은 여러 개의 **이것들**이 출현하는 바탕이 되기도 합니다. 그럴 때 **이것** 혹은 여러 개의 이것들은 이미 세계 속에 있었던 것이어야 합니다. 대자가 무차별한 세계로부터 그것들을 만들어 내는 것은 아니기 때문이지요. 이렇게 보면, 세계는 이미 있었던 이것 혹은 여러 개의 **이것**들이 언제라도 드러날 수 있는 차별적인 것으로서 미리 준비되어 있어야 합니다(219/341 참조).

간단히 요약하면, 세계는 무차별적인 연속체로 대자에게 제공되기도 하면서 불연속적으로 차별을 함축하고 있는 **이것**들의 전체 집합으로 나타나기도 한다는 것입니다. 그 이유는 물론 대자 때문입니다.

대자에 의한 부정이 그저 단적이고 무차별적으로 존재 전체에 대해 이루어지기도 하면서, 항상 구체적이고 현재적인 어떤 특정한 존재[이것]에 대해 이루어지면서 동시에 그것을 넘어서서 이루어지기 때문에, 이와 상관자로서 나타나는 세계 역시 그러한 이중적인 구조 속에서 나타난다는 것입니다. 대자가 존재 전체를 부정하는 근본적이고 총체적인 부정을 할 경우에는 세계가 무차별적인 통합으로 나타납니다. 그리고 대자의 이러한 부정이 출발점으로 삼고 있는 구체적이고 현재적인 부정에 관련해서는 세계가 그러한 구체적인 부정의 상관자인 하나 혹은 여러 이것들이 출현하는 일종의 집합적인 상자로서 나타나는 것입니다.

6) 세계 규정의 공간에의 적용

사르트르는 이러한 세계에 대한 이중적인 규정을 활용하여 공간을 정의하고자 합니다. 사실 공간이 무엇인가를 정확하게 규정한다는 것은 대단히 어렵습니다. 그러나 어려운 만큼 해명되지 않으면 안 되는 대단히 중요한 존재론적인 개념이 바로 공간입니다.

데모크리토스는 존재하는 것을 원자들과 원자들이 운동하는 터인 공간 두 가지라고 함으로써 원자들이 차지하고 있는 체적(장소)으로서의 공간은 공간이 아니라고 했습니다. 텅 빈 공간만이 공간이라는 것이지요. 그런데 아리스토텔레스는 그 반대로 텅 빈 공간을 인정할 수 없고 오로지 어떤 것이 차지하고 있는 장소로서의 공간만을 인정할 수 있다고 했습니다. 그래서 텅 빈 공간으로 여겨지는 우주 공간에는 제5원소인 에테르가 가득 차 있다고 했습니다. 그런가 하면, 다 알다시피 칸트는 공간을 인간의 인식 능력인 감성이 갖추고 있는 선험적인 형식이라고 했습니다. 그리고 경험을 통해 느끼는 이 실재의 공간은 감성의 형식인 공간이 초월론적으로 외화되어 나타난 것이라고 말합니다. 사실 이러한 칸트의 구성주의적인 주장은 상식과 워낙 어긋하기 때문에 받아들이기가 대단히 어렵습니다. 상식으로 말하자면, 감성에 의한 공간의 외화 자체가 선험적으로 존재하는 외부 공간 속에서 일어나는 것 같기 때문입니다.

그렇다면 사르트르는 공간을 어떻게 볼까요? 사르트르는 공간을 세계가 갖는 애매한 이중적 규정을 매개하는 것으로 봅니다. 벌써 어려울 것 같군요. 그의 이야기를 들어 봅시다.

사람들이 **공간**(espace)이라 부르는 것은 바로 총체가 집합(collection) 속으로 영구히 사라지고 연속적인 것이 불연속적인 것 속으로 영구히 사라지는 것을 말하는 것이다. 사실 공간은 하나의 존재일 수가 없을 것이다. 공간은 아무런 관계도 맺지 않는 존재들 간의 움직이는 관계다. …… 공간화하는 존재는 전체와 **이것**에 공현전하는 한에서의 대자다. 공간은 세계가 아니다. 그러나 공간은, 항상 외적인 다수성으로 분해될 수 있는 한에서의 총체로서 파악된 세계의 불안정성이다. 공간은 바탕도 형태도 아니다. 차라리 항상 형태들로 분해될 수 있는 한에서, 공간은 연속도 아니고 불연속도 아니다. 차라리 공간은 연속에서 불연속으로 나아가는 부단한 이행이다. 공간의 현존은 대자가 존재를 **거기에 있도록** 함에 있어서 존재에 **아무것도** 덧붙이지 않는다는 것에 대한 증거다. 공간은 종합의 이념성이다. 이런 의미에서, 공간은 세계로부터 그 기원을 끌어내는 한에서의 총체성이고, 동시에 공간이 **이것**들의 우글거림(pullulement)으로 끝맺는 한에 있어서 **아무것도** 아니다. 공간은 구체적인 직관에 의해 파악되지 않는다. 왜냐하면, 공간은 있는 것이 아니고 계속해서 공간화되는 것이기 때문이다. 공간은 시간성에 의존한다. 그리고 공간이 세계에 등장하는 것이 오로지 그 존재양식이 시간화인 하나의 존재[즉 대자]에 의해서일 뿐인 한에서, 공간은 시간성 속에서 나타난다. 왜냐하면, 공간은 이 존재[즉 대자]가 존재를 실현하기 위해서 탈자적으로 스스로를 상실하는 방식이기 때문이다. **이것**이 갖는 공간적 성격은 **이것**에 종합되는 방식으로 덧붙여지지 않고, 단지 **이것**의 '**자리**'(장소, *place*)일 따름이다. 말하자면, 이 **이것**이 갖는 공간적 성격은 **이것**이 바탕에 대해 갖는 외재성의 관계일 따름이다. 다만, 이 관계가 바탕 자체가 형태들의 다수성으로 분해될 때, 다른 **이것**들과의 외적인 관계들의 다수성으로 와해될 수 있는 한에서 그러하다.(220/342)

상당히 길게 인용했습니다. 공간 문제는 대단히 중요한 것이기 때문에, 사르트르가 과연 어떻게 제 나름의 공간론을 펼치는가를 조금이라도 더 정확하게 파악하기 위해서입니다. 정돈하면 이렇게 됩니다.

① 공간은 존재하는 것들을 담는 고정된 그릇이 아니라, 서로 외부적인 **이것**들 사이에서 움직이는 이른바 유동적인 관계다. 이에 공간은 계속해서 공간화되는 것이라 할 수 있다.

② 공간은 연속적이고 무차별한 총체로서의 세계가 불연속적이고 이 것들의 다수성으로 분해되는 집합으로서의 세계로 이행하는 과정이다. 그런 점에서 공간은 연속적인 것도 아니고 불연속적인 것도 아니다.

③ 공간은 대자의 존재양식인 시간화에 의해서만 세계에 주어질 수 있다. 이는 대자가 각각의 이것들에 대해 아무것도 첨가하거나 삭제하지 않는 것처럼, 공간 역시 아무것도 아니라는 것을 함축한다. 한편으로 공간은 ②에서 알 수 있듯이, 세계로부터 자신의 기원을 이끌어 내기 때문에 그 자체로 보면 하나의 총체성이라 할 수 있다. 요컨대 공간은 총체이면서 동시에 아무것도 아닌 것이다.

④ 공간은 **이것들**에 대한 자리(장소)일 뿐이다. 그리고 이 장소는 바탕과의 관계이다. 하지만, 이 자리(장소)는 언제든지 바탕이 분해되어 다수성을 이룰 때 그 다수성 속으로 와해되어 들어갈 수 있다.

이렇게 대략 네 가지로 정돈됩니다. 더 구체적으로 살펴봅시다.

①의 "공간은 계속해서 공간화[된다]"는 규정이 대단히 이채롭습니다. 이는 공간이 본질상 즉자적인 사물과는 달리 그 자체로 존재하는 것이 아니라, 대자와의 관련 속에서만 존립한다는 것을 말합니다. 이는 "공간은 이 존재[즉 대자]가 존재를 실현하기 위해서 탈자적으로 스스로를 상실하는 방식"이라고 하는 것과 직결됩니다. 대자가 존재를 **실현한다**는 것은 존재를 현상으로서 노출되게 한다는 것으로 보아야지, 대자가 존재를 만든다거나 존재에 뭔가를 덧붙여 구성한다거나 하는 것으로 보아서는 안 됩니다.

②의 "공간은 연속적이고 무차별한 총체로서의 세계가 불연속적이고 이것들의 다수성으로 분해되는 집합으로서의 세계로 이행하는 과정이다"라는 규정에서는 마치 데모크리토스의 공간에서 아리스토텔레스적인 공간으로 **이행하는 과정 자체**가 바로 공간이라고 말하는 것 같습니다. 공간을 연속성에서 불연속성으로의 과정으로 보는 것은 셀 수 없는 것에서 셀 수 있는 것으로 넘어가는 과정으로 보는 것입니다. 우선 이것은 베르그송이 공간화를 지성에 의한 양화로 보는 것과 일정하게 관련이 있어 보입니다. 말하자면, 공간을 연속적인 것도 불연속적인 것도 아니라고 함으로써 베르그송의 공간론을 거부하고 있습니다.

③의 "공간은 총체이면서 동시에 아무것도 아[니다]"라는 규정은 공간이 세계로부터 그 기원을 갖긴 하지만, 세계와 관계를 맺게 되는 것은 대자에 의한 것임을 말합니다. 다만, 세계와의 관계에 있어서, 세계가 존재한다고 할 때 대자가 그 존재를 실현하는 과정이 공간이기에 공간은 **아무것도 아니**라는 것입니다. 또한 공간은 세계를 포괄하고 있는 **전체적인 자리**이기에 총체라는 것입니다. 요컨대 공간은 아무것도 아닌 총체인 셈입니다. 공간은 세계의 존재 속에 속속들이 배어 있는바, 대자에 의한 세계-존재의 실현을 나타낼 뿐이라는 것이지요.

④에서 공간을 자리(장소)로 본 것은 아리스토텔레스식입니다. 다만, 이 자리(장소)는 언제든지 바탕에 우글거리는 잠정적인 다수성 속으로 침몰할 수 있다는 사실을 지적한 점에서 아리스토텔레스와 다릅니다. 아리스토텔레스는 대자의 존재를 염두에 두지 않았기 때문에 대자가 이것에 대해 부분 부정을 수행하다가 다른 이것에 대해 부분 부정을 수행하는 이른바 지평론적인 구조를 감안하지 않습니다.

한마디로, 사르트르의 공간론은 변증법적이라고도 말할 수 있는 애매성에 입각한 공간론입니다. 대자가 즉자를 드러나게 할 뿐 존재하게 하는 것이 아닌 것처럼, 대자는 공간을 세계로부터 기원하도록 할 뿐 존재하게 하는 것은 아닌 것입니다. 그렇기 때문에 사르트르는 칸트의 공간론을 지목해서 말하듯이 다음과 같이 말합니다.

> 이런 의미에서 공간을 우리들의 감성의 선험적인 구조에 의해 현상들에 부과된 하나의 형식으로 여기는 것은 헛된 일일 것이다. 공간은 하나의 형식일 수 없다. 공간은 아무것도 아니기 때문이다. 그 반대로, 공간은 부정 말고는 그 어떤 것도 대자에 의해 즉자에 올 수 없다는 사실을 보여 주는 표식이다.(220~221/343)

공간이 아무것도 아니라는 이야기와 대자가 아무것도 아니라는 이야기는 직결됩니다. 그러고 보면 대자에 의해 공간화된다는 사르트르의 이야기가 공간이 감성의 선험적 형식이라는 칸트의 이야기와 왠지 어느 정도 일맥상통한 것 아닌가 하는 생각을 하게도 됩니다.

그런데 사르트르는 공간은 아무것도 아니라고 힘주어 말합니다. '아무것도 아닌 것'(le rien)이라는 말은 '순수한 근원적인 부정'임을 뜻하기도 하지만, 동시에 즉자처럼 존재하는 것이 아니라는 것입니다. 그리고 칸트가 말한 감성의 형식은 일종의 즉자적인 것에 해당한다는 것입니다.

계속 해온 말입니다만, 대자가 즉자에 대해 줄 수 있는 것은 부정뿐입니다. 그런데 그 부정이 공간화되어 나타날 때 즉자에 속하는 외적인 부정이 성립합니다. 그러고 보면, 대자가 공간을 공간화한다는 것은 대자가 즉자에 무차별의 외부성(extériorité d'indifférnce)을 부여하는 것, 즉 무차별한 총체로서의 즉자적 세계를 거기에 있는 현상으로서 실현하는 것이라 할 수 있습니다. 이는 우리 식으로 해석하면, 공간이란 '두께=0인 대자의 막'이 세계의 안팎을 관통하고 있는 상태를 지칭하는 것이라 할 것입니다.

중요한 것은 공간은 대자가 세계-존재에 대해 무라는 사실을, 대자가 세계 내의 이것들 간의 외적 부정의 기원이 된다는 사실을 증시해 주는 증거라는 사실은, 요컨대 대자에 의해 즉자에 주어질 수 있는 것은 오로지 부정밖에 없다는 사실을 보여 주는 표식이라는 것입니다.

7) 외적 부정의 존재 유형

외적 부정은 '이 신문은 책상이 아니다'라는 식의 부정이라고 했습니다. 여기에서 이 신문을 이것이라 단일하게 지칭할 수 있을 겁니다. 그런데 이것[즉, 이 신문]은 자기 스스로 책상임을 부정하는 것이 아니지요. 그렇게 되면, 이 신문이 대자처럼 내적 부정을 하는 꼴이 됩니다. 그러니까 외적 부정은 이것에 속한 것이 아닌 것입니다. 이에 근거해서 사르트르는 이렇게 말합니다.

> 그러므로 이것에 대한 규정적인 관계는 이것에 속할 수도 없고 저것에 속할 수도 없다. 이 규정적인 관계는 그것들[즉 이것과 저것]을 건드리지 않고 또 그것들에 조금의 새로운 성격도 부여하지 않고, 그것들을 에워싼다. 이 규정적인 관계는 그것들을 바로 그것들로 놓아 둔다.(221/343)

맥락으로 보아 '규정적인 관계'는 존재하는 것들 간의 외적인 부정에 의거해서 존재하는 각각의 것을 규정할 때 성립하는 관계입니다. 핵심은 서로들끼리 부정하는 것이 아니라는 것입니다. 이에 곧이어 사르트르는, 저 앞에서 말했던 스피노자의 "모든 규정은 부정이다"라는 유명한 공식을 바꾸어, "저 자신의 규정들로 있어야 하는 존재에 속하지 않는 모든 규정은 관념적인 부정이다"라고 해야 할 것이라고 말합니다.

여기에서 각 존재자가 저 자신의 규정들로 있어야 한다고 할 때, 저 자신의 규정들이 어디에서 발원하는가에 대해 의문을 가지지 않을 수 없습니다. 특히 후설의 지평론의 관점에서 보면, 스피노자의 "모든 규정은 부정이다"에 덧붙여 '모든 규정은 다른 것들과의 관계이다'라는 말을 하지 않을 수 없고, 그럴 경우 각 존재자가 저 자신만으로 따로 독립해서 가질 수 있는 규정들이란 도대체 어떤 것이며, 어디에서 발원하는가를 생각하지 않을 수 없는데, 그 길이 막연하기 때문입니다. 이에 관해서는 질 (qualité)에 관련한 논의를 통해 상당 정도 해결될 것으로 예상됩니다.

아무튼 사르트르는 초월적인 것들[즉자들 혹은 사물들]에 대해 대자가 적극적인 변형의 종합을 일삼는 부정을 수행한다는 것은 상상도 할 수 없다고 말하고, 따라서 이것을 구성하는 외적 부정이 사물의 객관적인 [즉자적이라는 의미에서] 성격으로 나타날 수 없다고 말합니다. 그렇다고 외적 부정을 주관적인 것, 즉 대자의 순수 존재양식으로 볼 수는 더더구나 없다고 말합니다(221/344 참조). 그리고 보면, 즉자적인 **이것들** 간의 외적인 부정은 그 정체가 묘합니다. 아무튼 이런 말을 한 뒤, 외적 부정에 대해 사르트르는 이렇게 결론을 짓습니다.

외적 부정의 외재성 자체는 즉자에 대해서와 마찬가지로 대자에 대해서도 **외부적으로** '허공에' 머물 것을 요구한다. …… 그것은 하나의 **아무**

것도 아닌 것이다. 우리가 잉크병을 잉크병으로서 파악할 수 있는 것은 물론 잉크병이 책상이 아니고 파이프가 아니고 유리잔 등이 아니기 때문이다. 그러나 만약 내가 잉크병은 책상이 아니라고 말한다면, 그때 나는 **아무것도 전혀 생각하지 않는 것이다.** 그래서 규정은 내적인 구조라는 자격으로는 사물에도 의식에도 속하지 않는바 하나의 **아무것도 아닌 것이다.** 그러나 그 [규정의] 존재는 내적인 부정들의 체계를 거쳐 대자에 의해 **호출된 존재**(être-cité)에 해당한다. 대자가 즉자에 의해 자신이 아닌 것이 무엇인가를 스스로에게 알리는 한, 즉자의 무차별은 세계 속에서 규정으로서 드러난다.(222/244~245)

왜 이렇게 외적 부정에 대해 애써 논의하는 것일까요? 사실 지금 인용된 이 대목은 이해하기가 상당히 어렵습니다. 더욱이 외적 부정을 규정과 거의 같은 수준에서 성립하는 것으로 보는 대목이 어렵습니다. 규정이란 외적 부정에 의한 것만이 아니기 때문입니다. 예컨대 '잉크병은 잉크를 담는 병이다'라는 규정도 있을 수 있기 때문입니다. 사실 이러한 긍정적 방식의 규정이 외적 부정에 의한 규정보다 더 실효성이 높지요.

그런데 스피노자가 "모든 규정은 부정이다"라고 했을 때, 그 규정은 실제로는 이 예와 같은 긍정적인 규정을 지칭합니다. 말하자면 스피노자가 말하고자 한 것은, "잉크병은 잉크를 담는 병이다"(명제 A)라고 했을 때 거기에는 "잉크병은 잉크를 담는 병이 아닌 모든 것이 아니다"(명제 B)라는 것이 함축되어 있음을 말한 것입니다.

사르트르는, 만약 스피노자가 외적 부정에 의한 명제 B가 없이는 명제 A가 의미 있게 성립할 수 없다고 말한 것이라면, "모든 규정은 부정이다"라는 것이 특별한 의미가 없다는 것을 역설하는 셈입니다. 그런 식으로 모든 규정을 외적 부정에 근거한 것으로 보게 되면, 결국 모든 규정은 오히려 무차별에 빠져든다는 것이지요.

그런데 '대자에 의해 호출된 존재'라는 말이 이해하기가 또 어렵습니다. 더군다나 내적인 부정들의 체계를 거쳐서 대자에 의해 호출된다고 하니 더 어렵습니다. 대자는 세계에 존재하는 모든 즉자들에 대해 그것들 모두 자신이 아니라고 하는 내적인 부정을 수행합니다. 예컨대 대자는 잉크병도 아니고, 파이프도 아니고, 책상 등등, 세계에 속한 그 어떤 사물도 아니라고 체계적으로 부정합니다. 저 앞에서 우리는 외적 부정이 내적 부정의 상관자로 나타난다는 것을 밝힌 바 있습니다. 그런 의미에서 외적 부정에 의거한 규정의 존재는 내적 부정을 일삼는 대자에 의해 호출되었다고 말할 수 있을 것입니다. 하지만 그 내용은 곧 이어질 '질'에 관한 이야기를 통해 구체화될 것입니다.

5. 질

아리스토텔레스는 'S는 P이다'라고 하는 판단의 형식에서 S, 즉 주어에 해당되는 것을 '기체'(基體, hypokeimenon)라고 하면서, 예컨대 '이 분필은 희다'라고 했을 때, '흼'은 속성으로서 감각적인 것이고, '이 분필'이 일체의 감각적인 것들의 바탕에 놓여 있어 실체 역할을 하는 것을 지칭하는 것으로 여겼습니다. 그 이후 특히 영국의 경험론을 거치면서 이 감각적인 것들은 모두 다 주관적인 것으로 취급되었고, 심지어 실체마저도 주관적인 것으로 여겨졌습니다. 칸트는 아리스토텔레스가 말한 '실체와 속성'이란 것을 아예 지성의 제1범주로 만들어 버렸고, 감성에 의해 조성되어 넘겨진 감각적인 직관들에 대해 이 범주를 적용함으로써 아리스토텔레스적인 실체와 속성에 관한 존재론적인 이야기가 가능하게 된다는 것으로 여겼습니다. 그 내용으로 보자면 모두 다 감각적인 직관들이고, 감각적인 직관들은 애당초 주관적인 것이기에 실은 칸트 역시 영국의 경험론을 따르고 있다고 할 수 있습니다. 후설에 와서는 감각적인 것들을 감각 노에마, 즉 의식에 의해 통일된 대상적 의미로 구성되는 것으로 보고, 다만 그것들을 거머쥐고 있는 것으로 여겨지는 실체에 관해서는 '단적인 대상'(Gegenstand schlechthin)이라 말하고, 다시 이를 대상극(Gegenstand-Pol)이라고 말하면서 이쪽 의식 주체의 극과 대립해 있는 것으로 보았습니다.

1) 감각적 질들의 상호관통인 이것(사물)

그런데 사르트르는 이러한 철학사적인 흐름을 전적으로 거스릅니다. 그는 흔히 주관적이라고 여겼던 감각적인 질들을 객관적이라 여깁니다. 그러면서 감각적인 질들을 대단히 독창적으로 규정합니다.

> 이것이 세계 혹은 다른 이것들과의 모든 외적인 관계를 벗어나 있는 것으로 간주될 때, 질(qualité)은 이것의 존재 이외 다른 것이 결코 아니다. ······ 이 레몬의 노랑은 이 레몬에 대한 주관적인 파악 양식이 아니다. 이 레몬의 노랑은 이 레몬이다. 대상 X가 잡다한 전체 질들을 거머쥐고 있는 텅 빈 형식으로 나타난다는 것은 더 이상 참이 아니다. 사실, 레몬은 그것의 질들을 관통하면서 전적으로 연장되어 있고, 레몬의 질들의 각각은 레몬의 다른 각각의 질들을 관통하면서 전적으로 연장되어 있다. 노란 것은 레몬의 새콤함이고, 새콤한 것은 레몬의 노랑이다. 우리

는 과자의 색깔을 먹는다. 그 과자의 맛은 말하자면 식음(食飮)의 직관이라 할 수 있는 것에 그 모양과 그 색깔을 드러내는 도구다. 거꾸로 말하면, 만약 내가 꿀단지에 내 손가락을 집어넣는다면, 그 꿀의 끈적거리는 차가움은 내 손가락들에 그 단맛을 드러내 보인다. 어느 연못의 액체성과 미지근함과 푸르죽죽한 색깔과 파동 등은 서로가 서로를 관통하면서 한꺼번에 주어진다. 이것이라 불리는 것은 이러한 [질들 간의] 전반적인 상호관통이다. 이는 화가들 특히 세잔의 경험들이 잘 보여 준다.(222~223/345)

대단히 놀랍고 독창적인 사르트르의 주장이 담겨 있습니다. 예를 드는 것으로 보아 감각적이라 일컬을 수밖에 없는 질들(색깔, 모양, 맛, 촉감 등에 관한 것들)에 대해, 객관적일 뿐만 아니라 그것들의 상호관통이 바로 '이것'이라 지칭하는 이른바 개개의 사물이라는 것을 주장하고 있습니다. '질들 간의 상호관통'이 의미하는 바에 관해서는 "노란 것은 레몬의 새콤함이고, 새콤한 것은 레몬의 노랑이다"라는 말을 잘 새기면 얼마든지 알 수 있습니다. 혹은 "우리는 과자의 색깔을 먹는다"라는 말에서도 간취할 수 있습니다.

'질들 간의 상호관통'을 [더 어려울지 모르지만] 이해를 돕기 위해 말하자면, 하나의 사물에 속한다고 할 수 있는 모든 감각적인 각각의 질들이 '동일한 존재적인 자리'를 점유하고 있어 인식에 있어서는 구분될지라도 존재에 있어서는 실로 구분할 수 없다는 것입니다. 그리고 이러한 '동일한 존재적인 자리'를 '이것'이라는 사물로 부른다는 것입니다.

감각적인 질들에 관한 사르트르의 이러한 존재론적인 관점은 메를로-퐁티의 후기 철학의 백미라 할 수 있는 살(chair) 개념에 대해 원형의 역할을 하는 것이라 보지 않을 수 없습니다. 메를로-퐁티는 '살'을 다소 구체적인 방식으로 표현하여 '감각 덩어리'(masse du sensible)라고 하는데, 여기에서 '덩어리'(masse)는 사르트르가 말하는 '질들 간의 상호관통', 즉 '이것인 사물'이 아닐 수 없기 때문입니다. 메를로-퐁티의 가장 독창적인 존재론적인 착안이라 여길 수 있는 것이 15년 전에 이미 사르트르에게서 비롯되고 있다는 사실에 놀라움을 금할 수 없습니다. 메를로-퐁티의 『보이는 것과 보이지 않는 것』[2]을 읽기 전에 사르트르의 『존재와 무』의 특히 이 대목을 먼저 읽었더라면, 후기 메를로-퐁티에 대해 다른 방식으로 평가하지 않을 수 없었을 겁니다. 물론 그렇다고 메를로-퐁티를 쉽게 폄하할 수 있는 것은 결코 아닙니다.

일단 각설하고 다시 사르트르로 돌아옵니다. 그는 위와 같이 제시한 뒤, 이제 질에 대해 존재론적인 정돈을 이렇게 합니다.

존재의 모든 질은 그 존재 전체다(toute qualité de l'être est tout l'être). 존재의 모든 질은 그 절대적인 우연성의 현전이다. 존재의 모든 질은 그 무차별적인 환원불가능성이다. 질의 파악은 **존재가 이것으로서 있다는** 사실 외에 아무것도 존재에 덧붙이지 않는다. 이런 의미에서 질은 존재의 외적인 측면이 아니다. 왜냐하면 존재는 '속'을 전혀 가지지 않음으로써 '바깥'도 가지지 못할 것이기 때문이다.(223/346)

존재가 속을 가지지 않는다는 것은 저 앞에서 말한 바, 철학사를 관

---

2) 이 책은 메를로-퐁티가 1958년경에 집중적으로 연구한 것이 출간된 것으로 보입니다. 출간은 메를로-퐁티가 죽은 뒤인 1964년에 이루어졌지요.

통하면서 내려온 '기체'의 전통을 거부하는 것이라 할 수 있습니다. [감각적인] 질들 외에 그 속에 혹은 그 바탕에 존재하는 것이 따로 없다는 것이지요. 따라서 질을 존재[즉, 사물]의 외적인 측면으로 보아서는 안 된다는 것입니다. 이 대목에서 우리는 "내 눈에 보이는 이 붉은색은 사람들이 늘 말하는 것과는 달리 하나의 질(quale)로서 두께를 갖지 않은 존재자의 껍질이 아니다"[3]라는 메를로-퐁티의 언명을 떠올리게 됩니다. 감각적인 질들의 상호관통을 그 자체로 '이것인 사물'로 보는 것이야말로 현상학적인 관점을 한껏 드러내는 것이라 할 수 있습니다. 현상학의 요체는, 실체가 따로 있어 드러나지 않고 그 외현만 드러난다는 것을 거부하고, 실체 자체가 현상으로 드러난다는 것을 주장하는 것이기 때문입니다.

2) 질과 대자의 관계

그렇다면, 과연 존재와 질을 완전히 동일하게 여길 수 있는 것 아닌가 하는 생각이 생깁니다. 그런데 사르트르는 이에 관해 그 자체로는 적극적으로 긍정하지 않지만, 대자와의 관련하에서는 적극적으로 긍정합니다.

> 그러나 존재는 **즉자적으로[그 자체로]** 질은 아니다. 존재가 [질에 비해] 더한 것도 덜한 것도 없긴 하지만 그러하다. 그렇지만 질, 그것은 '거기에 있음'(il y a)의 한계들 내에서 **스스로를 드러내는 존재 전체**이다. 질은 존재의 **바깥**이 결코 아니다. 존재는 존재에 대해 있을 수 없고, 단지 스스로를 그 자신이 아니게끔 하는 것[대자]에 대해서만 있을 수 있다.

---

3) Merleau-ponty, *Le visible et l'invisible*, Paris: Gallimard, 1964, p.174.

그런 한에서 질은 존재 전체다.(223/346)

"존재는 즉자적으로 질은 아니다"라는 말은 즉자가 '거기에 있는 현상'으로서 대자의 부정에 의해 드러나는 것과 대비되는 근원적인 즉자의 사태를 염두에 두고 있습니다. 사르트르는 '순수 즉자'라는 말을 하는데, 이 '순수 즉자'는 그 자체 충만한 존재 밀도를 지닌 것으로서 대자가 발원하는 바탕이 되는 것이지요. 근원적으로는 이를 일컬어 존재라고 하기 때문에, '거기에 있는 현상으로서의 즉자'인 '이것'의 질을 곧 존재라고 할 수는 없다는 것입니다. 지금 이 인용문은 이러한 '순수 즉자로서의 존재'와는 다른 판면을 기술하고 있습니다.

존재가 대자에게 나타나는 한에서 질이 성립한다는 말은 하지 않습니다. 존재가 대자에게 나타나는 한에서 질이 존재 전체라는 말을 하고 있습니다. 대자는 존재를 '거기에 있게끔' 하는 것이었습니다. 달리 말하면, 존재가 거기에 있다는 것은 존재가 대자에 대해 있다는 것을 함축한다는 것입니다. 존재가 거기에 있는 한에 있어서는, 즉 존재가 스스로를 '거기에 있음'의 한계들 내에서 자신을 드러내는 한에 있어서는, 적어도 질은 존재 전체라는 것입니다.

이렇게 되면, 질을 다시 주관적인 것으로 되돌리게 될 공산이 없지는 않습니다. 하지만, 사르트르는 결코 그렇지 않다고 힘주어 말합니다.

대자가 질에 대해 갖는 관계는 존재론적인 관계다. 질에 대한 직관은 하나의 소여에 대한 수동적인 관조가 결코 아니다. 정신은 그러한 관조 속에 있는 것으로 머무는 하나의 즉자가 결코 아니다. 말하자면, 정신은 관조된 이것과의 관계에 의해 무차별의 양식하에 남아도는 하나의 즉자가 결코 아니다. 그게 아니고, 대자는 질에 의해, 자신이 무엇이 아닌지를 스스로에게 알게 한다. 붉음을 이 공책의 색깔로서 지각함은 지각함 스스로가 이 질에 대한 내적인 부정으로서 반영된다는 것이다. 즉 질의 파악은 후설이 바라는 것과는 달리 '충족'(remplissement, Erfüllung)이 아니고, 이 질로부터 규정되는 텅 빔으로 있는 하나의 텅 빔에 대한 알림(information)이다. 이런 의미에서 질은 부단히 도달 지점 바깥에 있는 현전이다.(223/346)

대자와 질의 관계가 존재론적인 관계라는 점에 관해서는 왜 그런가를 제대로 해명해 내지 못하고 있는 것 같습니다. 이 점에 있어서는, 메를로-퐁티가 한발 앞서 나갑니다. 메를로-퐁티에 있어서는 사르트르가 말하는 대자의 위치에 '본몸'(le corps propre)이 와 있습니다. '본몸'은 메를로-퐁티가 정신 내지는 의식을 체화시키고 있는 살아 있는 몸을 특히 물리-생리적인 몸과 대비해서 지칭하기 위해 사용한 개념입니다. 메를로-퐁티의 '살 존재론'에서 본몸은 감각 덩어리인 살로 된 것으로 규정됩니다. 그렇기 때문에 주체인 본몸은 역시 감각 덩어리인 감각적인 질과 존재론적인 관계를 맺고 있는 것으로 해명됩니다.

그러나 사르트르는 대자가 실체적인 즉자가 아니라는 것, 대자가 마치 즉자에 대해서도 그러하지만, 질에 대해서도 스스로를 부정적인 구도에서만 현존하는 것으로 여기기 때문에, 대자와 질의 관계가 분명 존재론적이긴 하지만, 대자가 질에 의해 내적인 부정으로서 반영된다는 이른바 반영 구도를 벗어나지 못하고 있는 것입니다. 이 반영 구도에 대해 사르트르는 존재론적이라고 하지만, 아무래도 인식론적인 관련을 완전히 제거하지 못하고 있는 것은 사실입니다.

그런데 이 대목에서 사르트르의 의식 개념과 후설의 의식 개념이 어떻게 다른가가 드러나고 있습니다. 사르트르가 질에 대한 지각을 의식이 충족되는 것으로 보지 않고 오히려 의식이 텅 빔으로 드러나는 것으로 보고 있기 때문입니다. 후설은 그런가 안 그런가 하는 수준의 지향하는 의식이 있고, 이 지향하는 의식이 완전한 지각에 의해 확실하게 충족될 때 충족되는 의식으로 바뀐다고 말합니다. 후설에게서 충족되는 의식은 지향성의 원리에 의해 그 의식을 충족시키는 대상과 맞물려 있습니다.

그런데 사르트르는 대자에 대해 자신을 충족시킬 법한 대상이 자신이 아니라고 해서 완전히 내뿜으로써 자신을 하나의 텅 빔으로 만든다는 것을 강조합니다. 대자로서의 의식은 자신을 충족시킬 법한 질과 결코 동일하지 않다는 내적 부정을 끊임없이 수행하는 데서 진정으로 성립한다는 것이지요. 그래서 이렇게 다시 정돈해서 말합니다.

질은 우리가 아닌 것에 대한 지시(指示)이며, 우리에게서 거부되는 존재양식에 대한 지시이다. 하양에 대한 지각은 대자가 색깔로서 현존하는 것이 원칙상 불가능하다는 것에 대한 의식, 즉 대자가 그러한 바로 그것임으로써 현존하는 것이 원칙상 불가능하다는 것에 대한 의식이다.(224/347)

나 자신을 대자라 할 때, 내 자신은 도대체 그 어떤 질적인 규정도 지닐 수 없음을 이제 질과 대자의 관계를 통해 분명히 밝히고 있습니다. 대자로서의 나는 도대체 그 어떤 적극적인 규정도 전혀 가질 수 없는 것입니다. 이렇기에 사르트르에게서 "나는 내 몸이다"라는 가브리엘 마르셀이나 이를 이어받은 메를로-퐁티의 언명은 원칙상 성립할 수 없습니다.

3) '이것'의 음영인 질

흔히 말하는바, 예컨대 '이것은 노랗다'고 할 때, '이것'이 노랑이라는 질을 가진다고 하는 것이 그다지 어색하진 않을 것 같습니다. 그런데 사르트르가 정식화한 것처럼, '이것'이 질들 간 상호관통이고, 전체 질이 존재 전체라고 한다면, 이러한 "'이것'이 질을 가짐'은 어떻게 해석해야 하는 걸까요? 다소 난감한 것 같은데, 이에 대해 사르트르는 이렇게 말합니다.

> 이제 만약 누군가가 어떻게 해서 이것이 '그' 질들을 갖게 되었는가 하고서 묻는다면, 우리는 이렇게, 즉 사실상 이것은 세계라고 하는 바탕 위에서 총체로서 방출되며(放出, se libére) 무차별한 통일태로서 주어진다고 대답할 것이다.(224/347)

언뜻 보면, 동문서답하는 격입니다. '이것'이 총체이고 무차별한 통일태라고 대답하는 것이 어떻게 '이것'이 질들을 갖는 것에 대한 해명이 될 수 있다는 말인가요? 이는 '이것'이 질들을 갖는다고 말하게 된 연유를 찾기 위해서는 '이것' 자체에 호소해서는 안 되고, '이것' 말고 다른 데 그 근본 원인이 있음을 염두에 두어야 한다는 것을 말합니다. 그래서 이어서 이렇게 말합니다.

> 이것을 마주하여 여러 다른 관점에서 자신을 부정할 수 있는 것은 대자다. 그리고 질을 사물을 바탕으로 새로운 하나의 이것으로 드러내는 것도 대자다. 대자는 각각의 부정하는 작용을 통해 자유롭게 자발적으로 자신의 존재를 구성한다. [그런데] 이 대자에서 수행되는 각각의 부정

하는 작용에는 '하나의 음영에 의한'(par un profil) 바 존재의 전반적인 노출이 상응한다. 이 음영은 대자 자신에 의해 실현된, 사물과 대자 간의 한 관계일 뿐이다. 이 음영은 부정성에 대한 절대적인 규정이다. 왜냐하면, 존재적인 무라고 하는 대자의 규정이 충족되기 위해서는 대자가 근원적인 부정에 의해 존재가 아니라고 한다거나 대자가 그 존재가 아니라고 하는 것만으로는 부족하고, 대자가 [바로] 그 존재가 아님의 대체할 수 없는 어떤 하나의 방식으로서 자신을 실현해야 하기 때문이다. 그러므로 질을 이것의 음영으로서 규정하는바, 그 절대적인 규정은 대자의 자유에 속하는 것이다.(224/347~348)

'이것'이 질들을 갖는다고 하는 것을 질들이 '이것'의 음영이라고 하는 것으로 달리 표현하고 있습니다. '음영'(profil)이라는 것은 일찍이 후설이 제시한 개념, 'Abschattungen'(대부분의 경우 단수형 'Abschattung'이 아니라 이처럼 복수형으로 사용합니다)을 불어로 표현한 것입니다. 이는 우리가 하나의 사물을 지각할 때 전면적으로 다 보이지 않고 부분적으로 보이는 것을 말하기 위한 것입니다. 분필 지우개를 한 바퀴만 빙 돌리더라도 이 분필 지우개가 우리에게 나타내 보이는 모양은 무수히 많습니다. 이럴 때, 매 순간 하나하나의 모양을 '음영'이라고 하고, 하나밖에 없는 전체 모양이 이 무수한 음영들에 의해 음영진다고 말합니다.

그런데 이 음영에 대해 대자는 그것이 자신이 아니라고 내적 부정을 가할 수가 있습니다. 이때 이 내적 부정은 부분의 부분적인 부정, 즉 2차적인 부분 부정이라 할 수 있습니다. 1차적인 부분 부정은 세계 전체에 대한 부정이 아니라 '이것' 혹은 '저것'에 대한 부정입니다. 이에 관해서는 앞에서 이야기했습니다. 사르트르의 이야기는 만약 대자가 이러한 2

차적인 부분 부정으로서의 내적 부정을 수행하지 않는다면, 음영이란 것이 '거기에 있을' 수 없다는 것입니다.

그런데 후설과 비교해 보자면 사르트르의 음영 이론은 오히려 덜 치밀하다고 할 수 있습니다. 이 사물인 '이것'을 바라볼 때, 대략 세 층위가 나타납니다. 첫째는 '이것'이라 지칭되는 이 사물 전체라고 하는 층위입니다. 둘째는 '이것'을 형성하는 질(들)의 층위입니다. 셋째는 이 질(들) 각각이 '이것'의 운동과 '이것'을 바라보는 관점과의 유동적인 관계에 의해 계속 새롭게 달리 나타나는 층위입니다. 예컨대 '이 분필'이 있다고 할 때, 첫번째 층위는 '이 분필' 자체의 층위입니다. 두번째 층위는 '이 분필의 하양', '이 분필의 딱딱함', '이 분필의 원통형' 등의 질들의 층위입니다. 세번째 층위는 예컨대 '이 분필의 원통형'이 보는 각도에 따라 계속 달리 보이는 매 순간의 모습들의 층위입니다.

그런데 후설은 세번째 층위에서 출발해서 이것들이 두번째 층위에 속하는 각각의 질들에 대해 음영 진다고 말합니다. 여기에서 음영 진다는 것은 하나의 질(예컨대 '이 분필의 원통형')이 전체로 완전히 주어지지 않고 항상 부분적으로만 주어진다는 것을 일컫습니다. 이에 반해 사르트르는 '이것'에 대해 개개 질들이 음영 지는 것만 언급합니다. 후설에 비해 덜 세밀한 셈이지요.

이를 세세하게 구분하는 것은 상당히 중요합니다. 왜냐하면 후설이 말하는 세번째 층위의 음영 짐, 예컨대 '이 분필의 원통형에 대한 음영들'은 자칫 그야말로 주관적이라고 생각하기 쉽기 때문입니다. 아닌 게 아니라, 후설은 감각적 질 차원에서 음영들이 아예 의식의 가장 내밀한 영역인 내실적(內實的, reelle) 영역에 속한다고 말합니다. 문제는 그렇다면, 사르트르는 이 음영들을 어떻게 취급할 것인가, 후설처럼 주관적인 의식 내용이라고 여길 것인가, 아니면 의식 너머의 존재에 속한 것으로 여길 것인가 하는 것입니다.

사르트르는 첫번째 층위인 '이것'은 두번째 층위에 속하는 질들의 상호관통이라고 했습니다. 이를 우리 나름으로 두번째 층위와 세번째 층위에 원용해서 말하면, 하나하나의 질은 여러 감각적 음영들의 상호관통이라고 할 수 있습니다. 중요한 것은 사르트르가 하나의 음영에 의해 전반적으로 존재가 노출된다고 말하는 대목입니다. 이는 그 하나의 음영이, 예컨대 '이 분필의 원통형'이 거기에 있다(il y a)는 것은 곧바로 '이 분필'이 거기에 있다는 것을 전반적으로 노출한다는 것입니다.

그런데 그 하나의 음영, 예컨대 '이 분필의 원통형'은 새로운 하나의 '이것'일 수 있습니다. '이 분필의 원통형'이 거기에 있다고 충분히 말할 수 있기 때문이죠. '이 분필의 원통형'인 새로운 '이것'이 '거기에 있을' 수 있는 것은 어디까지나 대자의 부정 작용에 의한 것입니다. 대자의 이 부정 작용은 단적인 '이것'에 대한 부정 작용과는 차원이 다르겠지요. 그래서 우리 나름으로 '2차적인 부분 부정'이라는 이름을 붙여 본 것입니다.

대자가 수행하는 부정은 대체로 세 차원으로 나눌 수 있을 것 같습니다. 그리고 우리 나름으로는 여기에 하나의 차원으로 보탤 수 있습니다. 첫째는 대자가 세계 전체를 자신이 아니라고 부정하는 전반적인 부정입니다. 둘째는 대자가 세계의 일부인 '이것'(예컨대, '이 분필')에 대해 자신이 아니라고 하는 1차적인 부분 부정입니다. 셋째는 대자가 '이것'의 질(예컨대, '이 분필의 원통형'), 이른바 '새로운 이것'에 대해 자신이 아니라고 하는 2차적인 부분 부정입니다. 여기에 우리 나름으로 하나 덧붙일 수 있는 또 하나의 부분 부정이 있는데, 그것은 하나의 질(예컨대 '이 분필의 원통형')이 보는 각도나 관점에 따라 계속해서 달리 보이는 그 질의 음영들에 대해 대자가 자신이 아니라고 하는 3차적인 부분 부정입니다.

그런데 사르트르는 이 2차적인 부분 부정에 의해 '거기에 있는' 음영을 '부정성에 대한 절대적인 규정'이라고 말하고 있습니다. 무슨 말일까요? 부정성은 대자의 현존에 대한 또 다른 이름이라고 해도 과언이 아닙니다. 조금이라도 내용을 지닌 것이라면, 더군다나 '거기에 있는' 것이라면, 설사 그것이 순간적이고 측면적이라 할지라도 대자에 속한 것이 아니라 존재에 속한 것이라고 보아야 한다는 것입니다. 방금 우리 나름으로 덧붙인 3차적인 부분 부정에 있어서도 그것이 내용을 지닌 한 결코 대자에게 속한 것이 아니라 대자 너머의 존재에 속한다는 것을 알아야 한다는 것입니다.

이는 사르트르가 후설과 전혀 달리 의식을 규정하고 있음을 드러내주는 또 하나의 중요한 사실입니다. 후설은 음영들이 의식의 가장 내밀한 내용으로서 내실적 의식에 포함된다고 말한다고 했습니다. 그런데 후설은 이 음영들의 원천을 내실적인 의식 바깥에서 찾을 수 있는 길을 전혀 염두에 두지도 않을뿐더러 모색하지도 않습니다. 그래서 후설의 현상학적인 구성은 존재론적으로 볼 때, 의식 외의 그 어떤 것에도 의존하지 않는 이른바 '절대적 관념론'의 형태를 띠게 됩니다.

그런데 사르트르는 일체의 내용, 그것이 어떤 차원에서건, 그것이 부분적이든 전체적이든, 적어도 질적인 내용인 한에 있어서 그 존재 자체가 결코 의식에서 발원하는 것이 아니라고 여기고, 다만 그 내용이 '거기에 있는' 것으로서 실현되는 데에는 '아니다'라고 하는, 대자에 기원을 둔 부정성이 작동한다고 말합니다.

만약 대자가 음영을 통하지 않고 '이것'을 통째로 파악할 수 있다면, 모르긴 해도 대자는 이것에 대해 궁극적인 부정성을 획득하지 못할 것입니다. '이것'이 음영을 통해 주어진다는 것은 한편으로 즉자인 '이것'이 대자의 작용을 한정해서 존재 영역으로부터 밀쳐 낸다는 것이고, 그러니까 음영이 있다는 것 자체가 바로 대자가 '이것'에 대한 부정성이 아니고서는 도대체 현존할 수 없다는 것이고, 따라서 음영이야말로 대자의 부정성에 대한 절대적인 규정이 된다는 것입니다.

마지막 문장이 또 어렵습니다. 질을 '이것'의 음영으로 규정하는 것을 절대적인 규정이라고 방금 말한 것과는 다소 다른 맥락에서 '절대적인 규정'이라는 말을 언급합니다. 중요한 것은 이 '절대적인 규정'이 '부정성에 대한 절대적인 규정'의 상관자라는 사실입니다. 즉 대자의 본질인 '부정성의 절대적인 규정'에 입각해서 질을 '이것'의 음영이라고 절대적으로 규정할 수 있다는 것입니다. 따라서 질이 '이것'의 음영이라는 것을 바탕으로 해서 흔히 '이것'이 질(들)을 갖는다고 말한다는 것입니다. 그런데 '이것'이 질들을 갖게 된다는 데에는 대자의 자유가 그 바탕에서 작동하고 있기 때문이라는 것이지요. 요컨대 즉자적인 존재 판면에서 보면, 질은 '이것'에 대한 절대적인 규정이고, 대자적인 인식 판면에서 보면, 질(들)은 '이것'이 갖고 있는 것으로 된다는 것입니다.

4) '이것'의 의미인 추상적인 질

이 제목에 걸맞는 문제를 제출해야 하는데, 다소 복잡한 것 같아 사르트르의 이야기를 먼저 들어 보기로 합니다.

존재의 실현이 추상을 조건 짓는다. 왜냐하면, 추상이란 '허공의' 한 질을 파악하는 것이 아니고, 내적인 바탕(fond interne)의 무차별화가 절대적인 균형을 향하고 있는 곳인 하나의 이것인 질에 대한 파악이기 때문이다. [내가 나무껍질을 초록으로 파악할 때] 그 추상적인 초록은 그 존재 밀도를 상실하지 않는다. ──만일 상실한다면, 그 추상적인 초록은 대자의 주관적인 한 양식에 불과하게 될 것이다. ──오히려 이 추상적인 초록을 관통하면서 주어지는 그 빛남과 그 형태 및 그 거칠음 등이 순수하고 단순한 덩어리짐(*massivité*)의 무화하는 균형 속으로 녹아 들어간다.(225/348)

추상적인 질이란 '이것'에 속한 여러 질들 중 하나를 따로 떼 내었다고 여길 때 성립합니다. 앞에서 말한 '이것'의 두번째 층위에 속한 것이 바로 추상적인 질입니다. 그리고 이 추상적인 질을 그 나름대로 새로운 하나의 '이것'으로 파악할 수 있다는 것은 이미 앞에서 지적되었습니다. 그래서 '이것인 질'이 등장하고, '이것인 질'을 파악하는 것을 추상이라 일컫는 것입니다. 왜 추상이냐 하면 '이것'의 여러 질들 중에서 다른 질들(예컨대 '이 분필의 하양'과 '이 분필의 딱딱함' 등)을 빼고 지금 특별히 '이것인 질'(예컨대, '이 분필의 원통형')만을 파악하고 있기 때문입니다.

중요한 것은 추상되었다고 해서 그 질이 존재 밀도를 상실하지 않는다는 것, 따라서 결코 대자의 주관적인 양식으로 취급될 수 없다는 것입니다. 이는 사르트르가 적어도 지각에서 주어지는 것들은 그것이 설사 음영이라 할지라도 그 자체 존재 밀도를 지닌 것이기에 결코 주관적인 것으로 여겨서는 안 된다고 말하는 것입니다. 설사 앞에서 '매 순간의 질의 음영들'이라고 하는 세번째 층위라 할지라도 결코 존재 밀도를 상실하지 않는다는 것입니다. 후설이 음영들을 의식의 내실적 영역에 속한 것이라고 말한 것과 완전히 대립됩니다. 이는 사르트르가 지극히 존재 중심의 지각론을 펼치고 있다는 것을 말해 줍니다.

그런데 갑자기 '내적인 바탕'이란 말이 나옵니다. '바탕'(fond)을 후설식으로 보면 지평(Horizont)이 된다는 것은 저 앞에서 이미 말한 바 있습니다. 후설은 지평을 외적 지평과 내적 지평으로 나눕니다. 외적 지평은 '이것'을 둘러싸고 있는 다른 모든 '이것'들의 무차별성을 말하고, 내적 지평은 '이것' 자체에서 여러 질들이 계속 새롭게 나올 수 있는 가능성들 전체의 무차별성을 일컫습니다. 이를 원용해서 보면, 추상적인 질인 하나의 '이것인 질'(예컨대, '이 분필의 원통형')은 다른 여러 가능적인 '이것일-질'들(예컨대, '이 분필의 하양'과 '이 분필의 딱딱함')이 '이것' 안에서 순수하고 단순하게 덩어리져 무차별적인 균형 속으로 녹아 들어가 있는 것을 바탕으로 해서 지금 대자에게 드러나는 것입니다. 그러니까 대자가 파악의 방향을 바꾸기만 하면 언제든지 새로운 '이것인 질'로 등장할 수 있는 것이지요.

예를 들면, 내가 '이 나뭇잎의 초록색'을 추상적으로 파악하고 있을 때에는 '이 나뭇잎의 입술 모양'은 순수하고 단순한 내적 바탕(지평) 속에 무차별적으로 무화되어 균형을 이루고 있을 것입니다. 그러다가 이제 내가 '이 나뭇잎의 입술 모양'을 추상적으로 파악하게 되면, '이 나뭇잎의 초록색'은 순수하고 단순한 내적 바탕(지평) 속으로 무차별적으로 무화되어 녹아 들어가 균형을 이루게 되고, 그 대신 '이 나뭇잎의 입술 모양'이 추상적인 질, 즉 '이것인 질'로 부각되는 것이지요.

그런데 사르트르는 이 추상적인 질을 질이 갖추어야 할 의미로 취급합니다.

질은 다가올 한 대자의 현전에 공현전한다. 그런 한에서 추상적인 것은 질이 성취해야 할 의미로서 노출된다. 그래서 추상적인 초록은, 이것이 '초록이고-빛나고-거친' 그 음영에 의해 나에게 드러나야 하는 한에서, **이것의 다가올-의미**(le sens-à-venir)이다.(225/348)

그런데 추상적인 초록이 이렇게 '이것'의 다가올-의미가 될 수 있는 것은 대자의 가능성들에 의거한 것으로 처리됩니다. 의미(sens)라는 것은 아무래도 일정하게 통일되지 않으면 성립할 수 없습니다. 후설의 경우, 의미는 노에마인데, "나무는 불탈 수 있어도 나무의 노에마는 불타지 않는다"라는 유명한 말에서 알 수 있듯이, 후설이 말하는 의미는 결코 존재 밀도를 갖는 것이 아닙니다.

그런데 사르트르에서는 추상적인 질이 곧 질의 의미이자 '이것'의 의미인데, 그 자체 존재 밀도를 갖습니다. 추상적인 질이라 할지라도 그것은 결코 주관적인 영역에 속한 것으로 처리되어서는 안 된다는 정확한 각오를 드러내고 있습니다. 하지만 존재 밀도를 갖는 추상적인 질이 '이것'의 의미로 노출될 수 있는 것은 바로 대자의 부정에 의거한 가능성 때문이지요. 이는 의미라는 것이 근본적으로 대자와의 관련하에서만 성립할 수 있다는 것을 전제로 하는 것입니다. 이 점이 사르트르의 묘한 분석이라 할 수 있는데, 위 인용문에 바로 이어 사르트르는 이렇게 말합니다.

추상적인 초록은 [초록이고-빛나고-거친] 이 음영의 고유한 가능성인데, 그 가능성이 나 자신인 가능성들을 관통하여 드러나는 한에서, 즉 그 가능성이 **있게 되는** 한에서 그러하다. …… 추상적인 것은, 부정 이외 어떤 것일 수도 없는 가능성인 한에서 현전하고 있고 구체적인 나의 부정이 갖는 고유한 가능성의 상관자다. 추상적인 것은 **이것**의 의미인데,

이것이, 내가 그렇게 되어야만 하는 부정을 즉자 속에 고정시킬 수 있는 나의 가능성을 관통하여 장차 드러나는 한에서 그러하다.(225/349)

대자인 나는 계속해서 새로운 부정을 수행할 수 있습니다. 말하자면, 대자인 나는 부정의 가능성들의 총체라고 해도 과언이 아닙니다. 전반적인 부정, 1차적인 부분 부정, 2차적인 부분 부정, 3차적인 부분 부정 등, 우리는 저 앞에서 대자가 수행하는 여러 부정들을 정돈한 적이 있습니다. 내가 대자로서 이렇게 계속되는 부정의 가능성들을 지니고 있기에 추상적인 질이 그 상관자로서 존재 밀도를 지니고서 (이것이 계속 드러내는) 음영의 내적 바탕의 고유한 가능성으로 '있게 된다'는 것이 사르트르의 주장입니다.

'내가 그렇게 되어야만 하는 부정'을 즉자 속에 고정시킨다는 말이 어렵습니다. 나의 부정을, 나의 부정의 상관자인 '이것' 혹은 '이것인 질'로 고정시킬 수 있다는 것이지 싶습니다. 엄격하게 말하면 대자인 내가 수행하는 부정의 상관자인 '이것'에서 진짜 상관자는 바로 '이것의 거기 있음'이라 해야 할 것입니다. 그리고 그렇게 고정시킬 수 있는 한에서 추상적인 것이 '이것'의 의미가 된다는 것이지요.

결국에는 추상과 구체의 문제를, 구체 속에서의 추상, 추상을 통한 구체의 의미화 등으로 정돈하고 있다고 할 수 있겠습니다. 그런 점에서 사르트르의 이 논의가 크게 의미를 갖는다 하겠습니다.

지금으로서는 추상이 구체에 들러붙어 있다는 것, 구체가 그렇게 되어야 할 즉자 속에 응고된 하나의 가능성으로서 구체에 들러붙어 있다는 것을 말하는 것으로 만족할 수 있을 것이다.(225/349)

6. 양

질 문제에 관련해서는 사르트르의 독창적인 존재론이 그 특유한 힘을 발휘했다 할 수 있습니다. 그 핵심은 흔히 '이것'이라 부르는 이 구체적인 사물이란 '존재 밀도를 지닌 질들의 상호관통'이라는 것이었습니다. 이로써 사르트르가 명시적으로 제시하지는 않았지만, 그가 예로 들고 있는 모든 경우들에서 알 수 있듯이 질은 감각적인 것이기에 감각을 존재 밀도를 지닌 즉자적 차원의 것임을, 그러니까 사물은 감각덩어리임을 분명히 한 셈입니다. 그와 더불어 '이것인 질'이라 지칭할 수 있는 추상적인 질이 그 자체 존재 밀도를 통해 구체적인 '이것'에 항상 덧붙여져 있는 것임을 분명히 했습니다.

이제 사르트르는 양(量, quantité) 개념을 나름대로 규정하고자 합니다. 질과 더불어 양은 존재론에 있어서 대단히 기초가 되는 근본적인 것이지요. 사르트르는 양의 개념을 다루는 데 있어서, 외적 부정을 핵심적인 사안으로 끌어들입니다. 일반화해서 말하면, 외적 부정은 '이것'과 '저것' 간의 관계에서 성립합니다. 사르트르는 '이것-저것'의 현출을 대단히 중요한 소재로 삼습니다. '이것'은 '저것'이 아님으로써 '이것'이고, 또 '다른 이것인 저것'은 '이것'이 아님으로써 '저것'이지요. '이것'과 '저것'은 서로를 부정함으로써 각기 '그것', 즉 '그 이것'일 수 있습니다. 대자의 입장에서 보면, '이것'은 대자 스스로에게서 일어나는 부정이 아닙니다. 그런 점에서 대자의 입장에서 보면, '이것'은 초월적이고 즉자적입니다. 이 외적인 부정을 어떻게 생각해야 할 것인가를 사르트르는 심중하게 묻습니다.

서로 무차별적인 '이것-저것'의 덩이가 대자의 면전에 나타날 때, 그

덩이 전체가 대자가 아니라고 하는 점에서 총체로서의 통일성을 지니고 나타날 것입니다. 하지만 그 총체의 통일성은 언제든지 '이것'과 '저것'으로 혹은 '여러 다른 이것들'로 쉽게 분리될 수 있는 것입니다. 사르트르는, 그런 점에서 대자의 면전에 나타나는 이 총체가 무차별적인 총체성이라기보다 '다수성의-통일성'(unité-mutiplicité)이라고 말합니다. 이를 염두에 두면서, 나의 존재와 '존재의 무차별성'[4]이 어떤 방식으로 연결되는가를 이렇게 말합니다.

> 나는 이 책상에, 이 의자들에 현전해 있다. 그렇게 현전해 있는 나는 나를 총괄적으로, 다가적인(多價的, polyvalente) 부정으로서 구성한다. 그러나 순전히 내적인 이 부정은 [그 자체] 존재에 **대한** 부정이기에, 무의 지대들에 의해 장악되어 있다. 순전히 내적인 이 부정은 부정이라는 자격으로 무화된다. [그렇기에] 이 부정은 탈총체적인 부정이다. 나는 내 고유의 부정적인 무(néant de négation)인데, 이러한 내가 그것이 되어야 하는 무에 의거한 이 줄무늬들을 통해 존재의 무차별성이 나타난다.(226/350)

워낙 근본적인 차원에서 사유를 펼치고 있기 때문에 선명하게 이해한다는 것이 결코 쉽지 않습니다. 누누이 지적해 왔지만, 사르트르는 적어도 존재가 대자에 현전하는 한에서, 혹은 대자가 존재에 현전하는 한에서, 대자가 그 존재를 부정하지 않으면 안 되며, 이때 대자는 적극적인

---

4) 이 개념은 다음과 같은 사르트르의 언명에서 확인됩니다. "만약 대자가 하나의 이것에 현전한다고 가정하면, 다른 이것들은 같은 시간에 '세계 속에', 그러나 무차별하다는 자격으로 존립한다."(226/349)

존재가 아니라 그 자체 존재에 대한 부정일 뿐이고, 그렇게 존재에 대한 부정일 뿐임으로써 존재를 노출되도록 할 뿐이라고 합니다.

그렇기에 대자는 그런 존재에 대한 부정을 통해 스스로를 무화하지 않으면 안 됩니다. 즉 대자는 존재일 수가 없고 무가 되어야 합니다. 대자가 무가 되는 만큼 존재가 노출되기 때문입니다. 한편 이는 대자로서의 내가 부정 자체가 되어야 한다는 것을 의미합니다. 그래서 내가 그것이어야 할 무는 기실 '부정적인 무'이고, 내가 그렇게 되어야 할 부정은 '무적인 부정'(négation de néant)입니다. 이렇게 보면, 대자인 나에게 있어서 무와 부정이 동일한 것 같지만 반드시 그런 것은 아닙니다. 부정은 무에 의해 장악됩니다. 그렇기 때문에 부정이 정립적으로, 그 자체로 존재하는 것으로서 나타날 수가 없습니다. 내가 의자에 현전해 있을 때, 그 상황에서 의자가 집중적으로 노출될 뿐이지, 그 노출을 위한 나의 부정은 전혀 적극적으로 드러나지 않습니다. 즉 그 나의 부정은 무화됩니다. 다만, 조심해야 할 것은 무화된다고 해서 작동하지 않는다고 여겨서는 안 된다는 점입니다.

'무의 줄무늬'라는 다소 수사적인 어구가 언뜻 이해하기 힘듭니다. 이는 '다가적인 부정'과 직결된다고 할 수 있습니다. 후설의 지평 개념을 끌어와 이해하자면, 지평에 대해서도 암암리에 대자의 부정이 이루어지고, 주제로 노출된 대상(예컨대, 이 의자)에 대해서도 대자의 부정이 이루어집니다. 그런데 이 두 부정의 관계를 잘 살펴볼 필요가 있습니다. 대자의 지평적인 부정은 '이 의자'에 대한 대자의 부정에 의해 부정되고 있습니다. 말하자면 부정이 하나로 통일되지 못하고 있다는 것, 즉 부정의 통일성에 대한 부정이 일어나고 있는 것입니다.

하지만, 암암리에 대자의 지평적인 부정은 매우 다가적(多價的)이어서 무의 줄무늬를 형성한다고 할 수 있습니다. 이 줄무늬에 의해 지평에 속한 '잠재적인 이것들'은 일단 지워지고 있는 셈입니다.

대자의 이러한 순전히 내적인 부정을 통해 '존재의 무차별성'이 나타난다는 것입니다. 그리고 이것과 저것의 분리를 함축하는 외적 부정은 바로 이 '존재의 무차별성'에 의거한 것이라 할 것입니다.

정돈하자면, 대자에서의 '부정들의 통일성에 대한 부정'이 '존재의 무차별성'에 의거한 외적 부정의 관계를 근원적으로 뒷받침하고 있는 셈입니다. 그래서 사르트르는 이렇게 말하면서, 양(量) 개념을 규정하는 데 중요한 접속 조사 '……와'가 어떻게 성립하는가를 이렇게 말합니다.

부정들의 통일성에 대한 부정이 존재의 무차별성이 노출되는 것이고 또한 **저것**을 바탕으로 이것의 무차별성을 파악하는 것이자 **이것**을 바탕으로 **저것**의 무차별성을 파악하는 것인 한에서, 이 부정들의 통일성에 대한 부정은 **이것들**의 근원적인 관계를 외적 부정으로 노출하는 것이다. 깨지기 쉬운 총체의 통일성 속에서의 이 외적인 부정은 '……와'(et)라는 낱말에 의해 표현된다. "**이것**은 **저것**이 아니다"라는 것은 "**이것**과 **저것**"을 교환적으로 써서 기술한다. 외적인 부정은 즉자존재이자 순수 이념성이라는 이중적인 성격을 갖는다.(227/351)

외적 부정을 일반화하면, "**이것**은 **저것**이 아니다"라는 식으로 표현됩니다. 이것이 **저것**이 아닌 데에는 **저것** 역시 하나의 이것이기에 그리고 그럴 때 이번에는 이것이 **저것**이 되기에, 여기에는 '**이것**과 **저것**'이 부정 관계를 통해서이긴 하나 느슨하게나마 통일되어 있으면서 교환적으로 기술되고 있습니다. (쉽게 상상하긴 힘들지만, "……이 아님"이라는 말을 할 수조차 없을 정도로 아예 아무런 관계를 맺고 있지 않은 것들은 아예 그 어떤 통일성이나 통일의 가능성을 지니지 않을 것입니다.) 하지만 이 통일성은 그야말로 이미 깨졌다고 해도 과언이 아닐 정도로 깨지기 쉬운 총체입니다.

문제는 외적 부정 자체가 지닌 존재양식입니다. 외적 부정은 대자의 상관자이긴 하나 결코 대자에 속한 것이라 할 수 없기에 즉자적이라 할 수밖에 없는데, 그렇다고 해서 진정 즉자라 할 수 있는 **이것들 자체**에는 전혀 속하지 않습니다. 그렇기 때문에 외적 부정이라고 했던 것이었습니다. 말하자면, 외적 부정은 대자적이지 않기 때문에 즉자적이라고 해야 하는데, 정작 즉자적이라고 할 수도 없는 애매한 존재양식을 띤다는 것이지요. 그래서 즉자존재이면서 동시에 순수한 이념성(idealité)[5]을 갖는다고 말할 수밖에 없는 것입니다. 그런 까닭에 사르트르는 결국 외적 부정을 다음과 같이 양(量)과 연결시킵니다.

> 이런 의미에서 외적 부정은 단지 **이것들**을 분리시키는 즉자적인 하나의 무(un *néant* en-soi)다. 그리고 이 무는 의식이 존재를 특징짓는 동일성의 점착을 실현할 수 있는 유일한 방식이다. 이념적이면서 즉자적인 이 무, 그것은 바로 양(*quantité*)이다. 사실이지 양은 순수한 외재성이다. 양은 부가되는 항들 그 어느 것에도 의존하지 않는다. 양은 이러한 항들의 독립성에 대한 긍정일 뿐이다.(227/351)

---

5) '관념성'이라 번역하지 않고 '이념성'이라 번역하는 것은 전자가 의식 내재적이라는 의미가 워낙 강하기 때문입니다. '이념성'은 기하학적인 존재들이나 논리적인 법칙들이 갖는 성격을 말합니다. 그 기원은 플라톤의 이데아에 있습니다. 이데아들은 개념상 전혀 의식 내재적인 것들이 아닙니다. 그렇다고 해서 실재적인 것들도 아니지요.

여기에 둘러서서 이야기하는 세 사람이 있다고 할 때, '셋'이 무언가 하는 것이 문제입니다. 여기에서 '셋'이란 것이 과연 있기나 한가, 있다고 한다면 어떤 방식으로 있는가 하는 것이 문제입니다. 당연한 이야기지만, 그 '셋'은 도대체 그들 중 누구에게도 속하지 않습니다. 말하자면, '셋'은 그들에 대해 순전히 외면적입니다. 그렇다고 해서 이 '셋'을 셈을 세는 자에 속한다고 말할 수도 없습니다. 그렇기에 즉자적입니다. 그러고 보면, 이 '셋'은 대자도 아니고 제대로 질을 갖춘 즉자도 아닙니다.

'셋'은 하나의 양을 나타내지요. 이렇듯 존재에 대해 순수 외재적이면서 그런데도 즉자적인 것이 바로 양입니다. (외적 부정을 즉자적인 무라하고, 나아가 양을 즉자적인 무라고 하면서, 이 즉자적인 무를 의식이 존재를 특징짓는 동일성의 점착을 실현하는 유일한 방식이라고 한 대목이 이해하기 힘듭니다. 아마도 의식은 본래 대자적인 것이어서 즉자의 성격을 나타내는 동일성(identité)을 실현할 수 없을 것인데, 이 즉자적인 무를 통해 의식이 퇴행적인 방식으로나마 동일성을 실현한다고 말하는 것 같습니다.)

> 그러므로 양적인 관계는 즉자적이지만 순전히 부정적인 외재성의 관계다. 그것은 양적인 관계가 사물들에게도 속하지 않고 총체들에도 속하지 않기 때문이며, 또 존재에 대한 무의 반영으로서 세계의 표면에서 고립되고 탈각되기 때문이다.(227/352)

양적 관계는 순전히 외재성의 관계라고 하는 것이 중요합니다. 뒤집어 말하면, 외재성의 관계를 갖지 않는 것은 양적인 관계를 갖지 않고, 어디에서부터 안과 밖을 나누어야 할지 알 수 없는 것들은 본질상 양적인 관계를 맺을 수 없는 것입니다. 그런데 또 하나 중요한 것은 존재에 대한 무의 반영처럼, 양적 관계가 세계의 표면에서 겉돌고 있는 것은 사실이지만 동시에 세계를 에워싼다는 사실입니다. (그저 에워싸기만 해야 하는데, 만약 에워쌀 뿐만 아니라, 그렇게 에워싸고 있다는 사실만으로 위력을 발휘한다면, 상황이 전혀 다른 방향으로 전개될 것입니다. 그렇게 되면, 양이 질을 규정한다는 왜곡된 방향으로 작동할 것입니다.)

아무튼 사르트르는 이 양을 공간과 동일한 유형의 [존재에 대한] 부정으로 여깁니다. 공간과 양 모두 외적 부정에 근거해서 성립되는 것임을 밝히고 있습니다. 공간이 외적인 부정에 의해 규정된다는 것은 이전에 이미 살폈습니다. 양과 공간은 떼려야 뗄 수 없는 관계를 맺고 있음에 틀림없습니다. 공간을 순수한 연장(延長)이라고 할 때, 그리고 연장이란 것이 잘라질 수 있는 것이라 할 때, 공간은 수로 헤아려질 수 있다는 성격을 본질적으로 지니고 있는 셈이고, 따라서 공간은 본질적으로 양으로 표시될 수 있는 것이기 때문입니다.

공간과 양은 단 하나의 동일한 유형의 부정일 뿐이다. 이것과 **저것**은 나 자신의 관계인 나에 대한 그 어떤 관계도 갖지 않는 것으로 노출되는데, 오로지 이 사실에 의해 공간과 양은 세계에 주어진다. 왜냐하면, 공간과 양은 아무런 관계도 갖지 않는 사물들 상호 간의 관계, 또는 더 그럴듯하게 말한다면, 자기 자신의 관계인 존재에 의한 관계로서 파악된 관계상의 무(néant de rapport)이기 때문이다.(228/352)

만약 **이것**과 **저것**이 대자인 내가 갖는 나에 대한 관계에 입각한 것으로 노출된다면, 우리 주변에 있는 각각의 사물들은 나의 의도나 관점에 철저히 의거해서 존립하는 것으로 주어질 것입니다. 그런데 잘 들여다보면, 주변의 각각의 사물들은 그 반대로 철저히 나의 나에 대한 관계와 무관하게 노출되어 있다는 것에 입각해서 그렇게 '이것인 사물'로 규정됩니다. 예컨대 지금 내가 작업을 하고 있는 이 책상과 내 머릿속에서 짐짓 떠올린 반인반마 한 마리의 존재방식은 전혀 다릅니다. 이 책상은 그 자체 존재 밀도를 한껏 지니고 있는 데 반해, 내 머릿속의 반인반마는 전혀 존재 밀도를 지니고 있지 않습니다. 반인반마는 나의 나에 대한 관계에 철저히 입각해서 상상을 통해 노출되는 데 반해, 이 책상은 나의 나에 대한 관계와는 전혀 별개로 노출되는 것입니다. 이 책상이 차지하고 있는 공간과 이 책상의 양은 바로 이러한 사실을 전제로 해서만 성립하고, 또 세계에 주어져 있습니다.

공간과 양이 존재한다는 사실은 다름 아니라, 세계와 세계 속의 각각의 이것들이 내가 나에 대해 갖는 관계와 무관하게 독립해서 존재하는 것으로 노출된다는 것을 알려 주는바, 세계가 발휘하는 나에 대한 일종의 존재론적인 두께=0의 방어막인 셈입니다. 분명 대자인 나에게 속하지 않지만 그래서 즉자적이지만, 그 자체 두께=0의 방어막에 불과하기에 무인 것이 바로 공간이고 양이라는 것입니다. 그래서 사르트르는 공간과 양을 "관계상의 무"라고 달리 말하는 것입니다.

요컨대 사르트르가 보는 질과 양의 관계를 볼라치면, 양이란 질(들)이 그 자체 존재 밀도를 갖고서 나와는 무관하게 독립적으로 존재하는 것임을 나타내는 즉자적인 무입니다. 이 즉자적인 무는 대자로서의 내가 갖는 대자적인 무와 긴밀한 관계를 가질 것이 분명한데, 이에 대한 본격적인 논의는 위에서 괄호로 처리해서 말한 의식이 동일성을 실현하는 유일한 방식이라는 것 외에는 정확한 논의가 없습니다.

7. 잠재성

이 책상이 이것으로서 거기에 있는 것으로 노출될 때, 이 책상은 단지 지금 당장에만 존재하는 것이 아니라 앞으로도 계속 존재할 것으로 노출됩니다. 만약 이것의 노출이 대자의 부정에 의거해서 이루어지는 것이 사실이라면, 이 책상이 지금 당장 노출됨에 있어서 작동하는 대자의 부정(지금 당장 "이 책상은 내가 아니다"라고 하는바 이 책상에 대해 대자 쪽에서 이루어지는 부정)과 이 책상이 앞으로도 계속해서 노출될 수 있는 것으로 노출되도록 하는 데 작동하는 대자의 부정은 시간과 관련된 나머지 그 성격이 서로 다를 것입니다. 하지만 이 두 부정을 근본적으로 다른 종류의 부정이라 해서는 안 될 것입니다. 지금의 부정과 나중의 부정(들)이라는 점에서만 다를 뿐, 둘 다 대자가 수행하는 부정이기 때문입니다. 그렇다고 해서 대자를 이러한 부정들을 수행할 수 있는 무슨 실체와 같은 것으로 여겨서는 안 될 것입니다.

이러한 문제에 관련된 것이 바로, 그것으로 존재하는 이것의 잠세성(potentialité) 문제입니다. 그리고 이를 드러내기 위해서는 대자가 수행하는 부정이 지닌 미래적인 성격을 논의하지 않을 수 없습니다. 그리고 그에 따른 이것의 계속적인 노출에 대해 논의하지 않을 수 없습니다.

1) 부정의 미래적 성격

이것의 노출은 어디까지나 이것에 대한 대자의 현전에 의거한 것임을 잊어서는 안 됩니다. 그리고 이것에 대한 대자의 현전은 이것에 대한 부정임을 잊어서는 안 됩니다. 그러니까 이것의 노출이 이것에 대한 대자의 부정임을 잊어서는 안 됩니다.

따라서 **이것**의 계속될 노출이 성립하려면 대자의 계속되는 부정이 없어서는 안 됩니다. 양자는 필연적인 상관관계를 이루고 있는 것이기 때문입니다. 사르트르는 대자의 계속될 부정을 보충적 부정(négation complémentaire)이라 부르면서 이렇게 말합니다.

보충적인 부정은 대자의 고유한 가능성으로서 부정–현전이다. 즉 대자는 자기(에 대한) 비정립적 의식으로서 그리고 존재–너머의–존재(l'être-par-delà-l'être)에 대한 정립적 의식으로서 이 보충적 부정이 되어야 한다. 그리고 '존재–너머의–존재'는 현재의 이것에 연결되어 있다. 외재성의 어떤 관계에 의해서 연결된 것이 아니라 보충성의 어김없는 끈에 의해 연결되어 있다. 이 보충성의 끈은 대자와 그의 장래와의 관계와 맺는 정확한 상호관계 속에서 유지된다.(229/353~354)

거듭 말하지만, 내가 이 책상을 보면서 내가 나를 이 책상이 아니라고 부정할 때, 나는 이 책상에 대한 지금 당장의 부정으로만 머물러 있는 것이 아닙니다. 잠정적으로는 이 책상에 대해 계속해서 부정을 수행할 수 있어야 합니다. 그렇다고 해서 그렇게 미래의 부정들을 수행할 대자가 미리 있다고 해서는 안 됩니다. 그럴 경우, 대자는 실체로서의 즉자적인 의식으로 돌변하고 맙니다. 여기에 어려움이 있습니다. 데카르트처럼 영혼 내지는 정신이라는 이름으로 대자를 실체라고 하면 문제가 간단하지만, 그럴 경우 실체로서의 영혼과 실체로서의 이 사물이 어떻게 관계를 맺는가를 파악하기가 오히려 더 어려워집니다. 그럴 경우, 양쪽은 다 같이 실체이긴 하나 워낙 그 존재방식이 대립적이기 때문입니다.

어디까지나 즉자존재에 걸려 있는, 즉 즉자존재에 대한 부정으로서만 즉자존재에 걸려 있는 하나의 '부수적인' 존재로서 대자를 설정하되, 이 대자가 부정적인 방식으로나마 자성(自性)을 획득할 수 있는 길을 마련하지 않으면 안 됩니다. 그래서 이것에 대한 부정의 성격을 미세하게 분석해 들어갈 수밖에 없는 것입니다. 말하자면, 대자는 자신이 계속해서 수행할 부정(들)을 지금 당장 수행하는 부정에 결합시켜 포함하지 않으면 안 됩니다. 즉 부정이 계속 보충되어야 하는 것입니다. 그런 점에서 대자는 보충적 부정의 가능성을 지니지 않으면 안 됩니다.

사르트르는 이 '보충적 부정'을 '대자의 자기(에 대한) 비정립적 의식'이자 '존재-너머의-존재에 대한 정립적 의식'이라고 말하고 있습니다. 여기에서 '존재-너머의-존재'가 중요합니다. 이것에 대해 그 '존재-너머의-존재'를 정립적으로 의식한다고 할 때, 그것은 다른 이것을 겨냥한 것이 결코 아닙니다. 지금 당장 현전하고 있는 존재인 이것이 노출될 때, 이것은 지금의 자신을 넘어서서 다가올 자신의 존재를 암암리에 함께 노출하고 있다고 해야 합니다. 저 앞 서설에서 말했던 '현출의 유한성과 무한성의 이분법'을 떠올리는 것도 일책이 될 것입니다.

무엇보다도 우선 이것은, 자신을 이것이어서는 안 되도록 하는 한 존재[대자]의 부정에 있어서, 단순한 현전의 자격으로가 아니라 그 자신에게 다가올(혹은 다가올 것으로 있는, est à-venir à elle-même) 부정으로서, 자신의 현재를 넘어선 자기 자신의 가능성인 부정으로서 노출된다.(229/354)

또 하나의 부정이 등장합니다. 이 부정은 대자가 이것에 대해 자기 자신이 아니라고 하는 순전히 대자 내적인 부정도 아니고, 이것들 사이의 외적인 부정도 아니고, 그렇다고 대자가 이것에 대해 계속 수행할 보충적인 부정도 아닌 부정입니다. 이 새로운 부정은 이것이 자신의 현재를 부정하는 부정입니다. 말하자면, 이것 속에서 일어나는 부정입니다. 물론 이 부정은 대자의 보충적 부정의 상관자입니다. 그렇게 해서, 이제 이것에 대해 대자에게서 출발하는 부정은 당장의 부정에 그치는 것이 아니라 미래적인 성격을 아울러 띠게 됩니다.

> 부정의 다가올 의미는 대자의 부정이 즉자적인 부정이 되는 데 결핍하고 있는 바로 그것이 된다는 것이다. 이런 의미에서, 부정은 현재의 부정을 미래에 더욱 정확하게 가져가는 것이다. 내가 그래서는 안 되는 그것의 정확한 의미가 내가 그래야만 하는 정확한 부정의 상관자로서 노출되는 것은 미래에서다. 즉, 이것에 대한 [나의] 다형적인 부정에서 초록인 것은 '거침-빛남'의 총체로 형성된다. 이 다형적인 부정이 그 의미를 가지려면 반드시 이 다형적인 부정이 초록인 것에 대한 부정이어야 한다. 즉 그 바탕이 무차별의 균형을 향해 있는 하나의 초록임에 대한 부정이어야 한다. 한마디로 말해, 다형적인 나의 부정이 갖는 부재하는 의미(sens-absent), 그것은 무차별한 바탕 위에서 가장 순수하게 초록인 하나의 초록에 대한 압축된 부정이다.(229~230/355)

'초록', '초록인 것', '하나의 초록임', '하나의 초록' 등을 구분하기가 쉽지 않습니다. 초록 자체가 노출되는 경우는 없습니다. 항상 초록인 것이 노출됩니다. 단일한 하나의 질(예컨대 초록)에 대한 부정은 존립할 수 없다는 이야깁니다. 당장에는 그런 부정이 가능한 것 같지만, 그런 부정이 의미를 갖기 위해서는 항상 그 질을 대표로 삼아 함께 총체로 뭉뚱그려져 있는 것(질들의 상호관통인 이것)에 대한 다형적인 부정이 아니면 안 된다는 것입니다(여기에서 다형성은 이것을 구성하는 여러 질들에서 성립하는 것으로 보아야 합니다). 그리고 그 다형적인 부정은 항상 당장 주어진 질의 무차별한 바탕을 향해 있어야 하고, 따라서 '자신의 무차별한 바탕을 끌고 다니는 질'에 대한 부정으로서만 의미를 갖는다는 것입니다. 그래서 '초록인 것', '하나의 초록임', '하나의 초록' 등 해서 관사가 붙은 질에 관한 이야기를 할 수밖에 없는 것입니다.

　　결국 대자인 나의 이것에 대한 '현재의 부정'은 '미래적인 보충적 부정'과 결합하여 '다형적 부정'이 된 셈입니다. 나의 이 다형적인 부정은 이것으로 하여금 '존재-너머의-존재'를 끌어들이게 하는 힘으로서, 이것이 잠재성을 지닌 것으로 노출되도록 하여 이어서 영속성을 지닌 것으로 노출되도록 합니다.

　　그 책상이 책상으로서 노출됨은 책상의 영속성을 요구한다. 이 영속성은 미래로부터 그것에게 오는 것이지만, 온전히 확인된 하나의 소여가 아니다. 이 영속성은 하나의 잠세성(potentialité)이다. 그런데 이 영속성은 시간적인 무한에 위치한 미래로부터 책상에게 오지 않는다. 무한한 시간은 아직 존립하지 않는다. 책상은 무한히 책상이 될 가능성을 가진 것으로서 드러나지 않는다. 여기에서 문제되는 시간은 유한도 무한도 아니다. 그저 잠재성이 미래의 차원을 나타나게 한다.(229/354~356)

　　그다지 어려운 이야기는 아닙니다. 지금 이것이 책상으로서의 이것으로 노출될 때, 그 노출은 **이것**이 계속 책상으로서의 **이것**으로 노출될 것이라는 영속성에 대한 기약을 수반하면서 이루어집니다. 그 영속성의 기약은 당연히 미래로부터 이 책상에 오는 것입니다. 하지만 그 미래가 결코 무한히 혹은 유한히 보장된 것은 아닙니다(예컨대 만약 무한히 보장된다면, 이 책상은 플라톤이 말하는 이데아와 같은 것으로 노출될 것입니다). 그래서 그 영속성은 잠재성일 수밖에 없습니다. 마지막 대목에서, 잠재성이 미래의 차원을 **나타나게 한다**고 할 때, 그 동시적인 근거로서 대자의 보충적 부정을 중심으로 한 다형적 부정이 작동하고 있다는 것을 잊어서는 안 될 것입니다.

그런데 **이것**의 영속성은, **이것**을 질들의 상호관통으로서의 덩어리 짐이라고 했던 저 앞의 이야기와 관련시켜 보지 않고서는 그 정확한 의미를 확보할 수가 없습니다. 예컨대 내가 갈색인 이 책상을 본다고 할 때, 과연 내가 보는 것은 무엇인가요? '이 나뭇잎'을 본다고 할 때, 이 나뭇잎은 도대체 어떻게 노출되는가요? 이 나뭇잎의 초록은 이 나뭇잎의 빛남과 거침 등과 덩어리져서 노출됩니다. 이때 만약 순전히 초록인 것을 추상해 낸다 할지라도, 그것은 '초록-거침-빛남'인 것의 의미이지 그 자체로 따로 존립하는 본질로서의 의미를 갖지는 못할 것입니다. 달리 말하면, 본질로서의 의미라고 말하면서 우리가 흔히 현존으로부터 따로 추상해 낼 수 있는 본질이란 그 자체로 존립할 수 없는 것입니다. 이에 사르트르는 이렇게 말합니다. 워낙 중요한 대목이라 길게 인용합니다.

순전히 초록인 것은 장래의 바탕으로부터 '초록-거침-빛남'인 것에게 그 의미로서 온다. 여기에서 우리는 우리가 **추상[함]**(*abstraction*)이라 불러 온 것의 의미를 파악한다. 현존하는 것(l'existant)은 자신의 본질

(essence)을 현재의 하나의 질로 **소유하지** 않는다. 현존하는 것은 심지어 본질의 부정이다. 초록인 것은 **결코** 초록이 아니다. 그러나 본질은 장래의 바탕으로부터 현존하는 것에게 오되, 지금에는 결코 주어지지 않은, 하지만 현존하는 것에 항상 들러붙어 있는 의미로서 그렇게 온다. 본질은 [내가 수행하는] 나의 부정의 순수 이념성의 순수한 상관자다. 이런 방향에서 보면, 만약 사람들이 추상적인 작동을 하나의 구성된 정신에 의해 작동되는 심리적이고 적극적인 하나의 선별 작용이라 이해한다면, 그러한 추상적인 작동은 결코 존재하지 않을 것이다. 사물들로부터 출발해서 어떤 질들을 추상하는 것이 결코 아니다. 그 반대로 추상[함]은 대자의 근원적인 존재방식으로서 사물들 일반과 하나의 세계가 존재하기 위해 필수적인 것이라는 사실을 알아야 한다. 추상적인 것은 구체적인 것이 발용하는 데 필수적인 세계의 구조이다. 그리고 구체적인 것은 그것이 자신의 추상적인 것을 향해 나아가는 한에서만, 추상적인 것에 의해 자신이 무엇인가를 스스로에게 알리는 한에서만 구체적이다. 말하자면, 대자는 자신의 존재 속에서 '노출하면서 추상하고 있다'. 이런 관점에서, 우리는 영속성과 추상적인 것이 하나임을 본다. 만약 그 책상이 책상인 한에서 하나의 영속적인 잠재성이라면, 그것은 그 책상이 책상이 되어야 하는 한에서다. 영속성은 하나의 이것에 있어서 그 본질과 일치될 수 있는 순수 가능성이다.(230/355)

영속성이 없이는 하나의 사물이 사물일 수 없습니다. 영속성이 없으면 하나의 사물은 아지랑이나 그림자와 같은 것이 되고 맙니다. 플라톤은 이 세상에 있는 사물들이 현존의 영속성과는 상관없이 그 본질을 짧은 순간이나 영속적으로 유지할 수 없기 때문에 진정한 존재가 아니라고 했습니다. 플라톤은 존재 여부를 본질의 변함없는 영속성을 기준으로 판단했던 것입니다.

그런데 사르트르는 일단 영속성을 하나의 사물이 감각적 질들의 덩어리인 이것으로 노출되면서 현재의 노출에 머물지 않고 미래의 잠재적인 노출을 드러나게 하는 것으로 봅니다. 이는 전통적인 어법으로 보면, 현존에서의 영속성입니다. 그런데 이 인용문의 마지막 대목을 보면 알수 있듯이, 하나의 사물이 구체적으로 규정될 경우, 하나의 사물이 예컨대 이 책상일 경우, 그 영속성은 책상이라는 본질과 일치될 수 있는 순수가능성입니다.

이때 문제는 본질로서의 책상과 구체적인 이 책상의 관계입니다. 본질로서의 책상은 추상적인 책상일 것입니다. 그러니까 추상적인 책상과 구체적인 책상의 관계가 문제인 셈입니다. 만약 구체적인 책상을 현재 노출된 책상으로 보고, 추상적인 책상을 계속 책상으로서 노출될 수있는 가능성으로 본다면, 앞으로 계속 노출될 추상적인 책상을 바탕으로 현재 노출된 책상이 성립한다고 할 수밖에 없습니다. 이럴 경우, 앞으로 계속 노출될 추상적인 책상은 현재 노출된 구체적인 책상에서 결코 완전히 실현될 수는 없지만, 그렇다고 현재 노출된 이 구체적인 책상과 동떨어져 있는 것은 결코 아닙니다. 그리고 영속성이 이 책상을 그림자나 아지랑이가 아니라 하나의 사물로 만드는 근본 원리라고 할 때, 구체적인 이 책상에 미래적으로 들러붙어 있는 추상적인 책상은 이 구체적인 책상을 바로 사물이게끔 하는 원리인 것입니다. 하지만 현재 노출되고 있는 구체적인 이 책상이 없이는 앞으로 계속 앞서가며 잠재적으로 노출될 추상적인 책상이 있을 수 없습니다. 그런데 현재 노출되고 있는 이 책상은 현존에 해당하고, 앞으로 계속 앞서가며 잠재적으로 노출될 추상적인 책상은 본질에 해당합니다. 요컨대 사르트르는 이 책상의 본질인 추상적인 책상을 현재 노출되고 있는 이 책상의 잠재성과 그에 따른 영속성에서 발견하고 있는 것입니다. 그래서 이렇게 됩니다.

> 추상적인 것은 구체적인 것의 바탕이다. 동시에 구체적인 것은 추상적인 것의 바탕이다. 달리 말하면, '살과 뼈로 된' 구체적인 현존은 본질이어야 하고, 본질은 스스로 전반적인 구체(concrétion totale)로서, 즉 구체적인 것의 충만한 풍부함을 지닌 것으로서 산출되어야 한다. ……다른 표현을 원한다면, 형식은 그 자신에 있어서 ──그리고 전반적으로── 그 자신의 재료(내용, matière)여야 한다. 그리고 그 반대로 재료는 절대적인 형식으로서 산출되어야 한다.(230~231/356)

추상과 구체의 통일, 현존과 본질의 통일, 형식과 내용의 통일 등이 여실하게 표현되고 있습니다. 그 원리는 물론 구체적인 것의 현존과 이 현존에서 함께 노출되고 있는 구체적인 것의 영속성 즉 추상적인 것의 노출입니다. 이렇게 해놓고서는, 사르트르는 어쩐 일인지 지나는 길에 미(美)를 언급합니다.

> 본질과 현존 간의 영구히 지시될 뿐 불가능한 이 융합은 현재에 속한 것도, 미래에 속한 것도 아니다. 그것은 오히려 과거와 현재와 미래의 융합을 지시하고 작동해야 할 시간적인 총체성의 종합으로 현전된다. 그것은 초월인 한에서의 가치다. 우리가 미(美)라 지칭하는 것이 바로 그것이다. 그러므로 미는, 대자의 이념적인 실현의 상관자인 세계의 이상적인 상태다. 거기에서 사물들의 본질과 현존은 동일성으로서 노출

되는데, 그것은 노출 자체에서 나타나는 즉자의 절대적인 통일성 속에서 자기 자신과 혼융될 한 존재[대자]에게 이루어진다.(231/356~357)

본질과 현존의 융합 내지는 통일, 그것은 전통적으로 신에게만 해당되는 것이었습니다. 늘 결핍에 시달리는, 신 이외의 존재들에게는 본질과 현존이 통일될 수 없다는 것이었습니다. 그런데 사르트르는 본질과 현존의 시간적인 총체로서의 통일을 미라고 규정합니다. 미에 관한 묘한 정의가 아닐 수 없습니다.

그러면서 사르트르는 대자가 대자로서 자신의 존재를 유지할 수밖에 없는 것은 결핍 때문임을 강조합니다. 이 결핍을 완전히 극복하게 되면, 대자-즉자가 된다고 말합니다. 그런데 미를 바로 이러한 본질과 현존의 통일, 즉 대자-즉자로 보는 입장을 취한다는 것이 대단히 이채롭습니다. 위 인용문에 바로 이어서 이렇게 말합니다.

그것은 바로 아름다운 것이 작동되어야 할 초월적인 종합일 뿐만 아니라, 우리 자신의 총체화 속에서만 또 그 총체화에 의해서만 실현될 수 있기 때문이다. 우리가 아름다운 것을 원하는 것은 바로 그 때문이다. 우리가 우리 스스로를 하나의 결핍으로 파악하는 한에서, 우리가 우주를 아름다운 것을 **결여하고 있는** 자로 파악하는 것도 바로 그 때문이다. 그러나 아름다운 것은 사물들의 잠재성이 아니다. 그것은 대자-즉자가 대자의 고유한 가능성이 아닌 것과 마찬가지다. 아름다운 것은 실현불가능한 것으로서 세계에 붙어 있다. 인간이 세계 속에서 아름다운 것을 실현하는 한도 내에서, 인간은 상상적인 양식으로만 아름다운 것을 실현한다. 그것은 미적 직관 속에서 상상적인 대상을 파악하되, 내가 즉자이자 대자로서의 내 자신을 상상적으로 실현하는 것을 통해서 그런다는 것을 의미한다. …… 아름다운 것은 암암리에 사물들에게서 부재로서 파악된다. 아름다운 것은 세계의 **불완전성**을 통해서 암암리에 노출된다.(231/357)

자기인 것이어서는 **안** 되고, 자기가 아닌 것이어야 **하는** 대자의 숙명적인 존재방식은 달리 말하면 결핍에 시달리지 않고서는 대자 자신을 유지할 수 없다는 것을 말합니다. 그 결핍은 해소될 가능성이 전혀 없지만, 결핍의 해소 가능성을 결코 저버려서도 안 되는 것이 대자의 또 하나의 숙명입니다. 대자에게서, 저버릴 수 없지만 결코 실현될 수 없는 희망은 바로 대자-즉자입니다.

다른 한편으로 이러한 대자의 숙명과 떼려야 뗄 수 없는 사물들 혹은 세계의 숙명이 있을 수밖에 없습니다. 그것은 본질과 현존이 결코 하나로 통일될 수 없다는 것입니다. 대자가 끝없이 자기를 부정할 수밖에 없는 것과 더불어 현재 노출되고 있는 현존으로서의 사물은 끝없이 자신을 부정할 수밖에 없고 그 계속될 잠재적인 부정들의 압축이야말로 사물의 본질입니다. 그런데 사물에게서 현존과 본질의 통일은 그 자체로 결코 세계 속에서 실현될 수 없지만, 적어도 세계의 불완전성, 즉 현존과 본질 간의 불일치를 통해 암암리에 아름다움으로 노출된다는 것입니다.

그런데 세계에 대해 운위하게 되는 아름다움, 즉 세계가 구비하고 있지 못하는 것으로 운위되는 아름다움은 세계 자체 내의 문제가 아닙니다. 세계 자체에 즉해서 보면, 세계가 어떤 것을 결핍한 상태에 있다고 말하는 것은 애당초 불가능하기 때문입니다. '아름다움'뿐만 아니라, 세계에 대해 '잠재성'을 운위한다거나 '불완전성'을 운위한다거나 '유예 상태'

를 운위하는 것은 오로지 인간실재에 의거한 것일 뿐입니다.

인간실재는 그 자신이 지닌 부정의 가능성을 향해 자신을 뛰어넘음
으로써 스스로를, 그 뛰어넘음에 의한 부정을 세계에 오도록 하는
자가 되도록 한다. **결핍**(*le manque*)이 '역능'(puissance), '미완성'
(inachèvement), '유예 상태'(sursis), '잠세성'(potentialité) 등의 형식
으로 사물들에게 부가되는 것은 바로 인간실재에 의해서다.(232/358)

타성적인 즉자적 사물 자체 내지는 세계 자체를 제외한, 어쩌면 양적
이라거나 공간적이라고조차 말할 수 없는 즉자적인 사물 자체 혹은 세계
자체를 제외한 일체의 사물 내지는 세계에 대한 여러 규정들은 인간실재
와의 관련을 빼놓고서는 도무지 성립할 수 없는 것임을 확실하게 공언하
고 있습니다. 다만, 이 관계를 인식적이거나 표상적이거나 심리적인 차원
의 것으로 보아서는 안 될 것입니다. 어디까지나 존재적인 차원의 것으
로 보아야 합니다. 그것은 인간실재의 의지나 의도에 의거한 것이 아니
라, 인간실재가 대자로서 존재하는 한 존재적인 관계에서 어쩔 수 없이
근원적으로 비롯되는 사항들이기 때문입니다.

8. 도구성

1) 사물의 구조들

우리 자신뿐만 아니라 우리를 둘러싸고 있는 이 모든 사물들은 '괴이하
기' 이를 데 없는 다양한 면모를 지니고 있습니다. 지금 우리는 사르트르

가 이 다양한 면모들을 관찰하고 분석해 내어 기술하고 있는 것들을 살펴고 있습니다. 내가 못을 박기 위해 손에 쥐고서 활용하는 이 망치는 그 나름의 독특한 '단단함'을 중심으로 해서 여러 질들을 한꺼번에 거머쥐고 있지 않으면 안 됩니다(질들의 상호관통으로서의 이 사물의 성립). 그런가 하면 내가 그것을 가만히 놓아두거나 움직임에 따라 여러 장소들을 독자적으로 점유하면서 전전하지 않으면 안 됩니다(다른 것들과의 외적 부정에 의거한 공간의 성립). 또 장소의 점유에 따른 외적인 양식으로 일정한 양을 지니지 않을 수 없습니다(다른 것들과의 외적 부정에 의거한 양의 성립). 그뿐만 아니라, 지금도 이 '망치'이지만 계속해서 이 망치는 망치가 아니면 안 됩니다('존재-너머의-존재'를 실현하는 망치인 이것으로서의 잠재성과 영속성의 성립, 그리고 현존과 본질의 통일에 대한 잠정적인 기약의 성립). 이런 일들이야말로 존재가 사물로서 노출되도록 하는 데서 드러나는 기본적인 사안들입니다. 이에 대해 사르트르는 이렇게 말하고 있습니다.

> 우리는 [이제까지] 대자가 존재에 현전하는 것이 어떻게 존재를 **사물**로서 노출시키는가를 보이고자 했다. 그리고 그 해명을 명료하게 하기 위해 우리는 사물의 여러 구조들, 즉 **이것**과 공간성(la spatialité), 영속성(la permanence), 본질(l'essence)과 잠세성들(les potentialités) 등을 순차적으로 보여야만 했다.(234/360)

존재에 대한 대자의 현전이 존재를 사물로 노출되도록 한다는 것은 사르트르의 지각론 내지는 인식론에 있어서 기본적인 원칙이라 할 수 있습니다. 따라서 거기에서 성립하는 인식 관계가 표상 관계가 아니라 존재 관계라는 것도 기본적인 원칙입니다. 그런데 사르트르는 이 인용문에서 순차적으로 열거하고 있고 또 그렇게 순서에 따라 해명해 온 사물의 여러 구조들 간의 관계가 그렇게 순차적으로 해명해 왔다고 해서 무슨 우선성(priorité) 내지는 선차성(antériorité)에 의거한 것이 아님을 주의해야 한다고 말합니다.

> 그렇지만, 다음과 같은 사실, 즉 해명이 순차적으로 이루어진다고 해서 이 계기들 중에서 어떤 것들이 다른 계기들에 비해 실질적으로 우선성을 갖는 것은 아니라는 사실은 자명하다. 다만, 대자의 발융이 사물을 그 구조들로 된 총체성으로 노출되도록 하는 것만은 분명하다. 그뿐더러, 그 구조들 중 어느 하나가 다른 모든 것들을 함축하지 않는 경우는 없다. **이것**이 본질에 대해 논리적인 선차성을 갖는 것도 아니다. 그 반대로 이것은 본질을 전제로 하고 또 거꾸로 본질은 이것의 본질이다. 이와 유사하게, 질-존재(질-됨, être-qualité)인 **이것**은 세계를 바탕으로 해서만 나타날 수 있는데, 세계는 **이것**들의 결집(collection)이다. 그리고 세계가 **이것**들로 분해되고 이것들이 세계로 분해되는 관계가 바로 공간성이다. 그러므로 여기에서는 현상들의 현출 양식들 **배후**에 있을 법한 그 어떤 실체적인 형식이나 통일의 원칙도 없다. 모든 것들은 그 어떤 일차성(primauté)도 없이 한꺼번에 주어진다. (234/360~361)

중요한 것은 대자가 존재에 현전함으로써 사물이 노출되는 데 있어서 사물의 구조들이 나타나 존립할 것인데, 그렇게 나타나 존립하는 사물의 구조들 중 그 어느 것도 선차성을 띠지 않는다는 것, 그리고 이는 바로 사물의 출현에 있어서 실체적인 형식이나 통일의 원칙을 허용하지 않음을 의미한다는 것입니다.

그렇기 때문에 사르트르의 지각론은 가히 현상학적이라 할 수 있습니다. 이는 사물의 출현에 있어서 대자의 존재에의 현전이 필수적이라는 점에서도 확인되지만, 사물에서 실체성을 삭제했다는 점에서 더욱 강하게 확인됩니다.

이럴 경우, 우리로서는 복잡한 심경에 처하게 됩니다. 그것은 대자가 존재에 현전하지 않는 경우는 없는 것인가 하는 것입니다. 달리 말하면, 대자와의 관계를 완전히 벗어난 것이 즉자인지, 아니면 대자가 존재에 현전함으로써 사물로서 노출되는 것이 즉자인지 하는 점이 애매하다는 것입니다. 분명히 사물 혹은 세계는 대자[의 존재에 대한 현전]가 없이는 존립할 수 없습니다. 하지만 즉자 자체라는 것이 가능하다면, 그것은 대자와의 일체의 관련을 벗어난 것이라고 해야 하지 않은가요? 그렇게 되면 다시 칸트의 물 자체 이론으로 빠집니다.

적어도 사르트르의 지각론이 현상학적이라고 할 때, 가장 적극적인 사안은 즉자 자체마저도 대자의 부정과 결코 무관하게 성립할 수 없다고 주장하는 것이 될 것입니다. 말하자면, 즉자 자체라는 것이 있다면, 그것은 대자의 부정을 최고도로 불러일으키는 방식으로 대자에게 노출되는 것이라고 해야 합니다. 최고도로 대자가 아닌 면모를 보이는 것이 즉자 자체이고,[6] 그보다 적당하게 약한 방식으로 대자가 아닌 면모를 보이는 것이 **이것**인 사물이고 또 그 구조들이라고 해야 합니다. 내가 이 책상

---

6) 이렇게 대자의 부정을 최고도로 불러일으키는 체험이 바로 '구토'라든지 '권태'라든지 혹은 '끈적끈적함에 대한 체험'일 것입니다. 이때 대자의 부정은 워낙 최고도로 이루어지기 때문에 심지어 대자가 자신의 현존마저 극적으로 위험에 빠진다는 것을 함께 체험할 것입니다. 이에 관해서는 책의 말미에 이르러 소상하게 제시됩니다.

을 대하고 있을 때, 이 책상을 대하고 있는 나와 가장 무관한 것처럼 노출되는 측면이 바로 이 책상의 '즉자 자체', 즉 '이 책상' 운운하는 것조차 불가능한 것으로 노출되는 측면이라 해야 합니다.

그런데 사르트르는 사물의 어떤 측면이든 대자의 현전과 부정에 의거하지 않은 것이 없다고 여기고, 이는 그 어떤 실체적인 형식도 있을 수 없는 것임을 천명하는 것으로 여깁니다. 즉자의 즉자성은 노출되는 것이지 노출됨을 넘어서서 그야말로 그 자체로 대자와 아예 전적으로 무관하게 존재할 수 있는 것은 결코 아니라는 이야깁니다.

2) 목적과 수단

대자가 존재에 현전함으로써 세계가 노출된다고 할 때, 세계의 노출이 대자에게 '도움이 되는' 것은 무엇인가요? 대자는 세계의 노출을 통해 자기기 결핍하고 있는 것이 무엇인가를 확인하게 됩니다. 대자의 결핍은 극복하려고 하는 데서만 성립합니다. 그런데 대자는 결핍(사물에 대한 대자의 부정과 일정하게 연결되어 있음)을 통해서만 대자로 존립합니다. 만약 대자가 결핍을 완전히 메운다면, 대자는 대자로서 현존하는 것을 멈추게 될 것입니다. 하지만 대자는 자신의 결핍을 메우려 노력하지 않을 수 없습니다. 말하자면 대자는 자기공격적인(혹은 자기모순적인) 방식으로 존립하는 것입니다. 그것은 대자가 끊임없이 자신의 결핍을 억지로 감내하지 않으면 안 된다는 것을 의미합니다. 이를 중시하면서 사르트르는 감수성에 관련된 중요한 대목을 끄집어냅니다.

여기에서 대자는 저 바닥에서부터 결핍에 대한 억압이 아니고서는 존재할 수 없다. 그러나 그 억압은 그렇지 않음(비존재, n'être-pas)의 양식으로 대자가 그렇게 되어야만 하는 것이다. 나중에 경험적으로 특정한 결핍들을 **견디거나 감내해야 하는** 결핍들로 확정하도록 하는 것이 바로 이 근원적 관계다. 이 근원적 관계는 일반적으로 감수성(감응, l'affectivité)의 근거다. …… 우리는 이것들[즉, 감수성을 달리 심리학적으로 부르는 경향들이나 욕구들 혹은 심리적인 힘들]을 파악하되, 대자의 자기에 대한 내재적인 존재 관계가 즉자에게 투사된 결과라는 자격으로만 파악할 수 있다. 그리고 이 존재론적인 관계는 바로 결핍이다.(235/362)

대자가 결핍을 근본적으로 억압하는 방향으로, 즉 이러한 결핍을 근본적으로 제거하는 방향으로 존립하지 않으면 안 되기 때문에 오히려 그러한 결핍을 견뎌내지 않으면 안 된다는 사실, 말하자면 결핍을 저거하고자 하는데, 계속 결핍이 주어질 때 그 결핍은 견뎌내지 않으면 안 된다는 사실, 이 사실로부터 사르트르는 감수성의 근거를 찾고 있습니다. 그리고 이러한 대자를 잘못 즉자적인 것으로 여김으로써, 결핍을 즉자적인 결핍으로 보아 감수성에 관련된 경향들이나 욕구들 및 그에 관련된 힘들을 설명하고자 하는 것이 잘못된 심리학적인 설명이라고 말합니다. 사르트르가 대자의 근원적인 결핍 관계로부터 감수성의 존립을 설명하고자 한다는 사실이 중요합니다.

하지만 사르트르는 이를 중점적으로 다루지 않고 대자의 결핍이 이것인 사물 혹은 세계에로 이관된다는 사실을 다룹니다.

만약 사실상 대자에게 결핍된 것이 하나의 존재-너머의-존재에 대한 이념적인 현전이라면, 존재-너머의-존재는 본래 존재에의-결핍으로서 파악된다. 그래서 세계는 실현해야 할 부재들이 들러붙은 것으로서 노출되고, 각각의 이것은 이것을 지적하고 이것을 결정하는 부재들의 행렬과 함께 나타난다. 이 부재들은 바탕에 있어서 잠재성들과 다르지 않다. …… 그래서 부재들은 이것을 이것으로서 지적하고, 그 반대로 이것은 부재들을 지목한다.(235/363)

'존재-너머의-존재'는 이것인 사물의 잠재성과 영속성에 연결된 것이었습니다. 그리고 사물의 잠재성과 영속성은 대자가 수행하는 보충적 부정, 즉 이것에 대해 계속해서 이루어져야 할 부정의 상관자였습니다.

그런데 사르트르는 이제 이를 대자의 결핍과 연결하면서, 대자의 결핍에 대한 상관자로서 이것에서 지목되는 부재들을 발견하고 있습니다. 그리고 이것에서 지목되는 부재들을 이것에 필연적으로 수반되는 '존재-너머의-존재'와 연결하고 있습니다. 이는 이것이 영속적인 것으로서 존립하는 데에 반드시 부재들을 수반하지 않으면 안 된다는 것으로 해석될 수 있습니다. 하지만, 이 부재들은 실현되어야 하는 것인데, 그것은 이것이 부재들을 지목하되, 그 부재들을 극복하는 방향으로 지목한다는 것을 의미합니다.

그리하여 사물들 뒤에 나타나는 부재들은 사물들에 의해 **현재화되어야 할** 부재들로서 나타나지 않는다. 부재들이 나에 의해 실현되어야 할 것으로 노출된다고 더 이상 말할 수[도] 없다. 나란 반성적인 의식에서만 나타나는 심리의 초월적인 구조이기 때문이다. 이 부재들은 자성(自性)의 회로 한복판에서 '채워져야 할 텅 빔들'로서 우뚝 서 있는 순수한 요구들이다. 간단하게 말해, 부재들이 지닌 바 '대자에 의해 채워져야 할 텅 빔들'이라는 성격은 직접적이고 개인적인 긴급함에 의해 비반성적인 의식에 증시된다. 이 긴급함은 **특정한 누구**에게 관련됨이 없이 그리고 주제화되지도 않은 채 **체험된다**. 우리가 다른 장(章)에서 이 요구들을 그것들의 자성이라 불렀던 것이 드러나는 것은 이 요구들을 요청들(prétentions)로서 살아낸다는 사실 속에서 그리고 그 사실에 의해서이다. 이 요구들은 **과제들**이다. 그리고 이 세계는 **과제들로** 된 세계이다. 과제들에 관련해서, 그 과제들이 지적하는 이것은 동시에 '그 과제들로 된 이것'(ceci de ces tâches)이자 동시에 동일성의 절대적인 통일성 속에 있기 때문에 도대체 이러한 과제들이어야 할 필요가 없는 것이다. 고립 속에서의 이 연결, 동적 상태 속에서의 타성적 관계, 이것이 바로 우리가 목적과 수단의 관계라고 부르고자 하는 것이다.(236/363)

사물들의 세계 자체에서 보면 도대체 목적과 수단의 관계가 성립될 수 없을 것입니다. 그 자체로 보면, 예컨대 식물에게 햇빛이 비치는 것이 식물이 광합성을 하도록 하기 위한 것이라고 말할 수 있는 근거는 없습니다. 햇빛은 그냥 비치고, 식물은 광합성을 그냥 할 뿐입니다. 하지만, '식물에게 햇빛이 비치는 것은 식물이 광합성을 하도록 하기 위한 것이다' 하고서 말하지 못할 이유도 없습니다. 인위적인 사물들의 세계에 오면 이는 더욱더 분명해집니다. 이 책상은 당연히 그 위에 놓인 책을 지탱하기 위한 것입니다.

일반화해서 보면, 각각의 사물들은 그 자체로 존립하려 하지 않고 뭔가 다른 것들과의 관계를 유지하기 위한 것인 양해서 드러납니다. 말하자면 각각의 사물들은 부재들(즉 결핍들)을 이끌고서 존재하는 것으로 드러나고, 그 부재들을 채우기 위해서는 다른 사물들을 필요로 하는 것 같이 드러납니다. 내가 그 부재들(즉 결핍들)을 채워줄 수는 없습니다. 이를 바탕으로 사르트르는 '과제들로 된 세계' 혹은 '과제들로 된 이것'이라는 것을 발견해 냅니다.

하지만, 각각의 이것들은 그 자체로 보면 자신의 동일성을 통해 스스로 절대적인 통일성을 이루고 있는 것이기 때문에 굳이 부재니 결핍이니 과제니 하는 것들을 지닐 이유는 없습니다. 사르트르는 이를 동시에 강조하고 있습니다. 그러면서 이 두 가지 사실을 바탕으로 '목적과 수단의 관계'를 추출해 냅니다. 그래서 목적과 수단의 관계를 언급할 때마다 '고립 속에서의 연결' 혹은 '동적 상태에서의 타성적 관계' 등으로 묘사하는 것입니다.

3) 도구성의 출현

사물들 혹은 세계를 목적과 수단의 관계로 볼 수 있다는 것이 드러나는 순간, 사물들은 도구로서 존립하는바 도구성(l'ustensile)을 띠게 되는 것은 불을 보듯 뻔합니다.

> 사물은 무차별의 고요한 지복감 속에서 안식하고 있음과 동시에 그러나 그 지복감 너머로 그 자신이 무엇이 되어야 할 것인가를 알려 주는 바 채워야 할 과제들을 지시한다. 그것은 바로 용구(instrument) 혹은 도구(ustensile)이다. 그러므로, 이것들의 양적인 관계를 바탕으로 나타나는 바 사물들 간의 근원적인 관계는 **도구성**의 관계다. 그리고 이 도구성은 앞서 지적된 구조들[예컨대 이것, 공간성, 영속성, 잠재성, 본질 등]에 후속되거나 종속되는 것이 아니다. 어떤 방향에서 보면, 도구성은 그

구조들을 전제로 하고, 다른 방향에서 보면 그 구조들이 도구성을 전제로 한다. 사물이란 나중에 도구가 되기 위해 먼저 사물을 지목하지 않는다. [또한] 사물은 나중에 사물로서 노출되기 위해 먼저 도구를 지목하지 않는다. 사물은 **도구-사물**(*chose-ustensile*)이다.(236/364)

'도구-사물'이라는 개념을 통해 사물이 곧 도구이고 도구가 곧 사물임을 분명하게 말하고 있습니다. 하지만, '도구-사물'은 결코 정립적인 것일 수는 없습니다. 그리고 세계를 이러한 '도구-사물'의 연쇄 관계를 통해 자성을 획득하는 것으로 볼 때, 그 세계는 더더욱 정립적일 수 없습니다. 그저 살아내야 하는 세계일 뿐, 내가 그렇게 정립한다고 해서 정립되는 것이 아닙니다. 말하자면 내가 세계를 도구 세계로 구성해 내기 때문에 세계가 도구 세계인 것이 아니라는 이야깁니다. 그러니까 세계-내-존재로서 내가 세계 속에 있다는 것은 미래의 세계를 향해 있다는 것입니다. 왜냐하면 도구성은 부재-결핍-과제 등으로 이어지는 미래적인 차원에서 성립하는 것이기 때문입니다.

하지만 사물이 그 자체로, 즉 대자와의 아무런 관련도 없이 '도구-사물'로 되는 것이 아님은 물론입니다. 그 관련에 대해 사르트르는 이렇게 말합니다.

나는 나의 가능성들이기 때문에, 세계 내의 도구들의 질서는 나의 가능성들, 즉 나인 것이 즉자 속에 투사된 이미지다.(237/364)

대자인 나는 현재에 붙박혀 있는 존재가 아닙니다. 언제든지 현재를 넘어서서 미래를 향한 가능성들로 존재합니다. 그런데 사르트르는 세계

내의 도구들의 질서가 바로 이러한 나인 나의 가능성들이 즉자에 투사된 이미지라고 말합니다.

　세계 내의 도구성이 대자와의 관련이 없이 존립한다는 것은 언뜻 생각해 보아도 불가능합니다. 그런데 이에 대해 '투사된 이미지'라는 표현까지 쓰는 것은 앞서 논의한 것에 비하면 너무 심하다는 느낌이 듭니다. 더군다나 사르트르가 이미지를 상상의 대상이라고 여긴다는 사실과 비교해 보면 더욱 그렇습니다. 세계 내의 사물들이 갖는 도구성과 그 질서는 상상의 문제가 결코 아니기 때문입니다.

　게다가 대자가 즉자에 대해 미치는 작용의 힘이 어느 정도까지 가능한가 하는 문제가 궁금해집니다. 물론 대자가 이미 늘 수행하는 존재에의 현전이 없이는 도대체 사물 내지는 세계란 것이 노출될 수 없다는 것을 염두에 두면, 그 정도가 상당할 것이라고 예견할 수는 있습니다. 하지만 대자란 한편으로 언제든지 즉자의 이면에 불과하다고 말할 수 있기 때문에, 근본적으로 보아 대자가 즉자에 대해 능동적으로 존재론적인 변이의 힘을 발휘한다는 것은 생각하기 쉽지 않습니다. 인용문을 보면, 마치 순전히 대자 때문에, 심지어 대자에 의해 도구성의 세계가 성립하는 것처럼 되어 있습니다. 그러나 분명한 것은 대자가 능동적으로 도구성의 세계를 만들어 내는 것은 결코 아니라는 사실입니다. 근본적인 존재론적인 구조에 있어서, 세계의 도구성은 대자의 가능성들과 짝하고 있는 상관자라는 뜻으로 '투사된 이미지'라는 말을 쓴 것으로 이해해야 할 것입니다.

　이를 감안하게 되면 재미있는 논리적인 추론이 가능해집니다. 사물의 도구성이란 항상 각각의 사물들이 다른 사물들과 목적과 수단의 관계를 이룬다는 것을 함축합니다. 망치라는 도구는 못을 박기 위한 것이고,

못은 판자를 붙이기 위한 것이지요. 이럴 때, '망치', '못', '판자' 등은 서로 목적과 수단의 관계를 이루고 있지요. 그런데 이러한 사물의 도구성이 대자의 투사된 반영이라면, 각각의 대자 역시 다른 대자들과 굳이 목적과 수단의 관계는 아니라 할지라도 적어도 이른바 대타성(對他性, être-pour-autrui)을 띠지 않을 수 없는 것 아니겠는가 하는 것입니다.

　도구는 근본적으로 누구를 위한 것(pour qui)입니다. 작업복은 노동자를 위한 것입니다. 그렇다면 노동자는 누구를 위한 것인가요? 지붕을 고치는 노동자는 거기에서 일하는 사무원들의 공간에 비가 새지 않도록 하기 위해 일을 합니다. 사무실 안에서 일하는 사무원들은 또 다른 사람들을 위해 노동을 할 것입니다. 이러한 계열은 계속 이어집니다. 이렇게 되면, 모든 사람들이 목적과 수단의 관계를 벗어날 수 없는 것 같고, 따라서 사람들 역시 사물들과 마찬가지로 도구성을 벗어날 수 없을 것 같습니다. 그런데 사르트르는 이렇게 말합니다.

　이것[즉 노동자들의 대타적 연쇄]은 우리가 항상 타자를 특정 유형의 도구로 파악해야만 한다는 것을 의미하지 않는다. 이것은 그저 다음을 의미한다. 즉 우리가 세계로부터 출발하여 타자를 고려할 때에는 도구성의 무한 복합에로의 지시 관계를 도대체 벗어날 수 없다는 것을 의미할 뿐이다.(237/365)

　세계로부터 출발하지 않고 타자를 고려할 수 있는 길이 있음을 암암리에 염두에 두고 있습니다. 타자를 오로지 도구성의 관계로만 파악한다는 것은 나 역시 다른 사람들에게 타자일 것이기 때문에 타자에 대한 나 자신을 도구로 파악하는 것이 아닐 수 없습니다. 그러고 보면, 세계의 도구성이 대자의 가능성들의 반영이라는 구도는 결코 대칭적인 것이 아닙니다. 대자의 가능성들에는 세계의 도구성으로 투사되는 측면들 외에 다른 측면들이 있다는 이야기입니다. 아마도 그것은 '현존으로서의 대자'의 길을 확보하는 쪽으로 연결될 것입니다.

4) 대자의 부정과 세계 내 도구성의 발융

이에 관한 논의를 지금의 맥락에서는 찾을 수 없습니다. 그 대신 사르트르는 세계 내에서 도구성이 발융하는 것이 대자의 부정과 어떤 관계를 맺고 있는가를 고찰하고자 합니다.

> 도구성이, 나인 순수 부정의 상관자로서 어떻게 해서 세계 내에서 발융할 수 있는가를 설명할 일이 남아 있다. 나는 어떻게 해서 순전한 **이것**(*pur ceci*)인 한에서의 **이것**에 대해 메마르고 무작정 반복되는 부정에 그치지 않는가? 만약 내가 그것이어야 할 순전한 무에 다름 아니라면, 이 [나의] 부정은 어떻게 나의 이미지인 복수의 과제들을 노출시킬 수 있는가?(238/366)

도구성의 체계는 대단히 복합적이고 그 내용이 복잡합니다. 만약 도구성의 체계가 대자인 내가 수행하는 부정에 의거한 반영이라면, 거꾸로 보아 대자의 부정 자체가 결코 단순해서는 안 됩니다. 이에 대자의 부정이 과연 어떻게 복잡한 내용을 일구어 내는 방식으로 수행될 수 있는가를 밝히지 않으면 안 됩니다. 그래서 위 인용문에 바로 이어 이렇게 말합니다.

이러한 물음에 대답하기 위해서는 대자가 순전하고 단순하게 현재에 다가오는 미래에 불과한 것이 아니라는 사실을 상기해야 한다. 대자는 '그러했다'(étais)라는 형식하에 자신의 과거이기도 해야 한다.(238/366)

대자의 지나간 과거의 내용은 상당히 복잡할 것입니다. 이제까지 대자가 부정해 온 내용들은 엄청나게 다양할 것이기 때문이고, 그렇게 부정해 온 내용이 대자와 무관한 것이 결코 아니기 때문입니다. 그러한 내용을 적극적으로 함축한 채 지금 현재를 부정하면서 미래로 뛰어드는 대자의 부정은 그만큼 복잡할 수밖에 없습니다. 이를 사르트르는 '디아스포라'라고 하는 묘한 명칭으로 부르면서 다음과 같이 말합니다.

이러한 의미에서, 한 시간적인 차원의 의의를 항상 다른 곳, 즉 다른 차원에서 찾아야 한다. 이것이 우리가 **디아스포라**(*diaspora*)라 불렀던 것이다. 왜냐하면 디아스포라적인 존재 통일성은 하나의 단순한 **주어**진 귀속이 아니다. 그렇기 때문에 디아스포라적인 존재 통일성은 자신을 저 바닥에서부터, 바깥에서, 자아의 통일성 속에서 조건 지음으로써 디아스포라를 실현해야 하는 필연성이다. 그러므로 나 자신이면서 이것을 노출하는 부정은 '그러했다'라는 양식으로 존재해야만 한다.(238/366)

대자의 디아스포라적인 부정과 그에 따른 존재 통일성은 자기 바깥에서부터 자기를 조건 지음으로써 성립하는 것이라고 말하고 있습니다. 이렇게 되면, 내 존재가 과거를 통해 나타날 것이고, 따라서 아무래도 과거적인 차원을 담뿍 담지하고 있는 즉자와 깊게 연루될 수밖에 없습니다. 이에 성립하는 관점이 바로 '세계에 입각한 대자에의 관점'입니다. 이 관점에서 보면, 대자는 탈자적이긴 하나 세계에 속한 것으로 나타날 수밖에 없습니다.

세계에 입각한 대자에의 관점은 현사실성과 유사한데, 이 관점은 부정을 즉자와의 근원적인 관계로 규정하되 탈자적으로 규정하는 것이다. 그러나 다른 측면에서 보면, 우리가 이미 본 바와 같이, 대자인 이 모든 것은 '그러했다'라는 양식에 입각해서 세계에의 탈자적인 귀속으로서 그러한 것이다. …… 그것은 즉자 속에 응고된 대자다. 따라서 그것은 하나의 세계에 **대한** 의식이지만 세계의 한복판으로 실추된 의식이다. 실재론, 자연주의 및 유물론의 의미는 과거에 있다. 이 세 가지 철학은 과거를 마치 현재인 양 기술하는 과거에 대한 기술들이다. 그러므로 대자는 세계로부터의 이중적인 도피다. 대자는 자기가 벗어나고자 하는 세계에 대한 현전으로서, 세계의-와중에-있는-자기 자신의 존재로부터 벗어나고자 한다. 가능은 도피에 대한 자유로운 종착점이다. 대자는 자기가 아닌 한 초월자에게로 도피할 수 없다. 그저 자기인 한 초월자에게로 도피할 수 있을 뿐이다.(238/367)

대자가 세계-내-존재가 될 수 있는 근거를 제시하고 있습니다. 디아스포라적으로, 즉 세계에 입각해서 대자를 바라보게 되면, 대자는 즉자 속에 응고되면서 일상적으로 우리가 느끼는 방식으로 이렇게 세계 속에 있게 된다는 이야깁니다.

대자는 이러한 자기 자신으로부터 도피하고자 할 것입니다. 아예 그 속에 빠져들어 있을 수만은 없기 때문입니다. 여기에서 우리는 대자의 이중적인 존재방식을 보게 됩니다. 세계 속으로 실추되어 있으면서 동시에, 그 세계를 대면함으로써 자기 자신으로 도피하고자 하는 대자를 보고 있습니다.

대자가 세계 속으로 실추되는 것은 대자가 과거에 의해 규정되기 때문입니다. 내가 목이 마른데 컵 속에 있는 물을 바라보게 되면, 그 물은 마셔져야 할 사물, 즉 도구가 됩니다. 그런데 나는 그 물을 마시기 전에 과연 그 물을 마셔도 되는가를 생각할 수 있습니다. 물을 대면하는 것이지요. 물을 대면함으로써 나는 내 자신으로 돌아서고 있습니다.

이를 전반적으로 볼 때, 나는 나에게 결핍된 것(예컨대 물)을 통해 나에게 결핍된 그것(예컨대 물)을 도구로 삼게 됩니다. 나의 결핍은 도구를 통해 충만을 향해 있습니다. 이때 도구성은 이것인 사물에 있어서 '존재-너머의-존재', 즉 부재를 겨냥할 것입니다. 내가 도구를 사용할 때, 사물에 있어서 이 '존재-너머의-존재', 즉 부재는 충만으로 실현될 것입니다.

그래서 세계 속에서 부재는 실현되어야 할 것으로서 노출된다. 적어도 이 존재가 내가 결핍하고 있는 존재-가능의 상관자인 한에서 그러하다. 컵 속의 물은 마셔져야만-하는-것으로서 나타난다. 즉 그 존재 자체에서 채워져야 할 것으로서 비정립적으로 파악되는 갈증의 상관자로서 나타난다.(240/369)

하나의 사물이 도구성을 띠고서 나타난다는 것이 어떻게 대자의 과거적인 결핍에 의거해서 디아스포라적인 시간 차원을 통해 가능하게 되는가를 정리해 주고 있습니다.

9. 세계의 시간

1) 과거

(1) 노출의 이중적 구도

날은 훤히 밝았는데 소음이 거의 없는, 게다가 바람 한 점 없이 모든 것들이 정지해 있는 이른 아침 시각, 창밖으로 내다보이는 풍경과 그 속을 채우고 있는 건물들과 그것들을 에워싸기도 하고 그것들에 의해 채워지면서 여러모로 나뉘기도 하는 공간(들)을 바라보고 있노라면, 이 모든 것들은 마치 시간을 벗어나 있는 것 같습니다. 그저 그것들을 바라보는 내 마음만이 이런 생각들을 하느라 분주히 움직이는 것 같습니다.

　　존재는 그 자체로 보면(en soi) 시간과 무관한 것처럼 노출됩니다. 이같이 아예 시간과 무관할 경우 무시간성(atemporalité)이라 하고, 시간성에 관련해서 시간적이지 않은 경우 비시간성(intemporalité)이라 합니다. 하지만 이 둘은 실제에 있어 뚜렷하게 구분되지 않습니다. 그런데 방안은 물론이고 창밖 풍경을 형성하는 뭇 사물들이 노출되는 세계에서는 분명 시간이 흐르는 것 같고, 따라서 세계는 시간적인 것으로 노출됩니다. 이 글을 쓰기 시작할 때보다 훨씬 더 밝아졌고 햇볕이 훨씬 더 강해졌는가 하면 그런 가운데 사물들이 더 부풀어져 보입니다. 세계는 시간적인 것입니다. 세계는 시간성을 띤 것으로 노출되고, 그처럼 세계와 세계 속의 사물들로 노출되면서도 왠지 그 밑바닥(là-bas)에 도사리고 있는 것처럼 해서 노출되고 있는 존재는 무시간성 혹은 비시간성을 띤 것으로 함께 노출됩니다. 노출의 거대한 두 구조, 즉 세계와 존재의 노출을 생각하게 됩니다. 사르트르는 이렇게 말합니다.

어쨌든 존재의 무시간성은 그 노출 자체 속에 **재현된다.** 이것이 시간화되는 시간성에 의해 그리고 그 속에서 파악되는 한, 이것은 본래 시간적인 것으로 나타난다. 그러나 이것이 바로 그것인 한, 이것은 자신의 시간성이기를 거부하고 단지 시간을 **반영할** 뿐이다. 그런가 하면 이때 이것은 내적인 탈자적 관계 ──시간성의 원천에 있는 관계 ──를 외재성의 순수 객관적인 연관으로 되돌린다.(241/370)

잘 알다시피, '존재와 시간'은 하이데거가 그 유명한 자신의 책에 붙인 제목입니다. 하이데거에서 존재는 시간성의 원천이고 시간성을 분비하는 것이었습니다. 그런데 사르트르는 존재의 무시간성을 말하면서 아예 대자를 시간성이라고 말합니다("대자는 시간성이다. 그러나 대자는 시간성에 대한 의식은 아니다"(240/369)). 그러면서 일체의 시간성은 대자가 지닌 내적인 탈자적 관계와의 관련하에서만 성립하는 것으로 봅니다.

존재가 대자와 관련하는 방향은 두 방향입니다. 한 방향은 대자와의 일체의 관련을 벗어나는 그 자체로 노출되는 방향입니다. 이때 존재는 무시간적인 것으로 노출되지요. 다른 방향은 대자와의 관련을 통해 노출될 수밖에 없는, 즉 세계로서 노출되는 방향입니다. 이때 존재는 세계로서 '변이되어' 시간적인 것으로 노출됩니다. 이러한 존재의 이중적인 노출 구도는 '이것'에서도 그대로 반영되지요. 시간성 속에서 시간성에 의해 파악될 수도 있고, 바로 그것으로 존재하는 것일 수도 있는 것입니다.

(2) 대자의 시간성에서 세계의 객관적 시간으로

이런 이중적인 노출의 구도에서 볼 때, 문제는 이것이 지닌 영속성입니다. 이것의 영속성은 이것이 바로 그것으로서 존립하는 데서 노출됩니다.

그럴 경우, **이것**의 영속성은 시간성을 벗어나 있는 것으로 노출되는 것으로 될 것인데, 우리는 저 앞에서 **이것**의 영속성을 대자의 부정에 의거한, **이것**의 잠세성(potentialité)과 연결시켰기 때문입니다. 예컨대 저 앞에서 사르트르는 이렇게 이야기했습니다.

> 의식은 비정립적으로, **이것**이 아닐 수 있음(에 대한) 의식으로서 존재할 수 있다. 이 가능성은 바로 그것인 **이것**의 잠재성으로 노출된다. 대상의 제1의 잠재성은 참여의 상관자이자 부정의 존재론적인 구조인데, 바로 이 대상의 제1의 잠재성이 바로 **영속성**이다. 이때 이 영속성은 미래의 바탕으로부터 **이것**에 끊임없이 주어진다.(229/354)

참여와 부정은 분명 대자의 활동입니다. 이 대자의 활동에 대한 상관자가 바로 잠재성이고, 이 잠재성 중 제1의 잠재성이 바로 영속성이라는 이야기입니다. 이제 **이것**의 영속성은 노출의 이중적인 구도를 염두에 둔 상태에서 이렇게 이야기되고 있습니다.

> 영속성은 비시간적인 동일성과 시간화의 탈자적인 통일성 간의 타협이다. [그러므로] 이러한 영속성은, 즉자적인 순간들 즉 단순한 외재성의 관계에 의해 서로 분리되면서 재통일되는 작은 무들(petits néants)이 무시간적인 부동성(不動性)을 간직하고 있는 한, 존재의 표면으로 순수하게 미끄러지는 것으로서 나타날 것이다.(241/371)

매 순간들은 연속적으로 주어집니다. 그리고 이 순간들은 분리되지만 서로에게 겹치면서 하나로 재통일됩니다. 이러한 재통일이 이루어지는 데에는 스스로를 시간화하는 존재인 대자의 탈자적인 개입이 필수적입니다. 그런데 순간들이 이렇게 재통일되면서 그저 대자의 손아귀에 머무는 것이 아니라 오히려 그 반대로 무시간적인 부동성을 지닌 존재의 저 바닥으로 내려가는 품새를 취합니다. 그 품새는 결국 존재의 표면을 뚫고 존재의 저 바닥으로 내려가지는 못한 채 그저 존재의 표면으로 미끄러져 들러붙을 뿐입니다. 요컨대 이것의 영속성은 대자에 의거한 시간화의 탈자적인 통일성을 존재가 지닌 비시간적인 동일성으로 연결해 주는 것입니다.

이렇게 되면, 존재의 비시간성이 대자인 우리를 완전히 벗어나 있는 것이 아니라 이것들의 영속성을 통해 우리에게 노출되는 것이고, 그렇게 노출되면서도 결코 대자가 수행하는 시간화의 판에 내재하는 게 아니라 그 판을 벗어나 있는 것이 되는 것입니다. 그래서 이렇게 이야기됩니다.

그러므로 존재의 비시간성이 우리를 벗어나 있다는 것은 진실이 아니다. 그 반대로 존재의 비시간성은 **시간 속에서 주어진다**. 존재의 비시간성은 보편적 시간의 존재방식에 대해 근거가 된다.(241/371)

정리하면 이렇게 됩니다. 대자의 탈자적인 존재방식이 없이는 시간이 성립할 수 없습니다. 그렇다면 세계의 시간성은 오로지 대자, 즉 의식으로부터 생겨난 것이기에 필연코 그 자체의 객관성을 띨 수 없는 것이 됩니다. 그런데 세계의 시간이 객관적인 것으로서 어떤 보편성을 띤 것으로, 예컨대 시간을 잰다거나 날짜를 매긴다거나 하는 일이 어떻게 가능하단 말인가요? 이에 사르트르는 존재의 비시간성이 노출된다는 사실, 이른바 시간 속에서 주어진다는 사실을 끌어들입니다. 말하자면 대자의 탈자적인 시간성의 통일성이 존재의 비시간성에 의해 끌려들어감으로써 세계의 보편적이고 객관적인 시간이 성립한다는 것입니다. 그렇기에 존재의 비시간성은 보편적 시간의 존재방식에 대해 근거가 된다고 말하는 것입니다.

그러고 보면, 세계의 객관적인 시간은 그 자체 대자의 시간성도 아니고, 그렇다고 존재 즉 즉자가 반드시 그렇게 되어야 하는 것도 아닌 묘한 것입니다. 존재는 어차피 무시간성 내지는 비시간적인 것이기 때문입니다. 그래서 이렇게 이야기됩니다.

> 객관적으로 파악되는 한, 시간성은 하나의 순수한 환영이다. 왜냐하면 그것은 대자의 시간성으로 주어지는 것도 아니고, 즉자가 그렇게 되어야만 하는 시간성으로서 주어지는 것도 아니기 때문이다.(242/371)

세계의 시간에서 과거는 이러한 객관적인 시간성에서의 과거입니다. 우리에게 주어지는 이 세상을 바라볼 때 이 세상은 갑자기 매 순간 툭툭 주어지는 것이 아니라 이전부터 계속해서 나의 존재와 무관하게 '있어 온 것', 즉 초월적인 과거를 바탕으로 해서 존재해 온 것으로 여겨집니다. 말하자면, 흔히 세계라고 말할 때 그 세계는 현재 주어져 있고 미래에도 주어질 것으로 존재하기도 하지만, 무엇보다 지독하게 오래된 과거가 축적되어 존재하는 것으로 주어집니다. 이에 대해 사르트르는 "초월적인 과거가 '자립성'을 띤 환영 속에서 고립된다"라고 말합니다.

> 초월성(transcendance)이라는 자격으로 즉자적으로 있는 초월적인 과거는 현재가 그렇게 되어야 할 것으로 존재하지 않을 것이다. 초월

적인 과거는 '자립성'(Selbständigkeit)을 띤 하나의 환영 속에서 고립된다. 그리고 과거의 각각의 순간들은 하나의 '현재였던 것'(ayant-été présent)이기 때문에, 이러한 고립은 과거의 내부 자체에서 지속된다. 그리하여 불변적인 **이것**은 무한한 즉자적인 환영들에서 일어나는 반짝거리는 미세한 분할을 가로질러 노출된다. 그런 식으로 이 컵이나 이 탁자가 나에게 나타나는 것이다. 그것들은 지속되는 것이 아니라, 존재한다. 그리고 시간은 그것들 위로 흐른다.(242/371)

초월적인 과거의 고립이 비록 환영적이라고는 하지만, 워낙 강력하게 말하자면 노출시키는 대자의 위력을 무화시킬 정도로 강력하게 이루어집니다. 이를 일컬어 자립성이라고 지칭하고 있습니다. 사실이지, 우리가 보고 있는 이 컵이나 탁자는 이같이 강력하게 고립된 자립성을 띤 초월적 과거가 아니라면, 그것들 자체가 오히려 환영으로서 주어지지 않을까 싶습니다. 그러고 보면 초월적 과거의 고립된 자립성이야말로 오히려 이 사물들이 그 자체로 존재하도록 하는 본질적인 근본 형식이 되는 것이지요.

그것들 위로 시간이 흐른다는 것은 앞서 말한바, 미세한 순간들이 존재의 표면으로 끊임없이 미끄러진다고 한 것과 일맥상통합니다. 존재 자체에는 시간이 흐르지 않고, 존재의 표면에서 시간이 흘러간다는 식입니다. 이렇게 모든 사물들이 고립된 자립성을 통해 시간을 아예 넘어서 있는 것처럼 여길 때, 즉 사물들 자체의 본질에 있어서 시간성 자체가 작동하지 않는다고 여길 때, 과학적 관점이 성립합니다. 전체 맥락으로 보면, 과학적인 관점은 그 자체 순수 환영에 근거한 것으로 자리매김됩니다.

흥미로운 것은 과학적인 관점에서는 컵이나 탁자가 지속하는 것이 아니라 존재한다고 말할 뿐입니다. 지속은 시간성과 바로 통일된 방식으로 이루어지는 데 반해, 여기에서 말하는 존재함은 존재하는 것 위에서 시간이 흐르고 있을 뿐이고 존재하는 것 자체를 건드리지 못하는 데서 성립합니다.

> 대자는 시간성을 존재 위에서, 존재의 표면에서 유희하는, 존재를 변경할 가능성이 전혀 없는 순수한 반영으로서 파악한다. 시간에 대한 이러한 절대적이고 환영에 입각한 무성(néantité), 이것을 학자는 동질성(homogénéité)이라는 이름을 가지고 개념으로 고정시킬 것이다.(242/372)

대자가 시간을 존재의 표면에서 순수한 반영으로 파악할 때 과학적 관점이 성립하는데, 이 과학적인 관점에서는 시간을 하나의 아무것도 아닌 것으로 여기고 이를 '동질성', 즉 '시간의 동질성'으로 개념화할 것이라는 이야기입니다. 시간의 동질성이란 그 어떤 상황에서의 시간이라 할지라도 시간 그 자체는 존재의 본질적인 규정에 전혀 관여하지 않는 것으로서 존재에 대해 철저히 외적이라는 것을 나타냅니다. 과학적 관점에서 성립하는 것이라 할 수 있는 세계의 보편적이고 객관적인 시간은 존재로부터 얻어오는 것이 아무것도 없다는 이야기입니다. 과연 그런가요, 과연 존재와 시간은 아무런 주고받음도 없는 관계인가요?

(3) 존재의 세계에로의 모험

그런데 세계 속에서 **이것들**이 노출된다고 할 때, 예컨대 이 컵과 이 탁자가 노출된다고 할 때, 그것들은 일견 시간과 무관하게 그 자체로 고립해서 자립성을 띤 것으로 나타나기만 하나요? 그렇지 않습니다. 언제든지 혹은 언젠가는 폐기될 수 있는 것으로 나타나고 또 생겨날 수 있는 것으로 나타납니다.

우리는 이제까지 보편적인 시간성을 기술하면서 존재의 비시간적인 불변성 외에는 존재로부터 오는 것이 아무것도 없다는 가정하에서 기술했다. 그러나 정확하게는 **다른 무엇인가**가 존재로부터 온다. 그것은 우리가 더 나은 말이 없는 까닭에 폐멸들(abolitions)과 출현들(apparitions)이라 부르고자 하는 것이다.(243/372~373)

존재하는 이것들은 앞으로 어떻게 될지 모릅니다. 없어질 수도 있고 계속될 수도 있습니다. 이를 존재로부터 폐멸과 출현이 주어진다고 말하는 것입니다. 그런 상태에서 우리는 이것들이 존재한다고 말하고, 존재할 것이라고 말합니다. 그래서 긍정은 준긍정(quasi-affirmation)이 되고, 이전은 준이전(quasi-avant)이 되고, 이후는 준이후(quasi-après)가 되고, 계기(繼起)는 준계기(quasi-succession)가 됩니다.

그런데 즉자를 존재 그 자체로 보면 무슨 폐멸이니 출현이니 하는 것과 무관한 것으로 여겨질 수 있습니다. 예컨대 '폐멸된 즉자' 혹은 '출현된 즉자'라고 할 때, 폐멸이니 출현이니 하는 것은 바로 그 폐멸된 **즉자** 혹은 출현된 **즉자**에 대해서는 전적으로 외면적인 것입니다. 그러니 준긍정, 준이전, 준이후 혹은 준계기라고 하는 것들은 즉자 자체에 대해서는 절대적으로 외면적인 것입니다. 그런데 이렇게 됩니다.

그러나 이러한 절대적인 외재성이 '거기에 있음'(il y a)이라는 형식하에 주어지기 위해서는 이미 세계가 있어야 한다. 즉 하나의 대자가 발융되어 있어야 한다. 즉자에 관련한 즉자의 절대적인 외재성은, 출현의 준이전(quasi-avant) 혹은 폐멸의 준이후(quasi-après)인 무 자체가 존재의 충만 속에서 자리를 찾아 잡을 수 없도록 한다. 존재하지 않았던[혹은 그렇지 않았던] 하나의 이것(un ceci)이 나타날 수 있는 것은, 말하자면 외재성인 바 관계상의-이-부재의-관계가 노출될 수 있는 것은 오로지 한 세계의 통일성 속에서일 뿐이고 세계를 바탕으로 해서일 뿐이다. '존재하지 않았다가'[혹은 '그렇지 않았다가'] [이렇게] 출현된 것에 관련하여 성립하는 사전성(事前性, antériorité)은 존재상의 무다. 이 존재상의 무는, 그 자신의 무이자 그 자신의 사전성인 하나의 대자에 의해서만 세계에 올 수 있다. 그래서 **이것**의 발융과 폐기는 양의적인 현상들이다. 대자에 의해 존재에게 오는 것은 여기서도 또한 하나의 단순한 무, 즉 아직-아니-있음과 더-이상-있지 않음이다. (244/374)

이 세계에 존재하는 **이것**들은 생겨날 수도 있고 폐기될 수도 있는 것들임에 틀림없습니다. 이것들이 생겨나거나 폐기된다는 것은 그렇지 않았다가 그렇게 된다거나 그렇다가 그렇지 않게 되는 과정에서 일정한 본질의 경계를 넘어서는 것을 일컫습니다. 책상이 폐기된다는 것은 붕괴되어 나무토막들이 됨으로써 책상으로서의 본질의 경계를 넘어서게 된 것이고, 책상이 생겨난다는 것은 목재가 일정한 규칙에 의해 책상으로서의 구조를 갖춤으로써 목재 자체로서의 본질의 경계를 넘어서게 된 것입니다. 그러고 보면, 폐멸과 출현이라는 문제는 본질규정상의 일체의 변화를 담보하고 있는 것입니다.

그런데 이런 본질규정상 변화의 문제가 대자에 의거한 거라기보다 존재 자체로부터 세계 혹은 세계에 있는 **이것들**에게 주어지는 거라는 생각을 하게 됩니다. 그런데 존재 그 자체는 충만성입니다. 이런 충만성에 의거해 볼 때, 폐멸이니 출현이니 하는 데서 성립되는 사전성(이전)이나 사후성(이후)이 자리 잡을 곳은 없습니다. 왜냐하면 이 사전성과 사후성은 단적으로 있음과 없음을 갈라놓고 보면 없음, 즉 무이기 때문입니다. 이를 '존재상의 무'라 일컫고 있습니다. 이 존재상의 무는 도대체 대자로부터 오지 않을 수 없습니다. 존재로부터 세계에 온 것이라 여겼던 폐멸과 출현, 혹은 발융과 폐기는 대자가 없이는 그 자체로 결코 성립할 수 없는 것이 됩니다. 그래서 발융과 폐기가 양의적 현상이라는 것입니다.

사르트르가 존재를 즉자적으로 보아 그 자체 충만함으로 보고, 대자를 그 자체 무이자 사후성이자 사전성인 탈자적인 것으로 보는 한, 그리고 이 둘 사이에서 세계 내의 모든 일들이 벌어진다고 보는 한, 사르트르에게서 세계 속에서 일어나는 모든 일들은 그 자체 존재론적인 양의성을 벗어날 길이 없는 것입니다. 그래서 이렇게 결론이 납니다.

출현과 소멸의 양의성은 그것들이, 세계처럼, 공간처럼, 잠재성과 도구성처럼, 보편적인 시간 그 자체처럼, 부단히 붕괴되는 총체들이라는 양상하에서 주어진다는 사실로부터 온다.(244/375)

'부단히 붕괴되는 총체들'이라는 말에서, 총체성은 존재의 충만성으로부터 기인하는 것이고, '부단한 붕괴'는 대자의 탈자성에서 기인하는 것입니다. 이 양쪽의 '존재론적인 힘'에 의해 세계 내의 일체의 일들이 양의적인 것으로 나타나는 것입니다. 여기에서 사르트르는 존재가 세계로 노출됨으로써 모험을 일삼는다고 말합니다.

(4) 나의 세계에 속함

대자가 항상 세계에 대해 초월을 일삼는다는 측면을 강조하게 되면, 대자는 도대체 세계 속에 거주할 수 없습니다. 그런데 실제로 대자는 이 세계 속에 거주할 뿐만 아니라 이 세계에 속해 있습니다. 이 일은 어떻게 가능한가요?

우리가 이미 지적한 것처럼, 대자는 그의 과거에 의해 즉자 속으로 함몰된다. 과거에서 즉자가 된 대자는 스스로를 세계의 와중에 있는 것으로 드러낸다. [이때] 대자는 [현존하지 않고 그저] 있다(est), 대자는 자신의 초월성을 상실했다. 그리고 이 사실로부터 대자의 존재는 시간 속에서 과거로 된다. 대자의 과거와 세계의 과거 간에 아무런 차이가 없다. 세계의 과거는 대자의 과거와 공현전한다. 존재의 과거 혹은 내가 그 속에 있었던 객관적인 과거인 **하나**의 과거가 있을 뿐이다. …… 내가 보편적인 시간성에 속하는 것은 과거에 의해서고, 내가 보편적 시간성으로부터 벗어나는 것은 현재와 미래에 의해서다.(245/375)

그다지 복잡하게 설명할 것이 없는 것 같습니다. 내 존재는 철저히 이중적입니다. 과거를 통해서는 완전히 세계에 속해 있고, 현재와 미래를 통해서는 세계를 벗어나 초월해 있습니다. 세계는 과거를 통해 나를 집어삼키는 방향으로 작동하고, 나는 현재와 미래를 통해 세계를 과거 속에 고착시켜 객관화하는 방향으로 활동합니다. 과거를 통해 세계가 나를 집어삼키면, 그렇게 된 만큼 대자인 나는 현존하는 것이 아니라, 즉자적인 방식으로 '존재하게'(있게) 됩니다.

2) 현재

세계의 현재에 관한 사르트르의 설명은 운동을 어떻게 해명할 것인가에
집중되어 있습니다. 운동은 변화와 다릅니다. 변화는 질적인 변화이지만,
운동은 장소의 이동입니다. 다 알다시피 제논의 역설은 운동이 없다고
하는 파르메니데스의 주장을 가장 잘 나타내는 유명한 공식입니다. 이에
대해 사르트르는 나름의 공격 방식을 취합니다.

예컨대 쏜 화살은 날아가지 않는다고 하는 제논의 역설이 있습니다.
화살이 과녁에 도달하기 위해서는 그 거리의 반을 지나가야 하고, 그 거
리의 반을 지나가기 위해서는 또 그 거리의 반의 반을 지나가야 하고, 이
과정은 무한히 진행되기 때문에 결코 쏜 화살은 한 발짝도 나아가지 못
한다는 유명한 역설입니다. 사르트르는 이 역설을 운동과 정지의 문제로
재규정합니다.

> 화살이 [두 지점의] 위치 AB를 지나갈 때, 화살은 화살촉 끝이 A에 꼬리
> 끝이 B에 위치한 상태에서 정확하게 정지된 하나의 화살인 것처럼 거
> 기에 있다. 운동이 존재와 겹친다는 것, 그리고 그 결과 존재가 운동 중
> 인지 정지 중인지를 판가름할 수 있는 그 어떤 것도 없다는 것을 인정
> 한다면, 이는 명백하다. 한마디로, 만약 운동이 존재의 한 우연이라면,
> 운동과 정지는 식별이 불가능하다.(247/378)

일단 이렇게 재규정해 놓은 뒤, 사르트르는 이 엘레아 학파의 역설에
대해 공격을 가합니다. 그 공격의 핵심은 운동 중인 존재가 그 즉자존재
를 계속 유지한다는 일반적인 공준을 거부해야 한다는 것입니다. 그럼으

로써 존재한다는 것(être)과 지나간다는 것(passer)이 다르다는 것을 제시해야 한다는 것입니다.

> 엘레아 학파의 아포리아를 벗어나기 위해서는 운동 중인 존재가 그 즉자존재를 유지한다는 일반적으로 인정되고 있는 공준을 거부해야 한다. 단지 AB를 지나간다는 것은 지나감의-존재(être-de-passage)이다. 지나감은 무엇인가? 그것은 하나의 장소에 있으면서 동시에 거기에 있지 않음이다. 어떤 순간에도 지나감의 존재가 여기에 있다고 말할 수 없다. 만일 그렇게 말한다면, 갑자기 그 존재를 정지시키는 결과가 된다. 그렇다고 해서, 그 지나감의 존재가 존재하지 않는다고도, 그것은 **거기** 존재하지 **않는다고도**, 그것은 **다른 곳**에 존재한다고도 말할 수 없다. 운동 중인 존재와 장소와의 관계는 점유의 관계가 아니다.(247~248/379)

대단히 독창적이고 흥미로운 해석이 아닐 수 없습니다. 운동하는 존재와 장소의 관계가 점유의 관계가 아니라는 대목이 핵심입니다. 이는 운동 중인 존재가 즉자존재를 유지한다는 것을 거부하는 것과 연결됩니다. 마치 대자가 자기 고유의 장소가 없는 것처럼, 운동 중인 존재가 그러하다는 것입니다. 그런데 이 말은 결국 존재론적으로 무엇을 의미하게 되나요?

> 운동(mouvement)은 생성(devenir)과 전혀 닮지 않았다. 운동은 그 **본질**에 있어서 질을 바꾸지 않는다. 그렇다고 질을 **현실화하는** 것도 아니다. 질은 있는 그대로 정확하게 유지된다. 변화는 질의 존재방식이다. 당구대 위를 구르는 이 붉은 당구공은 붉기를 전혀 그치지 않는다. 그

러나 있는 그대로의 이 붉음은 정지해 있었을 때와 동일한 방식의 붉음이 아니다. 이 붉음은 폐멸과 영속성 사이에서 유보된 채 머문다. 사실 B지점에서의 그 붉음이 A지점에 있었던 것에 대해 외부적인 한, [A지점의] 붉음에 대한 폐기가 있다. 그러나 그 붉음이 B지점을 지나 C지점에서 다시 발견되는 한, 그 붉음은 이 폐기 자체에 대해 외부적이다. 그래서 그 붉음은 폐기에 의해 존재를 벗어나고, 존재에 의해 폐기를 벗어난다.(249/380~381)

운동, 즉 지나감의 존재란 질이 본질에 있어서 변하는 것이 아니라 존재와 폐기의 상호 충돌에 의거해 그저 질의 존재방식이 바뀌는 것이라는 이야기입니다. 이를 바탕으로 사르트르는 함축성이 대단히 높은 강력한 이야기를 합니다. '운동에 의해 생성되는 공간'과 '정지에 의해 존재하는 공간'을 한껏 대비시키는 것입니다.

이것이 정지해 있을 때, 공간은 있다. 이것이 운동할 때, 공간은 생겨나거나 생성된다.(249/381)

운동에 의해 공간은 시간 속에서 발생한다. 운동은, 마치 자기에 대한 외재성의 흔적인 것처럼 선을 긋는다. 선은 운동과 동시에 소멸한다. 그리고 공간의 시간적 통일이라는 이 환영은 끊임없이 비시간적인 공간 속으로 함몰한다. 즉 생성 없이 **존재하는** 순수 분산의 다양체 속으로 함몰한다.(250/382)

이러한 이야기를 바탕으로 해서 사르트르는 보편적인 시간의 현재에 대해 다음과 같이 말합니다.

보편적 시간의 현재 차원은, 만약 운동이 없다면 파악될 수 없을 것이다. 보편적 시간을 순수한 현재 속에서 규정하는 것은 운동이다.(250/382)

대단히 어려운 대목입니다. 운동에 의거해서 생성되는 공간이 시간적으로 통일될 때에만 진정한 의미의 현재가 성립한다는 것인데, 이때 생성되는 공간은 계속해서 그저 존재할 뿐인 정지에 의거한 공간, 즉 비시간적인 공간 속으로 함몰해 들어간다는 것입니다. 공간과 시간의 관계에서 본 이중성을 보고 있습니다. 생성되면서 고착되고, 시간화되면서 비시간화되는 끊임없는 과정을 보고 있는 것입니다.

3부

／

대타존재

제1장 | 타인의 현존

이제야 겨우 제3부 대타로 접어듭니다. 이 제3부는 3장으로 구성되어 있습니다. 제1장 '타인의 현존', 제2장 '몸', 제3장 '타인과의 구체적인 관계들' 등이 그것들입니다. 제1장 '타인의 현존'은 크게 4절로 구성되어 있습니다. 제1절 '문제', 제2절 '유아론의 암초', 제3절 '후설, 헤겔, 하이데거', 제4절 '시선' 등이 그것들입니다. 이 중에서 특히 제4절 시선은 원전 쪽수로 약 53쪽에 이를 정도이지요. 이는 책 전체의 약 1/13에 해당될 정도로 큰 절입니다. 그만큼 논의할 것이 많다고 할 수 있을 것입니다.

오늘 강의를 통해서는 제1절과 제2절을 살펴보기로 합니다. 다 합쳐서 13쪽 정도밖에 되지 않는 만큼 반드시 진도를 나가고자 합니다. 다만, 전번 시간에 마무리를 짓지 못한 세계의 시간 중 '미래'에 관한 대목과 '인식'에 관한 대목은 다음 기회로 미루기로 하지요.

1. 문제

사르트르는 '제3부 대타'를 열면서 먼저 타인의 현존을 다루고자 합니다. 그러면서 그것에 관련된 문제가 어떻게 설정되는가를 먼저 간추립니다. 그동안 인간실재가 대자임을 발견했다는데, 과연 인간실재란 것이 전체적으로 보면 어떤 존재인가를 묻습니다. 그러면서 반성을 통해 기술을 잘함으로써, 대자에 전적으로 머물러 있으면서도 대자와는 근본적으로 다른 존재론적인 구조적 유형을 지시하는 의식 양식들을 만날 수 있을 거라고 말합니다. 그런 뒤 사르트르는 이렇게 말합니다.

> 이 존재론적인 구조는 나의 것이다. 나는 나의 주체에 관련해서 나를 염려한다. 그러나 이 '대아적'(大我的)인 염려(souci)는 대아적이지 않으면서 나의 존재인 하나의 존재를 나에게 드러내 보인다. (259/394)

'염려'는 하이데거가 현존재의 근본 구도라고 말하는 '염려'와 직결되어 있는 것으로 보입니다. 하이데거에게서 염려는 타인들에 대한 것일 때 '심려'(Fürsorge)가 됩니다. 내가 타인에 대해 염려하는 것은 그 타인 자신을 위한 것이기도 하지만, 근본적으로 보면 내 자신을 위한 것, 즉 대아적인 것이기도 합니다.

지금 사르트르는 일단 염려를 대아적인 것으로 보면서, 그런 대아적인 염려에 있어서 묘한 하나의 존재가 나타난다고 말하고 있습니다. 그 존재는 분명히 나의 존재이긴 하지만 대아적인 존재는 아니라고 말하고 있지요. 말하자면, 나의 존재에 속하면서 내 자신에 대한 것과는 존재론적인 구조를 달리하는 하나의 존재가 있다는 것입니다. 그 하나의 존재는 분명 타인일 것입니다. 그렇게 되면 타인은 도대체 나의 존재에 속한 것으로 될 수밖에 없습니다.

이에 문제가 등장하지 않을 수 없는 것입니다. '나의 존재에 속한 타인'이란 도대체 엄밀한 의미에서 진정한 '타인'이라 할 수 없을 것 같기 때문입니다. 아무튼 사르트르는 이러한 문제를 구체적으로 고찰하기 위해 '수치'(honte) 문제를 끌고 들어옵니다.

사르트르는 수치란 수치스러운 자기(에 대한) 비정립적인 의식임을 일단 지적한 뒤, 그 구조가 지향적이라고 말합니다. 수치란 어떤 것에 대한 수치스러운 파악인데, 이때 그 어떤 것이란 바로 나(moi)란 것입니다. 말하자면, 수치란 나의 존재의 한 측면에 대해, 나와 나의 내밀한 관계를 실현한다는 것입니다. 그러면서 다음의 측면을 덧붙입니다.

> 사실 고독 속에서 수치에 대한 종교적인 **실천**에 의해 얻을 수 있는 귀결들이 어떤 것이건 간에, 수치는 그 일차적인 구조에 있어서 **누군가의 앞에서의 수치**다.(259/394)

설사 내가 방 안에서 비루하고 천박한 짓을 하면서 내 스스로에 대해 수치스러움을 느낀다 할지라도, 수치란 근본적으로 '누군가'를 염두에 두지 않을 수 없다는 것입니다. 문제는 이 누군가가 과연 나 자신일 수 있는지, 오로지 내가 그 현존을 어떻게 해볼 도리가 없는 타인일 수밖에 없는지 하는 것입니다. 사르트르는 이 '누군가'를 타인으로 여깁니다.

> 타인은 나와 나 자신 사이에 필요불가결한 매개자다. 나는 내가 타인에게 **나타난 그대로**의 나에 대해 수치심을 갖는다. 그리고 타인의 출현 자체에 의해 나는 하나의 대상에 대해서처럼 나에 대해 판단을 내릴 수 있게 된다.(260/395)

타인의 시선에 걸려든 나, 그런 나에 대해 내가 판단을 내려 나 자신에 대해 수치심을 갖게 된다는 것입니다. 말하자면, 수치(수치심, 수치스러움)가 존재한다는 것은 타인이 출현했다는 것이지요.

문제는 이 타인의 출현이 내가 나에게 현존하는 것과는 다른 방식으로 현존한다는 사실입니다. 예컨대 내가 급한 나머지 골목에서 아무도 모르게 오줌을 누다가 고개를 돌려보니 지척에서 나를 바라보고 있는 누군가를 목격했을 때 급작스럽게 나에게서 나에 대한 수치심이 생겨났다고 해보겠습니다. 그럴 때, 그 타인의 현존은 도대체 어떤 존재이며, 그런 타인의 현존 앞에서 갑자기 대상처럼 되면서 그렇게 대상화된 자기 자신에 대해 수치스럽다는 비정립적인 판단을 내리는 나의 존재는 어떤 존재인가요? 그리고 두 존재의 관계는 어떠한가요?

타인은 내가 어떠했다는 것을 나에게 드러내기만 하는 것은 아니다. 타인은, 새로운 질적 규정들을 지니고 있음에 틀림없는 새로운 존재 유형을 바탕으로 나를 구성한 것이다. 이 존재는 타인의 출현 이전에 내 속에 잠재적으로 있었던 것이 아니다. …… 그렇다고 해서 타인에 대해 나타난 이 새로운 존재가 타인 속에 거주하는 것도 아니다. …… 그래서 수치는 **타인 앞에서 자기에 대해 갖는** 수치다. 이 이중의 구조는 분리할 수 없다. 그러나 그와 동시에 나는 나의 존재의 모든 구조들을 완전히 파악하기 위해 타자를 필요로 한다. 대자는 대타를 지시한다. …… 우리는 아주 다른 의미로 무섭게 다가오는 두 가지 물음에 답해야 한다. 우선 답해야 할 것은 타자의 현존이고, 이어서 답해야 할 것은 타자의 존재와 함께하는 나의 존재 관계다.(260~261/395~396)

무섭게 다가온다는 것은 아마도 관련된 기존의 철학들을 무화시킬 수도 있다는 것, 혹은 대자 중심의 자아론을 깨지 않으면 안 될 것이라는 것 등의 느낌이 서려 있기 때문일 것입니다. 아무튼, 사르트르는 타인의 현존이라고 하는 심중한 문제, 그리고 타인과 더불어 존재할 수밖에 없는 나의 존재 관계라고 하는 심중한 문제를 제시하고 있습니다.

수치심의 문제를 통해 나와 타인의 관계에서 '나의 새로운 존재 유형'이 구성된다는 것을 지목하고, 그것이 타인이 출현하기 전 나에게 잠재되어 있던 것도 아니고, 타인이 출현함으로써 타인 속에 있던 것이 나에게 넘겨진 것도 아니라는 점을 강조합니다. 말 그대로 관계에 입각한 나의 새로운 존재 유형이 아닐 수 없습니다.

2. 유아론의 암초

'타인의 현존'이라는 문제는 흔히 상호주체성(intersubjetivité)의 문제 내지는 이와 직결되는 유아론(唯我論, solipsisme)의 문제로 등장합니다. 그런데 사르트르는 전자의 문제는 거론하지 않고 후자의 문제, 즉 유아론의 문제를 적극적으로 검토합니다.

1) 실재론의 주장과 문제점

이 유아론의 문제 내지는 타인의 문제를 사르트르는 우선 실재론(realisme)에 관련해서 분석합니다. 사르트르가 보기에 실재론은 대략 다음과 같은 입장을 취하면서 문제점들을 드러냅니다 (261~263/396~399 참조).

① 실재론자들은 타인의 존재를 전혀 문제시하지 않는다. 그런데 타인을 나와 마찬가지로 사유하는 실체로 여긴다. 그러면서 사유하는 실체들 간의 직접적이거나 상호적인 작용을 확립하고자 하지 않는다.

② 사유하는 실체들이 서로 소통하는 데에는 나의 몸과 타인의 몸이 매개로 필요하다고 여긴다. 그러면서 이 몸들을 세계의 사물과 마찬가지로 여겨 몸들을 살해해 버린다. 실재론자의 직관에 현전하는 것은 타인의 몸이 아니라 그냥 하나의 물체다. 나의 몸과 타인의 몸 간의 관계는 순전히 외재성의 관계에 불과하다.

③ 그에 따라 나의 영혼과 타인의 영혼이 건널 수 없는 거리에 의해 분리된다. 그렇다고 타인의 영혼에 대한 직관에 호소할 수도 없다.

④ 19세기 실재론적인 실증주의 심리학의 경우, 몸을 바탕으로 나에게 낯선 하나의 의식이 갖는 뉘앙스들을 해독해 내고자 했다. 이렇게 해독할 때, 나의 의식과 나의 몸의 관계를 바탕으로 유추하는 식이었다. 타자의 몸이 곧 타자라는 것은 항상 개연적인 것에 불과하고, 따라서 타자의 현존이 확실하다 할지라도 그것에 대한 인식은 개연적일 수밖에 없다. 요컨대 실재론은 타자의 현존을 전적으로 확신할 수 있는 길을 마련하지 않고서 확신하고 있는 셈이다. 그 개연성의 정확한 정도를 결정할 수 있으려면 비판적인 반성이 필수적으로 요구된다.

⑤ 결국, 실재론은 타자의 현존을 고려하면서 관념론 속으로 뒤집어져 들어갈 수밖에 없는 것이다.

그렇다면 관념론의 길은 어떻게 되나요? 이에 관한 사르트르의 입론은 이렇습니다. 우선 실재론이 뒤집혀 나온 관념론은, 타인의 몸이 나라고 하는 사유하는 실체에 영향을 미칠 수 있는 것이라고 규정할 수밖에 없을 것입니다. 그럴 경우, 타인은 사유하는 실체인 나에 의거한 순수한 표상에 불과하게 될 것입니다. 즉 타인의 현존은 그것에 대해 내가 갖는 인식에 의해서만 측정될 것입니다. 이를 보완하기 위한 이론들, 즉 '감정이입'(Einfühlung), '공감'(sympathie), '형태들'(formes) 등에 입각한 이론들 역시 타자의 현존을 추정적인 것으로 만드는 데 일조할 뿐입니다.

2) 칸트류의 초월론적 관념론의 주장과 문제점

사르트르는 그렇다면 차라리 칸트에게 돌아가 구원을 요청하는 것이 낫지 않을까 하면서 너스레를 늘어놓듯이 말한 뒤, 이렇게 말합니다.

> 우리 모두에게 동일하게 적용되는바, 주체성의 보편적인 법칙들을 확립하는 데 몰두한 나머지 칸트는 인격들의 문제를 건드리지 않았다. [칸트가 말하는] 주체는 이 인격들의 공통된 본질일 뿐이다. 이 주체는 인격들의 다수성을 결정하는 일을 허용할 수 없을 것이다. …… 칸트는 타인의 문제를 자신이 수행할 비판의 관할 속에 포함되지 않는 것들 중 하나라고 여긴 것 같다. 그러나 잘 보기로 하자. 바로 그러한 자로서 타인은 우리의 경험 속에 주어진다. 타인은 하나의 대상이다. 하지만 특수한 하나의 대상이다. …… 엄격한 칸트주의의 관점 자체에 따르면, 타인에 대한 인식이 어떻게 가능한가를 묻는 것, 즉 타자들에 대한 경험 가능성의 조건들을 확립하는 것은 필연적이다. (263~264/399~400)

칸트가 보편적인 주체성으로 내세운 것은 초월론적 통각(transzen-detale Apperzeption)입니다. 이는 대상 일반에 대한 경험이 성립할 수 있는 그 가능성의 조건들과 대상 일반이 성립할 수 있는 그 가능성 조건들을 규정하기 위한 것이었습니다. 따라서 인격을 갖춘 개개의 구체적인 개인 간의 관계가 성립할 수 있는 그 가능성의 조건들을 규정하기 위한 것이 아니었습니다.

요컨대 칸트는 나와 타인의 구분에 대한 경험, 나와 타인의 관계에 대한 경험을 비판적으로 규명해 내는 것을 염두에 두고 있지 않았던 것입니다. 그런데 사르트르는 칸트주의적인 의도를 엄격하게 밀고 나간다면, 오히려 이러한 경험들이 성립할 수 있는 가능성의 조건들을 확립했어야 한다고 말하고 있습니다. 올바른 지적입니다.

칸트의 비판 철학에서 초월론적인 통각을 물 자체와 더불어 현상계가 아닌 예지계에 속한 것으로 보는 해석들이 있습니다. 이와 관련해서 타인의 현존을 아예 예지계에 속한 것으로 볼 수 있지 않느냐 하고서 생각할 수도 있지만, 말하자면 타인에 대한 표상들을 통일시키는 저 배후의 형이상학적인 존재로 요청할 수도 있지 않겠느냐 하고서 생각할 수도 있지만, 사르트르는 결코 그럴 수 없다는 점을 분명히 합니다. 그는 일상적인 경험에서 결코 그와 같은 방식으로 타인의 현존이 주어지는 것이 아님을 그 이유로 드는 것이지요.

타자는 다른 현상들을 지시하면서 연결되는 하나의 현상이다. 타인이라는 현상은 그가 나에 대해 느끼는 분노-현상을 지시하면서 연결되는 현상이다. 타인이라는 현상은 그의 내적 감각의 현상들로서 그에게 나타나는 일련의 사유들을 지시하면서 연결되는 현상이다. 내가 타인에게서 노리는 것은 내가 내 자신 속에서 발견하는 것이 결코 아니다. 이 현상들은 다른 모든 현상들과 근본적으로 구별된다.(264/400)

타인이라는 존재가 나의 경험의 장 속에서 나타나는 것은 대상의 장이라 할 수 있는 나의 경험의 장에 나와 다른 또 하나의 주체가 나타나는 것입니다. 이 또 하나의 다른 주체는 도무지 나의 감정처럼 내적인 표상이거나 나의 지각처럼 외적인 표상이거나 간에 그저 그 같은 표상으로 나타나는 것이 아니라, 그 스스로 나름의 내적이거나 외적인 표상을 지니고서 나를 얼마든지 적대적으로 대할 수도 있고 나를 대상화할 수 있는 존재로 나타납니다. 이에 대해 사르트르는 다음과 같이 세밀하게 묘사합니다.

맨 먼저, 나의 경험에서 타자의 출현은 몸짓과 표현, 행동과 행태들과 같이 조직된 형태들의 현전에 의해 증시된다. …… 타자는 그의 경험들의 종합적인 통일로서 그리고 정념으로서뿐만 아니라 의지로서 나의 경험을 조직하러 온다. 중요한 것은 …… 내가 아닌 하나의 존재에 의해, 나의 경험의 장 안에서, 일군의 연결된 현상들이 구성된다는 것이다. 그리고 이 현상들은 다른 모든 현상들과는 다르게 가능적인 경험들로 되돌아오지 않고, 원칙상 나의 경험 바깥에 있고 나에게 접근될 수 없는 하나의 체계에 속한 [그런] 경험들로 되돌아온다.(264/400~401)

나의 경험의 체계가 있습니다. 이 체계는 통일되어 있어야 합니다. 그런데 이 나의 경험의 체계 속에 내가 그 속으로 접근해 갈 수도 없고 내 경험의 바깥에 속해 있는 전혀 엉뚱한 또 하나의 경험 체계가 들어서는 것을 경험할 수 있습니다. 타자의 출현이 그것입니다. 내 속에 나 아닌 것이 들어 있어 내 경험 체계의 통일성에 '구멍'을 내고 있습니다. 이는 체계적인 경험의 가능성이라는 구조에서 볼 때 틀림없는 모순이 아닐 수 없습니다. 그만큼 타자 문제는 선뜻 해결하기 어려운 문제라는 이야기입니다.

한 경험 체계 내의 이질적 체계의 존립, 이 문제를 정합적으로 해명할 수 있는 길은 과연 있을까요? 사르트르는 이에 관련해 인과성 구조를 끌어들이는 것을 검토합니다. 예컨대 타인이 나에 대해 느끼는 분노라고 하는 현상과 그 타자의 분노에 대한 나의 지각이라는 현상 간에 인과적인 연결이 있다고 할 수 있을 것인가를 검토합니다. 언뜻 생각하면, 철수의 붉으락푸르락 하는 얼굴은 그의 분노의 결과라고 하는 것을 포기하기 쉽지 않습니다. 그러나 아예 동떨어진 두 경험들 간에 과연 인과성이 이 경험들을 잇는 다리 역할을 할 수 있을까요?

철수가 나에 대해 분노한다는 것과 그의 얼굴이 붉으락푸르락 하는 것을 내가 지각한다는 것은 함께 묶을 수 없는 전혀 동떨어진 것이 아닌가요? 나는 그의 얼굴이 붉으락푸르락 하는 것을 지각할 수는 있지만, 그가 분노한다는 것은 지각할 수 없습니다. 불이 나면 연기가 난다고 할 때, 불이 나는 것과 연기가 나는 것을 인과성으로 연결할 수 있는 것은 불이 나는 것도 지각되고 연기가 나는 것도 지각됨으로써 하나의 통일된 경험의 계열로 엮어낼 수 있기 때문입니다. 그런데 타인의 분노는 나에게 지각되는 것이 아니기 때문에 나에게 지각되는 바 그의 얼굴색이 변하는 것과 하나의 통일된 경험의 계열로 엮어낼 수가 없습니다. 따라서 인과성을 적용할 수 없는 것입니다.

타인의 현존이란 도대체 설명하기가 결코 쉽지 않습니다. 이제 사르트르는 타인 개념을 하나의 규제 개념으로 보는 것은 어떨까 하고서 그 내용을 검토합니다.

그래서 의식들 간의 관계란 것이 본성상 생각될 수 없는 것이라면, 타인이라는 개념은 우리의 경험을 구성할 수 없을 것이다. 이제 목적론적인 개념들을 동원해 **규제 개념들**(concepts *régulateurs*)에 속한 것으로 보아야 할 것이다. 그러므로 타자는 '마치 ……인 것처럼'(comme si)의 범주에 속한다. 그것은 선험적인 가설이다.(265/402)

사르트르의 설명에 의하면, 칸트에게서 인과성은 비가역성이라는 형식하에 나의 시간의 계기들이 통일되는 것입니다. 두 의식, 즉 나의 의식과 타인의 의식 사이에 인과성이 성립한다는 것은 두 개의 시간 사이에 인과성이 성립한다는 것이 되기 때문에 시간의 계기들이 통일된다는 것과 모순됩니다. 굳이 두 개의 시간이 있다면, 두 개의 시간은 개념상 전혀 통약불가능한 것이기 때문에, 그 두 개의 시간 중 하나에서 이루어지는 경험의 구성에서 다른 하나의 시간이 어떤 방식으로건 개입해 들어와서는 안 됩니다. 그런데도 도대체 타인(다른 시간)이 없이는 나(하나의 시간)의 경험의 체계에 '구멍'이 날 수밖에 없다면, 그리고 그 '구멍'을 메우기 위해 타인이라는 개념이 필요하다면, 정당화할 수 있는 근거는 없지만 선험적으로 본래 그러하다는 가설을 세워 그 개념을 끌어들여 보자는 것입니다. 그것이 바로 규제 개념으로서의 타인 개념입니다. 이때 규제 개념으로서의 타인 개념은 '마치 타인이 있는 것처럼'이라는 형식을 띱니다.

사르트르는, 그런데 과연 이러한 규제적인 개념이 타인이라는 개념에 잘 들어맞을 것인가 하고서 의문을 제기합니다. 그 이유로 타인 문제에 있어서 정작 중요한 것은 나의 경험의 현상들 간에 더욱 강력한 통일성을 구축하는 것도 아니고, 나의 경험의 장을 넘어서지 않고 그 한계들 자체 내에서 새로운 탐구들을 유도해 가는 일종의 선험적인 가설이 문제되는 것도 아니라는 사실을 듭니다. 그런 뒤 그는 이렇게 말합니다.

> 타인 대상(l'objet-autrui)의 지각은 표상들의 정합적인 하나의 체계를 지시한다. 그리고 이 체계는 나의 **체계가 아니다**. 이것이 의미하는 바는, 나의 경험에서 타인은 나의 경험으로 되돌아오는 현상이 아니라는 것, 그게 아니라 원칙상 타인은 나에 대해 가능한 모든 경험 바깥에 위치해 있는 현상들에 의거한다는 것이다.(266/402)

타인 개념을 일종의 규제적인 개념으로 보는 것은 처음부터 문제 설정이 잘못 되었다는 것입니다. 타인의 현상을 나의 경험의 체계 속에 통일적으로 편입시키려 해서는 안 되고, 오히려 그 반대로 어떻게 내 경험의 체계 속에 원칙상 일체의 내 경험의 바깥에 위치해 있는 현상들이 들어와 있을 수 있으며, 또 그런 현상들에 의거한 타인이 그 나름의 정합적인 체계를 갖고서 주어질 수 있는가를 탐구해야 한다는 것입니다. 그래서 이제 이렇게 결론이 납니다.

> 타인이 경험들의 연결 체계로서 그 속에서 내가 다른 여러 대상들 중의 한 대상으로서 나타나는 한에서, 나는 타인을 겨냥한다. 그러나 내가 그 표상들의 체계가 갖는 구체적인 본성과 거기에서 대상이라는 자격으로 내가 차지하고 있는 자리를 규정하지 않으면 안 되는 한, 나는 근본

적으로 나의 경험의 장을 넘어선다. 말하자면, 나는 원칙상 나의 직관에 결코 다가올 수 없는 일련의 현상들에 몰두하고 있고, 따라서 나는 나의 의식의 권리들을 능가하고 있다. …… 타인이 하나의 부재인 이상, 그는 **본성**을 벗어나 있다. 그러므로 **타인**을 규제적인 개념으로 규정할 수 없을 것이다. …… 어떤 의미에서, 타인은 나의 경험에 대한 근본적인 부정으로서 현전한다.(267/403)

사르트르가 전가의 보도처럼 활용하는 부정이 등장하고 있습니다. '나의 경험에 대한 근본적인 부정인 타인'이 그것입니다. 내가 나의 직관을 넘어서는 데서, 나의 경험의 장을 넘어서고 나의 인식 권리들을 능가해 버리는 데서, 타인이 현전한다는 것입니다. 거꾸로 말하면, 타인에 대한 경험은 내가 나의 경험의 장에 들어앉아 만족할 수 없다는 것, 즉 나의 경험의 독자성을 부정하는 특이한 경험이라는 것입니다. 문제는 과연 이러한 현상을 어떻게 조리 있게 해명할 수 있을 것인가, 그럴 수 있기 위해 어떤 새로운 개념들을 동원할 것인가 하는 것입니다.

아무튼 관념론에서 끄집어낼 수 있을 법한 인과성 개념이나 규제적인 개념 등 타인의 현상에 관련하여 나의 경험을 통일적으로 체계화할 수 있는 길은 막혀 버린 셈입니다.

3) 유아론을 비켜간 관념론의 실재론으로의 전락

사르트르에 따르면, 유아론적인 해결책은 아예 타자(l'autre) 개념을 전적으로 치워 버리고 나의 경험을 구성하는 데 그것이 필요 없다는 것을 증명하는 것입니다. 이를 위해서는 존재론적인 나의 고립(ma solitude ontologique)을 확언할 수 있어야 하는데, 그것은 순전히 형이상학적인 가설로서 정당화되지도 않고 근거도 없다는 것이 사르트르의 입론입니다. 사르트르는 이에 대해 대단히 논리적인 근거를 댑니다.

> 왜냐하면, 그것은 내 바깥에 아무것도 존립하지 않는다는 것을 말하는 것으로 귀착될 것이고, 그러므로 그것은 나의 경험의 엄격한 장을 넘어서는 것이기 때문이다.(267/404)

내 바깥에 아무것도 없다는 것을 증명하기 위해서는 나의 경험의 장을 넘어서지 않으면 안 된다는 대단히 간단하면서도 역설적인 논리입니다. 하지만 그는, 만약 유아론이 나의 경험의 굳건한 영토를 벗어날 것을 거부하는 것이라면, 그래서 타인 개념을 활용하지 않도록 하기 위해 그같은 긍정적인 경향을 띤다면, 그 자체로 보면 얼마든지 논리적일 수 있다고 말합니다. 예컨대 왓슨(John B. Watson, 1878~1958)의 '행동주의'는 유아론을 작업가설로 삼았다는 것입니다. 그것은 행동주의가 근본적으로 '심리적 존재들'이라 부를 수 있는 대상들의 현전을 부정하고 말고 할 것 없이 오로지 지각되는 행동들에서만 의미들을 찾아내기 때문입니다. 말하자면 자기 표상들을 체계화하는 주체의 존립에 관해서는 판단중지를 해버린 것입니다. 이는 제법 강력한 유아론적인 해결책이 될 것입니다.

그런데 이러한 해결책에 대해 칸트를 비롯한 후기 칸트주의자들이 계속해서 타인의 현존을 긍정한다는 것, 그리고 그러한 긍정은 곧바로 기묘한 실재론으로 돌아서는 문제를 야기한다는 것을 사르트르는 지적합니다.

쇼펜하우어는 유아론자를 '난공불락의 보루 속에 들어앉은 광인'으로 취급한 것으로 알려져 있다. 이것이야말로 무력한 고백이다. 사실상 그 것은 타자의 현존을 정립함으로써 갑자기 관념론의 판들을 폭파하는 것이며 형이상학적인 실재론으로 다시 전락하는 것이다.(268/405)

관념론이 일관성을 유지하려고 하는 한 감당해 낼 수 없는 개념이 바로 타인 개념이었습니다. 그래서 차라리 유아론적인 해결책으로 아예 타인의 현존을 무시해 버리면 오히려 논리정합적일 터인데, 그렇게 하지 않음으로써 형이상학적인 실재론으로 전락하고 만다는 지적입니다. 이는 다시 이렇게 이야기됩니다.

만약 나 자신의 분노가 문제가 된다면, 나는 사실 주관적인 표명들 (manifestations)과 그것의 생리적이고 객관적으로 분별될 수 있는 표명들을 동일한 하나의 원인에 두 종류의 결과들인 것으로 고려할 수 있을 것이다. 이 두 계열 중의 하나를 분노의 **진리** 혹은 그 **실재**(*réalité*)를 재현하는 것으로, 다른 하나를 단지 그 결과 혹은 그 이미지로 여기지 않은 채. 그러나 만약 두 계열의 현상들 중 하나가 타인에게 있고, 다른 하나가 나에게 있다면, 타인에게 있는 것은 나에게 있는 것에 대해 실재로서 기능할 것이고, 진리에 관한 실재론적인 도식은 이 경우에 적용될 수 있는 유일한 방식인 것이다.(268~269/405~406)

관념론이 유아론적인 가설, 즉 타인의 현존을 아예 무시해 버리는 방식을 취하지 않는 한 다시 실재론의 품속으로 떨어지고 만다는 것을 말하고 있습니다. 그래서 그 자체 모순된 태도가 아닐 수 없다는 것입니다.

4) 사르트르의 기본 전략과 제3증인론 검토

이제 사르트르로서는 관념론과 실재론 모두를 싸잡아 비판할 수 있는 자신만의 논리를 개발하지 않으면 안 되는 처지에 놓여 있습니다. 그것은 그가 이제껏 양쪽 모두의 문제점들을 지적해냈기 때문이지요. 사르트르는 자기 나름의 입장을 개진하는 데 필요한 전제를 이렇게 제시합니다.

> 타인의 현존이라는 문제의 근원에는 근본적인 가정이 있다. 사실상 타인은 **타자**, 즉 내가 아닌 나라는 것이다. 그러므로 여기에서 우리는 타인됨(l'être-autrui, 타인 존재)의 구성적인 구조로서 부정을 파악한다. 관념론과 실재론에 공통된 전제는 구성하는 부정이 외재성의 부정이라는 사실이다. 타인은 내가 아닌 자이고, 나이지 않은 자이다. 이 아님(ne-pas)은 타인과 나 자신 사이에 주어져 있는 분리의 요소로서 하나의 무를 지적한다. 타인과 나 자신 사이에는 분리의 무(un néant de séparation)가 있다. 이 무는 나 자신에게 그 기원을 두고 있는 것도 아니고 타인에게 그 기원을 두고 있는 것도 아니고 타인과 나 자신의 상호 관계에 그 기원을 두고 있는 것도 아니다. 그 반대로, 이 무는, 타인과 나 사이의 이루어질 법한 관계에 있어서 원초적 부재로서, 본래부터 타인과 나 사이에서 이루어지는 모든 관계의 토대다.(269/406)

실재론은 나와 타인 간의 관계를 마치 사물 간의 외적인 부정처럼 여김으로써 "나는 철수가 아니다"라는 것과 "저 책상은 이 칠판이 아니다"와 같은 것으로 만들어 버립니다. 관념론에서는 인식하는 한 주체가 인식하는 다른 주체를 한정할 수도 없고 인식하는 그 다른 주체에 의해 한정될 수도 없습니다. 인식하는 주체는 그 긍정적인 충만함에 의해 고립됩니다. 그럼으로써 타자의 현존을 염두에 두고서 인식하는 두 주체를 고려할 경우, 나란히 고립된 두 주체들 사이에서 이루어질 법한 공간적인 분리는 외적인 부정에 의한 것일 수밖에 없습니다. 마치 두 개의 모나드처럼요. 이렇게 되면, 한 즉자가 다른 즉자의 출현이나 소실에 의해 영향을 받지 않는 것과 마찬가지로, 근본적으로 나는 타인에 의해 영향을 받을 수 없다는 중대한 귀결에 이르게 됩니다. 영향을 준다면 그저 하나의 대상으로서만 영향을 주게 될 것입니다. 그래서는 '타인'이라는 본래 개념을 살릴 수 없습니다.

그래서 사르트르는 나와 타인의 관계를 외적 부정의 관계로 보아서는 안 된다고 말하는 것입니다. 그렇다면, 나와 타인의 관계는 외적 부정이 아니고, 내적 부정의 관계로 보아야 한다는 이야기입니다. 하지만 아직 본격적으로 이에 관한 논의는 하지 않고, 타인이 대상으로서 나에게 작용을 미친다는 것이 어떤 의미를 갖는가를 더욱 상고하면서 그에 따른 다른 대안을 검토하는 쪽으로 눈길을 돌립니다.

타인이 나의 인식에 **대상**으로 나타난다는 것은 …… 내가 타인을 그의 경험의 장 속에서 구성하는 자임을 의미하는 것으로 이해해야 한다. 그러므로 내가 구축한 모든 인식론이 거부하려 할지라도, 타인은 나에게 **하나의 이미지**일 수밖에 없다. 그런 까닭에, 내 자신과 타인에 대해 동시에 그 외부에 있는 유일한 한 증인만이 그 이미지를 원상과 비교해 보고, 이 이미지가 진실한지 어떤지를 결정할 수 있을 것이다.(270/408)

이른바 이는 '제3증인론'이라 할 수 있을 터인데, 내가 타인에 대해 어차피 이미지만을 파악할 수밖에 없고 그 이미지를 통해 타인의 현존을 파악해야 하는 판인데, 과연 타인이 현존한다는 이미지가 진실할 수 있는가 하는 것이고, 이를 위해서는 도대체 신과 같은 제3의 증인이 개입하지 않고서는 불가능하다는 이야기입니다.

라이프니츠의 경우, 단자가 창이 없다고 해놓고서 단자들 간에 다른 단자들이 이미지로만 존재하는 것에 대해, 그런데도 단자들 간에 조화가 이루어지는 것에 대해, 신을 끌어들인 것은 유명하지요.

이 대목에서 사르트르는 신을 타인의 이미지에서 타인의 현존을 찾는 나의 입장에다 견줍니다. 말하자면 신이 자기가 아닌 인간을 자기와 따로 분리해서 창조한 것처럼, 내가 나 아닌 타인을 나의 경험의 장 속에서 따로 분리해서 포착한다고 보는 것이 어떻겠느냐는 것입니다. 그러면서 이러한 창조가 태초에 한 번 이루어지는 것인지 계속해서 이루어지고 있는 것인지를 문제 삼습니다. 그러면서 어쨌든 문제가 발생한다고 말합니다.

만약 창조가 **연속적**이어야 한다면, 나는 [나와] 뚜렷이 구분되는 하나의 현존과 창조자인 존재 속에서 이루어지는 범신론적인 혼융 사이에서 항상 유보적인 태도를 취할 수밖에 없을 것이다. [그 반대로] 만약 창조가 단 한 번의 근원적인 행위이고, 그래서 내가 신에 대립하여 내 속에 닫혀 있다면, 그 어떤 것도 신에게 있어서 나의 현존을 보장해 주지 못할 것이다. 왜냐하면 그럴 경우, 신은 마치 조각가와 완성된 조각상과의 관계처럼, 외재성의 관계에 의해서만 나에게 결합되어 있을 뿐이기 때문이며 게다가 신은 이미지들에 의해서만 나를 인식할 수 있기 때문이다.(271/408~409)

결국에는 제3의 증인으로서의 신이라는 모델조차 타인의 현존을 확인해 내는 데 실패한다는 이야기입니다. 그래서 이렇게 이야기됩니다.

　　신은 타자의 현존을 보장하는 데 필요하지도 충분하지도 않다. 그 밖에도, 나와 타인의 매개자로서의 신의 현존은 타인과 나 자신 간의 내부성에 의거한 연결 속에서(en leaison d'intériorité) 타인이 나에게 현전한다는 것을 이미 전제로 한다.(271/409)

　　나와 타인 간의 내부성의 연결, 그러한 연결 상황에서의 나에 대한 타인의 현전이 드디어 나옵니다. 매개자로서의 신조차 이미 그러한 연결을 전제로 하고 있다는 것입니다. 그렇다면, 과연 이 연결을 규명해 내는 것이 핵심 과제가 될 것입니다. 결국 이렇게 이야기됩니다.

　　그러므로 타인의 현존에 대한 긍정적인 이론은, 만약 그것이 내가 타인에 대해 갖는 근원적인 관계를 내부성에 의거한 부정(négation d'intériorité)으로서 본다면, 유아론을 피하면서 동시에 신에게 호소하는 것을 필요로 하지 않을 수 있어야 한다.(271/409)

　　타인의 현존을 아예 무시하거나 거부하는 유아론을 거부해야 하고, 관념론과 실재론의 문제를 벗어나기 위해 제3의 증인 역할을 하는 신과 같은 존재를 끌어들여 해명하고자 한 것도 거부해야 한다고 말하고 있습니다. 중요한 것은 나와 타인의 관계를 '내부성에 의거한 부정'으로 보아야 한다는 것인데, 과연 사르트르는 이를 어떻게 논의해 나갈까요? 자못 궁금하지 않을 수 없습니다.

3. 후설, 헤겔, 하이데거

나의 경험의 장 속에서 나와 타인 간에 이루어지는 연결이 내부성에 의거한 연결이 아니면 안 되고, 내가 타인이 아니고 타인이 내가 아닌 부정의 관계가 내부성에 의거한 부정이 아니면 안 됩니다. 그래야만 타인 문제에 관련한 관념론과 실재론의 문제점들을 벗어날 수 있습니다. 이것이 사르트르가 타인 문제에 관련해 잠정적으로 내린 결론입니다.

이러한 결론에 관련해 사르트르는 선배 철학자들이 어떤 방식으로 타인 문제에 접근하고 있고, 그럼으로써 어떤 방식으로 성과를 내고 있으며, 그런데도 결국 어떤 새로운 문제들을 낳고 있는가를 검토합니다. 그 대상으로 후설과 헤겔 그리고 하이데거를 검토합니다. 오늘은 일단 앞의 두 사람에 관한 사르트르의 비판적인 작업만을 살펴보고자 합니다.

1) 후설의 초월론적 주체

사르트르는 후설이 타인과 세계의 문제를 연결시켜 유아론을 비판한 것을 높이 삽니다.

> 후설은 타인에 의거하는 것은 세계를 구성하는 데 필수불가결한 조건임을 보인다. 그럼으로써 그는 유아론을 논박할 수 있다고 믿는다. …… 후설에게서 의식에 노현되는 그대로의 세계는 상호단자적(intermonadique)이다. 거기에서 타인은 그저 구체적이고 경험적인 현출로 현전하지 않고, 세계의 통일성과 풍부함에 대한 영구적인 조건으로 현전한다.(272/409~410)

후설의 생활세계 개념에서도 알 수 있듯이, 후설은 초월론적인 주체성에 의거해 세계가 구성된다고 하면서도 그 속에 타인이 함께 구성되지 않으면 안 된다고 생각합니다. 게다가 후설은 각자가 그 나름의 초월론적이고 절대적인 주체성으로서의 의식을 가지고 있다고 봅니다. 그렇기에 여기에서 사르트르가 일단 후설의 탈유아론적인 입장을 정돈해 보인 것은 적절해 보입니다.

이러한 후설의 입장을 사르트르가 상당히 적극적으로 받아들이는데, 이는 사르트르가 '도구인 사물'(chose-ustensile)이 다수의 초월론적 주체들, 즉 다수의 대자들을 인정하는 쪽으로 귀착된다는 것을 주장하는데서 잘 나타납니다.

나에게서 타인이 발견되는 것은 탁자 위에서, 벽 위에서이다. 이때 타인은, 피에르나 폴이 구체적으로 나타남에 의한 것과 꼭 마찬가지로, 해당 대상[예컨대 탁자나 벽]이 영구적으로 지시하는 것으로서 발견된다. 이러한 관점들이 고전적인 교설들에 비해 진전을 이룬 것은 확실하다. 도구인 사물이 발견될 때 거기에서 다수의 대자들이 지목된다는 사실은 이론의 여지가 없다.(272/410)

설사 방 안에 아무도 없는 상태에서 나 혼자만 있고 거기에서 내가 여러 방 안의 여러 도구들을 본다 할지라도 그 도구들은 다른 대자들, 즉 타인들을 함께 수반하지 않을 수 없습니다. 도구들이란 결코 나 혼자만으로는 성립할 수 없고, 그 도구들의 생산과 활용에 있어서 타인들을 전제로 하지 않으면 안 되기 때문입니다. 그처럼 나의 경험에서 다른 대자들의 현존, 즉 타인의 현존은 도처에서 나타납니다.

하지만, 그 타인이 그저 경험적인 방식으로 주어지는 것만으로는 후설이 말하는 세계 구성의 영구적인 조건으로서의 타인들, 즉 초월론적인 주체로서의 타인들을 확정할 수 없습니다. 예컨대 도구인 대상들이 성립하는 데 필요한 발생적인 조건(예컨대, 탁자를 만들었을 목수)으로 혹은 도구인 대상들이 갖는 도구로서의 본성 자체에서 함께 수반될 수밖에 없는 사용상의 조건(예컨대 이 탁자는 나 말고 다른 사람이 쓸 수 있어야 한다고 할 때처럼)으로는 예상되는 타인만으로 부족합니다. 그 까닭은 이때 나와 타인들이란 그저 경험적인 주체들에 불과하고 후설이 요구하는 바 자신의 경험 세계를 구성하는 초월론적인 주체가 아니기 때문입니다. 그래서 이렇게 이야기됩니다.

> 밝혀야 할 것은 누구에게도 의심을 불러일으키지 않는 경험적인 '자아들'의 병존(parallélisme)이 아니다. 밝혀내야 할 것은 초월론적인 주체들의 병존이다. ······ 그래서 진정한 문제는 경험을 넘어선 초월론적인 주체들의 연결이다. 만약 초월론적인 주체가 노에마적인 전모(ensemble noématique)를 **구성하기** 위해 근원에서부터 다른 주체들을 지시적으로 요구한다고 대답한다면, 마치 **의미들**을 지시하듯이 초월론적인 주체가 다른 주체들을 지시적으로 요구한다고 대답하기는 쉬울 것이다. [그러나] 여기에서 타인은 세계를 구성할 수 있도록 하는 보조적인 범주로서 존재할 뿐, 이 세계 너머에서 현존하는 실재적인 한 존재는 아니게 될 것이다. 그리고 그 의미 자체에 있어서 타인이라는 '범주'는 세계의 저 너머 반대쪽에서 하나의 주체를 지시하는 것을 함축한다는 것은 분명하다. 그러나 그 지시는 가설적일 수밖에 없다.(273/411)

타인의 문제를 제대로 해결하기 위해서는, 세계를 넘어서 있는 초월론적인 주체들이 아니라, 세계 속에 현실적으로 현존하는 초월론적인 주체들을 확정할 수 있어야 합니다. 말하자면, 내가 구성하는 세계 속에 내가 구성하는 그 세계를 아울러 구성하는 다른 초월론적인 주체들이 있어야 하는 것이지요. 그것이 초월론적인 주체들 간의 병존입니다. 초월론적인 구성하는 주체를 염두에 두는 한, 이를 확정할 수 있는 사유의 장치를 찾는다는 것은 무척 어렵습니다. 그래서 이 문제는 비단 후설뿐만 아니라 흔히 초월론적인 관념론이라 부르는 철학적인 입장을 취하는 모든 사람들에게 가장 불편하고 까다로운 문제입니다.

사르트르는 후설이 타인을 내가 초월론적인 주체로서 세계를 구성하는 데 필요한 보조적인 범주로서만 취급한다는 것을 폭로하고 있습니다. 사실 후설은 내가 구성하는 세계 속에서 타인이 어떻게 아울러 함께 구성되는가를 밝히기 위해 '감정이입'(Einfühlung)과 '이해이입'(Einverstehen) 등의 유사성의 연합을 활용합니다.

하지만, 후설의 표현을 빌리자면, 그것은 그야말로 결코 충족(Erfüllung)될 수 없는 나의 지향(Intention)에 불과하고 따라서 추정 내지는 추측에 불과한 것이며, 결국에는 개연성을 면치 못하게 됩니다. 말하자면 가설적인 것에 불과하다는 것이지요. 그래서 결국 사르트르는 타인 문제에 대한 후설의 입장이 그가 비판한 유아론과 크게 다르지 않다고 결론 짓습니다.

타인은 텅 빈 지향들의 대상이다. 타인은 원칙상 스스로를 거절하고 도망가 버린다. 유일하게 남은 실재는 나의 지향이라는 실재뿐이다. ……
후설은 나의 심리물리적인 현존을 세계 속에 포함시킴으로써 타인의 현존이 세계의 현존과 마찬가지로 확실하다고 유아론자에게 응수한다. 그러나 유아론자는 [후설이 말하는 것과] 다른 것을 말하지 않는다. 타인의 현존은 확실하다. 그러나 더 이상 확실한 것은 아니라고 유아론자는 말할 것이다. 또 유아론자는, 세계의 현존은 내가 세계에 대해 갖는 인식에 의해 가늠된다는 사실을 덧붙일 것이다. 타자의 현존에 대해서도 내가 그 타자의 현존에 대해 갖는 인식에 의해 가늠될 뿐 다른 방식은 없을 것이라고 덧붙일 것이다.(273/412)

타인의 현존이 오로지 그 타인에 대한 나의 인식에 근거해서 가늠될 수밖에 없다는 것이 유아론의 태도입니다. 후설 역시 마찬가지지요. 이는 굳이 사르트르가 말하지 않는다 할지라도 널리 알려진 사실입니다. 인식 위주의 존재론으로서는 타인의 현존 문제를 결코 제대로 해결할 수 없다는 것이 사르트르의 중요한 주장입니다. 존재를 중심으로 해서 존재론을 펼쳐야 하고, 그것에 기반하여 인식론을 펼쳐야 한다는 것입니다.

후설은 심리물리적인 존재인 내가 이 세계 속에 구성된다고 봅니다. 그래서 나의 심리물리적인 연결 관계, 즉 나의 몸과 나의 심리 혹은 정신 간의 관계를 내가 알 수 있고, 이를 바탕으로 몸의 여러 방식으로 나타나는 타인의 심리 혹은 정신을 유사성의 종합에 의해 구성해 낼 수 있다고 여깁니다. 이를 위해 동원된 것이 감정이입과 이해이입이었습니다. 나의 인식적인 사실들에 의거해 타인의 현존이 확실하다고 주장한다면, 유아론자라고 해서 그럴 수 없는 것이 아니라는 것입니다. 전체적으로 볼 때, 결국 문제는 인식 일변도의 태도입니다.

타인에 대한 나의 확인은 세계 너머에서 [나의 것과] 유사한 초월론적인 장을 요청하고 요구한다. 이에 따라, 유아론을 벗어날 수 있는 유일한 방식은 여전히, 나의 초월론적인 의식이 그 존재 자체에서 [자신과] 동일한 유형의 다른 의식들이 지닌 세계외부적인 현존에 의해 영향을 받고 있다는 것을 증명하는 것이다. 그래서 존재를 의미들의 계열로 환원해 버린 후설에게서 나의 존재와 타인의 존재 사이에 확립할 수 있는 유일한 연결은 인식의 연결뿐이다. 그러므로 그는 칸트와 마찬가지로 유아론으로부터 달아나지 못할 것이다.(274/412)

2) 헤겔의 자기의식

헤겔의 자기의식(Selbstbewußtsein)은 정신이 '의식 → 자기의식 → 이성 → 정신 → 종교 → 절대지' 등의 변증법적인 단계를 거치면서 스스로를 더욱 풍부하고 더욱 포괄적으로 그리고 더욱 심오하게 전개해 나가는 데 있어 두번째 단계입니다. 이 자기의식의 장(章)은 저 유명한 '주인과 노예의 변증법'을 담고 있습니다. 사르트르는 이 장을 중심으로 타인 문제에 관련한 헤겔의 입장을 후설의 입장에 비해 오히려 중요한 진전을 이룬 것으로 보면서, 소개·설명하고 또 비판합니다.

(1) 자기의식의 자기의식 일반에로의 발달 과정

사르트르의 설명에 의하면, 헤겔에게서 자기의식은 맨 처음에는 자기 자신과의 순수한 동일성, 즉 자기에 대한 순수한 현존일 뿐입니다. 이는 자기 자신에 대한 확실성 자체일 뿐입니다. 그런데 이 자기 확실성은 진리성(verité)을 갖추지 못하고 있습니다. 그 진리성은 자기가 자기에게 확연히 독립된 대상으로 나타나야만 실현됩니다. 이를 위한 자기의식의 충동은 모든 측면에서 자기 자신에 대해 의식하게 됨으로써 실현됩니다. 이에 자기의식은 자신에게 객관성과 명백한 현존을 부여함으로써 자신을 외부적으로 타당하도록 하려는 경향을 띱니다. 말하자면 자신이 최고도로 전개된 궁극적인 단계에 도달하기 위해 자기 자신을 대상으로 산출하고자 하는 것이지요. 이 최고도로 전개된 궁극적인 단계는 자기의식 일반입니다. 자기의식 일반은 묘한 방식의 현존입니다. 자기의식 일반은 다른 자기의식들에서 인정을 받고 그 다른 자기의식들 및 자기 자신과 동일한 그런 자기의식입니다.

이를 이루기 위한 매개가 타자입니다. 타자는 나 자신과 함께 나타날 수밖에 없는데, 그것은 자기의식이 다른 모든 자기의식들, 즉 타자들을 배제함으로써 자기 자신과 동일시되기 때문입니다. 그래서 가장 먼저 성립하는 사실은 의식들의 다수성이고, 이 다수성은 이중적이고 상호적인 배제의 관계라는 형식으로 실현됩니다. 여기에서 나와 타자 간의 '내부성에 의한 부정의 연결'(lien de négation par intériorité)이 드러납니다.

일단 이렇게 설명한 뒤, 사르트르는 헤겔이 자기의식들 간의 상호 관계를 중시하는 것을 특별히 강조합니다.

헤겔은 여기에서 나(코기토에 의해 파악된)로부터 타자에게로 나아가는 일방향의 터에 자리를 잡지 않고, 그가 '타자 속에서 일자의 자기 파악'이라고 정의한 상호 관계의 터에 자리를 잡는다. 사실, 각자가 절대적으로 자기에 대해 존재하는 것은 오로지 타자에 대립되는 한에서이다. 각자는 타자에 대립하여 그리고 타자와 마주함으로써 개체(individualité)가 될 권리를 확인한다. …… 타자의 문제가 코기토로부터 출발하여 설정되기는커녕, 그와 반대로 **코기토**를 자아가 자신을 대상으로 파악하는 추상적인 계기일 수 있도록 하는 것이 바로 타자의 현존이다. 그래서 헤겔이 **대타존재**라 명명한 그 '계기'는 자기의식의 발달에 필수적인 단계다. 내부성의 길이 타자에 의해 열린다.(275/414)

나와 타자 간의 논리적인 관계를 최대한 활용하고 있는 헤겔의 철학적 사유의 일단을 보고 있습니다. 적어도 자기의식으로서의 나의 확실성이 성립하기 위해서는, 코기토 속에 즉 나의 인식적인 사유 속에 갇혀 있지 않고, 그 바탕에 다른 자기의식 즉 타인과의 상호 배제적인 관계가 없으면 안 된다는 점을 분명하게 활용하고 있습니다. 각자가 자신의 분명한 개체성, 즉 자신의 진리성을 확립하게 위해서는 대타성을 관통하지 않으면 안 된다는 것입니다.

그러나 대타적으로만 존재해서는 자기 확실성을 가질 수 없는 것 또한 사실입니다. 대타적이되, 그 대타성을 나의 대자성으로 포섭할 수 있는 길을 열어야 합니다. 이에 '주인과 노예의 변증법'이 등장합니다.

이에 대한 사르트르의 설명을 풀어 보면 이렇습니다. 내가 나에게 나타나는 방식은 타자가 나에게 나타나는 방식에 의존할 수밖에 없습니다. 그리고 타자가 나를 인정하는 가치는 내가 타자를 인정하는 가치에 의존합니다. 그런 의미에서, 타자가 나를 신체에 묶여 있고 **생명** 속으로 빠져든 자로 파악하는 만큼에 따라 나 자신으로서의 나는 **하나의 타자**일 뿐입니다. 타자가 나를 인정할 수 있도록 하기 위해서, 나는 내 자신의 생명을 걸어야 합니다. 생명을 건다는 것은 자신을 객관적인 형태나 규정된 어떤 현존에 얽매인 자로 자신을 드러내는 것이 아닙니다. 말하자면, 생명에 얽매인 자로 자신을 드러내는 것이 아닙니다. 하지만 그와 동시에 나는 타자의 **죽음**을 추구합니다. 이는 내가 그저 타자일 뿐인 타자에 의해,

즉 그 본질적인 성격이 하나의 타자로서만 현존하는 것인 바 의존적인 의식에 의해 내가 매개되도록 하고 싶어 한다는 것을 의미합니다. 이때 생명을 넘어서 있고 타자를 죽음으로 내몰아 오히려 타자를 생명에 얽매인 자로 만들어 그저 타자이기만 한 타자로 전락시켜 자신을 인정하도록 함으로써 제 스스로의 대자성을 확보하는 자는 주인이고, 그런 주인의 대자성을 위해, 말하자면 오로지 그 주인을 인정하기 위한 타자로만 존재하는 자는 노예입니다. 말하자면, 주인은 노예를 통해 자신의 진리성을 확보하는 것이지요. 이를 사르트르는 "노예는 주인의 진리다"라는 말로 정돈하면서, 하지만 이때 노예는 비본질적인 의식이기에, 주인이 자신의 진리성, 즉 자신의 대자존재를 확보했다는 것이 확실하지 않고, 따라서 주인이 확보하는 자신의 진리성은 미흡하다고 말합니다. 이러한 사르트르의 지적은 대단한 통찰이라 하지 않을 수 없습니다. 이를 통해 사르트르는 자신이 『존재와 무』 전체를 통해 누차 제시하는 대자의 존재론적인 성격의 구조를 헤겔의 입을 통해 말합니다.

> 이러한 진리성에 도달하기 위해서는 "주인이 자기가 타자를 대면하면서 하는 것을 자기를 대면하면서 하고, 노예가 자기를 대면하면서 하는 것을 타자와 대면하면서 하는 그런 하나의 계기"가 있어야 할 것이다. 이 계기를 통해, 다른 자기의식들 속에서 인정되고 그 다른 자기의식들 및 자기 자신과 동일한 바 자기의식 일반이 나타난다.(276/415)

악셀 호네트(Axel Honneth, 1949~)가 헤겔의 인정 이론을 발전시켜 제시한 '상호 인정' 개념이 '주인과 노예의 변증법'에 대한 사르트르의 해석에서 어렴풋이나마 나타나고 있습니다. 주인은 노예를 대하면서 그 노예를 생명에 얽매인 자로 여깁니다. 이를 주인이 자신에게도 적용할 수 있어야 한다는 것입니다. 그리고 노예가 자신을 대하면서 갖고자 하는 대자존재성을 노예가 주인을 대하면서 적용할 수 있어야 한다는 것입니다. 말하자면, 대자존재는 자신의 대타존재성을 인정할 수 있어야 하고, 대타존재는 자신의 대자존재성을 인정할 수 있어야 한다는 것입니다. 그럴 때, 자기의식 일반이 등장한다는 것입니다.

(2) 헤겔에 대한 비판

사르트르는 헤겔에게서 자기의식 일반을 발견하고, 이 자기의식 일반이 나와 타인을 서로의 배제관계와 인정관계를 통해 각기 자기의식으로서 병존할 수 있도록 하는 존재론적인 근거가 된다는 것을 보입니다. 그래서 헤겔에 대해 이렇게 평가합니다.

> 헤겔의 천재적인 직관은 여기에서 나를 내 존재에 있어서 타자에 의존하도록 한다. 그는 말한다. 나는 타자에 의해서만 대자가 되는 대자존재다.(276/415)

사르트르는 헤겔에 대한 비판을 서두릅니다. 하지만 그 핵심은 헤겔에게서 여전히 인식론적이고 관념론적인 문제가 온존한다는 것입니다.

> 그러나 이 존재론적인 문제가 도처에서 인식적인 용어들로 정식화되고 있는 것만은 확실하다. 의식들 간의 투쟁이 지닌 거창한 활력은 자신의 자기 확실성을 진리로 바꾸고자 하는 각자의 노력이다. 그리고 이 진리가 내 의식이 타자에 대해 **대상**이 되고 동시에 타자가 내 의식의 **대상**

이 되는 한에서만 도달될 수 있다는 것을 우리는 안다.(277/416)

그래서 '어떻게 타자가 나에 대해 대상이 될 수 있는가?' 하는 바 관념론에 의해 제기된 물음에 대해, 헤겔은 관념론의 터 자체에 머묾으로써 이렇게 대답한다. "만약 그 앞에서 **타자**가 대상이 되는 바 하나의 자아(un Moi)가 진실로 있다면, 그것은 그 앞에서 그 자아가 대상이 되는 바 **하나의 타자**가 있기 때문이다." 여기에 여전히 존재의 척도는 인식이다. 그리고 심지어 헤겔이 모르고 있는 것이 있다. 그것은 '대상인 존재'로 결코 환원될 수 없는 하나의 대타존재가 있을 수 있다는 것이다.(277/416)

인식의 판면에 결코 걸려들 수 없는, 즉 어떻게 하더라도 그 자체로 인식의 대상으로 등장할 수 없는 저 깊은 바닥에서의 대타존재가 있다는 사실을 헤겔이 간과하고 있다는 점이 핵심입니다. 이를 활용하여 타인 문제를 재검토해야 한다는 것입니다. 이를 강조하기 위해 사르트르는 이 『존재와 무』의 서설에서부터 이야기했던 대목을 상기시킵니다.

우리는 자기(에 대한) 의식의 존재가 인식상의 용어들로 정의될 수 없다는 것을 확립했다. 인식은 반성과 더불어 시작된다. 그러나 '반영-반영자'의 놀이는 주체-대상이라는 켤레가 아니다. 그 함축인 상태에서 보자면, '반영-반영자'의 놀이는 그 존재에 있어서 어떤 초월적인 의식에도 의존하지 않는다. 오히려 그것의 존재방식은 자기-자신을 문제 삼는 방식이다. …… 반영자에 대한 반영의 관계는 결코 동일성의 관계가 아니다. 그리고 헤겔이 말하는 '자아=자아' 혹은 '나는 나다'로 환원될 수 없다. 반영은 스스로를 반영자이도록 하지 않는다. 거기에서 문제는 자신의 존재 속에서 자신을 무화하는 존재, 자기-자신을 자기로서 구축하고자 헛되이 노력하는 존재이다.(277~278/417)

'반영 관계의 놀이'와 반성에 의거한 '주체-대상의 컬레'를 확연히 구분하고 있습니다. 전자는 비정립적인 탈인식의 차원에서 이루어지고, 후자는 정립적인 인식의 차원에서 이루어집니다. 전자는 자기 무화의 성격을 중심으로 이루어지고, 후자는 동일성의 성격을 중심으로 이루어집니다. 요컨대 사르트르는 타인의 문제에 제대로 접근하기 위해서는 비정립적이고 탈인식적인 판면, 즉 이미 늘 구체적이어서 본래부터 자아중심적인 초월론을 벗어나 있는 판면을 찾아 그것에서부터 다시 생각해야 한다는 것입니다. 이는 이렇게 요약됩니다.

그러므로 의식을 초월론적인 자아론(égologie transcendantale)의 용어들로 정의하는 것이 [긴요한] 문제일 수 없다. 요컨대, 의식은 구체적이고 특유한 존재다. 그것은 동일성이라고 하는 추상적이고 정당화될 수 없는 관계가 아니다. 의식은 자성(自性, ipséité)이지, 하나의 불투명하고 무용한 자아(Ego)의 자리가 아니다. 의식의 존재는 초월론적인 반성에 의해 도달될 것을 받아들인다. 그리고 타인에 의존하지 않는 의식의 진리가 있다. 그러나 의식의 존재 자체는 의식으로부터 독립해 있기에 자신의 진리에 앞서서 현존한다. 이 터 위에서 보면, 소박한 실재론에 있어서처럼, 진리를 가늠하는 것은 존재다. 왜냐하면 반성적인 직관의 진리는 그것이 존재와 일치하는 정도에 따라 측정되기 때문이다. 의식은 인식되기 전에 거기에 있었다.(278/417)

대단히 중요한 대목입니다. 사르트르의 탈인식론적인, 그리고 반초월론적이고 반자아론적인, 한마디로 반관념론적인 입장이 여실히 나타나 있기 때문입니다. 사르트르에 대해 함부로 관념론이라거나 심지어 극단적인 이분법에 의거한 관념론이라고 보아서는 안 된다는 것을 확연히 파악할 수 있습니다. 의식을 인식 관계에서 바라보아서는 결코 안 된다는 것입니다. 흔히 의식은 내가 나의 의식을 인식하는 한에서 의식으로서 성립한다고 생각하고, 그래서 '나의 의식에 대한 나의 의식에 대한 …… 나의 의식'이라는 무한 퇴행의 구조를 지닌 반성적 구도 속에서 의식을 생각하고자 합니다. '생각하는 나', 즉 코기토니 순수 의식이니 절대 의식이니 혹은 초월론적인 통각이니 하는 것들은 모두 다 인식론적인 반성 구도에 전적으로 의존함으로써 나온 것들입니다.

이를 바탕으로 사르트르는 헤겔의 인정투쟁에 의거한 자기의식의 발달에 대한 설명을 비판하고, 나아가 타인 문제에 관련하여 헤겔이 드러내고 있는 낙관론을 비판하기 시작합니다. 이에 관해서는 다음 시간으로 미루어야 할 판입니다.

(3) 헤겔의 주인과 노예 간의 쌍방향으로의 지양

지난 시간에 이어 헤겔 이야기를 계속해 보겠습니다. 헤겔은 '자기의식'이 타자를 내적으로 부정하는 데서 성립한다고 보고, 따라서 이미 타자가 없이는 자기의식이 성립할 수 없다는 것을 생각했습니다. 그럼으로써 대타존재로서의 자기의식을 염두에 둔 것이지요. 그런데 이 대타의식으로서의 자기의식은 자신 속에서 분열을 일으켜 생명을 건 투쟁을 하게 되고, 그 결과 이중적인 분열, 즉 주인의식과 노예의식으로 분열됩니다. 말하자면, 주인[됨]인 자기의식과 노예[됨]인 자기의식으로 분열됩니다.

사르트르의 설명에 따르면, 이때 노예는 주인의 진리이긴 하나 비본
질적인 진리이기에 온전한 대자존재로서의 진리를 제대로 확보하지 못
한 상태입니다. 이를 제대로 확보하기 위해서는 이른바 주인과 노예 간
의 변증법적인 전환이 일어나야 합니다. 말하자면, 주인은 타자인 노예를
대하면서 하는 짓을 자신에게 행함으로써 노예의 노예가 되고, 노예는
자기를 대하면서 하는 짓을 타자인 주인에게 행함으로써 주인의 주인이
되는 순간이 있어야 합니다. 이 대목이 어떤 의미를 갖는가를 살피기 위
해, 오히려 혼란을 더 가중하게 될지언정, 다음과 같은 헤겔의 이야기를
직접 들어 보기로 하겠습니다.

주인에게 있어서 비본질적인 의식은 대상이지만, 이 대상은 [주인인]
자기 자신의 확실성의 진리를 완성한다. 그러나 이 대상은 자신의 개념
에 상응하지 않는다는 것을 알 수 있다. 오히려 이 대상은 주인이 자신
을 완성하는 바로 그 지점에서 완전히 다른 것으로 즉 하나의 자립적인
의식으로 된다는 것을 알 수 있다. [하지만] 이 의식은 주인에 대해 그러
한 자립적인 의식으로 존재하지 않고, 비자립적인 의식으로 존재한다.
따라서 주인은 진리인 대자존재를 확신하지 않는다. 주인의 진리는 오
히려 비본질적인 의식이자 그러한 비본질적인 의식의 비본질적인 행
사(行事, Tun)이다.
그리고 보면, 자립적인 의식의 **진리**는 **노예적인 의식**(*knechtische
Bewußtsein*)이다. 이 노예적인 의식은 우선 자기의식의 진리로서가
아닌 상태로 자신 바깥에서 나타난다. 그러나 주인됨(Herrschaft)의 본
질이 뒤집혀 있는 것과 마찬가지로 노예됨은 그 자신의 완성에 있어서
자기 자신의 직접적 존재 상태의 반대가 되고자 한다. 주인됨의 본질은

뒤집어져 있다. 주인됨의 본질은 자신이 되고자 원하는 것의 뒤집어짐(das Verkehrte)이다. 이는 주인됨이 지적하는 바다. 그와 마찬가지로, 노예됨은 오히려 그 자신의 완성에 있어서, 자신의 직접적 존재 상태의 반대가 되고자 한다. [그런 가운데] 노예됨은 자신 속으로 도로 밀쳐진 의식으로서 [자신을] 숙고하게 되고 진정한 자립성으로 돌아서게 된다. 우리는 단지, 주인됨과의 관계에 있어서 노예됨이 어떤 것인가를 보았다. 그러나 노예됨은 자기의식이다. 이제, 노예됨이 즉자대자적으로 자신으로 존재한다는 것이 무엇인가를 고찰해야 한다. 우선 노예됨에 대해서 주인은 본질이다. 따라서 **대자적으로 존재하는 자립적인 의식**은 노예됨에게 진리다. 그런데 이 진리는 노예됨에 **대해**(*für*) 있는 것이지 노예됨에 **붙어 있는**(*an*) 것이 아니다. 다만, 노예됨은 순수하게 부정적이고 대자존재적인 이 진리를 **자기 자신에서 실제로** 갖는다. 왜냐하면 노예됨은 이 본질을 자신에게서 경험하기 때문이다. 말하자면, [노예적인] 이 의식은 이것 혹은 저것에 대해, 이 순간 혹은 저 순간에 불안해 했던 것이 아니라, 자신의 본질[혹은 존재] 전체에 대해 불안해 했다. 왜냐하면, 이 의식은 절대적인 주인인 죽음에 대해 공포를 느껴왔기 때문이다. 그런 가운데 이 의식은 내적으로 해체되어 버렸고, 전적으로 자기 자신 속에서 벌벌 떨고 있었고, 모든 고정된 것들은 자신 속에서 소거되었다. 그러나 존립하는 모든 것들이 절대적으로 유동적인 것으로 되어 버리는바 이 순수하고 일반적인 운동은 자기의식의 일면적인 본질이고, 절대적인 부정성이며, 이 의식에 즉자적으로 들러붙어 있는 **순수한 대자존재**다. 순수한 대자존재의 이러한 계기는 또한 [노예적인] 의식에 **대해** 있다. 왜냐하면 주인과의 관계에 있어서 이 계기는 노예적인 의식의 대**상**이기 때문이다. 나아가 이 계기는 그러한 일반적인 해체 일반에 그치는 것이 아니라, 봉사를 통해 현실적으로 그러한 해체를 완성한다. 즉 봉사를 하는 가운데 노예적인 의식은 **개개의** 모든 순간들에 있어서 자신이 자연적인 현존에 묶여 있음을 지양한다.[1]

헤겔이 전개하는 '주인과 노예의 변증법'을 처음부터 찬찬히 훑어본다 해도 정확한 이해가 쉽지 않은 마당에 이렇게 그 마지막 대목을 인용해서 그 핵심을 파악하고자 하는 일은 무모할지 모릅니다. 하지만, 헤겔의 이 이야기에서 상당 정도 소기의 목적을 달성할 수 있습니다. 헤겔은 주인이 욕망의 대상인 사물 자체라고 하는 계기와 이러한 사물성이 본질을 형성하는 의식이라는 계기 모두에 관련을 맺지 않을 수 없다고 합니다. 말하자면, 이를 통해 주인은 자신의 진리, 즉 자신의 존재 확실성을 확보할 수 있다고 말합니다. 사실 주인으로서의 자기의식이란 생명과 관련된 일체의 구체성을 제거해 버린 추상적인 대자존재에 불과하기 때문에, 사물성과 사물성을 본질로 하는 의식(즉 노예인 자기의식)을 통하지 않고는 대자존재로서의 자신의 구체적 개별성을 확보할 수 없기 때문입니다.

이에 주인은 노예를 자신의 진리를 완성하는 데 필수적으로 요구하지 않을 수 없는 것입니다. 이는 주인의 본질이 뒤집어져 있음을 보여 주는 것입니다. 순수한 주인으로서만 존재해서는 도대체 진정한 즉 대자즉자적인 주인이 될 수 없습니다. 따라서 노예에 의존하는바 뒤집어진 상태 속에서만 대자즉자적인 주인이 될 수 있는 것입니다.

이같이 주인의 본질이 뒤집혀져 있기에 노예를 통하지 않을 수 없는

---

1) G. W. F. Hegel, *Phänomenologie des Geistes*, Frankfurt am Main: Suhrkamp, 1970, pp.152~153.

것과 방향은 전혀 다르지만 그와 꼭 마찬가지로, 노예 역시 진정한 자신이 되기 위해 현재의 자신과는 정반대의 과정을 겪게 됩니다. 노예의 진짜 주인은 주인이 아니라 죽음입니다. 그래서 노예에게 죽음은 절대적인 주인입니다. 죽음에의 공포는 대상적으로나 시간적으로 일일이 개별적인 사태들에 얽매인 상태에서 성립하는 것이 아닙니다. 노예는 죽음에의 공포를 통해 개별성의 차원을 넘어서서 보편성의 차원으로 나아갈 수밖에 없습니다. 노예에게 있어서 가장 중요한 관심사는 주인으로부터의 해방입니다. 이는 자신을 자립적이고 대자존재적인 의식으로 고양시키는 것을 의미합니다. 그런데 노예는 죽음에의 공포를 통해 자신의 현실적인 처지인 구체적이고 개별적인 차원, 즉 즉자적인 차원을 넘어섭니다. 자신 내부의 모든 개별적인 고정성들이 해체되고 용해되어 버리면서 자신의 전반적인 존재 차원으로 나아가 자신의 대자존재를 확보할 수 있는 교두보를 마련하게 되는 것이지요.

요컨대 주인은 노예를 통해 추상적인 대자존재의 상태에서 구체적인 개별적인 이른바 대자즉자적인 존재로 나아가게 되고, 노예는 절대적인 주인인 자신의 죽음을 관장하는 주인을 통해 구체적이고 개별적인 즉자 상태에서 즉자대자적인 존재로 나아가게 되는 것입니다. 사르트르가 '자기의식의 일반', 즉 다른 자기의식들 속에서 인정되면서 다른 자기의식들과 동일하고 자기 스스로와도 동일한 자기의식이 등장한다고 말한 것은 바로 이 두 방향의 지양 과정이 결합되는 것을 보고 한 것입니다.

(4) 타인론에 있어서의 헤겔의 낙관론과 이에 대한 사르트르의 비판

그런데 저 앞에서 살펴본 것처럼, 사르트르는 헤겔 역시 존재를 인식으로 대체함으로써 오류를 일으킨다고 비판합니다. 이는 이렇게 요약되면서 타인론에 관련한 헤겔의 낙관론에 대한 비판으로 이어집니다.

이렇듯 존재를 인식에 동화시킴으로써 여기에서도 여전히 많은 수의 오류들 내지는 불가능성들이 생겨나게 된다. 우리는 이것들을 두 가지 요강으로 압축하고자 한다. 즉 우리는 헤겔에 반대하여 그의 낙관론에 대해 이중적인 고발을 제기할 것이다.(278/418)

사르트르는 두 가지 고발에 대해, 한 가지는 인식론적인 낙관론이고, 다른 한 가지는 존재론적인 낙관론이라 지칭합니다. 그러면서 후자가 더욱 근본적임을 덧붙이지요. 이에 관한 사르트르의 비판적인 논의는 늘 그렇듯 상당히 정밀합니다. 하지만 갈 길이 먼 우리로서는 간략하게 요약해서 그 핵심만을 따내어 보는 것으로 그치고자 합니다. 우선 헤겔의 인식론적 낙관론에 대해서는 사르트르의 다음 이야기를 보도록 하겠습니다.

한마디로 말해, 대자는 타인에 의해 대자로서 인식될 수 없다. 내가 타인이라는 이름으로 파악하는 대상은 하나의 근본적인 타자라는 형식하에 나에게 나타난다. 타인은 그가 나에게 나타나는 것처럼 자기에 대해(대자적으로, pour soi) 존재하지 않는다. 내가 나에게 나타날 때 나는, 내가 타인에 대해 나타나는 것처럼 나에게 나타나지 않는다. 타인에게 나타나는 나를 대자적으로 존재하는 나로서 파악하는 것은 불가능하다. 마찬가지로 나에게 나타나는 타인 대상(objet-autrui)에서 출발해서 대자적인 타인이 무엇인가를 파악하는 것이 불가능하다. 그러므로 자기의식이라는 이름 아래, 나에 대한 그리고 나(에 대한) 나의 의식과

타인에 대한 나의 인식을 포괄하는 바 보편적인 개념을 어떻게 확립할
수 있단 말인가? …… 내가 나 자신에 의해 나를 파악한다고 할 때, 인식
의 순수 항들이 아니라 의식의 순수 항들로 파악하는 것이 어떤 것인가
를 잘 이해해야 한다. 내가 나(에 대한) 탈자적 의식의 형식하에 존재하
는바 바로 그것이어야 하기 때문에, 나는 타인을 나를 향한 지시적 대상
으로서 파악한다. 그래서 헤겔의 낙관론은 실패하고 만다. 타인 대상과
나-주체 사이에는 그 어떤 공통된 척도도 없다. 마찬가지로 자기(에 대
한) 의식과 타자에 대한 의식 사이에는 그 어떤 공통된 척도도 없다. 만
약 타인이 우선 나에 대한 대상이라면, 나는 나를 타인에게서 인식할 수
없다. 그리고 나는 타인을 더 이상 그의 진정한 존재 속에서, 즉 그의 주
체성 속에서 파악할 수 없다. 의식들의 관계로부터 그 어떤 보편적인 인
식도 이끌어 낼 수 없다. 바로 이것이 우리가 의식들 간의 존재론적인
분리라 부르려고 하는 것이다.(281~282/421~422)

헤겔이 타인 혹은 타자 개념을 주체적인 자기의식 즉 주인인 자기의
식과 대상적인 자기의식 즉 노예인 자기의식의 분리에서 찾으면서, 그
변증법적인 지양 과정을 통해 이른바 '자기의식 일반'을 구축함으로써,
타인의 주체적인 자기의식이 나에게 인식될 수 있다는 것을 낙관적으로
본 것에 대해 강력하게 반기를 들고 있습니다. 그 핵심 논거는 나에게 타
인은 결코 주체적인 자기의식으로 나타날 수 없고 오로지 타인 대상으로
서만, 즉 대상인 타인으로서만 나타날 수밖에 없다는 것입니다. 그럴 때,
타인 대상은 어디까지나 인식의 대상일 뿐이고, 내가 나에 대한 그리고
나(에 대한) 의식일 수가 없다는 것입니다. 요컨대 사르트르는 존재론적
인 분리를 하지 않으면 안 되는데, 즉 나(에 대한) 주체적·존재적인 의식

과 타인에 대한 대상적·인식적인 의식을 날카롭게 구분하지 않을 수 없는데, 헤겔이 이를 전혀 간과함으로써 낙관론에 이르게 되었고, 그렇기 때문에 그의 낙관론은 실패할 수밖에 없다고 하는 것입니다.

나와 타인의 관계를 파악함에 있어서, 이렇듯 사르트르가 주체적·존재적 의식과 대상적·인식적 의식을 날카롭게 구분한 것은 정말 대단한 업적이라 할 수 있습니다. 다같이 의식이라고 일컬을 수 있다고 해서 그 원천에서의 다름과 그 존재방식에서의 다름을 무시하고 서로 호환될 수 있다고 여기는 것은 역시 존재를 인식으로 환원함으로써 일종의 이미지로 바꿔 버리는 관념론의 우를 범하는 것이기 때문입니다. 사르트르는 이러한 우를 벗어나는 길, 즉 의식을 벗어나서 의식의 원천인 존재에로 직접 치고 들어갈 수 있는 길을 모색할 수 있는 지반을 우리에게 제공하고 있습니다.

이제 사르트르는 타인 문제에 있어서 헤겔이 지니고 있는 존재론적인 낙관론을 비판해 들어갑니다.

헤겔이 모든 의식이 제 스스로와 동일하게 됨으로써 다른 의식과 다르다고 썼을 때, 그는 전체 속에, 의식들의 바깥에 스스로를 확립하고 있다. 그러면서 절대자의 관점에서 그 의식들을 고찰하고 있다. 왜냐하면 그 의식들은 전체의 계기들, 그것들 자체에 의해 '비자립적'인 계기들이고, 전체는 의식들 간의 매개자이기 때문이다. 여기에서 인식론적인 낙관론과 더불어 존재론적인 낙관론이 성립한다. 즉 복수성(pluralité)이 총체성을 향해 극복될 수 있고 극복되어야 하는 것이다. 그러나 만약 헤겔이 이러한 극복의 현실성을 인정한다면, 그것은 그가 출발에서부터 이미 그러한 극복의 현실성을 자신에게 주고 있었기 때문이다. 사실 그는 자기 자신의 의식을 망각해 버렸다. 그는 전체(le Tout)이다. 이런 의미에서, 만약 그가 의식들의 문제를 너무나도 쉽게 해결한다면, 그것은 그에게 이 주제에 관해 진정한 문제가 아예 없었기 때문이다. 사실이지, 그는 자기 자신의 의식과 타인의 의식 간의 관계들에 관한 물음을 던지지 않는다. 자기 자신의 의식을 전적으로 추상해 버림으로써 그가 탐구한 것은 순전히 그리고 간단하게 타인들 간의, 타인들의 의식들의 관계일 뿐이다. 즉 그는 그에게 대상들인 의식들의 관계를 탐구했을 뿐이다. 그에 따르면, 이 대상들의 본성은 특수한 대상들의 유형, 즉 주체-대상이라는 유형의 존재에 의거한 것이다. 그리고 이 특수한 대상들은 자신이 서 있는 총체적인 관점에서 보면 엄격하게 서로 등가적인 것들이다. 따라서 그것들 중의 어느 하나도 특권에 의해 다른 것들과 분리되지 않는다. 그러나 설사 헤겔이 자신을 망각할지라도, 우리는 헤겔을 망각할 수 없다. 이는 우리가 코기토로 지향되어 있음을 의미한다.(282/423)

인용은 길었지만, 헤겔의 존재론에 대한 사르트르의 비판적인 관점은 비교적 분명합니다. 헤겔은 출발에서부터 총체성의 관점에 서 있기 때문에 타인의 문제에 접근함에 있어서 헤겔 자신의 의식에서부터 출발한 것이 아니라 자신의 의식은 쏙 빼버리고 자신 이외의 다른 사람들 간의 의식들, 즉 설사 '주체-대상'인 특수한 형태를 띨지언정 그 자체 대상들임에는 틀림없는 다른 사람들의 의식들 간의 관계만을 탐구했고, 그렇기 때문에 실상에 있어서는 진정한 의미의 타인의 문제를 제대로 설정조차 못하고 있다는 것입니다. 그런 까닭에 처음부터 타인들 중의 하나인 나의 의식과 역시 타인들 중의 하나인 타인의 의식은 서로 등가적이고 공통의 척도를 지닌 것으로 취급되었다는 것입니다.

사르트르는 사르트르 자신의 의식과 존재를 벗어날 수 없다는 것을 고민합니다. "설사 헤겔이 자신을 망각할지라도, 우리는 헤겔을 망각할 수 없다"라는 그의 언명은 '사르트르인 나는 나의 의식과 나의 존재에서 출발해서 다른 사람들의 의식과 존재를 생각할 수밖에 없다'라는 언명을 멋지게 달리 표현한 것입니다. 철학적인 사유를 펼친다고 해서 특별한 월권을 행사할 수 없다는 것입니다. 이에 의거해서 타인의 문제에 관련해 헤겔을 비판하는 사르트르의 입장은 이렇게 정돈됩니다.

나는 내 **존재** 속에서 나를 확립해야 하고 내 존재로부터 출발하여 타인의 문제를 제기해야 한다. 한마디로, 유일하게 확실한 출발점은 코기토의 내부성이다. 따라서 이해해야 할 것은 다음과 같다. 즉 각자는 자기 자신의 내부성에서 출발함으로써 이 내부성의 존재 자체를 조건짓는 바 하나의 초월로서 타인의 존재를 발견할 수 있어야 한다. 이는 의식들의 다수성(multiplicité des consciences)이 원리상 극복 불가능하다는 것을 필연적으로 함축한다. 왜냐하면 나는 하나의 전체(un Tout)를 **향해** 나를 잘 초월할 수 있지만, 나를 숙고하고 타인을 숙고하기 위해 이 전체 속에 나를 확립할 수는 없기 때문이다. 그러므로 그 어떤 논리적이거나 인식론적인 낙관론도 의식들의 복수성이라고 하는 스캔들을 종식시킬 수 없을 것이다. 만약 헤겔이 그런 낙관론을 믿었다면, 그것은 그가 자기(에 대한) 의식인 특수한 존재적인 차원이 갖는 본성을 전혀 파악하지 않았기 때문이다. 하나의 존재론이 제시할 수 있는 목표는 이러한 스캔들을 기술하고 존재의 본성 자체에 이러한 스캔들을 근거 짓는 일이다. 그러나 존재론이 이러한 스캔들을 넘어서는 데는 역부족이다. …… 의식들의 분산과 투쟁은 존재하는 그대로 있을 것이다. 우리로 서는 의식들의 분산과 투쟁의 근거와 그 진정한 터전을 발견하였을 뿐이다.(282~283/423~424)

요지는 각자의 의식은 자신의 내부성을 실제로 즉 존재적으로 벗어날 수는 없고, 이를 바탕으로 하지 않는 한 제대로 된 타인론을 구축할 수 없다는 것입니다. 내가 전체를 향해 나를 초월할 수 있다는 것은 인식적이라 할 수밖에 없는 의식 활동에 의거한 것이지, 나의 의식 자체가 존재적으로 전체가 되는 것은 결코 아니라는 이야기입니다. 만약 나의 의식이 실제로 즉 존재적으로 전체로서의 의식이 된다면, 그것은 바로 흔히 말하는 신적인 의식이 되는 것입니다. 신적이 의식이 되어 그 어떤 다른 인간의 의식들이라 할지라도 그 내부성을 훤히 들여다볼 수 있게 된다는 것이지요. 그럴 수 없다는 것이 사르트르의 입론입니다.

어디까지나 나와 마찬가지로 자기 나름대로 내부성을 갖춘 복수의 혹은 다수의 타인들의 의식들이 존재한다는 것을 벗어나서는 안 되는데, 그럴 수도 없지만 그렇게 벗어나 전체로 옮겨가게 되면 타인의 문제는 원리상 사라지고 만다는 것입니다. 왜냐하면, 타인이란 적어도 나의 코기토를 바탕으로 해서 파악하는 한, 그런 나에게는 그 자체로 미궁일 수밖에 없기 때문에 성립하는 것이기 때문입니다. 따라서 존재론이 해야 할 일은 그렇게 미궁일 수밖에 없는 의식들 간의 스캔들을 기술하는 것이고, 그러한 스캔들이 생겨날 수밖에 없고 지속될 수밖에 없는 이유를 존재론적으로 밝히는 것이라고 말하고 있습니다. 이러한 사르트르의 존재론적인 타인론은 결국에 가서 '시선'(le regard) 문제를 통해 전개될 것입니다.

3) 하이데거의 공존재

사르트르는 타인 문제에 접근해서 해결하는 방식에 있어서 후설, 헤겔, 하이데거 중 하이데거를 가장 그럴듯한 인물로 평가합니다. 하이데거에서 타인론을 거론할 수 있는 핵심 개념은 '공존재'(共存在, Mitsein) 혹은 '공현존재'(共現存在, Mitdasein)입니다. 그는 이렇게 말합니다.

> 실재론, 관념론, 후설, 헤겔과 더불어 의식들 간의 관계 유형은 **대존**(*l'être-pour*)이었다. 나에 대해 존재하는 한에서 혹은 내가 타인에 대해 존재하는 한에서, 타인은 나에게 나타나고 심지어 나를 구성했다. [그래서] 문제는 서로를 마주보고 위치해 있는 의식들 간의 상호 인식이었다. 이 의식들은 세계 속에서 서로가 서로에게 나타나는 것이었고 서로 과감하게 맞서는 것들이었다. '**공존재**'는 전혀 다른 의미를 갖는다. '공'(共, avec)은, 나의 인간실재와는 다른 하나의 인간실재가 세계의 **와중**에 나타남으로써 빚어지는 인식적이거나 투쟁적인 상호 관계를 지시하지 않는다. 차라리 '공'은 이러한 세계를 개발하기 위한 일종의 존재론적인 연대를 표현한다. 타자는 본래, 세계의 와중에 나타나는 '도구들' 중의 한 존재적인 실재인 특수한 유형의 대상으로서 나에게 연결되어 있지 않다. 특수한 유형의 대상인 경우, 타자는 이미 퇴락되어 있을 것이다. 그리고 그를 나에게 통일시키는 관계는 결코 상호성을 획득할 수 없을 것이다. 타자는 대상이 아니다. 나와의 연결 속에서 타자는 내 존재에 있어서 나를 규정하는 존재인 인간실재로 남아돈다. 타자는 '세계-내-존재'(être-dans-le-monde)로서 순수하게 파악된 그의 존재다. ──그리고 '내'(dans)는 '속에 있음'(insum)의 의미가 아니라 '경영

하다'(colo), '거주하다'(habito)의 의미로 이해되어야 한다는 것은 알려져 있다. ——세계-내-존재, 그것은 세계와 사귀는 것(hanter)이지, 세계에 들러붙어 있는 것이 아니다. 그리고 타자가 나를 규정하는 것은 나의 '세계-내-존재'에서이다. 우리들의 관계는 **대면적** 대립이 아니다. 오히려 우리들의 관계는 **측면적** 상호의존이다. 나는 하나의 세계를 도구 복합으로서 내가 나의 인간실재를 위해 그것을 활용할 수 있는 방식으로 존립토록 한다. 그런 한에서, 나는 하나의 존재가 나를 내 존재에 있어 규정토록 하는데, 이때 그 존재는 자신의 [인간] 실재를 위해 동일한 세계가 도구 복합으로서 존립하도록 하는 존재다.(284~285/425~426)

하이데거에게서 타인은 나와의 공존재입니다. 하이데거에게서 나라고 하는 존재는 기본적으로 인식론적인 초월을 일삼는 존재가 아니라 세계 속에서 세계와 친숙하게 혹은 낯설게 사귀면서 거주하는 이른바 세계-내-존재이지요. 타인이 공존재라고 하는 것은 그 타인 역시 나와 마찬가지로 세계-내-존재임을 의미합니다. 이는 타인이 전체적인 도구 복합인 세계를 형성하는 바 도구가 아닐뿐더러 인식적인 대상은 더더욱 아니라는 것을 의미합니다. 공존재로서의 타인은 나를 내 존재에 있어서 규정하는 역할을 합니다. 특히 내가 죽음으로부터 오는 불안을 피해 달아나 '그들'(das Man, on)이 된다고 할 때, 더욱 그러합니다. 그런 가운데, 나와 타인은 도구 복합으로서의 세계를 존립토록 하는 구심점들이 됩니다. 하이데거에게 있어서 모든 도구들은 최종적으로 인간을 위한 것으로 수단·목적의 관계에 지배되기 때문입니다. 여기에서 중요한 것은 하이데거의 철학이 인식론적인 출발점을 받아들이지 않는다는 것입니다. 이는 사르트르가 하이데거를 높이는 중요한 이유이지요. 이에 관해 사르트르는 이렇게 다시 요약하고 있습니다.

하이데거의 직관을 상징적으로 가장 잘 나타내는 경험적인 이미지는
투쟁의 이미지가 아니라 조(組, *l'équipe*)의 이미지다. 다른 의식과 나
의 의식 사이의 본래의 관계는 너와 나가 아니라, **우리**다. 하이데거의 공
존재는 다른 개인과 대면해서 한 개인을 명석판명하게 정립하는 것, 즉
인식이 아니다. 그것은 자신의 조와 의기투합하는 암묵의 공동 현존이
다. 이 공동 현존은 [예컨대 조정 경기에서] 노 젓는 사람들이 여러 노들
의 리듬과 조타수의 규칙적인 운동을 느끼도록 하는 현존이다. 그리고
도달해야 할 공동의 목표, 추월해야 할 작은 배 혹은 조정 보트, 수평선
너머로 아른거리는 모든 사람들(구경꾼들, 작업 등) 등이 노 젓는 사람
들에게 드러나 보이도록 할 현존이다. 나의 죽음으로-향한-존재가 갑
자기 노출되어 절대적인 '공동의 고독' 속에서 불현듯 나를 잘라내어
부각시키면서 동시에 타인들을 이러한 고독에 이르기까지 들어 올리
는 것은 이러한 공현존(coexistence)의 공동 기반을 바탕으로 해서이
다.(285~286/427)

하이데거의 『존재와 시간』에서 상당히 애매모호하게 처리된 부분을
사르트르가 자기 나름대로 해석해서 정리한 것 같습니다. 하이데거에게
서 현존재(사르트르 표현으로는 인간실재)에서 실존은 본질의 계기를 형
성하고 각자성(Jemeinigkeit)은 현존의 계기를 형성합니다. 이를 염두에
두면, 특히 나의 '죽음으로-향한-존재'란 타인의 개입을 전혀 허용치 않
습니다. 그런데 사르트르는 하이데거의 공존재 혹은 공현존을 강조하면
서 거기에서 성립하는 '고독'을 아예 '공동 고독'이라 부르고 있습니다.

이는 사르트르가 하이데거가 말하는 바 현존재의 본래적인 존재방식인 실존조차 공동 현존을 바탕으로 한 것으로 처리한다는 이야기입니다. 대단히 독특한 해석이라 할 수 있습니다. 재미있는 것은 바로 이 공동 현존을 설명하기 위해 조정 경기를 예로 든 것입니다. 하이데거가 말하는 나와 타인 간의 관계는 처음부터 한 조를 형성하지 않고서는 도무지 성립할 수 없는 종류의 것이라는 이야기입니다.

하이데거의 공존재 혹은 공현존을 이렇게 설명해 놓고서, 하지만 하이데거가 말하는 공존재라는 존재론적인 관점에 도대체 칸트가 말하는 '초월론적인 통각'처럼 주체에 대한 추상적인 관점이 게재되어 있다고 비판합니다. 그래서 이렇게 말합니다.

> 인간실재가 —— 설사 그것이 나의 인간실재라 할지라도 —— 존재론적인 구조에 의해 '공존재'라고 말하는 것은 인간실재가 본성상, 즉 본질적이고 보편적인 자격에서 공존한다고 말하는 것이다. 이러한 정언이 입증된다 할지라도, 그 어떤 구체적인 **공존**도 설명할 수 없을 것이다. …… 사실 밝혀야 할 것은 '피에르와의-공존' 혹은 '애니와의-공존'이 나의 구체-존재를 구성하는 구조라는 사실이다. 그러나 하이데거가 취하고 있는 관점으로 이를 밝혀내는 것은 불가능하다. …… 그래서 '공존재'의 연관은 타인의 인정에 관한 심리학적이고 구체적인 문제를 해결하는 데 있어서 그 어떤 도움도 되지 않는다.(286~287/428~429)

그럴듯한 비판입니다. 인간 현존재가 처음부터 공존재라고 한다고 해서, 그 공존재에 의거한 공존을 구체적인 경험 속에서 실감하는 우정의 공존이나 애정의 공존 및 어떤 특정한 결사의 공존을 설명해 주는 것은 아닙니다. 아닌 게 아니라 하이데거는 『존재와 시간』에서 공존재에 대해 그다지 많이 논의하지 않고 대략 취급하고 넘어갑니다. 오히려 하이데거에게 있어서 중요한 문제는 공존에 의거한 평균적인 대중성을 초월하여 나만의 가능적인 존재, 즉 실존을 확보하는 것이었습니다. 이런 하이데거에게 구체적인 타인 관계에 대한 해명을 요구하는 것은 어쩌면 애당초 힘든 일일 것입니다. 그래서 나의 존재에서 출발하는 하이데거적인 공존재에 대해 사르트르는 이렇게 결론지어 말합니다.

> '나의' 존재에서 출발하여 파악된 나의 **공존**은 나의 존재에 근거한 순수한 요청으로서만 고찰될 수 있다. 그것은 타인의 현존에 대해 최소한의 증거마저 구성하지 못한다. 즉 나와 타자 간의 최소한의 다리마저 구성하지 못한다.(287/430)

> 하이데거는 관념론으로부터 벗어나지 않는다. 그가 말하는 자기 존재의 선험적인 구조인 자기로부터의 도피는 우리의 경험에 대한 선험적인 조건들을 구하고자 하는 칸트적인 반성과 꼭 마찬가지로 분명히 자기를 고립시킨다. …… 하이데거의 『존재와 시간』에서 모든 관념론과 모든 실재론을 동시에 넘어서는 것을 구한다는 것은 헛된 일일 것이다.(288/431)

하이데거가 말하는 공존재는 타인과의 진정한 공존이 아니라, 실존론적으로 자신의 존재, 즉 실존을 추구하는 데서 그 선험적인 조건으로 작동하는 것에 불과하다는 지적입니다. 한마디로 하이데거의 타인론은 관념론적이라는 이야기입니다. 상당히 설득력이 있어 보입니다.

4) 사르트르의 결론

사르트르는 후설, 헤겔, 하이데거 등의 타인론을 검토한 뒤, 이러한 검토가 타인의 현존에 대한 이론이 정당성을 확보하기 위해 필요충분한 조건들이 무엇인가를 정확하게 하는 데 도움을 준다면 결코 무익하지 않으리라는 이야기를 하면서 다음과 같이 정돈합니다.

첫째, 타인의 현존은 개연성이어서는 안 됩니다. 이에 관해 그는 이렇게 말합니다.

> 만약 타인이 원리상 그리고 그 '대자'에 있어서 나의 경험을 벗어나 있다면, 타자로서의 그의 현존의 개연성(확률)은 강화되지도 약화되지도 않을 것이며, 증가하거나 감소하지도 않을 것이며, 심지어 측정될 수도 없을 것이다. 따라서 타인의 현존에 대한 개연성은 개연성의 존재 자체를 상실하고 이야기꾼의 순전한 추측이 되고 만다.(289/432~433)

> 분명히 나는 타인의 현존을 억측하는 것이 아니다. 나는 타인의 현존을 긍정한다. 타인의 현존에 관한 하나의 이론은, 그러므로 단순히 나의 존재 속에서 나에게 물음을 던져 이러한 긍정이 갖는 의미를 밝히고 정확히 해야 한다. …… 내가 유아론에 저항하는 것들은 내가 항상 타인이 현존한다는 것을 알고 있다는 것, 내가 항상 타인의 현존을 함축하는바 언제나 전적인 하나의 이해(理解)를 가지고 있었다는 것을 증명한다. 이런 '선존재론적' 이해는 타인의 본성과 타인이 나의 존재에 대해 갖는 존재적 관계에 대해 이런 존재론적 이해를 벗어나 건립할 수 있었던 모든 이론들에 비해 더 확실하고 심오한 지성을 포함하고 있다.(290/433)

둘째, 유일하게 가능한 출발점은 데카르트적인 코기토입니다. 이에 관해 사르트르는 이렇게 말합니다.

> 내 자신의 가장 깊은 곳에서, 나는 타인에 대해 그 현존을 믿는 근거들을 발견하려 할 것이 아니라, 내가 아닌 자로서 타인 자신을 발견해야 한다.(291/434)

셋째, 타인은 결코 대상일 수 없습니다. 이에 관해서 사르트르는 이렇게 말합니다.

> 만일 타인이 나에 대한 대상이라면, 그는 나를 개연성으로 넘길 것이다. 그러나 개연성은 오로지 우리의 무한한 표상들의 적합성 위에서만 건립된다. 타인은 하나의 표상으로 존재하는 것도 아니고, 표상들의 체계로 존재하는 것도 아니며, 표상들의 필수적인 통일성으로 존재하는 것도 아니다. 그러므로 타인은 개연적일 수 없다.(291/434)

넷째, 타인의 개념을 추상적으로 총체화하고 통일시키려 해서는 안 됩니다. 이에 관해 사르트르는 이렇게 말합니다.

> 의식에 대한 그 어떤 추상적인 개념도 나의 나-자신에-대한-존재를 타자에 대한 나의 대상성과 비교하는 것에서 벗어날 수 없다는 것을 우리는 보았다. 그 외에 대자의 총체성으로서의 이러한 총체성은 탈총체적인 총체성이다. 왜냐하면, 대타현존(existence-pour-autrui)은 타인을 근본적으로 거부하는 것이기에 '타인들'에 대한 총체적이고 통일적

인 그 어떤 종합도 불가능하기 때문이다.(291/435)

이렇게 네 가지 정도의 지적을 한 후, 사르트르는 "이러한 몇몇 지적들을 바탕으로 타인의 문제를 우리 입장에서 접근하고자 한다"라고 말함으로써 자기 나름의 독특한 타인론을 전개할 것을 예고합니다.

4. 시선과 타인

아닌 게 아니라, 우리는 타인의 현존을 의심하지 않습니다. 우리는 설사내가 죽고 없더라도 나와 동일한 존재방식을 지닌 타인이 분명하게 존재한다는 사실을 선존재론적으로 이미 늘 알고 있습니다. 하지만, 한 걸음만 더 나아간 물음을 던지게 되면 타인의 현존에 관련된 문제가 결코 녹록치 않다는 것을 쉽게 간파할 수 있습니다. 내가 타인의 현존을 적극적으로 인정한다는 것은 무엇을 의미하나요? 과연 나는 항상 나와 똑같은방식으로 그리고 나와 똑같은 정도로 타인의 현존을 인정하나요? 경우에 따라 다른 것은 아닐까요? 타인의 현존을 진정으로 인정한다는 것은타인에 대한 나의 태도에 있어 어떤 변화를 가져올까요? 나는 어떻게 어떤 경로를 통해 어떤 구조적인 상황에서 타인의 현존을 파악하게 되었나요? 결국은 나의 의식 활동에 의거해 타인의 현존을 인정하는 것은 아닌가 하는 물음을 던지게 되면 사태가 심상치 않다는 것을 알 수 있습니다.

중요한 것은 타인의 현존 문제를 어떻게 처리하는가에 따라 이른바인간관계 전반에 관한 나의 태도가 달라지고, 그에 따라 이른바 공동체적 모듬살이 방식이 전혀 달라진다는 것입니다. 그런 까닭에 타인 문제는 여러 사회구성체에 대한 분석에서 가장 근본적 문제가 될 것입니다.

사르트르는 타인의 현존과 그에 따른 인간관계의 근본을 나름대로 탐색하기 위해 전대미문의 구체적인 상황을 끌어들입니다. 그것이 바로 시선(le regard)[2] 혹은 시선 교환의 상황입니다. 우선 우리 입장에서 볼 때, 사르트르가 도입한 시선 문제에 관련한 핵심 사안들은 다음 두 가지로 압축될 수 있습니다.

첫째, 내가 타인을 본다고 할 때, 타인에 관련해 내가 보는 것들에 어떤 층들이 있는가?
둘째, 내가 타인을 본다는 것과 타인이 나를 본다는 것은 구조적으로 등가적인가?

만일 정확한 분석을 통해 첫번째의 물음에 대한 답변을 제대로 하게 된다면, 그것을 바탕으로 두번째의 물음에 대한 답변 여부에 따라 타인의 현존에 대한 철학적인 입장이 정확하게 결정될 것입니다.

1) 타인의 대상적 현전

내가 '타인'[3]을 바라볼 때 일단 타인은 나의 봄(voir)의 대상으로 나타납니다. 이에 관해 사르트르는 이렇게 말합니다.

---

2) 'le regard'를 '응시'라고 번역하는 경우가 많습니다. 하지만 '응시'라는 우리말은 '뚫어지게 쳐다봄'의 뜻이 워낙 강하지요. 일상적인 상황에서 남이 나를 쳐다본다고 할 때, 굳이 뚫어지게 쳐다보지 않는 경우가 대부분입니다. 그럴 때에 'regarder'는 그냥 '보다' 내지는 '쳐다보다'가 됩니다. 그래서 명사 'le regard'를 일반적인 의미의 '시선'으로 옮기고자 합니다. 순우리말로 '눈빛'이라 새길 수도 있을 것입니다. 'la vue'라고 하는 훨씬 더 중성적이면서 다소 추상적인 낱말이 있긴 하지만, 이 낱말은 '안목'이라 번역하고자 합니다.

내가 나를 향해 다가오는 것을 보고 있는 저 여자, 길을 가고 있는 저 남자, 나의 창문을 통해 노래를 부르는 것을 내가 듣고 있는 저 거지, 이들은 나에게(pour moi) 대상들이다. 이는 의심할 게 못 된다. 그래서 나에 대한 타인의 현전이 갖는 여러 양상들 중 하나가 **대상성**임은 사실이다.(292/435)

앞서 계속 논의해 온 대로, '대상'으로서의 자격만을 갖추고서 '타인'이 나에게 나타난다면, 나는 타인의 현존을 진정으로 인정하는 것이 결코 아닙니다. 타인의 현존이란 적어도 그가 '주체'(sujet)로서 나를 바라보는 자임을 확인할 수 있을 때 성립하기 때문입니다. '타인'이 나를 그의 대상으로 삼아 본다는 것을 인정하게 되면, 당연히 '타인'은 주체로서의 타인이 될 것입니다. 그래서 사르트르는 '타인'이 그저 대상으로만 나타나는 한 타인의 현존은 나의 추측에 의한 것이거나 기껏해야 개연적인 것에 불과하다고 여깁니다.

그렇다면 그러한 개연성을 넘어서서 '타인'이 진정한 타인으로 파악되는 것은 과연 가능한가요? 말하자면, 타인의 현존은 지각되나요? 나에게 지각되는 것이 대상으로서의 '타인'뿐이라면, 타인의 현존은 지각되지 않는 것입니다. 그런데도 타인의 현존을 인정할 수밖에 없다면, 지각되는 대상인 '타인'의 배후에 지각될 수 없는 타인의 의식이 있고, 그 의식을 파악하는 것은 지각이 아닌 다른 것이어야 한다고 생각할 수밖에 없습니다. 지각이 아닌 다른 것은 추론에 의한 추측이거나 특별한 인식

---

3) 제가 이렇게 인용부호로 묶어 표현하는 것은 일단 일상적으로 타인이라고 일컬어지는 무덤덤한 개념을 나타내기 위한 것입니다.

능력일 수밖에 없을 것입니다. 하지만, 사르트르는 이러한 생각을 인정하지 않습니다. 인식의 일종인 지각을 그저 재료로만 삼아 이를 넘어서서 그 배후의 의식 같은 것을 파악한다는 것을 인정하지 않는 것입니다.

> 일반적으로 사람들은 타인의 문제를, 마치 타인이 발견되는 최초 연관이 대상성인 양, 즉 마치 타인이 우리의 지각에서 맨 먼저——직접적으로 혹은 간접적으로——드러나는 양 취급해 왔다. 그러나 …… 지각의 본질은 나의 의식과 타인의 의식의 최초 연관으로 관련되어야 할 것이며, 그 최초 연관에서 타인은 나와 결합되어 있긴 하지만 주체로서 직접 나에게 주어져야 할 것이고, 그 최초 연관은 근본적인 관계, 나의 대타존재와 동일한 유형이어야 할 것이다.(292~293/436)

사르트르는 적어도 대상으로서의 '타인'이 아니라 주체로서의 타인이 직접 지각된다는 것을 주장하고자 합니다. 타인의 의식을 직접 지각한다는 것은 지각의 본질을 완전히 바꾸는 것이 아닐까 싶지만, 이런 사르트르의 기본 입장은 대단히 신선합니다. 후설이 말하는 것 같은 감정이입이나 이해이입과 같은 일체의 추론을 배격하는 것이기 때문입니다.

문제는 과연 타인의 의식 혹은 주체를 직접 지각한다는 것이 과연 가능한가 하는 점입니다. 우리는 실제로 다른 사람을 보면서 이렇게 물을 수 있습니다. "내가 당신을 본다는 것이 보입니까?" 메를로-퐁티는 악수의 예를 들면서 나와 악수를 나누는 저 사람의 손이 나를 만진다는 것을 지각한다고 말합니다. 이는 '만짐을 만짐'으로 정식화할 수 있습니다. 마찬가지로 '봄을 봄'을 정식화할 수 있습니다. 그런데 결론은 비슷할지언정, 사르트르는 메를로-퐁티처럼 이렇게 단순하고도 쉬운 길을 택하지 않습니다. 사르트르는 끝내 데카르트적인 코기토를 최대한 존중하면서 그것을 내파하고자 하기 때문입니다.

2) 공원 잔디밭의 인간: 내 영토의 대상적인 붕괴

우선 사르트르는 내가 공원에서 의자에 앉아 있는 다른 사람을 보는 경우를 예로 들어 분석합니다. 내가 이곳에 서서 의자에 앉아 있는 그 사람을 볼 때, 나는 그 사람을 대상으로 보면서 동시에 사람으로 봅니다. 말하자면 저기 보이는 대상을 사람으로 확인하는 것입니다. 이에 대해 사르트르는 이렇게 묻습니다.

> 저 대상에 대해 내가 **저것은 하나의 사람**이라고 확인할 때, 그것이 의미하는 바는 무엇인가?(293/437)

대단히 간단한 것 같은데, 막상 대답하고자 하니 막연하다는 느낌이 들 수밖에 없는 물음입니다. 그러면서 이렇게 대답합니다.

> **그 반대로, 사람**으로서 지각함은 의자와 그 사람 사이의 비부가적인 (non additive) 연관을 파악하는 것이고, 내 영토(mon univers)의 사물들이 저 특권적인 대상 주위에서 **거리를 두지 않고** 조직됨을 확인하는 것이다.(293/437)

우선 '저 특권적인 대상'은 내가 사람으로 지각하고 있는 저 대상입니다. 그리고 '부가적'이라는 것은 대상 영역을 벗어나지 않고 있어 여전히 대상으로만 있는 저 '타인'과 의자가 나의 영토 내에서 대상적으로 첨가되는 것을 말합니다. 그리고 '거리를 두지 않는다'는 것은 물리적인 거리를 넘어서서 의식의 영토로 들어서 있음을 의미합니다.

'저 특권적인 대상'이 그런 부가적인 연관을 벗어나 있다는 것을 파악한다는 것, 그리고 내가 보고 있는 일체의 대상들이 말하자면 내 영토의 대상들이 '저 특권적인 대상'의 주위에 말하자면 '저 특권적인 대상'의 영토로 편입되는 것을 확인하는 것이 저 대상을 사람으로 지각함의 정확한 의미라는 것입니다. 사르트르는 이를 요약해서, 저 대상을 사람으로 지각함은 내 지각 장의 대상들이 나를 향해 무리 짓는 대신에 나에게서 도망가는 방식으로 방향을 잡는 것이라 말합니다. 간단히 말해, '저 특권적 대상'이 사물들을 대상으로 삼아 본다는 것을 지각한다는 것입니다.

하지만 사르트르는 이 정도로 만족하지 않습니다. 왜냐하면, 저 사람이 사물, 예컨대 잔디밭을 대상으로 삼아 본다는 것을 내가 보고 있고, 따라서 여전히 '저 사람'이 나를 중심으로 한 나의 지각 장에 들어와 있기 때문입니다. 사르트르의 표현에 따르면, "대상인 인간과 대상인 잔디밭 간의 새로운 연관"에 머물러 있기 때문입니다. 사르트르는 '대상인 인간'에서 아예 '대상' 부분을 떼 내는 지경에까지 가야만 진정한 타인을 파악하는 것이라고 생각하고 있습니다. 그러면서 계속 사태를 주시하면서 이렇게 분석합니다.

> 대상인 인간과 대상인 잔디밭 간의 새로운 연관은 특수한 성격을 갖는다. …… 이 새로운 연관은 전적으로 나를 벗어난다. …… 이 새로운 연관은 내가 나의 영토 내의 대상들 사이에서 파악하는 연관들을 붕괴시키는 하나의 순수한 **붕괴**(une pure *désintégration*)로서 나타난다. 이

붕괴를 실현하는 것은 내가 아니다. 이 붕괴는, 내가 사물들 사이에서 원래 확립한 거리들을 가로질러 내가 대책 없이(à vide) 노리는 하나의 연관으로서 나에게 나타난다. 이 붕괴는 원리상 나를 벗어나는, 사물들의 심층(arrière-fond)으로서 그리고 그 사물들에게 바깥에서 주어지는 심층으로서 있다. 그래서 내 영토의 대상들 중에서 이 나의 영토를 붕괴시키는 한 요소가 나타남은 내가 나의 영토에서 한 사람이 나타남이라 부르는 것이다. 타인은 우선 [이중성을 띠는] 한 항을 향해 사물들이 끊임없이 도피함이다. 이 항은 내가 나로부터 모종의 거리를 둔 대상으로서 파악한 것이자, 그 대상이 자신의 주위에 그 나름의 거리들을 전개하는 한에서 나를 벗어나는 것이다. 그런데 이 붕괴는 점점 더 확대된다. …… 타인의 주위에 모여드는 것은 하나의 공간이다. 그리고 이 공간은 **나의 공간으로써** 만들어진다. 이 공간은 나의 영토를 채우고 있는 모든 사물들의 재편성(regroupement)인데, 나는 이 재편성에 입회하고 있지만 이 재편성은 나를 벗어난다. …… 이리하여 갑자기 나에게서 세계를 탈취해 가는 하나의 대상이 나타난 것이다.(294~295/438~439)

'서울 가면 눈 뜬 상태에서 코 베어 간다'라는 속담처럼, 번연히 내가 눈을 뜨고서 나에게 보이는 내 영토의 대상들을 보고 있는데, 그 대상 중 하나가 반란을 일으켜 나의 대상들을 탈취해 가는 장면을 기술하고 있습니다. 물론 나는 여전히 그 장면을 분명하게 목도하고 있습니다. 내가 보고 있는 나의 영토 내에서 나의 영토를 분탕질하는 묘한 이른바 '특권적인 대상' 하나가 나타난 것이고, 그것이 바로 타인이라는 것입니다. 그런 분탕질을 '붕괴'라고 표현하고 있습니다.

하지만, 여전히 사르트르는 '아직 배가 고프다'고 하며 이렇게 말합니다. "그러나 타인은 여전히 나에 대해 대상이다."(295/439)——"그러므로 이 모든 것은 타인이 대상인 지대로부터 우리를 전혀 벗어나게 하지 않는다."(295/440)——"나와 관련한 세계의 이러한 도피 연관 내지는 부재 연관은 개연적일 따름이다."(296/440) 사르트르로서는 이러한 연관을 넘어설 수 있는 길, 즉 타인이 대상성을 벗어나는 차원으로 들어설 길을 모색하지 않으면 안 됩니다.

3) 타인의 시선

(1) 타인에 의해 보임

이렇게 해서 사르트르가 찾아가는 것이 바로 '타인의 시선'입니다. 그 논의의 시발점은 이렇게 됩니다.

> 만약 대상인 타인이 내가 보고 있는 것을 보는 대상으로서 세계와 연결된 것으로 정의된다면, 주체인 타인과 나의 근본적인 연결은 내가 타인에 의해 보일 수 있다는 나의 영속적인 가능성으로 귀착될 수 있어야만 한다.(296/440)

어쩌면 대단히 손쉬운 발견입니다. 타인이 내가 보고 있는 사물을 보고 있다는 것을 내가 확인했을 때, 그러한 나의 확인에서부터 타인이 내가 사물을 보고 있다는 것을 볼 수도 있다는 것을 생각하는 쪽으로 한 달음에 나아갈 수 있기 때문입니다. 그렇게 되면, "내가 한 대상에 대해 대상일 수 없다는 것은 이미 지적했다. 타인을 대상성으로부터 벗어나게 하는 바 타인에게서 철저한 전환(conversion radicale)이 있어야 한다"

(296/441)라고 사르트르가 말하듯이, 타인은 대상성을 벗어나는 대대적인 전환을 이루게 될 것입니다. 그래서 이렇게 됩니다.

내가 '타인에 의해 보임'(être-vu-par-autrui)이라 일컫는 이 관계는, 사람이라는 말로 의미되는바 여러 다른 연관들 중의 하나이기는커녕, 대상인 타인의 본질로부터도 도출될 수 없고 나의 주체임으로부터도 도출될 수 없는 환원 불가능한 하나의 사실을 나타낸다.(296/441)

끝끝내 내가 주체라면 나는 '타인에 의해 보일' 수 없을 것입니다. 또한 이와 연결된바 끝끝내 타인이 대상이라면 나는 '타인에 의해 보일' 수 없을 것입니다. 내가 타인에 의해 보인다는 것, 즉 타인이 나를 본다는 것은 그 자체로 존립하는 사태인 것이지 다른 사태들로부터 도출될 수 있는 사태가 아니라는 것입니다.

그렇다고 해서 과연 타인이 대상성을 완전히 탈각해 버린 것인가요? '나를 보는 대상인 타인'도 얼마든지 가능한 것 아닐까요? 하지만 바로 위 인용문에서 본 것처럼, 사르트르는 '내가 한 대상에 대해 대상일 수 없다'라는 어쩌면 상식이라고 할 수 있는 굳건한 주객 이분법을 견지하고 있지 않나요? 타인에게 주체인 계기와 대상인 계기가 동시에 있을 수는 있지만, 두 계기가 뒤섞일 수는 없다는 것이 사르트르의 입장입니다. 그런데도 사르트르는 다음의 중요한 발언을 합니다.

'타인에 의해 보임'은 '타인을 봄'(voir-autrui)의 진리다.(296/441)

내가 타인을 본다고 말할 때, 진정 그렇게 말할 수 있는 것은 타인에 의해 내가 보일 때 즉 타인이 나를 볼 때, 달리 말하면 나와 타인이 서로를 볼 때 그렇게 말할 수 있다는 이야기입니다. 알고 보면, 그다지 어려운 것도 아니고 별달리 대단한 말도 아닙니다. 하지만, 이는 설사 주객 이분법을 유지한다 할지라도 주객 환위의 무한 속도의 교환을 함축한 것이기 때문에, 따라서 결국에는 주객 이분법을 무너뜨리는 것이기 때문에 대단히 중요한 언명이 아닐 수 없는 것입니다.

(2) 타인의 시선과 타인의 두 눈

타인에 의해 내가 보인다는 것은 '타인의 시선'을 전제한 것입니다. 그런데 '타인의 시선'이라는 것이 과연 어떻게 존재하는가가 쉽사리 직관되지 않습니다. 나를 바라보는 타인의 두 눈이 곧 타인의 시선인가요? 아니면, 타인의 두 눈을 매개로 저 깊은 영혼에서부터 발휘되는 것이 타인의 시선인가요? 정말이지 타인의 시선이란 도대체 어떤 존재인가요?

　이에 관한 사르트르의 현상학적인 분석의 칼날은 여전히 매섭습니다. 우선 그는 시선과 눈이 어떻게 다른가를 이렇게 기술합니다. 대단히 흥미로워 길게 인용하게 됩니다.

　　시선은 눈의 기능을 이루는 대상의 여러 성질들 중 하나의 성질이 아니고, 이 대상의 전반적인 형태도 아니며, 이 대상과 나 사이에 확립되는 '세계내부적인' 관계도 아니다. 오히려 정반대로 시선을 드러내는 대상들 위에서 시선을 지각하기는커녕, 나를 향한 시선에 대한 나의 파악은 '나를 쳐다보는' 눈들이 파괴됨을 토대로 해서 나타난다. 만약 내가 시선을 파악한다면, 나는 눈들에 대한 지각을 그친다. 눈들은 거기에 있다. 눈들은 순수한 현시들(顯示, présentations)로서 나의 지각 장에 머물러 있다. 그러나 나는 그것들을 활용하지 않는다. 그것들 두 눈은 중성화되면서 작용을 벗어난다. 두 눈은 더 이상 정립의 대상이 아니다. 두 눈은 '회로 바깥에 놓인' 상태에 머문다. …… 우리가 다른 사람의 눈을 아름답다거나 밉다고 말할 때라든지 색깔이 어떻다고 말할 때에는 그 다른 사람의 두 눈이 우리를 쳐다볼 때가 결코 아니다. 타인의 시선은 그의 두 눈을 가린다. 타인의 시선은 **그의 두 눈을 앞서 나아**가는 것 같다. 이러한 착각(illusion)은 다음과 같은 사실, 즉 두 눈이 내 지각의 대상으로서 나와 두 눈 사이에 전개되는 정확한 거리를 유지하는 데 반해 ──요컨대 나는 거리를 두지 않고 두 눈에 현전하지만 내가 '나를 발견하는' 장소로부터 그것들이 동떨어져 있는 데 반해 ──, 시선은 거리를 두지 않고 나에게(sur moi) 있으면서 동시에 거리를 두고서[즉 거리에도 불구하고] 나를 붙든다는, 말하자면 나에 대한 시선의 직접적인 현전이 시선으로부터 나를 벌려놓는 거리를 전개한다는 사실에 의해 생겨난다. 그러므로 나의 지각이 해체되어 배면으로 물러나지 않고서는, 나는 나의 주의를 [타인의] 시선으로 향할 수 없는 것이다.(297/442~443)

평소 그다지 골똘하게 생각하지 않았던 '시선'이라는 존재를 사르트르의 날카로운 분석을 통해 접하게 됩니다. '눈'(oeil, yeux)과 '시선'(regard)의 관계가 주안점입니다. 무엇보다 참신하기 이를 데 없는 언명은 "타인의 시선은 그의 두 눈을 가린다. 타인의 시선은 그의 두 눈을 앞서 나아가는 것 같다"입니다. 타인의 눈을 정확하게 보게 되면 타인의 시선을 보지 못하고, 타인의 시선을 분명하게 보게 되면 타인의 눈을 보지 못한다는 이야기입니다. 타인이 나의 지각의 대상으로 나타나는 한 그의 눈만 보일 뿐 그의 시선을 파악할 수 없고, 타인이 나를 대상으로 삼는 주체로 나타나는 한에서 그의 시선을 파악한다는 이야기입니다. 그런데 이를 '착각'이라 부르고 있습니다. 하지만 흔히 말하는 의미의 착각은 아닙니다. 나를 쳐다보는 타인의 시선은 분명 나에게 다가와 있기 때문에 거리가 없다고 할 수 있습니다. 하지만 타인의 시선은 그러한 '거리의 없음'을 통해 오히려 자신만의 독특한 거리를 만들어 내면서 그 거리 속으로 나를 끌어당겨 붙들고 있습니다.

이때 가장 중요한 것은 나의 지각이 해체된다는 것입니다. 내가 타인의 시선에 주의를 기울일 때 나의 지각이 해체되어 배면으로 물러난다는 사실이 성립하는 구조는 대단히 복잡합니다. 그때 나의 주의(attention)는 어떤 작용이란 말인가요? 나의 주의는 지각이 아닌가요? 사르트르는 지각이라는 개념을 너무 대상에 대해서만 쓰고 있는 것 같습니다. 타인의 시선에 대한 지각, 혹은 타인의 주체에 대한 지각은 불가능한가요? 앞서 우리는 무한 속도의 주객 환위를 이야기했습니다. 그것은 메를로-퐁티를 염두에 둔 것이었습니다.

메를로-퐁티는 이런 사태에 대해 '키아즘'(chiasme)을 제시합니다. 키아즘이라는 개념은 본래 두 눈 간의 결합에 관한 것입니다. 그러니까 왼쪽 눈의 왼쪽 망막에 주어진 자극과 오른쪽 눈의 왼쪽 망막에 주어진 자극이 결합되고, 왼쪽 눈의 오른쪽 망막에 주어진 자극과 오른쪽 눈의 오른쪽 망막에 주어진 자극이 결합되고, 이 두 결합이 다시 전체적으로 하나로 결합되어 통일된 시각을 이루는 것을 말합니다. 말하자면 키아즘은 '교차적 결합'인 셈입니다. 주객 간 교차적 결합이 서로가 봄, 즉 서로 간 시선 교환에 있어 근원적 사태라는 것이 메를로-퐁티의 주장입니다.

그런데 사르트르는 나의 지각이 해체된다고 하면서 나의 주의를 따로 제시하고 있습니다. 우리로서는 타인의 시선을 본다고, 즉 지각한다고 말하고 싶습니다. 물론 타인의 눈을 본다는 것, 즉 지각한다는 것과 구분되어 마땅하지요. 하지만 인식적으로는 구분될 수 있을지 모르지만 존재적으로는 눈과 시선은 분리되어 있다고 할 수 없습니다. 눈과 시선의 관계를 우리 나름대로 다시 검토하지 않으면 안 됩니다. 하지만 이는 뒤로 미루고 계속 사르트르를 따라가 보도록 합니다.

사르트르는 타인에 관련한 주객 이분법을 최대한 고수하고자 합니다. 그는 이렇게 힘주어 말합니다.

여기에서 나는 기꺼이 말하고자 한다. 우리는 세계를 지각하면서 동시에 우리에게 꽂힌 하나의 시선을 파악할 수 없다. 양자택일일 수밖에 없다. 그 이유는 이렇다. 지각함은 **쳐다봄**(*regarder*)이고, 하나의 시선을 파악함은 세계 속의 대상인 시선을 파악하는 것이 아니라 **쳐다보여진다**(*être regardé*)는 의식을 갖는 것이기 때문이다.(298/443)

말하자면, 세계를 지각하는 것은 나의 능동성이고, 시선을 파악함은 나의 수동성으로 연결된다는 것입니다. 이렇게 되면, 타인의 시선은 내가 '쳐다보여지는 바' 수동적인 나 자신에 대한 의식을 갖는 데 작용하는 매개가 됩니다. 그래서 이 인용문에 곧 이어 이렇게 말합니다.

그 두 눈이 명시하는 시선은, 두 눈이 지닌 모종의 본성에 의거한 바 [그 두 눈을 보는] 나 자신에의 순수한 회송이다. …… 그래서 시선은 우선 나를 나 자신에게 회송하는 하나의 매개다. 이 매개는 어떤 본성을 지니는가? 보여짐, 그것은 나에게 어떤 의미를 갖는가?(298/443)

(3) 열쇠 구멍 들여다보기

가. 기본적인 상황

이렇게 해서 '타인의 시선'이라는 문제는 나를 나 자신에게 회송하는 새로운 일종의 반성으로 연결됩니다. 그리고 그 유명한 '열쇠 구멍 들여다보기'를 둘러싼 이야기가 시작됩니다. 예컨대 복도가 죽 이어진 호텔의 어느 방에 내가 사랑하는 여자가 다른 남자와 투숙했습니다. 나는 질투심에 불타 그 방 안에서 일어나는 광경을 궁금해 합니다. 그래서 그 방의 열쇠 구멍을 '가까이에서 적당히 비낀 상태로' 들여다보고자 합니다. 다른 사람은 아무도 없습니다. 대단히 가슴 떨리는 상황이 아닐 수 없습니다. 이 상황에서의 나의 행동들과 나의 의식에 관해 사르트르는 이렇게 말합니다.

> 나는 혼자이고 나(에 대한) 비정립적인 의식의 판에 놓여 있다. 이는 우선 나의 의식에 거주할 내가 없다는 것을 의미한다. 그러므로 나의 행동들의 성질을 특징짓기 위해 나의 행동들을 비추어 보아야 할 [기준과 같은] 것은 아무것도 없다. 나의 행동들은 전혀 **인식되지** 않는다. **나는 나의 행동들이다.** 오로지 이 사실에 의거해서 나의 행동들은 그 전적인 정당성을 스스로에게 부여한다. …… 나의 의식은 나의 행동들에 밀착해 있다. 나의 의식은 나의 행동들이다. 나의 행동들은 오로지 도달해야 할 목적들과 사용해야 할 도구들에 의해 조종된다. (298/443~444)

행동 속으로 빠져들어 가 버린 비정립적인 의식을 말하고 있습니다. 메를로-퐁티가 말하는 '체화된 의식'(conscience incarnée)을 연상케 합니다. 이러한 비정립적인 의식 상태에 대해 사르트르는 "나는 사물들의 순수 의식이다"라고까지 말합니다. 그러고는 "그 사물들은 나의 자성(自性)의 회로 속에 장악되면서 나의 고유한 가능성들(에 대한) 비정립적인 의식의 복제인 그것들의 잠재성들을 나에게 제공한다"(298/443~444)라고 말합니다. 이 정도 되면, 초월성을 바탕으로 한 나의 대자적인 존재는 아예 사라지고 없는 셈입니다. 말하자면, 강렬한 질투심에 의해 내 몸과 내 행동들 그리고 관련되는 도구들인 문이나 열쇠 구멍 등에 내 의식이 한데 엉겨 버린 것입니다. 그런데도 나는 이러한 나를 진정 나라고 정의할 수 없을 것입니다. 이에 관해, 사르트르는 이른바 '열쇠 구멍의 인간'의 존재를 이렇게 기술합니다.

또한 나는 나를 상황에 처해 **있는 자**(*étant* en situation)로서 제대로 정의할 수 없다. 그 이유는 우선 내가 내 자신에 대한 정립적인 의식이 아니기 때문이고, 나아가 내가 나 자신의 무이기 때문이다. 이런 의미에서 그리고 내가 나 아닌 바로 그것이면서 나인 바로 그것이 아니기 때문에, 나는 심지어 나를 진실로 문에 귀를 기울이고 있는 자로서 정의할 수조차 없다. 나는 모든 나의 초월성에 의해 내 자신에 대한 잠정적인 이러한 정의로부터 벗어난다. 우리가 살펴보았듯이, 이는 자기기만의 원천이다. 그래서 나는 나를 **인식할** 수 없을 뿐만 아니라, 내 존재 자체가 나를 벗어난다(설사 내가 이렇게 내 존재로부터 벗어남이라 할지라도). 갑자기 나는 아무것도 아닌 것이다. 거기에는 오로지, 세계 속에서 뚜렷이 드러나는 객관적인 모종의 한 전체, 실재적인 한 체계, 목적에 입각한 수단들의 한 배치 등을 에워싸면서 두드러지게 하는 순수 무가 있을 뿐 그 밖에는 아무것도 없다.(299/445)

완전히 세계 속에 함입되어 버린 나 자신과 이를 에워싸면서 이를 두드러지게 하는 순수 무가 하나로 통일되어 있음을 말하고 있습니다. 마치 두께 제로의 표면이 사물을 감싸면서 그 사물을 두드러지게 드러나도록 하듯이 말이지요. 메를로-퐁티가 『보이는 것과 보이지 않는 것』에서 던지는 물음 중 가장 그럴듯한 것, 즉 "나의 시선이 사물들을 감싸면서 사물들을 숨기지 않고, 결국 사물들을 베일로 가리면서 사물들을 드러내는 사태는 어찌된 영문인가?"(173/188) 하는 물음이 떠오릅니다. 물론 메를로-퐁티가 시선과 사물의 관계를 분석해 나가는 의도는 지금의 사르트르하고는 전혀 다릅니다. 메를로-퐁티는 시선과 사물 사이의 감각적인 키아즘에 의거한 주객합일을 노리고 있는 데 반해, 여기에서 사르트르는 질투심이라고 하는 특정한 감정에 전적으로 사로잡힌 나머지 세계 속으로 함입되어 버리는 인간 존재의 존재론적인 극단, 즉 존재와 무가 각기 뚜렷하게 드러나면서 서로 뗄 수 없이 딱 들러붙어 있는 지경을 묘사하고 있기 때문이지요.

중요한 것은 존재와 무가 딱 들러붙어 있는 지경을 자기기만의 기본 구조로 풀어내고 있다는 점에서 사르트르 특유의 사유가 전개되고 있다는 사실입니다. 우리 식으로 풀면, 여기에서의 나는 나 자신인 '존재'가 아니면서 나 자신이 아닌 '무'인 셈입니다. 인간 존재가 자기기만의 근본 구조를 결코 벗어날 수 없음을 말하고 있습니다.

나. 복도에 나타난 타인

그런데 사태가 일변합니다.

그런데 나는 복도에서 발자국 소리가 나는 것을 듣기 시작했다. 누군가가 나를 쳐다보고 있다. 이는 무엇을 의미하는가? 이는 내가 내 존재에 있어서 갑자기 충격을 받는다는 것이고, 나의 구조들에 있어서 본질적인 변양들이 나타난다는 것이다. ——이 변양들은 내가 반성적인 **코기토**에 의해 개념적으로 파악하고 고정시킬 수 있는 것들이다.(299/445)

생각했을지도 모르지만 갑자기 당황스러운 사태가 벌어졌습니다. 나를 쳐다보는 타인이 아무도 없을 때의 나의 존재와 나를 쳐다보는 타인이 나타났을 때의 나의 존재가 동일할 리는 없습니다. 어떻게 달라지나요?

먼저 나는 나(에 대한) 비정립적인 의식의 상태에서 깨어납니다. 흔히들 말하는 것처럼, '**누군가가 나를 보기 때문에 나는 나를 본다**'는 것이지요. 사르트르는 이 말을 정확하게 이해할 필요가 있다고 말합니다. 그러고는 이렇게 말합니다.

비반성적인 의식은 **인격**(la *personne*)을 직접 그리고 그 대상으로 파악하지 않는다. 인격은, 타인에게 대상인 한, 의식에 현전한다. 이는 다음을 의미한다. 즉 내가 나를 벗어나는 한에서, 내가 나 자신의 무의 근거인 한에서가 아니라 내가 내 바깥에 나의 근거를 갖는 한에서, 내가 단번에 나에 대한 의식을 갖는다는 것을 의미한다.(300/445~456)

내가 짐짓 나를 반성하여 나의 자아를 대상으로 삼는 경우가 전혀 아닙니다. '누군가가 나를 쳐다보기 때문에 나는 나를 본다'라는 사태는 그 자체로 보면 나를 쳐다보는 타인은 그저 내가 나를 근거로 해서 나를 보게끔 하는 계기에 불과한 것처럼 해석될 수 있습니다. 그게 아니라는 것을 사르트르는 정확하게 지적해 내고 있습니다. 즉 내가 나를 근거로 해서 나를 보는 것이 아니라, 내가 내 바깥에 내 아닌 것에 근거를 두는 한에서 나를 본다고 해야 옳다는 것입니다.

이러한 사르트르의 지적은 대단히 중요합니다. 타인의 존재에 근거하지 않고서는, 내가 나를 반성한다는 것이 근본적이지 않을뿐더러 실질적이지도 않다는 것을 지적해 주고 있기 때문입니다. 간단히 말해, 타인과의 관계가 전제되지 않고서는 내가 나를 반성할 이유가 없다는 것을 말해 주고 있기 때문입니다. 예컨대 타인과의 관계가 없이는 결코 성립할 수 없는바, 열등감을 느낀다거나 수치스러움을 느낀다거나 할 때 반성이 일어나는 것입니다. 결국에는 원천적으로 고립된 상태에서 일어나는 반성은 궁극적으로 성립할 수도 없고 진실하지도 않은 것입니다. 그래서 이렇게 이야기됩니다.

타인의 시선과 그 시선의 끝에 매달려 있는 나 자신을 나에게 드러내는 것은, [그리고] 나로 하여금 쳐다보여지고 있는 상황을 **인식하지 않고 살도록** 하는 것은 수치 혹은 오만이다.(300/446)

사르트르가 책의 처음에서부터 인식 차원이 아닌 존재 차원을 찾아들어 가 그 적극적인 함의를 파악하고자 한 것은 익히 알고 있는 바입니다. 타인과의 관계에서 비롯되는 수치 혹은 오만을 이렇게 삶의 차원, 즉 존재의 차원으로 우리를 끌고 가는 것으로 보는 사르트르의 입장을 중시하지 않을 수 없습니다. 여기에서 인식 중심의 근대철학이 종결되는 장면을 목도하게 되기 때문입니다. 그런데 사르트르는 곧 이어서 이렇게 말합니다.

그런데 수치는 **자기**에 대한 것이다. 수치는 내가 타인이 쳐다보고 판정하는 바로 그 대상임을 인정하는 것이다. 나는 나의 자유로부터 수치를 지닐 수 있다. 그런데 이 자유가 주어진 대상이 되기 위해 나를 벗어나는 한에서 그러하다. 그래서 원천적으로, 나의 비반성적인 의식과 나의 쳐다보여지는 자아(ego-regardé)의 결연(lien)은 인식적인 결연이 아니라 존재적인 결연이다. 내가 지닐 수 있는 모든 인식을 넘어선 상태에서, 나는 타자가 인식하는 바로 그 나다.(300/446)

타인이 나타나기 전, 질투심에 사로잡힌 나는 비정립적인 의식이라고 했습니다. 이는 여기에서 말하는 비반성적인 의식과 직통입니다. 그런 상태에 처해 있는 나를 타인이 쳐다봅니다. 그때 타인이 쳐다보는 나는 바로 나의 자아라고 할 수 있습니다. 말하자면, 타인의 시선 때문에 비정립적인 의식으로서 세계 속에 함입되어 있는 나의 자아가 드러나는 것입니다. 이때 타인의 시선은 나를 세계의 와중에 몰아넣는 셈이고, 그런 상태에서 나뿐만 아니라 나의 세계 전체를 타인 자신의 권역으로 끌어당기는 셈입니다. 이를 사르트르는 나의 '내적인 출혈'(hémorragie interne)이라고 부릅니다.

나의 '내적인 출혈'은 과연 멈출 수 있을 것인가요? 내가 비열하게도 열쇠 구멍으로 들여다보고 있는데, 그런 나를 타인의 시선이 여지없이 포착하여 아예 나를 강고한 수치심의 쇠조롱 속에 집어넣어 버립니다. 이에 관해 사르트르는 이렇게 표현하고 있습니다.

여기에서 달아남은 끝이 없다. 달아남은 외부로 사라진다. 세계는 세계 바깥으로 유출되고 나는 내 바깥으로 유출된다. 타인의 시선은 나를 내 존재를 넘어선 세계 속에 존재하도록 한다. 이 세계이면서 동시에 이 세계를 넘어서 있는 세계의 와중에 나를 존재하도록 한다.(300/447)

수치심에 의해 타인의 시선에 철저히 갇혀 버린 나의 존재는 과연 어떻게 될 것인가요? 그리고 그때 타인의 존재는 어떤 방식으로 힘을 발휘할 것인가요?

나인 이 존재, 수치심이 나에게서 발견한 이 존재, 나는 이 존재와 어떤 종류의 관계들을 지닐 수 있는가?(301/447)

(4) 타인의 시선에 의한 나의 존재 변경

비열하게도 질투심에 의해 열쇠 구멍을 들여다보고 있는 나, 그런데 갑자기 저기 복도에서 어떤 한 인간이 나타나 그런 나를 쳐다보고 있습니다. 나의 존재는 어떻게 될 것이며, 나를 바라보는 저 타인의 존재는 어떤 존재일까요? 자못 긴장된 새로운 존재 연관이 펼쳐짐에 틀림없습니다. 사르트르는 이 섬뜩한 존재 연관을 바탕으로 자신의 힘든 사유의 과정을 몰고 나가게 됩니다. 우선 그는 이 상황에서의 나의 존재에 대해 이렇게 말합니다.

나인 이 존재는 어떤 비결정성, 어떤 예측불능을 간직한다. 그리고 이 이 새로운 특징들은 그저 내가 타인을 인식할 수 없다는 사실에서 비롯되는 것이 아니라, 또한 무엇보다도 타인이 자유롭다는 사실에서 비롯된다. 혹은 정확하게 말을 뒤집어 표현한다면, 타인의 자유는 그에 대한 나인 존재의 불안정한 비결정성을 통해 나에게 드러난다.(301/447)

나의 존재는 불안정하게도 비결정성과 예측불능에 휩싸여 있고, 그런 나를 바라보는 타인은 자유롭습니다. 그런데 이 둘은 상호 규정적입니다. 그가 자유롭기 때문에 내가 비결정적이면서 예측불능이고, 비결정적이면서 예측불능인 나의 특징들을 통해 그가 자유로운 것이지요. 완전히 비대칭적입니다. 내 존재의 비결정성과 예측불능은 타인에 대한 것이 아니라 나에 대한 것입니다. 만약 타인에 대한 것이라면 나의 존재가 불투명하기 때문에 오히려 타인이 어찌할 수 없는 나의 존재를 말해 주는 것이겠지만, 나에 대한 것이기 때문에 나는 불안할 수밖에 없습니다. 이는 달리 말하면, 나에게서 나의 가능성들이 막혀 버린다는 것이고, 나의 자유가 한계에 다다랐다는 것을 말합니다. 이 상황을 사르트르는 이렇게 달리 표현합니다.

> 문제가 되는 것은 타인의 자유에 의해 타인의 자유 속에 새겨지는 그대로의 나의 존재다. 모든 일들이, 마치 내가 근본적인 무에 의해 나로부터 분리되어 버린 하나의 존재 차원을 내 스스로가 가진 것처럼 해서 벌어진다. 이 무는 바로 타인의 자유다. 말하자면, 타인은 자기가 자신의 존재여야 하는 만큼 그에 대한 나의 존재가 성립할 수 있도록 해야 하는 것이다.(301/448)

타인이 나에게 근본적인 무로 작동하면서, 그러니까 타인에 대한 나의 시선이 제대로 작동하지 않음으로써 타인이 대상화되지 않은 까닭에, 하지만 타인이 나를 대상화하는 그의 시선을 통해 엄연히 힘을 발휘하고 있는 상태에서, 타인 자신은 자신의 존재를 실현하고, 그렇게 자신의 존재를 실현하기 위해 나를 순전히 그에 대한 존재로 만들어 버리는 사태가 벌어집니다. 나로서는 대단히 비극적인 사태가 아닐 수 없습니다. 문제는 이러한 사태가 나와 타인 사이에서 역전될 수 있는가 하는 것이 아닐까 합니다. 하지만 사르트르는 아직 이 문제를 건드리지 않습니다. 그 대신 그는 이러한 사태 속에서 나의 존재에 대해 더욱 깊이 분석하고자 합니다. 우선 그는 이렇게 말합니다.

이 존재, 수치는 내가 이 존재임을 나에게 드러낸다. 이 존재는 '그랬다' 거나 '그래야 한다'거나 하는 양태에 의한 것이 아니다. 이 존재는 **즉자** 다. 나는 나의 '앉아 있음'(être-assis)을 깨달을 수 없다. 기껏해야 나는 앉아 있는 존재이고 동시에 앉아 있지 않은 존재이다. [지금] 내가 그 런 존재이기 위해서는 타인이 나를 쳐다보는 것만으로 충분하다. …… 나는 언제든지 의식으로 머물 것이다. 하지만 타자에 대한 의식일 뿐 이다. …… 타자에 대해, **나는** 마치 잉크병이 책상 위에 놓인 것처럼 **앉 아 있다.** 타자에 대해, 나는 나무가 바람 때문에 **기우는 것처럼** 열쇠 구 멍에 기대어 있다. 그래서 나는 타자에 대해 나의 초월성을 벗어던졌 다.(301~302/448~449)

즉자와 초월성의 관계가 언급됩니다. 즉자는 자신을 결코 초월할 수 없기 때문에 즉자이지요. 즉자는 자신에게 딱 들러붙어 있을 뿐인 그런 존재이기 때문입니다. 초월성은 대자가 지닌 성격입니다. 나는 타인 때문 에 초월성을 상실하고 즉자로 추락했습니다. 그래서 예컨대 나는 잉크병 이 책상 위에 있는 것처럼 의자 위에 앉아 있습니다. 적어도 타자, 즉 타인 에 대해 그러합니다.

그렇다면 나는 아예 인간도 아닌가요? 그건 아닙니다. 타인이 나를 쳐다보는 순간 처음부터 아예 인간도 아니라면, 사르트르가 애써 이렇게 사태의 변전에 대해 분석할 필요도 없을 것이기 때문입니다. 내가 여전히 인간이라는 사실은 내가 적어도 어떤 방식으로건 초월성을 간직한다는 것을 함축합니다. 그래서 이렇게 됩니다.

> 누구이든지 간에 나의 초월성에 대한 증인이 되는 자, 즉 스스로를 나의 초월성이 아닌 자로서 규정하는 자에 대해, 나의 초월성은 순전히 사실로 확인된 초월성, 주어진 초월성이 된다. 즉 타자가 나의 초월성에 하나의 외부를 부여한다는 단 하나의 사실에 의거하여, 나의 초월성은 하나의 본성을 획득한다. ······ 타자가 있다면, ······ 나는 하나의 외부를 갖고, 하나의 본성을 갖는다. 나의 근원적인 추락, 그것은 바로 타자의 현존이다. 그리고 수치는 ─오만과 마찬가지로─ 나 자신을 본성으로서 파악하는 것이다. (302/449)

초월성을 말하면서도 동시에 본성을 가짐으로써 '고정된' 초월성을 말하지 않으면 안 되는 사르트르의 입장이 제법 난처해 보입니다. 초월성은 본성을 가짐과 워낙 대립되는데도, 이렇게 말하지 않으면 안 된다는 것은 즉자인 존재로 화하는 나 자신을 적어도 인간으로 여기지 않으면 안 되기 때문입니다. 돌은 위로 던지면 아래로 떨어지는 본성을 지니고 있습니다. 그처럼 나는 '수치스러움' 혹은 '오만함' 등의 타인과의 관계를 통해, 그 자체로 보면 결코 말이 될 수 없는 '본성으로 추락한 초월성'을 갖는 것입니다. 이를 사르트르는 '나의 근원적인 추락'이라고 표현하고 있습니다.

　이 대목은 상당히 미묘한 구석들을 많이 함유하고 있기 때문에 좀더 자세히 살펴볼 필요가 있습니다. 우선 다음의 사르트르 이야기를 들어 보겠습니다.

> 내가 나의 자유를 상실하고 하나의 **사물**이 된다는 것을 느끼는 것은 아니다. 나의 자유는 저 아래, 체험되는 나의 자유 바깥에, 내가 타자에 대해 존재하는 바 그 존재의 주어진 하나의 속성으로 있다. 나는 타자의 시선을 내 **행위**의 중심에서 나의 고유한 가능성들을 고착시키고 소외시키는 것으로서 파악한다. …… 시선으로서의 타자, 그것은 다름 아니라 나의 초월된 초월성이다.(302/449)

타인의 시선에 의해 나의 자유가 완전히 없어진 것이 아니라 가라앉아 버린 셈입니다. 자유가 초월성과 연결되어 있음을 감안할 때, 이는 초월성이 가라앉은 것이라 할 수 있을 것입니다. 초월성은 내가 현재의 내가 아님을, 또한 내가 과거의 내가 아님을 말하는 것이고, 나의 고유한 가능성들을 향해 내가 열려 있음을 말하는 것입니다. 그런데 타자의 시선이 나타나 그런 나의 초월성을 내려앉게 만듭니다. 그래서 나의 초월성은 이른바 '초월되어 버렸다'고 말할 수 있게 됩니다.

문제는 타자를 나의 초월된 초월성과 등치시키는 것입니다. 이것이 왜 문제가 되느냐 하면 타자가 나의 바깥에 따로 현존하는 것이 아니라, 말하자면 내 존재의 특이한 방식, 즉 '내 존재에서의 바깥'에 대한 지칭인 것처럼 되기 때문입니다. 이는 앞의 인용문에서 "나의 근원적인 추락, 그것은 바로 타자의 현존이다"라는 말에서도 마찬가지로 나타나고 있습니다. 요컨대 내 속에서의 타자이지, 타자 자신으로서의 타자가 아니라는 이야기입니다. 이렇게 되면, 자칫 또다시 유아론의 얼개 속으로 도로 빠지고 말 공산이 큽니다. 하지만, 이 점을 아직 사르트르는 정면으로 다루지 않습니다.

다만, 우리는 여기에서 정확한 건 아니지만, 사르트르가 '타인'(l'autrui)이라고 말할 때와 '타자'(l'autre)라고 말할 때, 어떤 구분을 두고 있는가를 감지할 수 있습니다. '타인'이라고 할 때에는 내 존재와의 직접적인 관련성을 벗어난 데서, 그리고 '타자'라고 할 때에는 내 존재와의 직접적인 관련성을 벗어나지 않은 데서 사용하는 것 같습니다. 그러니까 타인의 시선이 내 속에서 타자의 시선을 형성하는 셈입니다. 그런데 사르트르는 여기에서 계속해서 코기토의 연관을 벗어나지 않은 상태에 있기 때문에 '타인의 시선' 대신에 '타자의 시선' 혹은 그냥 '시선'이라고 표현하고 있음을 염두에 둘 필요가 있습니다.

(5) 타인의 시선에 의한 나의 상황의 변경

아무튼 사르트르는 이러한 우리의 관심을 도외시한 채, 타자 혹은 타인의 시선에 걸려든 내 존재를 더 다각적으로 분석해 나갈 뿐입니다. 그리고 이제는 세계를 형성하는 도구와의 관계를 분석합니다.

나를 보여진 것으로 파악하는 것은 **세계 속에서 그리고 세계에 입각해서 나를 파악하는 것이다.** [타인 혹은 타자의] 시선은 영토에서 나를 잘라내어 부각시키지 않는다. 시선은 내가 처한 상황의 와중에서 나를 찾고자 한다. 시선은 나에게서 해체될 수 없는 도구들과의 관계들만을 파악할 뿐이다.(302/450)

내가 즉자가 된다는 것이 그야말로 하나의 사물로 완전히 전락해 버리는 것은 아니라고 했습니다. 하지만, 타자의 시선은 나를 사물들 혹은 도구들이 존립하는 세계 속으로 밀어 넣습니다. 내가 상황에 '처박혀' 있는 것으로 보는 것입니다.

그럼으로써 그저 나만이 달라진 것이 아닙니다. 내가 당당한 주체로서 조직해 나가는 세계마저도 소외된 형태로 변경됩니다. 이는 어쩌면 당연한 것이지요.

> **주시된 존재**인 나의 소외는 내가 조직하는 세계의 소외이다. 나는 내가 앉아 있는 의자를 보지 않는 한에서, 내가 그 의자를 보는 것이 불가능한 한에서, 그 의자가 새롭고 다르게 정향된 복합 속에서 역시 나에 대해 비밀스러운 측면을 지니고 있는바 다른 대상들이 있는 환경 속에서 다른 관계들과 다른 거리들을 통해 스스로 조직되기 위해 나를 빠져 달아나는 한에서, 나는 이 의자 위에 앉아 있는 것으로 보여진다.(303/450)

열쇠 구멍을 다소 편안하게 들여다보기 위해 의자까지 동원해 거기에 앉아 한창 작업을 벌이고 있는데, 타인의 시선이 그야말로 갑자기 등장해 치졸한 나의 행위를 여지없이 발각하여 나를 완전히 수치스럽게 몰아 버린 경우, 아닌 게 아니라 나는 내가 의자에 앉아 있다는 사실조차 잊어버릴 수 있습니다. 의자는 나의 수중에서 빠져 달아나고 맙니다. 의자뿐만 아니라 다른 모든 주변의 도구들이 의자처럼 다른 방식으로 나에게 주어질 것입니다. 그 방식에 대해 사르트르는 이렇게 말합니다.

타인의 시선하에서, 내가 맺는 대상과의 관계 혹은 대상의 잠재성은 해체된다. 그리고 그것들은 대상을 사용할 수 있는 나의 가능성으로 나에게 나타나긴 하나, 원칙상 그 가능성이 나를 빠져 달아나는 한에서, 즉 그 가능성이 타자에 의해 타자 자신의 가능성들을 향해 지양되는 한에서, 그렇게 나타난다.(303/450)

참으로 나로서는 비참하기 짝이 없는 셈입니다. 나의 가능성이 지양되어 타자의 가능성들로 된다는 말이 이를 잘 나타냅니다. 도구적인 대상들은 본래 누구든지 그것들을 장악하고 있어서 필요에 따라 사용할 수 있기 마련입니다. 그런데 마치 피아니스트가 어쩌다 손가락이 절단된 것처럼, 그래서 피아노가 분명 자신의 가능성을 향한 도구로서 잠재성을 지니고 있었는데도 실제로는 그 가능성을 무엇인가에게 빼앗기고 만 것처럼, 나의 가능성이 오히려 타자의 가능성들로 넘어가 버린 것처럼 되고 만다는 것입니다. 그 결과를 사르트르는 다음과 같이 간명하게 표현합니다.

만약 도구성이 '……를 향해 지양될 수 있음'이라는 사실로 정의된다면, 그때에는 나의 가능성 자체가 도구성이 된다. …… 타인, 그것은 나의 가능성들에 대한 숨겨진 죽음이다. 내가 그 죽음을 세계라는 환경 속에 숨겨진 것으로서 사는 한 그러하다.(303~304/451)

나의 가능성이 지양되어 남의 가능성으로 넘어가 버리면, 그때부터 나의 가능성 자체가 도구성이 된다는 것은 어쩌면 특히 자본주의적인 일상생활의 기초가 된다고 해도 과언이 아닙니다. 누군가가 임금을 주고 나를 고용할 때, 그 사람은 나를 그 자신의 도구로 사용하는 것이 되기 때문입니다. 불행인지 다행인지, 고용되는 나는 나의 가능성이 그렇게 남의 도구로 되는 것에 대해 오히려 좋아하기까지 합니다. 나는 나의 가능성들의 죽음을 기꺼이 받아들이면서 삶을 영위하는 셈입니다. '나의 가능성의 도구로의 죽음', 이 사태가 거대한 연쇄를 이루고 있는 것이 자본주의적인 사회적 삶의 방식임을 생각하게 됩니다.

(6) 타인의 시선에 의한 존재 변경의 두 가지 귀결

그런데 사르트르는 타인의 시선이 이러한 나의 모든 가능성들을 미묘하게 소외시키고 아울러 나의 세계 내의 대상들마저 소외시키는 것에 대해 두 가지 중요한 귀결을 지적합니다.

> 첫째는 나의 가능성이 나를 벗어나 **개연성**이 된다는 것이다. …… 타인은 본래 나의 자유 앞에 자리를 하되 비결정성이라는 주어진 속성 앞에 자리를 하며, 타인은 본래 나의 가능들 앞에 자리를 하되 나의 개연들 앞에 자리를 한다. 이것은 본래 내가 나를 저 아래에 타인에 대해 존재하는 것으로 느낀다는 것이며, 내 존재에 대한 이러한 환상적인 소묘가 내 자신의 중심에서부터 나에게 도달한다는 것이다. 왜냐하면 수치와 격노함과 공포에 의해 나는 나를 그와 같은 존재로서 받아들이기를 그치지 않기 때문이다. 즉 나는 나를 맹목적으로 받아들이기를 그치지 않기 때문이다. 맹목적인 까닭은 내가 받아들이는 것이 무엇인가를 내가 인식하지 않고, 그저 나는 그런 존재이기 때문이다.(304/452)

사실이지 우리는 대부분의 삶을 맹목적으로 받아들이고 있습니다. 그럴 수밖에 없는 것은 언제 어디서나, 심지어 나 혼자 조용하게 내 방에 있을 때조차 타인들의 시선 앞에 놓여 있기 때문입니다. 아예 근원적으로 그 어떤 타인의 시선도 나의 삶에 대해 의식적으로건 무의식적으로건 결코 영향을 미칠 수 없는 철저한 유아론적인 상태 속에서 내가 살아간다면, 그러한 나의 삶은 맹목이란 말 자체가 성립되지 않을 정도로 그 자체로 절대적 우연이면서 절대적 필연일 것입니다.

이를 염두에 두게 되면, 사르트르가 우리의 존재가 본래 자유롭고 본래 나의 가능성들을 오로지 나 자신만의 것으로 삼아 삶을 영위할 수 있는데 골치 아프게도 타인이 나타나 이러한 나의 존재를 망가뜨린다고 말하는 것이 아님을 쉽게 알 수 있습니다. 우리는 도대체 타인과의 관계를 벗어날 수 없는데, 그런 조건하에서 내 존재 속에서 이같이 복잡한 구도가 성립한다는 것입니다. 이제 두번째 귀결로 넘어갑니다.

다른 한편으로, 도구를 맞이하고 있는바 나 자신의 도구 가능성 전체는 타인에 의해 지양되어 타자에 의해 세계로 조직되는 것으로서 나에게 나타난다. 타인의 시선과 더불어 '상황'이 나를 빠져 달아난다. 혹은 진부하지만 우리의 생각을 잘 드러내는 표현을 사용해 말하자면, **나는 더 이상 상황의 주인이 아니다. …… 원칙상 나를 빠져 달아나는 것은 아무것도 없다.** 그 반대로, 타자의 출현이 상황 속에 내가 원하지 않았던, 내가 그 주인이 아닌, **타자를 위한**(*pour autrui*) 것이기에 원칙상 나를 빠져 달아나는 한 측면을 출현케 한 것이다.(304~305/452~453)

타인의 시선은 첫번째로 나를 맹목적인 존재이게끔 하고, 이제 두번째로 내가 처한 상황에 대해 내가 어찌할 수 없도록 만듭니다. '내가 어찌할 수 없다'는 것은 그래도 '어찌 해보겠다'고 하는 의지를 전제로 한 것입니다. 하지만 그 의지는 나의 맹목적인 존재를 받아들일 수밖에 없는 데 활용되고 있을 뿐입니다. 참으로 어이없는 일이지요. 이런 일이 박정희 정권을 비롯한 군사 독재 시절에 얼마나 많이 자행되었던가요.

이 대목을 설명하기 위해 사르트르는 카프카의 소설 『심판』과 『성』의 주인공들을 예로 듭니다. "그들의 행위에 대한 진리가 계속해서 그들을 빠져 달아난다. 말하자면, 그들은 원칙상 그들에게 **참다운 의미가 되는** 하나의 의미를 지니고 있다. 그런데도 K나 측량사는 그 의미를 결코 인식하지 못할 것이다."(305/453) 갑자기 쳐들어와 자신을 체포해 가는 사람들 앞에 서게 된 K, 그리고 방문해야 하는 성을 맴도는 측량사. 그들 나름대로 최대한 합리적인 판단과 행위를 하고 그것을 통해 드러나는 결과들을 평가하지만, 그들의 행위 전체를 이끄는 '법' 혹은 '성'의 의미는 전혀 드러나지 않습니다. 사르트르는 이에 대해 이렇게 말합니다.

여기에서 카프카가 신성한 것의 초월성에 도달하고자 한 것은 의심의 여지가 없다. 인간적인 행위가 진리로 구성되는 것은 신성한 것에 대해서이다. 그러나 여기에서 신은 극단적으로 밀어붙인 타인 개념에 다름 아니다.(305/453)

사르트르의 카프카 해독에 관한 일단을 볼 수 있습니다. 신이란 타인 개념을 극단적으로 밀어붙인 것에 불과하다는 사르트르의 말에서 우리는 형이상학적이고 신학적인 타인 개념을 보게 됩니다. 만약 삶의 진리가 그렇게 극단적인 타인인 신에게 있다고 한다면, 그야말로 우리 인간의 존재는 그 자체로 맹목적이고 우리가 어찌할 수 없는 빼앗긴 상황에 처해 있는 셈입니다. 사르트르가 무신론을 지향할 수밖에 없는 이유를 암암리에 밝히고 있는 대목입니다. 사르트르로서는 타인 혹은 타인의 시선이란 도대체 나의 존재를 추락하게 만드는 것인데, 신의 시선은 그야말로 도처에 영원히 존재하는 것이기 때문입니다.

이렇게 사르트르는 두 가지 소외된 존재를 제시합니다. 하나는 우리의 '타인에-대해-세계-한복판에-있음'(être-au-milieu-du-monde-pour-autrui)이고, 다른 하나는 타인을 위해 지양됨으로써 그리고 그런 지양 속에 있는 상황입니다.

4) 타인의 시선과 나의 시선의 관계

이러한 중간 결론을 내린 뒤, 이제 사르트르는 타인의 시선과 그 시선에 포착된 나의 시선의 문제를 분석합니다. 이는 열쇠 구멍을 통해 들여다보이는 방 안의 사람들을 보는 나의 시선과 그런 나를 보고 있는 타인의 시선 간의 관계에 관한 것입니다.

내가 자기들끼리 서로 말하고 있는 사람들을 [열쇠 구멍을 통해] 몰래 살피고 있을 때, 그 사람들과 나와의 결연은, 내 스스로 확립한 결연에 대해 인식할 수 없는 하나의 기체(基體)로서 내 바깥에서 단번에 주어진다. 특히 이 사람들로 향한 내 자신의 **시선** 혹은 이 사람들과 거리가 없는 나의 연결은 내 시선이 **주시된 시선**(regard-regardé)이라는 바로 그 사실에 의해 그 초월성을 박탈당하고 있다. 사실 나는 내가 보고 있는 사람들을 대상들로 고정시킨다. 그들과 나의 관계는 나와 타인의 관계와 같다. 나는 그들을 주시함으로써, 나의 역량을 가늠한다. 그러나 만약 타인이 그들을 보면서 나를 본다면, 나의 시선은 그 권력을 상실한다. 나의 시선은 이 사람들을 타인에 대한 대상들로 변형시키지 못할 것이다. 왜냐하면 그들은 이미 타인의 시선에 대한 대상들이기 때문이다. 나의 시선은 세계라는 환경 속에서 주시된 대상과 대상인 나의 관계를 그저 증시할 뿐이다. …… 이러한 의미에서 나는 시선인(qui *est* regard) 조직된 하나의 전체를 구성한다. 나는 하나의 대상인 시선, 즉 내적인 목적성과 결합된 하나의 도구 복합이다.(305/454)

열쇠 구멍을 통해 몰래 방 안에서 이야기하는 사람들을 들여다보고 있던 나의 시선은 비록 방안의 사람들이 내가 그들을 쳐다본다는 사실을 전혀 모르기 때문에 나의 시선에 의해 그들의 존재방식이 그들에게서 바뀌는 것은 아니지만, 적어도 실제로는 마치 타인의 시선에 의해 나의 존재가 바뀌듯이 바뀌는 것은 사실입니다. 몰래 감시당한다는 것이 얼마나 격노할 일인가는 이를 잘 나타내 주지요. 그런데 타인이 그런 나를 주시함으로써 몰래 들여다보고 있으면서 그렇게 힘을 발휘하고 있던 나의 시선에게서 온 힘을 빼앗아 버립니다.

그래서 나의 시선은 주시된 시선, 대상인 시선, 그냥 시선일 뿐인 시선, 그리고 목적을 위한 수단이 되는 시선 등으로 추락합니다. 이러한 나의 시선이 대상인 나와 짝을 이루는 것은 물론입니다.

5) 타인의 시선을 통해 본 시간성

사르트르는 타인의 시선이 나에게 공간성을 제공한다고 말하면서, "자신을 주시된 것으로 파악하는 것은 자신을 공간화하면서 공간화되는 것으로서 파악하는 것이다"(306/454)라고 말합니다(이에 관해서는 아주 짧게 말하고 넘어갈 뿐입니다). 그러면서 시간에 관련하여 이렇게 말합니다.

> 타인의 시선은 공간화하는 것으로만 파악되지 않는다. 또한 타인의 시
> 선은 **시간화하는** 것이다.(306/454)

이 대목은 참으로 묘한 사르트르의 논변인데, 그 핵심 자료는 동시성
(simultanéité)의 체험입니다. 그 요지는 동일한 체계에 속한 것들에는 동
시성이 연출되지 않는다는 것입니다. 이는 물리적 시간과 맞물리면서, 예
컨대 아인슈타인이 제기한 동시성 문제와 맞물리면서 논쟁을 불러일으
킬 수 있는 입장입니다.

> 서로에게 상호 작용을 하는 두 존재자들은 정확하게 말해 동시적이지
> 않다. 왜냐하면 그것들은 동일한 체계에 속해 있기 때문이다. 그러므로
> 동시성은 세계의 존재자들에게 속하지 않는다. 동시성은 '……에의 **현
> 전**'으로서 간주되는 두 현재가 세계에 공현전하는 것을 전제로 하기 때
> 문이다. 나의 [세계에의] 현전과 **더불어 있는** 피에르의 세계에의 현전은
> 동시적이다. …… 이는 모든 동시성에 하나의 토대가 있음을 전제로 하
> 는데, 그것은 필연적으로, 내 자신의 시간화에서 시간화되는 타인의 현
> 전일 수밖에 없다. …… **타인의 시선**은 내가 그것을 파악하는 한에서 나
> 의 시간에 새로운 하나의 차원을 주러 온다. 나의 현전은, 타인에 의해
> **나의 현재로서** 파악되는 현재로서, 하나의 외부를 갖는다. 나에 대해 현
> 전화되는 이 [나의] 현전은 나에게 있어서 타인 **스스로** 현전하고 있는
> 현재 속으로 소외[외화]된다. 타인이 **스스로**를 나에게 현전하도록 하는
> 한에서, 나는 보편적인 현재 속에 던져진다. 내가 거기에서 나의 자리를

잡게 되는 그 보편적인 현재는 나의 보편적인 현재가 순수하게 소외[외화]된 것이고, 물리적인 시간은 내가 아닌 순수하고 자유로운 시간화를 향해 흐른다. 내가 체험하는 이 동시성의 지평에서 윤곽을 드러내는 것, 바로 그것이 절대적인 시간화인데, 하나의 무가 그것으로부터 나를 분리시킨다.(306/455~456)

상당히 길게 인용했습니다. 요지는 내가 바라보고 있는 세계 내의 여러 사물들 간에는 동시성이라는 것이 성립할 수 없다는 것입니다. 말하자면 흔히 말하는 물리적인 세계에서는 동시성이 성립할 수 없다는 것입니다. 동시성은 아인슈타인에게 새로운 사유를 하게 만든 일종의 괴물 같은 것이었는데, 이에 관한 논의는 다음에 미루기로 합니다. 지금은 사르트르가 현전 문제를 통해 동시성을 규정하고, 그것에 의거해 보편적인 시간 및 물리적인 시간을 구축해 내는 대목을 살펴보기로 합시다.

사르트르의 입론의 핵심은 동시성은 체험의 문제라는 것입니다. 내가 세계에 현전하는 것과 타인이 세계에 현전하는 것이 한데 결합되지 않고서는 동시성이 성립할 수 없다는 것이 바로 그런 까닭에서 하는 이야기입니다. 타인이 내가 현전하고 있는 세계에 함께 현전하고 있다는 사실, 그런데 그 타인이 그런 나를 쳐다봄으로써 그리고 타인이 나를 쳐다본다는 것을 내가 파악함으로써, 나는 세계에 대한 나의 현전이 오로지 나에게서만 일어나는 것이 아니라, 그런 나의 현전에 외부가 있다는 것까지도 함께 파악하게 된다는 것입니다. 그런 뒤, 그 외부를 향해 나의 현전이 외화됨으로써 보편적인 현전, 즉 일단 나의 보편적인 현재가 이루어진다는 것이고, 그 나의 보편적인 현재가 외화의 계기를 탐으로써 순수하고 자유로운 보편적인 현재가 이루어진다는 것입니다. 그리고 이를 바탕으로 해서 일체의 동시성이 성립한다는 것입니다.

따라서 우리가 동시성을 체험할 때, 예컨대 이렇게 우리가 같은 시간에 사르트르의 『존재와 무』를 공부한다는 것을 체험할 때, 거기에는 각자의 현전이 서로를 통해 외화됨으로써 이루어지는 절대적인 시간화가 바탕으로 깔려 있다는 것입니다.

마지막에 등장하는 무가 문제이긴 합니다. 사르트르는 아무런 설명도 하지 않습니다. 하지만 그 무는 어쩔 수 없이 대자적인 차원에서 성립하는 것일 수밖에 없을 터, 내가 그 무에 의해 절대적이고 순수한 보편적인 시간으로부터 분리된다는 것은 한편으로는 나의 대자를 획득할 수 있는 근거가 나에게 있다는 것이고, 다른 한편으로는 내가 그런 보편적인 시간 속에 '처박힘'으로써 즉자로 될 수도 있음을 말하는 것입니다.

6) 시선으로 본 타인

(1) 타인은 자유, 나는 노예

어찌 사르트르뿐일까만, 특히 사르트르는 '자유'를 철학적 탐구의 주요 동인으로 삼은 것만은 확실합니다. 『존재와 무』 전체에서 '자유'에 관한 이야기가 처음 등장하는 것은 제1부 1장 15절 '무의 기원'(56~80/111~143)에서였습니다. 거기에서 '자유'는 '불안' 및 '가치' 문제와 더불어 논의되었습니다. 그 결과 다음과 같은 언명이 있었지요.

가치는, 가치를 가치로 인정한다는 단적인 사실을 통해 가치를 가치로 존립케 하는 능동적인 자유에게만 노출될 수 있다. 이에 나의 자유는 가치들의 유일무이한 근거라는 사실이 도출된다. …… 나의 자유는 가치들의 근거 없는 근거로 있기 때문에, 나의 자유는 불안해진다.(73/134) 불안에서, 나는 나를 전적으로 자유로운 자로 파악함과 동시에 세계의 의미가 나에 의해 세계에 도래하도록 하지 않을 수 없는 자로 파악한 다.(75/136)

인간 존재란 근원적으로 세계의 의미와 가치를 가능케 하는 데서 성립하고, 그 바탕에는 능동적인 자유가 깔려 있다는 이야기입니다. 그렇기 때문에 오히려 인간 존재는 불안하다는 이야기입니다. 사실이 그러하지요. 본래 궁극적인 근거를 찾을 수 있는 길은 없기 때문입니다. 애써 만들 뿐입니다. 어쩌면 근거라는 말 자체가 무근거성을 전제로 한 것이라고 해야 합니다. 어찌 불안하지 않을 수 있겠습니까. 자유와 불안 간의 근원적인 뫼비우스 띠의 관계를 생각하게 됩니다.

그런데 여기에서 불안과 자유 그리고 가치에 관한 이 이야기들은 '나와 타인'이라고 하는 구도를 염두에 두지 않은, 인간 일반을 염두에 둔 상태에서 제출된 것이었습니다. 그런데 이제 타인의 시선이 자유 및 가치와 관련하여 분석됩니다.

주시됨, 그것은 알 수 없는 여러 평가, 특히 여러 가치 평가에 대해 부지불식간의 대상으로서 파악되는 것이다. …… 보여짐은 나를 나의 자유가 아닌 하나의 자유에 대해 무방비 상태에 있는 하나의 존재로 구성한다. 우리가 타인에게 나타나는 한, 우리들이 우리를 '노예들'로 간주할 수 있다는 것은 바로 이런 의미에서다.(306~307/455~456)

주시되고 보여진다는 것만으로 이렇게까지 대상화되고 노예적인 상태로 될 수 있을까 싶은 생각이 듭니다. 하지만, 우리로서는 사르트르의 이 이야기에서 그의 철저한 태도를 읽어내지 않을 수 없습니다. 예컨대 포드자동차의 포드가 그랬던 것처럼, 임금을 주고 노동을 시키는 사용주가 생산성을 높이기 위해 노동자들을 철두철미하게 감찰해서 생산성 향상에 기여하는 가치를 평가할 경우, 노동자들은 그렇게 감찰되고 평가되는 것만큼 대상화되는 것이고 노예로 전락하는 것입니다. 사르트르가 이런 예를 드는 것은 아니지만, 사르트르의 태도는 이러한 상황을 정확하게 인지해야 한다는 것입니다. 그래서 그는 자신이 말하는 노예 상태가 의식의 추상적인 형태로 나타난 생명의 결과가 아니라고 말합니다. 이는 암암리에 헤겔의 '주인과 노예의 변증법'을 비판하는 것이라 할 수 있습니다. 그러면서 이렇게 말합니다.

> 내가, 나의 것이 아닌 그러면서 내 존재의 조건 자체가 되는 하나의 자유에 휩싸여 내 존재에 있어서 의존해 있는 만큼, 나는 노예다. [누군가가] 나를 질적으로 규정할 때 내가 그 질적인 규정에 영향을 미칠 수 없고 심지어 그러한 질적인 규정을 알지도 못하는 상태에서 내가 그렇게 나에게 주어지는 가치들의 대상으로 존재하는 한, 나는 노예 상태에 처해 있다.(307/456)

사르트르가 '노예' 혹은 '노예 상태'라는 개념을 대단히 넓게 보고 있음은 분명합니다. 하지만, 진정으로 나 자신의 가능성들과 내 자신의 존재를 제대로 확보함으로써 자유로운 삶을 영위하고자 한다면, 사르트르가 말하는 이 같은 태도를 지니지 않으면 안 될 것입니다. 더욱이 내가 어찌할 수 없을 것 같은 신의 위력은 말할 것도 없고 국가의 공권력이나 사회적인 감시 체계가 문제가 될 경우, 그래서 나의 인간으로서의 권리가 위험에 빠지게 될 경우, 이 같은 태도를 취하는 것은 대단히 중요합니다. 점점 더 많은 곳에 감시 카메라가 부착되는 상황도 이와 무관치 않습니다. 내 존재가 근본에서부터 위험에 처하게 되는 것입니다. 그런데 사르트르의 다음의 말이 자못 심각합니다.

> 내가 나의 가능성들이 아닌 가능성들의 도구인 한, …… 나는 **위험에 처**해 있다. 이 위험은 우연적인 사건이 아니라, 나의 대타존재가 지닌 영구적인 구조다.(307/456)

사르트르가 그의 희곡 『닫힌 문』의 말미에서 등장인물 가르셍(Garcin)의 입을 빌려 절규했던 저 유명한 "지옥, 그것은 바로 타인들이다"라는 말을 떠올리게 합니다.[4] 대단히 비극적이지 않을 수 없습니다. 목숨을 건 위험한 과업을 수행하기 위한 조직에 누군지 알 수 없는 밀고자가 있다는 사실이 알려졌을 때, 그 조직원들 사이에서 이루어질 법한 시선의 교환, 그 타인의 시선은 지옥이 아닐 수 없을 것입니다.

그런데 사르트르는 나의 대타존재가 그 근본적인 구조에 있어서 노예가 될 위험에 처해 있다고 말하고 있습니다. 나의 대타존재는 타인을 대하는 한에 있어서 나에게서 성립하지 않을 수 없습니다. 그렇다면, 내가 노예가 될 위험으로부터 벗어나기 위해서는 나의 대타존재를 어떤 방식으로건 장악하고 지배하지 않으면 안 됩니다.

---

4) 아더 단토, 『사르트르의 철학』, 신오현 옮김, 민음사, 1992, 143쪽 참조.

(2) 타인과 나 사이의 시선 투쟁

이러한 사르트르의 대인 관계에 대한 관점은 대단히 배타적이지 않을 수 없습니다. 진정으로 타인의 현존을 철학적으로 확보해 내야 한다는 사르트르의 결의가 그 태도에 있어서 비관적인 방향으로 치닫고 있다는 느낌을 지울 수 없습니다. 타인의 현존을 정확하게 확보하고자 했던 까닭이 내 존재에서 타인의 영향, 즉 내 존재에서 대타적인 부분을 삭제하기 위한 목표에 따른 것이란 말인가요? 그 반대 방향으로 오히려 타인을 통해 내 존재를 더욱 강력하게 현존할 수 있도록 하는 길은 전혀 없다는 것인가요? 이러한 우리의 물음들에 대해 아직은 사르트르가 정확하게 답할 계제는 아닌 것 같습니다. 사르트르는 이제까지의 타인 혹은 타인의 시선에 관한 분석을 정돈하듯이 이렇게 말하고 있을 뿐입니다.

이제까지[의 논의를 통해] 우리는 타인의 시선 속에서 그리고 타인의 시선에 의해 타인이 발융한다는 것이 어떤 의미를 갖는가를 정확하게 파악할 수 있었다. 어떤 이유에서건, 타인은 우리에게 대상으로 주어지지 않는다. 타인의 대상화는 그의 시선임을 붕괴시키는 것이 될 것이다. 그뿐 아니라, 우리가 보았듯이, 타인의 시선[이 현존한다는 것]은 심지어, 그 시선을 증시하는 대상들인 타인들의 두 눈이 사라지는 것이다. 심지어 타인은, 타인에 대한 나의 존재의 지평에서 공허하게 겨냥되는 대상일 수조차 없다. 앞으로 알게 되겠지만, 타인의 대상화는 내 존재의 방어책인바, 타인에게 나에 대한 존재를 돌려줌으로써 나를 타인에 대한 나의 존재로부터 정확하게 자유롭게 하기 위한 것이다.(307~308/457)

이 정도 되면, 나와 타인의 '시선 투쟁'이 불가피합니다. 나는 타인을 대상으로 만듦으로써 그에게서 혹은 그의 두 눈에서 그의 시선을 삭제해 버리고자 하고, 그 나름 또 하나의 '나'인 타인은 나를 대상으로 만듦으로써 나에게서 혹은 나의 두 눈에서 나의 시선을 삭제해 버리고자 할 것입니다. 그렇게 하지 않으면, 나는 나대로, 타인은 타인대로 각자의 존재를 방어해 낼 수 없을 것이기 때문입니다.

이 대목에서 우리는 푸코가 말하는 '생체권력'(bio-pouvoir)과 '권력관계의 미시망'을 떠올리게 됩니다. 권력관계가 몸 세포 하나마다 배어든 상태에서 어떤 상황에서건 서로가 지배와 피지배의 미세한 그물 속에서 살아간다는 것이 푸코의 권력론이기 때문입니다.

(3) 타인 시선의 초월성

게다가 언제 어디서나 감시의 눈길이 사회 전체적으로 산재해 있다는 것을 나타내는 푸코의 '판옵티콘' 이야기도 사르트르의 다음의 언명에서 거의 여실히 드러납니다.

> 타인은 아무런 매개자도 없이 **나의 것**이 아닌 초월성으로서 나에게 나타난다. 그러나 이러한 현전은 상호적이지 않다. 내 자신이 타인에게 현전하는 데에는 세계의 모든 두께가 부족하다. 편재하고 있고 파악할 수도 없는 초월성, 이 초월성은 내가 나의 드러나지 않은 존재인 한에 있어서 매개 없이 내 위에 놓여져 있다. 그리고 내가 그 [타인의] 시선에 의해, 거리들과 도구들을 갖춘 완전한 세계 속에 둘러빠져 있는 한, 이 초월성은 존재의 무한에 의해 나로부터 동떨어져 있게 된다. 내가 타인을 우선 시선으로 체험할 때, 바로 이러한 것이 타인의 시선이다.(309/459)

"세계의 모든 두께가 부족하다"라는 말이 우선 해독하기 힘들지만, 이는 "아무런 매개자도 없이"라는 말과 일맥상통한 것으로 볼 수 있습니다. 만약 타인의 시선이 나와 그사이에 놓인 세계의 두께를 매개로 삼아 주어진다면, 나 역시 이 세계의 두께를 매개로 삼아 그 타인에게 나의 시선을 줄 수 있을 것이고 타인이 나에게 현전하듯이 나 역시 타인에게 현전할 수 있을 것입니다. 그러나 타인의 시선이 타인의 두 눈을 지워 버린다고 한 데서 알 수 있듯이, 타인의 시선은 그와 나 사이에서 거리를 산출할 수 있는 '세계적인'(mondaines) 장치들을 지워 버리고, 그렇기 때문에 나에 대한 타인의 시선은 이른바 초세계적인(transmondaine) 현전을 성취합니다. 말하자면, 타인의 시선은 세계 속에서 세계를 매개로 해서 나에게 나타나는 것이 아닌 것입니다.

그래서 타인의 시선은 초월성을 띕니다. 그리고 그 초월성은 초세계적인 데에서 성립하기 때문에 어디에 있다고 말하기보다는 어디에나 있다고 말해야 하고, 파악될 수 없다고 말해야 합니다. 그러한 반면에 나는 세계 속에 둘러빠져 있어서 세계로부터 나를 돌출시켜 드러내지 못하는 상태에 놓여 있습니다. 말하자면, 나는 타인의 시선을 제대로 볼 수 없는, 하지만 그 타인의 시선을 도무지 무시할 수 없는 상태에 놓여 있는 것입니다.

이는 푸코가 말하는 '판옵티콘'과 그 구조상 거의 동일합니다. 중앙의 감시탑에 있는 사람은 수용된 죄수들에게 전혀 보이지 않습니다. 하지만 거기에 감시인이 있음을 도무지 무시할 수 없습니다. 나중에는 감시탑에 아무도 올라가지 않더라도 감시당하는 죄수들은 저들 스스로 감시당하는 입장을 받아들이게 됩니다. 타인은 보이지 않는데 타인의 시선만이 체험된다고 하는 사태가 바로 그러합니다.

(4) 타인의 주체성

이런 과정을 분석해 보이면서, 이제 사르트르는 타인이, 나의 것이 아닌 다른 자유가 따로 존재하지 않고서는 내가 대상이 될 수 없다는 사실을 나에게 드러내 보인다는 점을 강조합니다. 그리고 거기에서 순수 주체로서의 타인과 순전한 대상으로서의 내가 성립한다는 것을 분석해 보입니다. 그래서 이렇게 말합니다.

> 그래서 나에게 있어서 타인은 우선 그에 대해 내가 대상인 그런 존재이다. 즉 타인은 내가 나의 대상성(objectité)을 **획득하게 되는** 그런 존재다. 만약 내가 오로지 대상적인 양식으로 나의 속성들 중 하나를 생각해 볼 수 있어야 한다면, 타인이 이미 주어져 있는 것이다. 이때 타인은 나의 영토의 존재로서 주어지는 것이 아니라 순수한 주체로서 주어진다. 그래서 정의상 내가 대상으로서 **인식할** 수 없는, 즉 대상으로서 정립할 수 없는 이 순수한 주체는, 내가 나를 대상으로 파악하고자 할 때, 항상 [나의] 사정거리 밖인 거기에 있다. 그리고 시선의 체험에 있어서 나를 드러나지 않은 대상성으로 체험함으로써 나는 직접 그리고 내 존재와 함께 타인의 파악불가능한 주체성을 체험한다.
> 동시에 나는 그의 무한한 자유를 체험한다.(309~310/460)

주체와 대상, 양쪽은 도대체 함께 겹칠 수 없는 것으로 제시되고 있습니다. 데카르트 이후 이제까지 심지어 사르트르 자신의 대자존재에 이르기까지, 순수 주체는 항상 나에게서만 발견될 수 있는 것이었습니다. 그런데 이 대목에서 사르트르는 순수 주체를 타인에게 이관하고 있습니다. 시선 연관에서 나를 주시하는 타인의 시선은 타인의 존재를 나에 대해 초월적이면서 동시에 순수한, 따라서 도대체 나로서는 파악 불가능한 그런 주체로서 존립하게끔 한다고 말하고 있습니다. 아울러 그 초월적이고 순수한 주체인 타인에 대해 무한한 자유를 할당하게 된다고 말하고 있습니다.

이러한 사르트르의 타인에 관한 이야기에서 우리는 단번에 신적인 존재를 예감케 됩니다. 초월적이면서 순수하고 그러면서 무한한 자유를 지닌 주체라면 정의상 그는 신적인 존재가 아닐 수 없기 때문입니다. 이 대목에서 우리는 무한한 타자를 읽게 되고, 이를 바탕으로 한 레비나스의 철학 사상을 떠올리게 됩니다. 레비나스에게 있어서, 우선 궁극적인 타자는 바로 죽음 혹은 죽음이라는 사건입니다. 주체로서의 나는 죽음이라는 사건을 받아들이지도 않지만 그 사건에 대해 아무것도 할 수 없는 상황에 처합니다. 하지만 주체는 죽음이라는 사건과 얼굴을 마주하고 있는 상황입니다. 이때 이 상황은 타인을 보여 주면서 타인을 빼앗습니다. 하지만 이 타인은 죽음이라는 타자를 인수하게 될 때 바로 그때 성립합니다.[5] 이것이 레비나스가 타인을 해석하는 기초입니다.

레비나스는 나의 죽음에서 무한한 타자의 얼굴, 즉 타인을 보고자 합니다. 사르트르는 나의 대상성에서 무한한 타인의 시선을 보고 있습니다. 동일한 구조를 지니고 있음에 틀림없습니다. 하지만 레비나스는 타자의 얼굴, 즉 타인을 적극적으로 긍정하고자 하고, 사르트르는 타인의 시선을 거부하고자 합니다. 레비나스는 타인을 적극적으로 긍정할 수밖에 없는 또 하나의 사건을 듭니다. 에로스가 그것입니다. "사랑은 아무런 이유가 없이 존재하고 우리를 엄습하고 우리에게 상처를 준다. 하지만 그 가

---

5) 에마뉘엘 레비나스, 『시간과 타자』, 강영안 옮김, 문예출판사, 1996, 90~91쪽 참조.

운데서도 자아는 보존된다"라는[6] 레비나스의 언명에는 에로스를 통해 죽음을 극복할 수 있다는 이야기가 담겨 있습니다. 레비나스에게 있어서 죽음이 남성적인 타자라면, 에로스는 여성적인 타자이지요. 사르트르의 냉엄한 시선이 레비나스에게는 부드러운 애무를 통해 극복되지 않으면 안 되는 것으로 취급되고 있는 셈입니다. 사르트르에 대한 이러한 레비나스의 극복에서 유의할 것은 에로스적인 애무 역시 무한한 타자성을 띤 것으로 분석되고 있다는 사실입니다. 하나의 무한한 타자성을 다른 하나의 무한한 타자성으로 극복하고, 하나의 신비를 다른 하나의 무한한 신비로 극복한다는 것이 레비나스의 삶에 대한 전략입니다.

(5) 타인의 나에게로의 이관

그런데 앞서 계속해서 말했던 것처럼, 타인을 순수하고 무한한 자유를 지닌 초월적인 주체로서 체험하는 것은 바로 나입니다. 이 사실은 상당히 난감한 문제를 야기합니다. 적어도 나의 체험 속에서, 타인이 나의 가능성들을 죽음으로 내모는 무한 자유의 존재로서 등장한 것입니다. 체험의 구도로 보아 불가능한 사태는 아니지만, 타인의 현존이 여전히 유아론을 벗어나지 못하고 있는 것 아닌가 하는 혐의를 받을 수 있기 때문에 이는 상당히 심각합니다. 아니나 다를까 사르트르는 이렇게 말합니다.

> [타인의] 이 주체의 매개 없는 현전은 내가 나 자신에 대해 형성했으면 하는 모든 사상(pensée)에 대한 필요조건이다. 타인, 그것은 나 자신인데, 타인의 순수하고 전반적인 자유가 아니고서는, 즉 [타인] 그만이 자

---

6) 레비나스, 『시간과 타자』, 109쪽.

기에 대해 그리고 자기에 의해 그래야만 하는 자기 자신에 대한 비결정성이 아니고서는, 그 어떤 것도, 절대적으로 그 어떤 것도 나를 이 나 자신으로부터 분리시킬 수 없는 그런 나 자신이다.(310/461)

조건이 붙어 있긴 하지만, "타인, 그것은 나 자신이다"라는 말이 대단히 심중하게 다가옵니다. 왜 그런가를 이해하기 위해서, 그 진의가 무엇인가를 이해하기 위해서는 사르트르가 기본적인 것으로 여기는 다음의 이야기들을 생각해 보아야 할 것입니다.

만약 누군가가 나를 쳐다본다면, 사실 나는 [내가] 대상이라는 의식을 갖게 된다. 그러나 이 의식은 타자의 현존 속에서 타자의 현존에 의해서만 산출될 수 있다. 이 점에서 헤겔은 옳았다. 다만, 그 타(*autre*) 의식과 그 타 자유는 나에게 결코 **주어지지 않는다**. 그 까닭은, 만약 그것들이 나에게 **주어진다면**, 그것들은 인식될 것이고 따라서 대상이 될 것이며, 아울러 내가 대상임을 그칠 것이기 때문이다. …… 의식에 대한 모든 구체적인 파악은 **나의 의식**(에 대한) 의식이다. 의식이라는 개념 자체는 **나의 가능적인 의식들**을 지시케 할 뿐이다.(311/461)

나를 쳐다보고 있는 타인의 의식과 자유는 '주어지는' 것이 아님을 강조하고 있습니다. 여기에서 '주어진다'는 것은 인식의 자료, 표상의 내용, 혹은 표상들을 통일시키는 데 필요한 범주 등으로 주어진다는 것을 의미합니다. 사르트르는 이를 거부합니다. 그 대신 그는 비정립적인 나의 의식, 즉 '나의 ……(에 대한) 의식'을 내세우지요. 그러면서 이 의식을 '나의 가능적인 의식들'이라고 달리 표현하고 있습니다. 말하자면, '나의 타인에 대한 의식'은 나의 '타인(에 대한) 의식', 즉 나의 비정립적인 의식이라는 것입니다.

이는 무엇을 의미하나요? 그것은 타인의 현존이 나의 대상적인 세계를 보충하는 또 하나의 특별한 대상에 불과한 것이 아니라, 나의 세계였던 것이 나를 벗어나 달아나도록 하는 강력한 힘을 지닌 것임을 말하는 것입니다. 그래서 이렇게 이야기됩니다.

> 따라서 타인의 시선이 나에게 현전하는 것은 인식도 아니고, 내 존재의 투사도 아니고, 통일의 형식 혹은 범주도 아니다. 그것은 **존재한다**(est). 그리고 나는 그 현전을 나로부터 도출할 수 없다.(311/462)

늘 그러했듯이, 사르트르는 나와 타인 간의 관계를 인식적인 관계로 보아서는 안 된다는 것을 한결같이 강조하고 있습니다. 그러면서 후설이 제시하는 현상학적인 에포케를 동원하여 타인의 시선이 나에게 현전한다는 것을 다른 것들로 환원할 수도 없다고 말합니다.

> 타인은 [나의] 수치의 **대상**이 아니다. [나의] 수치의 대상들은 나의 행동 혹은 세계 속에 처해 있는 나의 상황이다. 엄격하게 말해, 나의 이것들만이 '환원될' 수 있을 것이다. 타인은 나의 수치에 대한 객관적인 (대상적인, objective) 조건조차 아니다. 그러나 타인은 나의 수치에 대해 그 존재 자체로서 있다. [나의] 수치는 타인에 대한 '느닷없는 알림'(계시, révélation)이다. 이 느닷없는 알림은 한 의식이 그 대상을 드러내는 방식이 아니라, 의식의 한 계기가 의식의 다른 계기를 자신을 동기 짓는 것(motivation)으로서 측면적으로 함축하는 방식으로 이루어진다.

…… 우선 타인을 찾을 때 세계 속에서 찾아서는 안 되고, 의식 쪽에서 찾아야 한다.(312/463)

사르트르에게서 '세계'는 처음부터 대상적입니다. 말하자면 그에게서 세계는 대상들이 '서식하는' 곳입니다. 타인은 도대체 나에게 대상이 아닙니다. 그래서 타인은 세계 속에서 찾을 수 없습니다. 세계 속에서 발견되는 타인은 대상으로서의 타인이기 때문에, 진정한 타인이 아닙니다. 진정한 타인은 초월적이고 순수하고 무한한 자유를 가진 주체여야 하기 때문입니다.

그래서 진정한 타인은 나를 주체로 해서 나의 지각 장 속에서 펼쳐지는 대상 영역에서는 찾을 수 없는 것으로 되고, 오히려 의식 쪽에서 찾아야 하는 것으로 됩니다. 하지만 이때 의식 영역이란 나의 의식 영역일 수밖에 없습니다.

"[나의 수치의 느닷없는 알림은] 의식의 한 계기가 의식의 다른 계기를 자신을 동기 짓는 것으로서 측면적으로 함축하는 방식으로 이루어진다"라는 사르트르의 언명은 결국 나의 의식에 관한 이야기입니다. 나의 수치를 통해 타인의 현존이 느닷없이 알려진다는 것은 나의 의식 속에서 두 계기, 즉 수치에 대한 계기와 타인에 대한 계기가 구분되면서 각 계기가 다른 계기를 자신이 성립하는 동기로 삼아 측면적으로 함축하는 방식으로 나의 의식이 비정립적으로 활동한다는 것입니다. 이렇게 되면, 타인의 현존을 나의 의식에서 찾을 수밖에 없다는 결론이 나옵니다. 이에 저 앞에서 문제 삼았던 "타인, 그것은 나 자신이다"라는 말의 의미가 상당 정도 풀려 나오는 셈입니다. 하지만, 이렇게 되면 또다시 유아론의 굴레 속으로 빨려들고 마는 것 아닌가요? 그래서 이 말이 심중하게 다가온다고 말했던 것입니다. 사르트르 자신도 이에 관한 염려를 하고 있습니다. 그래서 이렇게 말합니다.

> 사람들은 말할 것이다. 그렇다면 타인의 시선이란 그저 나에 대해 갖는 나의 대상성이 지닌 의미에 불과한 게 아닌가? 그렇게 말한다면, 우리는 유아론에 다시 빠져들고 말 것이다. 즉 내가 나를 대상으로서 나의 표상들의 구체적인 체계 속에 통합시킬 때에는 이 대상화의 의미는 타인으로서, 나를 벗어난 곳에 투사되어 실체화될 것이다.
> 그러나 여기에서 다음의 사항들을 염두에 두어야 한다.(312/463)

수치에 대한 나의 의식은 내가 나를 대상으로 여기는 것임에 틀림없습니다. 수치에 대한 나의 의식을 동기로 삼아 측면적으로 생겨나는 타인에 대한 의식 역시 나의 의식일 터인데, 문제는 그럴 때 타인에 대한 의식은 내가 나를 대상으로 여기는 것이 어떤 의미를 갖는가를 알려 주는 것에 불과한 것 아닌가 하는 것입니다. 그리고 타인의 현존은 내가 나를 대상으로 여기는 나의 의식이 나를 벗어난 어딘가에 자신을 투사시켜 실체화시킨 결과인 것이 아닌가 하는 것입니다. 그렇게 되면 타인의 현존은 진정으로 타인이 존재하는 것이 아니라, 나를 대상으로 삼는 나의 의식이 변형된 것에 불과한 것이 되고 맙니다. 그야말로 영락없는 유아론입니다.

사르트르는 과연 이를 어떻게 벗어날까요? 인용문의 마지막, '염두에 두어야 할 사항들'은 유아론을 벗어날 수 있는 길을 제시하겠다는 것입니다.

7) 유아론으로부터의 탈출

(1) 나의 의식과 강급된 의식의 과격한 구분

사르트르는 '나에 대한 나의 존재'가 과연 어떤 것인가를 밝힘으로써 여기서 타인의 현존이 성립되어 나왔다는 유아론을 격파합니다. 이를 밝히기 위해 그는 우선 대상 혹은 대상성을 정확하게 정의해 들어갑니다.

> 대상, 그것은 나의 의식이 아닌 것이다. 따라서 의식의 성격들을 지니지 않은 것이다. 왜냐하면 나에 대해 의식의 성격들을 갖는 유일한 현존자는 나의 의식인 의식뿐이기 때문이다.(312/464)

요컨대 도대체 그 어떤 종류의 대상이든 나의 의식의 대상이 되는 것은 엄밀하게 말해 의식이 아니라는 이야기입니다. 예를 들어, 내가 사르트르 강의를 준비하면서 힘들어 하는 나의 의식을 대상으로 떠올렸다고 할 때, 그 '힘들어 하는 나의 의식'은 엄격하게 말해 나의 의식이 아니라는 것입니다. 이에 대해 사르트르는 기묘한 용어를 주조해 냅니다. '강급된 의식'(conscience dégradée)이란 말이 그것입니다.

> '나에 대해 대상인 나'는 내가 아닌 나다. 즉 그것은 의식의 성격들을 갖지 않는 것이다. 그것은 **강급된** 의식이다. 대상화는 급격한 변형(métamorphose)이다. 그리고 만약 심지어 내가 나를 명석판명하게 대상으로서 볼 수 있다고 할지라도, 내가 보게 되는 것은 내가 '내 자신 속에서 그리고 나 자신에 대해' 존재하는 것을 충전(充全)하게 알려 주는 표상이 아닐 것이다.(312~313/464)

데카르트처럼 내가 생각하는 나를 명석판명하게 생각하게 된다고 할 때, 그렇게 생각되는 바 '생각하는 나'는 어쨌든 대상일 수밖에 없고, 그럴 경우 대상인바 '생각하는 나'는 제대로 된 의식일 수 없다는 것입니다. 말하자면 아무리 내 속에서 벌어지는 일이라 할지라도 대상화는 급격한 변형을 일으켜 제대로 된 나의 의식이라 할 수 없는 이른바 강급된 의식을 산출해 낸다는 것입니다. 그럴듯한 이야기입니다. 이렇게 되면, 나의 의식은 도대체 나에게 파악될 수 없는 것으로서 나에 대해 완전히 은폐될 수밖에 없는 '운명을 지닌' 것으로 됩니다.

이 은폐될 수밖에 없는 '나의 의식'은 곧 나의 대자라 할 것입니다. "대자는 그의 [시간의] 모든 차원들에 동시에 존립해야만 하는 존재다"라든가 "대자는 자기(soi)의 배후에서, 자기에 대한 토대가 되는 일이 없이 존재하는바 자신의 존재를 지녀야 한다"라든가 "대자는 자신의 무의 토대다"라는 말들(173/273~274)은 지금 '나의 의식'에 대해 언명되고 있는 내용과 거의 일치합니다.

이 '나의 의식'은 문맥으로 보아 '즉자대자적인 나의 존재'와 동일한 것입니다. 사르트르는 이 '즉자대자적인 나의 존재'가 앙드레 말로(André Malraux, 1901~1976)가 "모든 것들보다 낮고 비교 불가능한 괴물"이라 지칭한 것에 해당한다는 점을 특별히 거론합니다. 나의 대자는 이 '괴물'을 괴물이게끔 하는 존재론적인 계기인 것입니다. 그래서 '나'는 이렇게 달리 이야기됩니다.

나는 나 자신으로부터 내가 빠져 달아남(arrachement)이다. 나는 내 자신의 무다. 모든 대상성이 사라지게 하기 위해서는 나와 나 사이에서 내가 내 자신의 매개가 되는 것만으로 충분하다.(313/465)

사르트르는 이렇게 나를 정의함으로서 타인의 현존이란 도대체 이러한 나 자신에서 확인될 수 있는 성질의 것이 아님을 역설하고자 합니다. 여기에서 '나 자신'이 어떻게든 대상화된 나임을 염두에 둘 필요가 있을 것입니다.

(2) 나의 악독함에 대한 분석

이를 위해 사르트르가 예로 드는 것이 '나의 악독함'(ma méchanceté)입니다. 내가 악하다고 할 때, 그 나의 악함은 도대체 방금 말한 그런 나의 존재에서는 근원적으로 성립할 수 없다는 것이고, 따라서 나의 악함은 타인의 현존을 필연적인 조건으로 요구한다는 것입니다.

> 예를 들면, 나를 악독한 자로 파악하는 것은 내가 내 자신에 대해 존재하는 바로 그것으로 나를 데려갈 수 없다. 왜냐하면 나는 나에 대해 악독하지도 않고 악독할 수도 없기 때문이다. …… [나에게] 악독하다는 성질을 부여하는 것은 나를 하나의 즉자로서 특징짓는 것이다. 만약 내가 나에 대해 악독해야 한다면, 나는 **그래야만 한다는** 양식에 입각해서 나에 대해 악독해야 한다. 즉 나는 나를 악독한 자로 파악해야만 하고 내가 악독하기를 원해야만 한다. 그러나 이는 내가 나 자신에게 내가 나의 선함과 반대되는 것으로서 나타나기를 원하는 자로서 나를 발견해야만 한다는 것을 의미한다. 그러므로 [그럴 때] 분명한 것은 바로 그 순간에 그리고 바로 그 관계하에서 내가 원하는 것과 대립되는 것을 내가 원해야만 한다는 것, 즉 내가 바로 나 자신인 한에서 내가 내 자신을 미워해야만 한다는 것이다. …… 내가 나인 한에서의 나로부터는 악독함이라는 이 개념의 기원을 전혀 이끌어 낼 수 없다는 것을 충분하게 알

게 된다. 그리고 나는 탈자(ek-stase) 혹은 나에 대해 나를 구성하는 나로부터의 빠져 달아남(arrachement)을 극단에까지 충분히 밀어붙일 수 있을 것이고, 나는 나에게 악독함[이라는 성질]을 부여하는 데까지 결코 나아가지 못할 것이며, 설사 내가 내 자신의 온갖 계책을 동원한다 할지라도 나는 나에 대한 나의 악독함을 인지하는 데까지 결코 나아가지 못할 것이다. 그것은 내가 내 자신으로부터 내가 빠져 달아남이고, 내가 내 자신의 무이기 때문이다. …… 그래서 나는 대상화하는 권력을 매개로 하지 않고서는 그 어떤 성질도 나에게 부여할 수 없을 것이다. 그 대상화하는 권력은 내 자신의 권력이 아니고 내가 그 권력을 날조할 수도 사칭할 수도 없는 것이다.(313/464~465)

너무 길게 인용했습니다. 도대체 내가 나로부터 빠져 달아남이고 내 자신의 무인 한에 있어서 악독함을 비롯해서 나를 규정할 수 있는 여러 성질들을 나에게 부여하는 것은 결코 나 자신으로부터 나올 수 없다는 것입니다. 하지만 현실적으로 그런 나의 성질들은 얼마든지 부여될 수 있는 것이고, 따라서 나에게서 도출해 낼 수 없는 타인의 현존이 증시된다는 것입니다. 결국 이렇게 됩니다.

타인은 나의 대상성의 의미일 수 없다. 타인은 그 의미의 구체적이고 초월적인 조건이다. 사실상 '악독한', '질투심 많은', '호감적인 혹은 반감적인' 등의 성질들은 허황된 꿈이 아니기 때문이다. 내가 타인의 성질을 규정하기 위해 그것들을 사용할 경우, 내가 그의 존재에서 그러한 성질을 붙들었으면 한다는 것을 나는 잘 안다. 그러나 나는 그 성질들을 내 자신의 현실(실재, réalité)로서 살아볼 수 없다.(313/465)

혼히 사람들을 규정하면서 덧붙이는 성질들은 너무나 많습니다. 그 성질들을 내가 나에게 부여하는 것, 내가 타인에게 부여하는 것, 혹은 타인이 나에게 부여하는 것 등은 그 구조에 있어서 상당히 다릅니다. 예컨대 "나는 욕심이 많다"라고 했을 때, 우선 그 규정 자체가 타인과의 관계가 없이는 성립될 수조차 없지만, 나에 대한 나의 이 규정은 근본적으로 나로부터 '미끄러'집니다. 내가 이 성질을 그야말로 뗄 수 없는 딱지처럼 붙이고자 하는 마음은 전혀 없기 때문입니다. 그런데 만약 내가 "그는 욕심이 많아"라고 했을 때, 나는 그에 대해 '욕심이 많음'이라는 성질을 되도록 정확하고 분명하게 부가하고자 합니다. 말하자면, 사르트르의 말처럼 그의 존재에서 그러한 성질을 정확하게 찾아내려고 하는 것입니다. 요컨대 내가 나를 대상으로 삼아 '욕심이 많은 나'라고 했을 때, 그 나에 대한 나의 대상성이 정확하게 의미를 가지려면 타인이 나에 대해 그러한 성질을 부가하고자 해야 한다는 조건이 작동하고 있어야 한다는 것입니다. 나 혼자만으로는 나에 대해 그런 성질을 내가 가졌다고 확신한다는 것은 불가능하고 더군다나, 그러한 나의 대상성이 바깥으로 나간 결과가 타인이라고 하는 것 역시 불가능한 것입니다.

그래서 내가 나를 대상으로 삼아 그러한 성질을 나에게 부여한다 할 때, 오히려 타인은 나의 나에 대한 대상성이 갖는 의미가 아니라, 그렇게 의미를 가질 수 있도록 하는 구체적이면서 초월적인 조건인 것입니다.

(3) 악독함의 성질에서 찾아낸 낯선 자인 나

그런데 타인이 나에게 그러한 성질들을 부여하게 되면 상당히 복잡한 존재론적인 상황이 나에게서 전개됩니다. 내가 진정으로 대자적인 내 자신이라 할 수 없는데도 어쩔 수 없이 받아들이지 않으면 안 되는 낯선 상황이 전개되는 것입니다. 사르트르의 이야기를 들어 보기로 하겠습니다.

하지만 만약 타인이 그 성질들을 나에게 부여한다면, 내가 대아(pour-moi)로 존재하는 바로 그것에서 이 성질들은 거부되지 않는다. 타인이 나의 성격을 나에게 기술해 줄 때, 나는 [그런] 나를 전혀 '달갑게 여기지' 않지만, '그것이 나다'라는 것을 잘 안다. 사람들이 나에게 제시(소개)하는 이 낯선 자를 나는 그 즉시 인수하지만, 그 낯선 자는 낯선 자이기를 그치지 않는다. 그 낯선 자는 나의 주관적인 표상들이 통일된 것도 아니고, '나는 나다'라는 의미에서 본 바 나인 하나의 '자아'(Moi)도 아니고, 타인이 나에 대해 만들었기에 타인만이 그 책임을 져야 하는 헛된 이미지도 아니다. 내가 그렇게 되어야만 하는 나와 비교조차 할 수 없는 [낯선 자인] 이 나는 [그래도] 여전히 나다. 하지만 하나의 새로운 환경(un milieu neuf)에 의해 변형된 나이고 이 수준에 맞게 조율된 나이다. 그 낯선 자는 한 존재, 즉 나의 존재다. 그런데 전적으로 새로운 양상들과 새로운 존재 차원들을 지닌 나의 존재다. 그 낯선 자는 극복할 수 없는 하나의 무에 의해 나로부터 분리된 나다. 왜냐하면 나는 이 나이지만, 나로부터 나를 분리시키는 그 무는 아니기 때문이다. 그 낯선 자는 하나의 궁극적인 탈자에 의해 나로서 존재하는 나이고, 나의 모든 **탈자**들을 초월하는 나이다. 이 탈자는 내가 그렇게 되어야만 하는 탈자가 아니기 때문이다.(314/465~466)

누군가가, 특히 나와 아주 절친한 친구가 "너는 아무래도 잔인한 것 같아"라고 말했을 때, 나는 그가 나에게 제시하는 '잔인한 나'를 나와 완전히 무관한, 처음부터 말도 안 되는 나에 대한 규정이라고 생각하기가 쉽지 않습니다. 더군다나 그렇게 말하기보다 나를 그렇게 여기면서 그 친구가 나에게 처신할 때는 더욱 그러하고요. 나의 나에 대한 관계에서는 도대체 그 기원을 찾을 수 없는 묘한 또 하나의 '나'가 돌출하는 것입니다. 이 나는 '나 아닌 나'라고 할 수밖에 없는 이른바 '나에게 낯선 자인 나'가 아닐 수 없습니다. 그러니까 이 전혀 새로운 차원의 나는 '나는 나다'라고 하는 동일성에 입각한 이른바 유아론의 근본 구도를 처음서부터 붕괴시키면서 성립하는 것입니다.

이 '낯선 자인 나'를 아예 제거할 수 있다면 좋겠지만, 일상에서 늘 경험하듯이 결코 깔끔하게 제거할 수 없습니다. 타인이 나에 대해 그러한 성질을 부여하는 것은 구체적인 상황에서 결코 부인할 수 없는 엄연한 현실이기 때문입니다.

이 '낯선 자인 나'가 분명히 나이긴 하지만 말 그대로 '낯선 자'로서 나로부터 분리될 때, 그 분리가 나의 힘에 의한 것은 결코 아닙니다. 그 힘은 타인에게서 온 것이고, 그 힘은 바로 나의 것이 아닌 무인 것이며, 나의 것이 아닌 궁극적인 탈자인 것입니다. 이 탈자는 내가 나의 온 힘을 다해 미래의 나의 가능들을 향해 나를 던짐으로써 '내가 아닌 그 나'이고자 할 때 성립하는 나의 탈자들과는 전혀 다른 탈자입니다.

'낯선 자인 나'에 대한 경험은 '나에 의한 나의 대상성'과는 전혀 궤를 달리하는 것이라는 이야기입니다. 결국 이렇게 정돈됩니다.

타인에 대한 나의 존재는 절대적인 텅 빔을 통해 대상성을 향해 추락한다. 이 추락은 소외(aliénation)이기 때문에, 나는 나를 나 자신에 대해 대상으로서 존재하도록 할 수 없다. 어떤 경우에도 나는 나를 나 자신에게로 소외시킬 수 없기 때문이다. (314/466)

내가 나에게 대상이 된다고 해서 그것을 일컬어 내가 소외, 즉 나 아닌 것으로 되었다고 말할 수는 없습니다. 그런데 타인에 의거해서 성립하는 '낯선 자인 나'는 내가 정말 나 아닌 존재, 즉 타인에 의해 대상이 되었다는 것을 증시합니다. 이러한 '타인에 대한 나의 대상성'은 근원적으로 유아론의 굴레를 벗어나도록 하는 것입니다.

(4) 나를 바깥으로 유출시키는 타인

이제 이런 결과를 바탕으로 사르트르는 아예 더 강력하게 유아론의 구도를 파괴하고자 합니다. 그것은 나와 나의 관계를 아예 벗어난 상태에서 타인의 존재가 힘을 발휘한다는 것입니다. 그는 다음과 같이 말합니다.

> 타인의 현전은 대상인 나를 '드러나게' 하지 않는다. 나는 나를 빠져나가 '……에로 향하는 것'만을 파악할 뿐이다. …… 나는 나의 악독함을 파악하지 않을 것이다. 그러나 [악독함에 관련된] 그러그러한 행동에 관련해서 나는 내 자신으로부터 빠져 달아날 것이다. 나는 한 존재를 향해 내가 소외되고 유출되는 것(écoulement)을 느낄 것이다. 그 한 존재는 내가 그저 공허하게 악독하다고 생각할 수 있을 뿐일 테고, 그러나 내가 나에게서 존재한다고 느끼는 것일 테고, 내가 수치 혹은 공포에 의해 거리를 두고서 살아낼 그런 존재다.(314/466)

내가 그 '낯선 자인 나'라고 하는 존재를 향해 내 자신으로부터 빠져 달아나 소외되고 유출된다는 사실을 지적하고 있습니다. 팽팽하던 고무보트에서 공기가 빠져 쭈글쭈글해지는 것 같은 형상입니다. 그 쭈글쭈글한 나의 존재는 전혀 내가 원하지 않는 것이고 내가 그렇게 되어야 한다고 나의 존재를 몰아가는 가능적인 목표 지점도 전혀 아닙니다. 떼 내고 싶지만 결코 쉽게 떼 낼 수 없는 그 타이적(他異的)인 나의 존재, 내 속에서 그 근원을 전혀 지니고 있지 않은 그 낯선 나의 존재, 사르트르는 이러한 나의 존재를 적발해 내어 유아론의 단단한 구도를 벗어나서 타인의 현존을 증시하고자 합니다. 그 출발은 나에게 부가되는, 내가 원하지 않는 성질들이었습니다.

8) 나의 대타존재의 내용들: 요약

현실적인 상황 속에서 나는 나에게서 도대체 순수한 나를 확인할 수가 없습니다. 나의 대자라고 일컬어질 수 있는 순수한 나는 늘 이미 나를 빠져 달아나 있는 이른바 나의 무이기 때문입니다. 현실적으로 나에게 주어지는 나 자신은 '대상인 나'입니다. 문제는 이 '대상인 나'가 엄연하게 존립한다고 할 때, 그것이 현실에 있어서 진정으로 성립하는 데에는 타인의 현존이 필수적이라는 것입니다. "어떤 경우에도 나는 나를 내 자신에게 소외시킬 수 없다"라는 아주 당연한 사르트르의 말에서 잘 알 수 있는 것처럼, 나는 도대체 나를 대상으로 만들 이유도 없고 설사 내가 나를 대상으로 만든다고 할지라도, 그 대상인 나는 나를 빠져 달아나는 무인 대자의 힘에 의해 함께 빨려 들어갈 것이기 때문입니다.

　타인의 현존에 의해 '제대로' 대상화될 때, 나는 나로부터 추락하여 나로부터 소외됩니다. 그런데 나는 그렇게 대상으로 추락되고 소외된 나를 도대체 나가 아니라고 거부할 수가 없습니다. 그래서 대상으로 추락되고 소외된 나는 나에게 낯선 자로서 '달갑지 않게 들러붙어' 있습니다. 그런데 이 '낯선 자인 나'는 그저 나에게 들러붙어 있는 것이어서 나를 소외시키면서 타인의 현존(혹은 시선)에 의해 규정된 일정한 성질을 지닌 나의 존재 쪽으로 나를 유출시킵니다. 요컨대 나에게서 내가 전혀 원하지 않은 대대적인 추락, 소외, 이탈, 분열, 유출 등의 사태들이 발생하는 것입니다. 이것이 바로 대타존재로서의 나의 내용들입니다.

나의 대타존재에서 핵심은 나의 '대상인 나'입니다. 사르트르는 이 '대상인 나'를 다음과 같이 묘사합니다.

> 나의 '대상인 나'는 인식도 인식의 통일성도 아니다. 오히려 그것은 대자가 자신의 탈자적인 통일성으로부터 빠져 달아남을 체험하면서 느끼는 거북스러움이다. 그리고 내가 도달할 수 없지만 나인 한계다.(314/466)

아울러 사르트르는 타자에 대해 이렇게 말합니다.

> 이러한 [대상인] 나는 타자에 의해 나에게 등장한다. 이때 타자는 인식도 아니고 범주도 아니다. 타자는 오히려 낯선 자유가 현전한다는 사실이다.(314/466)

그리고 이 둘을 엮어 이렇게 말합니다.

> 사실, 나의 나로부터 빠져 달아남과 타인의 자유가 발융함은 그저 하나를 이룰 뿐이다. 나는 이 둘을 한꺼번에 느끼고 한꺼번에 살 수 있을 뿐이다. 나는 이 둘을 둘 중 어느 한 쪽이 없이 생각해 보고자 할 수조차 없다.(314/466~467)

이제까지의 논의에 의하면, 이러한 사르트르의 정돈은 당연합니다. 타인의 현존과 그의 자유가 느껴지면 동시에 나의 거북스러운 대상성이 동시에 느껴지고, 나의 거북스러운 대상성이 느껴지면 타인의 현존과 그의 자유가 동시에 느껴지는 것입니다. 이러한 사실은 대타존재로서의 나의 존재론적인 구조에서 필연적입니다.

9) 타인의 불특정성

그런데 묘한 문제가 하나 남아 있습니다. 실제로 당장 내 눈앞에서 타인이 나타나지 않는다 할지라도 나에게서 거북스러운 '대상인 나', 즉 대상성을 바탕으로 한 대타존재로서의 나를 예사로 확인하게 된다는 사실입니다. 이를 염두에 두게 되면, 이러한 대상인 나가 성립하는 데 필수적인 타인은 도대체 어디에 있는가를 묻지 않을 수 없게 됩니다.

(1) 주시당하고 있다는 착각에 관하여

이를 해결하기 위해 사르트르는 우선 '주시당하고 있다는 착각'을 논의합니다. 예컨대 수색대가 정찰을 나가 동정을 살피면서 언덕을 오르고 있는데, 언덕 위에 농가가 있고 그 농가 안에 적들이 숨어서 이쪽 수색대를 보고 있을지도 모르는 상황을 생각해 봅니다. 혹은 의안(가짜 눈, 義眼)을 하고서 나를 쳐다보는 사람의 경우를 생각해 봅니다. 이 예들은 사르트르가 든 것입니다. 이 예들을 바탕으로 그는 이렇게 문제제기합니다.

나는 주시되지 않는데도 내가 계속해서 주시되고 있다는 것을 믿을 수 있다는 사실을 염두에 두면, 시선은 **개연적**인 것으로 되지 않는가? 그리고 우리가 타인의 현존을 확신한다고 할 때, 그러한 우리의 모든 확신으로 인해 타인의 현존은 순전히 가정적인(hypothétique) 성격을 갖는 것은 아닌가?(315/467)

요컨대 타인의 시선 혹은 타인의 현존이 우리의 착각 혹은 확신에 의거한 것이라면, 그것들은 본래 개연적이거나 가정적인 것에 불과한 것이라 할 수 있는 것 아니냐 하는 것입니다. 이렇게 되면, 이제까지 애써 논의해 온 결과 틀림없는 것으로 확정한 타인의 시선 혹은 타인의 현존은 또다시 위험에 처하게 됩니다. 그런데 사르트르는 일종의 되치기 수법으로 오히려 이 문제가 대타존재의 본성을 더 잘 드러낸다고 말하면서 새로운 논의를 펼칩니다.

이 경우 **주시되고 있다**는 나의 확신은 어떻게 되는가? 나의 수치는 사실 **누군가 앞에서의 수치**였다. 그런데 아무도 거기에 없다. 이 사실로 인해 나의 수치는 '아무도 없는 앞에서의 수치'가 되는 것 아닌가, 즉 아무도 없는 그곳에 누군가를 설정했기 때문에, **거짓된 수치**가 되는 것 아닌가? 이 난제(difficulté)가 우리를 오랫동안 잡아둘 수는 없을 것이다. 만약 이 난제가 우리의 탐구를 진전시키는 이점을 갖지 않았다면 그리고 우리의 대타존재의 본성을 더욱 순전하게 지적해 내는 데 도움이 되는 이점을 갖지 않았다면, 우리가 이 난제를 언급조차 하지 않았을 것이다.(315/468)

과연 그럴듯한 어려운 문제를 스스로 제기해 놓고서, 이 어려운 문제가 알고 보면 대타존재의 본성을 더 잘 드러내는 전화위복의 계기가 된다는 것을 말하고 있습니다. 과연 그는 이를 어떻게 입증하고자 하나요? 자못 궁금합니다. 그의 논의를 따라가 봅니다.

사실이지 이 난제는 서로 판명하게 구분되는 두 인식의 질서와 서로 비교될 수 없는 두 존재 유형을 뒤섞어 놓고 있다. …… 지나가는 자가 사람이라는 것은 개연적이다. 그런데 만약 그가 그의 두 눈을 나를 향해 돌린다면, 곧바로 나는 주시됨(주시되는 존재, l'être-regardé)을 확신을 갖고서 체험하겠지만, 이러한 확신을 대상인 타인에 대한 나의 경험 속으로 이관시킬 수는 없다. 사실이지, 주시됨에 대한 나의 확신은 주체인 타인, 즉 세계에 대한 초월적인 현전이자 나의 대상됨(être-objet)에 대한 실재적인 조건을 나에게 드러낼 뿐이다.(315/468)

주체인 타인과 대상인 타인은 전혀 다른 인식 질서들이고 동일한 판면에 놓고서 비교할 수 없는 전혀 다른 존재 유형이라는 것입니다. 이는 저 앞에서 논의했던 시선과 눈의 관계와 동일합니다. 시선을 파악하면 눈을 볼 수 없고, 눈을 보면 시선을 파악할 수 없다고 했던 그 논리와 동일합니다. 양자는 전혀 다른 질서에 속한다는 것입니다. 사르트르는 이를 이렇게 정돈합니다.

그러므로 어떤 경우에도 주체인 타인에 대한 나의 확신을 이 확신의 계제(階梯, occasion)였던 대상인 타인으로 옮긴다는 것은 불가능하다. 그 반대로 대상인 타인을 구성할 수 있는 개연성에서 출발하여 주체인 타인의 출현이 갖는 명증함을 파기하는 것은 불가능하다. 더 적절히 말하자면, 앞서 우리가 보였던 것처럼, 시선은 시선을 명시하는 대상을 파괴함으로써 나타난다. …… 내가 주시된다고 느끼는 시간 동안, [뚱뚱하거나 폴짝대거나 하는 등의 대상적인 여러 모습과는 상관없이 나를 쳐다보는] 그는 나 자신과 나 사이에 끼어든 순수한 자유이다. 그러므로 주시됨은 시선을 명시하는 대상에 의존할 수 없다.(315~316/468)

그다지 어려운 이야기는 아닙니다. 다만 우리가 실제로 길거리에서 여러 사람들을 스쳐 지나가면서 그들이 나를 보는 것을 느끼기도 하고 특별히 주시하는 것을 느끼기도 할 때, 예사로 우리는 그들의 몸을 동시에 보기 때문에 그들의 몸이 나를 본다고 느끼기 십상입니다. 사르트르의 이 입론에서 핵심이 되는 이른바 "시선은 눈의 파괴를 통해 존립한다"라고 하는 명제에서 간취되는 주체와 대상 간의 확연한 구분은 우리를 계속해서 괴롭힐 것입니다. 굳이 눈과 시선을 구분하지 않으려는 철학적인 입장도 얼마든지 가능하기 때문입니다. 아무튼 일단은 사르트르의 이러한 입장을 따라가 보기로 합니다.

한마디로, 확실한 것은 내가 **주시되고 있다**는 것이다. [그리고 나를 주시하고 있는] 시선이 그러그러한 세계내부적인 현전에 연결되어 있으리라는 것은 그저 개연적이다.(316/469)

이렇게 해서, 초세계적인 타인의 시선이 세계 내적인 타인의 두 눈에 연결되어 있지 않겠는가 하는 것은 개연적인 차원의 것이어서 백 퍼센트 확실한 것은 아닌 데 반해, 내가 타인의 시선에 의해 주시되고 있다는 것은 백 퍼센트 확실하기 때문에 두 인식의 질서는 판연하게 구분된다는 것입니다.

이 정도로 밝혀 놓고서도, 사르트르는 여전히 내가 주시되지 않는데 주시되고 있다고 속았다는 사실이 드러날 수 있는 가능성이 있지 않은가, 즉 백 퍼센트 주시되고 있다고 믿었는데 사실은 그것이 내가 속아서 그렇게 확신할 수도 있다는 가능성은 여전히 남아 있음을 중시합니다. 그리고 이를 바탕으로 전혀 새로운 차원으로 논의를 발전시킵니다.

(2) 시선의 대상초월성

열쇠 구멍을 통해 방 안을 들여다보고 있는데 갑자기 복도에서 발자국 소리가 들립니다. 전율이 내 몸을 스치고 수치심에 때문에 내 몸이 얼어붙는 것을 느끼지요. 나는 벌떡 일어섭니다. 주위를 살핍니다. 그런데 아무도 없습니다. 발자국 소리를 헛들은 것이었습니다. 안도의 한숨을 내쉬지요. 이러한 상황을 제시하면서 사르트르는 이렇게 말합니다.

> 이 경우 경험 자체에 의해 스스로 파괴되는 경험이 있었던 것 아닌가? 더 잘 생각해 보자. 오류로서 드러난 것은 과연 무엇인가, 그것은 타인에 대한 나의 대상적임(être-objectif)인가? 추호도 그렇지 않다. 타인의 현존은 의심스러워지기는커녕 이 잘못된 경계는 [열쇠 구멍을 들여다보고자 하는] 나의 기도(企圖)를 포기하게 하기에 충분하다. …… 나의 첫 경계를 풀었다고 해서 타인이 사라지는 것이 아니다. 그렇기는커녕, 타인은 이제 도처에 있다. 내 아래에, 내 위에, 가까운 방들에, 어디에든 있다. 나는 계속해서 나의 대타존재를 심중하게 느낀다. …… 내가 하찮은 소리에도 몸을 부르르 떤다면, 삐걱거리는 소리가 날 때마다 그것들이 하나의 시선을 나에게 알린다면, 그것은 내가 이미 주시된 상태에 있기 때문이다.(316~317/469)

간단히 말하면, 타인의 시선은 대상인 타인이 없이도 얼마든지 성립할 수 있다는 것입니다. 물론 직접적인 대상인 타인이 아니라 할지라도 그런 대상인 타인을 암시하는 신호들이 없이는 타인의 시선을 느끼지 못하는 것 아니냐 할 수 있습니다.

중요한 것은 착각에 의해서건 속임을 당해서건 일단 타인의 시선을 정확하게 느끼고서 수치심에 몸을 부르르 떨고 나면, 그래서 '비열한 짓'을 포기했다 할지라도 오히려 타인의 시선이 도처에 존재한다는 것을 느낀다는 것입니다. 뭔가가 사라지긴 했지만, 타인의 시선은 사라지지 않습니다. 사르트르는 이렇게 말합니다.

그렇다면 거짓된 경계 신호임을 알고 난 뒤 헛된 것으로 드러나 제 스스로 파기된 것은 무엇인가? 그것은 주체인 타인도 아니고 주체인 타인이 나에게 주어지는 그 현전도 아니다. 파기된 것은 타인의 현사실성, 즉 나의 세계 속에 있는 한 대상인 존재와 타인 간의 우연한 연결이다.(317/469~470)

사르트르의 주객 이분법은 보이지 않는 방식으로 나의 존재를 규정한다고 할 수 있는, 즉 우리로서는 '존재론적인 심리학'이라 부를 수 있는 복합적이고 심층적인 사태에 대해 상당히 유리한 길을 마련합니다. 요컨대 그것은 나란 존재는 대상인 타인과는 직접적으로는 무관하게 이미 늘 대타적인 존재로서 타인들의 시선에 포섭되어 있다는 것입니다. 그럴 수 있는 것은 타인들의 시선이란 본성상 대상 초월적이기 때문입니다.

세계 속에 타인이 현전한다는 것은 주체인 타인이 나에게 현전한다는 것으로부터 분석적으로 유도될 수 없다. 왜냐하면 주체인 타인이 나에게 현전한다는 것은 근원적인 것으로서 초월적인, 즉 세계를-넘어선-존재(être-par-delà-le-monde)이기 때문이다.(317/470)

'세계 속의 타인의 현전'은 '대상인 타인의 현전'임에 분명합니다. 어떤 것이 세계를 넘어서서 있다고 해서 존립하지 않는 것이 아님은 두말할 것도 없습니다. 말하자면 나에게서 주체인 타인의 현전은 세계와는 다른 질서, 즉 바깥의 질서 속에서 이루어지고 있는 것입니다. 그러나 그 바깥은 세계와 완전히 분리되어 있는 무슨 내세 혹은 천상계와 같은 것이 결코 아닙니다. 세계에 '들러붙어' 있고, 세계가 없이는 존립할 수 없는 바깥이라 해야 할 것입니다.

(3) 속았음에서의 부재의 의미, 근본적인 현전

나는 타인이 그곳에 있는 줄 알았습니다. 그런데 없습니다. 나는 스스로 속았습니다. 타인은 거기에 없습니다. 말하자면, 그는 '부재'하는 것이지요. 사르트르는 심중하게 묻습니다. 이 상황에서 그 **부재**는 도대체 무엇인가요? 이를 해명하기 위해 사르트르는 자리(장소, place) 개념을 분석합니다. 그러고는 부재에 관해 말합니다.

인간실재는 하나의 자리가 대상들에 부가되도록 하는 존재다. 근원적으로 보아 하나의 자리를 확보할 수 있는 것은 오로지 인간실재, [특히] 자신의 고유한 가능성들로 존재하는 인간실재다. …… 요컨대 부재는, 인간실재가 제 스스로 자신의 현전에 의해 규정했던 장소들과 자리들에 관련해서 본 인간실재의 존재양식으로서 정의된다.(317/470)

'자리' 혹은 '장소'는 순 우리말이냐 한자어냐 하는 차이가 있을 뿐이라고 일단 생각합시다. 인간이 존재하지 않는다면, 자리 혹은 장소라는 개념은 성립할 수 없다는 것입니다. 내가 어떤 장소를 확보한다는 것은 그 장소를 나의 가능성들을 통해 일정하게 지배한다는 것을 의미합니다. 그러니까 장소라는 개념 자체가 이 같은 가능성들을 바탕으로 한 존재가 아니고서는 그 자체로 성립할 수 없다는 것입니다. 그저 '차지하고 있다'라는 물리적인 의미의 점유만으로는 장소가 성립할 수 없다는 것이지요. 그리고 부재란 근본적으로 바로 이 같은 의미의 장소에 관련해서만 성립하는 것이고, 따라서 인간실재의 한 존재양식이라는 것입니다. 이런 점에 관해 사르트르는 부부 관계인 피에르와 테레즈를 예로 들어 설명합니다.

　피에르가 부재한다는 것은 **다른 사람들**과의 관계에 의해서다. 부재는 테레즈와의 관계에 의거한 피에르의 구체적인 한 존재양식이다. 부재는 인간실재와 세계 간의 끈이 아니라, 인간실재들 간의 끈이다. …… 테레즈와의 관계를 맺고 있는 피에르에게서, [그의] 부재함(être absent)은 그녀에게 현전하는 특수한 한 방식이다. 피에르와 테레즈의 모든 관계들이, 그가 그녀를 사랑한다든가 그가 그녀의 남편이라든가 그가 그녀의 생계를 보장한다든가 하는 식으로 보호하는 관계일 때에만 부재가 사실상 의미를 갖는다. 특히 부재는 피에르의 **구체적인 현존**이 보장됨을 전제로 한다. 죽음은 부재가 아니다. 이런 사실로 볼 때, 피에르와 테레즈의 거리는 그들 간의 상호적인 현전이라는 근본적인 사실을 전혀 변화시키지 않는다. …… 거리가 가깝건 멀건 간에, 대상인 피에르와 주체인 테레즈 사이에 그리고 대상인 테레즈와 주체인 피에르 사이에는 세계의 무한한 두께가 있다. 주체인 피에르와 대상인 테레즈 사이에 그리고 주체인 테레즈와 대상인 피에르 사이에는 그 어떤 거리도 없다. 그래서 부재와 현전이라는 경험적인 두 개념들은 테레즈에 대한 피에르의 그리고 피에르에 대한 테레즈의 근본적인 현전의 두 특화들이다. 부재와 현전은 각기 다른 방식으로 이 근본적인 현전을 표현할 뿐이고, 이 근본적인 현전에 의해서만 의미를 가질 뿐이다. …… 그런데 이 현전은 초월성 속에서 장소를 갖는다.(318/471~472)

경험적인 현전과 부재, 그리고 근본적인 현전. 발자국 소리가 나서 깜짝 놀라 일어나 둘러보며 확인하게 되는 타인의 부재는 경험적인 것입니다. 그리고 피에르와 테레즈가 베란다에 함께 앉아 커피를 마시고 있을 때 그 현전은 경험적인 것입니다. 그런데 이러한 경험적인 방식의 현전과 부재가 성립하려면 근본적인 현전이 있어야 합니다. 아무리 멀리 떨어져 있어도 현전한다고 할 때, 그 현전은 근본적인 현전에 속합니다. 경험적인 부재는 오히려 근본적인 현전을 더욱 실감나게 할 것입니다. 그러고 보면, 그 근본적인 현전은 세계 내적인 것이 결코 아닙니다. 그래서 근본적인 현전은 초월성 속에서 장소를 갖는다고 말합니다.

그런데 인용문 중간쯤에서 말하고 있는 '세계의 무한한 두께'와 '그 어떤 거리도 없음'의 대비가 묘합니다. 대상을 앞세울 경우에는 세계의 무한한 두께가 있고, 주체를 앞세울 경우에는 그 어떠한 거리도 없다는 것입니다. 피에르와 테레즈가 서로에게 대상이 되는 경우(한쪽은 물론 주체일 것이지만)와 서로에게 주체가 되는 경우(한쪽은 물론 대상일 것이지만)가 근본적으로 다르다는 이야기입니다. 그렇다면 근본적인 현전은 이 둘 중 어디에 속한다고 해야 할까? 당연히 서로에게 주체가 되는 경우(한쪽은 물론 대상일 것이지만)에 속한다고 해야 할 것입니다. 말하자면 근본적인 현전에서 현전하는 것은 대상인 타인이 아니라 주체인 타인인 것입니다.

(4) 주시됨의 일반성, 대타존재의 항구성

내가 장소를 갖는다는 것은 상황에 처해 있다는 것을 의미합니다. 내가 상황에 처해 있다는 것은 타인들과의 관계라고 하는 근본적인 끈을 형성하고 있다는 것을 의미합니다. 이렇게 해서 근본적인 현전은 그저 특정한 누구누구와만 이루어지는 것이 아니라 모든 사람들과의 관계로 확대됩니다. 근본적인 현전은 나의 주시됨과 직결되어 있기에, 나의 주시됨역시 모든 사람들과의 관계로 확대되어 일반화됩니다.

나는 상황에 처해 있다. 아시아 사람들과 흑인들의 관계에 의해 유럽인으로서, 나보다 젊은 사람들과의 관계에 의해 나이가 더 많은 사람으로서, 범법자들과의 관계에 의해 사법관으로서, 노동자들과의 관계에 의해 부르주아로서 등등. 요컨대 모든 인간실재들이 근원적인(originelle) 현전을 바탕으로 현전 혹은 부재하는 것은 살아 있는 모든 인간들과의 관계에 의해서다. 그리고 이 근원적인 현전은 주시되는-존재(주시됨) 혹은 주시하는-존재(주시함)로서만 의미를 가질 수 있다. 즉 타인이 나에 대해 대상이거나 나 자신이 타인에 대한 대상이거나 하는 한에서만 의미를 가질 수 있다. 대타존재는 나의 인간실재의 항구적인 사실이다. 내가 나 자신에 대해 형성하는 최소한의 생각 속에서도, 나는 대타존재를 그 사실상의 필연성과 더불어 파악한다. 내가 어디를 가건, 내가 무엇을 하건, 나는 나와 대상인 타인과의 거리들을 바꿀 뿐이며, 타인을 향한 통로들을 빌릴 뿐이다. 내가 물러서건, 내가 접근해 가건, 그러한 타인인 대상을 발견하건, 그것들은 모두 나의 대타존재라고 하는 근본적인 논제에 대해 경험적인 변양들을 일으키는 것일 뿐이다. 타인은 나를 대상으로 만드는 것으로서 도처에서 나에게 현전한다.(319/472~473)

드디어 사르트르가 본색을 드러냅니다. 근본적인 현전의 초월성에 이어 근본적인 현전의 편재성을 말하고 있습니다. 여기에서는 '근본적인'이라는 말 대신에 '근원적인'이라는 말을 쓰고 있습니다. 뜻은 같습니다. 근원적인 현전이 주시됨 혹은 주시함이 아니고서는 의미를 가질 수 없다는 것은 손쉽게 알 수 있습니다. 여기에서 나의 대타존재의 편재성이 부각됩니다. 나의 대타존재란 모든 사람들에 의해 주시되고 있음이고, 혹은 모든 사람들을 주시하고 있음입니다. 이것이 바로 나의 대타존재의 편재성입니다. 이러한 사실을 내가 정확하게 경험적으로 인식하고 있는지 어떤지를 물어서는 안 될 것입니다. 대타존재의 편재성은 이미 경험적인 영역을 넘어서서 초월성의 영역에서 작동하고 있기 때문입니다.

다만 주의할 것은 나의 대타존재의 편재성이 내가 모든 다른 사람들을 주시하는 것보다는 아무래도 모든 타인들의 시선에 의거해서 내가 모든 타인들의 대상으로 전락하는 것에 역점을 두고 있다는 사실입니다. 인용문의 마지막 문장이 이를 말해 주기도 하거니와 이제까지의 논의를 보아 그렇습니다.

결국 가장 중요한 것은 '나의 대타존재'라고 하는 근본적인 논제입니다. 설사 혼자 방 안에 칩거해 있다고 할지라도, 내가 내 자신에 대한 생각에 몰두해 있다고 할지라도 이 논제를 벗어날 수 없는 노릇이고 그저 이 논제에 대해 여러모로 변양을 일삼는 것에 불과하다는 것입니다. 우리는 앞서 견주어 보았던 푸코의 '판옵티콘'에 대한 존재론적인 기반을 사르트르가 정확하게 제공하고 있음을 목도하고 있습니다. 이는 다음과 같은 사르트르의 언명으로 압축됩니다.

> 영구히, 내가 어디에 있건 간에, 그들(on)은 나를 주시한다. 그들은 결코 대상으로 파악되지 않는다. 대상으로 파악되자마자 그들은 즉각 분해된다.(321/475)

여기에서 '그들'(on)의 존재는 대단히 특이합니다. 'on'을 굳이 '그들'이라 번역한 것은 하이데거의 'das Man'과 관련이 있기 때문입니다. 하지만, 사르트르는 하이데거를 추종하지 않습니다. 이에 관해서는 얼마 있지 않아 살펴보게 될 것입니다.

(5) 사르트르 나름의 '그들'

이제 나의 대타존재에서 내가 다른 주체의 대상이 된다는 것은 근본적인 사실로 자리매김됩니다. 언제나 나는 타인(들)에 대해 존재하기 때문입니다. 그런데 도대체 이때 '타인'이란 존재는 어떤 존재인가요? 더군다나 타인(들)의 시선이 초월성의 영역에서 존재한다는 것을 감안하면 대단히 애매해집니다. 사르트르는 이 문제를 '시선의 본성'에 대한 탐구를 바탕으로 해결해 나갑니다.

> 이제 우리는 시선의 본성을 파악할 수 있다. 모든 시선에는 나의 지각장에서 대상인 타인이 구체적이고 개연적인 현전으로서 출현하는 사태가 있다. 그리고 이 타인의 어떤 태도들을 계제로, 나는 수치심이나

불안 등에 의해 나 자신을 나의 '주시됨'(주시되는-존재)을 파악할 것을 스스로 결정한다. 이 '주시됨'은 내가 지금 당장 구체적인 이 이것일 수 있다는 순전한 개연성으로서 파악된다. ──이 개연성은 개연적이라는 그 의미와 본성 자체를 오로지 다음의 사실에서만, 즉 내가 항상 **타인에 대해** 존재하는 한 타인이 나에게 항상 현전한다는 근본적인 확실성에서만 확보할 수 있다. ──수백만의 시선들이 내려다보는 투기장(鬪技場)에 던져진 상태에서 수백만 번이나 나 자신으로부터 빠져 달아나면서 **모든** 다른 살아 있는 사람들에 대한 대상일 수밖에 없는 나의 인간적인 조건에 대한 경험, 그 경험을 나는 나의 영토에서 하나의 대상이 발융하는 것을 기화로 구체적으로 실감한다. 설사 이 대상이 나에게, 내가 **분별된 이것**(*ceci différencié*)이라는 자격으로 암암리에 하나의 [다른] 의식에 대해 지금 당장 대상으로 존재한다는 것을 지적한다 할지라도 그러하다. 바로 이러한 현상의 총체가 우리가 시선이라 부르는 것이다.(320/474)

이야기가 상당히 복잡한 것 같습니다. 사르트르가 개연성을 적용하는 영역은 세계의 영역, 즉 지각되는 세계의 영역입니다. 예컨대 저기 걸어오는 '사람'이 사람인 것은 개연적이라는 것입니다. 말하자면, 사람이 아니고 얼마든지 사람으로 위장된 로봇일 수도 있다는 것입니다. 그러니까 내가 특정한 타인에 의해 주시된다는 것은 내가 그의 지각 장에 하나의 대상으로 나타난다는 것이고, 이때 대상인 나는 '이 이것'이라 불릴 수 있는데, 그렇게 될 수 있는 것은 필연적인 것이 아니라 개연적이라는 것입니다.

그리고 보면, 나에게 특정한 타인이 현전한다는 것도 사실상 개연적일 수밖에 없습니다. 그가 나의 지각 장에 나타나기 때문입니다. 그런데 내가 주시됨으로써 '이 이것'으로서의 대상으로 나타나는 개연성이건, 타인이 나의 지각 장에 나타나는 개연성이건, 그 개연성은 어쨌건 내가 항상 [특정하지 않은] 타인에 대해 필연적으로 현전하고, 따라서 [특정하지 않은 그] 타인 역시 나에게 항상 필연적으로 현전한다는 근본적인 확실성에 입각해서 성립할 수 있습니다.

그러니까 사르트르는 대타존재를 필연적이게끔 하는 근본적인 현전을 바탕으로 해서 구체적으로 경험되는 현전들(내가 '이것'으로 주시됨, 특정한 타인이 나에게 현전하여 주시함 등)뿐만 아니라 근본적인 현전 그 자체를 포함해서 시선이라 불러야 한다는 것입니다. 수백만 개의 시선들에 의해 수백만 번 내 자신으로부터 나의 이탈을 경험하지 않고서는 인간이 될 수 없다는 나의 경험, 그 경험을 나는 특정한 타인이 나의 지각 영토에 대상으로서 개연적으로 나타나 곧바로 나를 주시할 때마다 경험한다는 것입니다.

요컨대 시선이란 각각의 구체적인 상황에서 직접 나를 주시하는 시선뿐만 아니라, 그 시선을 명시하는 계제가 되는 특정한 대상인 타인이 나타날 때마다 동시에 경험하지 않을 수 없는 무수한 시선들의 복합을 다 포함한 것이라는 이야기입니다.

이렇게 되면, 시선에는 '무수한' 의식들이 우글거리고 있다고 해야 합니다. 그런데 사르트르는 그 의식들은 수로 셀 수 있는 지경을 넘어서 있다는 것을 강조합니다. 말하자면, 개별적인 의식'들'이라는 복수의 의식 개념은 주체인 타인에 대해 적용할 수 없고, 따라서 특정한 (한) 타인이 나에게 쏘아붙이는 시선에 대해 그것이 한 개라거나, 여러 사람들이 나에게 쏘아붙이는 시선들에 대해 그것이 여러 개라거나 할 수 없다는 것입니다. 이른바 수량적인 것은 오로지 세계 내의 대상들에 대해서만 적용할 수 있다는 것입니다.

> 우리는 살아 있는 모든 사람들에 대해 존립한다. 즉 그것들에 대해 내가 존립하는 의식(들)((des) consciences)이 있다. 우리가 '들'이라고 해서 괄호로 묶는 것은 이 시선에서 나에게 현전하는 주체인 타인은 (설사 주체인 타인이 하나의 특정한 대상인 타인과 구체적인 관계를 맺고 있다 할지라도) 통일성(하나임, unité)은 더더욱 아니고, 복수성(pluralité)이라는 형식하에서 주어지지 않는다는 사실을 잘 나타내기 위한 것이다. 복수성은 실제로 대상들에게만 속한다. 복수성은 세계를 만드는 대자의 출현에 의해서 성립하게 된다. 우리에 대해 주체(들)((des) sujets)을 발음케 하는 주시됨은 우리를 계수되지 않는 하나의 실재에 현전토록 한다. 그 반대로 내가 나를 쳐다보는 사람들을 쳐다보자마자, 그 **다른** 의식들은 서로 고립되어 다양성이 된다.(320/474)

마지막 문장에서 '그 다른 의식들'이라는 표현이나 '다양성'이라는 표현은 실제로 그렇다는 것이 아니라(실제로는 대상들이기 때문에), 주체인 타인의 계기가 여전히 유효하다고 본다면 그러하다는 뜻입니다. 아무튼 여기에서 인용하고 있는 내용들이 정확하게 어떤 뜻을 가지며, 왜 거론하는가를 알기 위해서는 다음의 예시 비슷한 이야기를 들어 볼 필요가 있습니다.

> 만약 내가 [연극에서] 어떤 역할을 맡아 수행하거나 강연을 하게 되어 '공중 앞에' 나서야 한다면, 나는 내가 주시된다는 것을 시야에서 놓치

지 않을 것이다. 그리고 나는 시선이 **현전하는** 가운데 내가 하게 되어 있는 행동들의 묶음을 수행하게 될 것이다. 더 적절히 말하면, 나는 그 시선에 **대해** 하나의 존재이자 대상들의 한 묶음을 구성하고자 할 것이다. 그러나 나는 그 시선을 계수하지 않을 것이다. …… 타인의 현전은 무차별한 상태로 있을 것이다. [이때] '학급'이나 '청중' 등의 명칭으로 타인의 현전을 통일시키고자 하는 것은 잘못된 것이 될 것이다. …… 오히려 문제되는 것은 나와 대면해 있으면서 노출되지 않은 나의 자아(Moi)를 실현시키고 나를 빠져 달아나는 이 자아(Moi)의 산출에서 우리와 협력하는 바, 만질 수 없고 사라지기 쉽고 편재하는 하나의 실재이다. 그 반대로 만약 내가 [전달하고자 하는] 나의 생각이 잘 이해되고 있는지, 그래서 만약 내가 내 입장에서 청중을 주시한다면, 나는 갑자기 [청중에게서] 머리들과 눈들이 나타나는 것을 보게 될 것이다. 대상화됨으로써 타인의 선계수적인(prénumérique) 실재가 해체되면서 복수화된다. 그러나 시선 역시 사라진다.(321/475)

듣고 보면 그다지 대단한 것 같지 않은데, 시선에 관한 그의 정의와 이를 적용해서 일상적인 장면을 분석하는 사르트르의 사유의 시선은 대단히 예리합니다. 시선이란 근본적으로 복수화되지도 않고 단수로 존재하는 것도 아니라는 사실을 지적하고 있습니다. 한 개라든지 여러 개라고 하게 되면, 시선은 사라지고 오로지 대상들만 남는다는 이야기입니다. 이를 바탕으로 해서 이제 사르트르는 '그들'(on)에 관해 하이데거와는 다른 자기 나름의 개념을 간취해 냅니다.

'그들'이라는 낱말을 보존하는 것은 인간실재의 비본래성의 상태에 적용하기 위해서라기보다 이러한 선계수적이고 구체적인 실재에 적용하기 위해서이다. 영구히, 내가 어디에 있건 간에, **그들**은 나를 영구히 주시한다. **그들**은 결코 대상으로 파악되지 않는다. 대상으로 파악되자마자 그들은 분해된다.(321/475)

"영구히, 내가 어디에 있건 간에, 그들은 나를 주시한다"라는 사르트르의 언명이 푸코의 '판옵티콘'이 갖는 비극적인 상황을 떠올리게 하면서 강렬하게 뇌리에 각인됩니다. '그들'은 과연 누구란 말인가요?

사르트르가 말하는 '인간실재'는 하이데거가 말하는 '현존재'에 해당됩니다. 현존재의 비본래적인 존재 상태를 지칭하기 위해 하이데거는 '그들'(das Man)이라는 말을 주조해 냈습니다. 그런데, 사르트르는 그 용어를 그대로 인수하면서도 하이데거와는 전혀 다른 의미로 사용하고자 합니다.

하이데거가 말하는 '그들'은 평균적이고 공공적이고 죽음과 죽음으로부터 오는 불안으로부터 도망감으로써 그 속에서 열리고 있는 자기 존재의 가능, 즉 실존을 외면하는 현존재의 존재방식을 지칭합니다. 나로서는 그러한 '그들'의 존재방식에 매몰될까 봐 신경을 써야 하지만, '타인인 그들' 혹은 '그들인 타인'은 내가 그다지 두려워할 대상이 아닌 셈입니다.

그런데 사르트르에서는 전혀 다릅니다. 마치 전지전능한 신처럼(물론 사르트르는 선계수적인 타인의 시선을 편재하고 무한한 주체인 신 개념으로 객관화해서는 안 된다고 경고합니다), 단 한 번도 나를 놓아주지 않는, 심지어 잠을 자고 꿈을 꾸고 있는 상황에서조차 나를 주시하면서 그 스스로는 전혀 대상화된 모습을 드러내지 않는 그런 지독한 타인 일반을 '그들'이라 말하고 있습니다.

이 정도 되면 정면으로 싸움을 걸지 않을 수 없습니다. 시선과 타인의 정체를 드러내 준 우리들의 **대타존재**를 더욱 세밀하게 파악하는 것이 중요해집니다. 그것은 결국 자아(대자아, Moi)와 타자(대타자, Autre)의 근본적인 관계를 탐구하는 것이 될 것입니다.

10) 대타와 대자

전번 시간에 우리는 "영구히, 내가 어디에 있건 간에, 그들은 나를 주시한다"라는 사르트르의 심중한 언명을 생각했습니다. 그 바탕에는 '그들'이 일종의 대타자(l'Autre)로서 작동한다는 것이 깔려 있을 것입니다. 누군지 알 수 없는, 어디에 어떻게 존재하는지도 알 수 없는 불특정한 타인인 '그들', 즉 대타자에 의해 언제 어디서든 영구히 주시되는 한, 나는 마치 운명적으로 대타존재의 틀을 벗어날 수 없는 것 아닌가, 그리고 나는 이미 늘 대상적인 존재방식을 띨 수밖에 없는 것 아닌가, 따라서 나는 근본적으로 자유롭지 못한 것 아닌가 하는 등의 문제가 저절로 꼬리를 물고 나서게 됩니다.

그런데 우리가 전적으로 자유로울 가능성이 없이는, 미래를 향해 내가 성취하지 않으면 안 되는 일체의 본질을 넘어선 대자적인 현존, 즉 실존을 확보할 수 없을진대, 인간실재에서의 필연적인 대타존재는 이러한 실존으로의 길을 원천적으로 가로막고 있는 것 아닌가요? 그렇다면 과연 대자와 대타 혹은 대자존재와 대타존재 간의 투쟁은 불가피한 셈입니다. 만약 대타자가 강력한 힘을 대동하고서 우리를 옭아매려고 한다면, 이에 대항하기 위해서는 특정한 나의 구체적인 존재방식만으로 과연 가능할 것인가요? 내 쪽에서는 대타자와 싸울 만한 대자아(le Moi)와 같은 존재를 확보할 수 있어야 하지 않을까요? 과연 나는 나의 구체적인 자아(le moi)를 넘어서서 대자아를 확보할 수 있는 길을 원리상 마련할 수 있는 것인가요? 무리하게 대자아를 확보하려 하다 보면 자칫 코기토 중심의 근대적인 초월론적인 자아(le transcendental Moi)에로 빠져들고 마는 것은 아닐까요?

우리 나름대로 이러한 물음들을 염두에 두면서 사르트르의 관점과 해법을 기대해 보도록 하지요. 이에 먼저 사르트르의 다음과 같은 지적에 대해 생각해 보겠습니다.

대타존재는 대자의 존재론적인 구조가 아니다. 실제로, 우리는 원리에서 귀결을 이끌어 내듯이, 대자존재로부터 대타존재를 도출해 낸다거나 그 반대로 대타존재에서 대자존재를 도출해 내는 것을 생각할 수 없다. [그런데] 우리의 인간실재가 대자이면서 동시에 대타임을 요구한다는 것은 의심할 여지가 없다. …… 모든 대타로부터 전적으로 자유로운, 그리고 하나의 대상이 되는 것은 아닌가를 추호도 의심함이 없이 현존할 법한 하나의 대자를 생각하는 것이 아마도 불가능하지는 않을 것이다. [하지만] 간단히 말해 이러한 대자는 '인간'이 아닐 것이다.(321~322/476)

원리적으로 대타존재로부터 대자존재를 도출해 낼 수 있다는 것은 대타존재이기만 하면 저절로 대자존재가 되는 것이 아니라는 것을 뜻합니다. 개념상으로도 그렇고 실제적으로도 그렇고 이는 처음부터 불가능합니다. 그러나 대타는 대자의 조건이 아닐 수 없습니다. 만약 대타의 계기가 없다면, 대자라는 것이 도대체 어떤 의미도 갖지 못할 것이며, 그 구체적인 현존을 확보할 수도 없는 그저 추상적인 상태에 머물고 말 것이기 때문입니다. 심지어 말하자면, 타인이 존재하지 않는 상태에서 순수한 대자 상태를 갖는다는 것이 무슨 뜻인지조차 가늠할 수 없기 때문입니다. 이에 인간**실재**로서의 우리는 실질적인 대자를 가져야 하고 이를 위해서는 반드시 극복되어야 할 타인이 있어야 하는 것이고, 그 타인이 나에게 내재화된 나의 대타가 있어야 하는 것입니다. 따라서 우리는 "우리의 인간실재가 대자이면서 동시에 대타임을 요구한다는 것은 의심할 여지가 없다"라는 사르트르의 말을 쉽게 납득할 수 있습니다. 그 뒤 인용문의 남은 대목은 불어 문법상 조건법으로 표현되어 있는데, 이는 대타를 극복한 대자에 대한 염원이 현실적으로는 대단히 '황당한' 것임을 일단 제시하고 있는 셈입니다.

따라서 이러한 대타로부터 전적으로 자유로운 대자를 함부로 언급할 수 없습니다. 그보다는 현실적으로 '대타적인 대자'(pour-soi-pour-autrui)를 생각하지 않으면 안 되며, 그 모순된 구조를 파헤치지 않으면 안 됩니다.

여기에서 코기토가 우리에게 드러내는 것은 그저 하나의 사실상의 필연성이다. 그것은 자신의 대자존재와 결합되어 있는 우리의 존재는 또한 타인에 대한 것이라는 사실이다. 반성적인 의식에서 드러나는 존재는 '대타적인 대자'이다.(322/476)

'대자가 타인에 대해 있다.' 대자를 나의 중심이라 여기면서 언뜻 생각해 보면, 아무런 문제가 없어 보입니다. 하지만 내가 타인에 대해 있음이 내가 타인에게 대상이 된다는 것이고, 내가 대자로 존재한다는 것은 내가 주체로 존재한다는 것임을 떠올리게 되는 순간, 이 말은 모순적인 존재방식, 즉 '대상인 주체'라는 쉽게 통일적으로 받아들일 수 없는 모순적인 존재방식을 덜컹 취하고 말지요. 이를 풀기 위해서는 대타와 대자를 번갈아 검토해야 할 것입니다.

(1) 절대적인 사건인 대타존재

사르트르는 적어도 인간실재의 현실에 있어서, 나의 대타존재는 절대적인 사건이라는 성격을 갖는다는 것을 애써 강조합니다.

> 나의 대타존재는, 나의 의식이 존재에로 발용하는 것처럼, 절대적인 사건이라는 성격을 갖는다. …… 우리가 탐구하려는 대타존재는 본질적인 필연성(nécessité d'essence)으로서의 대타존재가 아니라 사실로서의 대타존재, 즉 일차적이고 영구적인 사실로서의 대타존재이다.(322/476~477)

본질적 필연성과 사실을 구분하고 있습니다. 그러면서 그 사실을 일차적이고 영구적이라 말하고 있습니다. 일차적이고 영구적이라면 아무리 사실일라도 그 자체로 본질적인 필연성을 갖는 것은 아닌가 하고 생각하게 됩니다. 본질적인 필연성은 플라톤의 이데아들 및 그 이데아들 간의 관계처럼 시간과 역사를 아예 벗어나 있는 것을 말합니다. 하지만 사실이라면 그것이 설사 일차적이고 영구적이라 할지라도 시간성과 역사성을 존재조건으로 삼지 않으면 안 됩니다. 서로 다른 것입니다.

나의 대타존재는 내가 '타인에의 현전'(présence à autrui)임을 뜻합니다. 그 현전은 시간을 벗어날 수 없습니다. 일컫자면 시간을 타는 것이지요. 내가 '시간을 탄다'(se temporalise)는 것은 내가 역사화된다는 것입니다. 모든 역사는 타인과의 관계가 없이는 도대체 성립할 수 없습니다. 그러고 보면, 대타존재는 역사가 성립할 수 있는 근본 조건이라 할 수 있습니다. 그런데 대타존재는 이미 역사 속에서 자리 잡고 있습니다. 역사의 조건이 되면서 역사 속에 자리를 잡고 있는 대타존재의 역사적인 성격, 이를 사르트르는 '선역사적인 역사화'(historialisation antéhistorique)라고 부릅니다(322/476 참조). 이것이 바로 대타존재가 갖는 사실인바, 일차적이고 영구적인 절대적인 사건으로서의 성격이라는 것입니다.

(2) 타인이 아니기 위해 타인을 품고 있는 대자

제법 많이 지났지만, 저 앞에서 우리는 사르트르가 외적 부정과 내적 부정을 구분한 것을 고찰한 적이 있습니다. 잉크병은 탁자가 아니라고 하는 식의 세계 내 사물들 간의 부정은 외적 부정이고, 대자가 의식으로서 의식되는 것에 대해 자기가 아니라고 하는 것은 내적인 부정이었습니다.

> 내적 부정은 대자를, 자신으로서는 그것이 아닌 존재와 풀 수 없이 연결한다. 그리고 우리는 대자가 그 [대상의] 존재가 아니어야 하는 것이 문제가 되는 한에서 자신의 존재 안에 대상의 존재를 품고 있다고 기술할 수 있었다. 이 지적들은 본질적인 변화가 전혀 없이 대자와 타인 간의 일차적인 관계에 적용될 수 있다. 만약 타인 일반이 있다면, 무엇보다도 앞서 나는 타자가 아닌 자여야 한다. 내가 나를 존재하게 하는 것, 그리고 타인이 타인으로서 발용하는 것은 나에 의해서 나에 대해 작동하는 이 [내적] 부정 자체 속에서다.(322/477)

대자가 자신을 존립케 하기 위해 자신의 존재 속에 있는 대상과 내적 부정의 관계를 맺지 않을 수 없다는 이전의 고찰에서, 이제 대상이 타인으로 대체되고 있을 뿐 내적 부정의 관계에서 본질적인 변화는 전혀 없다는 이야기입니다. 대자는 자신의 존재 속에 있는 타인 혹은 대타를 대상으로 삼아 그것을 내적으로 부정하지 않고서는 자신을 존재케 할 수 없고, 아울러 타인 역시 발융할 수 없다는 것입니다. 그다지 어려운 이야기가 아닙니다. 이 대목에서 사르트르는 헤겔의 논리학을 잠시 끌어들이면서 대자와 대상의 관계를 대자와 타인의 관계로 전환합니다.

이 [내적인] 부정은 나의 존재를 구성하고, 헤겔이 말한 것처럼 나를 타자에 직면한 동일자로서 드러나게끔 한다. [그런데] 이 부정은 비정립적인 자성(自性)의 터전 위에서 나를 '자아-자체'로 구성한다. 이를 하나의 **자아**가 우리들의 의식에 거주하게 된다고 이해해서는 안 된다. 그게 아니라, 자성이 다른 자성의 부정으로서 발융함으로써 강화된다는 것으로 파악되어야 한다. 그리고 이 [자성의] 강화는 자성 자체가 스스로를 동일한 자성으로서 그리고 그 자성 자체로서 연속적으로 자신을 선택하는 것으로서 적극적으로 파악되어야 한다. …… 다만, 나인 대자는 타자의 거부라는 형식에 의거해 자기 자신인 것, 즉 자기-자신으로 있어야 한다. …… 그래서 우리는, 자기-자신인 대자가 타인이 아니어야 하는 것이 문제가 되는 한에서, 자신의 존재 안에 타인의 존재를 품고 있다고 말할 수 있다.(322~323/477)

내가 내 자신의 존재를 강화하게 되는 과정을 생각해 보겠습니다. 굳이 헤겔의 논리학을 빌리지 않더라도, 혹은 피히테의 자아와 비자아 간의 투쟁 관계를 빌리지 않더라도, 내가 나 아닌 것을 얼마나 어떻게 정확하게 부정하는가에 따라 내 자신의 존재는 강화됩니다. 나와 나 아닌 것이 뒤섞여 있을 때에 나 자신만의 자성은 그만큼 약화됩니다. 나는 내 속에서 뒤섞여 있는 나 아닌 것들에 대해 그것들이 나 자신임을 부정함으로써, 그리고 부정한 그만큼 나의 자성은 강화하게 됩니다. 그렇기 때문에 내가 나의 자성을 강화하고자 하는 것은 한시라도 한눈을 팔지 않고 계속해서 나의 자성 바로 그것이고자 하고, 그럼으로써 동일한 자성을 유지하려는 것이 아닐 수 없습니다.

타인과 맞닥뜨린 대자는 이 같은 자성 강화의 노력을 통해 자기-자신이 되지 않으면 안 되는 존재입니다. 대자에게서 타인은 자신이 그 타인이 되어서는 안 되는 문젯거리가 아닐 수 없습니다. 하지만, 그 문젯거리가 없이는 부정할 대상이 없는 것이고, 부정할 대상이 없이는 자신의 자성, 즉 자기-자신을 강화할 방도가 없기 때문에, 대자는 타인을 자신의 존재 속에 늘 품고 있으면서 늘 부정하는 것이고, 그럼으로써 자기-자신을 확보하려고 '진땀나게' 노력하는 것입니다.

대자는 의식과 항상 맞바꾸어집니다. 의식이야말로 바로 대자적인 존재방식을 취하기 때문입니다. 그래서 대자에 관한 이야기는 이렇게 의식에 관한 이야기로 달리 표현됩니다.

의식은 타인으로부터 자유롭게 해방되고 타인으로부터 자신을 이탈시켜야 한다. 이를 위해 의식은 자신을, 그저 타자와는 다를 뿐인 하나의 무로서 선택해야 한다. 그럼으로써 의식은 자신을 '자기-자신' 속에 다시 결합시켜야 한다. 그런데 대자의 존재는 바로 이 이탈 자체인데, 이 이탈 자체가 하나의 타인을 있게 한다.(323/478)

내가 내 속에 나 아닌 것과 뒤섞여 있을 때, 나만 자성을 확보하지 못하는 게 아니라 적어도 나에게 있어서만큼은 나 아닌 것, 즉 타자도 자신의 자성을 확보하지 못합니다. 나는 나의 자성, 즉 나의 자기-자신을 확보하기 위해 내가 아닌 또 하나의 다른 자성을 띤 타인을 끝없이 부정합니다. 그 부정은 타인으로부터의 해방이고 이탈입니다. 대자는 어쩌면 부정이자 해방이자 이탈 자체입니다. 말하자면, 무인 것이지요. 무로서의 자기-자신, 그것이 바로 대자의 존재입니다. 이를 통해 당연히 타인의 자성이 강화될 것입니다. 강화된 자성을 지닌 타인을 부정함으로써 대자는 더욱 강한 자기-자신, 즉 더 강한 무가 됩니다. 다만, 이때 무로서 자신을 선택한 의식은 정립적 의식이 아니라 비정립적 의식임을 염두에 두어야 합니다. 정립적 의식 활동은 언제든지 대상으로 전화되고 말아 강급된 의식으로 추락할 것이기 때문입니다. "만약 의식이 갑자기 어떤 무엇이 된다면, 자기-자신과 타인의 구분은 전반적인 무차별 속으로 사라지고 말 것이다"(323/478)라는 사르트르의 언급은 이를 보완하고 있습니다.

11) 두 의식 간의 상호적인 관계

(1) 타인이 발융하는 내적 부정의 상호성

일반적으로 대상을 비정립적으로 의식하는 경우, 그 의식은 대자로서 자신이 의식하는 개개의 대상을 '이것'으로 여기면서 그것을 통해 그것을 계기로 삼아 자기-자신을 확보합니다. 이때 '이것'인 대상은 무차별한 순수한 외부성에 머물러 있는 바, 즉자입니다. 그런데 타인을 대상으로 삼아 의식 활동을 일삼을 때, 즉 타인에 대한 부정을 통해 타인으로부터의 해방과 이탈을 일삼을 때, 내적 부정의 관계는 결코 단순하지 않습니다.

타인이 문제일 때, 내적인 부정의 관계는 상호성의 관계가 된다. [나의] 의식이 그것이어서는 안 되는 그 존재는 [그 나름으로는] 그 [나의] 의식이어서는 안 되는 하나의 존재로서 정의된다. 사실 세계 속에서 **이것**을 지각할 때 의식은 그 자신의 개별성에 의해서만 **이것**과 구별되는 것이 아니라 그 존재양식에 의해서도 **이것**과 구별된다. [즉] 의식은 **즉자**와 대면한 **대자**였다. 그와 달리, 타인이 발용할 경우, 의식은 그 존재양식에 있어서는 타자와 구별되지 않는다. 타자는 그 자신으로 있다. 타자는 대자고 의식이다. 타자는 자신의 가능들인 가능들로 회송된다. 타자는 [다른] 타자를 배제함으로써 자기-자신이다.(323~324/478~479)

그다지 어려운 이야기는 아닙니다. 책상이라든가 창문 밖의 건물이라든가 하는 것을 지각할 경우, 그 구체적인 규정들을 삭제하고 생각하면 그것들은 그저 '이것'(혹은 '그것')이라 지칭할 수 있는 즉자로 있고, 지각하는 의식은 그 즉자를 대면하고 있는 대자로 있습니다. 이를 일컬어 대자와 '이것'이 존재양식이 서로 다르다고 하는 것입니다.

문제는 타인이 발용하는 경우, 나에게 대상인 양 나타나는 타자는 도대체 그와 같은 즉자라는 존재양식을 띠지 않는다는 것입니다. 타자는 '이것'처럼 주어지지 않고 대자인 나와 마찬가지의 존재양식을 띤 것으로 주어진다는 것입니다. 시선의 존재가 이미 이를 알려 주고 있다고 할 수 있습니다. 그래서 나와 타인이 문제되는 내적 부정은 상호적일 수밖에 없는 이중부정의 성격을 띱니다.

그 존재를 거부하기 위해 내가 인정하는 타자는 우선 나의 대자가 그에 대해 있는 자(*celui pour qui mon pour-soi est*)다. 사실, 내가 나를 그것이 아니게끔 하는 그자는 내가 나로부터 그를 부정하고 그가 내가 아닌 한에서만 존재하는 것은 아니다. 그자는 자신을 내가 아니게끔 하는 하나의 존재인데, 내가 나를 바로 그런 존재가 아니게끔 하는 한에서 그자는 존재한다. 그렇지만, 이 이중적인 부정은 어떤 의미에서는 자기 파괴적이다. 이 이중적인 부정은 다음 두 경우 중 하나가 되기 때문이다. 한 경우는 내가 나를 어떤 존재가 아니게끔 하는 경우이다. 그럴 때 그 존재는 나에 대한 대상이고 나는 그에 대한 나의 대상성을 갖지 않는다. 이 경우, 타자는 타자아(autre-moi), 즉 나이기를 거부함으로써 나를 대상으로 만드는 주체로서 존재하기를 그친다. 다른 경우는 그 존재가 실로 타자가 되어 자신을 내가 아니게끔 하는 경우이다. 이 경우에 나는 그에 대한 대상이 된다. 그리고 그는 자기 자신의 대상성을 갖지 않는다. 그래서 본래 타자는 대상이-아닌-비자아이다. …… 내가 궁극적으로 그것이기를 거부하는 그것은, 타자가 나를 대상으로 만드는바 나이기를 거부하는 것이 아니고서는 도대체 아무것도 아니다. 혹은 더 그럴듯하게 말하면, 나는 거부되는 나의 자아를 거부한다. 나는 거부된-자아에 대한 거부에 의해 나를 나-자신으로 규정한다. 내가 타인으로부터 이탈하는 그 발용 자체 속에서, 나는 이 거부된 자아를 소외된-자아로서 정립한다. 그러나 그러한 정립 자체에 의해, 나는 타인을 인정하고 확인할 뿐만 아니라 나의 대타자아(Moi-pour-autrui)의 현존을 인정하고 확인한다. 그것은 실로 만약 내가 타인에 대한 나의 대상됨을 받아들이지 않는다면, 내가 타인이 아닐 수 없기 때문이다. (324/479~480)

이야기가 상당히 길고 복잡한 것 같지만, 알고 보면 상당히 단순하다고도 할 수 있습니다. 첫번째 이야기는 '나를 부정하는 타인에 대한 나의 부정'에서 이중부정을 읽을 수 있다는 것입니다. 그렇지 않고서는 타인이 성립할 수 없기 때문입니다. 그런데, 이 이중부정은 원리상 동시적인 것이 아니라 택일적인 것입니다. 내가 주체가 되어 대상성을 상실하거나, 타인이 주체가 되어 대상성을 상실하거나 둘 중 하나이기에 이중성이 파괴된다는 이야기입니다.

두번째 이야기는 한 단계 발전된 것으로서 타인에 대한 나의 부정은 직접적인 것이 아니라, 나를 부정하는 타인의 부정을 부정함으로써 이루어진다는 것입니다. 이는 실질적으로도 중요합니다. 내가 나 자신을 강화하고자 할 때, 나를 강하게 부정하고 거부하는 '녀석'을 부정하고 거부해야만 합니다. '별 볼일 없는 녀석', 예컨대 '충실히 나를 인정하고 따르는 녀석'을 부정하고 거부해 본들 내가 새롭게 강화되지 않습니다. 누군가가 나를 거부할 때, 그 거부하는 자를 거부해야 합니다. 중요한 것은 이때 '나를 거부하는 타인'에 의해 나에게서 '거부된 나'가 성립한다는 것이고, 그래서 내가 나에게서 '거부된 나'를 거부하지 않고서는 내가 타인에게 빨려들어 가 그에 대한 대상에 불과하게 된다는 것입니다.

(2) 소외되고 거부된 나, 나의 외존

그래서 '거부된 나에 대한 나의 거부'가 중요하게 부각되고, 여기에서 '거부된 나'는 '소외된 나'로 자리매김되면서 이를 어떻게 처리하느냐가 관건으로 등장합니다. 이 대목에서 사르트르의 기가 막힌 설명이 나온다.

소외된 나가 사라지면 내 자신이 붕괴되면서 그 붕괴에 의해 타인이 사라지게 된다. 나는 나의 소외된 자아를 타인의 손에 맡김으로써 타인으로부터 이탈한다. 그러나 나는 나를 타인으로부터의 이탈로서 선택했기 때문에, 나는 이 소외된 자아를 나의 것으로서 인수하고 인정한다. …… 그래서 이 소외되고 거부된 나는 나와 타인의 끈이자 동시에 나와 타인이 절대적으로 분리된다는 것에 대한 상징이다.(325/480)

도마뱀의 자기 꼬리 자르고 살아남기인가요? 타인에 의해 소외되고 거부된 나가 없이는 나는 실로 주체로서 존재할 수 없습니다. 그런 나를 거부해야만 내가 주체로서 존립할 수 있기 때문입니다. '에라, 모르겠다' 하고 나는 거부된 나를 타인에게 넘겨 버립니다. 그러면서 타인으로부터 달아납니다. 하지만 타인에게 넘겨 버렸다고 해서 그 소외된 나가 내가 아니라고 전적으로 부인할 수 없습니다. 나와 타인은 서로가 서로에게 각자의 소외된 자아를 넘김으로써 그러면서도 그 각자의 소외된 자아를 자신의 것으로서 인정하고 받아들임으로써 서로의 주체를 살리고자 합니다.

그러고 보면, '소외되고 거부된 자아'야말로 나와 타인을 연결할 수 있는 끈이 아닐 수 없습니다. 하지만, '소외되고 거부된다는 사실' 자체는 나와 타인이 절대적으로 분리되지 않을 수 없다는 것을 이미 함축하고 있습니다. 그런데 이 소외되고 거부된 나의 자아는 달리 말하면 바로 나의 대타존재가 아닐 수 없습니다. 대타존재로서의 나는 대상인 나지요. 뭉뚱그려 말하면, 대타존재인 대상인 나가 나의 자성과 타인의 자성에 대한 핵심 매개로서 작동하는 것입니다.

그래서 나의 대타존재, 즉 나의 대상인 자아는 나로부터 잘려나가 하나의 낯선 의식 속에서 생장하는 이미지가 아니다. 그것은 완전히 실제적인 존재로서, 타인을 마주한 나의 자성에 대한 조건이자 나를 마주한 타인의 자성에 대한 조건이다. 그것은 나의 **외존**(外存, *être-dehors*)이다. 이 나의 외존은 그 자체 바깥으로부터 옮직한 [수동적으로] 당하는 존재가 아니라, 나의 바깥으로서 [나에 의해] 인수되고 인정된 바깥이다.(325/481)

'나의 외존'이라는 낱말이 강한 울림을 줍니다. 이 나의 외존이 나와 타인이 서로 자성을 갖출 수 있는 조건이 된다는 언명 때문에 더욱 그러합니다. 내가 나를 타인에게 넘겨줄 때에만 나도 살고 타인도 산다는 실천적인 논리가 배어 있습니다. 타인에게 나를 넘겨줌으로써 제대로 나를 확보한다는 비결이 담겨 있습니다. 그런데 내가 나를 타인에게 완전히 넘겨주면 나도 죽고 타인도 죽습니다. 따라서 나는 나를 타인에게 완전히 넘겨줄 방법이 없습니다. 그럴 경우, 나를 넘겨받을 타인이 사라지고 없기 때문입니다. 따라서 나는 차라리 나를 타인에게 완전히 넘겨 버리고자 해야 합니다. 그럴 때 타인은 더욱 온전히 나를 부정하고 거부함으로써 결코 완전히 넘겨 버릴 수 없는 나 자신을 더욱 굳건히 세울 것이기 때문입니다.

타인에게 완전히 넘겨진 나는 비록 나의 외존이긴 하나 분명히 나입니다. 그것은 그 나름으로 총체성을 형성할 것입니다. 동시에 그럼으로써 더욱 굳건히 세워진 나 역시 나름대로 총체성을 형성할 것입니다. 전자가 대타적·외존적인 총체성이라면, 후자의 총체성은 그 자체로 결코 완결될 수 없는 이른바 탈총체적·무규정적 총체성일 것입니다.

(3) 대상인 나의 존재양식

대타적·외존적인 총체성을 구성하는 것은 기실 대상인 나입니다. 이놈의 존재방식은 도대체 애매하기 짝이 없습니다. 대자도 아닌 것이, 즉자도 아닌 것이 묘하게 존재하기 때문입니다.

> 나의 대상인 자아는 결코 즉자가 아니다. 왜냐하면 그것은 무차별한 순수한 외부성에서 산출되지 않기 때문이다. 그러나 그것은 대자는 더욱더 아니다. 왜냐하면 그것은 내가 나를 무화함으로써 그것으로 되어야 하는 존재가 아니기 때문이다. 정확하게 말해, 나의 대상인 자아는 나의 **대타존재**, 말하자면 대립된 기원을 가진 그리고 역전되는 방향으로 작동하는 두 부정들 사이에서 찢겨진 존재다. 왜냐하면 타인은 그가 직관하고 있는 그 자아가 아니고, 나는 나인 그 자아를 직관하지 **않기** 때문이다. 그러나 한쪽에 의해 산출되고 다른 한쪽에 의해 인수되는 이 자아는 다음의 사실로부터 자신의 절대적인 실재성을 확보한다. 즉 이 자아가, 존재양식에 있어서 근본적으로 동일하고 직접 서로 현전하고 있는 두 존재를 분리해 내는 유일한 가능성을 갖는다는 사실로부터 자신의 절대적인 실재성을 확보한다.(326/482)

'두 부정들 사이에서 찢겨진 존재'가 문제입니다. 구체적으로 말하면, 그것을 직관하지만 직관되는 그것이 아니라는 타인에게서의 부정, 그리고 그것이긴 하지만 그것을 직관하지 못하는 나에게서의 부정 사이에서 찢겨져 있는 존재가 문제인 것이죠. 그것은 바로 '나의 대상인 자아'입니다. 그것이 바로 대타존재라는 것입니다. 그런데 나와 타인이 마주보고 있는 관계에서 어쩌면 이 '대상인 자아'가 거의 대부분을 차지하는 것이지 싶습니다. 이때 어차피 나와 타인은, 역동적인 순환 관계를 무시하고서 그 자체로 보면, 예컨대 둘 다 대자로서 존재할 것이고, 둘 다 자신을 무화하는 존재일 것이기 때문입니다. 다만, 문제가 되는 것은 세계 속에서 서로가 지각하면서 이른바 무차별의 순전한 외부성 속으로 끌려들어 갈 것 같은 각자의 몸입니다. 이에 관해서는 나중에 소상하게 고찰하게 될 것입니다.

(4) 나에 대한 타인의 우선성

그런데 대단히 흥미로운 것은 사르트르가 타인에 대한 나의 부정보다 나에 대한 타인의 부정을 더 일차적인 부정으로 본다는 사실입니다. 즉 흔히 나에 의한 타인의 대상화를 나와 타인의 관계에서 일차적인 계기로 이해하는데, 그럴 수 있는 것은 알고 보면 타인에 의해 내가 대상화되는 것을 출발점으로 해서 가능하다는 것입니다. 말하자면, 타인에 의한 나의 대상화가 더 일차적이라는 것입니다. 이를 부정에 관련해서 이렇게 말합니다.

> 나는 두 부정 중에서 내가 책임질 수 없는 부정, 즉 나에 의해 나에게 오는 것이 아닌 부정을 먼저 그리고 오롯이 파악해야 한다. 그러나 이 부정의 파악 자체에서 내 자신으로서 나(에 대한) 의식이 발용한다. 즉 내가 내 자신의 가능성인 타인에 대한 부정을 책임지고 있는 한에서, 내가 나(에 대한) 명백한 의식을 가질 수 있다는 사실이 발용한다. 이는 이차적 부정, 즉 나에게서 발원하여 타인에게로 가는 부정에 대한 설명이다. 사실로 말해서, 이 이차적인 부정은 이미 거기에 있었다. 그러나 타자에 의해 숨겨져 있었다. 왜냐하면 이 이차적인 부정은 타자가 나타나도록 하기 위해 스스로를 상실했기 때문이다. 그러나 엄격하게 말해, 타자는 이 새로운 부정이 나타나도록 하는 동기가 된다. …… 그

것은 내가 나의 한계를 인수함으로써 타인으로부터 이탈하기 때문이다.(326~327/483)

철저한 나의 전략입니다. 나는 타인이 먼저 강력하게 발흥할 계기를 제공하는 제스처를 취합니다. 그러기 위해 나는 타인이 수행하는 부정을 위한 '제물'로 나를 제공합니다. 그러자 타인은 얼씨구나 하고서 나를 부정하고 그럼으로써 자기 자신을 확보합니다. 이때를 기다려 나는 잽싸게 그 강력한 타인을 부정합니다. 이미 있었으나 타인 때문에 숨겨져 있던 나에 의한 타인에 대한 부정이 숨겼던 '발톱'을 드러내는 셈입니다. 나에 대한 타인의 우선성은 기실 타인에 대한 나의 우선성을 위한 이보전진을 위한 일보후퇴였던 셈입니다. 하지만, 타인이 그 나름으로 하나의 '나'임을 감안하면 이는 서로 그런 셈이 됩니다.

12) 나와 타인 간의 감정 관계

그러나 나는 이 과정에서 어쩔 수 없이 타인의 '발톱'에 의해 '상처를 입고' 맙니다. 물론 타인은 어쩌면 더 큰 상처를 입었을 것입니다. 서로가 서로를 한계 지은 것입니다. 크게 보면, 나와 타인은 자신의 존재를 확보함에 있어서 서로 연동하는 셈이고, 그 연동을 통해 서로 한계를 인정하지 않을 수 없는 구조를 갖는 것입니다. 사르트르는 여기에서 감정적인 질서(ordre affectif)를 생각하지 않으면 안 된다고 말합니다.

이제 타인은, 내가 타인이-아님이고자 하여 수행하는 나의 기획 자체를 통해 내가 제한하는 것이 된다. 당연하지만, 여기에서 [타인에 의한 나의 제한으로부터 나에 의한 타인의 제한으로 나아가는] 이 과정에서 동기부여의 역할을 하는 것이 감정적인 질서에 속한 것임을 생각하지 않으면 안 된다. 예를 들면, 만약 내가 공포 속에서, 수치 혹은 자부심 속에서 '그 너머를 지닌 드러나지 않음'(Non-révélé avec son au-delà)을 정확하게 실감하지 않는다면, 나는 그 드러나지 않음에 몰두한 채 있을 수밖에 없다. …… 이 감정들 자체는 우리가 우리의 대타존재를 감정적으로 경험하는 방식에 다름 아니다.(327/484)

사실, 나와 타인의 관계가 아예 감정적인 것이 아니라면, 이렇게 복잡한 현상학적 분석을 할 필요조차 없을지 모릅니다. 사르트르가 '질투심'에 사로잡힌 나머지 졸렬하게 열쇠 구멍을 들여다보는 나를 설정하고, 그 나를 바라보는 타인의 시선 때문에 내가 수치심에 사로잡혀 어쩔 줄 몰라 하는 데서 출발해서 타인의 문제를 분석한 것도 그런 것이었습니다. 나와 타인이 서로를 제한함으로써 나 혹은 타인의 주체가 '상처를 입고서' 한계를 지닐 수밖에 없다고 할 때, 그 한계의 폭은 기실 감정적인 질서에 의거한 것이었다고 해야 할 것입니다. 다만, '한계 지어진 나의 주체'라고 할 때, 그 한계 너머는 내가 어찌할 수 없는 대타적인 것으로서 나에게 직관되지 않는, 즉 드러나지 않는 것이었습니다. 만약 내가 이를 실감치 않는다면, 나는 예컨대 질투심에 빠져 있으면서 질투심을 느끼지 못할 것이고, 공포에 빠져 있으면서 공포심을 느끼지 못할 것입니다.

거꾸로 말하자면, 우리가 타인 관계에 있어서 어떤 감정을 느낀다는 것은 바로 내 주체의 한계 너머에 있는 나의 대타존재를 감정적으로 경험하는 것이고, 여러 종류의 감정이 구분된다는 것은 대타존재를 감정적으로 경험하는 방식이 다양하다는 것입니다.

(1) 공포에 관하여

사르트르는 우선 공포를 예로 들어 분석해 나갑니다.

> 공포는 내가, 세계를 있게 하는 대자로서가 아니라 세계의 한복판에
> [매몰된] 현전으로서 위협받는 상태에 있는 것으로 나[자신]에게 나타
> 난다는 것을 뜻한다. 세계 속에서 위험에 처해 있는 것은 나인 대상이
> 다. 이때 나인 대상의 파멸은 내가 성취해야 할 대자의 파멸을 가져올
> 수 있다. 나인 대상은 나의 대자와 불가분리적인 존재적 통일성을 형성
> 하고 있기 때문이다. 그러므로 공포는 나의 지각 장에 다른 대상이 나타
> 나는 것을 계제로 나의 대상임(être-objet)이 발견되는 것이다. 모든 공
> 포의 근원은 나의 대상성이 나의 가능들이 아닌 가능들에 의해 극복되
> 고 초월되는 한에서 순전하고 단순한 나의 대상성이 두려운 상태로 발
> 견되는 것이다. 공포는 이 모든 공포의 기원으로 회송된다. 내가 나의
> 대상성을 비본질적인 것으로 여기는 한에서, 그리고 내 자신의 고유한
> 가능들을 향해 나를 기획투사함(jeter)으로써 나는 공포로부터 탈출하
> 게 된다.(327/484)

공포가 근본적으로 무엇인지, 그리고 공포로부터 탈출할 수 있는 길
이 무엇인지를 대략 제시하고 있습니다. 타인이 나를 대상화하는 것을
내가 역이용하여 나 자신을 강하게 확보할 수 있으면 공포가 생길 수 없
습니다. 그런데 타인이 나를 대상화함으로써 나를 세계 속에 완전히 빠
뜨리고 그렇게 해서 대상-존재인 나를 내가 거부할 수 없을 때, 공포가
밀어닥친다는 이야기입니다. 이럴 때에 나의 대상-존재는 내가 그것을
거부하기는커녕 나를 오히려 압도해 들어와 나의 모든 가능성들을 박탈

해 버릴 것이기 때문입니다.

　이러한 공포로부터 탈출하기 위해서는 나를 몰아붙이는 타인의 가능성들을 극복하지 않으면 안 됩니다. 타인의 가능성들을 거부함으로써 타인의 가능성들을 이른바 '죽은 가능성들'로 만들어야 합니다. 그럴 수 있기 위해서는 타인의 가능성들에 대해 나에 의해 체험됨으로써 나를 치고 들어오는 것이 아니라 그저 마치 세계 속에서 지각되는 다른 대상들처럼 나에게 주어진 것에 불과하다는 성격을 부여해 버려야 합니다.

　나와 타인이 굳이 '목숨을 건 투쟁'처럼 '너 죽고 나 살기'의 격렬한 적대 관계를 넘어서서 서로를 위해 서로를 내어주는 '착한' 관계를 맺을 수 있는가 했더니, 그게 아닙니다. 현실적으로 공포심, 수치심과 열등감, 우월감과 자부심, 질투심 등 도대체 쉽게 삭제해 버릴 수 없는 오랜 역사의 감정들이 우리의 삶을 관통하고 있기 때문입니다. 이 감정들의 정체를 존재론적으로 분석해 내지 않을 수 없는데, 그 분석의 결과 나와 타인은 '절대적인 분리'뿐만 아니라 '적대적인 투쟁'을 치르지 않으면 안 되는 것으로 드러나고 있습니다. 그 결과 나의 대타존재, 즉 나의 외존은 이제 대단히 위험한 존재로 등장하게 됩니다.

(2) 수치심에 관하여

수치심 역시 공포와 마찬가지로 이러한 나와 타인 간의 적대적인 구조를 벗어나지 못하는 데서 성립합니다.

　　이와 비슷하게, 수치심은 바깥에서 나의 존재를 갖는다는 근원적인 느낌, 다른 하나의 존재 속에 나의 존재가 끌려가 버렸다는 근원적인 느낌, 그렇기에 아무런 방어책도 없고 순수한 한 주체로부터 발산되는 절

대적인 빛에 의해 백일하에 드러나고 있다는 근원적인 느낌 바로 그것이다.(328/485)

누군가가 '사는 게 수치스럽다'라는 말을 한다고 할 때, 그는 자신의 삶을 통해 도대체 다른 누군가의 순전한 주체에 의해, 말하자면 '그들'의 순전한 주체에 의해 자신이 대상화되어 끌려가는 상태를 도무지 벗어날 수 없다는 철저한 느낌을 고백하고 있는 것입니다. 그 느낌이 근원적으로 파고들 때, 도대체 우리는 수치스럽지 않을 수 없습니다. 그런데 사르트르는 수치심 자체에 수치심을 벗어날 수 있는 길이 매설되어 있음을 제시합니다.

수치심은 그것을 넘어서고 그것을 억누르는 반작용을 부추긴다. 수치심은 자체 속에 주제화되지는 않았지만 암암리에 나를 대상으로 삼는 그 주체도 대상이 될 수 있다는 이해를 포함하고 있기 때문이다. 이 암암리의 이해는 나의 '내-자신-임'(에 대한) 의식, 즉 나의 강화된 자성에 대한 의식에 다름 아니다. '나는 내가 수치스럽다'라는 언명의 구조 속에서, 수치심은 타자에 대한 대상인 나를 전제하지만, 또한 수치심을 가지는 하나의 자성(自性), 이 간결한 언명에 들어 있는 '나'를 불완전하게나마 표현하는 하나의 자성을 전제한다.(329/486)

그나마 '나는 내가 수치스럽다'라고 말할 정도가 되면, 수치스러운 자기 자신을 수치스러워하는 '나'가 암암리에 '살아' 있는 것입니다. 그러니까 역설적이게도 수치스러워하는 자는 그 수치심을 통해 암암리에 자신을 강화하고 있다는 것입니다. 중요한 것은 나를 수치스럽게 하는 타인 역시 지금의 나처럼 얼마든지 대상화되어 제 스스로를 수치스러워할 수도 있는 존재라는 이해가 나의 수치심 자체 속에 들어 있다는 것입니다. '호랑이에게 물려가도 정신만 차리면 산다'라는 속담이 떠오릅니다.

그런데 사르트르는 타인의 주체에 대해 묘한 이야기를 함으로써 적어도 내 자신이 타인에게 끌려가기만 할 수 없다는 핵심적인 근거로 삼고자 합니다.

대상인 타인은, 마치 움푹 패인 통이 '하나의 내부'(un intérieur)를 갖는 것처럼, 하나의 주체성을 '갖는다'. 이를 통해 나는 회복된다. 왜냐하면, 나는 하나의 대상에 대한 대상일 수는 없기 때문이다. 타인이 그의 '내부'에 의해 나와 연결된 상태로 머문다는 것을 나는 결코 부정하지 않는다. 그러나 그가 나에 대해 갖는 의식은 대상인 의식이기 때문에 나에게 효력 없는 순수한 내부성으로 나타난다. 그 의식은 이 '내부'가 갖는 여러 속성들 중의 한 속성, 즉 사진술의 장치인 암실 속 감광 필름과 같은 어떤 것이다.(328/485)

나를 수치스럽게 하는 그 타인이 갖는 주체성이란 알고 보면 대상인 타인이 갖는 주체성일 따름이고, 그때 그 주체성은 굳이 따지자면 대상이라는 것입니다. 다만, 대상이긴 한데, 통이 내부를 갖는 것처럼이나마 혹은 암실 속의 감광 필름인 것처럼이나마 주체성을 갖는다는 것입니다. 말하자면, 가상적인 주체성일 따름이라는 이야기입니다. 그러니 너무 걱정할 게 못 된다는 것이고, 수치심으로부터 나를 회복할 길이 근본적으로 마련되어 있다는 것입니다. 그러면서 수치심에 관련해서 '장엄한' 이야기를 펼칩니다.

그래서 수치는 세 가지 차원의 통일된 파악이다. 즉 "**나는 타인 앞에서 나에 대해 수치심을 갖는다**".

만약 이 세 차원 중 하나만이라도 사라지게 되면, 수치심 역시 사라진다. 그러나 만약 내가 '그들' 주체 앞에서 수치심을 갖는다고 생각한다면, '그들' 주체는 다수의 타인으로 흩어지지 않는 한 대상이 될 수 없기 때문에, 만약 내가 '그들' 주체를 결코 대상이 될 수 없는 절대적인 통일성을 띤 주체로 정립한다면, 나는 나의 대상됨을 영원히 정립하는 것이고 나의 수치심을 영구적으로 고착시키게 된다. 그것은 신 앞에서 수치를 느끼는 것, 즉 결코 대상이 될 수 없는 하나의 주체 앞에서 나의 대상성을 인정하는 것이다. 그와 동시에 나는 절대자 속에서 나의 대상성을 실현하고 실체화한다. 신의 위치는 나의 대상성의 사물화(chosisme)를 수반한다. 기껏해야 나는 나의 신에 대해 대상이 됨(être-objet-pour-Dieu)을 나의 대자보다 더 실재적인 것으로서 정립한다. 나는 소외된 채 존립하고, 나의 바깥에 의해 내가 성취해야 할 것을 나에게 알려 준다. 이것이 바로 신 앞에서의 두려움의 근원이다. 흑마술, 희생물에 대한 모독, 악마적인 결사(結社)들 등은 절대적인 주체(Sujet absolu)에게 대상적인 성격을 부여하기 위한 노력이다. 악에 대한 악을 바라면서, 나는 신성한 초월성 ──선이 그 고유한 가능성이다── 을 순전히 주어진 초월성으로서 그리고 내가 악을 향해 넘어서는 초월성으로서 사념코자 한다. 그럴 때 나는 신을 '고통스럽게 하고', '약 올리는' 것 등의 짓을 하는 셈이다. 이 모든 시도들은 신을 대상이 될 수 없는 절대적인 주체로서 암암리에 인정하고 있다. 이 시도들은 그 속에 모순을 간직하고 있고, 영원히 실패하게 된다.(329/486~487)

상당히 길게 인용했습니다. 이 글을 읽는 것만으로도 충분히 사르트르의 논점을 파악할 수 있을 것입니다. 어떤 종류의 것이든 결코 대상으로 될 수 없는 절대적인 주체를 내 바깥에 설정하는 한, 그 어떤 대책을 강구하더라도 영원한 수치에서 벗어날 수 없다는 것입니다. '신 앞에서의 두려움'이라는 글귀에서 키르케고르의 저작명인 '공포와 전율'을 떠올리게 됩니다. 고래로부터 전승되어 오면서 여전히 암암리에 우리를 휘감는 인간의 운명감의 정체가 무엇인가를 여실히 깨닫게 합니다.

(3) 자부심에 관하여

전번 시간에 우리는 대타존재에 관련해서 중요한 몇 가지 이야기들을 했습니다. 되새기기 위해 간략하게 그 핵심 어구들만 제시해 봅니다. '대타적인 대자', '절대적인 사건인 대타존재', '나 자신이기 위해 내 속에 품지 않으면 안 되는 타인', '타인에 의해 거부됨으로써 성립하는 나의 거부된 자아', '거부된 자아에 대한 나의 거부', '소외된 자아', '대타자아', '나의 외존', '대자도 즉자도 아닌 대상인 나', '이중부정, 타인에 의한 나에 대한 부정을 기다려 그런 부정을 하는 타인을 부정하는 나', '대타존재에 대한 감정적 경험' 등이 그것들입니다. 이런 논의 과정을 거친 뒤 공포심과 수치심에 대한 사르트르의 분석을 살펴보았습니다. 그 핵심은 두 감정 모두 타인에 의해 나의 대자 가능성이 박탈된다는 것이었습니다. 그런데 그런 타인의 주체란 알고 보면 대자적인 주체인 나에 의해 성립되는 대상성을 벗어날 수 없는, 이른바 '죽은 가능성들'을 지닌 것에 불과한 것이었고, 따라서 내가 공포와 수치로부터 벗어날 수 있는 길이 대타존재가 성립하는 구조 속에 이미 들어 있다는 것이었습니다.

사르트르는 이제 대타존재에 대한 감정적 경험에 해당하는 자부심에 관해 분석합니다. 어쩌면 모든 감정은 절대적인 사건인 대타존재로부터 비롯된다고 보아야 할 것입니다. 대타존재의 구조가 워낙 애매하게 이중부정적인 고리들을 많이 포함하고 있기 때문에, 자부심 역시 간단하지 않습니다. 자부심은 내가 타인에 대해 '어떤 상태'에 있다는 것을 전제로 합니다. 그때 타인은 결코 순전한 대상일 수 없습니다. 여기에서 타인은 나를 대상화할 수 있는 그런 능력을 갖춘 주체로 있어야 합니다. 예컨대 모두가 싫어하지만 하지 않으면 안 되는 일을 내가 성공적으로 수행함으로써 내가 그런 나에 대해 자부심을 갖는다고 해보겠습니다. '그 일을 성공시킨 나'를 다른 사람들이 인정해 준다는 전제가 그 바탕에 깔려 있을 것입니다. 다른 사람들이 '그런 나'를 인정한다는 것은 좋은 방향이긴 하지만 나를 대상화하는 것입니다. 이때 나는 그렇게 대상화된 나를 흔쾌히 받아들이는 셈입니다. 달리 말하면, 그렇게 대상화된 나에 대해 내가 얼마든지 책임을 질 수 있다는 것입니다. 그렇다면, 이때 나의 대자는 어떻게 되나요? 사르트르는 이렇게 말합니다.

> 자부심, 그것은 근원적 수치를 배제하지 않는다. …… 어떤 의미에서, 자부심은 우선 체념이다. **그러함**(être cela)에 대해 자부심을 가지려면, 우선 나는 [내가] 그러할 뿐이라는 것을 감수해야 한다. 그러므로 관건이 되는 것은 수치심에 대한 일차적인 반작용이다. 그것은 이미 도피적이고 자기기만적인 반작용이다. 왜냐하면 내가 나를 파악하되, 타인을 주체로 여기기를 그치지 않은 상태에서, 나의 대상성에 의해 타인에게 **영향을 미치는 자**로 파악하려고 하기 때문이다. 요컨대 거기에는 두 가지 본래적인 태도가 들어 있다. 하나는 내가 타인을 주체로 인정함으로써 그 주체에 의해 내가 대상성으로 나아가려는 태도이다. 이는 수치다.

다른 하나는 내가 나를 자유로운 기획투사로 파악함으로써 타인을 대타존재[7]로 나아가도록 하려는 태도이다. 이것은 대상인 타인을 마주한 상태에서 나의 자유를 확정하는 것 혹은 거만함이다.(329~330/487)

자부심에 들어 있는 이중적인 태도를 꼬집고 있습니다. 그래서 자부심이란 균형을 잃어버린, 자기기만의 감정이라는 것입니다. 자부심이라고 하는 것이 흔히 그럴듯하게 여기는 것과 거리가 있다는 것을 쉽게 알 수 있습니다. 자부심에 대한 사르트르의 분석은 이렇게 정돈됩니다.

그것은 실제로 나의 위력 혹은 나의 아름다움에 절대적인 대상성을 부여하는 유일한 방식이다. 그래서 내가 타인에게 요구하는 그 감정은 그 자체 속에 나름의 모순을 포함한다. 그 감정에 있어서, 나는 타인이 자유로운 한에서 타인에게 영향을 미쳐야 하기 때문이다. 그 감정은 자기기만의 양식을 바탕으로 해서 느껴지는 것이며, 그 내적인 전개는 그 감정을 붕괴로 이끈다. 사실 나는, 내가 인수하는 나의 대상임(대상 존재, être-objet)을 즐기기 위해서, 나의 그 대상 존재를 **대상으로서** 회복하고자 시도한다. 그런데 그러한 회복에 있어서 열쇠는 타인이다. 그렇기 때문에 나는, 그가 내 존재의 비밀을 나에게 넘겨주도록 하기 위해, 타인을 탈취하고자 한다. 그래서 허영심이 나를 추동하여 타인을 탈취하여 그를 하나의 대상으로 구축하도록 하고, 그 대상[인 타인]의 와중에서 내 자신의 대상성을 파헤쳐 발견하고자 한다. 그러나 이는 황금알을 얻기 위해 황금알을 낳는 닭을 죽이는 것이다.(330/487~488)

---

7) 원문에는 'être-autrui'로 되어 있는데, 이는 'être-pour-autrui'의 오기(誤記)로 보입니다.

나에 대해 타인이 주체가 아니고서는 나는 나의 대상성을 발견할 수 없습니다. 그런데 내가 자부심을 느끼는 경우, 나는 그렇게 해서 성립된 나의 대상성을 통해 주체로서 타인에게 영향을 미치고자 합니다. 예컨대 타인이 나를 부러워하도록 혹은 인정하도록 하고자 합니다. 이는 내가 타인을 대상화하는 것이고, 타인을 탈취하는 것입니다. 결국에는 타인을 대상으로 만들어 놓고서 그 속에서 나의 대상성을 얻고자 하는 것입니다. 그렇기 때문에, 자부심에는 자기기만에 의거한 모순이 포함되어 있다는 것입니다.

아닌 게 아니라, 일상적으로 우리는 남들에게 나의 우월성을 과시할 수 있는 기회를 얻으려 하고, 그 기회를 통해 '타인들에 대한 나의 우월한 존재'를 확고히 하려는 경향을 갖습니다. 하지만, 그 과정에서 우리는 결코 흔쾌한 느낌을 갖지 못합니다. 왠지 암암리에 죄를 짓는 것 같은 불쾌한 느낌이 수반됩니다. 자부심을 갖는다는 것 자체가 처음부터 타인에 대한 반작용(반동, réaction)에 불과했기 때문이고, 그런 만큼 자유롭지 못함을 처음부터 암암리에 각오하고 있었기 때문입니다. 니체가 반동 혹은 반동적인 감정을 얼마만큼 부정하고 저주했는가를 떠올리게 됩니다.

(4) 감정들에 대한 정돈

공포심, 수치심, 자부심 등을 차례로 고찰한 뒤, 사르트르는 이렇게 결론 짓습니다.

그러므로 수치심, 공포 그리고 자부심은 나의 근본적인 반작용들이다. 그것들은 내가 타인을 [나의] 세력권을 벗어나 있는 주체로서 인정하는 다양한 방식들일 뿐이다. 그런데 그것들은 그 속에, 내가 타인을 대상으

로 구축하는 데 동기로 작동할 수 있고 작동할 수밖에 없는 나의 자성
에 대한 이해를 포함하고 있다.(330/488)

13) 대상인 타인의 초월된 초월

흔히 우리는 다른 사람들에 대해 일정하게 질적인 규정을 합니다. 예컨
대 '화를 내고 있다', '즐거워하고 있다', '조심스러운 사람이다', '정이 많
다', '인색하다', '성을 잘 낸다' 등의 규정을 합니다. 그런데 이는 여느 다
른 사물들에 대해, 예컨대 '저 돌은 보기보다 가볍다'라든가 '이 책상은
디자인이 좋다'라든가 하는 것과는 전혀 다른 질적인 규정들입니다. 다
른 사람들에 대한 질적인 규정에는 암암리에 그 다른 사람이 주체임을
전제로 하고 있기 때문입니다.

이를 타인에 대해 그 초월성(초월, transcendance)을 인정하는 것이
라 달리 말할 수 있습니다. 그런데 이 경우, 타인의 초월성은 과연 세계를
넘어서 있는 진정한 초월, 즉 '초월하는 초월'이라 할 수 있나요? 그럴 수
없다는 것이 사르트르의 생각이고, 그래서 그와 같이 대상인 타인이 드
러내 보이는 초월성을 '초월된 초월'이라 부릅니다. 말하자면, 다소 모순
적인 이중성을 띤 초월성이라는 이야기입니다. 그러면서 이를 도구들과
어떤 관계를 맺고 있는가를 분석함으로써, 나와 타인들 간의 현실적인
관계를 드러내고자 합니다.

(1) 타인의 대상화된 개입

내가 보기에 다른 사람들도 그 나름으로 세계 혹은 상황에 개입해 있습
니다. '개입해 있다'는 것은 주체적인 태도를 취하고서 주변의 사물들을

도구들로 끌어당겨 활용하고 있다는 것을 의미합니다. 그러니까 타인은 나에게 그렇게 세계 혹은 상황에 개입할 수 있고 개입하고 있는 존재로 나타납니다. 그런데 내가 세계 혹은 상황에 개입한다고 할 때, 그 세계 혹은 상황 안에는 '그 나름으로 개입하고 있는 타인'도 포함되어 있습니다. 말하자면, 내가 보기에 타인의 개입은 나에 의해 대상화된 개입인 것입니다. '나의 개입 속의 타인의 개입'인 셈입니다. 사르트르의 이야기를 들어 보겠습니다.

> 내가 **대아적으로** 존립하는 한, 상황 속으로의 나의 '개입'(engagement)은 흔히 사람들이 "나는 아무개와 약속이 되어 있다(Je suis engagé envers un tel). 나는 그 돈을 갚기로 약속했다(Je me suis engagé à rendre cet argent)"와 같이 말할 때의 의미로 이해되어야 한다. 그리고 주체인 타인을 특징짓는 것은 이러한 개입이다. 그 역시 또 다른 하나의 자아 자신이기 때문이다. 그러나 내가 타인을 대상으로 파악할 때, 그 대상화된 개입은 강급(降級)되어 하나의 대상인 개입이 되는데, 그 의미는 "칼이 상처 속에 깊이 들어가 있다(Le couteau est engagé profondément dans la plaie). 군대가 분열식을 하고 있었다(L'armée s'était engagé dans un défilé)"와 같이 말할 때의 의미다.(331/489, 밑줄은 인용자)

이 인용문에서 분석되고 있는 개입(engagement) 혹은 개입된(개입하고 있는, être engagé)[8]이라는 말은 우리말로는 좀처럼 쉽게 번역되지 않습니다. 전체적으로 보면, 어떤 상황을 연출하거나 어떤 상황에 연루되어 있음을 말합니다. 타인이 그 나름 또 다른 하나의 자아로서 상황에 개입해 있을 때와 내가 보기에 그런 상황에 개입해 있는 것으로 보이는 것이 존재방식에 있어서 다르다는 이야기입니다. 후자의 경우, 타인의 대상화된 개입이라 할 수 있는데, 그것은 칼이 몸속에 깊숙이 꽂혀 있다고 할 때, 그 칼이 상황에 개입하고 있는 방식이라는 것입니다. 사르트르는 계속해서 주체-대상의 이분법을 복잡한 방식이긴 하지만 암암리에 고수하고 있습니다.

(2) 타인의 상황-속-존재

내가 보기에 그렇게 타인이 상황에 개입해 있는 것으로 보이기 때문에, 나의 주체성을 그 타인에게 투사한 셈이고, 그렇다면 타인의 개입이 갖는 대상성(객관성)은 결국 나에게서 출발한 주관적인 것에 불과한 것 아닌가 하고 물음을 제기할 수 있습니다. 하지만, 사르트르는 결코 그게 아니라는 것을 분석해 보입니다.

> 나에 의해 타인에게 생기는 세계-한복판의-존재는 실제로 실재적인 존재다. 나로 하여금 타인의 이 세계-한복판의-존재를 세계 한가운데 현존하는 것으로서 인식하게 하는 것은 주관적인 순수 필연성이 결코 아니다. …… 대상성(객관성, objectivité)은 나의 의식을 통해 일어나는 타인의 순수한 굴절이 아니다. 대상성은 나에 의해 실재의 성질 규정으로서 타인에게 주어진다. 나는 타인이 세계 한가운데 있도록 한다. 그러므로 내가 타인의 실재 성격들로서 파악하는 것, 그것은 바로 하나의 상

---

8) 인용문의 밑줄 그은 부분에서 동사 'être'는 주어의 인칭과 주어에 따라 각각 'suis', 'est', 'était'로 변형되어 사용되었습니다.

황에-처한-존재이다. 실제로 나는, 타인이 자기 자신을 향해 세계를 구축하는 한에서, [타인의] 상황에-처한-존재를 세계 한가운데서 구축한다. 나는 [타인의] 상황에-처한-존재를 도구들과 장애물들의 객관적인 통일로서 파악한다.(331/489~490)

내가 보기에 타인이 상황 속에 개입해 있다고 할 때, 내가 파악하고 있는 것은 타인이 그 나름으로 자신을 향해 세계를 구축하고 있다는 사실입니다. 우리는 『존재와 무』 제3부인 '대타'의 제1장 '타인의 현존'을 아직 벗어나지 못하고 있습니다. 제1장의 마지막 절 '시선'의 마지막 대목을 더듬고 있을 뿐입니다. 제1장의 2절 '유아론의 암초'에서 사르트르는 이런 이야기를 했었습니다.

타자는 그의 경험들의 종합적인 통일로서 그리고 정념으로서뿐만 아니라 의지로서 나의 경험을 조직하러 온다. 중요한 것은 …… 내가 아닌 하나의 존재에 의해, 나의 경험의 장 안에서, 일군의 연결된 현상들이 구축된다는 것이다. 그리고 이 현상들은 다른 모든 현상들과는 다르게 [나의] 가능적인 경험들로 되돌아오지 않고, 원칙상 나의 경험 바깥에 있고 나에게 접근될 수 없는 하나의 체계에 속한 [그런] 경험들로 되돌아온다.(264/400~401)

타인 역시 제 나름의 가능성들을 갖고서 내가 접근할 수 없는 방식으로 현상들을 결합하는바, 그 나름의 경험의 장을 구축한다는 것이었습니다. 이는 이제 타인이 제 나름으로 세계를 구축하는 것으로 달리 표현되고 있습니다. 그리고 이전에는 현상이라고 했던 것을 이제는 '도구들과

장애들'이라 구체화하고 있고, 그런 '도구들과 장애들'이라 표현하고 있
는 현상을 결합한 것을 '도구들과 장애들의 통일'이라 부르고 있고, 그러
면서 이를 (나에 의해 성립하는 바) 타인의 '상황에-처한-존재'라고 말하
고 있습니다.

(3) 그 나름으로 도구들의 포괄 질서를 구축하는 대상인 타인

이 정도 되면, 나의 입장에서 타인과 도구들의 관계를 되새겨 보지 않을
수 없습니다. 대상인 타인의 경우, 그의 '상황에-처한-존재'는 '대상화
된 개입'을 달리 부르는 명칭일 수밖에 없습니다. 그렇다면 내가 주체적
으로 개입하고 있는 상황 속에 타인의 '상황에-처한-존재', 즉 '도구들과
장애들의 통일'이 통째로 들어와 있을 것인데, 이때 과연 나에게 있어서
타인은 내가 활용하고자 하는 세계 속의 도구들과 어떤 관계를 맺는가가
문제가 아닐 수 없기 때문입니다. 사르트르에게서 대답을 구하면 이렇습
니다.

> 나의 도구들은 내가 그것들에게 부가하는 질서 속에 포괄되어 있다. 타
> 인은, 그가 모든 다른 용구들과 맺는 관계에 의해 정의되는 용구다. 그
> 는 나의 도구들의 한 질서다. 타인을 파악한다는 것, 그것은 그 포괄 질
> 서를 파악하는 것이고, 그 포괄 질서를 하나의 중심적인 부재 혹은 '내
> 부성'에 관련시키는 것이다. 그것은 이 부재를, 나의 세계에 속한 대상
> 들이 나의 영토로부터 정의되는 하나의 대상[즉, 타인]을 향해 고정적
> 으로 유출되는 것으로 정의하는 것이다.(332/490)

꽤나 까다로운 대목입니다. 나는 내 나름대로 나의 도구들을 질서 정

연하게 배치하고 차려놓습니다. 그런데 나의 도구들의 질서 속에 다소 이질적인, 나름의 통일성을 지닌 질서가 하나 등장합니다. 그리고 그 이질적인 질서를 향해 나의 도구적인 대상들이 빨려 들어갑니다. 그런데 나에게 대상으로 나타난 타인 그 자체는 나의 도구적인 대상들을 빨아당길 수 없어 보입니다. 그래서 나는 대상으로 나타난 타인에게서 묘한 이른바 '중심성을 띤 부재' 내지는 '내부성'을 염두에 두지 않을 수 없게 됩니다. 타인을 파악한다는 것은 바로 그러한 '중심성을 띤 부재'를 통해 나의 세계에 속한 나의 도구적인 대상들이 빨려 나가는 것을 파악하고, 또 '중심성을 띤 부재'를 그렇게 나의 도구적인 대상들을 빨아 당기는 것으로 정의한다는 것입니다.

요컨대 나의 도구적인 포괄 질서가 타인이 중심이 된 그 나름의 또하나의 도구적인 포괄 질서에 의해 구멍이 뚫린다는 것입니다. 달리 말하면, 그 나름의 세계를 구축하는 타인이 나의 경험의 장 속에서 등장한다는 것입니다.

타인이 대상으로 나타난다는 그 사실만으로, 원칙상 타인은 나에게 총체로서 주어진다. 타인은 세계를 전적으로 관통하면서 그 세계를 종합적으로 구축하는 세계 귀속적인 역량(puissance mondaine)으로 확장된다. 다만, 세계 자체가 나의 세계인 한에 있어서 내가 그 세계 자체를 명백히 밝힐 수 없는 것만큼이나 나는 [타인의] 그 종합적인 구축을 명백히 밝힐 수 없다.(332/490)

뭔가 사태가 역전되고 있습니다. 타인이 나에게 대상으로 나타난다는 것은 논리적으로만 보면 내가 타인을 '마음대로' 처리할 수 있는 것이라 예단을 하게 되는데, 결코 그게 아니라는 이야기입니다. 설사 타인이 대상으로 나타난다 할지라도 적어도 타인으로 나타나는 한, 그는 그 나름으로 자신의 세계를 종합적으로 구축해 내는 역량을 갖춘 자로 나에게 나타납니다. 게다가 나는 그가 그 자신의 세계를 어떻게 종합적으로 구축하고 있는지 좀처럼 알 수도 없습니다.

(4) 대상인 타인과 주체인 타인의 차이

이렇게 되면, 대상인 타인과 주체인 타인이 거의 구분되지 않는 것 아닌가 하는 의문을 가질 수밖에 없습니다. 이에 관한 사르트르의 이야기를 들어 보겠습니다.

> 대상인 타인과 주체인 타인의 원칙상의 차이는 오로지, 주체인 타인이 결코 인식될 수 없고 심지어 그러그러한 것으로 인식될 수조차 없다는 사실에 근거한다. 주체인 타인에 대한 인식은 문제로 설정될 수 없다. 세계의 대상들은 타인인 주체의 주체성으로 회부되지 않는다. 세계의 대상들은, 세계내부적인 유출의 ——나의 자성을 향해 극복된——의미로서 세계 속에서 타인의 대상성을 지시할 뿐이다. 그래서 나에 대한 타인의 현전은 나의 대상성을 만드는 것으로서 하나의 주체인 총체로서 경험된다. 그리고 만약 내가 이 주체인 총체를 파악하기 위해 나에 대한 타인의 현전으로 몸을 돌린다면, 나는 타인을 새로운 총체로서, 즉 세계의 총체성과 공연장적인(共延長, coextensive) 하나의 대상인 총체로서 새롭게 파악하게 된다.(332~333/491)

대상인 타인과 주체인 타인의 차이는 원칙적으로 주체인 타인이 전혀 인식되지 않는다는 점에서 분명하게 주어집니다. 타인이라 할지라도 그 타인의 주체성은 도대체 원리상 인식 대상이 될 수 없기 때문입니다. 굳이 말하자면, 그 주체성은 '중심성을 띤 부재'일 뿐입니다. 인식되지는 않지만, 나에게 타인이 현전한다고 할 때, 그 현전은 하나의 주체인 총체, 즉 총체적으로 주체로서 나를 '휘감아' 나를 대상으로 만듭니다. 하지만, 내가 이제 그 주체인 총체를 파악하기 위해 나에 대한 타인의 현전을 주제화하게 되면, 갑자기 그 주체인 총체는 대상인 총체로 돌변합니다.

여기에서 굳이 '총체'(혹은 '총체성')라고 표현하는 것은, 주체인 총체의 경우 나뿐만 아니라 나의 모든 세계를 전체적으로 대상으로 만들어 빨아 당기는 힘을 발휘하기 때문이고, 대상인 총체의 경우, 당장의 대상인 타인의 세계 내적인 행동이나 그에 관련된 세계 내적인 대상들뿐만 아니라 앞으로 있을 타인의 세계 내적인 행동이나 그에 관련된 세계 내적인 대상들도 망라해서 파악되기 때문입니다.

그래서 이제 대상인 타인과 주체인 타인의 차이는 대상인 총체와 주체인 총체의 차이로 크게 벌어집니다.

(5) 대상인 타인의 진정한 의미

이런 정도로 양자의 차이를 벌려 놓고서 사르트르는 따라서 대상인 타인을 그의 내면적인 특징들로 환원해서 설명해서는 안 된다는 점을 강조합니다. 말하자면, 이른바 내성주의(introspectism)적인 관점에 입각해서 타인을 설명하고자 하는 것은 불가능하다는 점을 밝히는 것이지요.

소리를 지르고 발을 동동 구르고 위협적인 동작들을 하는 등 해서 나에게 드러나는 그대로의 대상인 타인의 분노는 주관적이고 숨겨진 분노의 **기호**(*signe*)가 아니다. 대상인 타인의 분노는 소리를 지르거나 하는 등의 다른 동작들 외에 그 어느 것에도 회부되지 않는다. 대상인 타인의 분노는 타인을 규정한다. 그것이 **바로** 타인이다. 물론 나는 속을 수 있다. 가장된 신경질에 불과한 것을 진짜 분노로 파악할 수도 있다. 그러나 내가 속을 수 있는 것은 객관적으로 파악 가능한 다른 동작들과 다른 행동들에 관련해서일 뿐이다. 만약 내가 [타인의 단순한] 손의 움직임을 [나를] 때리고자 하는 실재의 의도로 파악한다면, 나는 속은 것이다. 즉 만약 내가 이 손의 움직임을, 객관적으로 확인할 수는 있지만 일어나지 않을 하나의 동작을 함수로 삼아 해석한다면, 나는 잘못 속은 것이다. 요컨대 객관적으로 파악된 [타인의] 분노는 세계내부적인 현전-부재를 둘러싼 세계의 배치이다.(333/492)

나는 대상인 타인이 분노한다는 사실을 파악할 수는 있지만, 주체인 타인이 분노한다고 말할 수는 없다는 취지가 깔려 있습니다. 모든 감정들은 대타존재의 방식들에 불과하다는 사실을 상기할 필요가 있습니다. 그렇다면, 분노 등의 감정 표현은 대상인 타인에 대해서만 적용할 수 있다는 이야기입니다. 문제는 대상인 타인에서 주체인 타인으로 넘어갈 수 없기 때문에, 대상인 타인이 나에게 드러내 보이는 동작들과 행동들을 숨겨져 있는 바 주관적인 분노의 기호적인 표현으로 볼 수 없고, 그 자체를 바로 분노로 보아야 한다는 이야기입니다.

내가 속을 수 있다는 이야기를 문제로 삼는 것은, 그렇다고 한다면 대상인 타인의 행동과 숨겨져 있는 바 그의 주관적인 상태를 구분할 수 있고, 그렇게 되면 타인의 행동을 통해 드러나는 정상적인 분노마저 그런 주관적인 상태에 대한 기호적인 표현으로 볼 수 있지 않느냐 하는 반론을 예상해서입니다. 하지만, 사르트르는 타인이 하는 손의 움직임을 보고서 실제로는 그렇지 않은데 화가 난 나머지 나를 때리려고 하는 것으로 잘못 해석한 경우, 그 해석의 기준이 나의 내면적이고 주관적인 상태가 아니라 그의 행동을 나를 때리는 행동으로 해석하게 하는 이 행동 전의 그의 행동들에 있기 때문에 그러한 반론은 성립할 수 없다고 하는 것입니다. 말하자면, 객관적으로 파악된 타인의 분노는 어디까지나 세계내부적인 현전, 즉 지금 이루어지는 동작과 행동들과 역시 세계내부적인 부재, 즉 나중에 이루어질 동작과 행동들을 둘러싸고서 이루어지는 이른바 '세계의 배치'라는 것입니다.

이러한 사르트르의 분석은 대단히 행동주의적(béhaviouriste)입니다. 그런데 사르트르는 자신의 입장이 결코 행동주의적인 것이 아니라고 말합니다. 그 핵심 이유로 그는 행동주의에서는 인간의 대표적인 특성인 초월된-초월성을 안중에 두고 있지 않다는 사실을 제시합니다. 그러면서 타인에 대해 이렇게 말합니다.

사실 타인은 자기 자신에게 한정될 수 없는 대상이다. 타인은 자신의 목적에 입각해서만 이해될 수 있는 대상이다. 물론 망치와 톱도 다르게 이해되지는 않는다. 그것들 역시 그것들의 기능, 즉 그것들의 목적에 의해 파악된다. 그러나 그런 것은 그것들이 이미 인간적이기 때문이다. 나는 그것들이 타인이 중심인 하나의 도구적 구성체(une organisation-ustensile)로 회부되는 한에서만, 그리고 하나의 목적을 향해 전적으로 초월된 복합이 있어 그것들이 그 복합의 부분을 형성하는 한에 있어서만, 그것들을 이해할 수 있다. 그러므로 만약 타인을 하나의 기계에 비유할 수 있다면, 그것은 인간적 사실로서의 기계가 이미 초월된-초월성의 흔적을 제시하는 한에서만, [예컨대] 방적 공장에서 방적기들을 그것들이 생산해 내는 실들에 의해서만 설명되는 한에서만, 가능한 것이다.(333~334/492~493)

수단과 목적의 계열을 이루는 도구복합의 구성체를 생각하는 건 어려운 일이 아닙니다. 우리 주변의 모든 사물들은 사실 이미 그렇게 구축되고 있습니다. 대상인 타인 역시 그러한 계열의 한 부분으로 집어넣을 수 있지 않겠는가 하고서 생각할 수 있습니다. 그렇게 되면, 행동주의적인 입장이 힘을 발휘합니다.

하지만 사르트르는 수단과 목적의 계열을 이루는 도구복합의 구성체는 대상인 타인을 중심으로 재편된다는 사실을 강조하고 있습니다. 이 사실을 제외하고서는 도대체 도구들을 이해할 수 없다는 것이 그의 이야기입니다. 이런 점에서 대상인 타인이 망치나 톱처럼 나의 면전에서 초월됨으로써 근본적인 초월성을 상실하고 있긴 하나 그 나름으로 도구복합의 구성체에 대해 초월성을 유지하고 있다는 것이고, 따라서 대상인 타인은 행동주의적인 방식으로 이해될 수 없는 '초월된-초월성'을 간직하고 있다는 것입니다. 그래서 이렇게 압축됩니다.

타인은 세계의 총체적인 구성체에 의하지 않고는 정의될 수 없다. 그리고 타인은 이 구성체의 열쇠이다. 그러므로 만약 내가 그를 정의하기 위해 세계로부터 타인에게로 되돌아간다면, 그것은 세계가 나로 하여금 타인을 이해하게 한다는 점에서가 아니라, 실로 타인인 대상이란 나의 세계에 대해 자율적이고 세계내부적인 지시 관계(référence)의 중심 이외에 다른 것이 아니라는 점에서 유래하는 것이다.(334/493)

"나의 세계에 대해 자율적이고 세계내부적인 지시 관계의 중심"인 타인이 문제입니다. 나의 세계에 대해서는 내가 지시 관계의 중심이어야 하지 않을까요? 그런데 왜 타인이 중심인가요?

(6) 세계의 중심인 '그들'로서의 타인

나는 나에게 진정으로 대상인 나가 될 수 없습니다. 대상인 나는 오로지 내가 현전하고 있는 타인에 대해서만 성립합니다. 세계내부적인 도구복합의 구성체는 적어도 대상적인 세계 내에서의 일이고, 따라서 그 지시 관계 역시 세계 내에서의 일입니다. 현실적인 시선으로 볼 때, 대상인 나보다 대상인 타인이 훨씬 더 강력한 세계내부적인 존재입니다. 따라서 나의 세계에 대해서조차 내가 아니라 타인이 그 지시 관계의 중심이 되는 것입니다. 만약 내가 나를 나의 세계의 지시 관계에 대한 중심으로 여긴다면, 그것은 대상인 타인, 즉 타인의 중심성을 일정하게 빌려온 것임에 틀림없습니다.

충분히 그럴 수 있을 것 같은데, 만약 사르트르의 세계관을 이렇게 해석할 수 있다면, 사르트르는 세계의 중심을 내가 아니라 타인으로 보는 것이 됩니다. 아니나 다를까, 사르트르는 이렇게 말합니다.

유의해야 할 것이 있다. 그것은 타인이 나에 대해 그 성질이 규정된 대상이 되는 것은 내가 그에 대해 [그와 마찬가지로] 성질이 규정된 대상이 될 수 있는 한에서이다. 그러므로 타인은 '그들'(on)의 개별화되지 않은 토막으로서, 혹은 순전히 그의 편지들과 그의 말들에 의해 표상되는바 '부재자'로서(comme 《absent》), 혹은 실제로 현전하는 이 사람 (celui-ci)으로서 객관화(대상화)될 것이다. 이에 따라, 나 자신은 타인에 대해 '그들'의 요소 혹은 '친애하는 부재자'(cher absent), 혹은 구체적인 한 이 사람이 되어 있을 것이다.(335/494)

결국은 '그들'로 귀착됩니다. "영구히, 내가 어디에 있건 간에, 그들은 나를 주시한다"(321/475)라는 말이 다시 울려 퍼집니다. 도구복합의 구성체인 세계에서 그 지시 관계의 중심은 '그들'인 타인인 것입니다. '그들'은 얼마든지 보이지 않습니다. 보이지 않는다고 해서 존재하지 않는 것은 결코 아닙니다. 아무도 없는 숲 속을 걸어가다가 허물어진 집의 목재 토막 하나를 보고서도 타인, 즉 그들을 파악할 수 있습니다. '부재자인 그들'이야말로 어쩌면 타인의 진면목이 아닐까 싶습니다. 세계 곳곳에 그 어디든지 간에 '부재하는 그들의 흔적'이 없는 곳은 없을 것이기 때문입니다. 이를 저변에 깔면서 사르트르는 좀더 구체적인 방식으로 실제 상황을 다음과 같이 제시합니다.

매 경우마다 타인과 그의 성질들을 대상화하는 각각의 유형을 결정하는 것은 세계 속에서의 나의 상황과 그의 상황이다. 즉 우리가 각기 구축한 도구복합들과 세계를 바탕으로 하여 우리가 서로에게 나타나는 서로 다른 **이것들**(이 사람들, *ceci*)이 결정적인 역할을 한다. 이 모든 것은 우리를 자연스럽게 현사실성으로 이끈다. 타인이 나를 볼 수 있을 것인가, 아니면 내가 **그러저러한** 타인을 볼 수 있을 것인가를 결정하는 것은 나의 현사실성과 타인의 현사실성이다.(335/494)

실제 상황을 생각해 보면, 특히 특정한 상황 속에서 권력관계를 염두에 두고 생각해 보면, 내가 주어진 상황의 도구복합들을 어느 정도로 장악하고 있는가에 따라 혹은 타인이 주어진 상황의 도구복합들을 어느 정도로 장악하고 있는가에 따라 누가 누구를 **보는가**가 결정될 것입니다. 이를 사르트르는 나와 타인의 현사실성이라 말하고 있습니다. 그러니까 여기에서 '타인을 대상화하는 유형'이란 현사실적으로 결정되는 나와 타인 간의 관계의 유형임을 알 수 있습니다.

그런데 현사실성이란 그저 특정한 나와 특정한 타인인 그에게 한정되는 것은 결코 아닙니다. 특히 타인의 현전은 '그들'이라는 근본적인 존재방식에서 알 수 있듯이, 어쩌면 '주체'라 일컬어질 법한 모든 주체들을 암암리에 끌고 들어오는 것입니다. 그래서 이렇게 이야기됩니다.

나는 나의 타인에-대해-대상임 속에서 타인의 현전을 주체들의 준총체성으로 경험한다. 그리고 이러한 총체성을 바탕으로 해서, 나는 한 구체적인 주체의 현전을 더 특정하게 경험할 수 있다. 그러나 이 주체를 **그러저러한** 주체로 특정하게 규정할 수 있다는 것은 아니다.(335/494)

타인이 나를 주시할 때, 나는 타인의 현전을 '주체들의 준총체'로서 경험한다는 이야기입니다. 그리고 내가 나를 주시하는 타인에게서 특정한 방식의 구체적인 주체를 경험하는 데에는 이러한 '주체들의 준총체'에 대한 경험이 그 바탕에 깔려 있다는 이야기입니다. 즉 구체적인 상황에서 나와 타인은 서로 불특정한 주체인 그들을 '암암리에 엿보면서' 만나고 있다는 이야기입니다. 상당히 그럴듯한 이야기입니다. 특히 강력한 조직의 힘을 배후에 둔 인물을 만날 때, 그러한 상황은 쉽게 나타납니다.

아무튼 나의 입장에서는 '주체들의 준총체'건 아니면 구체적으로 특정하건 간에 타인을 어떻게든 대상으로 만들려고 할 것입니다. 내가 이렇게 노력하는 것은 설사 타인이 대상으로 나타난다 할지라도 언제든지 내가 그를 중심으로 한 존재의 판면 위에 놓여 있을 수 있다는 것을 이해하고 있기 때문입니다.

> 대상인 타인은 대상일 뿐이다. 그러나 그에 대한 나의 파악은 다음의 사실에 대한 이해를 품고 있다. 즉 언제든지 원리상 나를 다른 존재의 판면에 위치시킴으로써 그에 대해 내가 하나의 다른 **체험**을 할 수도 있다는 사실에 대한 이해를 품고 있다.(335/495)

나는 타인을 대상화함으로써 타인 자신의 가능성들을 '죽은 가능성들'로 파악하고 그의 초월을 초월된 것으로 파악합니다. 그런 점에서 대상인 타인은 어디까지나 대상일 뿐입니다. 하지만, 타인은 묘하게도 제 스스로의 진정한 초월성을 지니고 있는 것 같고, 그래서 언제든지 주체인 타인으로 돌변할 수 있을 것 같고, 그렇게 돌변함으로써 내가 그 타인의 권역 속으로 함입되어서는 안 되는데도 왠지 그 타인에게 끌려들어가 버릴 것 같은 이른바 '다른 하나의 체험'을 염두에 두지 않을 수 없습니다. 말하자면 대상인 타인은 언제 폭발할지 모르는, 아니 오히려 이미 늘 폭발하고 있는 대단히 위험한 존재임에 틀림없습니다.

> 대상인 타인은 내가 염려하면서 다루지 않으면 안 되는 폭발적인 용구다. 왜냐하면 나는 **그들**이 그를 폭발하게 만들 수 있는 영속적 가능성을 그의 주변에서 예감하고, 그 폭발로 인해 내가 갑자기 세계가 내 바깥으로 달아나고 아울러 나의 존재가 소외되는 것을 체험하게 될지 모른다는 영속적인 가능성을 그의 주변에서 예감하기 때문이다.(336/496)

그렇다면 어떻게 되나요? 나와 타인의 관계는 양자택일의 관계가 아닐 수 없습니다. 나는 끊임없이 타인을 대상으로 묶어 두려고 온갖 책략을 동원해야 하고, 타인은 그 나름대로 이런 나의 책략을 분쇄하고 폐허로 만들어 자신이 솟구쳐 오르고자 할 것입니다. 사실이지 타인이 나를 주시하는 것만으로도 나는 갑자기 몰락해 버릴 수 있습니다. 이런 나와 타인 간의 대립 관계를 사르트르는 이렇게 강력하게 말하고 있습니다.

각자는 자기가 무너져 버림으로써 타자가 자신의 폐허 위에 발흥케 되리라는 나름의 불안정성을 지니고 있다. 결코 주체가 되지 않고 영구히 대상이 된다는 것은 죽은 자들에게만 해당된다. 왜냐하면, 죽는다는 것은 세계 한가운데서 자신의 대상성을 상실한다는 것이 전혀 아니고, ──모든 죽은 자들은 거기, 우리 주변 세계 속에 있다. ── 타인에게 주체로서 드러날 모든 가능성을 상실하는 것이기 때문이다.(336/496)

그야말로 목숨을 건 투쟁이 아닐 수 없습니다. 다시 한번 "지옥, 그것은 바로 타인들이다"라는 『닫힌 문』의 주인공 가르셍의 말이 울려 퍼집니다.

14) 타인의 형이상학

이제 시선을 마무리하는 대목에 접어들었습니다. 그런데 사르트르가 시선을 문제 삼았던 것은 타인, 즉 타인의 현존 때문이었습니다. 어느 누구도 시도하지 않았던 타인의 현존을 향한 분석이었습니다. 내가 지각하는 현실의 세계에서 지각되는 사물과는 다른 차원에서 다른 존재방식을 띤 시선이 존재한다는 것은 기이한 일이 아닐 수 없습니다. "시선을 드러내는 대상들 위에서 시선을 지각하기는커녕, 나를 향한 시선에 대한 나의 파악은 '나를 쳐다보는' 눈들이 파괴됨을 토대로 해서 나타난다"(297/442)라고 하는 사르트르의 언명은 그 기이함을 적실하게 드러냅니다. 타인의 현존 역시 그러한 존재방식을 띤다고 보아야 합니다.

그러고 보면, 사르트르의 시선과 타인에 관한 현상학적인 분석은 나의 내면에 의거한 주체성과 나의 지각에 의거한 대상성으로 담아낼 수 없는 제3의 존재 영역을 뚜렷하게 제시하는 것이라 할 수 있습니다. 이 제3의 존재 영역에서 온갖 일들, 예컨대 정치적·사회적·문화적인 일들이 벌어질 것입니다.

(1) 형이상학의 토대, 존재론적인 우연

그런데 시선 분석에 의거한 타인에 관한 논의를 마무리하는 대목에서 사르트르는 갑자기 논의의 방향을 틀어 근본적인 문제로 향합니다.

우리의 탐구 수준에서 일단 대타존재의 본질적인 구조를 해명하고 나니, 우리는 형이상학적인 물음을 정립했으면 하는 생각을 뚜렷이 하게 됩니다. 그 물음은 "왜 타자들이 있는가?"(336/496) 하는 것이다.

형이상학은 일체의 존재를 그 바닥에서부터 들추어 내려는 충동에 의거한 것입니다. 그 충동은 물론 인간만의 것이 아닐 수 없습니다. 사르트르는 일체의 존재는 본질상 우연임을 강조합니다. 이때 우연은 무지를 근거로 한 일상사에서 벌어지는 세계내부적인 차원에서의 인과성을 염두에 둔 우연, 즉 인과론적인 필연성과 대립되는 그런 우연이 아닙니다.

이때 우연은 그야말로 근원적이고 근본적인 우연입니다. 다른 것들로 설명되거나 환원될 수 없다는 점에서도 절대적이고, 존재 전체를 싸

잡아 문제 삼을 때 여지없이 다가온다는 점에서도 절대적인 우연입니다. 따라서 이 근본적인 우연 앞에서는 그 어떤 존재자도 자신의 존재에 대해, 이른바 존재론적인 필연성을 내세울 수 없습니다. 말하자면 사르트르가 문제 삼는 우연은 존재론적인 필연성과 대립하는 우연입니다. 사르트르가 타자의 존재에 대해 형이상학적인 물음을 던진다고 했을 때, 타자의 존재가 바로 그런 근본적인 우연으로 우리를 인도한다는 사실을 염두에 둔 것입니다.

> 현존자의 절대적인 우연에 입각해서, 모든 형이상학이 '그것은 존재한다'에 의해, 즉 이 우연에 대한 직접적인 직관에 의해 완성되어야 한다는 것을 우리는 확신한다.
> 타자들의 현존에 관한 물음을 정립하는 것은 가능한가? 이 현존은 환원 불가능한 사실인가, 아니면 이 현존은 근본적인 우연으로부터 도출되어야만 하는가? 이 물음들이야말로 타자들의 현존에 대해 물음을 던지는 형이상학자에게 우리가 나름대로 제시할 수 있는 선결되어야 할 것들이다.(337/496~497)

형이상학은 모름지기 현존하는 것들의 절대적인 우연에 입각하지 않으면 안 된다는 것을 분명하게 밝히고 있습니다. 아리스토텔레스는 '형이상학'이 '존재자로서의 존재자'(on hē on, being qua being)를 탐구하는 것이라고 하고,[9] 그 근본적인 원인자로서 이른바 '부동의 원동자'를 제시했습니다. 그는 이 '부동의 원동자'가 영원하고 불변하면서 필연적

---

9) 아리스토텔레스, 『형이상학』, 제4권, 제1장.

이라고 했다.[10] 이때 필연성은 인과론적인 필연성이 아니라 존재론적인 필연성입니다. 이 필연성은 이른바 신적인 필연성으로 자연스럽게 연결되고 모든 좋음과 가치의 궁극적인 근거로 작동합니다.

사르트르가 형이상학을 현존하는 것들의 절대적인 우연에 입각하지 않으면 안 된다고 선언한 것은 일체의 좋음과 가치의 궁극적인 기준을 허용해서는 안 된다는 실천적인 지혜로 이어질 수밖에 없습니다. 흔히 '실존'이라고 번역되는 'existence', 즉 '현존'은 본래부터 참조하지 않으면 안 되는 궁극적인 준거를 제거하는 데서 성립한다는 것입니다.

'우연' 말고 '우발'로 번역할 수도 있습니다. 근본적으로 우발적인 것이 바로 현존이라는 것입니다. 근본적으로 '우발적'이라는 것은 궁극적으로 보아 아무런 근거나 원인이나 이유나 동기 혹은 목적이 없다는 것을 의미합니다. 빈틈없이 연결됨으로써 매끈하게 마름질될 수 있는 가능성을 처음부터 배제한 채, 오히려 결코 메워질 수 없는 심연들이 곳곳에 매설되어 있는 상태가 바로 존재 상태라는 것입니다.

(2) 대자의 세 가지 탈자

절대적인 우연을 이렇게 풀고 나면, 사르트르가 타자들의 현존에 대해 던지는 형이상학적인 물음은 타자들의 현존 자체가 처음부터 우발적인 심연을 형성하고 있는 것인지, 아니면 타자들의 현존이란 우발적인 심연 때문에 파생적으로 생겨난 것인지를 묻고 있는 것으로 변환됩니다. 이를 해결하기 위해 사르트르는 대타존재와 대자의 관계를 분석하고자 합니다. 그 핵심은 이렇습니다.

---

10) 아리스토텔레스, 『형이상학』, 제12권, 제7장.

우선 우리에게 나타나는 것은 대타존재가 대자의 세번째 탈자를 재현한다는 것이다.(337/497)

대자는 기본적으로 탈자적인 존재방식을 취합니다. 탈자적이지 않으면 곧바로 즉자존재로 굴러 떨어질 것이기 때문입니다. '대자의 세번째 탈자'라고 했으니 대자의 첫번째 탈자도 있을 것이고, 두번째 탈자도 있을 것입니다. 사르트르의 설명은 이렇습니다.

대자의 첫번째 탈자는 대자가 자기 자신인 모든 것으로부터 이탈하는 것입니다. 자기 자신으로부터의 균열, 자기 자신에 대한 무화가 바로 대자의 첫번째 탈자이지요. 대자의 이 첫번째 탈자는 사실 비정립적인 자기의식의 탈자입니다. 대자의 두번째 탈자는 반성적인 탈자인데, 이것은 이탈 자체로부터의 이탈입니다. 이 두번째 탈자가 문제입니다. 그 구조가 사뭇 복잡하기 때문입니다.

대자의 두번째 탈자는 반성에 의거한 것, 즉 반성적인 자기의식에 의거한 것입니다. 첫번째 탈자가 그 자체로 초월이라면, 이 두번째 탈자는 첫번째 탈자에서 성립하는 초월을 반성을 통해 파악하려는 데서 성립합니다. 그렇게 되면, 첫번째 탈자에서의 초월은 파악됨으로 해서 초월되고 마는 것 아닌가 하는 생각을 하게 됩니다. 하지만 대자로서의 나 자신의 초월성은 결코 초월될 수 없습니다. 초월되는 초월을 또다시 초월해 버리는 데서 나 자신의 초월성이 성립하기 때문입니다.

그러나 정확하게 말해, 나 자신의 초월은 초월을 수행할 수 있을 뿐이다. 나는 그 초월이다. 나는 초월을 초월된 초월로서 구성하기 위해 나 자신의 초월을 활용할 수 없다. 말하자면, 나는 영구히 내 자신의 무화

여야만 하도록 선고되었다.(337/497)

비정립적인 자기의식에 의거한 첫번째 탈자가 반성을 수행하는 자기의식의 두번째 탈자를 또다시 감아쥐는 형국입니다. 그렇지 않고서는 도대체 내 자신이 끝끝내 초월로서, 즉 결코 초월되지 않는 초월로서 존재한다는 것은 불가능할 것이기 때문입니다. "반성은 비반성적인 사건이다"라는 말로 요약될 수 있는바, 메를로-퐁티의 "나는 반성을 시작했다. 나의 반성은 비반성적인 것에 대한 반성이다. 우리는 나의 반성이 그 자체로 하나의 사건임을 무시할 수 없다"[11]라는 말을 떠올리게 합니다.

"나는 영구히 내 자신의 무화여야만 하도록 선고되었다"라는 말은 나중에 자유를 논의할 때 제시하게 될, "나는 자유로운 존재로 선고되었다"(484/206)라는 사르트르의 유명한 말을 선취하도록 합니다. 곧 이어서 사르트르는 이 유명한 말이 "우리는 자유롭기를 중지할 자유가 없다"라는 뜻을 의미한다고 말합니다(484/206). 이에 관해서는 다음에 본격적으로 살필 것입니다. 다만 한 가지, 여기에서 '선고되었다'라고 해서 선고한 자가 있다고 생각해서는 안 된다는 점만은 염두에 두어야 할 것입니다. 그렇지 않으면 절대적인 우연이 작동하지 못할 것이기 때문입니다.

그런데 비정립적인 자기의식에서는 '반영된 것-반영하는 자'의 두 항으로 된 쌍이 성립하고, 반성적인 자기의식에서는 '반성된 것-반성하는 자'의 두 항으로 된 쌍이 성립한다고 사르트르는 말합니다. 그러면서 전자의 경우에는 두 항이 상대편을 위해 자신을 정립함으로써 상대편이 되고자 하고 그럼으로써 이원성(dualité)이 끊임없이 증발하는 상태로

---

11) Merleau-Ponty, *Phénoménolgie de la perception*, p.iv.

있는 반면, 후자의 경우에는 두 항이 각기 독립성을 유지하고자 하는 경향을 띤다고 말합니다.

그러면서 사르트르는 비정립적인 자기의식의 경우 두 항을 갈라놓는 것은 '무'이고, 반성적인 자기의식에서 두 항을 갈라놓는 것은 '아무것도 아닌 것'(le rien)이라고 말합니다. 무가 아무것도 아닌 것보다 존재론적으로 더욱 근본적인 것임은 분명합니다. 여기에서 우리는 사르트르가 반성보다 반성 이전의 이른바 선반성적인 사태를 더 근본적으로 보고 있다는 것을 재삼 확인하게 됩니다. 이 점을 계속 강조하는 까닭은 사르트르를 극단적인 이분법을 주장하는 철학자로 함부로 예단해서는 안 된다는 점을 지적하기 위해서입니다.

"반성하는 자도 반성되는 것도 분리자인 무를 분비할 수 없다. …… 만약 반성이 전적으로 하나의 **존재**, 즉 그 자신의 무여야만 하는 하나의 존재가 아니라면, 반성은 있을 수 없을 것이다"(337/498)라는 사르트르의 언명은 이를 더욱더 분명하게 밝혀 주고 있습니다. 메를로-퐁티식으로 말하면, 반성은 그 자체로 하나의 사건이라는 것입니다.

(3) 대자의 세번째 탈자, 대타존재

그런데 바로 이 대목에서 사르트르는 대자의 세번째 탈자로 넘어가는 길을 간취합니다.

만약 반성이 전적으로 하나의 **존재**, 즉 그 자신의 무여야만 하는 하나의 존재가 아니라면, 반성은 있을 수 없을 것이다. 그래서 반성적인 탈자는 더욱 근본적인 탈자로의 길, 즉 대타존재로의 길에 들어서 있음이 드러난다.(338/498)

반성이 하나의 존재라면, 더욱이 자기 자신을 무화시키는 하나의 존재라면, 그렇게 자신을 무화시킬 수 있는 무를 전제하지 않을 수 없을 것입니다. 그런데 이 무는 결코 반성 자체에서 나올 수 없습니다. 그래서 반성은 그 자신의 존재에 있어서 마치 외적인 부정의 방식인 양 해서 자기와는 다른 하나의 존재를 염두에 두지 않을 수 없게 됩니다. 여기에서 다른 하나의 존재는 타자일 수밖에 없을 것이고, 따라서 반성적인 자기의식은 대타존재로서의 탈자를 배태하지 않을 수 없는 것입니다. 그 논리적인 과정은 우선 이렇게 이야기됩니다.

사실 무화의 궁극 항, 즉 무화의 이념적인 극은 외적 부정, 즉 즉자적인 분열 또는 무차별한 공간적인 외부성이라야만 할 것이다. 이 외부성의 부정에 관련해서 세 탈자들은 우리가 방금 설명해 온 순서대로 정돈된다. 그러나 세 탈자들은 이 외부성의 부정에 결코 도달할 수 없을 것이다. 외부성의 부정은 원칙상 이념적인 상태에 머물러 있다. 사실 대자는 어떤 하나의 존재와 관련해서 스스로 즉자적일 부정을 실현할 수 없다. 그렇게 되면 당장 대자존재이기를 그칠 것이기 때문이다. 그러므로 대타존재를 구성하는 부정은 하나의 **내적인 부정**이다. 그것은 반성적인 무화와 꼭 마찬가지로 대자가 [제 자신] 그렇게 되어야 할 무화이다.(338/498)

대자이기 때문에 또 대자인 한에 있어서, 대자의 탈자들은 성립합니다. 하지만 또한 그 탈자들이 **대자의 탈자**이기 때문에 또 그 탈자들이 대자의 탈자들인 한에 있어서, 탈자들은 대자에 대해 순전한 외부성의 부정을 실현할 수 없습니다. 대자의 세번째 탈자인 대타존재 역시 내적인 부정 관계에 놓여 있을 뿐입니다.

　대자가 진정 자신을 완전히 무화시켜 버린다면, 대자는 사라지고 즉
자만 남을 것입니다. 그리고 그 즉자들 간에는 순전히 외부적인 부정, 즉
무차별한 공간적인 부정만이 존립할 것입니다. 정말이지 대자는 기묘한
운명을 지닌 존재입니다. 끊임없이 자신의 무화를 실현해야 하는 것인데
도 결코 그러한 무화를 완성할 수도 없고 완성해서도 안 되는 것이 대자
입니다. 하지만 대자가 끊임없이 노리는 무화가 완성되면 그 극한의 상
태는 바로 대자의 소멸이 아닐 수 없습니다. 대자는 끊임없이 자신의 소
멸을 향해 있으나 결코 자신의 소멸을 완성하지 않음으로써 오히려 자신
의 존재를 더욱 강고하게 하는 존재이니만큼 그 존재론적인 운명이 기묘
하다 하지 않을 수 없습니다.

　만약 '조광제'라는 한 인간과 '김 아무개'라는 한 인간이 각기 대자
적인 존재방식을 전혀 취하지 않는다면, 둘 사이에는 그야말로 외부성의
부정 관계만 존립할 것이라는 이야기입니다. 하지만, '조광제'건 '김 아무
개'건 각기 대자로서의 존재방식을 취하고 있다는 바로 그 사실 때문에,
각자는 그냥 '조광제'로서 '김 아무개'와 끊임없이 그저 외적인 부정의 관
계를 맺고자 하나 결코 그럴 수 없고, 또 그럴 수 없기 때문에 진정한 인
간으로서 존재할 수 있다는 이야기입니다. 따라서 결국 '조광제'라는 한
인간과 '김 아무개'라는 한 인간의 대타적인 관계는 '조광제'라는 한 인간
의 내부에서 이루어지는 혹은 '김 아무개'라는 한 인간의 내부에서 이루
어지는 내적인 부정의 관계일 수밖에 없다는 것입니다.

　하지만 언뜻 보아서도 알 수 있지만, 이 내적 부정의 관계는 결코 단
순하지 않습니다. 『존재와 무』를 시작하는 대목에서 제시된 내적 부정은
예컨대 '나는 이 컴퓨터가 아니다'라는 식으로 내가 다른 무엇인가가 아

니라는 것이었습니다. 여기에서 '이 컴퓨터'를 나인 '나의 의식'에 표상된 것으로 본다면, 이때 내적 부정은 내가 나를 부정하는 것입니다. '이 컴퓨터'가 '나'를 부정할 수 없다는 점을 부가하면 이를 더 잘 이해하게 됩니다. 이러한 내적 부정은 대자의 첫번째 탈자에서 이루어지는 내적 부정이거나 기껏해야 대자의 두번째 탈자에서 이루어지는 내적 부정입니다.

하지만, 대자의 세번째 탈자인 대타존재에서 비롯되는 내적인 부정은 그렇게 단순한 나에 의해 수행되는 나에 대한 내적 부정이 아닙니다.

그러나 여기에서, 분열은 부정 자체를 공격한다. 그것은 [대자의 첫번째 탈자에서처럼] 존재를 반영되는 것과 반영하는 것으로 이중화하는 부정이 더 이상 아니다. 그리고 나아가 [대자의 두번째 탈자에서처럼] '반영되는 것-반영하는 것'을 반영되는 '반영되는 것-반영하는 것'과 반영하는 '반영되는 것-반영하는 것'으로 이중화하는 그런 부정도 더 이상 아니다. 그게 아니라, [대자의 세번째 탈자에서] 부정은 내적이면서 상반되는 두 내적인 부정으로 이중화된다. 두 내적인 부정 각각은 내부성의 부정이지만, 하나의 포착할 수 없는 외부성의 무에 의해 서로 분리된다.(338/498)

내 속에서 부정하는 나를 부정하는 놈이 나타난 것입니다. 내 속에서 나타났다는 점에서는 내부성의 부정이 분명하지만, 부정하는 나를 부정하는 자가 나타났다는 것은 일종의 외부성의 무에 의한 것이라 할 수 있습니다. 서로 부닥치는 두 부정을 통해 내 **속**에서 나와 타인이 격돌하는 상황이 연출되는 셈입니다. 말하자면, 나와 타인이 근본적으로는 하나의 총체성을 확보하는 가운데 그 총체의 두 구조적인 계기가 되는 묘한 상황이 연출되는 셈입니다.

세번째 탈자의 경우, 우리는 한층 더 추진된 반성적인 분열 같은 것을 목격한다. 그 귀결들에 놀랄 수도 있다. 한편으로, 부정들은 내부에서 이루어지기 때문에 타인과 나 자신은 바깥에서부터 서로에게로 올 수 없다. 대타의 상호적인 분열로 있지 않으면 안 되는 '나-타인'(moi-autrui)이라는 하나의 존재가 있어야만 한다. 이는 '반성하는 자-반성되는 것'이라는 총체가 그 자신의 무로 있어야만 하는 하나의 존재인 것과 전적으로 같다. 즉 이는 나의 자성과 타인의 자성이 동일한 존재적 총체의 구조들인 것과 전적으로 같다.(338/499)

반성은 그 자체 무를 분비할 수 없지만, 반성되기 이전부터 대자에서 이미 늘 작동하고 있는 무를 통해 무화되지 않으면 안 됩니다. 그럼으로써 반성하는 것과 반성되는 것이 하나의 존재로 되돌아가야 하는 것입니다. 그럴 때, 양자는 분기되기 이전의 통일된 상태가 될 것입니다. 이와 꼭 마찬가지로 두 내적인 부정에 의해 내 속에서 분기되는 나와 타인은 동일한 존재적인 총체의 두 구조적인 계기인 양 하나의 존재를 바탕으로 존립하게 되는 것입니다. 중요한 것은 이 하나의 존재는 본질적으로 대타적인 상호 분열로 있지 않으면 안 되는, 그러니까 자신의 존재에 있어서 본래부터 균열을 지닌 총체라는 사실입니다.

이러한 대타존재의 사태는 대자의 두번째 탈자를 자아내는 반성과는 근본적으로 다른 경지를 보여 줍니다.

사실 반성의 경우, 내가 나를 대상으로 파악하는 데까지 이르지 못하고 기껏해야 준대상으로 파악할 수 있을 뿐인데, 그 이유는 나 자신이 내가 파악하고 싶어 하는 대상이기 때문이고, 내가 나를 나로부터 분리시키는 무여야 하기 때문이다. 나는 나의 자성을 벗어날 수 없고 나 자신에 대한 관점을 취할 수도 없다. 그래서 나는 나를 존재로서 실현하는 데 이르지 못하고, '거기에 있다'(il y a)라는 형식으로 나를 파악하는 데 이르지 못한다. [자신을] 회복하려는 자가 그 자신에 있어서 회복되는 자이기 때문에, 회복은 실패한다. 이에 반해 대타존재의 경우, 분열은 한층 더 나아가는 식으로 추진된다. 반영되는 '반영-반영하는 것'은 반영하는 '반영-반영하는 것'과 급격하게 구분된다. 그리고 바로 그 때문에, 전자는 후자의 대상이 될 수 있다. 그러나 이 경우에도 회복은 실패하는데, 그 까닭은 회복되는 자가 회복하는 자가 아니기 때문이다.(339/500)

과연 나는 어디에 있나요? 나를 끊임없이 무화시키려 하고 그럼으로써 나로부터 끊임없이 분리시키는 나는 과연 어디에 있나요? '이 컴퓨터는 책상 위에 있다'라는 식으로 '거기에 있다'라는 형식을 띨 수 있나요? 그럴 수 없습니다. 나는 나를 분명하게 '거기', 즉 '여기'에 존재하는 것으로 확립함으로써 나를 존재로서 실현하고 싶지만, 끊임없는 분열에 의해 시달리는 것이지요.

그런데 이러한 나의 분열은 대타존재에 의해 더욱 심화됩니다. 급기야 아예 나와 결코 일치될 수 없는 타인이 나에게서 나타나는 것입니다. 반성의 구도가 이중으로 중첩되면서 분열 자체가 이중으로 중첩되어 나타납니다. 이쪽에서만 반영하고 반영되는 분열이 일어나는 것이 아니라 저쪽에서도 반영하고 반영되는 분열이 일어납니다. 즉 반영하는 분열(반영-반영하는 것)과 반영되는 분열(반영-반영하는 것)이 서로 마주 보면서 서로를 대상화합니다. 대타존재라고 하는 대자의 탈자는 자신의 통일된 존재를 확보하려는 대자의 염원을 더욱더 요원하게 합니다.

다른 한편, 나 자신에 대한 나의 부정과 **동시적으로** 타인은 자신에 대해 자기가 나일 수 있음을 부인한다. 이 두 부정은 대타존재에게 똑같이 필수불가결하다. 이 두 부정은 그 어떤 종합에 의해서도 재통일될 수 없다. 외부성의 무가 이 두 부정을 근원에서부터 분리하기 때문이 아니라, 즉자가 이 두 부정 각각을 서로에 관련해서 다시 장악하려 하고 두 부정 각각이 서로가 되어야 함이 없이 서로가 아니기 때문이다. 여기에는 대자 자신으로부터 오는 대자의 한계 같은 것이 있다. 이 한계는 바로 한계로서 대자로부터 독립되어 있다.(339/500~501)

내가 내 자신임, 즉 즉자로서의 나를 부정해야만 대자로서 있을 수 있는데, 대자인 나에게서 내가 어찌할 수 없는 '엉뚱한' 타자, 즉 타인이 나타나 결코 나일 수 없다는 부정을 발휘합니다. 게다가 이 두 부정 사이에는 어떻게 화해하여 통일될 수 있는 근거가 없습니다. 그냥 '저기에 있다'(il y a)의 형식으로 보아 나와 타인이 있어 서로를 부정한다고 하면, 그 두 부정이 통일될 길이 없다는 것을 쉽게 이해할 수도 있습니다. 그런데 지금 맥락은 어디까지나 대자의 탈자인 대타존재의 경우입니다. 제아무리 상반되는 두 부정이 발휘된다고 할지라도 대자라고 하는 동일한 존재 내에서의 일이라면 통일될 수 있는 어떤 길이 있을 법도 하지 않을까요? 그런데 사르트르는 그렇지 않다고 말하고 있습니다.

우리가 보기에 사르트르의 이러한 입론은 데카르트적인 반성적 코기토의 전략을 그대로 따른다 할지라도 거기에는 유아론적인 암초를 폭파할 수밖에 없는 혹은 폭파할 수 있는 뚜렷한 단서가 등장한다는 것을 보이려는 것이라 할 수 있습니다. 그것이 대타존재로서의 대자의 탈자라는 것이고, 이를 따라갈 때 대자 자체에서 성립되어 나오는바 대자의 한계, 즉 대자로부터 독립된 한계가 노출된다는 것입니다. 이는 달리 말하면, 대자가 대자로부터 독립된 그 어떤 것으로부터 존립한다는 것입니다. 그 어떤 것이란 도대체 무엇인가요? 즉자인가요? 아니면 무인가요? 아니면? 위 인용문에 이어 사르트르는 이렇게 말합니다.

> 우리는 현사실성과 같은 어떤 것을 다시 발견한다. 그런데 우리는 우리가 방금 전에 말했던 총체가, 가장 철저한 이탈의 바로 그 중심에서, 자신이 결코 되어서는 안 되는 무를 어떻게 자신의 존재 속에서 산출할 수 있었는가를 생각해 낼 수 없다. 사실 무가 총체를 깨기 위해 총체 속에 [슬며시] 미끄러져 들어간 것처럼 보인다. 마치 레우키포스(Leucippe)의 원자론에서 비존재가 파르메니데스적인 총체 속으로 미끄러져 들어가 그 총체를 원자들로 파열시킨 것처럼. 그러므로 무는 모든 종합적인 총체의 부정을 대표한다. 이 부정을 발판으로 우리는 여럿의 의식들을 이해한다고 주장할 수도 있을 것이다.(340/501)

결국에는 무입니다. 총체를 근본에서부터 위태롭게 하는 무, 그 어떤 총체적인 종합도 불가능하게 하는 무, 부정도 무도 허용하지 않고 오로지 일자만을 고집하는 파르메니데스적인 총체를 폭발시키는 무, 하나의 깔끔한 의식에서 여러 의식들을 발생시킬 것 같은 무, 균열·간극·틈·심연·다양체 등을 근원에서부터 가능케 하는 무. 책의 제목이 왜 '존재와 무'인가를 실감케 합니다. 하지만 사르트르는 우리처럼 성급하지 않습니다. 논의의 맥락에 맞추어 그저 무를 대타존재의 현사실성이라고 말할 뿐입니다.

물론 이 무는 파악될 수 없다. 무는 타자에 의해 산출되는 것도 아니고, 나 자신에 의해 산출되는 것도 아니고, 우리가 확립한 바에 따르면 의식들은 중개자 없이 서로에게 경험되기 때문에 중개자에 의해 산출되는 것도 아니기 때문이다. 어디로 눈을 돌리건 간에, 우리는 기술의 대상으로서 순수하고 단순한 내부성의 부정을 만날 뿐이다. 그건 확실하다. 그러나 부정의 **이중성**이 있다고 하는 환원 불가능한 사실 속, 거기에 무가 있다. 무는 다수의 의식들에 대한 **토대**가 분명히 아니다. 왜냐하면 만약 무가 의식들의 다수성보다 먼저 존립한다면, [대타존재에서] 타인에 **대해-있음** 전체를 불가능하게 만들 것이기 때문이다. 그 반대로 무를 의식들의 다수성에 대한 표현으로 여겨야 한다. 무는 의식들의 다수성과 함께 나타난다. 그러나 무에게 기초를 제공할 수 있는 것은 아무 것도 없기 때문에, 특정한 의식도 의식들로 파열되는 총체도 무에 대해 기초를 제공할 수 없기 때문에, 무는 순수하고 환원 불가능한 우연으로 나타난다. 그뿐만 아니라, 그렇기 때문에 무는 다음의 사실로서, 즉 **타인이 현존하기 위해 내가 나에 대해 타인임을 부인하는 것으로는 충분치 않고** [이러한] **나 자신의 부정과 더불어 그와 동시에 타인이 그 자신에 대해 나임을 부인해야 한다는 사실로서 나타난다. 무는 대타존재의 현사실성이다.**(340/501)

결국 무는 타인의 현존을 위한 근본적인 사실, 즉 동시에 이루어지는 상반되는 이중적인 부정이 이루어진다는 사실 자체인 것으로 정돈됩니다. 말하자면 무는 유아론을 근본적으로 격파시키는 핵심 근거인 것입니다. 이를 압축해서 나타내는 명제가 바로 "무는 대타존재의 현사실성이다"라는 것입니다.

이를 염두에 두면서 무가 그 어떤 것에 의해 산출되는 것도 아니고 순수하고 환원 불가능한 우연으로 나타난다는 사실을 곁들이게 되면, 유아론을 폭파하는 타인의 현존이 처음부터 성립해 있음을 생각하게 됩니다. 사르트르가 무를 존재론의 핵심 기반으로 삼은 것이 적어도 이 대목에서는 바로 여러 의식들의 존립 가능성을 근원적으로 밝히고자 한 것이었음을 알게 됩니다. 총체를 근본에서부터 파열시키는 무야말로 그 어떤 특정한 의식이나 혹은 그 어떤 탁월한 의식도 완결된 총체성을 띨 수 없음을 고지하는 것입니다.

어떤 의식도, 설사 그것이 신의 의식이라 할지라도, '이면을 볼' 수 없다. 즉, 그 자체로서의 총체를 파악할 수 없다. …… 총체에 대한 그 어떤 관점도 생각될 수 없다. 총체는 '바깥'을 갖지 않는다. 총체의 '이면'이 갖는 의미가 무엇인가를 묻는 물음은 그 자체 난센스한 것이다. 우리는 더이상 나아갈 수 없다.(341/502~503)

총체는 대타존재를 가능케 하는 무의 존립 때문에 근원적으로 파열됩니다. 하지만, 그렇게 파열될 총체가 없이는 대타존재의 출현이 불가능합니다. 이를 사르트르는 '총체성의 이율배반적인 성격'이라 부릅니다. 그러면서 애초 형이상학적으로 던졌던 물음, 즉 "왜 타자들이 있는가?" 하는 것을 "왜 의식들이 있는가?" 하는 물음으로 달리 표현하면서 그 대답이 주어졌다고 말합니다(340/502). 그 대답의 핵심은 순수하고 환원 불가능한 우연인 무, 대타존재의 현사실성인 무였던 것입니다.

이 정도로 논의를 한 뒤 사르트르는 제3부 '대타존재'의 제1장 '타인의 현존'을 끝내고, 다음 장인 '몸'으로 넘어가기 위한 채비를 차립니다.

우리는 이제 이 논의의 종착점에 이르렀다. 우리는 타인의 현존이 나의 대상성이라는 사실 속에서 그리고 그 사실에 의해 명백하게 체험된다는 것을 배웠다. 그리고 또한 우리는 타인에 대해 이루어지는 나 자신의 소외에 대해 내가 수행하는 반작용이 타인을 대상으로 파악하는 일로 변환된다는 것을 보았다. 간단하게 말해, 타인은 두 가지 형식하에서 우리에게 존립할 수 있다. 만약 내가 명백하게 타인을 체험한다면, 나는 그를 인식할 수가 없을 것이다. 그리고 만약 내가 타인을 인식한다면, 만약 내가 타인에게 작용을 미친다면, 나는 그의 대상됨과 세계 한복판에서의 그의 개연적인 현존에만 도달하게 될 것이다. 이 두 형식에 대해서는 그 어떤 종합도 있을 수 없다. 그러나 우리는 여기에서 멈출 수 없을 것이다. 나에 대해 대상인 타인과 타인에 대해 대상인 나, 이 두 대상들은 몸으로서 증시된다. 그렇다면, 나의 몸은 무엇인가? 타인의 몸은 무엇인가?(341/503)

체험(eprouver)과 인식(connaître)을 구분하는 것이 이채롭긴 하지만, 실은 이 구분은 논의 내내 유지되어 왔습니다. 예컨대, 타인의 눈을 보면 타인의 시선을 파악할 수 없고, 타인의 시선을 파악하면 타인의 눈을 볼 수 없다고 했을 때, 파악한다(saisir)는 것은 체험하는 것이고, 본다(voir)는 것은 인식하는 것이었습니다.

내가 타인의 대상이 될 때, 나는 그에게 몸으로 나타날 것이고, 타인이 나에게 대상이 될 때 그는 나에게 몸으로 나타날 것이라는 이야기입니다. 그렇다면, 내 몸은 나에게 어떤 존재로 나타날 것이며, 타인에게 그의 몸은 어떤 존재로 나타날 것인가 하는 것이 문제가 아닐 수 없습니다.

찾아보기